utb 5248

Eine Arbeitsgemeinschaft der Verlage

Böhlau Verlag · Wien · Köln · Weimar
Verlag Barbara Budrich · Opladen · Toronto
facultas · Wien
Wilhelm Fink · Paderborn
Narr Francke Attempto Verlag · Tübingen
Haupt Verlag · Bern
Verlag Julius Klinkhardt · Bad Heilbrunn
Mohr Siebeck · Tübingen
Ernst Reinhardt Verlag · München
Ferdinand Schöningh · Paderborn
Eugen Ulmer Verlag · Stuttgart
UVK Verlag · München
Vandenhoeck & Ruprecht · Göttingen
Waxmann · Münster · New York
wbv Publikation · Bielefeld

Ulrich Heimlich
Prof. Dr., geb. 1955, ist seit 1994 Professor für Sonderpädagogik mit dem Schwerpunkt Lernbehindertenpädagogik an den Universitäten Halle / S., Leipzig und ab 2001 an der Ludwig-Maximilians-Universität München.

Ewald Kiel
Prof. Dr., geboren 1959, lehrt Schulpädagogik und leitet seit April 2004 die Abteilung für Schul- und Unterrichtsforschung und den Lehrstuhl für Schulpädagogik an der Ludwig-Maximilians-Universität München.

Ulrich Heimlich
Ewald Kiel
(Hrsg.)

Studienbuch Inklusion

Ein Wegweiser für die Lehrerbildung

unter Mitarbeit von
Susanne Bjarsch

Verlag Julius Klinkhardt
Bad Heilbrunn • 2020

Online-Angebote oder elektronische Ausgaben zu diesem Buch
sind erhältlich unter www.utb-shop.de

Die Deutsche Bibliothek – CIP-Einheitsaufnahme
Die Deutsche Nationalbibliothek verzeichnet diese Publikation in der Deutschen Nationalbibliografie;
detaillierte bibliografische Daten sind im Internet über http://dnb.d-nb.de abrufbar.

2020.Lk. © by Julius Klinkhardt.
Das Werk ist einschließlich aller seiner Teile urheberrechtlich geschützt.
Jede Verwertung außerhalb der engen Grenzen des Urheberrechtsgesetzes ist ohne Zustimmung
des Verlages unzulässig und strafbar. Das gilt insbesondere für Vervielfältigungen, Übersetzungen,
Mikroverfilmungen und die Einspeicherung und Verarbeitung in elektronischen Systemen.

Abbildung auf Umschlagseite 1: geralt/pixabay.
Einbandgestaltung: Atelier Reichert, Stuttgart.
Satz und Gestaltung: Kay Fretwurst, Spreeau.

Druck und Bindung: Friedrich Pustet, Regensburg.
Printed in Germany 2020.
Gedruckt auf chlorfrei gebleichtem alterungsbeständigem Papier.

utb-Band-Nr.: 5248
ISBN 978-3-8252-5248-9

Vorwort der Herausgeber

In der ersten Dekade nach dem Inkrafttreten der UN-Behindertenrechtskonvention (UN-BRK) in der Bundesrepublik Deutschland im Jahre 2009 ist rasch deutlich geworden, dass die Entwicklung eines inklusiven Bildungssystems auf allen Ebenen (Art. 24, Abs. 1, UN-BRK) nicht ohne eine entsprechende Qualifikation der pädagogischen Fachkräfte zu leisten sein wird. In Abs. (4) des Art. 24 enthält die UN-BRK deshalb auch den Hinweis auf die Einstellung und Schulung von Lehrkräften und weiteren Fachkräften sowie Mitarbeiterinnen und Mitarbeitern für ein inklusives Bildungssystem. In den UNESCO-Leitlinien für die Politik aus dem Jahre 2010 (UNESCO-Kommission 2010) wird ebenfalls die Notwendigkeit einer Neukonzipierung der Lehrerausbildung gemäß den inklusiven Ansätzen gefordert, damit die pädagogischen Kompetenzen für den Umgang mit Vielfalt im Klassenzimmer erworben werden können. Auch die Fort- und Weiterbildung wird ausdrücklich mit einbezogen. Seither ist es unumstritten, dass Inklusion nicht nur ein Thema für die sonderpädagogische Lehrerbildung sein sollte, sondern darüber hinaus die gesamte Lehrerbildung betrifft.

Zielsetzung sollte sein, dass alle Lehramtsstudierenden bereits in der ersten Phase der Lehrerbildung an Universitäten ein Basiswissen zum Thema „Inklusion und Sonderpädagogik" vermittelt bekommen. Dabei steht die Intention einer Basissensibilisierung für das Thema Heterogenität und Diversität im Vordergrund. Insbesondere der inklusive Unterricht und die inklusive Schulentwicklung stellen sich als neue Herausforderungen für die angehenden Lehrkräfte dar. In einem inklusiven Bildungssystem sind potenziell alle Lehramtsstudierenden und Lehrkräfte in der Praxis mit der Aufgabe der Inklusion befasst. In einem weiteren Sinne umfasst Inklusion alle Heterogenitätsdimensionen wie Alter, Geschlecht, soziale und kulturelle Herkunft, sexuelle Orientierung usf. Inklusion im engeren Sinne ist besonders ausgerichtet auf Menschen mit Behinderung und ihre Unterstützungsbedarfe im Lebenslauf, so wie es in der UN-BRK im Einzelnen festgelegt ist. Gerade die Einbeziehung von Kindern und Jugendlichen mit Behinderung bzw. sonderpädagogischem Förderbedarf in allgemeine Schulen erweist sich dabei gegenwärtig in der Bundesrepublik Deutschland als größte Herausforderung für Lehrkräfte. Insofern haben wir als Herausgeber entschieden, dass wir uns mit dieser Inklusionsaufgabe im Schulsystem in diesem Studienbuch besonders intensiv beschäftigen möchten.

Das „Studienbuch Inklusion" ist aus dem Projekt „Basiswissen Inklusion und Sonderpädagogik im Erziehungswissenschaftlichen Studium (BAS!S)" entstanden, für das wir die Federführung im Auftrag des Bayerischen Staatsministeriums für Unterricht und Kultus übernommen haben. Wir arbeiten als Ludwig-Maximilians-Universität München und unserem Münchener Koordinationsbüro mit dem Koordinationsbüro der Julius-Maximilians-Universität Würzburg unter der Leitung von Prof.in Dr. Silke Grafe (Lehrstuhl Schulpädagogik) und Prof. Dr. Christoph Ratz (Lehrstuhl Sonderpädagogik mit dem Schwerpunkt Pädagogik bei geistiger Behinderung) sowie allen universitären Standorten der Lehrerbildung in Bayern zusammen. Im Projekt BAS!S wird zur inklusiven Lehrerbildung ein e-learning-Studienangebot entwickelt.

Das „Studienbuch Inklusion" richtet sich an alle Lehramtsstudierenden (auch ohne Vorkenntnisse im Bereich der Sonderpädagogik) und zielt darauf ab, ein Grundwissen zum Zusammenhang von Inklusion und Sonderpädagogik zu vermitteln. Dazu werden zunächst die sonderpädagogischen Förderschwerpunkte von namhaften Expertinnen und Experten des jeweiligen Faches in prägnanter und praxisnaher Weise vorgestellt (Kap. 1.0). Sodann wird das inklusive Schulsystem im Überblick dargestellt, so wie es sich international in einer Vielfalt an inklusiven Settings derzeit herausbildet. Neben inklusiven Schulen als Schulen für alle ist hier auch an spezielle Klassen in allgemeinen Schulen zu denken, in die ausschließlich Kinder und Jugendliche mit sonderpädagogischem Förderbedarf aufgenommen werden. Außerdem existieren daneben nach wie vor in vielen Ländern der Welt eigenständige Organisationsformen als Unterstützungssysteme für allgemeine Schulen wie Förderschulen und Förderzentren sowie mobile sonderpädagogische Angebote (Kap. 2.0). Die Anforderungen des inklusiven Unterrichts und der inklusiven Schulentwicklung stehen abschließend im Mittelpunkt, um deutlich zu machen, welche Veränderungen in Unterricht und Schulleben erforderlich sind, um ein inklusives Schulsystem zu entwickeln (Kap. 3.0).

Der Studienbuchcharakter wird durch zahlreiche Rubriken mit Definitionen und Praxisbeispielen sowie Abbildungen und Übungsaufgaben besonders hervorgehoben. Kommentierte Literaturempfehlungen sind am Ende jedes Kapitel eingefügt. Wir danken Susanne Bjarsch ganz besonders, dass sie sich mit allen Beiträgen des „Studienbuches Inklusion" intensiv auseinandergesetzt hat und so die didaktische Aufbereitung der Beiträge noch einmal nachhaltig weiterentwickelt hat. In den „Hinweisen zur Arbeit mit dem Studienbuch Inklusion" gibt sie einige Anregungen zum Umgang mit den Texten. Sachregister, wichtige Links, Lösungen zu den Übungsaufgaben sowie Hinweise auf einige Lehr- und Lernmaterialien zum Thema Inklusion beschließen den Band. Bezüglich der gendergerechten Schreibweise haben wir uns in Absprache mit den Ko-Autorinnen und Ko-Autoren dafür entschieden, geschlechtsneutrale Bezeichnungen wenn möglich zu bevorzugen und ansonsten jeweils beide Geschlechter zu benennen, um eine orthographisch korrekte Schreibweise zu gewährleisten. Es sind – wenn nicht anders vermerkt – stets alle Heterogenitätsdimensionen gemeint. Mit Datum vom 14.03.2019 hat die Kultusministerkonferenz (KMK) neue Empfehlungen zum sonderpädagogischen Schwerpunkt LERNEN herausgegeben (vgl. Heft 7/2019 der Zeitschrift für Heilpädagogik). In diesen Empfehlungen stellt die KMK den Begriff des sonderpädagogischen Bildungs-, Beratungs- und Unterstützungsbedarfs in den Mittelpunkt und spricht nunmehr vom sonderpädagogischen Schwerpunkt LERNEN. Weitere Empfehlungen zu den anderen sonderpädagogischen Schwerpunkten werden in den nächsten Jahren vermutlich folgen. In der vorliegenden Publikation behalten wir jedoch die bisher gültige und auf einem wissenschaftlichen Konsens fußende Terminologie (sonderpädagogischer Förderbedarf, sonderpädagogische Förderschwerpunkte) der besseren Verständlichkeit halber vorläufig bei.

Die vorliegende Publikation wäre ohne die großzügige Unterstützung des Bayerischen Staatsministeriums für Unterricht und Kultus (BayStMUK) bezogen auf das Projekt „Basiswissen Inklusion und Sonderpädagogik im Erziehungswissenschaftlichen Studium (BAS!S)" nicht möglich gewesen. Unser besonderer Dank gilt hier Frau Ministerialrätin Tanja Götz und Herrn Ministerialrat a.D. Erich Weigl, ohne deren Einsatz das Projekt BAS!S nicht realisierbar gewesen wäre. Ebenfalls geht ein besonderer Dank an Sabrina Wittkopf im Projektsekretariat des Koordinationsbüros München im Projekt BAS!S für die administrative Begleitung dieser Publikation und an Grace Perryman für die Unterstützung beim Korrekturlesen.

Und nun hoffen wir, dass das „Studienbuch Inklusion" sich als geeignet erweist, die inklusive Ausrichtung der Lehrerbildung wirksam zu unterstützen.

München, im Juni 2019

Ulrich Heimlich
(Lehrstuhl Sonderpädagogik mit dem Schwerpunkt Lernbehindertenpädagogik)
Ewald Kiel
(Lehrstuhl Schulpädagogik)

Inhaltsverzeichnis

Hinweise zur Arbeit mit dem Studienbuch 11

Sonderpädagogische Förderschwerpunkte

Einleitung: Sonderpädagogische Förderung –
Sonderpädagogischer Förderbedarf 17

1 Förderschwerpunkt emotionale und soziale Entwicklung 20
  Roland Stein

2 Förderschwerpunkt geistige Entwicklung 30
  Christoph Ratz

3 Förderschwerpunkt Hören 43
  Annette Leonhardt

4 Förderschwerpunkt körperliche und motorische Entwicklung 55
  Jürgen Moosecker

5 Förderschwerpunkt Lernen 73
  Ulrich Heimlich

6 Förderschwerpunkt Sehen 84
  Markus Lang

7 Förderschwerpunkt Sprache 97
  Andreas Mayer

8 Autismus-Spektrum-Störungen 107
  Reinhard Markowetz

9 Pädagogik bei langfristigen Erkrankungen 121
  Angelika Moosburger

Inklusives Schulsystem

Einleitung: Inklusive Settings 135

10 Förderschulen und Sonderpädagogisches Förderzentrum (SFZ) 138
   Andrea C. Schmid

11 Sonderpädagogische Diagnose- und Förderklassen (S-DFK) 147
   Susanne Bjarsch

12 Mobile Sonderpädagogische Dienste (MSD) 158
   Wolfgang Dworschak und Sabine Kölbl

13 Schulvorbereitende Einrichtungen (SVE) und
    Mobile Sonderpädagogische Hilfe (MSH) 167
    Christina Kießling

14 Sonderpädagogische Diagnose- und Werkstattklassen (SDWK) 178
    Jürgen Schuhmacher

15 Sonderpädagogische Stütz- und Förderklassen (SFK) 189
    Stefan Baier

16 Kooperationsklassen, Partnerklassen, Tandemklassen 198
    Christoph Ratz und Vera Brunhuber

17 Schulen mit dem Profil Inklusion 210
    Ulrich Heimlich

18 Berufsschulen zur sonderpädagogischen Förderung 221
    Hans-Walter Kranert

19 Sonderpädagogische Beratungsstelle 232
    Kathrin Wilfert

Inklusiver Unterricht und inklusive Schulentwicklung

Einleitung: Inklusion als Leitbild – Vielfalt der Wege 245

20 Inklusiver Unterricht 248
    Ulrich Heimlich und Susanne Bjarsch

21 Schulentwicklung in der Inklusion 295
    Ewald Kiel und Sabine Weiß

Verzeichnisse

Sachregister 325
Abkürzungsverzeichnis 328
Autorenspiegel 330

Lehr- und Lernmaterialien

Materialsammlungen für Inklusion in der Praxis, Elternabende,
Steuerungsgruppen, Meinungsbildung zu Inklusion 337

Filme zur Umsetzung und zum Gelingen von Inklusion 338

Links zu Inklusion 340

Lösungen

Lösungen zu Kapitel 1 343
Lösungen zu Kapitel 2 355
Lösungen zu Kapitel 3 364

Hinweise zur Arbeit mit dem Studienbuch

Liebe Leserin, lieber Leser,

es freut uns, dass Sie sich für das „Studienbuch Inklusion" interessieren. Im Folgenden finden Sie essentielle Informationen zur formalen und didaktischen Aufbereitung der Inhalte sowie zu den weiterführenden Hinweisen und Arbeitsaufträgen in jedem Kapitel.

Die Beiträge geben einen Einblick in den jeweiligen inhaltlichen Schwerpunkt. Zentral sind dabei die Erläuterung der spezifischen Terminologie, die konzeptionelle, rechtliche und bildungssystemische Einordnung sowie Handlungsempfehlungen und alltagspraktische Anregungen für die Unterrichtung von Schülerinnen und Schülern mit besonderen Bedürfnissen. Das Hauptaugenmerk bei der Planung und der redaktionellen Bearbeitung des Studienbuchs galt einer formal ansprechenden und didaktisch durchdachten Aufbereitung der Texte, um die selbstständige Auseinandersetzung mit grundlegenden Themen hinsichtlich Inklusion und Sonderpädagogik zu ermöglichen.

Didaktische Aufbereitung

Durch entsprechende Symbole, Farbgebung und Formatierung sind Definitionen, zentrale Inhalte sowie Merkenswertes schnell erkennbar. Grafiken und Stickpunkte entlasten den Textfluss, Schlagwörter am Rand zeigen an, welchen inhaltlichen Schwerpunkt der jeweilige Absatz setzt. Das erleichtert Ihnen als Leserin bzw. Leser die Arbeit mit den Texten und erlaubt eine nachhaltige und gewinnbringende Informationsentnahme. Weiterführende Links und Literaturempfehlungen geben Ihnen Hinweise, wie Sie ein Thema noch über das Studienbuch hinaus vertiefen können. Einen Überblick über die verwendeten grafischen Hinweise und ihre Bedeutung gibt die nachstehende Legende.

Farbgebung und Symbole

Bedeutung verwendeter grafischer und formaler Hinweise

D Beispiel eines Definitionskastens (blau + Symbol)	Definition eines zentralen Begriffs
💡 Beispiel eines Merkkastens (grün + Symbol)	Merkenswertes/zentrale Aussage
B Beispiel eines Beispielkastens (orange + Symbol)	Beispiel/Praxisbezug
Beispiel: Text eingerückt	Wörtliches Zitat
@ @-Symbol	Weiterführender Link/Website

Bedeutung verwendeter grafischer und formaler Hinweise	
Buch-Symbol	Weiterführende Literatur/Literaturempfehlung
Aufgaben-Symbol	Arbeitsauftrag/Aufgabe zur Vertiefung
Literaturverzeichnis-Symbol	Literaturverzeichnis

Arbeitsaufträge

Am Ende jedes Beitrags finden sich mehrere Arbeitsaufträge zur Aufbereitung des Inhalts, zur weiterführenden Arbeit mit Literaturangaben oder zu selbstständigen Recherchen. Die Aufgaben unterstützen eine selbsttätige Auseinandersetzung mit den Texten und bieten die Möglichkeit, das jeweilige Thema noch genauer zu erschließen. Stichpunktartige Lösungen oder Hinweise auf lösungsrelevante Textstellen sind am Ende des Buches gesammelt und entsprechend der durchlaufenden Nummerierung den einzelnen Beiträgen zugeordnet. Die Lösungen erheben keinerlei Anspruch auf Vollständigkeit. Besonders im Rahmen der Inklusion haben vorgeschlagene Maßnahmen, bewährte Konzepte oder Tipps für die Praxis den Charakter einer Empfehlung und geben Orientierung für das eigene pädagogische Handeln in der Arbeit mit Kindern und Jugendlichen mit besonderen Bedürfnissen. Viele der Prinzipien und Maßnahmen, die im Studienbuch behandelt werden, haben sich vielfach bewährt und dementsprechend etabliert. Ein Erfolg ist jedoch niemals eine Garantie für ein erneutes Gelingen in der nächsten gleichen oder ähnlichen Situation oder die langfristige Beseitigung eines Problems. Seien Sie über die vorgeschlagenen Lösungen hinaus mutig und kreativ, nutzen Sie Ihren persönlichen Erfahrungsschatz und erweitern Sie Ihr Repertoire um die in den Beiträgen anschaulich beschriebenen Möglichkeiten.

Abkürzungsverzeichnis

Um zu gewährleisten, dass sich die in der Sonderpädagogik so zahlreich vorkommenden Abkürzungen für Angebote und Institutionen nicht zum Hindernis für die Verständlichkeit des Gelesenen auswachsen, werden die entsprechenden Begriffe im Text zunächst ausgeschrieben und die im weiteren Verlauf verwendete Kurzform in Klammern erkenntlich gemacht. Darüber hinaus finden sich sämtliche Abkürzungen in einem gesonderten Verzeichnis am Ende des Buches alphabetisch aufgelistet und erläutert.

Arbeitsumfang

Die drei Kapitel des Studienbuchs sind so gestaltet, dass die komplette und gewissenhafte Bearbeitung eines Kapitels, inklusive der enthaltenen Aufgaben, in etwa einem Arbeitsumfang von 3 ECTS-Punkten bzw. 90 Stunden entspricht.

Ergänzend zu den Arbeitsaufträgen im Buch entsteht ein Online-Angebot in Form eines moodle-Kurses. Der Kurs wird an den beteiligten Projektstandorten und somit an allen lehrerbildenden Universitäten in Bayern im jeweiligen Online-Kurssystem (meist moodle) implementiert. So besteht für alle Lehramtsstudierenden die Gelegenheit, sich unabhängig von belegten Seminaren oder anderen Präsenzveranstaltungen mit den Themen Inklusion und Sonderpädagogik zu befassen. Jedes der im Studienbuch behandelten Themen ist als Modul in dem moodle-Kurs angelegt. Neben der Möglichkeit, die Lösungen der Arbeitsaufträge aus dem Buch zu besprechen und offene Fragen zu klären, finden sich weitere Informationen zum jeweiligen Schwerpunkt, Spiele und Quizaufgaben sowie Foren für den Austausch mit Mitstudierenden und des Weiteren mehr.

Online-Angebot

Susanne Bjarsch
(Projekt BAS!S – Lehrstuhl für Sonderpädagogik mit dem Schwerpunkt
Lernbehindertenpädagogik und Lehrstuhl für Schulpädagogik)

Sonderpädagogische Förderschwerpunkte

Einleitung: Sonderpädagogische Förderung – Sonderpädagogischer Förderbedarf

Im Jahre 1994 veröffentlicht die Kultusministerkonferenz (KMK) eine „Empfehlung zur sonderpädagogischen Förderung in den Schulen in der Bundesrepublik Deutschland". Hier wird erstmals der Begriff *„sonderpädagogischer Förderbedarf"* in einer amtlichen Verlautbarung verwendet. Er geht zurück auf den Begriff „special educational needs" aus dem angloamerikanischen Raum, der wörtlich mit „spezielle Erziehungsbedürfnisse" übersetzt werden müsste. Gleichwohl hat sich der Begriff „sonderpädagogischer Förderbedarf" etabliert.

Sonderpädagogischer Förderbedarf

> Sonderpädagogischer Förderbedarf liegt vor, wenn Schülerinnen und Schüler auch mit den Mitteln der allgemeinen Schulen nicht mehr hinreichend gefördert werden können und sonderpädagogische Unterstützung erforderlich wird.

Der sonderpädagogische Förderbedarf bedingt noch keine Überweisung an den besonderen Förderort „Förderschule" bzw. „Förderzentrum". Die Feststellung des Förderbedarfs wird damit von der Entscheidung über den Förderort abgekoppelt: Sonderpädagogische Förderung muss nicht mehr zwangsläufig und ausschließlich in Förderschulen und Förderzentren stattfinden (*Prozess der De-Institutionalisierung*). Vielmehr kann dem sonderpädagogischem Förderbedarf auch in allgemeinen Schulen (Grund-, Mittel-, Realschulen, Gymnasien) und in Berufsschulen entsprochen werden. Dazu ist der Einsatz von sonderpädagogischen Lehrkräften in allgemeinen Schulen und Berufsschulen möglich.

Damit tragen die Kultusminister aller 16 Bundesländer im Rahmen einer Konsensentscheidung den langjährigen Erfahrungen mit dem gemeinsamen Unterricht in integrativen Schulen Rechnung. Die Förderung in allgemeinen Schulen hat fortan Vorrang vor der Förderung in Förderschulen bzw. Förderzentren. Der sonderpädagogischen Förderung kommt eine nachrangige und unterstützende Funktion zu. Zunächst müssen die Fördermöglichkeiten der allgemeinen Schulen nachweislich ausgeschöpft worden sein (*Prinzip der Subsidiarität der Sonderpädagogik*). Die KMK-Empfehlungen haben zwar nur empfehlenden Charakter und keine Gesetzes- oder Verordnungskraft, jedoch haben alle Bundesländer der Bundesrepublik Deutschland den Begriff „sonderpädagogischer Förderbedarf" in ihre Schulgesetze aufgenommen und entsprechende Verfahren zur Feststellung des sonderpädagogischen Förderbedarfs entwickelt.

Sonderpädagogische Förderung

Die KMK-Empfehlungen beinhalten einen grundlegenden Perspektivenwechsel in der Bildungspolitik. Waren bisher der Schweregrad einer Behinderung und die Möglichkeiten der Kompensation und Rehabilitation leitend (*Behinderungsorientierung*), so steht nunmehr der Bedarf an sonderpädagogischer Unterstützung bei

Kindern und Jugendlichen im Vordergrund (*Förderorientierung*). In der Folge muss sich die sonderpädagogische Diagnostik zu einer Förderdiagnostik wandeln. Diagnostik dient nunmehr dem Zweck, Möglichkeiten der Förderung zu entdecken. Sie orientiert sich an den vorhandenen Kompetenzen von Kindern und Jugendlichen sowie ihrem aktuellen Entwicklungsstand und bietet darauf aufbauend Fördermaßnahmen für die weiteren Lern- und Entwicklungsschritte an. Die Ergebnisse eines förderdiagnostischen Prozesses zur Feststellung eines sonderpädagogischen Förderbedarfs werden in einem individuellen Förderplan festgehalten und in entsprechenden zeitlichen Abschnitten überprüft.

Sonderpädagogische Förderung folgt einem Prozessmodell, in dem Diagnose, Intervention und Evaluation eng miteinander verknüpft sind. Dieser Förderprozess wird von Beratung und Kooperation aller Beteiligten begleitet und muss jeweils entsprechend begründet werden, z.B. in Gesprächen mit Eltern.

Im Zuge der Veröffentlichung der KMK-Empfehlungen orientiert sich auch die Zusammenarbeit mit den Eltern neu, da die auf den Förderort ihrer Kinder bezogenen Wahl- und Mitbestimmungsrechte der Eltern ausgeweitet werden.

Sonderpädagogische Förderschwerpunkte

Den allgemeinen KMK-Empfehlungen zur sonderpädagogischen Förderung folgen ab 1996 Empfehlungen zu den einzelnen Förderschwerpunkten:
- Förderschwerpunkt Hören (1996),
- Förderschwerpunkt körperliche und motorische Entwicklung (1998),
- Förderschwerpunkt Unterricht kranker Schülerinnen und Schüler (1998),
- Förderschwerpunkt Sehen (1998),
- Förderschwerpunkt Sprache (1998),
- Förderschwerpunkt geistige Entwicklung (1998),
- Förderschwerpunkt Lernen (1999),
- Förderschwerpunkt emotionale und soziale Entwicklung (2000),
- Förderschwerpunkt Erziehung und Unterrichtung von Kindern und Jugendlichen mit autistischem Verhalten (2000).

Kritisch angemerkt wird in der Diskussion dieser Empfehlungen zu den Förderschwerpunkten, dass hier allenfalls die Begriffe ausgetauscht worden seien und im Hintergrund die bekannten Behinderungsarten weiter leitend seien (Hörschädigung, Körperbehinderung, Sehbehinderung, Sprachbehinderung, Geistige Behinderung, Lernbehinderung, Verhaltensstörungen). In der Praxis der Förderdiagnostik wird jedoch sehr schnell klar, dass eine Schülerin bzw. ein Schüler stets in mehreren Schwerpunkten einen Förderbedarf haben kann und sich die Förderschwerpunkte in vielen Bereichen immer stärker überschneiden. Das gilt ganz besonders für die Förderschwerpunkte emotionale und soziale Entwicklung, Lernen und Sprache, welche bei Schülerinnen und Schülern häufig gemeinsam auftreten. Die Aufteilung in verschiedene Förderschwerpunkte bzw. Behinderungsarten und deren klare förderdiagnostische Abgrenzung fällt in der Praxis deshalb immer schwerer. Das innovative Potenzial dieser Förderschwerpunkte wird gleichwohl übersehen. Die Förderschwerpunkte müssen keineswegs klar abgrenzbaren Gruppen von Kindern und Jugendlichen mit gemeinsamen Förderbedürfnissen entsprechen. Vielmehr gilt es auch hier, das Prinzip der Individualisierung in der sonderpädagogischen Förderung konsequent zu Ende zu denken und die unterschiedlichen Förderschwerpunkte beim einzelnen Kind bzw. Jugendlichen ganzheitlich zu betrachten (*Prozess der De-Kategorisierung*). Das bedingt in der Folge eine verstärkte Kooperation der sonderpädagogischen Lehrkräfte mit ihren spezifischen Kompetenzen, bezogen auf die unterschiedlichen Förderschwerpunkte. Probleme beim Hören, in der körperlichen und motorischen Entwicklung, mit Erkrankungen, beim Sehen, in der Sprache, in der geistigen Entwicklung, beim Lernen, in der emotionalen und sozialen Entwicklung sowie bezogen auf Autismus-Spektrum-Störungen können potenziell bei allen Schülerinnen und Schülern in unterschiedlicher Gewichtung auftreten. Somit ergibt sich selbst im Feld der sonderpädagogischen Förderschwerpunkte eine zunehmende Heterogenität und Diversität, die nur noch im Zusammenwirken aller pädagogischen Fachkräfte aufgefangen werden kann. Sonderpädagogische Fachkompetenz wird angesichts dieser Entwicklung auf dem Gebiet der sonderpädagogischen Förderschwerpunkte genauso benötigt wie in allen allgemeinen Schulformen wie Realschulen, Gymnasien und Berufsschulen.

Im Folgenden werden nun die Förderschwerpunkte im Einzelnen vorgestellt.

1 Förderschwerpunkt emotionale und soziale Entwicklung
Roland Stein

1.1 Der Förderschwerpunkt emotionale und soziale Entwicklung als Fachdisziplin

Aggressivität und Aufmerksamkeits-(Hyperaktivitäts-)störungen (ADHS) – das kennzeichnet stark das Bild dieses sonderpädagogischen Förderschwerpunktes, der in den vergangenen Jahren zunehmend in die Aufmerksamkeit geraten ist, auch und gerade im Hinblick auf Zielsetzungen eines stärker inklusiven Bildungssystems. Ein genauerer Blick wird im Folgenden zeigen, dass diese Aspekte durchaus wichtig sind, jedoch bei weitem nicht die Breite der Herausforderungen in diesem Bereich ausmachen. Ebenso wird deutlich werden, dass es als Voraussetzung für eine differenzierte Analyse von Maßnahmen der Prävention und der Intervention unverzichtbar ist, die dahinter stehenden Probleme auf verschiedenen Ebenen zu betrachten.
Es handelt sich um einen sonderpädagogischen Förderschwerpunkt, der in besonderer Form interdisziplinär verortet ist: Es gibt vielfältige Verbindungen zu relevanten Nachbardisziplinen wie der Sozialpädagogik und der Jugendhilfe, der Kinder- und Jugendpsychiatrie oder auch der Justiz. Zugleich wird er durch verschiedene Lehrstühle mit unterschiedlichen Bezeichnungen bundesweit repräsentiert.

1.1.1 Definition und theoretische Grundlagen

Zielgruppe Welche Kinder und Jugendlichen sind gemeint, wenn von „Förderschwerpunkt emotionale und soziale Entwicklung (FS esE)" die Rede ist? Göppel (2018, 220) stellt hierzu die Begriffe aus der Fachszene zusammen:
- „Kinder in Not",
- „Problemkinder",
- „Störer",
- „Kinder mit psychischen Auffälligkeiten",
- „Kinder mit Verhaltensstörungen",
- „Kinder mit sozial-emotionalen Auffälligkeiten",
- „schwer belastete Kinder und Jugendliche".

Im engeren Sinne spricht er, mit Nohl, von einem „Ernstfall der Pädagogik" (ebd.). Die KMK (vgl. 2000) formuliert dies etwas erweitert als Förderschwerpunkt im Bereich der emotionalen und sozialen Entwicklung, des Erlebens und der Selbststeuerung, des Umgehen-Könnens mit Störungen des Erlebens und Verhaltens.

Bereits eingangs wurden zwei zentrale Problemfelder angesprochen: Aggressivität und AD(H)S. Allerdings ist das Feld deutlich breiter.

Hilfreich ist ein Blick auf epidemiologische Daten zu „psychischen Störungen". Er fördert zutage, dass solche Störungen bei Kindern und Jugendlichen mit geschätzten 15-20% erheblich verbreitet sind (Ihle & Esser 2002; 2008; Hölling u.a. 2007; 2014) und dass im Spektrum der unterschiedlichen Störungen die sogenannten ‚internalisierenden Störungen' wie Angstproblematiken und Depressivität mindestens ebenso stark vertreten sind wie die ‚externalisierenden Störungen' ADHS und Dissozialität. Hinzu kommen weitere Phänomene, die gleichfalls stark „internalisierenden" Charakter haben: Essstörungen, Traumatisierungsstörungen, Suizidalität, Abhängigkeiten und Sucht. Einen besonderen Stellenwert hat Schulabsentismus in Form von ‚innerer' oder auch physischer Verabschiedung von Schule (vgl. Ricking u.a. 2009). Wenn zugleich die (über die letzten 15 Jahre deutlich gestiegene) Förderquote emotional-sozialer Entwicklung im schulischen Bereich bei gut 1% der Schüler liegt (siehe 1.2), wird im Abgleich mit den epidemiologischen Daten eine erhebliche Schere deutlich. Vermutlich gibt es eine beträchtliche Dunkelziffer gravierender Problematiken, die schulisch nicht als Förderbedarf deklariert werden.

Versucht man all dies aus einer sonderpädagogischen Perspektive zusammenzufassen, dann sind die zusammengestellten Erscheinungsweisen durch überdauernde Problematiken im Verhalten und im Erleben der betroffenen Kinder und Jugendlichen gekennzeichnet. Es handelt sich um junge Menschen, die sich und/oder anderen Probleme bereiten. Insofern liegt immer ein Leidensdruck vor, auf Seiten der betroffenen Kinder und Jugendlichen, auf Seiten der Personen in ihrem Umfeld – und oft auf beiden Seiten. Dabei steht hinter diesen Problemen mit sich und/oder anderen sehr häufig eine Biographie, die durch mannigfaltige Belastungen der Betroffenen selbst gekennzeichnet ist. Insofern können diese Verhaltensauffälligkeiten als Auffälligkeiten des Verhaltens im engeren Sinne sowie des inneren Erlebens gekennzeichnet werden – Auffälligkeiten im Sinne eines „Signals", hinter denen jeweils eine Störung im Person-Umwelt-Bezug steht: Irgendetwas in der Interaktion dieser jungen Menschen mit ihrem Umfeld ist gestört, und die Kinder und Jugendlichen reagieren auf dieses Umfeld, mit dem sie sich handelnd auseinandersetzen müssen:

„Verhaltensstörungen sind Störungen im Person-Umwelt-Bezug. Sie treten in sozialen Systemen auf und äußern sich bei Kindern und Jugendlichen in Form von Verhaltensauffälligkeiten als Beeinträchtigungen des Verhaltens und Erlebens, welche problematische Folgen für die betroffenen Personen selbst und/oder ihr Umfeld nach sich ziehen. Dabei bedürfen überdauernde, verfestigte Verhaltensauffälligkeiten besonderer pädagogischer und gegebenenfalls auch therapeutischer Unterstützungsmaßnahmen" (Stein 2017, 12).

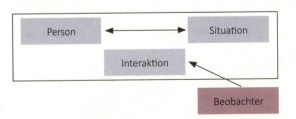

Abb. 1.1: Verhaltensstörungen aus interaktionistischer Perspektive

Eine solche Störung findet sich („ontogenetisch") in der Biographie der Betroffenen, kann aber auch („aktualgenetisch") ein Kennzeichen ihrer aktuellen Lebenssituation sein. Insofern führen akute Belastungen zu auffälligem Verhalten und Erleben, das noch nicht verfestigt sein muss. Bei andauernder Belastung oder massiv traumatisierenden Einflüssen kann dies jedoch geschehen und zu einer auffälligen Persönlichkeitsstruktur und auffälligen Eigenheiten führen (vgl. ebd.). Zu solchen akuten Belastungssituationen kann auch die Klassen- und Unterrichtssituation zählen, einschließlich des Unterrichts und der beteiligten Lehrpersonen selbst.

Hintergründe

Ein solches interaktionistisches Verständnis der Probleme betroffener Kinder und Jugendlicher beinhaltet ein Spektrum von hoch problematischen persönlichen Strukturen, die pädagogische, teilweise auch therapeutische Interventionen notwendig machen – bis hin zu zeitlich umschriebenen Reaktionen auf aktuelle Belastungssituationen, die präventiv und frühinterventiv angegangen werden können. Aus sonderpädagogischer Perspektive ist dies bedeutsam, denn Prävention mit pädagogischen Mitteln bedeutet eine Bemächtigung (sonder-)pädagogischen Handelns, um die Notwendigkeit von hochinterventiven Maßnahmen (psychiatrische oder psychotherapeutische Behandlung, Maßnahmen des Jugendarrestes und der Jugendstrafe) zu minimieren, aber auch um unnötige Etikettierungen zu vermeiden.

Theorien zur Erklärung von Verhaltensstörungen sowie überdauernden Auffälligkeiten bei Kindern und Jugendlichen kommen aus den zentralen „Schulen" der Psychologie (Psychoanalyse, Lernpsychologie, Humanistische Psychologie, Situationismus, Handlungsregulationstheorie), aber auch der Soziologie und der Medizin (Stein 2017, 64ff.). Diese Theorien sind durchweg praxisrelevant, und sie lassen sich nicht gegeneinander ausspielen; sie ergänzen sich im Hinblick auf die Komplexität der Entstehung solcher Problematiken. Während etwa lernpsychologische Ansätze sich direkt auf die Erklärung von schlecht angepasstem Verhalten beziehen, reichen psychoanalytische Theorien in die Tiefe der innerpsychischen Problematiken hinein, einschließlich von Bindungsstörungen und Traumatisierungen.

1.1.2 Aktuelle theoretische und empirische Arbeit im Fachgebiet

Forschungsthemen

Die Forschung im Fachkontext dieses Förderschwerpunktes ist vielfältig und lässt sich schwerlich in sehr kurzer Form auch nur skizzieren. Dabei erlauben nicht nur empirische Erhebungen wichtige Erkenntnisse zu diesem Förderschwerpunkt. Über die Jahrzehnte, aber auch stark in den letzten Jahren, sind bedeutsame theoretische Auseinandersetzungen mit diesem Themenbereich sowie wichtigen Teilaspekten zu nennen. Hier sollen ein paar „Schlaglichter" auf ausgewählte wichtige Themen geworfen werden: Vergleichsweise sachorientierte Diskussionen um mehr Inklusion im FS esE werden im „Response-to-Intervention-Ansatz" geführt:

Rügener Inklusionsmodell (RIM, Voß u.a. 2016) auf Basis des Response to Intervention-Ansatzes (RTI; Huber & Grosche 2012)
- Vergleich inklusive versus spezielle Beschulung von Schülerinnen und Schülern mit dem FS esE,
- Erfolge im Bereich der emotionalen und sozialen Entwicklung bei inklusiver Beschulung,
- differenziert zu betrachten: keine Wertigkeit bzw. Konkurrenz zw. inklusiven und speziellen Formaten,

- individuell zu fördernde Aspekte entscheidend für die Wahl des Förderortes und der passenden Maßnahmen (Stein & Ellinger 2018),
- Diagnostik und „Evidenzbasierung" im RTI-Ansatz:
  - Grundannahme: präventive Förderung vermeidet Etikettierung
  - Bedingung: frühzeitige flächendeckende Screenings und Arbeit mit evidenzbasierten Förderprogrammen und Trainings
  - Grenzen/Kritik: Erziehung ist weit mehr als die Durchführung von strukturierten Programmen (vgl. Müller & Stein 2018)

Eine differenzierte internationale Betrachtung von Inklusion führt zu einem Spektrum an möglichen Maßnahmen:

Kanadisches Kaskadenmodell („cascade model"): acht Stufen von stark inklusiven bis stark exklusiven Systemen (vgl. Hennemann, Ricking & Huber 2018) (s. Tab. 1.1)

In jüngerer Zeit finden sich auch Vertiefungen zentraler Themen im Hinblick auf Umgang mit entsprechenden Problemen:
- Vertrauen (Müller 2017)
- Bindung und Traumatisierung (Herz, Zimmermann & Meyer 2015)

1.1.3 Bedeutung für das Erleben und Lernen betroffener Schülerinnen und Schüler

Es wird deutlich, dass gerade in diesem Förderschwerpunkt das Spektrum der zu erwartenden Beeinträchtigungen enorm breit und inhaltlich differenziert ist – und dabei auch differenzierter pädagogischer Antworten bedarf. Fatal ist, dass sich, ausgehend von familiären, schulischen und aus dem Kontext der Peergroup resultierenden Problemen, Aufschaukelungsprozesse ergeben, in die gerade auch Lehrkräfte rasch verwickelt werden: Schüler verhalten sich schwierig, Lehrer reagieren darauf mit Maßnahmen, auf welche die Schüler wiederum (aversiv, mit Widerstand, aggressiv, ausweichend) reagieren, was die Lehrer wiederum zu verschärften Reaktionen bringt usf. Es ist wichtig, aus solchen Prozessen rechtzeitig aussteigen zu können. Dazu gehört auch, immer wieder zu versuchen, die Perspektive des Kindes einzunehmen. Verschiedene beeindruckende Beispiele dieser Perspektive für das wichtige Thema Vertrauen finden sich bei Müller (vgl. 2017).

Dynamik von Verhaltensstörungen

1.2 Der Förderschwerpunkt emotionale und soziale Entwicklung im Alltag der allgemeinen Schule

1.2.1 Situation im Hinblick auf Inklusion

Zahlen zu schulischen Förderbedarfen werden durch die jährlichen KMK-Statistiken erfasst. Für den Stand 2016 waren es knapp 87.000 Schülerinnen und Schüler bundesweit, für die ein Förderbedarf emotionale und soziale Entwicklung attestiert wurde (vgl. KMK 2018). Dabei ist zu beobachten, dass die Förderquoten zwischen 2007 und 2016 von 0,639% auf 1,183% aller Schülerinnen und Schüler kontinuierlich

Zahlen

und sehr deutlich gestiegen sind; dieser Anstieg war bereits vor 2007 zu verzeichnen. Von grundsätzlicher Bedeutung ist zudem, dass über 12.000 Schülerinnen und Schüler potenziell hinzukommen, die man leider mittlerweile – zu wenig differenziert – dem Förderbereich „L-S-E" („Lernen, Sprache, emotionale und soziale Entwicklung") subsumiert.

Mit Stand 2016 werden 43,6% der Schülerinnen und Schüler im FS esE in Förderschulen und 56,4% in allgemeinen Schulen beschult; 2007 war dieses Verhältnis noch ziemlich genau umgekehrt. Es zeigt sich, dass über die Jahre in etwa die Hälfte der Schülerschaft in diesem Förderschwerpunkt „inklusiv", die andere Hälfte in besonderen Einrichtungen zu finden. Die Förderschulbesuchsquote liegt damit 2016 bei 0,516% (KMK 2018). Auch sie ist zwischen 2007 und 2014 angestiegen; seitdem ist eine minimale Verringerung zu verzeichnen. Im Hinblick auf die schulsystemische Zuordnung der Kinder und Jugendlichen ist dieser Förderschwerpunkt also schon lange stark „inklusiv" ausgerichtet.

Spektrum von Optionen

Von „der" Inklusion zu reden widerspricht dabei der Komplexität des Gegenstandes. Inklusion und Exklusion bezeichnen ein Spannungsfeld und ein Spektrum, bei dem es nicht einfach die eine „Seite" oder die andere gibt, wie es im Inklusionsdiskurs der letzten zehn Jahre allzu häufig gesehen wird. Entscheidend ist die sinnvolle und gezielte schulische Versorgung von Schülerinnen und Schülern anhand ihrer individuellen Förderbedarfe, für die es, aus pädagogischer Verantwortung heraus, einer professionellen Diagnostik bedarf. Insofern können Schulen für Erziehungshilfe und andere „exklusive" Systeme – wenn es auch provokant wirken mag – durchaus aus einer individualisierten und sonderpädagogischen Perspektive heraus als „inklusiv" bezeichnet werden (Müller 2013): Diese Schulen haben eine wichtige Position im Reigen der schulischen Angebote, denn sie dienen einer Verankerung ihrer Schülerinnen und Schüler in der Gesellschaft. Neben den beiden Extremen einer rein „inklusiven" und einer „exklusiven" Beschulung sollte ein Spektrum von Optionen verfügbar sein. Das kanadische „Kaskadenmodell" wurde bereits angesprochen und soll hier als Beispiel graphisch skizziert werden: Es unterscheidet acht Stufen der Förderung, die sich aus der Intensität des jeweiligen Förderbedarfs ergeben und insofern die individuelle, dosiert angemessene Wahl eines entsprechenden Fördersettings erlauben sollen:

Tab. 1.1: Cascade Model (nach Hennemann u.a. 2018)

Regular Classroom (Integration Inclusion)
Regular Class & Support Personnel (Integration Inclusion)
Regular Class & Ressource Room
Part Time Special Class
Full Time Special Class
Special Day School
Residential Day School
Homebound/Hospital

Es handelt sich um ein differenziert gestuftes Modell aus einem Land, das als Vorreiter von schulischer Inklusion gilt.

1.2.2 Spezifische Herausforderungen in der Unterrichtspraxis und im Schulleben

Typische Schwierigkeiten sind zum einen die „kleinen" alltäglichen Störungen, welche den Lehrkräften das schulische „Leben schwer machen" – und zum anderen massive Auffälligkeiten, die eine ganze Klasse „sprengen" und die Begrenztheit der eigenen Erziehungsbemühungen deutlich machen. Allgemeine Schulen sind dabei ein wichtiges Lernfeld für Schülerinnen und Schüler mit emotional-sozialem Förderbedarf. Zugleich sind sie aber auch ein Feld, das stets kritisch im Hinblick auf seine Schwierigkeiten und Begrenzungen betrachtet werden muss – zum Wohle der Kinder mit und der Kinder ohne solchen Förderbedarf und zum Wohle des Personals.

Anforderungen

Des Weiteren entstehen Reibungspunkte dadurch, dass die Arbeit in der allgemeinen Schule auf Lernprozesse im kognitiven Bereich ausgerichtet ist. Emotionale und soziale Aspekte des Lernens sollten aber ebenso Bedeutung haben für die Planung, Gestaltung und Auswertung von Unterricht (Stein & Stein 2014). Gerade im Hinblick auf den aktuellen Druck aus Leistungsvergleichsstudien (PISA usw.) verschiebt sich der Aufmerksamkeitsfokus noch stärker in Richtung Schulleistung. Dies ist aber aus der Perspektive dieses Förderschwerpunktes zu kurz gedacht, wenn nicht zugleich eine emotionsbezogene und verhaltensorientierte Förderung stattfindet – und man darüber hinaus auch die Schülerinnen und Schüler mit internalisierenden Problemen nicht übersieht.

Schulleistungen

1.2.3 Handlungsempfehlungen und Fördermaßnahmen

Was kann grundlegend und langfristig im Hinblick auf die unterrichtliche Arbeit getan werden? Aus der Diskussion um Unterrichtskonzepte im Bereich Pädagogik bei Verhaltensstörungen kommt eine Fülle von Ansätzen, die seit den 1970er Jahren entwickelt wurden. Dazu zählen spezifische Unterrichtskonzepte, die eine besondere Strukturierung von Raum, Zeit oder Regelsystemen vorsehen. Gängig sind der gezielte, auf die Bedürfnisse der Kinder und Jugendlichen zugeschnittene Einsatz von offenen Unterrichtsformen, handlungsorientiertem Unterricht, Projektlernen sowie Lernleitern, spezifische Unterrichtsansätze (z.B. kooperative Verhaltensmodifikation oder Streit-Schlichter-Konzepte) oder auch schülerzentrierte Vorgehensweisen in der Tradition der humanistischen Psychologie (vgl. Stein & Stein 2014, 143ff.; Hillenbrand 2011). All diese Ansätze können Anregungen für inklusiven Unterricht darstellen – allerdings bedürfen sie stets einer guten Passung zu den Bedarfen der jeweiligen Lerngruppe. Je stärker Auffälligkeiten des Verhaltens und Erlebens zutage treten, umso wichtiger wird die beratende und unterstützende Einbindung einer spezifischen sonderpädagogischen Fachexpertise sein.

Unterrichtskonzepte

Die aktuelle Planung der nächsten Unterrichtstage stellt konkrete Anforderungen im Hinblick auf den Förderschwerpunkt emotionale und soziale Entwicklung. Je stärker Verhaltensauffälligkeiten in einer Klasse erscheinen, umso wichtiger ist ein gut vorbereiteter Unterricht, der folgende Kriterien erfüllt:
- Rücksichtnahme auf emotionale und soziale Probleme, schon in der Planungsphase
- Kennen der Klasse, Antizipation von Störungen
- mehrere Planungsvarianten und Flexibilität bei aktuellen Störungen (Stein & Stein 2014, 225ff.)

Classroom Management

Ein bekannt gewordenes und verbreitetes Konzept zur Gestaltung des Unterrichts und des Schulalltags ist das „*Classroom Management*": Es fokussiert stark auf präventive und frühinterventive Maßnahmen, die den alltäglichen Unterrichtsstörungen gelten (vgl. Stein & Stein 2014, 217ff.):
- „Reibungslosigkeit und Schwung" im Sinne eines gut gestalteten, flüssig vorbereiteten und entsprechend umgesetzten Unterrichts,
- Setzen weniger, gezielter und möglichst mit den Schülern gemeinsam entwickelter Regeln,
- „withidness": umsichtig alle Schüler und ihr aktuelles Verhalten im Blick haben,
- „overlapping": zwei bzw. mehrere Dinge gleichzeitig tun, z.B. Tafelanschrib und Signal an eine Schülerin oder einen Schüler wegen beginnenden Störverhaltens.

Es ist hinzuzufügen, dass Maßnahmen des „Classroom Management" hilfreich sind, allerdings eher die „milderen" Probleme fokussieren und nicht die gravierenden.

Erziehung

Diesbezüglich hat sich, über die konkrete didaktische Arbeit hinaus, ein sehr breites Spektrum der auf Erziehung bezogenen Konzepte und Ansätze entwickelt (vgl. Stein 2017, 223ff.). Dieses geht zum einen von den unterschiedlichen, oben angesprochenen Erklärungsansätzen aus – und richtet sich zum anderen auf bestimmte konkrete Funktionsbereiche wie die Entwicklung von Moralität, Spiel oder Psychomotorik. Auch aus diesem Spektrum können Anregungen für inklusiven Unterricht gewonnen werden; zugleich erfordern viele dieser Ansätze eine vertiefte sonderpädagogische Kompetenz. Schon der verbreitet empfohlene Einsatz von Verstärkersystemen (*Token-Economies*) bedarf sehr genauer Überlegungen und einer differenzierten Planung, die oft eine professionelle Beratung unverzichtbar machen.

Lehrkräfte

Welche Anforderungen ergeben sich aus all dem für die Lehrpersonen? Neben dem Aufbau von dezidierten Kompetenzen zum Umgang mit auffälligem Erleben und Verhalten ist auch die eigene Haltung von besonderer Bedeutung.

> Aus der Sonderpädagogik heraus gilt dabei mehr als üblich ein Primat der Erziehung parallel zum Fokus auf Fortschritte im fachlichen Lernen (vgl. Speck 1991; Müller & Stein 2018).

Im Hinblick auf den Umgang mit Auffälligkeiten des Erlebens und Verhaltens kann man von den langjährigen Erfahrungen aus der Erziehungshilfe lernen (Stein 2004). Aspekte wie die folgenden stehen für Kompetenzen und Bereitschaften, die im Rahmen eines langen Berufsweges auf- und ausgebaut werden müssen:
- Offenheit für Anregungen aus Praxis und Wissenschaft
- Empathie
- Akzeptanz und Echtheit
- Klarheit und Strukturiertheit
- Orientierung auf Beziehungsaufbau
- Kompetenz, mit Spannungsfeldern in der eigenen Rolle umgehen zu können
- Humor (nicht Sarkasmus und Zynismus)
- Fähigkeit zum Umgang mit Hindernissen und Scheitern

> Je nach Häufigkeit und Schwere der auftretenden Verhaltensauffälligkeiten in einer Lerngruppe, Klasse und Schule empfehlen sich unbedingt der Aufbau und die Pflege eines unterstützenden Netzwerkes nach außen hin.

Netzwerke

An erster Stelle stehen hier sonderpädagogische Unterstützungszentren, etwa für Bayern Förderzentren für Erziehungshilfe. Wichtig sind jedoch auch verschiedene regionale Beratungsstellen und schulpsychologische Dienste. Die Jugendhilfe mit ihrem Spektrum an Angeboten der Hilfen zur Erziehung ist als bedeutsamer Partner unverzichtbar und in der schulischen Erziehungshilfe seit Jahrzehnten etabliert und bewährt. Hinzu kommen gegebenenfalls Kontakte zu niedergelassenen Kinder- und Jugendpsychiaterinnen und -psychiatern sowie entsprechenden Kliniken. Nicht zu unterschätzen sind zudem niederschwellige und präventive Kontakte zur Polizei und die gezielte Zusammenarbeit mit dieser.

Das Stützsystem der Schulen mit dem Förderschwerpunkt emotionale und soziale Entwicklung sollte sich zu einem Förderzentrum Erziehungshilfe weiterentwickeln, wie es – einschließlich der aufgabenbezogenen Schwerpunktsetzungen – Abbildung 2 skizzenhaft zeigt:

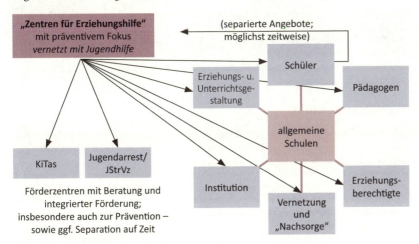

Abb. 1.2: „Zentren für Erziehungshilfe" (Stein & Müller 2014, 240)

Auch schulintern ist die enge Zusammenarbeit wichtig. Das gilt für ein geschlossenes Auftreten und ein klares Reglement in der Schule selbst, die entschiedene und intern gut koordinierte Reaktion auf Vorfälle und die Etablierung von internen Stützsystemen wie Schulsozialarbeit und gegebenenfalls direkt in der Schule tätigen sonderpädagogischen Lehrkräften. Dabei spielen gerade für diesen Förderschwerpunkt kollegiale Beratung, Intervision (im Team) sowie Supervision eine große Rolle. Diese Formate sind allen in der Praxis tätigen sehr zu empfehlen, um von sich selbst einen Schritt zurückzutreten (Myschker & Stein 2018, 335ff.).

Dringend zu unterscheiden sind eine allgemeine pädagogische Kompetenz einerseits und eine vertiefte sonderpädagogische Expertise andererseits. Nicht jede(r) muss alles können und tun; hilfreich ist die Weiterentwicklung der persönlichen

Expertise

Lehrerkompetenz im Hinblick auf Prävention der Verfestigung von Auffälligkeiten des Erlebens und Verhaltens – aber auch die Verfügbarkeit sonderpädagogischer Fachexpertise. Es kann durchaus sinnvoll sein, Schülerinnen und Schüler zeitweise oder längerfristig in speziellen Einrichtungen zu beschulen – zuvor sollten jedoch die Möglichkeiten einer inklusiven Beschulung so weit wie möglich ausgelotet und überprüft werden. Dasselbe gilt bei Hinzuziehung unterstützender Maßnahmen.

Arbeitsaufträge

1. Reflektieren Sie den grundgelegten Unterschied zwischen Verhaltensauffälligkeiten und Verhaltensstörungen (aus interaktionistischer Perspektive). Wie wäre auffälliges Verhalten aus dieser Perspektive unterschiedlich erklärbar?
2. Inwiefern ergeben sich Unterschiede pädagogischen Arbeitens mit einem aggressiven, einem ängstlichen und einem hinsichtlich Aufmerksamkeit und (Hyper-) Aktivität auffälligen Kind? Wo sehen Sie jeweils Schwerpunkte des Ansetzens?
3. Welche Herausforderungen bedeuten Auffälligkeiten des Erlebens und Verhaltens für Sie als Person und Ihre Persönlichkeit? Inwiefern möchten Sie sich hier weiterentwickeln?
4. Reflektieren Sie ein bevorstehendes Elterngespräch bei massiv aggressivem Verhalten eines Kindes. Wie könnten Sie das Gespräch strukturieren? Worauf wäre zu achten? Versuchen Sie sich in die mögliche Perspektive der Eltern zu versetzen.
5. Bearbeiten Sie die Theorien zur Erklärung von Verhaltensstörungen in Stein (2017, 64ff.). Welche Theorien liegen Ihnen „nahe", welche erleben Sie als „fern"? Versuchen Sie konkrete Beispiele der Auffälligkeiten von Schülerinnen und Schülern zu finden, die zu bestimmten dieser Theorien passen könnten.

Weiterführende Links

Seite des Lehrstuhls für Sonderpädagogik V, Pädagogik bei Verhaltensstörungen an der JMU Würzburg: Positionierungen zu Inklusion, Interaktionismus und Erziehung http://www.sonderpaedagogik-v.uni-wuerzburg.de/startseite/(Abruf vom 27.06.2019)

Informationen des ISB Bayern zum FSP emotionale und soziale Entwicklung: https://www.isb.bayern.de/foerderschulen/foerderschwerpunkte/emotionale-und-soziale-entwicklung/(Abruf vom 27.06.2019)

MSD-Rundbriefe zu verschiedenen Schwerpunktthemen und Ansprechpartner für verschiedene Förderschwerpunkte: https://www.isb.bayern.de/foerderschulen/mobil-sonderpaedagogische-dienste-msd/ (Abruf vom 27.06.2019)

Information des Staatsministeriums für Unterricht und Kultus zu Schulberatung: https://www.km.bayern.de/ministerium/institutionen/schulberatung.html (Abruf vom 27.06.2019)

Elterninformation über verschiedene Förderschularten und inklusive Angebote: https://www.km.bayern.de/eltern/schularten/foerderschule.html (Abruf vom 27.06.2019)

Informationen und Kontaktdaten bayerischer Erziehungsberatungsstellen: https://www.stmas.bayern.de/erziehungsberatung/stellen/index.php (Abruf vom 27.06.2019)

Literatur

Ahrbeck & Willmann (Hrsg.) (2010): Pädagogik bei Verhaltensstörungen. Ein Handbuch. Stuttgart: Kohlhammer.

Gasteiger-Klicpera, B., Julius, H. & Klicpera, C. (Hrsg.) (2008): Sonderpädagogik der sozialen und emotionalen Entwicklung. Göttingen: Hogrefe.

Göppel, R. (2018): Erziehung und Therapie. In: Müller, T. & Stein, R. (Hrsg.): Erziehung als Herausforderung. Bad Heilbrunn: Klinkhardt. 220-233.

Hennemann, T., Ricking, H. & Huber, C. (2018): Organisationsformen inklusiver Förderung im Bereich emotional-sozialer Entwicklung. In: Stein, R. & Müller, T. (Hrsg.): Inklusion im Förderschwerpunkt emotionale und soziale Entwicklung. 2. Auflage. Stuttgart: Kohlhammer. 115-149.

Herz, B., Zimmermann, D. & Meyer, M. (Hrsg.) (2015): „… und raus bist Du!" Bad Heilbrunn: Klinkhardt.

Hillenbrand, C. (2011): Didaktik bei Unterrichts- und Verhaltensstörungen. Zweite Auflage. München: Reinhardt.

Hölling, H., Erhart, M., Ravens-Sieberer, U. & Schlack, R. (2007): Verhaltensauffälligkeiten bei Kindern und Jugendlichen. Erste Ergebnisse aus dem Kinder- und Jugendgesundheitssurvey (KiGGS). Bundesgesundheitsblatt – Gesundheitsforschung – Gesundheitsschutz 5/6, 784-793.

Hölling, H., Schlack, R., Petermann, F., Ravens-Sieberer, U. & Mauz, E. (2014): Psychische Auffälligkeiten und psychosoziale Beeinträchtigungen bei Kindern und Jugendlichen im Alter von 3 bis 17 Jahren in Deutschland – Prävalenz und zeitliche Trends zu 2 Erhebungszeitpunkten (2003-2006 und 2009-2012). In: Bundesgesundheitsblatt 57, 807-819.

Huber, C. & Grosche, M. (2012): Das response-to-intervention-Modell als Grundlage für einen inklusiven Paradigmenwechsel in der Sonderpädagogik. In: Zeitschrift für Heilpädagogik 63 (8), 312-322.

Ihle, W. & Esser, G. (2002): Epidemiologie psychischer Störungen im Kindes- und Jugendalter: Prävalenz, Verlauf, Komorbidität und Geschlechtsunterschiede. In: Psychologische Rundschau 53 (4), 159-169.

Ihle, W. & Esser, G. (2008): Epidemiologie psychischer Störungen des Kindes- und Jugendalters. In: Gasteiger-Klicpera, B., Julius, H. & Klicpera, C. (Hrsg.): Sonderpädagogik der sozialen und emotionalen Entwicklung. Göttingen: Hogrefe. 49-62.

KMK (Kultusministerkonferenz) (1994): Empfehlungen zur sonderpädagogischen Förderung in den Schulen der Bundesrepublik Deutschland. Bonn: KMK.

KMK (Kultusministerkonferenz) (2000): Empfehlungen zum Förderschwerpunkt emotionale und soziale Entwicklung. Bonn: KMK.

KMK (Kultusministerkonferenz) (2018): Sonderpädagogische Förderung an Schulen. Im Internet unter: https://www.kmk.org/fileadmin/Dateien/pdf/Statistik/Dokumentationen/AW_SoPae_2016.pdf (Abruf vom 24.04.2018).

Müller, T. (2013): Schulen zur Erziehungshilfe – inklusive Schulen? In: Vierteljahresschrift für Heilpädagogik und ihre Nachbargebiete 82 (1), 35-45.

Müller, T. (2017): „Ich kann Niemandem mehr vertrauen." Bad Heilbrunn: Klinkhardt.

Müller, T. & Stein, R. (Hrsg.) (2018): Erziehung als Herausforderung. Bad Heilbrunn: Klinkhardt.

Myschker, N. & Stein, R. (2018): Verhaltensstörungen bei Kindern und Jugendlichen. 8. Auflage. Stuttgart: Kohlhammer.

Ricking, H., Schulze, G. & Wittrock, M. (Hrsg.) (2009): Schulabsentismus und Dropout. Paderborn: Schöningh.

Speck, O. (1991): Chaos und Autonomie in der Erziehung. München u. Basel: Reinhardt.

Stein, R. (2004): Zum Selbstkonzept im Lebensbereich Beruf bei Lehrern für Sonderpädagogik. Hamburg: Kovač.

Stein, R. (2017): Grundwissen Verhaltensstörungen. 5. Auflage. Baltmannsweiler: Schneider.

Stein, R. & Ellinger, S. (2018): Zwischen Separation und Inklusion: zum Forschungsstand im Förderschwerpunkt emotionale und soziale Entwicklung. In: Stein, R. & Müller, T. (Hrsg.): Inklusion im Förderschwerpunkt emotionale und soziale Entwicklung. 2. Auflage. Stuttgart: Kohlhammer. 80-114.

Stein R. & Müller, T. (2014): Psychische Störungen aus sonderpädagogischer Perspektive. In: Sonderpädagogische Förderung heute 59 (3), 232-244.

Stein, R. & Müller, T. (Hrsg.) (2018): Inklusion im Förderschwerpunkt emotionale und soziale Entwicklung. 2. Auflage. Stuttgart: Kohlhammer.

Stein, R. & Stein, A. (2014): Unterricht bei Verhaltensstörungen. 2. Auflage. Bad Heilbrunn: Klinkhardt.

Voß, S. u.a. (2016): Der Response-to-Intervention-Ansatz in der Praxis. Münster: Waxmann.

2 Förderschwerpunkt geistige Entwicklung
Christoph Ratz

2.1 Der Förderschwerpunkt geistige Entwicklung als Fachdisziplin

2.1.1 Definition und theoretische Grundlagen

Begrifflichkeiten

„Förderschwerpunkt geistige Entwicklung" (FS gE) ist ein Begriff, der nur im Bereich der Schulen Geltung hat, von der KMK festgelegt wurde und damit in ganz Deutschland gilt (Ausnahme Rheinland-Pfalz: „ganzheitliche Entwicklung"). Er bezeichnet den sonderpädagogischen Förderbedarf von Schülerinnen und Schülern mit geistiger Behinderung. Sowohl der Begriff „geistige Behinderung" als auch dessen Definition sind Gegenstand einer lange geführten Diskussion, die nicht als abgeschlossen verstanden werden kann. Kritik entzündet sich zunächst am Präfix „geistig", welches ausgesprochen uneindeutig ist. Ist es synonym mit „intellektuell" oder „kognitiv"? Oder werden philosophisch-bildende oder gar religiöse (oder esoterische) Potenziale bzw. Einschränkungen damit angedeutet? Kann ein „Geist" überhaupt „behindert" sein? Offenbar besteht ein Vorteil dieses Begriffs darin, dass er so uneindeutig ist und damit eine mögliche Diskriminierung durch den Begriff per se ein wenig relativiert wird – aber damit natürlich noch lange nicht vermieden wird. In den Einrichtungen für Menschen mit geistiger Behinderung werden auch andere Bezeichnungen verwendet:

- Idiotie, Imbezellie, Schwachsinn (alte Psychiatrie, bis ca. 1960),
- Geistigbehinderter (bis ca. 1990 – heute nicht mehr politisch korrekt!),
- Mensch mit geistiger Behinderung (heute),
- „sogenannte" geistige Behinderung,
- „Mensch mit Lernschwierigkeiten" (von der Selbstvertretungsorganisation „Mensch zuerst" favorisiert),
- Intellektuelle (manchmal auch „kognitive") Beeinträchtigung (Psychologie),
- Intelligenzminderung (Medizin; WHO: ICD-10),
- Bewohner, Klient, Kunde (in Wohnheimen oder im ambulant betreuten Wohnen),
- Mitarbeiter (Werkstatt für behinderte Menschen/WfbM),
- Mensch – mit Verzicht auf jede weitere Kategorisierung.

Definitionen

Definitionen haben sich mit der Zeit stark verändert: von der angenommenen Notwendigkeit lebenslanger Hilfe (1970er-Jahre, z.B. Hahn) hin zu einem Bedingungsgefüge aus Schädigung, gesellschaftlichen Anforderungen, Haltungen und Bedingungen. Pfeffer unternahm 1984 einen im Grunde bis heute unwidersprochenen Definitionsversuch:

„Geistige Behinderung ist eine Resultante aus dem Bezug zwischen Individuum und Alltagswirklichkeit; eine mehr oder weniger schwere Beeinträchtigung des Erwerbs

> von Qualifikationen, die zum Erleben und zur qualifizierten Partizipation an der in spezifischen Handlungsfeldern ausdifferenzierten, komplexen, zeichenhaft verfassten und gesellschaftlich bestimmten Alltagswirklichkeit notwendig sind; damit einhergehend eine Beeinträchtigung in der Entwicklung der Person (Personalisation, Identitätsfindung), was zusammen besondere Hilfen notwendig macht. Geistige Behinderung erweist sich, so gesehen, als spezifische Ausprägung einer allgemeinen Behinderung einzelner in komplexen Gesellschaften." (Pfeffer, 1984, S. 107)

Dieses Denkmuster ist in der „*International Classification of Functioning*" (ICF) der WHO wieder zu erkennen, weshalb diese Definition nach wie vor gut einsetzbar ist. International hat sich seit ca. 2005 die Definition der „*American Association for Intellectual and Developmental Disabilities*" *(AAIDD)* durchgesetzt:

> „Intellectual disability is characterized by significant limitations both in intellectual functioning and in adaptive behavior as expressed in conceptual, social, and practical adaptive skills. This disability originates before age 18." (AAIDD)

Diese Definition berücksichtigt die bereits von Pfeffer angesprochene Notwendigkeit bzw. Anforderung an die Anpassung an gesellschaftliche Anforderungen und Bedingungen. Dabei wird auf das ebenfalls von der WHO herausgegebene internationale medizinische Klassifikationssystem ICD-10 (US-amerikanisches Pendant: DSM V) verwiesen, welches den Aspekt der intellektuellen Beeinträchtigung weltweit einheitlich beziffert (DIMDI 2018):
- „Leichte Intelligenzminderung": IQ 50-69 (F70),
- „Mittelgradige Intelligenzminderung" IQ 35-49 (F71),
- „Schwere Intelligenzminderung": IQ 20-34 (F72),
- „Schwerste Intelligenzminderung": IQ unter 20 (F73).

Es existiert eine ungeheure Zahl an möglichen Ursachen für eine geistige Behinderung: *Ursachen*

Tab. 2.1: Ursachen für geistige Behinderung (Beispiele)

Prä-, peri- und postnatale Schädigungen/Ursachen			
Genetische Syndrome z.B. Down Syndrom	Krankheitsfolgen z.B Röteln in der Schwangerschaft	Unfälle	Soziokulturelle Entwicklungsbedingungen

Oft wirken mehrere Ursachen zusammen, wobei stets eine höchst individuelle und auch subjektive Ausganglage anzunehmen ist. Dies stellt eine sehr besondere Ausgangssituation für das schulische Lernen und die Persönlichkeitsentwicklung dar: Intensive kognitive Barrieren, geringe kognitive Kompensationsmöglichkeiten, die erhöhte Wahrscheinlichkeit einer fragilen Identität und Erfahrungen der Ausgrenzung oder des Scheiterns machen den Blick auf vorhandene Kompetenzen ebenso wichtig, wie den Aufbau einer individuell förderlichen und stärkenden Lernumgebung und -beziehungen.

2.1.2 Aktuelle empirische Erkenntnisse

Einen Überblick über die tatsächliche Heterogenität der Schülerschaft mit dem *Schülerschaft*
FS gE leistet die SFGE-Studie (Dworschak, Kannewischer, Ratz & Wagner 2012),

die für Bayern repräsentative Daten erhoben und zusammengestellt hat. Dabei ist immer die ganze Schülerschaft im Alter von 6 bis ca. 20 Jahren im Blick.

> **Zentrale Ergebnisse der Studie:**
> - 18,3% Migrationshintergrund, damit ähnlich wie in allen Förderschularten, und deutlich über dem Durschnitt (ca. 12%) oder dem Gymnasium (ca. 6%)
> - Deutlich niedriger „familiärer Wohlstand" gegenüber dem Durschnitt:
>   - ca. 40% der Schülerschaft des FS gE stammen aus Familien mit niedrigem familiärem Wohlstand, im deutschen Durchschnitt aller Schularten lediglich ca. 8%
>   - ca. 18% der FS gE-Schülerschaft stammen aus wohlhabenden Familien, ca. 55% an allen anderen Schulen
> - Pflegebedarf der Kinder und Jugendliche mit FS gE über 50%
>   - 24% unter 30 Minuten an einem Schulvormittag
>   - 16% zwischen 30 und 90 Minuten
>   - 11% zwischen 90 Minuten und 3 Stunden
>   - 6% über 3 Stunden
> - Sehr unterschiedliche sprachliche Fähigkeiten:
>   - 19% verfügen über keinerlei Lautsprache
>   - 19% können sich mit Ein- oder Zweiwortsätzen ausdrücken
>   - 34%, verwenden Mehrwortsätze
>   - 27% verwenden Sätze mit Haupt- und Nebensatzkonstruktionen
> - Kinder und Jugendliche mit keiner oder eingeschränkter Lautsprache sind auf Unterstützte Kommunikation (UK) angewiesen: Gebärden, Bildsymbole oder elektronische Geräte
> - 3-4mal höhere Wahrscheinlichkeit für Verhaltensstörungen als bei Regelschülern, ca. 52% mit Problemen bzgl. Emotionen und Verhalten
>   ▸ Mögliche Verbindung mit unbefriedigenden Kommunikationsmöglichkeiten oder viele weitere, oft unbekannte Ursachen

Zahlen Innerhalb der sonderpädagogischen Förderschwerpunkte stellt der FS gE mit 16% nach dem Förderschwerpunkt Lernen die zweitgrößte Gruppe dar – gemeinsam mit dem Förderschwerpunkt emotionale und soziale Entwicklung mit ebenfalls 16% (KMK 2016, 3). Darüber hinaus ist bemerkenswert, dass der Anteil der Kinder und Jugendlichen mit dem FS gE an allen Schulkindern („Förderquote") in den vergangenen 15 Jahren von 0,6% auf etwas über 1% gestiegen ist und sich damit fast verdoppelt hat (Dworschak 2017). Speck (2012) vermutet, dass dies mit einer Verschiebung der Grenze zwischen dem Förderschwerpunkt Lernen und geistige Entwicklung zusammenhängt, empirische Belege sind dafür allerdings nicht verfügbar.

2.1.3 Bedeutung für das Erleben und Lernen betroffener Schülerinnen und Schüler

- **Zu erwartende Beeinträchtigungen**

Individueller Förderbedarf Es ist sehr schwer allgemeine Aussagen zu machen. Beschreibungen wie von Heinz Bach (1960er-Jahre) gelten heute als defizitorientiert, denn das Lernpotential aller Kinder und Jugendlichen mit geistiger Behinderung hat sich stets als wesentlich größer herausgestellt als angenommen. Hinzu kommt eine ungeheure Spannbreite und Diversität in den Lernproblemen. Möglichen Problemen in der Aufmerksamkeit muss generell durch eine klare und angepasste Rhythmisierung Rechnung getragen werden, Unterricht muss besonders strukturiert gestaltet werden, Sprache klar und einfach (mindestens Leichte Sprache) eingesetzt und gleichzeitig gefördert werden und Lesen als Unterrichtsprinzip ständig geübt werden. Häußler (2015) gibt dazu eine Vielzahl von Vorschlägen. Viele Schülerinnen und Schüler mit dem FS gE erwerben im Laufe ihrer Schulzeit Fähigkeiten in den Kulturtechniken (Rechnen, Lesen und Schreiben). Die SFGE-Studie zeichnet auch dafür ein aussagekräftiges Bild. Die Kreisdiagramme zeigen Lesekompetenz und Zählfertigkeit in einen Querschnitt über alle Klassen und Stufen verteilt zum Zeitpunkt der Erhebung.

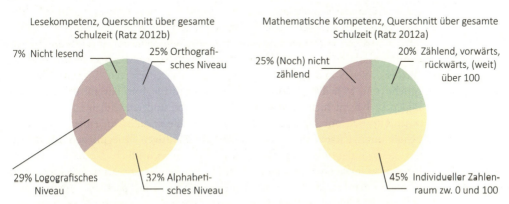

Abb. 2.1 und 2.2: Kompetenzen in den Kulturtechniken Lesen und Zählen als Querschnitt

- **Typische Entwicklungsverläufe**

Die Veränderung der Kompetenzen in verschiedenen Lernbereichen ist bei Kindern im FS gE höchst individuell, es lässt sich jedoch klar erkennen, dass bei Vielen die Fertigkeiten stetig zunehmen. Die folgenden Balkendiagramme zeigen Entwicklungsverläufe und stufenabhängige Kompetenzunterschiede in den o.g. Bereichen.

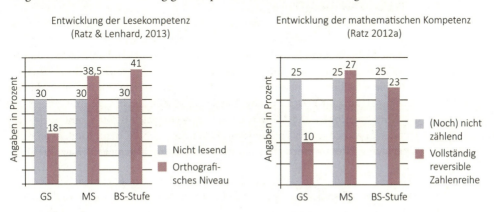

Abb. 2.3 und 2.4: Entwicklung der Kompetenzen im Lesen und Zählen im Laufe der Schulstufen

Diese Entwicklungen finden am Förderzentrum unter den Bedingungen eines spezifischen und hochindividualisierten Unterrichts statt. Eine Förderung in der gleichen Qualität muss im inklusiven Unterricht ebenso vorgehalten werden.

2.2 Der Förderschwerpunkt geistige Entwicklung im Alltag der Regelschule

2.2.1 Stand der Inklusion

Inklusion im FS gE

Kinder und Jugendliche mit dem Förderschwerpunkt geistige Entwicklung werden am seltensten von allen Förderschwerpunkten in inklusiven Settings unterrichtet. Im Schuljahr 2016/17 lag in Bayern der Inklusionsanteil bei 6%, was bedeutet, dass der sog. Separationsanteil bei 94% lag (KMK 2018, S. 28, 56; eigene Berechnungen). In anderen Bundesländern liegt – zumindest nach offizieller Statistik – der Inklusionsanteil deutlich höher (Dworschak 2017). Diese Aussagen sind jedoch schwer wirklich zu benennen, denn die einzelnen Inklusionsformen unterscheiden sich stark in ihren Begrifflichkeiten (Ratz 2016). Ein Beispiel hierfür sind die Partnerklassen, von denen es im Schuljahr 2016/17 bayernweit 173 gab – dies entspricht rund 15% der gesamten Schülerschaft mit FS gE in Bayern. Partnerklassen zählen in Bayern nicht in die Inklusionsstatistik, und tatsächlich handelt es sich organisatorisch um Klassen der Förderschule, die räumlich in einer allgemeinen Schule untergebracht sind. Vor Ort sind die inklusiven Begegnungen, die täglich aus dieser Situation gestaltet werden, höchst unterschiedlich. Sie reichen von einer sehr weitgehenden Inklusion bis hin zu fast keinen Berührungspunkten, nicht einmal in den Pausen. In Bremen hingegen wird eine fast parallele Organisationsform in die Inklusionsquote einberechnet. Dies zeigt, wie relativ diese Quoten zu verstehen sind. Schülerinnen und Schüler mit dem FS gE werden in Bayern fast ausschließlich in Grund- und Mittelschulen inkludiert, und nur in Ausnahmefällen in Realschulen oder Gymnasien.

2.2.2 Spezifische Herausforderungen in der Unterrichtspraxis und im Schulleben

- **Typische Schwierigkeiten**

Es gibt nur wenig Forschung über den Erfolg inklusiver Beschulung explizit für Schülerinnen und Schüler mit dem Förderschwerpunkt geistige Entwicklung. Unterschiedliche Leistungen von inklusiv und „exklusiv" beschulten Kindern und Jugendlichen konnten in keiner Studie sicher festgestellt werden. Eine Ausnahme stellt die sprachliche Entwicklung dar, die in den meisten Studien in inklusiven Settings signifikant besser ist. Eine Erklärung scheint die höhere Anregung durch die Mitschülerinnen und Mitschüler zu sein, wenngleich dieser Grund nicht ganz von den Sprachcodes der Herkunftsfamilien zu trennen ist, denn Kinder von wohlhabenderen Eltern werden eher in inklusiven Settings angemeldet (Ratz 2016).

Didaktische Herausforderung

Das beschriebene Spektrum der Leistungsfähigkeit der gesamten Schülerschaft mit dem FS gE stellt didaktisch eine große Herausforderung dar, denn die Inhalte müssen ungeheuer differenziert, d.h. sowohl vom Leistungsniveau als auch sehr oft von den Inhalten her für die einzelnen Schülerinnen und Schüler unterschiedlich angeboten werden. Gleichzeitig besteht für inklusiven Unterricht nach wie vor der wichtige Grundsatz, so viele „Gemeinsame Gegenstände" (Feuser 1989) wie möglich vorzuhalten.

> Zweifelsohne beinhaltet diese Anforderung der inhaltlichen und methodischen Differenzierung aber auch ein Potenzial, und zwar für beide Seiten: für die allgemeine Schule und die Sonderpädagogik.

Der Blick auf manche Grundlagen „unterhalb" der Lehrpläne kann auch für Fachdidaktiker sehr interessant sein und neue didaktische Ideen erzeugen.

> Beispiel: Suche nach Grundlagen für das Kartenlesen im Geographieunterricht:
> • Wie lernt eigentlich ein Kind sich zu orientieren?
> • Gibt es dabei verschiedene Lernwege?
> • Welche Abstraktionsschritte und Darstellungen sind sinnvoll?
> • Welche Handlungen sind ergiebig, um das Orientierungsvermögen zu steigern?

Auf der anderen Seite ist es gerade für die Didaktik im FS gE eine wertvolle Anregung, stärker fachorientiert zu unterrichten, sich für einen umfassenden Bildungsbegriff an Fachwissenschaften zu orientieren oder einen (individuell angemessenen!) Leistungsgedanken zu implementieren (Ratz 2011).

Eine weitere Herausforderung ist in der besonderen Vulnerabilität und/oder besonderen Empfindlichkeit zu sehen. Viele Kinder sind zum Beispiel sehr lärmempfindlich und müssen entsprechend geschützt werden. Andere, beispielsweise aufgrund einer Störung im Autismusspektrum (ASS, vgl. Kapitel 8.0), haben besondere Empfindlichkeiten im sozialen Bereich. Wieder andere haben bereits in ihrem jungen Leben sehr einschneidende Situationen erlebt, sei es durch soziokulturell besonders prekäre Situationen oder durch Krankheitsverläufe und Hospitalisierungen, die durchaus traumatischen Charakter haben können. Sie sind auf besonderen Schutz und ein Setting angewiesen, welches im psychodynamischen Sinn einen Aufbau leistet oder zumindest diesen unterstützt. Hier wird die besondere Rolle der erzieherischen Beziehung zum Kind deutlich, die heilpädagogisches Arbeiten auszeichnet. Eine Beziehung, die bedingungslos anerkennt, stärkt und schützt. Sonderpädagogischer Förderbedarf hat oft auch mit Erfahrungen des Scheiterns zu tun, und so besteht ein besonders wichtiges Ziel der Inklusion darin, solche Erfahrung sich nicht wiederholen zu lassen (vgl. Möckel 1982). An dieser Stelle soll betont werden, dass es eine Chance darstellen kann, wenn Kinder ohne solche Schwierigkeiten sensibilisiert werden, in einem angemessenen Anteil Mitverantwortung zu übernehmen und so zu sensibleren, aufmerksameren Bürgern werden, die Kategorien von Selbst-, Mitverantwortung und Solidarität leben. Schließlich handelt es sich bei diesen Begriffen um die zentralen Elemente eines Bildungsbegriffes nach Klafki (s. hierzu auch Erhardt 2017).

Besondere Bedürfnisse

- **Reibungspunkte zwischen Rahmen der allgemeinen Schule und sonderpädagogischem Förderbedarf**

Ein sehr naheliegender „Reibungspunkt" zwischen allgemeiner Schule und sonderpädagogischem Förderbedarf ist das Leistungsverständnis und die gesellschaftliche Aufgabe der Selektion der allgemeinen Schulen.

Gesellschaftliche Aufgabe der Selektion

Allgemeine Schule
- Verbindlichkeit einheitlicher Leistungsanforderungen
- definierte Untergrenze auch bei individueller Leistungsbewertung
- systemimmanentes Momentum des „Scheiterns" durch Leistungsorientierung der allgemeinen Schule

Förderschwerpunkt geistige Entwicklung
- keine definierte Untergrenze
- Etablieren von Mindeststandards abzulehnen (vgl. Musenberg et al. 2008 und die Kölner Resolution der KLGH)
- Verantwortung, niemanden aus schulischer Sorge auszuschließen
- freiere inhaltliche und methodische Auswahl
- Lehrplan ist nach Lernbereichen, nicht nach Jahrgängen organisiert
- Lehrplan bietet Bandbreite von basalen Zugängen bis Regelschulanschluss

Schülerinnen und Schüler im inklusiven Setting
- hohe Bedeutung von lernzieldifferentem Unterricht
- Gewicht der (Förder-) Entscheidungen der Lehrkräfte

Personalsituation und Klassengröße

Einen weiteren Reibungspunkt stellen die Personalsituation und die Klassengröße allgemein dar.

Tab. 2.2: Personalsituation und Klassengröße

Bedürfnis/sonderpädagogischer Förderbedarf:
• 9-10 Schüler pro Klasse, aufgrund der besonderen Lernsituation und des Hilfebedarfs • meist weitere Personen wie Heilpädagogen, Erzieherinnen, Pflegekräfte, Schulbegleitungen in der Klasse
Rahmen der allgemeinen Schule:
• Betreuungsschlüssel in Regeleinrichtungen kaum möglich • Existenz einer Schulbegleitung oder einer zweiten Lehrkraft in einer Regelklasse für viele Lehrkräfte der allgemeinen Schule eher eine Neuheit

Interdisziplinäre Infrastruktur

Mit Blick auf die Gesamtkonzeption des Förderschwerpunktes geistige Entwicklung ist ein weiterer wesentlicher Punkt zu beachten: die interdisziplinäre Infrastruktur. Fast alle Kinder und Jugendliche mit dem FS gE haben eine Doppeldiagnose und damit einen Bedarf an bestimmten Angeboten.

Mögliche weitere Diagnosen und beeinträchtigte Lernbereiche
Sprache, Wahrnehmung/Sinne, Motorik, soziale und emotionale Entwicklung, …

Angebote von Förderzentren unter einem Dach
Logopädie, Physio- und Ergotherapie, Psychologie, (Schul-)Sozialarbeit, …
▶ umfassende, interdisziplinär erarbeitete pädagogische und didaktische Konzepte

Dieser Aspekt ist naturgemäß in der inklusiven Situation deutlich schwerer zu verwirklichen. Wenngleich viele Schulgebäude heute barrierefrei sind (nicht alle!) und damit eine wichtige Bedingung für die Aufnahme von Kindern mit körperlichen Beeinträchtigungen gegeben ist, sind damit doch diese umfassenden Angebote noch lange nicht selbstverständlich. Dies ist einer der Gründe, warum eine Öffnung der Förderschulen für Inklusion eine wichtige Idee darstellt, denn wenn die

Inklusion in der Förderschule stattfindet, ist diese Infrastruktur von vorne herein vorhanden (für ein Beispiel siehe Ratz & Reuter 2012).

Die Heilpädagogische Tagesstätte (HPT) wird an fast allen Schulen mit dem FS gE in Bayern angeboten. Es handelt sich um ein Angebot der Eingliederungshilfe (SGB IX), die dem besonderen Unterstützungsbedarf der Kinder mit dem FS gE und ihrer Familien Rechnung trägt. Bayernweit nehmen ca. 80% der Familien dieses Angebot an (Dworschak 2012). In der Regel sind die o.g. Fachdienste auch an die HPT angeschlossen, so dass deutlich wird, wie verwoben diese Angebote miteinander sind. Eine inklusive Schule müsste also, um auch die Erfüllung des Anspruchs auf die HPT anbieten zu können, dies in irgendeiner Weise konzeptionell mitbedenken. Diese Inklusion am Nachmittag müsste dann Nachmittagslösungen wie Hort mit der HPT kombinieren oder ein umfassendes Ganztagskonzept gestalten. Ein Beispiel hierfür ist wiederum die Jakob-Muth-Schule in Nürnberg (Ratz & Reuter 2012).

Heilpädagogische Tagesstätte

2.2.3 Handlungsempfehlungen und Fördermaßnahmen
- „Was kann ich (langfristig) tun?"

> Eine wichtige Bedingung für erfolgreichen inklusiven Unterricht ist eine Offenheit für eine zunächst unvorhersehbare Situation.

Offenheit

Es gilt eine Haltung zu entwickeln, die es zulässt, das bisherige Unterrichtskonzept zu überdenken. Im Einzelfall gibt es immer Lösungen, die in Zusammenarbeit mit z.B. den Mobilen Sonderpädagogischen Diensten (MSD, vgl. Kap. 12) entwickelt werden können. Mit Kreativität und Innovationslust finden sich Lösungen für die neue und ungewohnte Situation. Gerade die Zusammenarbeit mit anderen (Sonder-)Pädagoginnen und Pädagogen kann ungeheuer produktiv sein und ganz neue Prozesse auslösen und tragen.

Langfristig besteht die Aufgabe darin, die beschriebenen Aspekte bzw. berechtigten Forderungen der verschiedenen Seiten unter einen Hut zu bringen. Abbildung 2.5 zeigt diese vier Aspekte beispielhaft für das Fach Mathematik auf. Sie widersprechen sich manchmal, und es bedarf einer kreativen und weitsichtigen Gesamtkonzeption, denn entscheidend ist, dass sie langfristig eingehalten werden. Im Uhrzeigersinn: Die fachliche Richtigkeit und Orientierung muss im Sinne einer materialen Bildung kompetent berücksichtigt werden. Daneben muss der deutlich langsameren kognitiven Entwicklung von Kindern und Jugendlichen Rechnung getragen werden und ein Angebot auf dem richtigen Niveau und auf der richtigen Abstraktionsstufe vorgehalten werden. Dies ist jedoch nur eine im Grunde unzulässige Vereinfachung, denn der Aspekt der Altersangemessenheit und die sehr individuellen Schädigungen und Entwicklungsverläufe – wie auch besondere Begabungen – müssen dringend berücksichtigt werden. Schließlich sollten aber auch die Unterrichtskonzepte, wie sie zum Beispiel in Schulbüchern zu finden sind, Anwendung finden, und die einzelnen Stunden hier zumindest ihren gemeinsamen Ausgangspunkt haben, um „Gemeinsame Gegenstände" zugänglich zu machen (Ratz 2017).

Abb. 2.5: Orientierungspunkte inklusiver Didaktik für den SF gE am Beispiel Mathematik (Ratz 2017)

- **Bewährte Konzepte**

Bewährte Modelle

Grundsätzlich haben sich offene Formen des Unterrichts bewährt, denn hier können Kinder nebeneinander an „ihren" Aufgaben arbeiten, und auch das so wertvolle „Peer-Tutoring", also das sich gegenseitige Helfen und erklären von Schülerinnen und Schülern untereinander, kann sich in diesem Raum entfalten. Geschichtlich gesehen ist besonders Montessori hervorzuheben, die auf eine lange Tradition des inklusiven Unterrichts verweisen kann, gerade auch mit Schülerinnen und Schülern mit dem FS gE. Bekannt ist z.B. die „Aktion Sonnenschein" in München, im Rahmen derer Theodor Hellbrügge bereits in den 1960er Jahren in München einen inklusiven Montessoriunterricht mit Schülerinnen und Schülern mit dem FS gE verwirklichte. Empirische Belege zu diesem Konzept stammen z.B. von Breitenbach, Ebert und Straßmeier (2001) und Ratz (2006).

- **„Was mache ich morgen?"**

Morgenkreis

Eine einfache und erste Maßnahme ist die Einführung eines Morgenkreises. Hier kann man sich für alle Schülerinnen und Schüler eine Form überlegen, wie sie sich angemessen und entsprechend ihrer Fähigkeiten einbringen können und etwas mitteilen können. Passende Fragen sollten im Vorfeld gefunden werden, so dass die Kinder und Jugendlichen etwas übereinander erfahren und sich besser verstehen und einschätzen lernen. Diese Fragen und Themen zielen vor allem auf Aktivitäten ab, die gemeinsames Handeln ermöglichen.

- **(Förder-)Maßnahmen für Unterrichtsgestaltung und Schulalltag**

Zugang ermöglichen

Passen Sie Beschriftungen, Tafelbilder und Arbeitsblätter an die Möglichkeiten *aller* Kinder an, indem Sie zum Beispiel Symbole, Piktogramme oder Bilder verwenden. Bedenken Sie, was es bedeutet, wenn nur ein Teil der Klasse lesen kann: Es bedeutet einen Ausschluss oder sogar ein Anlass für Scham. Bauen Sie eine positive Leistungskultur auf, die *individuelle* Leistungen und Erfolge würdigt. Dies kommt nicht nur den Kindern mit Förderbedarf zugute, sondern allen.

Rituale und Strukturen, die von allen verstanden werden, schaffen Verlässlichkeit – für Kinder, die mit Veränderungen nicht so gut umgehen können. Planen Sie einen möglichst gut strukturierten Unterricht, und bauen Sie so viele Gelegenheiten für Handlungen wie möglich ein.

Rituale

Bedenken Sie den Einsatz offener Unterrichtsformen, in deren Rahmen Kinder auf ihrem jeweiligen Niveau arbeiten können, wie individuelle Arbeitspläne. Neben dieser Maßnahme, die den unterschiedlichen Lernniveaus begegnet, sollten Sie Gelegenheiten schaffen, in denen sich die Kinder untereinander helfen, und das möglichst nicht immer nur in einer Richtung. Was könnte auch ein Kind mit Förderbedarf erklären? So lernen die Kinder sich besser einzuschätzen, und dass jeder etwas beitragen und sich so seiner subjektiven Bedeutung in der Klassengemeinschaft sicher sein kann.

Individualisierung und gegenseitige Hilfe

- **„Welche Rolle spiele ich als Lehrerin oder Lehrer?"**
Inklusion bedeutet, Interdisziplinarität zu leben. Das heißt, die Lehrkräfte der Regelschulen haben ihre Kompetenzen und Verantwortlichkeiten für bestimmte Aspekte ebenso wie die Förderschullehrkräfte. Gemeinsam gestalten sie täglich Unterrichtsrealität und schaffen den Brückenschlag zwischen wichtigen Bildungsinhalten, individuellen Leistungsanforderungen, methodischen Arrangements, die Lernen und Begegnung ermöglichen und der Verantwortung für einzelne, vulnerable Persönlichkeiten und deren Entwicklungen. Es geht nicht darum, dass beide alles können, sondern dass sie ihre Kompetenzen täglich neu vereinen und sich ergänzen. Die Studie von Martschinke, Kopp und Elting (2014) zeigt auf, wie die Lehrkräfte zwar jeweils ihre „eigenen" Kinder im Blick haben, aber durchaus auch gegenseitig auf die jeweils anderen Kinder schauen, und fassen Ihre Forschung dazu folgendermaßen zusammen:

Ergänzende Kooperation

> „Im Wochenplanunterricht gestalten die Sonderpädagoginnen die individuelle Unterstützung eher über die Lernumgebung, die Grundschulpädagoginnen eher über die Lehrperson selbst. Klassische Rollen werden dennoch nicht ‚zementiert': Im Wochenplanunterricht agieren beide gleichermaßen individualisierend; Sonderpädagoginnen wenden sich auch einzelnen Grundschulkindern zu und (in schwächerem Ausmaß) umgekehrt. Jede Profession bedient ihre Klientel, aber nicht ausschließlich. Die individuelle Förderung aller Kinder scheint ein von beiden Professionen verfolgtes Ziel zu sein und wird damit zu einem wichtigen Qualitätsmerkmal dieses inklusiven Settings" (ebd. S. 258).

Ganz wichtig ist aber auch zu erkennen, welche Rolle man als Lehrkraft in der Beziehung zum Kind hat. Ernst nehmen, Situationen auf Augenhöhe aushandeln, Sicherheit in der Beziehung vermitteln, kompetenzorientierte Sicht usw. sind für Kinder mit Förderbedarf besonders wichtig.

Beziehung (zum Kind)

- **Haltung und Handlungsweise der Lehrkraft**
Wie erwähnt ist die besondere Vulnerabilität der Kinder und Jugendlichen mit dem FS gE ein Faktum, dem mit einer heilpädagogischen Haltung begegnet werden muss. Der Abschnitt „Die phänomenologische Frage" über (Heil-)Erziehung in Kobis „Grundfragen der Heilpädagogik" (2004) stellt hier eine gelungene Einführung dar.

- **„Wo finde ich Unterstützung und Information?"**

Nichts ist schlimmer als wenn sich Lehrkräfte alleine fühlen. Es ist besonders wichtig, dass ein schulinternes Prozedere vorhanden ist, durch das allen Beteiligten klar ist, wer sich wie kompetente und verlässliche Hilfe holen kann.

Hierzu gehört ein System aus konzentrischen Kreisen, zunächst innerhalb des Kollegiums, dann systemische Hilfen wie die MSD, bis hin zu einem System von externen Beratern, über die alle Bescheid wissen. Es ist zu bedenken, dass Pädagogen nicht alle Probleme lösen können und manchmal Psychologen oder Psychiater zu Rate ziehen sollten.

Arbeitsaufträge

1. „Schüler mit dem Förderbedarf geistige Entwicklung können weder lesen, noch schreiben oder rechnen!" Nehmen Sie zu dieser Aussage kritisch Stellung. Beziehen Sie dabei die Ergebnisse der SFGE-Studie ein.
2. Nennen und erklären Sie Entstehungsursachen für eine geistige Behinderung. Geben Sie für jeden der Aspekte ein Beispiel.
3. Skizzieren Sie die wesentlichen Unterschiede des Lehrplans für den Förderschwerpunkt geistige Entwicklung (Quelle s.u.) und des Lehrplans der von Ihnen studierten Schulart.
4. Welche Orientierungspunkte inklusiver Didaktik für den FS gE sind bedeutsam?

Weiterführende Links

Lehrplan für den Förderschwerpunkt geistige Entwicklung: https://www.lehrplanplus.bayern.de/schulart/foerderschule/foerderschwerpunkt/geistige-entwicklung (Abruf vom 27.06.2019)
Die Website von und für Sonderpädagogen der Fachrichtung Geistigbehindertenpädagogik: www.gpa-ed.de/(Abruf vom 27.06.2019)
Virtuelle Selbsthilfe mit sehr vielen hochwertigen Informationen für Eltern behinderter Kinder www.intakt.info (Abruf vom 27.06.2019)

Literaturempfehlungen

Klaus Sarimski: „Entwicklungspsychologie genetischer Syndrome" (Hogrefe, 2014): Sehr anschauliche Erklärung zu den Bedingungen von Lernen mit einem genetischen Syndrom (z.B. Down Syndrom)
Michael Häußler (Seminarleiter): „Unterrichtsgestaltung im Förderschwerpunkt geistige Entwicklung" (Kohlhammer, 2015): Fundierter Einblick in den Unterricht im Förderschwerpunkt geistige Entwicklung

Literatur

AAIDD (American Association on Intellectual and Developmental Disabilities)(2018): Definition of Intellectual Disability. In: http://aaidd.org/intellectual-disability/definition, Abruf vom 22.05.2018).
Breitenbach, E., Ebert, H. & Straßmeier, W. (2001): Das Arbeits- und Sozialverhalten von Schülerinnen und Schülern mit sonderpädagogischem Förderbedarf in der Freiarbeit. Bericht zum zweiten Jahr einer vertieften Kooperation. In: *Geistige Behinderung 40*, 46-58.

DIMDI (Deutsches Institut für Medizinische Dokumentation und Information)(2018): Die internationale statistische Klassifikation der Krankheiten und verwandter Gesundheitsprobleme, 10. Revision, German Modification (ICD-10-GM). In: https://www.dimdi.de/dynamic/de/klassifikationen/icd/icd-10-gm/(Abruf vom 22.05.2018).

Dworschak, W. (2012): Bildungsbiografische Aspekte der Schülerschaft mit dem Förderschwerpunkt geistige Entwicklung. In: Dworschak, W.; Kannewischer, S.; Ratz, C.; Wagner, M. (Hrsg.): *Schülerschaft mit dem Förderschwerpunkt geistige Entwicklung. Eine empirische Studie*. Oberhausen, Athena, 49-75.

Dworschak, W. (2017): Schulische Inklusion – eine Frage des richtigen Labels?! Für Grautöne in einer schwarz-weißen Bildungsstatistik. In: *Zeitschrift für Heilpädagogik 68*, 9, 404-413

Dworschak, W., Kannewischer, S., Ratz, C. & Wagner, M. (Hrsg.). (2012). *Schülerschaft mit dem Förderschwerpunkt geistige Entwicklung. Eine empirische Studie*. Oberhausen, Athena.

Erhardt, M. (2017): Das Gymnasium und die Inklusionsidee. *Pädagogische Rundschau 71* (2), 187-196.

Feuser, G. (1989): Allgemeine integrative Pädagogik und entwicklungslogische Didaktik. In: *Behindertenpädagogik 28*, 4-48.

Häußler, M. (2015): *Unterrichtsgestaltung im Förderschwerpunkt geistige Entwicklung*. Stuttgart: Kohlhammer.

KMK (2016). Sonderpädagogische Förderung in Schulen 2005 bis 2014. In: https://www.kmk.org/fileadmin/Dateien/pdf/Statistik/Dokumentationen/Dok_210_SoPae_2014.pdf, (Abruf vom 22.05.2018).

KMK (2018): Sonderpädagogische Förderung in Schulen 2007 bis 2016. In: https://www.kmk.org/fileadmin/Dateien/pdf/Statistik/Dokumentationen/Dok_214_SoPaeFoe_2016.pdf, (Abruf vom 22.05.2018).

Kobi, E.E. (2004): *Grundfragen der Heilpädagogik: Eine Einführung in heilpädagogisches Denken*. 4. Auflage. Berlin, BHP-Verlag.

Martschinke, S., Kopp, B. & Elting, C. (2014): *Individuelle Unterstützung und Rückmeldung im inklusiven Unterricht – eine Beobachtungsstudie im Projekt IKON*. In M. Lichtblau, D. Blömer, A.-K. Jüttner, K. Koch, M. Krüger & R. Werning (Hrsg.): Forschung zu inklusiver Bildung. Gemeinsam anders lehren und lernen, Klinkhardt, 244-260.

Möckel, A. (1982): Die Zusammenbrüche pädagogischer Felder und die Ursprünge der Heilpädagogik. In: *Zeitschrift für Heilpädagogik 33*, 77-86.

Musenberg, O., Riegert, J., Dworschak, W., Ratz, C., Terfloth, K. & Wagner, M. (2008). In Zukunft Standard-Bildung? Fragen an unsere Disziplin. In: *Sonderpädagogische Förderung, 53*(3), 306-316.

Pfeffer, W. (1984): Handlungstheoretisch orientierte Beschreibung geistiger Behinderung. In: *Geistige Behinderung 23*(4), 101-111.

Ratz, C. (2006). Die Entwicklung des Arbeits- und Sozialverhaltens in einer integrativen Klasse. Eine Längsschnittuntersuchung. In: *Zeitschrift für Heilpädagogik, 57*(5), 166-172.

Ratz, C. (2011): Zur Bedeutung einer Fächerorientierung. In: Ratz, C. Hrsg.): Unterricht im Förderschwerpunkt geistige Entwicklung. Fachorientierung und Inklusion als didaktische Herausforderung. Oberhausen: Athena, 9-40.

Ratz, C. (2012a): Mathematische Fähigkeiten von Schülern mit dem Förderschwerpunkt geistige Entwicklung. In: W. Dworschak, S. Kannewischer, C. Ratz & M. Wagner (Hrsg.): *Schülerschaft mit dem Förderschwerpunkt geistige Entwicklung. Eine empirische Studie*. Oberhausen, Athena, 133-148.

Ratz, C. (2012b): Schriftsprachliche Fähigkeiten von Schülern mit dem Förderschwerpunkt geistige Entwicklung. In: W. Dworschak, S. Kannewischer, C. Ratz & M. Wagner (Hrsg.): *Schülerschaft mit dem Förderschwerpunkt geistige Entwicklung. Eine empirische Studie*. Oberhausen, Athena, 111-132.

Ratz, C. (2016): Schulleistungen von Schülerinnen und Schülern mit dem Förderschwerpunkt geistige Entwicklung in der Inklusion. Ein Vergleich von Äpfeln mit Birnen? In: E. Fischer & R. Markowetz (Hrsg.): *Inklusion im Förderschwerpunkt geistige Entwicklung*. Stuttgart, Kohlhammer, 159-169.

Ratz, C. (2017): Inklusive Didaktik für den Förderschwerpunkt geistige Entwicklung. In: E. Fischer & C. Ratz (Hrsg.): *Inklusion. Chancen und Herausforderungen für Menschen mit geistiger Behinderung*. Weinheim, Basel, Beltz Juventa, 172-191.

Ratz, C. & Lenhard, W. (2013): Reading skills among students with intellectual disabilities. In: *Research in Developmental Disabilities, 34*(5), 1740-1748. doi: 10.1016/j.ridd.2013.01.021

Ratz, C. & Reuter, U. (2012): Die Jakob-Muth-Schule Nürnberg und ihre „intensiv-kooperierenden Klassen" (IKON). Ein Beispiel, an dem konzeptionelle Entwicklung, politische Abhängigkeit und aktuell zu lösende Aufgaben integrativer Schulentwicklung sichtbar werden. In: Breyer, C.; Fohrer,

G.; Goschler, W.; Heger, M.; Kießling, C. & Ratz, C. (Hrsg.): *Sonderpädagogik und Inklusion*. Oberhausen, Athena, 211-226.

Speck, O. (2012): Förderschulische Problemverschiebungen. Schüler mit „Lernbehinderungen" in Schulen für „geistig Behinderte" – Folgerungen für die Zukunft der Förderschulen. In: *Heilpädagogische Forschung XXXVIII*, 13-21.

3 Förderschwerpunkt Hören
Annette Leonhardt

3.1 Der Förderschwerpunkt Hören als Fachdisziplin

3.1.1 Definition und theoretische Grundlagen

Es gibt verschiedene Arten (s. Tab. 3.1) und Ausprägungsgrade (leicht-, mittel- bis hochgradig oder der vollständige Verlust des Gehörs) einer Hörschädigung.

Störungsbilder, Symptomatik

Tab. 3.1: Arten und Merkmale von Hörschädigungen

Arten von Hörschäden	Hören	Auswirkungen auf Sprache
Schallleitungs-schwerhörigkeit	leiseres, gedämpftes Hören	Lautspracherwerb auf natürlichem Weg; Hörhilfen unterstützen/erleichtern Spracherwerbsprozess
Schallempfindungs-schwerhörigkeit	verändertes, verzerrtes Hören	Lautspracherwerb mit Hörhilfen möglich; Umfang und Qualität wird u.a. vom Ausmaß des Hörverlustes mitbestimmt
kombinierte (Schallleitungs- und Schallempfindungs) Schwerhörigkeit	verändertes, verzerrtes Hören	Lautspracherwerb mit Hörhilfen möglich; Umfang und Qualität wird u.a. vom Ausmaß des Hörverlustes mitbestimmt
Gehörlosigkeit	minimalste Hörreste können vorliegen; reichen nicht zum Lautsprachverstehen	Lautspracherwerb bei früher CI(Cochlea-Implantat)-Versorgung möglich; Nutzen der Gebärdensprache
Ertaubung	minimalste Hörreste können geblieben sein; reichen nicht zum Lautsprachverstehen	Sprache wurde (bis zum Zeitpunkt der Ertaubung) auf natürlichem Weg erworben; mittels CI kann diese erhalten und ausgebaut werden
einseitige Hörschädigung	fehlendes Richtungshören; Schwierigkeiten bei der Schalllokalisation	Lautspracherwerb möglich, Hörhilfe unterstützt

Die in Tabelle 3.1 aufgeführten Arten gehören zu den peripheren Hörschäden. Im Schulalter sind etwa zwei von 1.000 Kindern bzw. Jugendlichen betroffen (Probst 2008, 181).

Periphere Hörschäden

Daneben gibt es als zentrale Hörstörung die AVWS (Auditive Wahrnehmungs- und Verarbeitungsstörungen), bei der ein normales peripheres Gehör vorliegt, aber die Wahrnehmung und Verarbeitung des Gehörten unvollständig erfolgt. In der Folge kommt es auch hier zu einem eingeschränkten Sprachverstehen. Die Zahl der Betroffenen ist in den letzten Jahren sprunghaft gestiegen. Die Gründe dafür sind noch ungeklärt. Auditive Verarbeitungs- und Wahrnehmungsstörungen werden meist erst gegen Ende des Grundschulalters (oft erst nach dem Übertritt in die wei-

Zentrale Hörstörung

terführende Schule) diagnostiziert. Belegt ist, dass die Anzahl der Diagnosen mit größer werdenden Leistungsanforderungen steigt (Lindauer 2009, 107ff.).

> Schwerhörigkeit reicht von „fast normalhörend" (also geringer Höreinbuße) bis zum Übergang zur Gehörlosigkeit. Mit steigendem Ausmaß sind die Auswirkungen auf die Sprachentwicklung und das Sprachverstehen des Betroffenen gravierender.

Die Grenze von hochgradiger Schwerhörigkeit zur Gehörlosigkeit ist fließend. Schwerhörige Schülerinnen und Schüler sind im Regelfall mit Hörsystemen versorgt. Bei hochgradigen Hörschädigungen (einschließlich Gehörlosigkeit oder Ertaubung) kann eine CI-Versorgung helfen. Beachtet werden muss, dass das Hören mit Hörsystem oder Cochlea Implantat die Hör- und Verstehenssituation verbessert, aber kein „normales" Gehör erreicht wird. Auch mit Hörhilfen bleibt es ein verändertes, eingeschränktes Hören.

Sprech- und Sprachentwicklung

Da Kinder mit angeborenen oder frühkindlich erworbenen Hörschäden in der Spracherwerbsphase nicht über ein voll funktionsfähiges Gehör verfügen, sind ihre Sprache (z.B. Lexikon und Grammatik) und ihr Sprechen oft auffällig. Der unvollständige Höreindruck muss durch Absehen (umgangssprachlich oft als „Lippenlesen" bezeichnet) ergänzt werden, was hohe Aufmerksamkeit und viel Konzentration vom Betroffenen erfordert und zu rascherer Ermüdung führt.

Gebärdensprache

Kinder und Jugendliche mit gravierenden Hörverlusten, die nicht mit CI versorgt sind, kommunizieren gebärdensprachlich. Es handelt sich hier meist (aber nicht ausschließlich) um Kinder von Eltern, die selbst gehörlos sind. Diese können (im Vergleich zu Eltern, die gut hören) mittels Gebärdensprache von Anfang an mit ihrem Kind kommunizieren. Für Personen mit Gehörlosigkeit (aber auch einem Teil derjenigen mit Schwerhörigkeit) ist die Gebärdensprache ein wichtiges Kommunikationsmittel. In jüngster Zeit werden auch gebärdensprachlich kommunizierende Schülerinnen und Schüler – dann mit Hilfe von Gebärdensprachdolmetschern – inklusiv beschult.

Ursachen und Häufigkeit

> Hörschäden können prä-, peri- oder postnatal entstehen.

Zu den postnatalen Ursachen kindlicher Hörschäden gehören vor allem Meningitis, Encephalitis, Otitis und Knalltrauma. Bei etwa 40% der Kinder sind keine sicheren Ursachen ihrer Hörschädigung festzustellen (Biesalski/Collo 1991). Matulat (2018) führt etwa ein Drittel auf Komplikationen während der Geburt oder Infektionen in der Schwangerschaft zurück. Die Zahl der Kinder mit angeborener Gehörlosigkeit beträgt etwa 0,05% pro Geburtsjahrgang und gilt als relativ stabile Größe. Verändert hat sich, dass ein Großteil von ihnen heute frühzeitig (im ersten Lebensjahr oder kurz danach) mit Cochlea Implantaten versorgt werden. Ihnen wird mit diesen ein Höreindruck möglich; ihr Höreindruck bleibt aber eingeschränkt und verändert. Schwieriger ist die Zahl der Kinder mit Schwerhörigkeit einzuschätzen. Gross et al. (1999) sprechen von einer Häufigkeit zwischen 0,9 und 13%. Die Schwankungsbreite ergibt sich aus den sehr unterschiedlichen Erfassungsmethoden. Jungen und Mädchen sind von Hörschäden nahezu gleich betroffen.

3.1.2 Aktuelle empirische Erkenntnisse

Die umfangreichsten Forschungsarbeiten zur schulischen und vorschulischen Integration und Inklusion liegen an der Universität München durch das seit 1999 bestehende Forschungsprogramm „Integration/Inklusion Hörgeschädigter in allgemeinen Einrichtungen" mit inzwischen 20 Forschungsmodulen sowie durch mehrjährige Forschungsarbeiten von Wessel (Universität zu Köln) vor. Bei der Betrachtung der bis zum Jahr 2019 vorliegenden Forschungsergebnisse muss beachtet werden, dass nur empirisch „erforscht" werden kann, was konkret in den allgemeinen Schulen, also in der Praxis, vorgefunden wird. Inklusion stellt gegenwärtig (2019) nach wie vor einen Zielzustand dar, also etwas normativ Gefordertes. Empirisch untersucht kann Inklusion erst dann werden, wenn sie als Ziel erreicht ist (Leonhardt 2011). Das Besondere am Münchener Forschungsprogramm ist, dass „Integration" und „Inklusion" aus sehr unterschiedlichen Perspektiven (z.B. aus Sicht der inkludierten Schüler, aus Sicht der [hörenden] Mitschülerinnen und Mitschüler, aus Sicht der Eltern der Schülerin oder des Schülers mit Hörschädigung, aus Sicht der Lehrkräfte des Mobilen Dienstes Hören oder auch aus Sicht der Lehrkräfte der allgemeinen Schule) beleuchtet wird. Durch diese Herangehensweise wird ein differenzierter Blick auf die aktuelle Situation möglich. Betrachtet man bisher vorliegende Forschungsergebnisse, so lassen sich tendenziell folgende grundlegenden Aussagen treffen:

Empirisch begründete Aussagen

- Bei der Mehrheit der inklusiv beschulten Schulerinnen und Schüler mit Hörschädigung verläuft die schulische Inklusion positiv, allerdings mit umfasser Unterstützung durch die Eltern und umfangreiches häusliches Lernen, indem sie viel vor- oder nachbereitend zum Unterricht lernen und umfängliche Zeit in die Erledigung der Hausaufgaben investieren.
- Der Inklusionsprozess wird von zahlreichen Faktoren beeinflusst. Er ist vergleichbar mit einem sensiblen Mobile: Verändert sich ein Faktor (z.B. Wechsel einer Klassen- oder Fachlehrerin bzw. eines -lehrers, Übertritt in eine neue Klasse, Veränderungen in der Klassenzusammensetzung) kann es von einer bisher gelingenden Inklusion zu Problemen kommen oder auch umgekehrt.
- Bei nicht oder unzureichend gelingender Inklusion greifen Alternativen zu spät. Erst nach schwerwiegenden Problemen, die für die betroffenen hörgeschädigten Schülerinnen und Schüler emotional und psychisch oft hoch belastend sind, erfolgt ein Wechsel an das Förderzentrum, Förderschwerpunkt Hören.

Ausschlaggebend für die Wahl der allgemeinen Schule anstelle des Besuchs eines Förderzentrums, Förderschwerpunkt Hören ist für die Eltern meist der weite, viel Zeit beanspruchende Schulweg oder eine während der Schulwoche erforderliche Unterbringung im Schülerwohnheim. Beides wird von den Eltern mehrheitlich abgelehnt. Sie wünschen, dass ihr Kind einen engen Kontakt zur Familie behält und Freundschaften zu Gleichaltrigen im Wohnumfeld aufrechterhalten kann. Bei den inkludiert beschulten Schülerinnen und Schülern handelt es sich vorrangig um lautsprachlich kommunizierende Kinder und Jugendliche. In jüngerer Zeit – in Folge der breiten Umsetzung der UN-Behindertenrechtskonvention – lernen auch vereinzelt gebärdensprachlich kommunizierende Kinder und Jugendliche mit Unterstützung einer Gebärdensprachdolmetscherin oder eines -dolmetschers in der allgemeinen Schule (Leonhardt/Steiner 2014; Kaul 2018). Bei dieser Schülergruppe handelt es sich um Kinder gehörloser bzw. hörgeschädigter Eltern, deren Muttersprache die Deutsche Gebärdensprache ist.

Wahl des Schulortes

3.1.3 Bedeutung für das Erleben und Lernen betroffener Schülerinnen und Schüler

Auswirkungen der Beeinträchtigung

Wie dargestellt, wirken sich frühkindliche Hörschädigungen vor allem auf die Hör-, Sprech-, Sprach- und Kommunikationsentwicklung der Betroffenen aus. Das zeigt sich in ihrer Sprachproduktion, aber auch bei ihrem Sprachverstehen. Damit verbunden sind Auswirkungen auf die kognitive und die psychosoziale Entwicklung. Aus Untersuchungen von Lindner (2007) ist bekannt, wo „Knackpunkte" für das Gelingen oder Scheitern schulischer Inklusion liegen können: Dazu gehören das Sprachverstehen, die psychisch-emotionale Befindlichkeit und das Verhältnis zu den Mitschülern.

Probleme im Unterricht

Als Hauptursache für unzureichendes Sprachverstehen wird seitens der Schülerinnen und Schüler „der Lehrer spricht zur Tafel" genannt. Dieses nimmt dem hörgeschädigten Schüler jede Möglichkeit des ergänzenden Absehens. Das Verfolgen des Unterrichtsgeschehens wird erschwert oder sogar unmöglich gemacht. Des Weiteren behindert der hohe Lärmpegel (Störgeräusche) in der Klasse das Verstehen.

- **Lehrer spricht zur Tafel**

„Schrecklich ..., wenn mich Lehrer von hinten angesprochen haben und wenn sie immer so zur Tafel gesprochen haben."

Störgeräusche

„... weil da war'n viele Kinder und die haben ... auch gesprochen und so ... wenn Nebengeräusche sind, dann versteh ich mit dem, mit dem ich sprech, halt nicht so gut."

Hinzu kommt, dass die Schülerinnen und Schüler ihre Hörgeräte (häufig aus Scham) nicht tragen und auch die Übertragungsanlage (Höranlage) nicht eingesetzt wird, obwohl sie zur Verfügung steht. Das liegt einerseits daran, dass die Schülerinnen und Schüler selbst deren Verwendung ablehnen, um möglichst unauffällig zu sein, und andererseits daran, dass die Lehrkräfte meinen, die Schülerin bzw. der Schüler „höre auch ohne Höranlage genug". Nachteilig wirkt oft auch der falsche Sitzplatz in der Klasse (zu weit von der Lehrerin oder dem Lehrer entfernt, Blickkontakt zur Lehrerin, dem Lehrer oder zu den Mitschülern nicht gesichert).

- **fehlende Übertragungsanlage**

„... dass die meisten Lehrer das Mikroport (=Übertragungsanlage, Anm. d. Verf.) nicht dran haben wollten und da habe ich sehr schlecht verstanden."

Sitzplatz

„Ich habe das nicht verstanden... was die Lehrerin gesagt hat, und weil, also sie hat mich immer falsch hingesetzt, also mit dem falschen Ohr hingesetzt, mit dem ich nicht höre, und das war das eigentlich, ja."

Schülerinnen und Schüler mit Hörschädigung ermüden rascher. Dies ist bedingt durch die kontinuierliche Überanstrengung, zu der es auf Grund der hohe Konzentrations- und Aufmerksamkeitsleistung, die sie während des Unterrichts aufbringen müssen, kommt.

- **Ermüdung/Überanstrengung**

> „Ja, aufgepasst habe ich eigentlich schon viel, aber die vierte, fünfte, sechste Stunde, da war ich immer sehr schwach, da konnte ich nimmer viel …"

Auch die psychisch-emotionale Befindlichkeit erweist sich als kritisch. Genannt wird ein „Gefühl der Belastung" sowie Schulunlust, Einsamkeit und Aggressionen gegenüber den Mitschülern (häufig auf Grund von als Provokation empfundenen Äußerungen). Die Schüler klagen über häufige Kopfschmerzen und Übelkeit. Empirische Befunde belegen, dass diese Phänomene nach einem Wechsel an das Förderzentrum, Förderschwerpunkt Hören, verschwinden (Lindner 2007). Folglich handelt es sich hier um rein psychische Probleme.

- **Belastung**

> „Auch konnte die höchste Konzentration, die es erforderte, dem Unterrichtsgeschehen zu folgen, mir manchmal alle Kräfte rauben."

sich krank fühlen

> „Ja ich hatte eigentlich, … so jahrelang Kopfschmerzen und da hat ich keinen Kopf frei, also ich hatte ja sehr viel Kopfschmerzen und ich hab halt gedacht, wie wär das, wenn ich keine Kopfschmerzen mehr habe. Ich habe halt kein Gefühl g'habt wie das ist, wenn man keine Kopfschmerzen hat."

Das Verhältnis zu den Mitschülern ist nicht selten durch *Bullying* (in der Arbeitswelt als Mobbing bezeichnet) geprägt. So wird von körperlichem (z.B. Schubsen, Treten, Anrempeln), verbalem (z.B. ihnen gegenüber gemachte negative oder als negativ erlebte Äußerungen) und von indirektem *Bullying* (z.B. nicht beachten, nie zum Geburtstag eingeladen zu werden, die Pause immer alleine verbringen zu müssen) berichtet.

- *Bullying*

> „Für mich war's also nicht so schön, weil die Kinder haben mich … geärgert und ausgelacht, weil ich die einzige in der Klasse war, die schwerhörig war und die haben mich halt immer so geärgert, immer wenn ich was sagen wollte, haben sie halt gesagt sei still und so."

Auch werden die Lehrkräfte nicht immer als unterstützend erlebt. Das Verhältnis zu ihnen fällt zwiespältig aus:

- **Verhältnis zu den Lehrkräften**

> „… der hält sich sehr ‚cool'. Der versteht das und so. Man kann immer wieder mit ihm sprechen. … Es gibt aber auch Lehrer, die machen … sogar sich lustig über das Nichthören. … reißen blöde Witze."

Alle Äußerungen in den Sprechblasen stammen aus Lindner 2007 und 2009, außer die Aussagen „Belastung" (aus Wasielweski 2004) und „Verhältnis zu den Lehrkräften" (aus Gräfen 2015).

3.2 Der Förderschwerpunkt Hören im Alltag der allgemeinen Schule

3.2.1 Stand der Inklusion

Statistik

Laut Statistik der Kultusministerkonferenz besuchten im Schuljahr 2015/16 ca. 45% aller sich im Schulalter befindlichen Kinder und Jugendlichen mit Hörschädigung die allgemeine Schule (nach KMK 2016a, b). Dennoch ging die Zahl der Schülerinnen und Schüler an den Förderzentren, Förderschwerpunkt Hören bisher nicht zurück, da an ihnen die Zahl der Diagnosen von AVWS sprunghaft anstieg.

3.2.2 Spezifische Herausforderungen in der Unterrichtspraxis und im Schulleben

Hörschädigung als unsichtbare Behinderung

Als Herausforderung für die Lehrkraft der allgemeinen Schule erweist sich immer wieder, dass eine Hörschädigung optisch nicht bzw. kaum auffällig ist. Das führt häufig dazu, dass die (Hör-)Behinderung der Betroffenen der Lehrkraft nicht durchgängig präsent ist, vor allem bei (gut) lautsprachlich kommunizierenden Schülerinnen und Schülern. Bei gebärdensprachlich kommunizierenden Schülerinnen und Schülern hilft hier die Anwesenheit der Gebärdensprachdolmetscherin oder des Gebärdendolmetschers, auf die besondere Situation der Schülerin bzw. des Schülers mit Hörschädigung aufmerksam zu machen.

3.3 Handlungsempfehlungen und Fördermaßnahmen

Die gemeinsame Beschulung wird der bzw. dem Lernenden mit Hörschädigung erleichtert, wenn akustische und optische Rahmenbedingungen erfüllt werden. Diese erleichtern das Hören und Verstehen sowie das Absehen.

Tab. 3.2: Maßnahmen für die Unterrichtsgestaltung bei Hörschädigung

Akustische Bedingungen	**Akustische Bedingungen** • Minimierung von Störgeräuschen • Wahl eines Klassenraums in einem ruhigen Teil des Schulgebäudes, wenig Straßen- und Störlärm • Akustikplatten an der Decke, Teppichboden oder Filzgleiter unter den Stühlen, Vorhänge und Pinnwände • Störquellen vermeiden (Overheadprojektor nach Nutzung ausschalten, geräuscharme Geräte verwenden, Nebengeräusche wie Stühle- und Tischerücken unterbinden) • auf Gesprächsdisziplin achten
Optische Bedingungen	**Optische Bedingungen** • gute Ausleuchtung des Raums • Vermeidung von grellem Licht (verflacht die Konturen des Gesichtes des Sprechers; das Absehen wird erschwert) • Position des Sprechers: nicht mit dem Rücken zum Licht (Fenster), da sonst Gesicht bzw. Mundbild im Dunkeln liegen und die/der Angesprochene(r) geblendet wird • guter Abstand für Absehen vom Mundbild: zwischen 0,5 und 3 Metern

- Wahl des Sitzplatzes:
  - geringe Entfernung zum Lehrerpult
  - alle Schülerinnen und Schüler der Klasse im Sichtfeld
- Blickkontakt (nicht zur Tafel sprechen; erst schreiben, dann erklären/zeigen oder umgekehrt) und Vermeidung von Standortwechseln

Hör- und Absehpausen
- sinnvoller Wechsel der Sozialformen
- Alternation von strukturierten und offenen Lernformen
- gezielte Phasen der Einzelarbeit: Entlastung/Hörpause und somit Erhöhung der Aufmerksamkeits- und Konzentrationsspanne

Hör- und Absehpausen

Schülerinnen und Schülern mit dem Förderschwerpunkt Hören kann ein Nachteilsausgleich gewährt werden. Dabei ist zwischen Maßnahmen während der Organisation und Durchführung des Unterrichts (geeigneter Sitzplatz, evtl. Drehstuhl, Verwendung der Übertragungsanlage, Einsatz eines Gebärdensprachdolmetschers, Minimierung von Störgeräuschen usw.) und solchen, die im Rahmen der Leistungserhebung entstehen, zu unterscheiden. Maßnahmen bei der Leistungserhebung können z.B. sprachliche Vereinfachungen, Zeitverlängerungen, zusätzliche Pausen, Zugestehen von Nachfragen durch die Schülerin bzw. den Schüler und Nichtbewerten von eindeutigen Hör- und Absehfehlern bei schriftlichen Leistungen sein. Grundsätzlich muss die Vergleichbarkeit der Leistung gewährleistet sein. Bei der Auswahl der geeigneten Maßnahmen unterstützt der MSD Hören.

Nachteilsausgleich

Für den inklusiven Unterricht ist keine andere, „spezifische" Didaktik erforderlich. Bekannte didaktisch-methodische Maßnahmen erfahren lediglich eine verstärkte Beachtung bzw. veränderte Akzentuierung. Eine gute Möglichkeit bieten die didaktischen Prinzipien. Von besonderer Bedeutung für die Unterrichtung von Lernenden mit Hörschädigung sind Visualisierung bzw. Veranschaulichung, Strukturierung und Differenzierung.

Didaktische Maßnahmen

Visualisierung und Veranschaulichung sind eine Möglichkeit, fehlende oder unzureichende Höreindrücke zu ergänzen und das Verstehen zu sichern. Sie haben die Funktion „der Informationsübermittlung und Verständnissicherung einerseits, andererseits unterstütz(en) sie Aufmerksamkeit und Gedächtnisleistung" (Truckenbrodt/Leonhardt 2016, 52). „Veranschaulichung" geht über ein mediales Angebot hinaus. Es beinhaltet die Sicherstellung der Verarbeitung und die innere Auseinandersetzung mit dem Wahrgenommenen. Beginnend mit dem optischen Erfassen der Originale (unmittelbare Anschauung) über den Einsatz von Medien (mittelbare direkte Anschauung) kommt es zur inneren (indirekten) Anschauung, also Vorstellung. Vorstellungen bauen auf hinreichend bekannten Begriffen auf, die bei einem Schüler mit Hörschädigung nicht immer vorausgesetzt werden können. Neben der Veranschaulichung kommt der Visualisierung (der grafischen und schriftlichen Aufbereitung) eine bedeutende Rolle zu. Empfohlen werden kann:
- Verschriftlichen von Unterrichtsinhalten mittels Overheadprojektor oder Laptop und Beamer bzw. Smartboard und Dokumentenkamera (Gesicht und damit Absehbild bleibt der Klasse zugewandt)

Veranschaulichung und Visualisierung

- schriftliches Fixieren wichtiger Informationen (Hausaufgaben, Termine, Inhalte von Leistungsüberprüfungen)
- schriftliche Zusammenfassungen von Unterrichtsinhalten und -ergebnissen
- Verschriftlichen von Schlüsselbegriffen (gleiches gilt für neue Begriffe, Fremdwörter, Kernaussagen aus dem Unterrichtsgespräch)
- Diktieren vermeiden (z.B. Kopfrechenaufgaben schriftlich anbieten)

(ebd. 52).

Strukturierung

Für Schülerinnen und Schüler mit Hörschädigung bedeutet ein gut strukturierter Unterricht, dass sie sich in ihrer „Erwartungshaltung" (konkret: Hör- und Absehhaltung) auf das Kommende einstellen können. Hilfreich sind Informationen zum Stundenverlauf bereits zu Unterrichtsbeginn und das Vermeiden von Sprüngen im Unterrichtsablauf, denn diese verwirren [nicht nur] die hörgeschädigte Lernerin oder den hörgeschädigten Lerner.

Rituale (wiederkehrende Handlungen), Symbol- oder Wortkarten (Impulse) bieten sprachliche Entlastung und Vereinfachen die Kommunikationsabläufe. Visuelle und schriftliche Unterstützung erleichtern das Verfolgen der Inhalte. Transparenz wird durch Ziel- und Aufgabenklarheit, (schriftliche) Themenangabe (insbesondere bei Themenwechsel), Überschriften und Zwischenüberschriften erreicht. Den Lernenden mit Hörschädigung erleichtert das die Konzentration und sie können bei Nichtverstehen gezielt nachfragen. Zusammenfassungen und Wiederholungen (durch die Lehrkraft oder eine Schülerin bzw. einen Schüler) tragen zur Verständnissicherung bei. Auch hier unterstützt eine zusätzliche Verschriftlichung.

Differenzierung

Die Auswirkungen einer Hörschädigung sind höchst individuell. Das zeigt sich z.B. in den jeweiligen Sprachkompetenzen, insbesondere in Hinsicht der Verwendung verschiedener Kommunikationsmodi (Lautsprache, Gebärdensprache, Mischformen) sowie zusätzlich auftretender Probleme, beispielsweise im Bereich der Schriftsprache. Für den Unterricht mit einer Schülerin oder einem Schüler mit Hörschädigung bieten sich an: quantitative Differenzierung (unterschiedliche Anzahl an Aufgaben, unterschiedliche Zeitvorgaben) und qualitative Differenzierung (Aufgaben unterschiedlicher Schwierigkeitsgrade, auf die sprachlichen Kompetenzen zugeschnittene Formulierungen, ergänzende schriftliche statt ausschließlich mündliche Informationen). Auch die Sozialformen bieten Differenzierungsmöglichkeiten. Ebenso können offene Lernformen wie Wochenplanarbeit oder Freiarbeit zur Individualisierung beitragen. Eine Modifikation der grundsätzlichen Lernziele und -kontrollen ist beim gemeinsamen Unterricht von hörenden und hörgeschädigten Schülerinnen und Schülern nicht vorgesehen. Kinder und Jugendliche mit Hörschädigung können die gleichen Bildungsabschlüsse erwerben, sofern sie die dafür geforderten Leistungen erbringen. Differenzierungsmaßnahmen sollen ihnen – ggfs. unter Zuhilfenahme eines Nachteilsausgleichs (s. oben) – die gleichen Leistungen ermöglichen.

Lehrersprache

> Der Lehrersprache kommt im inklusiven Unterricht eine zentrale Stellung zu. Die Art und Weise des Sprechens der Lehrkraft unterstützt (oder hemmt) die Sprachperzeption. Zudem kommt der Lehrersprache eine Vorbildfunktion zu, „insbesondere bzgl. der Sprechweise und des sprachlichen Ausdrucks" (Leonhardt 1996).

Die Lehrersprache sollte sich auszeichnen durch:
- klare Artikulation
- Akzentuierung von Wörtern oder Satzteilen
- Vermeidung von Schachtelsätzen
- Reduzierung komplexer Äußerungen
- bewussten Einsatz von Sprechpausen und
- angemessene Lautstärke

(ebd., 31f.).

Das Mund- bzw. Absehbild darf nicht (z.B. durch Hand, Halstuch, Rollkragen oder Bart) verdeckt sein. Ebenso erschweren Piercings im Gesichtsbereich das Absehen und damit das Verstehen erheblich. Üblicherweise ist das Lehrerecho in der allgemeinen Schule verpönt. Einem Schüler mit Hörschädigung hilft es jedoch, unvollständig Verstandenes zu ergänzen. Um eine bestmögliche Verständlichkeit zu erreichen, lassen sich folgende Regeln ableiten:
- Antlitzgerichtetheit einhalten, nicht zur Tafel sprechen, Standortwechsel einschränken
- Schülerin oder Schüler immer mit Namen ansprechen und auf sie/ihn deuten
- Gesten einsetzen
- regelmäßig Wiederholungen und Zusammenfassungen einfließen lassen
- am sprachlichen Niveau der Schülerinnen und Schüler anknüpfen

(Truckenbrodt/Leonhardt 2016).

Sinnvoll ist eine Kontrolle, ob verstanden wurde. Dabei sind Fragen wie: „Hast du verstanden?" wenig zielführend. Besser ist, Ausführungen wiederholen zu lassen oder zu fragen: „Was sollst du machen?", „Was hat … gesagt?, „Worüber haben wir … gesprochen?". Schülerinnen und Schüler mit Hörschädigung benötigen mehr Zeit zur Verarbeitung und damit auch, um auf eine Frage zu reagieren und zu antworten. Sie brauchen (mehr) Zeit zum Nachdenken und Formulieren der Antwort, da ihnen die Sprache in mündlicher und schriftlicher Modalität weniger zugänglich ist.

Für Schülerinnen und Schüler mit Hörschädigung sind Unterrichtsgespräche eine große Herausforderung. Sie müssen während eines Gesprächs viel Konzentration und Aufmerksamkeit aufbringen. Eine klare Lehrersprache unterstützt das Verstehen und entlastet ebenso wie eindeutige Gesprächsregeln (z.B. nur einer spricht, Blickkontakt halten) oder das Hinweisen bzw. Deuten auf den Sprechenden. Das Einhalten der äußeren Rahmenbedingungen (s.o.) trägt zur Verbesserung der Kommunikationssituation bei. Ist eine Übertragungsanlage vorhanden, sollte sie auch genutzt werden. Sie überträgt die Äußerung der Lehrkraft oder der Mitschüler unter Umgehung von Störgeräuschen direkt zur Hörhilfe der Schülerin oder des Schülers. Die Weitergabe des Mikrofons reguliert den Lärmpegel und ermöglicht es, alle Schülerkommentare zu verstehen (ebd. 44). Ist ein ausreichendes Schriftsprachniveau vorhanden, kann eine „Gesprächsmitschrift" (schriftliches Fixieren von Schlagwörtern oder Kerngedanken) das Verfolgen des Gesprächs erleichtern.

Unterrichtsgespräche

Ein Wechsel zwischen lehrerzentrierten (zumeist sehr sprachlastigen) und schülerzentrierten Phasen trägt dazu bei, die Aufmerksamkeit und Konzentration länger auf-

Sozialformen, methodische Grundformen, Unterrichtsformen

recht zu erhalten. Lehrerzentrierter Unterricht ist meist klar strukturiert, der aktuelle Sprecher ist „definiert" und es herrscht eine geordnete Arbeitsatmosphäre. Dies erleichtert der Schülerin bzw. dem Schüler mit Hörschädigung die Orientierung. Schülerorientierte Phasen hingegen, wie Einzel- oder Partnerlernen, bieten Möglichkeiten der Hör- und Absehentlastung. Bei der Partnerarbeit müssen sich die oder der hörgeschädigte Lernende, im Gegensatz zur Gruppenarbeit oder dem Unterrichtsgespräch, nur auf eine Gesprächspartnerin bzw. -partner konzentrieren. Bei offenen Unterrichtsformen (z.B. Projektarbeit, Tages- und Wochenplanarbeit, Stationen lernen, freie Arbeitsformen) ist zu beachten, dass sich Verstehensschwierigkeiten verstärken können, da die Lehrkraft sich nur noch selten an einem „zentralen Ort" befindet und das Arbeitsgeschehen eine erhöhte Unruhe und Nebengeräusche mit sich bringt.

Rolle als Lehrer

> Eine wichtige Ressource für den Inklusionsprozess ist die vertrauensvolle Zusammenarbeit aller am Inklusionsprozess Beteiligten: Lehrkraft, Hörgeschädigtenpädagogen aus dem Mobilen Dienst, Eltern sowie ggf. Gebärdensprachdolmetscher. In Einzelfällen kommen Schulbegleitungen hinzu (in höheren Schuljahrgangsstufen auch Schriftdolmetscher).

Die Unterrichtung von Schülerinnen und Schülern mit einer Hörschädigung erfordert die Zusammenarbeit mit einer Hörgeschädigtenpädagogin bzw. einem Hörgeschädigtenpädagogen, die das fachspezifische Wissen und die fachliche Kompetenz in den Inklusionsprozess einbringen. Allgemeines sonderpädagogisches Grundwissen reicht nicht aus, da es neben Förderung auch um (Re-)Habilitation geht. Nur ein Hörgeschädigtenpädagoge verfügt über die dafür notwendige Expertise und Professionalität. Er wirkt im Inklusionsprozess als Koordinator und Multiplikator und bringt das spezifische Wissen ein. Für alle Beteiligten (hörgeschädigte Schüler, Eltern, Mitschüler, Lehrkräfte, Schulleitung) ist er beratend und unterstützend tätig und informiert und sensibilisiert über die Auswirkungen einer Hörschädigung.

Gebärdensprachdolmetscher

Gebärdensprachdolmetscher begleiten gehörlose, gebärdensprachlich kommunizierende Schülerinnen und Schüler im inklusiven Unterricht. Sie übersetzen das Gesprochene in die Deutsche Gebärdensprache. Da die Inklusion gebärdensprachlich kommunizierender Schülerinnen und Schüler Neuland ist, fehlt es noch an Erfahrungen.

Arbeitsaufträge

1. Erarbeiten Sie sich anhand der angegebenen Literatur zu Hörschäden (s.u.: Literaturempfehlungen zu Hörschäden) die Auswirkungen der unterschiedlichen Hörschäden auf das Sprachverstehen und die Sprachproduktion der Betroffenen!
2. Welche Rolle spielt Absehen und Hören im Unterricht für inkludiert beschulte Schülerinnen und Schüler?
3. Studieren Sie didaktisch-methodische Maßnahmen, die Schülerinnen und Schülern mit Hörschädigung die Teilhabe am Unterricht erleichtern! Welche Vorteile bringen diese Maßnahmen für Schülerinnen und Schüler ohne Hörschädigung mit sich?

Literaturempfehlungen

Eine ausführliche Darstellung der Arten von Hörschäden und deren Auswirkungen ist zu finden in:

Leonhardt, A. (2019): Grundwissen Hörgeschädigtenpädagogik. 4. Aufl., München: Reinhardt, 21-29, 50-56, 74-92.

Leonhardt, A. (2018): Inklusion im Förderschwerpunkt Hören. Stuttgart: Kohlhammer, 16-30.

Kaul, Th. & Leonhardt, A. (2017): Förderschwerpunkt Hören und Kommunikation. In: Ministerium für Schule und Weiterbildung des Landes Nordrhein-Westfalen (Hrsg.): Sonderpädagogische Förderschwerpunkte in NRW. Ein Blick aus der Wissenschaft in die Praxis, Düsseldorf 2017, 65-70.

Informationen und Anregungen zur Gestaltung inklusiven Unterrichts mit Schülerinnen und Schülern mit Hörschädigung finden Sie hier:

Truckenbrodt, T./Leonhardt, A. (2016): Schüler mit Hörschädigung im inklusiven Unterricht. Praxistipps für Lehrer. 2. Aufl., München/Basel: Reinhardt: Tipps für die Gestaltung eines inklusiven Unterrichts mit hörgeschädigten Schülerinnen und Schülern, ohne umfassende Vorkenntnisse verständlich, zahlreiche Praxisbeispiele und Arbeitshilfen anschauliche Merk- und Infokästen

Leonhardt, A. (Hrsg.) (2018): Inklusion im Förderschwerpunkt Hören. Stuttgart: Kohlhammer Inklusive Beschulung von Schülerinnen und Schülern mit Hörschädigung unter den aktuellen schulischen Bedingungen, ausführliche Informationen über Hörschädigungen, deren Auswirkungen und spezifischen Entwicklungsbereiche, Rahmenbedingungen für einen inklusiven Unterricht einschließlich didaktischer Maßnahmen, explizit für Lehrkräfte der allgemeinen Schule

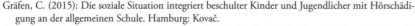

Unterstützung bieten die Lehrkräfte der Mobilen Dienste der zuständigen Förderzentren, Förderschwerpunkt Hören.

Literatur

Biesalski, P. & Collo, D. (1991): Hals-Nasen-Ohren-Krankheiten im Kindesalter. Stuttgart/New York: Thieme.

Gräfen, C. (2015): Die soziale Situation integriert beschulter Kinder und Jugendlicher mit Hörschädigung an der allgemeinen Schule. Hamburg: Kovač.

Gross, M.; Finckh-Krämer, U. & Spormann-Lagodzinski, M.-E. (1999): Deutsches Zentralregister für kindliche Hörstörungen. Deutsches Ärzteblatt 96 (1-2), 8. Januar 1999, 45-50.

Kaul, Th. (2018): Unterricht und Förderung gebärdensprachlich kommunizierender Schüler. In: Leonhardt, A. (Hrsg.): Inklusion im Förderschwerpunkt Hören. Stuttgart: Kohlhammer, 179-199.

KMK (2016a): Sekretariat der Ständigen Konferenz der Kulturminister der Länder in der Bundesrepublik Deutschland IVC/Statistik: Sonderpädagogische Förderung in allgemeinen Schulen (ohne Förderschulen) 2015/16. https://www.kmk.org/fileadmin/Dateien/pdf/Statistik/Dokumentationen/Aus_SoPae_Int_2017.pdf (Abruf vom 27.06.2019).

KMK (2016b): Sekretariat der Ständigen Konferenz der Kulturminister der Länder in der Bundesrepublik Deutschland IVC/Statistik: Sonderpädagogische Förderung in Förderschulen (Sonderschulen) 2015/17. https://www.kmk.org/fileadmin/Dateien/pdf/Statistik/Dokumentationen/Aus_Sopae_2017.pdf (Abruf vom 27.06.2019).

Leonhardt, A. (2019): Grundwissen Hörgeschädigtenpädagogik. 4. Aufl. München: Ernst Reinhardt.

Leonhardt, A. (Hrsg.) (2018): Inklusion im Förderschwerpunkt Hören. Stuttgart: Kohlhammer.

Leonhardt, A. (2011): Inklusion als fachspezifische Aufgabe der Gehörlosen- und Schwerhörigenpädagogik. In: Sprache – Stimme – Gehör, 35, 222-223.

Leonhardt, A. (1996): Didaktik des Unterrichts für Gehörlose und Schwerhörige. Neuwied: Luchterhand.

Leonhardt, A. & Steiner, K. (2014): Einzelfallbasierte Begleitung der Beschulung von gehörlosen Kindern mit Muttersprache Deutsche Gebärdensprache an der allgemeinen Grundschule mit Unterstützung eines Gebärdensprachdolmetschers. Abschlussbericht (unveröffentl.).

Leonhardt, A. & Vogel, A. (Hrsg.) (2009): Gehörlose Eltern und CI-Kinder – Management und Support. Heidelberg: Median.

Lindauer, M. (Hrsg.) unter Mitarbeit von Girardet, U.; Reul, J. & Rudat, A. (2009): Schülerinnen und Schüler mit Auditiven Verarbeitungs- und Wahrnehmungsstörungen (AVWS). Würzburg: Ed. Bentheim.

Lindner, B. (2007): Schulische Integration Hörgeschädigter in Bayern – Untersuchung zu den Ursachen und Folgen des Wechsels hörgeschädigter Schüler von der allgemeinen Schule an das Förderzentrum, Förderschwerpunkt Hören. LMU München Dissertation. Online unter: http://edoc.ub.uni-muenchen.de/7941/1/Lindner_Brigitte.pdf (Abruf vom 27.06.2019).

Lindner, B. (2009): „Soviel Integration wie möglich – so viele Sondereinrichtungen wie nötig." Warum wechseln hörgeschädigte Schüler von der allgemeinen Schule an das Förderzentrum, Förderschwerpunkt Hören? In: Leonhardt, A. (Hrsg.): Hörgeschädigte Schüler in der allgemeinen Schule. Stuttgart: Kohlhammer, 180-217.

Matulat, P. (2018): Neugeborenen-Hörscreening. Rechtliche, medizinische, organisatorische, finanzielle, strukturelle und technische Aspekte zum Neugeborenen-Hörscreening in Deutschland. In: Frühförderung interdisziplinär, 37, 3-13.

Probst, R. (2008): Kindliche Hörstörungen – Pädaudiologie des Ohres. In: Probst, R.; Grevers, G. & Iro, H. (Hrsg.): Hals-Nasen-Ohren-Heilkunde. Stuttgart/New York: Thieme, 181-189.

Truckenbrodt, T. & Leonhardt, A. (2016): Schüler mit Hörschädigung im inklusiven Unterricht. Praxistipps für Lehrer. 2. Aufl., München/Basel: Ernst Reinhardt

Wasielewski, K. (2004): Voll integriert? In: Bundesgemeinschaft der Eltern und Freunde hörgeschädigter Kinder e.V. (Hrsg.): Die Integration hörgeschädigter Kinder. Hamburg: Tagungsbericht, 10-16.

4 Förderschwerpunkt körperliche und motorische Entwicklung

Jürgen Moosecker

4.1 Der Förderschwerpunkt körperliche und motorische Entwicklung als Fachdisziplin

4.1.1 Definition und theoretische Grundlagen

Eine Studie zur Untersuchung der Schülerschaft (Lelgemann/Fries 2009) verdeutlicht die Bandbreite der Behinderungsformen im Förderschwerpunkt körperliche und motorische Entwicklung (FS kmE), dargestellt in Abbildung 4.1.

Bandbreite der Behinderungsformen der SchülerInnen mit dem Fs kmE (in absteigender Häufigkeit)
SchülerInnen mit *Cerebralparese*
SchülerInnen mit weiteren *körperlichen Behinderungen* (Glasknochenkrankheit, Fehlbildungen der Wirbelsäule, Dysmelien, Wachstumsstörungen u.a.) und *Syndromen*
SchülerInnen mit *Epilepsien*
SchülerInnen mit *schweren chronischen Erkrankungen* (Asthma bronchiale, rheumatische Erkrankungen, Erkrankungen der Nieren, des Herzens, starke bzw. deutlich sichtbare Hauterkrankungen, Mukoviszidose, weitere Stoffwechselerkrankungen u.a.)
SchülerInnen mit *Querschnittslähmung*
SchülerInnen mit (progredienten) *Muskelerkrankungen*
SchülerInnen mit *Beeinträchtigungen unklarer Genese*

Abb. 4.1: Untersuchung der Schülerschaft mit dem Förderschwerpunkt kmE in Bayern (am FZ kmE) (vgl. Lelgemann/Fries 2009, 217)

Die *Vorkommenshäufigkeit* (Inzidenzrate) einer Körperbehinderung bei Kindern und Jugendlichen wird allgemein mit 5:1000 angegeben (Leyendecker 2005).

Anhand einer dreiteiligen Grundsystematik werden die Behinderungsformen unterschieden. Entscheidend ist hierbei der Ort der Schädigung als Ursache der Körperbehinderung (vgl. Leyendecker 2005, 86-89):
- Schädigung der zentralen bewegungssteuernden Systeme des Gehirns und Rückenmarks,
- Schädigung der Muskulatur und des Knochengerüsts,
- Körperschädigungen, die auf eine chronische Krankheit oder Fehlfunktion von Organen zurückzuführen sind.

Dreiteilige Grundsystematik

„Als körperbehindert wird eine Person bezeichnet, die infolge einer medizinisch beschreibbaren Schädigung oder einer chronischen Krankheit so in ihren Verhaltensmöglichkeiten beeinträchtigt ist, dass individuelle Tätigkeiten und die Selbstverwirklichung in sozialer Interaktion erschwert sind. Die Relevanz der körperlichen Behinderung wird zudem davon beeinflusst, welche Aktivitäts- sowie Partizipationsmöglichkeiten und -erschwernisse in einer Gesellschaft gegeben sind" (Lelgemann 2015, 624).

ICF Die mehrperspektivische Internationale Klassifikation der ICF zeigt die Folgen der körperlichen Behinderung anhand dreier Perspektivebenen auf:
1. Ebene (*ICF: Body functions and structures*): Die elementare Schädigung (*Impairments*) hat eine Beeinträchtigung der Körperstrukturen zur Folge
2. Ebene (*ICF: Activities*): Bedingt durch die Schädigung entstehen Aktivitätseinschränkungen (*Activity limitations*)
3. Ebene (*ICF: Participation*): Eingeschränkte Teilhabe bzw. gegebene Partizipationshindernisse (*Participation restrictions*)

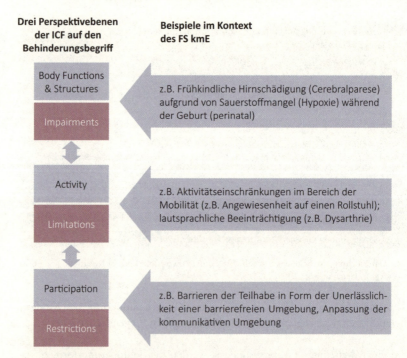

Abb. 4.2: International Classification of Functioning, Disability and Health (ICF)

4.1.2 Aktuelle empirische Erkenntnisse

- **Erkenntnisse der inklusiven Bildungsforschung, bezogen auf den Förderschwerpunkt kmE**

Gelingensfaktoren Aktuelle Ergebnisse der inklusiven Bildungsforschung erlauben die Nennung einer Reihe an Gelingensfaktoren für eine erfolgreiche inklusive Beschulung. Folgende

Abbildung verdeutlicht diese im Hinblick auf die Felder „Lehrkräfte" und „Unterrichtsorganisation" (Walter-Klose 2015, 142f.).

Lehrkräfte	Unterrichtsorganisation

Lehrkäfte benötigen Beratungsangebot und spezifische Kenntnisse in folgenden Bereichen:
• Anwendung differenzierender Unterrichtstechniken
• Förderung des sozialen Miteinanders und der Gemeinschaft
• Wissen über Behinderungen, Ursachen und Auswirkungen der Beeinträchtigung auf schulisches Lernen, die soziale und persönliche Entwicklung
• Wissen und Kompetenzen im Bereich interdisziplinärer Zusammenarbeit mit Eltern, Kollegen und Vertretern anderer Fachprofessionen
• Medizinisches, therapeutisches, rehabilitatives und sonderpädagogisches Fachwissen
• Auseinandersetzung mit dem eigenen Menschenbild und mit der eigenen Haltung gegenüber Menschen mit Behinderungen
• Auseinandersetzung mit der Neudefinition der Lehrerrolle
	• Individualisierung des Unterrichts mit Blick auf die unterschiedlichen Lernziele im Bereich schulleistungsbezogene, soziale, persönliche und gesundheitsbezogene Entwicklung
	• Einbezug von Hilfsmitteln und angepassten Lehr- und Lernmitteln
	• Den Faktor Zeit einplanen
	  • Schüler benötigen ggfs. mehr Zeit für die Bewältigung von Aufgaben
	  • Schüler benötigen ggfs. mehr Ruhe und Erholungsphasen
	  • Lehrer benötigen Zeit für die individuelle Instruktion der Schüler
	  • Lehrer benötigen Zeit für Gespräche mit den Schülern sowie Eltern und Kooperation mit externen Fachkräften, Schulbegleitern und Kollegen
	• Gewährung des Nachteilsausgleichs
	• Geplanter Einsatz von Schulbegleitern, die geschult und in Absprache zwischen Lehrer, Schüler und Schulbegleiter eingesetzt werden.

Abb. 4.3: Anpassungserfordernisse des schulischen Bildungsangebotes aus der Perspektive der Schülerschaft mit körperlichen Beeinträchtigungen (vgl. Walter-Klose 2015, 142f.)

Für zwei weitere Felder lassen sich nachfolgende Gelingensfaktoren nennen (a.a.O., 143f.; in Ausschnitten):

Tab. 4.1: Weitere Gelingensfaktoren für inklusive Beschulung im FS kmE

Schulorganisation
• Aufbau und Aufrechterhaltung eines wertschätzenden Schulklimas, geprägt vom Bemühen um Verständnis und Wertschätzung der Unterschiedlichkeit aller Schüler • Kontinuierliche Reflexion der Schulorganisation im Hinblick auf die Barrierefreiheit und den Abbau von schulorganisatorischen Erschwernissen • Zusätzlicher Zeitaufwand der Lehrkräfte für Unterricht, Kooperation und Gespräche
Bildungs- und Gesundheitssystem
Unterstützung der Inklusionsanstrengungen der Schulen vor Ort und Unterstützung der flexiblen Adaptionsfähigkeit der Schulen.

Als ausgewählter empirischer Befund kann festgehalten werden, dass Eltern, die für ihr Kind einen integrativen/inklusiven Bildungsort wählen, einen besonderen Schwerpunkt auf die Merkmale „sozialer Kontakt zu Mitschülern" und „Entwicklung sozialer Fähigkeiten" (a.a.O., 126) legen. Der essentielle Wunsch nach sozialer Teilhabe und sozialer Einbindung kommt auch auf empirischer Basis zum Ausdruck.

Eltern

Die Lehrkraft gilt als bedeutender Einflussfaktor für das Lernen der Schülerinnen und Schüler. Einige der effektstärksten Einflussfaktoren für gelingende Lernprozesse beziehen sich auf Kompetenzen der Lehrperson im Hinblick auf ihre „Persönlichkeit, ihre Beziehungsfähigkeit und ihre fachlichen und methodischen Kompeten-

Lehrkraft

zen" (Hattie 2016, VI). Hattie spricht bei Lehrkräften, denen die Verschränkung von Persönlichkeitsvariablen und Variablen der Fach- und Methodenkompetenz in besonderer Weise gelingt, von „Experten-Lehrpersonen" (a.a.O., 27-35) mit u.a. folgenden Eigenschaften:
- versiert in der Schaffung eines für das Lernen optimalen Klassenklimas
- exzellent im Einfordern und Nutzen von Feedback-Informationen über ihr Unterrichten
- großes Maß an Respekt für Schülerinnen und Schüler und Leidenschaft für den Gedanken, dass alle erfolgreich sein können
- Einfluss auf „*Outcomes*" der Lernenden auf der Oberflächen- und Tiefenebene: Lernende nehmen Herausforderungen an und formulieren gemeinsam individuelle und herausfordernde Lernziele
- situatives Anpassen der Fachexpertise und eigene Prägung von Unterrichtsstunden: Veränderungen, Kombinationen, Ergänzungen entsprechend der Lernbedürfnisse und eigener Unterrichtsziele

4.1.3 Bedeutung für das Erleben und Lernen betroffener Schülerinnen und Schüler

Große Bandbreite

Bedingt durch die große Bandbreite der möglichen körperlichen Beeinträchtigungen zeigen sich die Auswirkungen der Behinderungsformen für die betroffenen Kinder und Jugendlichen höchst unterschiedlich. Allgemeine Auswirkungen und Folgen der Behinderung lassen sich beschreiben, von entscheidender Bedeutung sind jedoch das jeweilig subjektive Erleben und die individuelle Bewertung der Einschränkung durch die Betroffenen selbst. Ursache und mögliche Folgen dreier exemplarisch ausgewählter Körperbehinderungen werden im Folgenden verdeutlicht, ausgewählt im Zusammenhang mit der zu Beginn vorgestellten dreiteiligen Grundsystematik (Leyendecker 2005):

Tab. 4.2: Cerebralparese

Cerebralparese (auch Infantile Cerebralparese/„Frühkindliche Hirnschädigung")	

Ursache	• Frühkindliche Hirnschädigung während der wichtigsten Entwicklungs- bzw. Reifezeit (Boenisch 2015, 6f.)
	• Erscheinung nach Ort der Schädigung:
	  • übersteigerter Muskeltonus (spastische Lähmung), frühkindliche Hirnschädigung im Areal des motorischen Cortex (Lokalisation siehe Abb. 4.4/4.5)
	  • stark wechselnder Muskeltonus (athetotische Lähmung)
	• Unterscheidung nach betroffenen Teilen des Körpers:
	  • die oberen oder unteren Extremitäten (Diparese)
	  • alle vier Extremitäten (Tetraparese)
	  • eine Körperhälfte (Halbseitenlähmung – Hemiparese)

Förderschwerpunkt körperliche und motorische Entwicklung | 59

Cerebralparese (auch Infantile Cerebralparese/„Frühkindliche Hirnschädigung")	
Ursache	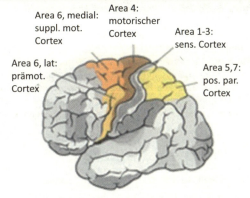

Abb. 4.4: Frühkindliche Hinschädigung im Bereich des motorischen und sensorischen Cortex (Schmidt 1995, 115)

Zu erwartende Beeinträchtigungen

Sehr heterogene Entwicklungsverläufe

> Beispiel: Kinder mit Hemiparese erlernen i.d.R. das Laufen, Kinder mit Tetraparese sind auf den Rollstuhl angewiesen. **B**

Häufige Begleitstörungen beeinflussen die Entwicklung (a.a.O, 29-32):
- Störungen der Nahrungsaufnahme (Schluckstörung)
- Störung des Sprechens (Dys-/Anarthrie)
- Epilepsien
- Störungen des Sehens und Hörens
- Vegetative Störungen

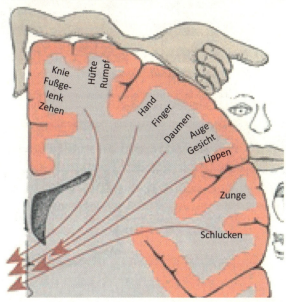

Abb. 4.5: Querschnitt des motorischen Cortex mit Ausprägung der Körperregionen (Schmidt 1995, 115)

Cerebralparese (auch Infantile Cerebralparese/„Frühkindliche Hirnschädigung")	
Subjektives Erleben/ Perspektive der Betroffenen	• hohe Belastung für Betroffene und Angehörige durch Verarbeitung der Behinderung • höheres Risiko für die Ausbildung von Gefühls- und Verhaltensstörungen • empfundene Lebensqualität der Kinder weitgehend ähnlich der von Kindern ohne Beeinträchtigung (Hansen 2015, 64) ▶ trotz unterdurchschnittlicher Ausprägung einzelner Partizipationsfunktionen (Anzahl Peer-Kontakte, Grad der sozialen Unterstützung) • Kinder ohne Gehfähigkeit insgesamt glücklicher und zufriedener, unabhängig von der Diagnose einer intellektuellen Beeinträchtigung (ebd.)

Tab. 4.3: Muskeldystrophie

Muskeldystrophie, Typ Duchenne	
Ursache	• Geschlechtsgebundene Erbkrankheit, tritt nur bei Jungen auf • Gendefekt zur Bildung von Dystrophin (notwendiges Muskelprotein) • Manifestation im Kindesalter, progressiver (fortschreitender) Abbau der Muskelzellen (vgl. Daut 2005).
	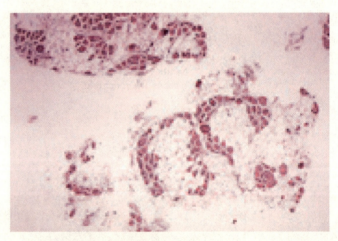 Abb. 4.6: Muskelfasern (rot) werden sukzessive durch Fettzellen (weiß) ersetzt (Bildquelle: Dr. Edwin Ewing, PHIL)
Zu erwartende Beeinträchtigungen	• erste Anzeichen körperlicher Einschränkung durch Muskelabbau im Beckengürtel- und Oberschenkelbereich im Alter von 18 Mon. und dem 3. Lj • Kinder erlernen i.d.R. das Laufen (jedoch z.B. nicht auf einem Bein zu hüpfen) • ab etwa dem 4. Lj führen Muskelschwäche zum Gang auf Zehenspitzen und Schwierigkeiten beim Treppensteigen • Verlust der Gehfähigkeit erfolgt im Alter von 6-15 Jahren (vgl. Daut 2005) • Spanne der Lebenserwartung reduziert sich nach Mortier (1994) auf etwa 25. Lj; neuere Recherchen von Daut (2005) prognostizieren – aufgrund erweiterter medizinischer Möglichkeiten – auch Lebensspannen über das 30. Lj hinaus

Muskeldystrophie, Typ Duchenne	
Subjektives Erleben/ Perspektive der Betroffenen	• Leben der Jugendlichen und ihrer Eltern geprägt durch verminderte Lebenserwartung ab der Erstdiagnose bzw. ab dem Bewusstwerden des Ausmaßes der Erkrankung (Daut 2005, 201) • Erleben auch geprägt von sozialem Miteinander mit der Peergroup, gewöhnlichen Entwicklungsherausforderungen (z.B. Pubertät) und positiven Kontexten (a.a.O., 213) > Das Erleben dieser fortschreitenden Behinderung wechselt oft zwischen > **Realität** „Ich denk schon mal ab und zu drüber nach. Aber das sind jetzt keine Sachen, die mich jetzt irgendwie dann äh 'n Tag lang einschränkt oder so."; (a.a.O., 216) und > **Ängsten** „Doch, also ich hatt' ja zwischendurch mal so 'n bisschen Probleme damit auch g'habt damit klar zu kommen (...) ja es geht vielleicht wieder weg, leichte Panikattacken, leicht, also das hat sich dann wieder gegeben"; (a.a.O., 157). Folgende Kriterien der pädagogischen Begleitung sind besonders wichtig (vgl. Studie von Daut 2005): • verlässliche, zugewandte Bezugspersonen • frühzeitige Informationen über die Erkrankung zum gleichen Zeitpunkt wie die Eltern • offene, direkte Gespräche • offenes Umgehen mit der Erkrankung • Aufzeigen und Unterstützen realistischer Perspektiven • gute soziale Einbindung • Erleben von Wertschätzung, sich angenommen fühlen

Tab. 4.4: Epilepsien

Epilepsien	
Ursache	• häufigste chronische neurologische Erkrankung: 0,6% der Bevölkerung in Europa, in Deutschland ca. 500.000 Menschen (WHO) • Epilepsien (griech.: „gepackt werden", „ergriffen werden"): Funktionsstörung des Gehirns infolge übermäßiger Entladung von Neuronen. • je nach Ausprägung der Entladung Anfallsformen von Absencen bis zum generalisierten Anfall mit Bewusstseinsverlust (Grand Mal) • bei fokalem bzw. partiellem Anfall: epileptische Aktivität an einem Ort im Gehirn • bei generalisiertem Anfall: epileptische Aktivität von Beginn im gesamten Gehirnareal

Epilepsien	

Zu erwartende Beeinträchtigungen	• Ziel medizinischer Behandlung: Anfallsfreiheit
	• Weg: Verhinderung von Anfällen durch Erhöhung der Anfallsschwelle durch eine passgenaue Medikation mit Antikonklusiva
	• Unterdrückung der Anfälle durch Medikation, aber keine Heilung
	• Erfolge durch Medikation:
	  • 70% aller Kinder mit einem epileptischen Anfall werden durch Medikation anfallsfrei
	  • bei 30% keine Anfallsfreiheit ; 15% der Epilepsien gelten als pharmakoresistent (Waltz u.a. 2007, 100)
	• Diagnosestellung und Einstellung der Medikation mit großen Unsicherheiten und Belastungen verbunden

	Berner (2009) beschreibt einige dieser Belastungen: „Vielleicht kennt der eine oder andere Betroffene selber diese Situation, das Warten in den überfüllten Wartezimmern der Ärzte, das Fragen und Antworten zur Anfallssituation – meist mit den folgenden Fragen des Facharztes: ‚Haben Sie wirklich ihre Medikamente regelmäßig genommen und alle meine Anweisungen befolgt?' Dazu die Einschränkungen in der Jugend: Meine Freunde tranken Bier, blieben abends lange auf, fuhren mit dem Mofa oder Moped, gingen Schwimmen usw. – für mich alles verboten! ‚Denken Sie an meine Anweisungen', sagte mir der Neurologe. Diese Einschränkungen taten mir damals sehr weh – erst heute kann ich darüber schmunzeln!"
Subjektives Erleben/Erfahrungsbericht	Psychische Belastung durch • Kontrollverlustes während des Anfalls • Abhängigkeit von der Medikation • oft negative Einstellung der sozialen Umwelt Kinder mit Epilepsie • sind häufiger ängstlich. • entwickeln oftmals ein geringeres Selbstvertrauen als gleichaltrige Kinder. Vorurteile und negative Reaktionen von Gleichaltrigen • Ängste und Ohnmacht durch überraschendes und heftiges Auftreten der Anfälle • „Die soziale Diskriminierung ist in der Regel höher als bei anderen Erkrankungen" (Puckhaber 2000, 114). • „Gleichaltrige sind oft hilflos. […] Sie überspielen ihre eigene Unsicherheit oft dadurch, dass sie die kranken Kinder hänseln, teilweise um sich daraus über ihre eigene körperliche Stärke und Unversehrtheit zu versichern, teilweise aber auch, um das kranke Kind zu eindeutigen Reaktionen zu provozieren, aus denen sie entziffern können, was mit ihm eigentlich genau los ist" (Petermann u.a. 1987, 58). Wirksame Strategien zum Abbau zugrundeliegender Ängste (vgl. ISB 2011) • offener Umgang mit der Erkrankung, Aufklärung der Klassenkameraden über Epilepsien • Stärkung des sozialen Zusammenhalts in der Klasse

4.2 Der Förderschwerpunkt körperliche und motorische Entwicklung im Alltag der allgemeinen Schule

4.2.1 Stand der Inklusion

Schülerinnen und Schüler mit dem FS kmE sind – entsprechend individueller Bedürfnisse und der Ausprägung des Förderbedarfs – in alle Schularten inkludiert.

Formen der Inklusion

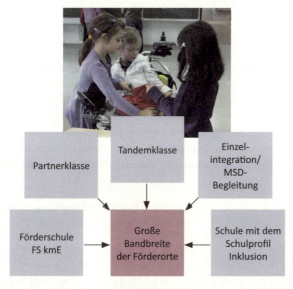

Abb. 4.7: Bandbreite der Förderorte für Schülerinnen und Schüler mit dem FS kmE.

Alle Wege, die im Rahmen des Bayerischen Erziehungs- und Unterrichtsgesetzes (BayEUG) niedergelegt sind, stehen ihnen offen. Ein Schwerpunkt der Inklusion liegt im Bereich der Einzelintegration (begleitet durch den überregionalen MSD kmE) und in Partnerklassen (vgl. Kirsch 2017). Im Rahmen der Offenen Klassen werden auch Schülerinnen und Schüler ohne sonderpädagogischen Förderbedarf im Förderzentrum kmE inkludiert.

4.2.2 Spezifische Herausforderungen in der Unterrichtspraxis und im Schulleben

- **Wahrnehmung und Merkfähigkeit**

Wahrnehmung und Merkfähigkeit

> Cerebral-bewegungsbeeinträchtigte Kinder haben zum Teil Schwächen sowohl in der Reizselektion als auch in der nachfolgenden Speicherung von Wahrnehmungsinhalten (Leyendecker/Thiele 2003).

Daraus kann sich einerseits ergeben, dass die Verfestigung von Wahrnehmungsinhalten erschwert ist mit Folgen für die Merkfähigkeit und das Langzeitgedächtnis. Andererseits können diese eingeschränkten Gedächtnisfunktionen die beeinträch-

tigte Wahrnehmung nicht kompensatorisch unterstützen (indem der Rückgriff auf Bekanntes die Interpretation und Einordnung der Sinnesreize erleichtert).
Beim Kind mit einer Cerebralparese können die
- Auswahl (Reizselektion),
- Unterscheidung (Diskrimination),
- sinngebende Zuordnung (Codierung),
- intermodale Verknüpfung,
- und Integration

aufgenommener Wahrnehmungsreize beeinträchtigt sein (Leyendecker 2005, 96).

Misserfolgsängstlichkeit • **Prävention der Entstehung von Misserfolgsängstlichkeit**
Die motivationalen Ausgangspunkte unterliegen bei Kindern mit cerebraler Bewegungsstörung zweierlei Einschränkungen. Zum einen lähmen die verringerten Möglichkeiten zur explorativen Aktivität (Moosecker 2013), zum anderen wird die Motivation zum Lernen durch eine verringerte „Betätigungsbelohnung" (Leyendecker 1982, 253) nicht in ausgeprägter Weise erworben. Eine reduzierte „Handlungs-Ergebnis-Erwartung" senkt die Anspruchsniveausetzung der Kinder und Jugendlichen und erzeugt u.U. eine Misserfolgsängstlichkeit.

> Rückmeldung zu Handlungen und Handlungsergebnissen sind von zentraler Bedeutung für das Selbst und das Selbstbewusstsein (Oerter 1998, 762). Aus diesem Grunde sind Kinder und Jugendliche auf positive authentische Rückmeldungen ihrer schulischen Bezugspersonen angewiesen, die einen motivationalen Gegenpol bilden zu ggf. ausgeprägter Misserfolgsängstlichkeit und reduzierter Anspruchsniveausetzung. Die Lehrkraft nimmt hierbei für die Schülerinnen und Schüler eine hochbedeutsame Unterstützungsfunktion ein.

Soziale Einbindung • **Soziale Einbindung in die Schulklasse**

> Schülerinnen und Schüler sind zur Entwicklung eines stabilen Identitätsbewusstseins auf eine tragfähige soziale Partizipation angewiesen.

Untersuchungen (u.a. Kupersmidt 1996, Markert 2007) zeigen, dass Kinder, die von ihren *peers* zurückgewiesen werden, neben sozialem Rückzug und sozialer Isolation der Gefährdung ausgesetzt sind, soziale Ängste auszubilden. Die Ausgrenzung kann sich auch in Form einer Verschlechterung auf die Schulleistungen auswirken.

Die Position der Gleichaltrigen für die emotionale, soziale und kognitive Entwicklung des Kindes und im Besonderen des Jugendlichen ist somit kaum zu überschätzen (vgl. Salisch 2000). Die soziale Integration von Schülerinnen und Schülern mit dem FS kmE in die Klasse stellt für Lehrkräfte eine erhebliche Herausforderung dar. Kinder mit Körperbehinderung bringen ggf. unbefriedigend erlebte soziale Integration in die Gruppe nicht durch externale Verhaltensäußerungen zum Ausdruck, sondern verbergen ihre intrapsychische Wirklichkeit und entwickeln eher internale Verhaltensauffälligkeiten und z.B. Schulängste.

Förderschwerpunkt körperliche und motorische Entwicklung | 65

- **Pflege**

Bei vielen Kindern und Jugendlichen mit dem FS kmE ist der Bereich der Pflege ein sehr bedeutsamer. Der Grad der pflegerischen Unterstützung variiert dabei (vgl. Schlüter 2013, 188):

- Anleitung und begleitende Strukturierung,
- kleinere Hilfestellungen,
- Formulieren von Bedürfnissen und Wünschen, aber wenig selbstständige Ausführung, Abhängigkeit von Pflege in vollem Umfang aufgrund einer komplexen Behinderung.

Zur Befriedigung persönlicher Grundbedürfnisse und zur Prävention gesundheitlicher Gefährdungen und Schmerzen ist eine qualitätsvolle Pflege unerlässlich.

Bereiche der Pflege	Gesundheitliche Gefährdungen bei mangelnder Pflege
• Essen und Trinken • Lagerung und Bewegung • Körper- und Zahnpflege • Atmung & Atemunterstützung • Ausscheidung	• bewegungsbeeinträchtigungsbedingte Skelettdeformationen (z.B. Skoliose, Kyphose) • Kontrakturen (verkürzte Muskeln, Sehnen und Bänder) • Gefährdungen für Durchblutungsstörungen • Aspiration (Einatmen von Nahrungsbestandteilen) • chronischer Flüssigkeitsmangel
	Leitlinien für die Gestaltung von Pflege Pflege ... • ... orientiert sich an den individuellen Bedürfnissen und befriedigt diese verantwortlich und umgehend. • ... lässt Mitgestaltung von Handlungen zu und ermöglicht Selbstbestimmung (vom „Objekt" der Pflege zum „Subjekt"). • ... erfolgt im gleichberechtigten Dialog. • ... schützt und wahrt die Intimsphäre.

Abb. 4.8: Pflege

Eine vertrauensvolle Beziehung nimmt im Zusammenhang der Pflege einen hohen Stellenwert ein.

„Pflege ist eine Beziehungsthematik: Liegt eine vertrauensvolle und länger andauernde Beziehung zwischen Pflegendem und Gepflegtem vor, wird sie nicht als belastend empfunden: Sie wird von beiden Seiten als kommunikationsfreudige Situation genutzt und erlebt, die für den Alltag wichtige Impulse gibt" (Schlüter 2013, 194).

- **Unterstützte Kommunikation (UK)**

Unterstützte Kommunikation ist die deutsche Übersetzung für die englischsprachige Bezeichnung „AAC": *Alternative und Augmentative Communication*. Sie gibt den Kerngedanken wieder: Nicht vorhandene oder wenig ausgeprägte verbale Kommunikation wird durch alternative Kommunikationsformen ersetzt oder ergänzt (ISB 2009, 151-152).

> Zwei elementare Grundsätze der Unterstützten Kommunikation basieren auf der „Verwirklichung des Grundbedürfnisses nach Kommunikation" der betreffenden Person und der „Ermöglichung von Teilnahme und Teilhabe".

Unterstützte Kommunikation ist ein Ansatz der *total communication*, bei dem verschiedene Kommunikationsmöglichkeiten und -modalitäten gleichzeitig eingesetzt und besonders unterstützt und gefördert werden:

> „Eine Prämisse der UK lautet, dass sämtliche Kommunikationsmöglichkeiten auszuschöpfen sind, um der betreffenden Person die kommunikativen Bedingungen zu vereinfachen" (Lage 2006, 100).

> Umfassende Einführung in UK mit Filmbeispielen bietet die Handreichung: „Unterstützte Kommunikation in Unterricht und Schule" (ISB 2009; zu beziehen über den Hintermaier Verlag)

> Die ELECOK-Beratungsstellen (www.elecok.de) bieten individuelle Beratung für Kinder, Jugendliche und junge Erwachsene mit eingeschränkten Kommunikationsmöglichkeiten. Die Beratung ist kostenfrei.

4.3 Handlungsempfehlungen und Fördermaßnahmen

4.3.1 „Was kann ich (langfristig) tun?"

• **Sinnvolle Verknüpfung gebundener und individualisierter Lernformen**

Differenzierung und Individualisierung

Sowohl der Einsatz vertiefter Formen der Differenzierung und Individualisierung als auch ein lernzieldifferenter Unterricht erfordern eine konzeptionelle Weiterentwicklung und Anpassungen im Bereich unterrichtlicher Tiefenstrukturen. Neben dem gebundenen Unterricht ist eine langfristige Etablierung eines tragfähigen Systems individualisierter Lernformen im Klassensystem nötig. Empfehlenswert ist z.B. ein qualitätsvoll gestalteter Wochenplanunterricht (Moosecker 2009). Schüler und Schülerinnen mit dem FS kmE profitieren in hoher Weise von individualisierten Lernformen in Form angepasster Aufgabenstellungen im Kontext des „Gemeinsamen Lerngegenstandes" (Entwicklungslogische Didaktik, Feuser 1998), verknüpft mit einem individuell präzise bemessenen Lernumfang und individualisierter Bearbeitungszeit. Auch beim lernzieldifferenten Unterricht ist eine lernniveauspezifische unterrichtliche Teilhabe an zentralen Lerngegenständen der schulischen Bezugsgruppe unabdingbar.

Soziale Integration

• **Grad der sozialen Integration**
In diagnostischer Hinsicht ist die Beobachtung das Mittel der Wahl. Krappmann und Oswald (1995, 143ff.) weisen in ihrer Studie zu Beziehungsmustern in Schulklassen vier wichtige Perspektiven der Beobachtung aus:
• In welcher Weise suchen und gewähren Schülerinnen und Schüler in ihrem Mitschülerumfeld Hilfe?

- Wie kooperieren sie mit wem in welcher Weise?
- Wann treten Konkurrenzsituationen auf und wie gehen die einzelnen Schülerinnen und Schüler damit um?
- Wie setzt jeder sein Bedürfnis nach Anerkennung in verschiedene Formen von Handlung um?

Hilfreiches Werkzeug zur Analyse der Sozialstruktur der Klasse und Ansatzpunkt für eine Integration, z.B. zur Wahl des Sitzplatzes neben zugewandten Mitschülerinnen und Mitschülern, bietet das Instrumentarium des Soziogramms (Moreno 1996). Bezugslehrkräfte und die *peer group* nehmen den Rang sehr wichtiger Einflussgrößen ein, bezogen auf das Ziel des Aufbaus und der Festigung positiver Selbstwirksamkeitserwartungen der betroffenen Kinder und Jugendlichen.

- **Hilfsmittelversorgung und Assistive Technologien**

Assistive Technologien (AT) versuchen schädigungsbedingte Funktionseinschränkungen zu kompensieren, „welche die *alltäglichen Aktivitäten* sowie die *gesellschaftliche Teilhabe* erschweren" (Thiele 2016, 309). Folgende Bereiche werden unterschieden (ebd.):
- *No-Tech/Low-Tech-AT*: z.B. adaptierte Möbel, Spielzeug, laminierte Kommunikationstafeln, vergrößerte Bücher, rutschfeste Unterlagen, Stiftverdickungen,
- *High-Tech-AT*: z.B. leicht handhabbare elektronische Hilfsmittel (elektronische Wörterbücher, Audiobooks, adaptierte Keyboards, einfache Kommunikationsgeräte), technische Komplexlösungen (u.a. Wortvorhersage-Software, komplexe Lernsoftware, statische und dynamische Kommunikationshilfen, Ansteuerung durch Augensteuerung, E-Rollstühle).

Der Mobile Sonderpädagogische Dienst (MSD) für den FS kmE berät umfassend zur Hilfsmittelversorgung.

4.3.2 „Was mache ich morgen?"

Kinder und Jugendliche mit cerebraler Bewegungsstörung profitieren beim Lernen durch Berücksichtigung folgender Zusammenhänge (u.a. Leyendecker 2005, 97ff.):
- mehr Lernzeit wg. eingeschränkter Informationsverarbeitungskapazität: Allgemeine Aufmerksamkeitsspanne der Kinder ist nur wenig reduziert, jedoch Schwierigkeiten in der Selektion relevanter Reize.
- diskontinuierlicher Verlauf von Lernfortschritten
- erhöhter Bedarf an Pausen aufgrund der rascheren Ermüdung
- Fokus auf „konkrete Lernwege" für Kinder mit CP statt abstrakter Problemstellungen
- reduziertes Erfahrungswissen, basierend auf der Bewegungseinschränkung
- eingeschränkte Begriffsbildungsfähigkeit bei Anwendung begrifflicher Ordnungsschemata

4.3.3 „Welche Rolle spiele ich als Lehrer?"

Haltung

> Die Klassenlehrkraft nimmt für Schülerinnen und Schüler mit dem FS kmE im Hinblick auf Stützung des Selbstvertrauens, Anbahnung von Peerkontakten, Klärung von Konflikten, Initiierung von Tutoren- und Patenschaften eine sehr entscheidende Stellung ein. Bezogen auf die soziale Integration der Kinder und Jugendlichen ist ein langfristiger, kontinuierlicher Ansatz entscheidend. In der pädagogischen Beziehung sind „Verlässlichkeit und Verbindlichkeit" (Thalhammer 2012, 288) hochbedeutsame Kriterien.

Pädagogisches Zutrauen

Ziel ist es, den Kindern Sicherheit zu vermitteln, „sie nicht aus einem falsch verstandenen heilpädagogischen Schutzimpuls ‚in Watte [zu] packen' (*overprotection*), sie [zu] ermutigen, zu bewältigen oder angemessene Attributionsmuster für Erfolge und Misserfolge beim Problemlösen und Aufgabenbewältigen zu unterstützen (etwa Erfolge auch auf eigene Anstrengung zurückzuführen, also internal attribuieren). Auf der Ebene der Transaktion von Person und Umwelt geht es zum Beispiel darum, überschaubare Nahziele für die Entwicklung und Erweiterung des Kompetenz- und Fähigkeitsprofils zu setzen […], Erfolge zu vermitteln, aber auch Fehler zuzulassen (Fehler […] als Ressource zu nutzen)" (Hansen 2015, 73).

4.3.4 „Wo finde ich Unterstützung und Information?"

MSD im Förderschwerpunkt kmE

Der Mobile Sonderpädagogischer Dienst (MSD) für den FS körperliche und motorische Entwicklung unterstützt Lehrkräfte, Sorge- und Erziehungsberechtigte sowie Schülerinnen und Schüler durch
- ein Beratungsangebot bei sonderpädagogischem Förderbedarf während der Schullaufbahn,
- sonderpädagogische Diagnostik zur Klärung der Lernvoraussetzungen und des Entwicklungsstandes,
- sonderpädagogische Förderung auf der Grundlage der diagnostischen Ergebnisse,
- Koordinierung schulischer und außerschulischer Ansprechpartner und Angebote (vgl. ISB 2015).

Informationen zum MSD für den FS kmE finden sich online unter: www.isb.bayern.de/download/18209/hinweis_s.7_isb_msd_konkret_5.pdf

Arbeitsaufträge

1. Benennen Sie die dreiteilige Grundsystematik zur Einteilung der Körperbehinderungen im FS kmE bezogen auf den Ort der Schädigung.
2. Erläutern Sie – basierend auf Erkenntnissen der inklusiven Bildungsforschung – Gelingensfaktoren für einen erfolgreichen inklusiven Schulbesuch im Rahmen des FS kmE.
3. Wochenplanunterricht stellt eine Möglichkeit der Etablierung individueller Lernformen in der Lerngruppe dar, um den individuellen Lernbedürfnissen gerecht zu werden. Arbeiten Sie entscheidende Kriterien einer qualitätsvollen Umsetzung des Wochenplanunterrichts heraus (s.u. Moosecker 2008, S. 32-77).

4. Vertiefen Sie Ihren Kenntnisstand bzgl. Verursachung und Ausprägung der drei oben ausgeführten zentralen Schädigungsformen über die Darstellungen des Beitrags hinaus. Nutzen Sie diese Grundlagenliteratur: Bergeest/Boenisch (⁶2019): Körperbehindertenpädagogik. Grundlagen – Förderung – Inklusion. Bad Heilbrunn: Reinhardt Verlag
- Cerebralparese/Cerebrale Bewegungsstörungen: S. 104-113
- Neuromuskuläre Erkrankung: Duchenne Muskeldystrophie: S. 175-179
- Epilepsien: S. 148-155

Weiterführende Links und Adressen/Kontakte

Arbeitsgemeinschaft Spina Bifida und Hydrocephalus e.V.: www.asbh.de
aktiv und selbstbestimmt e.V.: www.akse-ev.de
BAG SELBSTHILFE e.V. – Bundesarbeitsgemeinschaft Selbsthilfe von Menschen mit Behinderung, chronischer Erkrankung und ihren Angehörigen e.V.: www.bag-selbsthilfe.de
Bundesverband „Das frühgeborene Kind" e.V.: www.fruehgeborene.de
bvkm Bundesverband für körper- und mehrfachbehinderte Menschen e.V.: www.bvkm.de
DGM – Deutsche Gesellschaft für Muskelkranke e.V.: www.dgm.org
Gesellschaft für Unterstützte Kommunikation e.V.: www.gesellschaft-uk.de
Landesverband Epilepsie Bayern e.V. – Materialien Epilepsie & Schule: www.epilepsie-lehrerpaket.de
Intakt (Information und Kontakt) – „Fragen und Antworten zu meinem Kind mit Behinderung": www.intakt.info
Wheelmap – Barrierefreie Orte finden und eintragen: www.wheelmap.org
Mobiler Sonderpädagogischer Dienst (MSD), FS kmE
  überregional, Unterstützung und Beratung, Kontaktaufnahme über das regionale Förderzentrum mit dem FS kmE, Informationen zu Beratungszentren des MSD auf Homepage des entsprechenden Förderzentrums mit dem FS kmE
ELECOK-Beratungsstellen
  Kostenfreies Beratungsangebot an den Förderzentren mit dem FS kmE,
  Themen: Unterstützte Kommunikation/Ansteuerung/Umfeldkontrolle,
  Kontaktadressen unter www.elecok.de

Literaturempfehlungen

Bergeest, H.; Boenisch, J. (2019): *Körperbehindertenpädagogik.* Grundlagen – Förderung – Inklusion. 6. Aufl. Bad Heilbrunn: Klinkhardt
  Aus dem Inhalt: Einführung in den FS kmE – überarbeitet und erweitert; grundlegende Informationen und Zusammenhänge: Grundpositionen, Personengruppe und Förderbedürfnisse, Entwicklungsbedingungen, Pädagogische Förderung

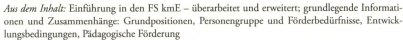

Lelgemann, R.; Singer, P. & Walter-Klose, Chr. (2015) (Hrsg.): Inklusion im Förderschwerpunkt körperliche und motorische Entwicklung. Stuttgart: Kohlhammer
  Aus dem Inhalt: Inklusionsbegleitforschung zum Fs kmE in Bayern; umfangreiche Ergebnisse der inklusiven Bildungsforschung; Einblicke in schulpraktische Felder gelingender Inklusion durch Berichte ausgewählter Schulen
Moosecker, J. (2019): Förderschwerpunkt körperliche und motorische Entwicklung – Eine Einführung. In: Kahlert, J. (Hrsg.): Wenn Inklusion gelingt, profitieren alle. Inklusive Kompetenz für die Grundschule. Stuttgart: Kohlhammer
  Aus dem Inhalt: Einführung in den FS kmE; Lernverhalten von Schülerinnen und Schülern mit cerebralen Bewegungsstörungen; vertiefendes Augenmerk u.a. auf Schriftspracherwerb

Literatur

Altrup, U. & Elger, C.E. (2003): Epilepsie. Nürnberg.
Bergeest, H. & Boenisch, J. (2019): *Körperbehindertenpädagogik*. Grundlagen – Förderung – Inklusion. 6. Aufl. Bad Heilbrunn: Klinkhardt.
Berner, H.-J. (2009): Mein Leben mit Epilepsie – ein Erfahrungsbericht. In: Epikurier 4/2009, 12.
Boenisch, J. (2015): Medizinische Grundlagen zu Cerebralen Bewegungsstörungen im Kindes- und Jugendalter. In: Hansen, G. (Hrsg.): Grundwissen Cerebrale Bewegungsstörungen im Kinder- und Jugendalter. Düsseldorf: verlag selbstbestimmtes leben, 6-50.
Daut, V. (2005): Leben mit Duchenne Muskeldystrophie. Eine qualitative Studie mit jungen Männern. Bad Heilbrunn: Klinkhardt.
Feuser, G. (1998): Gemeinsames Lernen am gemeinsamen Gegenstand. In: Hildeschmidt, A. & Schnell, I. (Hrsg.): Integrationspädagogik. Auf dem Weg zu einer Schule für alle. Weinheim: Juventa. 19-35.
Fries, A. (2005): *Einstellungen* und Verhalten gegenüber körperbehinderten Menschen – aus der Sicht und im Erleben der Betroffenen. Oberhausen: Athena.
Hansen, G. (2015): Cerebrale Bewegungsstörungen und Beeinträchtigungen der sozial-emotionalen Entwicklung. In: Hansen, G. (Hrsg.): Grundwissen Cerebrale Bewegungsstörungen im Kindes- und Jugendalter. Düsseldorf: verlag selbstbestimmtes leben, 51-91.
Hansen, G. (2016)(Hrsg.): Grundwissen Epilepsie im Kindes- und Jugendalter. Düsseldorf: verlag selbstbestimmt leben.
Hattie, J. (2016): Lernen sichtbar machen für Lehrpersonen. Schneider Verlag: Baltmannsweiler.
ISB (Hrsg.) (2009): Unterstützte Kommunikation (UK) in Unterricht und Schule. München: Hintermaier Verlag.
ISB (Hrsg.)(2010): Unterricht und Förderung von Schülern mit schwerer und mehrfacher Behinderung. Reinhardt: München.
ISB (Hrsg.)(2011): SchülerInnen mit Epilepsie. Grundlegende Informationen zu Epilepsien und Beratungshilfen. München. Online unter: www.isb.bayern.de/download/18206/hinweis_s.6_msd_infobrief_epilepsie.pdf (Abruf vom 27.06.2019)
ISB (Hrsg.)(2015): Mobiler Sonderpädagogischer Dienst Konkret: Förderschwerpunkt körperliche und motorische Entwicklung. München.
Jennessen, S. & Lelgemann, R. (2016)(Hrsg.): Körper. Behinderung. Pädagogik. Stuttgart: Kohlhammer.
Mortier, W. (1994): Muskel- und Nervenerkrankungen im Kindesalter. Stuttgart, New York.
Kirsch, H. (2017): Intensiv Kooperierende Partnerklassen am Förderzentrum Körperliche und motorische Entwicklung – Zwischenbilanz und ein Vergleich zwischen lokalen und regionalen Angeboten. In: Spuren – Sonderpädagogik in Bayern 60 (2017) 2.
Kötzel, Th. et al. (2017): Begegnungen auf Augenhöhe – kleine aber feine Praxisbeispiele gelebter schulischer Kooperation. In: Spuren – Sonderpädagogik in Bayern 60 (2017) 2.
Krappmann, L. & Oswald, H. (1995): Alltag der Schulkinder. Weinheim: Juventa.
Kupersmidt, J.B. et al. (1996): Social self-discrepancy: A theory relating peer relation problems and school maladjustment. In: Juvonen, J. & Wentzel, K.R. (Hrsg.): Social motivation: Understanding children's school adjustment. New York: Cambridge University Press, 66-97.
Lage, D. (2006): Unterstützte Kommunikation und Lebenswelt. Bad Heilbrunn: Klinkhardt.
Lelgemann, R. (2015); Körperbehindertenpädagogik – Vorschläge für eine Weiterentwicklung in Theorie und Praxis. In: Zeitschrift für Heilpädagogik 66 (2015) 12, 623-634.
Lelgemann, R. & Fries, A. (2009): Die Entwicklung der Schülerschaft an Förderzentren Körperliche und Motorische Entwicklung in Bayern – Ergebnisse einer Längsschnittuntersuchung und weiterer Untersuchungen in den Jahren 2004-2008. In: Zeitschrift für Heilpädagogik 60 (2009) 6, 213-223.
Lelgemann, R., Singer, P. & Walter-Klose, Chr. (2015)(Hrsg.): Inklusion im Förderschwerpunkt körperliche und motorische Entwicklung. Stuttgart: Kohlhammer.
Leyendecker, Ch. (1982): Lernverhalten behinderter Kinder. Eine vergleichende experimentelle Untersuchung zum Lernverhalten bei Kindern mit cerebralen Bewegungsstörungen. 2. Aufl., Heidelberg: Schindele.
Leyendecker, Ch. (2005): Motorische Behinderungen. Grundlagen, Zusammenhänge und Förderungsmöglichkeiten. Stuttgart: Kohlhammer.

Leyendecker, Ch. & Thiele, A. (2003): Symptomatik, Ätiologie und Diagnostik bei Beeinträchtigungen der Motorik und körperlichen Entwicklung. In: Leonhardt, A. & Wember, F.B. (Hrsg.): Grundfragen der Sonderpädagogik. Bildung-Erziehung-Behinderung. Weinheim: Beltz, 596-631.

Madden, A. & Parkes, J. (2010): The impact of intellectual impairment on the quality of, life of children with cerebral palsy. In: Learning Disability Practice 13 (2010) 10, 28-33.

Markert, Th. (2007): Ausgrenzung in Schulklassen. Eine qualitative Fallstudie zur Schüler- und Lehrerperspektive. Bad Heilbrunn: Klinkhardt.

Moosecker, J. (2008): Der Wochenplan im Unterricht der Förderschule. Stuttgart: Kohlhammer.

Moosecker, J. (2013): Triebfedern der Neugier. Zur Fragilität der frühen Entwicklung von Neugiermotivation bei ICP. In: Spuren – Sonderpädagogik in Bayern. 56 (2013) 1, 13-18.

Moosecker, J. (2017): Schriftspracherwerb bei SchülerInnen mit Cerebralparese. Sechs Thesen zu erschwerenden Lernkontexten und neuralgischen Punkten im Rahmen des Lernprozesses. In: Sonderpädagogische *Förderung heute 62 (2017) 1, 96*-108.

Moosecker, J. (2017): Heil- und sonderpädagogische „Haltung". Ein essentieller, jedoch nebulöser Begriff? – Versuch einer Bestimmung. In: Spuren – Sonderpädagogik in Bayern 60 (2017) 2, 6-14.

Moosecker, J. (2018): Förderschwerpunkt körperliche und motorische Entwicklung – Eine Einführung. In: Kahlert, J. (Hrsg.): Wenn Inklusion gelingt, profitieren alle. Inklusive Kompetenz für die Grundschule. Stuttgart: Kohlhammer.

Moreno, J.L. (1996): Die Grundlagen der Soziometrie. Opladen: VS Verlag für Sozialwissenschaften.

Mortier, W. (1994): Muskel- und Nervenerkrankungen im Kindesalter. Stuttgart/New York: Thieme.

Oerter, R. (1998): Motivation und Handlungssteuerung. In: Oerter, R. & Montada, L. (Hrsg.), Entwicklungspsychologie. 4. Aufl. Weinheim: Beltz, 758-822.

Ortland, B. (2008): Behinderung und Sexualität. Stuttgart: Kohlhammer.

Petermann, F., Noeker, M. & Bode, U. (1987): Psychologie chronischer Erkrankungen im Kindes- und Jugendalter. München: Psychologie Verlags Union.

Pfeffer, W. (1988): Förderung schwer geistig Behinderter – Eine Grundlegung. Würzburg: edition bentheim.

Puckhaber, H. (2000): Epilepsie im Kindesalter. 6. Aufl.. Magdeburg: Klotz.

Salisch, M. (2000): Zum Einfluss von Gleichaltrigen (Peers) und Freunden auf die Persönlichkeitsentwicklung. In: Amelung, M. (Hrsg.): Enzyklopädie der Psychologie. Themenbereich C: Theorie und Forschung. Serie 8: Differentielle Psychologie und Persönlichkeitsforschung. Bd. 4: Determinanten individueller Unterschiede. Göttingen: Hogrefe, 345-405.

Schlichting, H. (2013): Pflege bei Menschen mit schweren und mehrfachen Behinderung. Düsseldorf: verlag selbstbestimmt leben.

Schlüter, M. (2009): Pflege als pädagogische Aufgabe im Bildungsprozess von SchülerInnen an Förderschulen mit dem Schwerpunkt Körperliche und Motorische Entwicklung. In: Zeitschrift für Heilpädagogik 60 (2009) 6, 224-230.

Schlüter, M. (2013): Pflege an der Förderschule mit dem Förderschwerpunkt körperliche und motorische Entwicklung: Eine Analyse der aktuellen Situation anhand von 38 Interviews mit Pädagogen und Pädagoginnen. In: Empirische Sonderpädagogik 5 (2013) 2, 187-198.

Schmidt, R. (1995): Neuro- und Sinnesphysiologie. 2. Auflage. Berlin: Springer Verlag.

Stadler, H. & Wilken, H. (2004): Pädagogik bei Körperbehinderung. Studientexte zur Geschichte der Körperbehindertenpädagogik. Weinheim: Beltz.

Steins, G. (2005): Sozialpsychologie des Schulalltags. Das Miteinander in der Schule. Kohlhammer: Stuttgart.

Thiele, A. (2016): Assistive Technologien für Menschen mit einer körperlich-motorischen Beeinträchtigung: Interdisziplinäre Handlungsfelder und Eckpfeiler einer Qualifikation von Pädagog/innen mit einem sonderpädagogischen Profil. In: Vierteljahresschrift für Heilpädagogik und ihre Nachbargebiete 85 (2016) 4, 307-322.

Thalhammer, M. (2012): „Traduit du silence». *Verlässlichkeit* und *Verbindlichkeit* in Interaktionsprozessen bei Kindern mit schwerer geistiger Behinderung – doch mit großer Scheu, gar von Verantwortung sprechen zu dürfen. In: Stinkes, U. & Schwarzburg-von Wedel, E. (Hrsg): Sonderpädagogik und Verantwortung. Heidelberg: Winter, 255-297.

Uhrlau, K. (2006): „Es war eine harte Schule" – Menschen mit Körperbehinderung ziehen Bilanz aus ihrer Schulzeit in der Allgemeinen Schule. Oldenburg: Universitätsverlag.

Waltz u.a. (2007): Epilepsien. In: Fricke, Ch., Kretzschmar, Ch., Hollmann, H. & Schmid, R. (Hrsg.): Qualität in der Sozialpädiatrie. Band 2, Altötting: RS-Verlag, 161-180.

Weiß, H. (1999): Konstitutionsprozesse der Körperbehindertenpädagogik und ihre Bedeutung für heutige Diskussionsthemen des Faches. In: Bergeest, H. & Hansen, G. (Hrsg.): Theorien der Körperbehindertenpädagogik. Bad Heilbrunn: Klinkhardt, 75-99.

Walter-Klose, Ch. (2015): Empirische Untersuchungen zur schulischen Inklusion und ihre Bedeutung für die Schulentwicklung. In: Lelgemann, R., Singer, P. & Walter-Klose, Ch. (Hrsg.); Inklusion im Förderschwerpunkt körperliche und motorische Entwicklung. Stuttgart: Kohlhammer, 111-148.

5 Förderschwerpunkt Lernen
Ulrich Heimlich

5.1 Der Förderschwerpunkt Lernen als Fachdisziplin

Lernen zählt zu den selbstverständlichen menschlichen Fähigkeiten, die meist nicht weiter hinterfragt werden. Aber Lernen funktioniert nicht immer reibungslos. Es ist mit Widerständen und Anstrengungen verbunden. Es kann auch ganz scheitern. Im Folgenden geht es darum zu verstehen, was passiert, wenn das Lernen schwierig wird. Lernschwierigkeiten hatte jeder schon einmal (z.B. die Angst in Prüfungen zu scheitern oder das Aufschieben der Bearbeitung von lästigen Aufgaben). Die meisten Menschen können diese Schwierigkeiten selbstständig überwinden. Es gibt jedoch eine Gruppe von Kindern, Jugendlichen und Erwachsenen, die bei der Überwindung ihrer Lernschwierigkeiten Hilfe und Unterstützung benötigen. Wir sprechen in diesem Fall von einem sonderpädagogischen Förderbedarf im Förderschwerpunkt Lernen. Davon betroffen sind im Jahre 2016 in Deutschland 191.200 (Förderquote[1]: 2,61%) Schülerinnen und Schüler (vgl. Sekretariat der Ständigen Konferenz 2018, S. XV und XIX).

Lernen

5.1.1 Definition und theoretische Grundlagen

Bis zur Herausgabe der Empfehlungen zum Förderschwerpunkt Lernen durch die Ständige Konferenz der Kultusminister der Länder in der Bundesrepublik Deutschland (KMK) im Jahre 1999 (vgl. Sekretariat der Ständigen Konferenz der Kultusminister der Länder in der Bundesrepublik Deutschland 1999) ist in der Bundesrepublik Deutschland überwiegend von Lernbehinderung die Rede als Bezeichnung für eine Gruppe von Kindern und Jugendlichen, die in der allgemeine Schule nicht hinreichend gefördert werden kann.

Lernbehinderung

Angesichts der Kritik (s. Abb. 5.1) wird der Begriff „Lernbehinderung" in der Fachdiskussion immer weniger verwendet (vgl. Einhelliger u.a. 2013, 2014).

Der Begriff „Sonderpädagogischer Förderbedarf im Förderschwerpunkt Lernen" stellt im Gegensatz zur Behinderungsorientierung des Begriffs „Lernbehinderung" die Förderungsorientierung in den Mittelpunkt der Definition. Beeinflusst von dem angelsächsischen Terminus *„special educational needs"*, was wörtlich übersetzt „spezielle Erziehungsbedürfnisse" bedeutet, hat sich in Deutschland der Begriff des „sonderpädagogischen Förderbedarfs" in der Fachdiskussion zunehmend verbreitet. In den KMK-Empfehlungen von 1999 wird folgende Definition vorgeschlagen:

Sonderpädagogischer Förderbedarf im Förderschwerpunkt Lernen

---

[1] Förderquote = Anteil der Schülerinnen und Schüler mit sonderpädagogischem Förderbedarf an allen Schülerinnen und Schülern eines Jahrgangs

Begrifflichkeiten und Definitionen nach G.O. Kanter (1977)

Lernbeeinträchtigungen (Oberbegriff.)
Ausprägung nach 3 Kriterien: Umfang, Schweregrad, Dauer

Lernstörung	**Lernbehinderung**
• nur ein Schulfach betroffen	• mehr als ein Schulfach betroffen
• IQ durchschnittlich, ca. 100	• IQ < 85 (standardisierter Test)
• begrenzt auf ein Schuljahr	• länger als ein Schuljahr
▷ in der allgemeinen Schule zu bewältigen	▷ Spezieller Unterricht notwendig Beschulung in Förderschule (Sonderschule)

Vorteil der Definition:
• keine separate Beschulung bei einmaligem Sitzenbleiben oder Problem in einem Fach/ einem Lernbereich (Bsp.: sprachliche Probleme bei Migrationshintergrund)

Nachteil der Definition:
• Merkmal der Dauer lässt Fördermaßnahmen und Intervention erst spät greifen, präventive Förderung und Vermeidung der Ausweitung nicht vorgesehen
• Defizitorientierung: „Lernbehinderung" suggeriert individuelles Defizit und blendet soziale Dimension und benachteiligte Lebenssituation aus (Ellinger 2013)
• Diskriminierung und Stigmatisierung von Betroffenen, gesellschaftliche Teilhabe erschwert (Einhellinger u.a. 2013, 2014)

Abb. 5.1: Begrifflichkeiten nach G.O. Kanter (1977)

„Sonderpädagogischer Förderbedarf ist bei Kindern und Jugendlichen gegeben, die in ihrer Lern- und Leistungsentwicklung so erheblichen Beeinträchtigungen unterliegen, dass sie auch mit zusätzlichen Lernhilfen der allgemeinen Schulen nicht ihren Möglichkeiten entsprechend gefördert werden können. Sie benötigen sonderpädagogische Unterstützung ..." (Sekretariat ... 1999, S. 4).

Ausgehend von der Feststellung des sonderpädagogischen Förderbedarfs werden Maßnahmen der Erziehung und des Unterrichts sowie Hinweise zu den Formen und Orten sonderpädagogischer Förderung beschrieben. Der Bezug zur allgemeinen Schule wird besonders betont. Der sonderpädagogische Förderbedarf kann und soll grundsätzlich auch in allgemeinen Schulen erfüllt werden.

Die Feststellung des sonderpädagogischen Förderbedarfs bedeutet nicht automatisch die Überweisung in eine Förderschule bzw. ein Förderzentrum, sondern vielmehr geeignete Fördermaßnahmen auf der Basis einer breit fundierten Förderdiagnostik zu entwickeln.

Diese positiv zu bewertende Zieldimension wird durch Schwächen in der Definition getrübt. Im Grunde handelt es sich bei dieser Definition des Förderschwerpunktes Lernen um eine Tautologie. Letztlich besagt die Definition nicht mehr, als dass sonderpädagogischer Förderbedarf vorliegt, wenn Kinder bzw. Jugendliche sonderpädagogisch gefördert werden müssen. Das ist im wissenschaftlichen Diskurs unbefriedigend. Hier macht sich ein Versäumnis der fachlichen Entwicklung in der Sonderpädagogik seit Anfang der 1990er Jahre bemerkbar. Es ist bislang nicht überzeugend gelungen, das Konzept sonderpädagogische Förderung inhaltlich zu füllen.

In jüngster Zeit setzt sich immer mehr der Begriff „Lernschwierigkeiten" als zukunftsfähiges begriffliches Konzept durch (vgl. Heimlich 2016, S. 28ff.).

Lernschwierigkeiten

Lernschwierigkeiten entstehen an der Anforderungsschwelle von vorhandenen und noch zu erwerbenden Fähigkeiten in allen Lernprozessen bei allen Menschen.

Meist können diese selbstständig bewältigt werden (allgemeine Lernschwierigkeiten).

Es gibt jedoch eine Gruppe von Kindern, Jugendlichen und Erwachsenen, die ihre Lernschwierigkeiten nicht mehr selbst meistern können. Sie benötigen Unterstützung bei der Überwindung von Lernschwierigkeiten bis hin zur gezielten sonderpädagogischen Förderung (gravierende Lernschwierigkeiten).

Der Begriff Lernschwierigkeiten ist auf die Kompetenzen des Einzelnen ausgerichtet (Kompetenzorientierung). Dies hat den Vorteil, dass Kompetenzen die Basis jeglicher Förderung, auch der sonderpädagogischen Förderung, darstellen. Selbst wenn Defizite von Kindern und Jugendlichen ausgeglichen werden sollen, setzt sonderpädagogische Förderung bei den Kompetenzen an. Fördermaßnahmen werden anhand der Frage „Wie weit ist ein Kind bzw. Jugendlicher entwickelt?" generiert. In der kognitionspsychologischen Sicht des Genfer Psychologen Jean Piaget (1896-1980) kommt diese Entwicklungsperspektive ebenso zum Ausdruck wie in dem Modell des Lernprozesses im Anschluss an den nordamerikanischen Erziehungsphilosophen John Dewey (1859-1962) und in dem Modell der „Zone der nächsten Entwicklung (ZNE)" des russischen Psychologen Lev S. Vygotskij (1894-1934) (vgl. Heimlich 2016, S. 28f.).

Kompetenzorientierung

Weiterhin sind Lernschwierigkeiten im engeren Sinne und im weiteren Sinne zu unterscheiden:

Tab. 5.1: Lernschwierigkeiten im engeren und im weiteren Sinne

Lernschwierigkeiten im engeren Sinne	Lernschwierigkeiten im weiteren Sinne
• beobachtbar, intersubjektiv überprüfbar • hauptsächlich in Schulleistungsbereichen (Lesen, Schreiben, Rechnen, Sachfächer)	• Lernen des Lernens erschwert • Fehlende/ungünstig angewandte Lernstrategien, Lernmethoden, usf.

Diese Schwierigkeiten entstehen aus einem komplexen Geflecht an internen und externen Bedingungsfaktoren. Abbildung 5.2 zeigt dieses Gefüge und die einzelnen Aspekte, die zu einer erschwerten Lebens- und Lernsituation führen können.

Interne und externe Bedingungsfaktoren

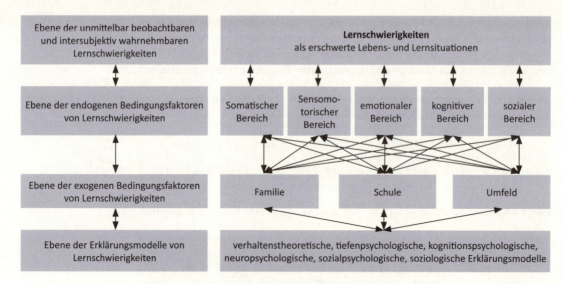

Abb. 5.2: Bedingungsfaktoren und Erklärungsmodelle von Lernschwierigkeiten – ein systematischer Überblick (vgl. Heimlich 2016, S. 37)

Es ist stets erforderlich, aus möglichst unterschiedlichen Perspektiven an eine erschwerte Lernsituation eines Kindes bzw. Jugendlichen heranzugehen und das Kind-Umfeld-System zu analysieren, um Lernschwierigkeiten angemessen verstehen zu können.

Erklärungsmodelle

Hilfreich für die Entwicklung von Erklärungshypothesen ist die Einbeziehung von psychologischen und soziologischen Erklärungsmodellen für Lernschwierigkeiten (vgl. Heimlich 2016, S. 55ff.). In der kollegialen Fallberatung kann dieser Perspektivenwechsel geübt werden, indem im Team von Lehrkräften gemeinsam eine erschwerte Lernsituation in Form einer Fallbeschreibung analysiert wird.

Fallbeschreibung
Micha sagt immer „Nein", wenn die Lehrkraft von ihm die Bearbeitung einer Aufgabe erwartet. Er steht dann auf, geht im Klassenraum herum. Seine Schulsachen sind unvollständig. Er kommt ohne Frühstücksbrot in die Schule. Seine Eltern stehen der Schule sehr skeptisch gegenüber. Nur in den Pausen auf dem Schulhof ist er bereit, sich an gemeinsamen Aktivitäten zu beteiligen. Beim Sportunterricht strengt er sich sehr an und freut sich, wenn er eine Leistung erbringt. Obwohl er im Vergleich zu seinen Mitschülerinnen und -schülern eher klein ist, kann er sich in der Gruppe gut behaupten.

Verschiedene Lerntheorien

Letztlich steht im Förderschwerpunkt Lernen die Frage im Raum, was Lernen eigentlich beinhaltet. Aus psychologischer Sicht werden dazu verschiedene Lerntheorien herangezogen. Die sog. „Verhaltenstheorien" sehen Lernen als Reiz-Reaktions-Verknüpfung. Dem liegt die Annahme zugrunde, dass Lernen dann am wahrscheinlichsten stattfindet, wenn es mit angenehmen Konsequenzen verknüpft wird („positive Verstärkung"). Dieser Zusammenhang wird auch in Schule und Unterricht genutzt, um beispielsweise das Lernen von Schülerinnen und Schülern mit sog. „Token-Systemen" (z.B. Punkte, die gesammelt werden können) zu fördern. Der Lernvorgang selbst bleibt aber verborgen und kann nur aus resultierenden Verhaltensänderungen erschlossen werden („Black-Box-Modell").

Demgegenüber hat die Kognitionspsychologie deutlich gemacht, dass Menschen nicht nur einfache Reiz-Reaktions-Maschinen sind, sondern Stellung nehmen zu ihrer Umwelt, sich aktiv damit auseinandersetzen und die aufgenommenen Informationen von einem Ich, einer Person verarbeitet werden. Von daher führt nicht jeder Reiz bei jedem Menschen zu einer immer gleichen Reaktion. Inzwischen ist v.a. aus der pädagogischen Anthropologie (vgl. Göhlich/Zirfas 2007) heraus darauf aufmerksam gemacht worden, dass menschliches Lernen mehr ist als bloße Wissensaneignung. Neben dem Wissen-Lernen geht es stets auch um ein Können-Lernen sowie das Lernen-Lernen und das Leben-Lernen.

Mehr als Wissensaneignung

> Übertragen auf den Förderschwerpunkt Lernen bedeutet dies, dass Lernschwierigkeiten sich sowohl als Probleme der Wissensaneignung, der Entwicklung von praktischen Fertigkeiten als auch in der Steuerung des Lernens selbst manifestieren können.

Schließlich stellt sich in Schule und Unterricht stets die Frage, inwiefern auf zukünftige (in der Regel erschwerte) Lebenssituationen vorbereitet werden kann.

5.1.2 Aktuelle empirische Erkenntnisse

Der Förderschwerpunkt Lernen gehört zu den am intensivsten untersuchten Förderschwerpunkten bei Schülerinnen und Schülern mit sonderpädagogischem Förderbedarf. Für weitere Forschungsübersichten sei auf die Grundlagenliteratur verwiesen (vgl. Einhelliger u.a. 2013, 2014; Heimlich 2016; Schröder 2015; Werning/Lütje-Klose 2012).

5.1.3 Bedeutung für das Erleben und Lernen betroffener Schülerinnen und Schüler

Aus der Perspektive von Schülerinnen und Schülern können Lernschwierigkeiten eine große Belastung darstellen. Meist sind damit längere Versagenserlebnisse in der Schule verbunden. Darunter leidet insbesondere die Lern- und Leistungsmotivation und die Bereitschaft sich mit neuen Anforderungen auseinanderzusetzen. Dies kann bis zu völligen Lernverweigerungen reichen. Häufig muss mühsam und über einen längeren Prozess Motivation für schulische Lernprozesse wieder hergestellt werden. Auch die Erfahrung von Ausgrenzung und Diskriminierung gehört für die Kinder und Jugendlichen im Förderschwerpunkt Lernen zum alltäglichen Erleben. Einblicke in die Lernbiographie dieser Schülerinnen und Schüler zeigen, dass ihre (scheinbar ungünstige) Einstellungen zum Lernen und zur Schule in der Regel über mehrere Jahre gewachsen und ihre Verhaltensweisen in Schule und Unterricht aus ihrer subjektiven Sicht durchaus sinnvoll sind. Dies nachzuvollziehen fällt aus der

Lern- und Leistungsmotivation

Außensicht manchmal schwer. Insofern gilt es für Lehrkräfte stets, einen Verstehensprozess zu den Lernschwierigkeiten bei sich selbst in Gang zu setzen und sich in die Perspektive der Schülerinnen und Schüler hineinzuversetzen. Es sollte vermieden werden, die Ursachen für gravierende Lernschwierigkeiten ausschließlich im Kind bzw. Jugendlichen zu sehen.

5.2 Förderschwerpunkt Lernen im Alltag der allgemeinen Schulen

5.2.1 Stand der Inklusion

Inklusionsanteil

Im Jahre 2016 wurden 92.973 Schülerinnen und Schüler (Inklusionsanteil[2]: 45,2%) mit sonderpädagogischem Förderbedarf im Förderschwerpunkt Lernen in allgemeinen Schulen unterrichtet (vgl. Sekretariat der Ständigen Konferenz 2018, S. XIX). In benachbarten europäischen Ländern befinden sich die Schülerinnen und Schüler im Förderschwerpunkt Lernen überwiegend in allgemeinen Schulen, hier allerdings häufig in Gesamtschulsystemen mit Ganztagsbetrieb.

> Die Tatsache, dass mehr als die Hälfte der Schülerinnen und Schüler mit dem Förderschwerpunkt Lernen in Deutschland nach wie vor in Förderschulen bzw. Förderzentren unterrichtet werden, ist im internationalen Vergleich ein Alleinstellungsmerkmal.

Die Weiterentwicklung inklusiver Bildungsangebote für den Förderschwerpunkt Lernen erfordert an der allgemeinen Schule sowohl Änderungen in der Unterrichtskonzeption als auch die Einbeziehung einer qualitativ guten individuellen Lernförderung. (Zum Stand der Inklusion im Förderschwerpunkt Lernen sei auf aktuelle Forschungsübersichten zur weiteren Vertiefung verwiesen, vgl. Benkmann & Heimlich 2018).

5.2.2 Spezifische Herausforderungen in der Unterrichtspraxis und im Schulleben

> Ein herkömmlicher Unterricht, bei dem alle Schülerinnen und Schüler zur gleichen Zeit das Gleiche mit den gleichen Mitteln und im gleichen Tempo lernen, wird den vielfältigen Lernbedürfnissen von Schülerinnen und Schülern im Förderschwerpunkt Lernen nicht gerecht.

Die folgenden Prinzipien unterstützen Kindern und Jugendlichen mit gravierenden Lernschwierigkeiten:

---

2 Inklusionsanteil = Anteil der Schülerinnen und Schüler mit sonderpädagogischem Förderbedarf, die an allgemeinen Schulen unterrichtet werden, an allen Schülerinnen und Schülern mit sonderpädagogischem Förderbedarf

Tab. 5.2: Unterstützende Prinzipien bei Lernschwierigkeiten

Prinzip der Differenzierung und Individualisierung
- angemessene Anzahl und Umfang der Aufgaben
- Lernhilfe durch die Lehrkräfte oder Mitschülerinnen und -schüler
- spezifische Lern- und Fördermaterialien

Prinzip der Handlungsorientierung
- Lernangebote auf der Handlungsebene (enaktive Ebene)
- längeres Verweilen auf enaktiver Ebene
- behutsamer Abstrahierungsprozess über Modelle und zeichnerische Darstellungen (ikonische Ebene), bis hin zu Zeichen wie Buchstaben und Zahlen (symbolische Ebene) (vgl. Heimlich/Kahlert 2014).

Prinzip des Lernens mit vielen Sinnen
- vielfältige Zugänge zu Lernangebote und Lernmaterialien (Sehen, Hören, Riechen, Tasten, Schmecken, Bewegen)
- Profit auch für Schülerinnen und Schüler ohne gravierende Lernschwierigkeiten

Prinzip der Strukturierung
- haltgebende Strukturen, sicherer Rahmen und überschaubare Lernaufgaben wichtig
- offene, selbstgesteuerte Lernsituationen und Lernprozesse nur bedingt hilfreich
- gemeinsam mit allen Schülerinnen und Schülern vereinbarte Regeln und Rituale
- Entlastung durch Helfersysteme in der Klasse

Prinzip der Übung und Wiederholung
- häufige und abwechslungsreiche Übungsmöglichkeiten
- Wiederholungsphasen

Im inklusiven Unterricht der Mittelschule steht das Thema „Satz des Pythagoras" an. Die Lehrkraft stellt sich die Aufgabe, im Unterricht nicht nur die Formel zu präsentieren und dazu Aufgaben zum Beweis rechnen zu lassen. Sie möchte mit allen Schülerinnen und Schülern die Bedeutung des Satzes für das tägliche Leben erschließen und versucht auch Lernangebote auf der ikonischen (zeichnerischen) und der enaktiven (handelnden) Ebene zu entwickeln.

Die Kunst der Gestaltung des inklusiven Unterrichts besteht im Förderschwerpunkt Lernen darin, all diese Unterrichtsprinzipien zu berücksichtigen und gleichwohl einen gemeinsamen Lerngegenstand anzubieten.

Gemeinsamer Lerngegenstand

Das wird in der Primarstufe bzw. Grundschule mit dem Klassenlehrerprinzip noch gut leistbar sein. Diese Aufgabe ist jedoch im Sekundarbereich (Fachunterricht, Fachlehrerprinzip) ungleich schwieriger zu bewältigen.

5.3 Handlungsempfehlungen und Fördermaßnahmen

Die Qualität der inklusiven Bildungsangebote in allgemeinen Schulen ist nicht nur über einen veränderten Unterricht sicherzustellen. Ohne die Einbeziehung von sonderpädagogischen Fördermaßnahmen und sonderpädagogischer Fachkom-

Modell der individuellen Lernförderung

petenz in allgemeine Schulen kann ein guter inklusiver Unterricht letztlich nicht realisiert werden. Im Förderschwerpunkt Lernen steht dabei das Modell der individuellen Lernförderung im Mittelpunkt. Hier geht es nicht in erster Linie um eine Einzelförderung außerhalb des Klassenraums. Vielmehr sollte das Konzept der individuellen Lernförderung in unterschiedliche inklusive Settings wie Klassenunterricht und Kleingruppenförderung einbezogen werden.

Sonderpädagogische Förderung besteht stets aus einem engen Zusammenhang von Diagnose, Intervention und Evaluation.

Bei der individuellen Lernförderung wird dieses Prozessmodell wie folgt konkretisiert:

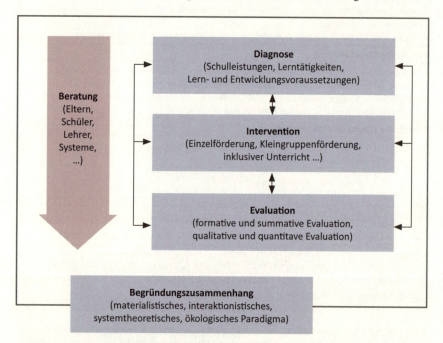

Abb. 5.3: Prozessmodell individueller Lernförderung (vgl. Heimlich 2016, S. 145)

Förderdiagnostik | Jede sonderpädagogische Fördermaßnahme, so auch die individuelle Lernförderung, geht von einer möglichst umfassenden Förderdiagnostik aus. Im Förderschwerpunkt Lernen bezieht sich diese auf die Schulleistungen im Lesen, Schreiben und Rechnen. Auch das Lern- und Arbeitsverhalten kann zum Gegenstand einer förderdiagnostischen Überprüfung werden. Darüber hinaus sind die internen Bedingungsfaktoren von Lernschwierigkeiten, zum Beispiel im Bereich der Kognition, und die externen Bedingungsfaktoren im Rahmen einer Kind-Umfeld-Analyse von Bedeutung. Intelligenztests sollten in erster Linie zur Ableitung von Fördermaßnahmen eingesetzt werden. Wir diagnostizieren, um besser fördern zu können. Diese Aufgabe wird in der Regel von sonderpädagogischen Lehrkräften übernommen, da diese in ihrer Ausbildung auf diese Aufgabe vorbereitet worden sind (vgl. Heimlich/Lutz/Wilfert de Icaza 2013).

Als Interventionsmaßnahme kommt insbesondere die differenzierte und individualisierte Gestaltung der Unterrichtssituation infrage. Sonderpädagogische Fördermaterialien können in den inklusiven Unterricht z.B. über Phasen der Freien Arbeit oder durch Wochenpläne Eingang finden. Ebenso ist es denkbar, dass differenziert arbeitende Kleingruppen im Klassenverband gebildet werden, die zwar unterschiedliche Aufgaben bearbeiten, aber gleichwohl am gemeinsamen Lerngegenstand der gesamten Klasse partizipieren. In Ausnahmefällen sollte darüber hinaus die Gelegenheit bestehen, die Kleingruppenförderung außerhalb des Klassenverbandes stattfinden zu lassen. Dies kann letztlich bis zur Einzelförderung von Schülerinnen und Schülern mit gravierenden Lernschwierigkeiten reichen. Hier sollte allerdings sehr genau darauf geachtet werden, dass diese Lernsituation prinzipiell allen Schülerinnen und Schülern offen steht.

Interventionsmaßnahme

> Es empfiehlt sich, die konkreten Interventionsmaßnahmen im Rahmen der individuellen Lernförderung in einem Förderplan schriftlich festzuschreiben, der in enger Zusammenarbeit der Lehrkräfte der allgemeinen Schulen und der sonderpädagogischen Lehrkräfte entsteht (vgl. Heimlich/Lutz/Wilfert de Icaza 2014).

Nicht alles, was an praktikablen und kindgerechten Fördermaßnahmen und -materialien verfügbar ist, hat auch die gewünschten Effekte. Deshalb gilt es, in regelmäßigen Abständen die Wirksamkeit von individuellen Lernfördermaßnahmen zu überprüfen (formative Evaluation). Das kann über Gespräche mit den Schülerinnen und Schülern und über Lerntagebücher erfolgen. Es können aber auch in größeren Abständen erneut förderdiagnostische Tests eingesetzt werden (summative Evaluation).

Evaluation von Fördermaßnahmen

Begleitet wird der Prozess der individuellen Lernförderung durch fortlaufende Beratung und Kooperation.

Beratung und Kooperation

> Der Gesprächs- und Beratungsaufwand hat sich besonders in inklusiven Settings deutlich erhöht.

Lehrkräfte der allgemeinen Schulen, Eltern sowie Schülerinnen und Schüler wollen als Gesprächspartner in Zusammenhang mit Maßnahmen der individuellen Lernförderung ernst genommen werden und in horizontalen Gesprächssituationen („auf Augenhöhe") einbezogen sein. Insofern ist es zu wünschen, dass allen Beteiligten ausreichend Zeit für diesen gestiegenen Kommunikationsaufwand in einem inklusiven Schulsystem gewährt wird (Thema Beratung s. Kap. 19).

Das Modell der individuellen Lernförderung enthält spezifische Begründungszusammenhänge. Ein weiterhin anerkanntes Paradigma ist mit dem ökologischen Denken in der Sonderpädagogik verbunden. Der Blick wird hier stets auf Person-Umfeld-Systeme gerichtet, die sowohl in der Förderdiagnostik als auch bei der Intervention zum zentralen Gesichtspunkt gewählt werden. Es geht nicht nur darum zu erläutern, wie individuelle Lernförderung praktisch funktionieren könnte.

Begründungszusammenhänge

Ebenso muss geklärt werden, warum die konkreten Fördermaßnahmen ausgewählt worden sind. Das fordern Eltern sowie Schülerinnen und Schüler, aber auch die kooperierenden Lehrkräfte in zunehmendem Maße ein.

Sonderpädagogik steht daher in einem inklusiven Schulsystem unter einem zunehmenden Legitimationsdruck (vgl. Heimlich 2016).

Arbeitsaufträge

1. Was ist Lernen?
2. Unterscheiden Sie gravierende Lernschwierigkeiten von allgemeinen Lernschwierigkeiten!
3. Stellen Sie das Modell der individuellen Lernförderung (DIE-Modell) in seinen Grundelementen dar und begründen Sie die Notwendigkeit der individuellen Lernförderung!

Weiterführende Links

Lernen fördern: Bundesverband zur Förderung von Menschen mit Lernbehinderungen, URL: https://lernen-foerdern.de (letzter Aufruf: 07.08.2018)

Verband Sonderpädagogik e.V. (vds), URL: https://www.verband-sonderpaedagogik.de (letzter Aufruf: 07.08.2018)

Fachverband für integrative Lerntherapie e.V. (FiL), URL: https://www.lerntherapie-fil.de (letzter Aufruf: 07.08.2018)

Literaturempfehlungen

Heimlich, U.: Pädagogik bei Lernschwierigkeiten. Sonderpädagogische Förderung im Förderschwerpunkt Lernen. Bad Heilbrunn: Klinkhardt, 2. Auflage 2016 (UTB: 3192)
Aus dem Inhalt: Studienbuch; pädagogische Gesamtkonzeption zum Umgang mit Lernschwierigkeiten in 5 Kapiteln; 1. Beschreibung der Lernschwierigkeiten mit Hilfe von Fallbeispielen; 2. historischer Rückblick auf Entstehung und Entwicklung sonderpädagogischer Förderung im Förderschwerpunkt Lernen; 3. Förderdiagnostik; Förderplanung; 4. Prävention, Inklusion und Rehabilitation; 5. Überlegungen zu theoretischen Grundlagen einer Pädagogik bei Lernschwierigkeiten im Sinne unterschiedlicher Perspektiven; Übungsaufgaben und vertiefende Literaturempfehlungen, Kurzusammenfassungen und Praxisbeispiele; Lösungen zu den Übungsaufgaben; Zeittafel zur Entwicklungsgeschichte des Faches.

Heimlich, U./Lutz, S./Wilfert de Icaza, K.: Ratgeber Förderdiagnostik. Sonderpädagogischer Förderbedarf im Förderschwerpunkt Lernen. Hamburg: Persen, 2013

Heimlich, U./Lutz, S./Wilfert de Icaza, K.: Ratgeber Förderplanung. Individuelle Lernförderung im Förderschwerpunkt Lernen. Hamburg: Persen, 2015
Aus dem Inhalt: Praxisbezogene Handreichungen.
Band 1: Erläuterung förderdiagnostischer Methoden; Kurzporträts förderdiagnostischer Instrumente; Hinweise zur Erstellung sonderpädagogischer Fördergutachten
Band 2: Kurzporträts und Hinweise zu konkreten Fördermaterialien im Rahmen der individuellen Lernförderung; Erarbeitung eines sonderpädagogischen Förderplans anhand konkreter Leitfragen

Heimlich, U./Wember, F.B. (Hrsg.): Didaktik des Unterrichts im Förderschwerpunkt Lernen. Ein Handbuch für Studium und Praxis. Stuttgart: Kohlhammer, 3. Auflage 2017
Aus dem Inhalt: Sammelband; Gängige didaktische Modelle und Unterrichtskonzeptionen im Förderschwerpunkt Lernen; 1. „Grundfragen und Modelle der Didaktik" (historische, reformpädagogische und inklusive Modelle); 2. „Unterrichtskonzeptionen" (handlungsorientierter, offener, direkter

und den Projektunterricht, kooperatives und entdeckendes Lernen); 3. „Didaktik ausgewählter Lernbereiche" (Sprache, Mathematik, Alltag und Beruf); 4. „Unterrichtsplanung und Unterrichtsanalyse"; 5. „Erwerb von Unterrichtskompetenz"; Anhang mit Vorlagen (Unterrichtsprotokoll, Unterrichtsentwurf, Schulporträt und kollegiale Praxisberatung).

Literatur

Bayerisches Staatsministerium für Unterricht und Kultus (Hrsg.): Rahmenlehrplan für den Förderschwerpunkt Lernen. München, 2012.
Benkmann, R. & Heimlich, U. (Hrsg.): Inklusion im Förderschwerpunkt Lernen. Stuttgart: Kohlhammer, 2018.
Einhelliger, C., Ellinger, S., Hechler, O., Köhler, A. & Ullmann, E. (Hrsg.): Studienbuch Lernbeeinträchtigungen, Bd. 1: Grundlagen. Oberhausen: Athena, 2013 und Bd. 2: Handlungsfelder und Förderansätze. Oberhausen: Athena, 2014.
Ellinger, S.: Förderung bei sozialer Benachteiligung. Stuttgart: Kohlhammer, 2013
Göhlich, M. & Zirfas, J.: Lernen. Ein pädagogischer Grundbegriff. Stuttgart: Kohlhammer, 2007.
Heimlich, U.: Pädagogik bei Lernschwierigkeiten. Sonderpädagogische Förderung im Förderschwerpunkt Lernen. Bad Heilbrunn: Klinkhardt, 2. Auflage 2016 (UTB: 3192).
Heimlich, U.; Lutz, S. & Wilfert de Icaza, K.: Ratgeber Förderdiagnostik. Sonderpädagogischer Förderbedarf im Förderschwerpunkt Lernen. Hamburg: Persen, 2013.
Heimlich, U., Lutz, S. & Wilfert de Icaza, K.: Ratgeber Förderplanung. Individuelle Lernförderung im Förderschwerpunkt Lernen. Hamburg: Persen, 2015.
Heimlich, U. & Wember, F.B. (Hrsg.): Didaktik des Unterrichts im Förderschwerpunkt Lernen. Ein Handbuch für Studium und Praxis. Stuttgart: Kohlhammer, 3. Auflage 2017.
Kanter, G.O.: Lernbehinderungen und die Personengruppe der Lernbehinderten. In: Kanter G.O. & Speck, O. (Hrsg.): Pädagogik der Lernbehinderten. Hb. d. Sonderpädagogik, Bd. 4. Berlin: Marhold, 1977, 34-64.
Schröder, J.: Pädagogik bei Beeinträchtigungen des Lernens. Stuttgart: Kohlhammer, 2015.
Sekretariat der Kultusministerkonferenz (Bearb.): Sonderpädagogische Förderung in Schulen 2007 bis 2016. Statistische Veröffentlichungen der Kultusministerkonferenz. Dokumentation Nr. 214, Juni 2018 (URL: https://www.kmk.org/fileadmin/Dateien/pdf/Statistik/Dokumentationen/Dok_214_SoPaeFoe_2016.pdf, letzter Aufruf: 07.08.2018).
Sekretariat der Ständigen Konferenz der Kultusminister der Länder in der Bundesrepublik Deutschland: Empfehlungen zum Förderschwerpunkt Lernen. Beschluss der Kultusministerkonferenz vom 1.10.1999 (URL: https://www.kmk.org/fileadmin/Dateien/pdf/PresseUndAktuelles/2000/sopale.pdf letzter Aufruf: 07.08.2018).
Wember, F.B., Stein, R. & Heimlich, U. (Hrsg.): Handlexikon Lernschwierigkeiten und Verhaltensstörungen. Stuttgart: Kohlhammer, 2014.
Werning, R. & Lütje-Klose, B.: Einführung in die Pädagogik bei Lernbeeinträchtigungen. München, Basel: E. Reinhardt, 3. Auflage 2012.

6 Förderschwerpunkt Sehen
Markus Lang

6.1 Der Förderschwerpunkt Sehen als Fachdisziplin

6.1.1 Definition und theoretische Grundlagen

Sehschädigung

In Deutschland ist insbesondere im sozialrechtlich-medizinischen Bereich die Bezeichnung „Sehschädigung" als Oberbegriff für „Sehbehinderung", „hochgradige Sehbehinderung" und „Blindheit" gebräuchlich. In diesem Kontext gelten Personen dann als blind, wenn ihre Sehschärfe (Visus) auf dem besseren Auge (gemessen mit Korrektur wie Brille oder Kontaktlinse) nicht mehr als 0,02 beträgt oder eine gleichzusetzende Sehbeeinträchtigung (z.B. sehr starke Einschränkungen des Gesichtsfeldes) vorliegt.

Sozialrechtlich-medizinisch als „blind" bezeichnete Menschen können demnach durchaus noch über (sehr begrenzte) visuelle Wahrnehmungsmöglichkeiten verfügen.

Der durchschnittliche Visus, der einem „normalen" Sehen entspricht, liegt bei einem Wert von 1,0. Abbildung 1 veranschaulicht Einschränkungen der Sehschärfe an einer beispielhaften Berechnung eines Visus von 0,2.

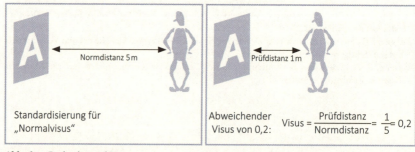

Abb. 6.1: Rechenbeispiel Visus

Neben dem Visus für die Ferne spielt in schulischen Kontexten besonders der Nahvisus (gemessen im Leseabstand) eine wichtige Rolle. Tabelle 6.1 enthält eine Zusammenfassung der sozialrechtlich-medizinischen Klassifikation von Sehschädigungen.

Tab. 6.1: Klassifizierung von Sehschädigungen (Deutsche Ophthalmologische Gesellschaft 2011)

Definition

Sehbehinderung	hochgradige Sehbehinderung	Blindheit
Visus ≤ 0,3 bis ausschl. 0,05	Visus ≤ 0,05 bis ausschl. 0,02	Visus ≤ 0,02
oder gleichzusetzende Sehbeeinträchtigung (z.B. entsprechende Einschränkung des Gesichtsfelds)		

Medizinisch diagnostizierte Sehschädigungen führen nicht zwangsläufig zu Behinderungen der Teilhabe. Vielmehr spielen kontextbezogene, personale und situative Aspekte eine Rolle, wie sie in der *„International Classification of Functioning, Disability and Health"* (ICF) der Weltgesundheitsorganisation (WHO) aufgeführt werden (Kraus de Camargo/Simon 2015). Zu beachten ist, dass sich aus medizinischen Diagnosen nicht unmittelbar pädagogische Maßnahmen ableiten lassen. Aus diesem Grund ist es unerlässlich, dass von sonderpädagogischer Seite aus und bezugnehmend auf die augenärztlichen Untersuchungsergebnisse eine umfassende funktionale Sehprüfung durchgeführt wird. Hierbei werden in Test- und Beobachtungssituationen Sehfunktionen und Teilbereiche der visuellen Wahrnehmung wie Sehschärfe, Vergrößerungsbedarf, Kontrastempfindlichkeit, Formerkennung, Farbwahrnehmung oder Bewegungswahrnehmung überprüft (ausführliche Informationen hierzu s. Henriksen/Laemers 2016).

Funktionale Sehprüfung

Neben Schädigungen am Sehapparat selbst (z.B. Linse, Netzhaut) können Störungen der Reizweiterleitung und -verarbeitung Ursachen der beobachtbaren Sehbeeinträchtigungen sein. Störungen der Verarbeitung visueller Reize im Gehirn werden als CVI (*Cerebral Visual Impairment*) bezeichnet. Tabelle 6.2 gibt für die Industrieländer einen Überblick über die häufigsten Ursachen von Sehbeeinträchtigungen im Kindes- und Jugendalter. Zwischen 60 und 70% der Kinder und Jugendlichen mit Sehschädigungen weisen weitere Beeinträchtigungen (z.B. der Kognition, der Motorik, der auditiven Wahrnehmung) auf (Hatton u.a. 2013).

Ursachen von Sehbeeinträchtigungen

Tab. 6.2: Ursachen und Häufigkeiten von Sehschädigungen im Kindes- und Jugendalter (Garber/Huebner 2017; Hatton u.a. 2013)

Ursache	Häufigkeit
Störung der visuellen Wahrnehmung: CVI (*Cerebral Visual Impairment*)	20-25%
Netzhautschädigung bei frühgeborenen Kindern (*Retinopathia praematurorum*)	12-19%
Sehnervschädigungen	11-17%
Strukturveränderungen des Auges (z.B. erblich bedingte Netzhautdegeneration)	11-13%
Albinismus	4,5%

Auswirkungen

Auswirkungen von Sehbeeinträchtigungen
Eine Sehbeeinträchtigung kann sich folgendermaßen äußern:
- trübes, unscharfes Netzhautbild,
- Gesichtsfeldausfälle,
- erhöhte Blendempfindlichkeit,
- herabgesetzte Kontrastempfindlichkeit,
- gering oder gar nicht vorhandenes Farbensehen,
- fehlendes räumliches Sehen (Stereosehen),
- Einschränkungen in der Wahrnehmung bewegter Objekte,
- Schwierigkeiten bei der Fixation z.B. aufgrund eines Augenzitterns (Nystagmus),
- Probleme bei der Formunterscheidung,
- extreme Kurz- oder Weitsichtigkeit (Myopie bzw. Hyperopie),
- …

Diese Auswirkungen lassen sich nur schwer simulieren. Simulationsbilder können lediglich einen groben Eindruck vermitteln (Simulationsbilder aus unterschiedlichen Bereichen sind abrufbar unter: http://www.absv.de/sehbehinderungs-simulator).

6.1.2 Aktuelle empirische Erkenntnisse

Versorgung mit Förderung

Eine große Herausforderung für die Blinden- und Sehbehindertenpädagogik stellt die adäquate Förderung von Schülerinnen und Schülern mit mehrfachen Behinderungen dar. Drave u.a. (2013) konnten in einer Studie, in der das Sehvermögen von Schülerinnen und Schülern an Schulen der Förderschwerpunkte geistige Entwicklung und körperliche und motorische Entwicklung in Bayern untersucht wurde (N=687) nachweisen, dass 15% der untersuchten Schülerinnen und Schüler nach sozialrechtlich-medizinischer Definition sehgeschädigt sind. In den weitaus meisten Fällen war die Sehschädigung vorher nicht bekannt und 2/3 der betroffenen Schülerinnen und Schüler erhielten keine spezifische Unterstützung oder Versorgung. Diese verallgemeinerbaren Studienergebnisse lassen auf eine sehr hohe Zahl bislang nicht adäquat betreuter und geförderter Kinder und Jugendlicher schließen.

> Hieraus ergibt sich die Notwendigkeit, Lehrkräfte außerhalb blinden- und sehbehindertenpädagogischer Einrichtungen für das Erkennen möglicher Sehbeeinträchtigungen zu sensibilisieren, damit möglichst frühzeitig eine fundierte Abklärung stattfinden kann und notwendige Fördermaßnahmen bzw. die Versorgung mit Hilfsmitteln eingeleitet werden.

Eine äußerst bedenkliche pädagogische Versorgungslage existiert für die ca. 1.300 Kinder und Jugendlichen in Deutschland, die einer taubblinden- bzw. hörsehbehindertenspezifischen Unterstützung bedürfen, da die wenigen vorhandenen Zentren (in Hannover, Würzburg, Potsdam und Schramberg-Heiligenbronn) bei weitem nicht alle dieser Kinder und Jugendlichen erreichen (Lang u.a. 2015a;b). Als erster Schritt einer Situationsverbesserung sollte eine breitere Grundsensibilisierung von Lehrkräften für die Bedürfnisse von Menschen mit doppelten Sinnesbeeinträchtigungen stattfinden.

Eine Reihe empirischer Erkenntnisse liegen zur Inklusion blinder und sehbehinderter Schülerinnen und Schüler vor. Fallanalysen (Lang & Heyl 2013) weisen darauf hin, dass es für die allgemeinen Schulen eine besondere Herausforderung darstellt, sich auf die spezifischen Bedürfnisse blinder und sehbehinderter Kinder und Jugendlicher einzustellen (z.B. durch die Anpassung von Lehrmaterial). Als besonders schwierig wird der gemeinsame Unterricht in den Naturwissenschaften und in Sport eingeschätzt. Am Beispiel des Sportunterrichts lässt sich die Bedeutung eines spezifischen didaktischen Vorgehens konkretisieren.

Inklusion

> Teigland u.a. 2015; Giese u.a. 2014: Vergleich des Bewegungsverhaltens blinder und sehbehinderter Schülerinnen und Schüler mit sehenden Jugendlichen:
> - Schülerinnen und Schüler ohne Sehbeeinträchtigung bewegen sich außerhalb des Schulsports deutlich mehr als blinde und sehbehinderte Jugendliche
> - spezifisch an die Bedürfnisse blinder und sehbehinderter Kinder und Jugendlicher angepasster Sportunterricht ist von großer Bedeutung
> - Initiieren vielfältiger Bewegungsaktivitäten, Sammeln von Bewegungserfahrungen, Ermöglichen motorischer Lernprozesse

B

Da inklusiv beschulte blinde und sehbehinderte Kinder und Jugendliche in der Regel die einzigen Schülerinnen und Schüler ihrer Klasse mit einer Sehschädigung sind, werden spezielle Kurse mit verschiedenen Themenschwerpunkten angeboten, um Peerkontakte mit Gleichbetroffenen zu ermöglichen (s. beispielsweise https://www.lfs-schleswig.de/kurse/). Praxiserfahrungen und Studien geben Hinweise darauf, dass derartige Angebote als Möglichkeit des Austauschs sowie als Unterstützung bei der Auseinandersetzung mit der eigenen Situation eine wichtige Rolle spielen. Dies scheint insbesondere für Schülerinnen und Schüler zuzutreffen, die sich tendenziell eher zurückziehen und sozial isolieren (Hennies u.a. 2015).

6.1.3 Bedeutung für das Erleben und Lernen betroffener Schülerinnen und Schüler

In Abhängigkeit davon, ob die Sehbeeinträchtigung schon von Geburt an vorliegt oder im Kindes- bzw. Erwachsenenalter erworben wurde, sowie davon, ob und welche Sehfähigkeit verblieben ist, welche Persönlichkeitsstruktur und welcher Anregungsgehalt der sozialen und dinglichen Umgebung vorliegt, kann die Auswirkung auf verschiedene Bereiche unterschiedlich ausfallen. Nachfolgend werden einige Bereiche beispielhaft konkretisiert (Lang & Thiele 2017, 14):

Auswirkungen auf Lern- und Lebensbereiche

Tab. 6.3: Auswirkungen einer Beeinträchtigung des Sehens auf Lern- und Lebensbereiche (nach Lang & Thiele 2017, 14)

Wissenserwerb:
- grundsätzlich gleiche kognitive Leistungsfähigkeit blinder, sehbehinderter und sehender Kinder
- erschwerte Lernprozesse beispielsweise durch eingeschränktes Imitationslernen
- Bildung von Begriffen aufwändiger, da manche Begriffsmerkmale visuell schneller und einfacher zugänglich sind

Bewegungsverhalten:
- Sehen: vielfältige Bewegungsanreize + Steuerung der Bewegungsausführung + Stabilisierung des Gleichgewichts
- u.U. weniger Bewegungserfahrungen blinder und sehbehinderter Kinder
- mögliche Verzögerungen in der motorischen Entwicklung sowie Auffälligkeiten hinsichtlich Bewegungskoordination und Körperhaltung
- mitunter psychomotorische Besonderheiten (Bewegungsstereotypien wie Schaukeln mit dem Oberkörper etc.)

Kommunikation:
- Erfassen nonverbaler Gesprächsanteile nur eingeschränkt bzw. in Teilbereichen gar nicht möglich
- Wissen um Wirkung und Bedeutung nonverbaler Kommunikation wichtig
- wichtig zur Vermeidung von Störungen in der Kommunikation und Interaktion mit sehenden Menschen

Soziale Kompetenz, Selbstständigkeit:
- Notwendigkeit eines spezifischen Unterrichts im Bereich lebenspraktischer Fähigkeiten und bzgl. Orientierung und Mobilität
- Aneignung besonderer Techniken und Hilfsmittelnutzung (z.B. Ordnungssysteme im Haushalt, Farberkennung, Langstock)

Frühzeitige Förderung Um Beeinträchtigungen der Entwicklung durch die Sehbeeinträchtigung vorzubeugen bzw. um ein Höchstmaß an Aktivität und Teilhabe zu erzielen, ist eine frühzeitige blinden- und sehbehindertenspezifische Förderung und eine individuell angepasste Hilfsmittelversorgung unabdingbar. Entsprechende Maßnahmen, die von spezifischen Institutionen der Blinden- und Sehbehindertenpädagogik veranlasst und koordiniert werden, beginnen idealerweise mit der Frühförderung und setzen sich über die gesamte Schulzeit kontinuierlich fort.

6.2 Der Förderschwerpunkt Sehen im Alltag der allgemeinen Schule

6.2.1 Stand der Inklusion

Laut Statistik der Kultusministerkonferenz (KMK 2019) erhielten im Schuljahr 2017/18 deutschlandweit 9.009 Schülerinnen und Schüler eine blinden- und sehbehindertenspezifische Unterstützung und Betreuung, wobei 4.615 (51,2%) Kinder und Jugendliche eine Sondereinrichtung im Förderschwerpunkt Sehen und 4.394 (48,8%) eine allgemeine Schule besuchten (vgl. Diagramm).

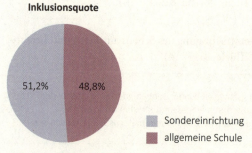

Abb. 6.2: Förderquote im Förderschwerpunkt Sehen

Die Anzahl von inklusiv beschulten Schülerinnen und Schülern mit Sehbeeinträchtigung stieg in den letzten Jahren kontinuierlich an, wobei die Inklusionsquote zwischen den einzelnen Bundesländern stark variiert. In jedem Bundesland existieren spezifische Einrichtungen mit dem Förderschwerpunkt Sehen, die in der Regel eine Förderung in eigenen Schulen und ein inklusives Unterstützungsangebot vorhalten. Allein Schleswig-Holstein verzichtet auf einen eigenständigen Schulbetrieb. Das in Schleswig ansässige Landesförderzentrum Sehen versteht sich seit seiner Gründung 1983 als „Schule ohne Schülerinnen und Schüler", d.h. Schülerinnen und Schüler mit Sehbeeinträchtigungen werden ausschließlich an allgemeinen Schulen oder bei mehrfachen Beeinträchtigungen auch an Sondereinrichtungen anderer Förderschwerpunkte beraten, pädagogisch unterstützt und betreut.

Inklusionsquote

Die Beratung und Unterstützung an allgemeinen Schulen gestaltet sich in allen Bundesländern weitgehend ähnlich, wobei sich die Betreuungsintensität je nach Ressourcenzuweisung wesentlich unterscheiden kann. Im Mittelpunkt stehen einerseits der spezifische Förderbedarf und die individuelle Hilfsmittelversorgung der einzelnen Schülerinnen und Schüler (z.B. im Bereich Orientierung und Mobilität, Hilfsmittelnutzung, Brailleschrifterwerb). Auf der anderen Seite werden die Lehrkräfte der allgemeinen Schulen hinsichtlich Raumgestaltung (z.B. Beleuchtungssituation) oder methodischer Anpassungen umfänglich beraten und etwaige Assistenzkräfte für die Unterrichtsbegleitung geschult.

An der allgemeinen Schule

6.2.2 Spezifische Herausforderungen in der Unterrichtspraxis und im Schulleben

Inhalte und Kompetenzen, die für blinde und sehbehinderte Schülerinnen und Schüler einen besonderen Stellenwert besitzen (z.B. Computerbedienung ohne Maus, Spezifika der Brailleschrift, Nutzung von Hilfsmitteln, Erlernen von effektiven Wahrnehmungsstrategien) werden in den allgemeinen Bildungsplänen unzureichend bzw. gar nicht abgebildet. Spezifische Bildungspläne für den Förderschwerpunkt Sehen existieren nur in wenigen Bundesländern (z.B. in Baden-Württemberg und in Bayern). Aus diesem Grund wurde im Auftrag des Verbands für Blinden- und Sehbehindertenpädagogik nach US-amerikanischem Vorbild ein „Spezifisches Curriculum" entwickelt, das notwendige Inhaltsbereiche ausführt, die blinde und sehbehinderte Schülerinnen und Schüler neben den Inhalten des Regelcurriculums erlernen müssen (Degenhardt u.a. 2016). Dieses „Spezifische Curriculum" beinhaltet beispielsweise Kompetenzen aus den Bereichen Förderung des Sehens, Wahrnehmung und Lernen, Orientierung und Mobilität, Lebenspraktische Fähigkeiten, Technische Hilfen, Lebensplanung, Soziale Kompetenz.

Spezifisches Curriculum

Die Umsetzung der Inhalte stellt die allgemeine Schule vor Herausforderungen, da diese überwiegend in einem differenzierenden, gemeinsamen Unterricht erfolgen soll. Werden spezifische Inhalte weitestgehend in Einzelsituationen außerhalb des Klassenunterrichts durchgeführt, kann die soziale Integration der Schülerin bzw. des Schülers mit Sehbeeinträchtigung gefährdet werden. Zusätzliche Förderstunden und vom Förderzentrum Sehen organisierte Wochenendkurse können eine Ergänzung darstellen, dürfen die Schülerinnen und Schüler jedoch zeitlich nicht überlasten.

Nachteilsausgleich

Ein wichtiger Gelingensfaktor von Inklusion stellt das Gewährleisten von Maßnahmen des Nachteilsausgleichs dar. Lehrkräfte der allgemeinen Schulen und der Förderzentren müssen eng zusammenarbeiten, um beispielsweise Zeitzugaben bei Klassenarbeiten (Blinde Schülerinnen und Schüler lesen Texte in Brailleschrift durchschnittlich zwei- bis dreimal langsamer als visuell Lesende.) oder die Nutzung von notwendigen Hilfsmitteln festzulegen und der Klasse transparent zu vermitteln. Wird die Klasse nicht einbezogen, kann leicht der Eindruck entstehen, die Schülerin bzw. der Schüler mit Sehbeeinträchtigung werde bevorteilt.

Eine weitere Herausforderung im gemeinsamen Unterricht wird bei einem Blick in Schulbücher deutlich: Der Unterricht für gut sehende Kinder und Jugendliche stützt sich auf vielfältige Formen von Visualisierungen (Fotos, Abbildungen, Schaubilder, Texthervorhebungen, Rahmen etc.). Wie können diese vielfältigen Informationen für sehbehinderte und blinde Schülerinnen und Schüler zugänglich gemacht werden?

6.3 Handlungsempfehlungen und Fördermaßnahmen

6.3.1 „Was kann ich (langfristig) tun?"

Interdisziplinarität und Kooperation

Ein wichtiges Element für eine gelingende Inklusion stellt die enge Kooperation zwischen dem sonderpädagogischen Bildungs- und Beratungszentrum im Förderschwerpunkt Sehen und der allgemeinen Schule bzw. den beteiligten Lehrkräften dar.

Lehrkräfte der allgemeinen Schule sollten die nachfolgend aufgeführten Grundinformationen zum Unterricht mit blinden und sehbehinderten Schülerinnen und Schülern kennen. Die konkrete Umsetzung im Alltag erfolgt jedoch stets mit spezifischer sonderpädagogischer Beratung und Unterstützung. Eine Kontaktaufnahme sollte so früh wie möglich stattfinden, damit langfristige Aufgaben fristgerecht bearbeitet und gemeinsam Lösungen für den Unterrichtsalltag gefunden werden können.

Dokumentenaufbereitung

> Übertrag von Schulbüchern in ein digitales Textdokument:
> (allgemein gebräuchlich: docx-Format)
> - Umwandlung von Bildmaterial in Beschreibungen
> - Spezielle Ankündigung von Hervorhebungen, Rahmen etc.
> - Übertragung von Schulbüchern in jedem Bundesland durch spezifisches Medienzentrum nach einem bundeseinheitlichen Standard
>
> Detailinformationen und konkrete Anleitungen frei abrufbar unter (zul. überpr. 28.08.2019): https://sites.google.com/a/augenbit.de/augenbit/home/digitales-1x1/text/e-buch-standard

Jedes im Unterricht verwendete Textdokument sollte diesem Standard folgen. Dadurch wird sichergestellt, dass die Dokumente für blinde Schülerinnen und Schüler mittels assistiver Technologie barrierefrei zugänglich und in vollem Umfang mit Hilfe von Tastaturbefehlen bearbeitbar sind.

Förderschwerpunkt Sehen | **91**

> Blindenspezifische IT-Hilfsmittelausstattung für die Schule:
> - handelsüblicher Computer mit in der Regel Windows-Betriebssystem und Office-Anwendungen
> - Screenreader-Software
> - Braillezeilen-Hardware (s. Abb. 6.3)

Diese Elemente stellen sicher, dass die Bildschirminhalte „ausgelesen" und auf einer Braillezeile in tastbarer Brailleschrift dargestellt bzw. als Sprachinformation ausgegeben werden können. Im Sinne eines „*Universal Designs*" enthalten zahlreiche Smartphones und Tablets bereits standardmäßig Bedienungshilfen, die eine Ein- und Ausgabe in Braille oder über Sprache ermöglichen.

Ein- und Ausgabe von Brailleschrift

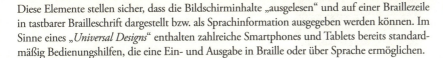

Abb. 6.3: Braillezeile mit Brailleeingabetastatur

Sobald die Schülerinnen und Schüler das 10-Fingersystem beherrschen erfolgt die Texteingabe über eine angeschlossene Standardtastatur. Im Primarschulbereich werden Texte mittels einer integrierten Brailleeingabe geschrieben. Hierbei wird eine Tastatur genutzt, über die die verschiedenen Punktkombinationen der Braillebuchstaben eingegeben werden.

> Braillebuchstaben bestehen ursprünglich aus der Kombination von 6 Punkten (Abb. 6.4). Zur verwechslungsfreien Kennzeichnung von Großbuchstaben wird am Computer ein Schriftsystem („Eurobraille") verwendet, das 2 weitere Punkte enthält, wobei die Kleinbuchstaben (mit Ausnahme der Umlaute) unverändert bleiben und auf Lautkürzungen (au, äu, eu, ei, ie, ch, sch, st) verzichtet wird. Zusätzlich existiert eine Kurzschrift, bei der Wortteile oder auch ganze Wörter nach festen Regeln gekürzt werden können.

Brailleschrift

Abb. 6.4: Buchstaben und Satzzeichen der Braille-Vollschrift

Neben dem Textzugang und der Textproduktion durch assistive Technologie, spielt das Lesen und Schreiben von Brailleschrift auf Papier nach wie vor eine wichti-

Weitere Hilfsmittel

ge Rolle. Hierfür stehen spezifische Hilfsmittel wie z.B. Brailleschreibmaschinen (Abb. 6.5) zur Verfügung.

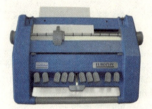

Abb. 6.5: Mechanische Brailleschreibmaschine

Veranschaulichungsmedien

In Absprache mit dem Sonderpädagogischen Bildungs- und Beratungszentrum werden Veranschaulichungsmedien zur Verfügung gestellt oder gar eigens produziert (z.B. taktile Landkarten und Schaubilder, Tier- und Pflanzenmodelle). Hierbei können verschiedene Verfahren wie beispielsweise der 3D-Druck zum Einsatz kommen (Abb. 6.6).
Abrufbar unter: https://medien.augenbit.de/3d-gedruckte-schildkroete-fuer-sehbeeintraechtigte-schuelerinnen-und-schueler/

Tab. 6.4: 5 Low-Vision-Maßnahmen

Abb. 6.6: 3D-gedrucktes und nachträglich bemaltes Modell eines Schildkrötenskeletts

 5 Low Vision-Maßnahmen für den Unterricht mit sehbehinderten Schülerinnen und Schülern (Henriksen/Laemers 2016, 157):

1. Vergrößerung
- Annäherung (Vergrößerung 2-3fach)
- Vergrößerungshilfen, z.B. Visolettlupe (bis ca. 6fach)
- Bildschirmlesegeräte (starke Vergrößerung)
- PC: spezielle Vergrößerungssoftware, ggf. mit Sprachausgabe
  ▶ *Schwenkbarer Monitorarm wichtig für ergonomische Sitzhaltung!*

Abb.en 6.7 und 6.8: Visolettlupe und Bildschirmlesegerät

> Zu beachten ist, dass ein Großkopieren von DinA4 auf DinA3 lediglich eine Vergrößerung von 1,4fach darstellt, was in der Regel nur für wenige Schülerinnen und Schüler ausreichend ist.

2. Verbesserung von Kontrasten
- Gute Kontrastierung auf Arbeitsblättern, Präsentationsfolien, usf.
- Hohe Leuchtdichteunterschiede: Schwarz – Weiß, Schwarz – Gelb, Gelb – Dunkelblau
- kontrastreiche Umgebungsgestaltung durch farblich flexible Schreibtischunterlagen

3. Optimierung der Beleuchtungssituation
- hell und blendfrei ausgeleuchtete Lernumgebung ▶ Deckenleuchten mit hohem Anteil an indirektem Licht
- individuelle Arbeitsplatzleuchten zur optimalen Ausleuchtung des Arbeitsplatzes

4. Reduktion von Komplexität
- klare Strukturierung der Lernumgebung erleichtert visuelle Orientierung und visuelles Suchverhalten ▶ rasche und einfachere Informationsaufnahme
- deutliche Gliederung von Arbeitsblättern ▶ Hervorhebung der Überschriften, ausreichend Abstand zum Fließtext etc.
- u.U. Nachbearbeitung von Bildmaterial ▶ z.B. Nachzeichnen von Konturlinien
- Komplexitätsreduktion auch bei Klassenraumgestaltung ▶ Plakate, Aushänge, Merksätze etc. strukturiert und dosiert an Wänden anbringen

5. Geeignete Platzierung/Positionierung
- Blendung und Gegenlichtsituationen vermeiden
- Ergonomisch eingestellter Stuhl und Tisch (z.B. höhen- und neigungsverstellbar) ▶ Vermeiden von Fehlbelastungen aufgrund des geringen Lese- und Arbeitsabstades
- Keine Isolation von Mitschülerinnen und Mitschülern und eine gute Sicht auf Tafel und Projektionsflächen

6.3.2 „Was mache ich morgen?"

Es gibt zahlreiche Unterstützungsmöglichkeiten, die im Grunde sofort im Unterricht an Regelschulen umgesetzt werden können.

Tab. 6.5: Kurzfristig anwendbare Maßnahmen der Unterstützung bei Sehbeeinträchtigungen

Kommunikation im Unterricht:
- Verbalisierung des Tafelanschriebs, z.B. durch Mitsprechen während des Schreibens
- Aufrufen von Schülerinnen und Schülern mit Nennung der Namen, nicht per Mimik und Gestik

Durchdachte Strukturierung der Lernumgebung:
- Klassenzimmer, Arbeitsplatz, Arbeitsblatt etc.
- individualisierter und handlungsorientierter Unterricht als Lernerleichterung für alle Schülerinnen und Schüler

Technik der sehenden Begleitung:
- Führung in unbekannter Umgebung (z.B. bei Lerngängen)

> Die geführte Person umfasst mit einer Hand den Arm der führenden Person kurz oberhalb des Ellbogengelenks. Die geführte Person befindet sich einen halben Schritt hinter der Führperson und kann Richtungsänderungen etc. selbst wahrnehmen. Keinesfalls ziehen oder schieben!

Anleitung zur Technik: https://www.dbsv.org/verkehr-umwelt.html?file=files/ueber-dbsv/publikationen/broschueren/DBSV-Broschuere-Sehende-Begleitung.pdf

Kontakt/Berührungen stets ankündigen:
Direkter Körperkontakt im Rahmen des Unterrichts (z.B. Kontaktaufnahme für die Führtechnik, Handführung beim Ertasten eines Modells) vorab immer verbal ankündigen

Geduld:
- Taktile Exploration oder visuelles Suchverhalten benötigen viel Zeit und sind anstrengend
- Berücksichtigung dieses Zeitbedarfs bereits bei der Unterrichtsplanung

6.3.3 „Welche Rolle spiele ich als Lehrer?"

Blindheit und Sehbehinderung sind nur zwei mögliche Persönlichkeitsvariablen unter unendlich vielen. Schülerinnen und Schüler dürfen nicht auf diese Merkmale reduziert werden.

Offenheit und Empathie

Lehrkräfte sollten demnach die Bereitschaft zeigen, eigene Einstellungen zu reflektieren und eine gewisse Offenheit für die verschiedenen „Sichtweisen" und Bedarfe ihrer Schülerinnen und Schüler mitbringen. Ein „Einfühlen" in die Situation des Nicht- oder Schlecht-Sehens kann durch Eigenerfahrungen hergestellt werden. Beispielsweise können sich Lehrkräfte unter einer Augenbinde von einer Kollegin oder einem Kollegen mit der „Technik der sehenden Begleitung" durchs Schulhaus führen lassen. Wird der Weg vom Schülerarbeitsplatz zur Klassenzimmertür einmal unter der Augenbinde oder mit einer Simulationsbrille bewältigt, wird schnell bewusst, wie sinnvoll es ist, Turnbeutel und Schulranzen unmittelbar am Tisch zu verstauen. Solche Sensibilisierungsübungen sollten auch mit der Gesamtklasse durchgeführt werden.

Kleine Veränderungen

Der bisherige Unterricht muss durch die Anwesenheit eines blinden oder sehbehinderten Kindes oder Jugendlichen keineswegs neu erfunden werden. Vielmehr müssen die Zugänge zu den Lerninhalten und mögliche Barrieren im Hinblick auf die Situation von Menschen mit Sehbeeinträchtigungen didaktisch-methodisch durchdacht werden. Hierbei gibt es viele Schnittmengen zu allgemein bekannten und bewährten Unterrichtsmethoden. Auch die Unterrichtssprache muss bzw. darf sich nicht verändern: Selbstverständlich benutzen alle Lehrkräfte weiterhin Begriffe des Sehens. Auch eine blinde Schülerin bzw. ein blinder Schüler „schaut" sich sein Arbeitsblatt an. Sie bzw. er überträgt den Arbeitsauftrag problemlos auf die zur Verfügung stehenden Wahrnehmungsmöglichkeiten.

6.3.4 „Wo finde ich Unterstützung und Information?"

Kontakte und Informationen

In erster Linie ist ein überregionales Bildungs- und Beratungszentrum im Förderschwerpunkt Sehen für die konkrete Unterstützung und alle damit zusammenhängenden Fragen zuständig. Die Inklusion blinder und sehbehinderter Schülerinnen und Schüler erfordert eine enge, vertrauensvolle Kooperation zwischen Sonderpädagogik und allgemeiner Schule. Darüber hinaus können auch die regionalen Organisationen der Blindenselbsthilfe Kontakte herstellen und vielfältige Informationen zu Blindheit und Sehbehinderung zur Verfügung stellen.

Arbeitsaufträge

1. a) Wie kann sich eine Sehbeeinträchtigung auf die Bereiche Wissenserwerb, Bewegungsverhalten und Kommunikation auswirken?
1. b) Welche Fördermöglichkeiten haben Sie diesbezüglich im Unterricht?
2. a) Befassen Sie sich mit der Brailleschrift: Entschlüsseln Sie nachfolgenden Satz:

[Brailleschrift]

2. b) Schreiben Sie Ihren Vor- und Nachnamen, indem Sie die jeweiligen Punktkombinationen der Buchstaben abmalen.
3. Informieren Sie sich auf folgender Internetseite über den Standard zur Erstellung barrierefreier Textdokumente: https://sites.google.com/a/augenbit.de/augenbit/home/digitales-1x1/text/e-buch-standard/1-bausteine
Welche zwei einfachen Grundregeln charakterisieren die Vorgehensweise?
4. Ein sehbeeinträchtigter Schüler hat laut augenärztlicher Untersuchung einen Fernvisus von 0,04.
   a) Zu welcher Gruppe zählt er nach dem sozialrechtlich-medizinischen Klassifizierungsmodell von Sehschädigungen?
   b) In welcher Entfernung würde theoretisch ein Mensch ohne Sehbeeinträchtigung das Sehzeichen erkennen, das unser Schüler aus einem Meter identifiziert?
   c) Welche Möglichkeiten der Vergrößerung reichen in diesem Fall vermutlich nicht mehr aus, um eine Zeitung lesen zu können?

Weiterführende Links

Sehr informativ ist die Homepage des Landesförderzentrums Sehen in Schleswig (http://www.lfs-schleswig.de/). Dort ist unter anderem ein Film über die Inklusionspraxis abrufbar.

Sonderpädagogische Bildungs- und Beratungszentren im Förderschwerpunkt Sehen in Bayern:

Blindeninstitut München
   https://www.blindeninstitut.de/de/muenchen/rund-ums-institut/willkommen-anfahrt/
Bildungszentrum für Blinde und Sehbehinderte (BBS) Nürnberg
   https://www.bbs-nürnberg.de
Blindeninstitut Regensburg
   https://www.blindeninstitut.de/de/regensburg/rund-ums-institut/begruessung/
Blindeninstitut Rückersdorf
   https://www.blindeninstitut.de/de/rueckersdorf/rund-ums-institut/begruessung/
Sehbehinderten- und Blindenzentrum Südbayern (Unterschleißheim)
   https://www.sbz.de/
Blindeninstitut Würzburg
   https://www.blindeninstitut.de/de/wuerzburg/rund-ums-institut/begruessung/

Literaturempfehlung

Lang, M.; Thiele, M. (2017): Schüler mit Sehbehinderung und Blindheit im inklusiven Unterricht. Praxistipps für Lehrkräfte. München, Basel: Ernst Reinhardt

Literatur

Degenhardt, S.; Gewinn, W. & Schütt, M.-L. (Hrsg.) (2016): Spezifisches Curriculum für Menschen mit Blindheit und Sehbehinderung für die Handlungsfelder Schule, Übergang von der Schule in den Beruf und Berufliche Rehabilitation. Norderstedt: Books on Demand.

Deutsche Ophthalmologische Gesellschaft (DOG) (2011): Leitlinie Nr. 7. Versorgung von Sehbehinderten und Blinden. http://www.dog.org/wp-content/uploads/2009/09/Leitlinie-Nr.-7-Versorgung-von-Sehbehinderten-und-Blinden1.pdf, 06.04.2018.

Drave, W., Fischer; E. & Kießling, C. (2013): Sehen plus. Beratung und Unterstützung sehbehinderter und blinder Schüler mit weiterem Förderbedarf. Würzburg: edition bentheim

Garber, M. & Huebner, K.M. (2017): Visual impairment: terminology, demographics, society. In: Holbrook, M.C.; McCarthy, T.; Kamei-Hannan, C. (Eds.): Foundations of education. Volume I: History and theory of teaching children and youths with visual impairments. Third edition, New York: AFB Press, 50-72.

Giese, M., Gießling, J. & Eichmann, B. (2014): Von der Leistungsfähigkeit eines blinden- und sehbehindertenspezifischen Sportunterrichts. In: blind-sehbehindert 134, 174-180.

Hatton, D.D., Ivy, S.E & Boyer, C. (2013): Severe visual impairments in infants and toddlers in the United States. In: Journal of Visual Impairment and Blindness 107, 325-336.

Hennies, J., Heyl, V., Hintermair, M. & Lang, M. (2015): Zur Rolle von gleichbetroffenen Peers für blinde/sehbehinderte Jugendliche in der Integration. In: *blind-sehbehindert 135*, 115-125.

Henriksen, A. & Laemers, F. (2016): Funktionales Sehen. Diagnostik und Interventionen bei Beeinträchtigungen des Sehens. Würzburg: edition bentheim.

KMK (Kultusministerkonferenz) (2019): Datensammlung Sonderpädagogische Förderung in Förderschulen 2017/2018. https://www.kmk.org/fileadmin/Dateien/pdf/Statistik/Dokumentationen/Aus_Sopae_2017.pdf, 28.08.2019

Kraus de Camargo, O. & Simon, L. (2015): Die ICF-CY in der Praxis. Bern: Verlag Hans Huber.

Lang, M. & Heyl, V. (unter Mitarbeit von I. Ehrkamp, M. Graf, J. Kramberg und L. Ruf) (2013): Inklusion blinder und hochgradig sehbehinderter Schülerinnen und Schüler. In: Verband für Blinden- und Sehbehindertenpädagogik e.V. (Hrsg.): Vielfalt und Qualität. Kongressbericht XXXV. Kongress für Blinden- und Sehbehindertenpädagogik. Würzburg: edition bentheim, 105-114.

Lang, M., Keesen, E. & Sarimski, K. (2015a): Prävalenz von Taubblindheit und Hörsehbehinderung im Kindes- und Jugendalter. In: Zeitschrift für Heilpädagogik 66, 142-150.

Lang, M.; Keesen, E. & Sarimski, K. (2015b): Zur Situation der Hilfsmittelversorgung und der Umgebungsgestaltung taubblinder und hörsehbehinderter Kinder und Jugendlicher in Deutschland. In: *blind-sehbehindert 135*, 280-291.

Lang, M. & Thiele, M. (2017): Schüler mit Sehbehinderung und Blindheit im inklusiven Unterricht. Praxistipps für Lehrkräfte. München, Basel: Ernst Reinhardt.

Teigland, C., Eichmann, B., Gießing, J. & Giese, M. (2015): Abschlussbericht MoBli-Studie. Ein Forschungsprojekt der Universität Koblenz-Landau zur Mobilität von sehbehinderten und blinden Schülerinnen und Schülern. Marburg: Tectum Verlag.

7 Förderschwerpunkt Sprache
Andreas Mayer

7.1 Der Förderschwerpunkt Sprache als Fachdisziplin

7.1.1 Definition und theoretische Grundlagen

Die Sprachheilpädagogik ist eine wissenschaftliche Fachdisziplin, die sich in Theorie und Praxis mit der Prävention, Diagnostik, Beratung, Therapie, Rehabilitation, Erziehung und Unterricht bei Menschen aller Altersstufen mit Beeinträchtigungen der Sprache, des Sprechens, des Redeflusses, der Stimme und des Schluckens beschäftigt (vgl. Grohnfeldt 2012).

Abb. 7.1: Sprachheilpädagogik als wissenschaftliche Fachdisziplin

Die Definition bringt zum einen die Vielschichtigkeit spracheilpädagogischer Handlungsfelder zum Ausdruck, zum anderen wird deutlich, dass pädagogische Fachkräfte ohne spezifische Ausbildung im Fach Sprachheilpädagogik stets auf die Kooperation mit Sprachheilpädagoginnen/Sprachheilpädagogen und Sprachtherapeutinnen/Sprachtherapeuten angewiesen sind, um den komplexen Aufgaben im Förderschwerpunkt Sprache gerecht werden zu können (Abb. 7.2.). Sprachlich beeinträchtigte Kinder benötigen eine von einer Sprachheilpädagogin bzw. einem -pädagogen/einer Sprachtherapeutin bzw einem -therapeuten durchgeführte Sprachtherapie, um ihre Einschränkungen im Bereich, Sprache, Sprechen, Redefluss überwinden zu können. Da sprachliche Einschränkungen aber selten bereichsspezifisch bleiben sich vielmehr negativ auf andere Entwicklungsbereiche, insbesondere das schulische Lernen, auswirken können, muss auch der Unterricht mit

Fachdisziplin Sprachheilpädagogik

sprachlich beeinträchtigten Kindern spezifisch akzentuiert werden, um den Erwerb schulischer Unterrichtsinhalte zu unterstützen.

> Wichtig: Die Durchführung der für sprachlich beeinträchtigte Kinder notwendigen Sprachtherapie ist auch in inklusiven Settings nicht die Aufgabe von Regelschulpädagogen.

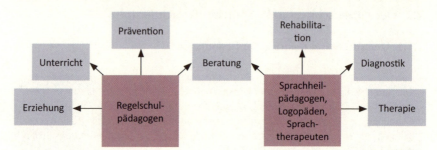

Abb. 7.2: Die Aufgaben von Regelschulpädagogen, Sprachheilpädagogen, Sprachtherapeuten in inklusiven Settings

Dieser Beitrag fokussiert die unterrichtlichen Aufgaben im Förderschwerpunkt Sprache, die auch von Regelschulpädagoginnen und -pädagogen ohne sprachheilpädagogische Ausbildung erfüllt werden können. Er bietet grundlegende Informationen zu verschiedenen Störungsbildern sowie Vorschläge zu einem angemessenen Handeln im schulischen Kontext.

7.1.2 Sprachliche Beeinträchtigungen im Kindes- und Jugendalter

- **Selektiver Mutismus**

> Beim selektiven Mutismus handelt es sich um eine Kommunikationsstörung, bei der Kinder in spezifischen sozialen Situationen schweigen, obwohl sie über ausreichende Sprachfähigkeiten verfügen. Das Schweigen tritt am häufigsten in Bildungskontexten wie Kita oder Schule auf (vgl. Starke & Subellok 2015).

Mutismus

Mutismus ist üblicherweise mit Persönlichkeitsmerkmalen wie Sozialangst, Rückzug, Empfindsamkeit oder Widerstand verbunden. Charakteristisch ist die Diskrepanz zwischen einem konsequenten Schweigen in Situationen außerhalb des häuslichen Kontextes und einem zum Teil dominanten Sprechverhalten innerhalb der Familie. Während bei einem Teil der Kinder das Schweigen von körperlicher Erstarrung begleitet wird, kommunizieren andere Kinder nonverbal und können so am sozialen Geschehen teilhaben.

> Wichtig: Schweigen ist kein Ausdruck von Trotz oder Protest. Mutistische Kinder können in den jeweiligen Situationen nicht sprechen, es handelt sich nicht um eine freiwillige Entscheidung (vgl. Bahrfeck u.a. 2017).

Erfahrungsberichte (ehemals) Betroffener finden sich unter: http://www.mutismus.de/mutismus/erfahrungsberichte
https://www.youtube.com/watch?v=c1SHJxyLO48
https://www.youtube.com/watch?v=YCQ6ekQ9nkg

Die Behandlung des Mutismus ist eine therapeutische Aufgabe, die von Sprachtherapeutinnen und -therapeuten, Psychologinnen und Psychologen oder Psychotherapeutinnen und -therapeuten geleistet wird.

Im schulischen Kontext sollte die Lehrkraft folgendes beachten:
- Mutismus ist keine bloße Schüchternheit!
- Diagnostische Abklärung durch eine Sprachtherapeutin bei ausbleibender verbaler Kommunikation länger als einen Monat
- Möglichkeiten der Lehrkraft:
  - Angebot alternativer Möglichkeiten zur Mitarbeit (Mimik, Gestik, Symbolkarten, Schriftsprache, Zeichen),
  - das Schweigen eines Kindes nicht persönlich nehmen, insbesondere bei unbeschwerter Kommunikation außerhalb des Klassenzimmers
  - Ausstrahlen von Zuversicht hinsichtlich baldigen Erfolgs bzgl. Sprechen
  - Etablieren einer Atmosphäre gegenseitiger Achtung und Wertschätzung,
  - keinen Druck ausüben
- Aufklärung der Mitschüler über das Störungsbild des Mutismus
Mögliche Umsetzung im Unterricht: Bahrfeck-Wichitill & Kuhn (2015).

Weiterführende Literatur zum Umgang mit mutistischen Kindern und Jugendlichen im schulischen Kontext: Bahrfeck u.a. (2017); Bahrfeck-Wichitill & Kuhn (2015).

- **Stottern**

Stottern

> Beim Stottern handelt es sich um eine Redeflussstörung mit häufigen Unterbrechungen des Redeflusses durch Wiederholungen von Sprechlauten oder Silben, Dehnungen von Sprechlauten sowie durch stumme Pausen ohne rhetorische Funktion. Neben diesen Kernsymptomen können auch Begleitsymptome (z.B. körperliches Ankämpfverhalten, wie Blinzeln oder Kopfbewegungen) und verdeckte Symptome (z.B. Störungsbewusstsein, vermindertes Selbstwertgefühl, Vermeidungsverhalten etc.) offensichtlich werden (vgl. Sandrieser & Schneider 2015).

Die Therapie des Stotterns ist eine Aufgabe für Sprachtherapeutinnen und Sprachtherapeuten.
Im schulischen Kontext sollte folgendes beachtet werden (vgl. Bundesvereinigung Stottern und Selbsthilfe 2018):
- Enttabuisierung des Stotterns: Ruhiges Vier-Augen-Gespräch über das Stottern, gemeinsame Erarbeitung von Bedingungen, die angstfreies Sprechen vor der Klasse ermöglichen
- Aufklärung der Mitschüler über das Stottern: erleichtert Umgang mit Stottern (▶ mögliche Umsetzung im Unterricht: Bundesvereinigung Stottern und Selbsthilfe e.V. (2018), kostenloser Download: https://www.bvss.de/stottern-und-schule)

- Nachteilsausgleich: Ermöglichung von Teilhabe am Unterricht durch alternative didaktisch-methodische Angebote, faire Benotung in Unterricht und in mündlichen Prüfungssituationen, z.B. Ersetzen schriftlicher Prüfungen durch mündliche

„In der Schule möchte ich mein Stottern verstecken und vermeide deshalb mich zu melden, selbst wenn ich die Antwort weiß. Ich habe Angst von meiner Klasse ausgelacht zu werden und als Freak oder Außenseiter wahrgenommen zu werden. Deshalb bin ich auch eher still und ruhig. Die anderen Kinder und auch die Lehrer denken wohl ich bin schüchtern, doch eigentlich hab ich eher Angst zu stottern. Ich glaube, bisher hat keiner bemerkt, dass ich stottere." (14-jähriger Schüler)

Weiterführende Informationen zum Thema Stottern und Schule finden sich bei Thum (2011)

- **Spezifische Spracherwerbsstörungen**

Spezifische Spracherwerbsstörungen

Bei spezifischen Spracherwerbsstörungen handelt es sich mit einer Prävalenz von 6-8% um die häufigste entwicklungsbedingte sprachliche Problematik, die das schulische Lernen am stärksten beeinträchtigt und in schulischen Settings deshalb besondere Aufmerksamkeit verdient.

Betroffenen Kindern gelingt es nur unter erschwerten Bedingungen, sich das linguistische Regelsystem ihrer Muttersprache anzueignen, wobei für Art und Ausmaß der sprachlichen Problematik keine offensichtlichen Primärbeeinträchtigungen (z.B. Hörschädigungen, Wahrnehmungsstörungen, kognitive Beeinträchtigungen) verantwortlich gemacht werden können (vgl. Kannengieser 2015).

Es handelt sich zwar im Ursprung um eine sprachspezifische Entwicklungsstörung, die aber oftmals Folgebeeinträchtigungen im schulischen, kognitiven sowie sozioemotionalen Bereich nach sich zieht.

Ursachen

Mangelnde frühkindliche Anregung, ein verarmtes kommunikatives Milieu im Elternhaus, unzureichende Sprachvorbilder, hoher Fernsehkonsum etc. können eine vorhandene Problematik zwar verstärken, sie stellen aber keine Ursachen für Spracherwerbsstörungen dar. Nichtsdestotrotz können auch die Bezugspersonen die Sprachentwicklung ihres Kindes unterstützen. In kooperativen Beratungsgesprächen kann den Eltern spracherwerbsförderliches Kommunikationsverhalten vermittelt werden, das sich positiv auf den Spracherwerb auswirkt (vgl. Arbeitsauftrag 5).

Symptomatik

Die Problematik betroffener Kinder wird auf den unterschiedlichen Sprachebenen offensichtlich und zeigt sich oftmals nicht ausschließlich in der Produktion, sondern auch im Sprachverstehen. Auf der Ebene der Aussprache fallen die Kinder dadurch auf, dass sie noch nicht alle Laute korrekt bilden. Betroffene Laute werden ausgelassen oder durch andere ersetzt. Auf der Ebene der Grammatik können die syntaktisch-morphologischen Regeln des Deutschen noch nicht richtig angewendet werden. So werden z.B. Nomen nicht korrekt dekliniert, Verben nicht korrekt konjugiert oder an die falsche Stelle im Satz gestellt. Zum Teil haben betroffene Kinder auch Schwierigkeiten, komplexe grammatische Äußerungen (z.B. Passivsätze) zu verstehen. Auf der Ebene des Wortschatzes kennen die Kinder entweder zu wenige Wörter, sie kennen die Bedeutungen oder Wortformen bekannter Wörter nicht exakt oder können auf abgespeicherte Wörter nicht automatisiert zugreifen.

Insbesondere die Probleme mit dem Sprachverständnis und die damit einhergehenden Schwierigkeiten mit dem Leseverständnis erschweren das schulische Lernen betroffener Kinder.

7.1.3 Bedeutung für das Erleben und Lernen betroffener Schülerinnen und Schüler

Bei Spracherwerbsstörungen handelt es sich um ein komplexes Syndrom, das entwicklungsbedingt einem Wandel in der Symptomatik unterworfen ist. Während im Vorschul- und frühen Grundschulalter die sprachlichen Schwierigkeiten auf den unterschiedlichen Sprachebenen besonders hervorstechen, sind es in den folgenden Jahren v.a. Sprachverständnisprobleme und Schwierigkeiten mit dem Schriftspracherwerb, die das schulische Lernen erschweren und sich negativ auf die Gesamtentwicklung auswirken.

Weitreichende Folgen

Mittlerweile liegen zahlreiche Forschungsergebnisse vor, die deutlich machen, dass betroffene Kinder Gefahr laufen, „eine Außenseiterkarriere mit niedrigem Selbstvertrauen und sozialen Problemen zu durchlaufen" (Grimm & Wilde 1998, zit. Dannenbauer 2001, 105). Beobachtet werden:
- eine geringere Anzahl positiver sozialer Interaktionen,
- eingeschränkte Reaktion auf Interaktionsangebote,
- eingeschränkte Fähigkeit, eigene Bedürfnisse zu artikulieren und die Bedürfnisse anderer zu berücksichtigen (vgl. Durkin & Conti-Ramsden 2007),
- Mobbing (vgl. Knox u.a. 2003),
- soziale Außenseiterrolle, v.a. bei Stottern (vgl. Benecken & Spindler 2004).

7.2 Der Förderschwerpunkt Sprache im Alltag der allgemeinen Schule

7.2.1 Stand der Inklusion

Sprache ist in allen Bildungseinrichtungen sowohl Lerngegenstand als auch Medium der Vermittlung von Bildungsinhalten. Aus diesem Grund besteht die Gefahr, dass Kinder mit sprachlichen Einschränkungen im Regelschulsystem u.a. aufgrund einer zu komplexen Lehrersprache und einer zu anspruchsvollen sprachlichen Gestaltung von Texten Entwicklungsbarrieren erfahren. Hinzukommt, dass die Bedürfnisse von Kindern mit dem Förderschwerpunkt Sprache in inklusiven Settings vernachlässigt werden könnten, da die Förderschwerpunkte Lernen und soziale und emotionale Entwicklung den Schulalltag von Regelschulpädagogen stärker belasten als eingeschränkte sprachliche Kompetenzen. Nichtsdestotrotz unterstützt die Sprachheilpädagogik selbstverständlich die Bemühungen um die sukzessive Umsetzung eines inklusiven Schulsystems.

Im Schuljahr 2015/16 besuchten etwa 25.500 Schülerinnen und Schüler mit dem Förderschwerpunkt Sprache die Regelschule (Bayern: 2103), während im selben Schuljahr 30.500 das Bildungsangebot in Förderschulen in Anspruch nahmen (Bayern: 1769). Damit liegt die Quote inklusiv unterrichteter Kinder bundesweit bei etwa 45% (Bayern: 54%). Im Vergleich zum Schuljahr 2007/2008 konnte die Quote integrativ/inklusiv beschulter Kinder mit sonderpädagogischem Förderbedarf Sprache damit um ca. 20% gesteigert werden (KMK 2016).

Inklusionsquote (R)

Kooperative Sprachförderung

Um die inklusive Beschulung sprachlich beeinträchtigter Schülerinnen und Schüler erfolgreich umsetzen zu können, gibt es in Bayern seit 2006 die kooperative Sprachförderung als Angebot des Mobilen Sonderpädagogischen Dienstes. Dabei arbeiten eine Grundschullehrkraft und eine Sprachheilpädagogin zusammen, entwickeln ein standortspezifisches Konzept zur Sprachförderung und kooperieren eng mit den Klassenlehrkräften der ersten Jahrgangsstufe. Durch die Kooperation und einen wechselseitigen Kompetenztransfer sollen passgenaue und fachlich fundierte Fördermaßnahmen für sprachlich beeinträchtigte Schülerinnen und Schüler in einem inklusiven Setting angeboten werden. Zentrale Handlungsfelder sind die Diagnostik, Förderung und Beratung (vgl. Kazianka-Schübel 2013).

Die primäre Frage der Sprachheilpädagogik ist aber nicht die nach der Institution, in der sprachlich beeinträchtigte Kinder ein sonderpädagogisches Unterstützungsangebot erhalten, sondern die nach Möglichkeiten der optimierten Förderung. Eine inklusive Beschulung ist nur dann gerechtfertigt, wenn vorab gesichert ist, dass betroffene Kinder, eine auf ihre Bedürfnisse abgestimmte sonderpädagogische Förderung erhalten, deren Umsetzung nicht allein Aufgabe von Regelschullehrkräften ist, sondern von Sprachheilpädagoginnen und Sprachheilpädagogen oder Sprachtherapeutinnen und Sprachtherapeuten begleitet, unterstützt und ergänzt wird.

Wahl des Förderortes

Kann das im Regelschulsystem nicht gewährleistet werden, ist eine vorübergehende Sonderbeschulung an einem Förderzentrum Sprache vorzuziehen. Schulen mit dem Förderschwerpunkt Sprache verstanden sich schon immer als Durchgangsschulen, die nach dem Regelschullehrplan unterrichten. Es gibt keinen Anlass zur Befürchtung, dass mit dem Besuch einer Schule mit dem Förderschwerpunkt Sprache eine langfristige Sonderbeschulung verbunden ist. Vielmehr verlassen Schülerinnen und Schüler durchschnittlich nach zwei Jahren die Sprachheilschule und mehr als die Hälfte von ihnen kann ihre Schullaufbahn mit der mittleren Reife oder dem Abitur abschließen (vgl. Spreer & Sallat 2015).

7.2.2 Spezifische Herausforderungen in der Unterrichtspraxis

Bedeutung von Sprache

Aufgrund der Tatsache, dass schulische Inhalte trotz aller Bemühung um Visualisierung und Handlungsorientierung primär laut- oder schriftsprachlich vermittelt werden, besteht die Gefahr, dass sich eine originär sprachspezifische Problematik zu einer allgemeinen Lernschwäche ausweitet. Die zentrale Aufgabe einer Lehrkraft sprachlich beeinträchtigter Kinder besteht deshalb darin, schulische Inhalte sprachlich optimiert zu vermitteln. In diesem Zusammenhang spielt eine spezifisch akzentuierte Lehrersprache und die sprachliche Optimierung von Texten eine zentrale Rolle (s. Abschnitt 7.2.3). Dabei kann es durchaus zu Reibungspunkten zwischen fachdidaktischen Zielen der allgemeinen Schule und sonderpädagogischen Unterstützungsangeboten kommen. Während die Vermittlung bildungssprachlicher Kompetenzen (Fachwortschatz) und eine grammatisch elaborierte Ausdrucksweise für die allgemeine Schule eine Selbstverständlichkeit sind, bemüht sich der Förderschwerpunkt Sprache bei der Vermittlung schulischer Inhalte um eine möglichst leicht verständliche Sprache. Aus diesem Grund sei darauf hingewiesen, dass es sich bei den in Abschnitt 7.2.3 dargestellten Handlungsempfehlungen stets um eine Gratwanderung handelt. Zum einen versucht die Lehrkraft, schulische Inhalte sprachlich möglichst einfach zu vermitteln, während sie gleichzeitig darauf achtet, den Kindern durch den Einsatz sprachheilpädagogischer Maßnahmen den notwendigen Fachwortschatz zu vermitteln und ihnen sprachliche Unterstützung anbietet, die es ihnen ermöglicht, schulische Inhalte sprachlich angemessen wiederzugeben.

7.2.3 Handlungsempfehlungen und Fördermaßnahmen

- **Bewusstmachung des eingeschränkten Sprachverstehens**

Unabhängig vom Förderschwerpunkt Sprache sollten sich angehende Lehrkräfte der Bedeutung sprachlicher Kompetenzen für den Erwerb schulischer Lern- und Bildungsinhalte bewusst sein.

> Tipp: Machen Sie sich bewusst, dass Kinder mit dem Förderschwerpunkt Sprache nicht nur in der Sprachproduktion, sondern auch im Verstehen Ihrer Sprache beeinträchtigt sein können. Erklärungen, Anweisungen etc. kommen u.U. nicht bei allen Kindern so an, wie das intendiert war. Dadurch reduziert sich die Gefahr, Schülerinnen und Schüler insbesondere in lexikalischer oder grammatischer Hinsicht zu überfordern.

- **Spezifisch akzentuierte Lehrersprache**

Bei der mündlichen Vermittlung von Unterrichtsinhalten kommt einer spezifisch akzentuierten Lehrersprache eine zentrale Rolle zu. Folgende Merkmale der Lehrersprache sind geeignet, die Vermittlung von Unterrichtsinhalten zu unterstützen (vgl. Mayer 2015a):

Lehrersprache

- bewusste Sprechpausen zur Verarbeitung des Gehörten,
- Veränderungen der Stimmlage, der Lautstärke, des Tempos und der Betonung, um die Aufmerksamkeit auf wesentliche Lerninhalte und potenziell unbekannte Wörter zu lenken,
- leicht verlangsamtes, deutlich artikuliertes, melodisch gegliedertes Sprechen,
- Einsatz von Mimik und handlungsbegleitender Gestik,
- Visualisieren und Vergegenständlichen schulischer Inhalte.

> Tipp: Üben Sie diese Merkmale der Lehrersprache in Praktika gezielt ein, wenn Sie einen komplexen Unterrichtsinhalt erklären oder Arbeitsanweisungen formulieren.

- **Sprachlich optimierte Vermittlung von Unterrichtsinhalten**

Ein häufiges Missverständnis besteht darin, dass durch eine sprachlich optimierte Vermittlung von Unterrichtsinhalten die inhaltliche Komplexität reduziert würde. Deshalb sei an dieser Stelle explizit betont, dass eine sprachheilpädagogisch akzentuierte Stoffvermittlung auf keinen Fall mit einer Vereinfachung schulischer Lerninhalte einhergehen soll. Die beiden Beispiele im Abschnitt zur Textoptimierung machen deutlich, dass Unterrichtsinhalte sprachlich optimiert präsentiert werden können, ohne dass eine inhaltliche Vereinfachung vorgenommen werden muss.

> Hinweis: Die Vermittlung von Unterrichtsinhalten mittels einer sprachheilpädagogisch akzentuierten Lehrersprache und einer sprachlichen Optimierung von Texten impliziert keine inhaltliche Reduktion der Lerninhalte.

- **Maßnahmen der Textoptimierung**

Textoptimierung

Die für sprachnormal entwickelte Kinder konzipierten Erzähl- und Sachtexte sind für spracherwerbsgestörte Kinder in lexikalischer und grammatischer Hinsicht häufig zu komplex. Aus diesem Grund müssen sich Lehrkräfte in inklusiven Kontexten der anspruchsvollen Aufgabe stellen, betroffenen Schülerinnen und Schülern sprachlich optimierte Lesetexte zur Verfügung zu stellen. Folgende Kriterien können dabei berücksichtigt werden:

B

- Vermeidung komplexer hypotaktischer Satzgefüge

Im antiken Rom, in dem eine Million Menschen auf unvorstellbar engem Raum wohnte, waren die Berge von Abfall ein so großes Problem, dass die Römer einen mächtigen unterirdischen Kanal angelegt hatten, der quer durch Rom zum Fluss Tiber führte.	Im antiken Rom wohnten eine Million Menschen auf unvorstellbar engem Raum. Der Abfall war ein großes Problem. Deshalb bauten die Römer einen Kanal. Dieser Kanal führte durch ganz Rom bis zum Fluss Tiber.

- Vermeidung reversibler Passivsätze, Darstellung der Inhalte in chronologischer Reihenfolge

756 wurde dem Papst von Pippin die Stadt Rom geschenkt, nachdem dieser von den fränkischen Bischöfen mit heiligem Öl zum König der Franken gesalbt wurde.	Die fränkischen Bischöfe salbten Pippin mit heiligem Öl zum König der Franken. Zum Dank schenkte Pippin dem Papst im Jahr 756 die Stadt Rom.

- Vermeidung von Proformen (Pronomen etc.) und Substitutionen
- Vermeidung unregelmäßiger Imperfektformen (evtl. Präsens verwenden)
- Vermeidung potenziell schwieriger Wörter, die für das Verstehen des schulischen Lerninhalts irrelevant sind
- Vermeidung seltener subordinierender Konjunktionen (Umschreibung verwenden, z.B. statt „..., so dass..." besser: „Das hatte zur Folge...")
- Verzicht auf unwesentliche Randinformationen
- Ersetzen komplexer zusammengesetzter Adjektive durch einen Relativsatz (z.B. statt: „alteingesessen" besser: „Menschen, die schon lange hier lebten")

Beispiele für sprachlich optimierte Lesetexte finden sich bei Mayer (vgl. 2015b, 2017).

- **Wortschatzarbeit als Unterrichtsprinzip**

Spracherwerbsgestörte Kinder lassen sich in sprachlichen Kontexten häufig durch fehlende Neugier auf Neues charakterisieren. Das „Nicht-Verstehen" von Sprache ist für viele betroffene Kinder der Alltag, sodass ein Nachfragen bei unbekannten Wörtern unterbleibt. Oftmals vermitteln die Kinder den Eindruck, als falle ihnen gar nicht auf, wenn sie etwas nicht verstanden haben, sodass vom Nachfragen als einem der wichtigsten Antriebsmotoren für die Erweiterung des eigenen Wortschatzes zu selten Gebrauch gemacht wird (vgl. Motsch u.a. 2018).

Explizite Wortschatzarbeit

Nahezu zu jedem Unterrichtsinhalt gehört aber ein spezifischer Fachwortschatz, den die Schülerinnen und Schüler verstehen und anwenden müssen. Im Unterricht mit sprachlich beeinträchtigten Kindern darf es nicht darum gehen, auf diesen für das Verstehen eines Unterrichtsinhalts notwendigen Wortschatz zu verzichten. Die Lehrkraft muss stattdessen spezifische Maßnahmen ergreifen, damit auch spracherwerbsgestörte Kinder diese Wörter verstehen und anwenden können.

> Tipp: Etablieren einer Fragekultur. Machen Sie den Kindern deutlich, dass das Nachfragen bei unbekannten Wörtern durchaus erwünscht ist. Das Identifizieren unbekannter Wörter im Unterricht soll systematisch eingeübt werden. Kinder, die nach unbekannten Wörtern fragen und versuchen, sich deren Bedeutungen zu erschließen, sollen positiv verstärkt werden.

> Tipp: Machen Sie sich in der Unterrichtsvorbereitung bewusst, welche Wörter Ihren Schülerinnen und Schülern ggf. Schwierigkeiten bereiten könnten. Bieten Sie diese Wörter hochfrequent mit besonderer Betonung, silbisch gegliedert (z.B. Pa-ra-le-lo-gramm) an, liefern Sie umfassende Erklärungen und geben Sie den Schülern umfassende Gelegenheiten, diese Wörter selber zu produzieren.

Weitere Informationen zum Unterricht mit sprachlich beeinträchtigten Kindern finden sich bei Motsch & Mayer (2016). Die Broschüre steht zum kostenlosen Download unter folgender Adresse zur Verfügung: https://broschueren.nordrheinwestfalendirekt.de/broschuerenservice/msb/sonderpaedagogische-foerderschwerpunkte-in-nrw/2240

- „Wo finde ich Unterstützung und Information?"

> Dem Lehrstuhl für Sprachheilpädagogik (Förderschwerpunkt Sprache und Sprachtherapie) an der LMU München ist die Beratungsstelle für Stottern, Sprachentwicklungsstörungen und Störungen der Schriftsprache angegliedert. Dort erhalten auch Studierende und Dozentinnen/Dozenten anderer Lehramtsstudiengänge Informationen über den Umgang mit Kindern mit dem Förderschwerpunkt Sprache (http://www.edu.lmu.de/shp/beratungsstelle/index.html).

Arbeitsaufträge

1. Optimieren Sie den folgenden Text in sprachlicher Hinsicht, ohne inhaltliche Abstriche zu machen.
   Die Ägypter glaubten daran, dass sie auch nach dem Tode weiterleben würden, weshalb sie ihren Pharaonen riesige Gräber bauten, wie z.B. die Pyramiden und sie reichlich mit Gold behängten. Die Gräber wurden mit Statuen und anderen kostbaren Dingen gefüllt, die als Symbole ihres Glaubens und ihrer Macht dienten. Viele der alten Könige und Königinnen sind noch heute als Mumien erhalten, da die Körper der verstorbenen Pharaonen mumifiziert wurden, um diese auch für die Ewigkeit nach dem Tode frisch zu halten.
2. Wie könnte die Enttabuisierung des Stotterns im Unterricht konkret aussehen? Wie könnte ein erstes Gespräch zwischen einer Lehrkraft und einem stotternden Schüler aussehen?
3. Analysieren Sie die folgende Textaufgabe hinsichtlich sprachlicher Stolpersteine:
   Der 45-jährige Kapitän Johann Schwarzbart arbeitet bereits seit 3 Jahren bei einer Schiffsspedition. Auf seinen 15 Meter langen Lastkahn werden heute 420 Fässer zu je 750 kg und 300 Fässer zu je 45 kg aufgeladen. Wie viele 90-kg-Säcke können noch zugeladen werden, wenn das Schiff nur 440 t Fracht transportieren darf?
4. Informieren Sie sich bei Motsch (2017) und Motsch u.a. (2018) über die spezifischen Schwierigkeiten spracherwerbsgestörter Kinder auf grammatischer und lexikalischer Ebene. Benennen Sie die Störungsschwerpunkte!
5. Informieren Sie sich über spracherwerbsförderliches Kommunikationsverhalten, das Eltern sprachlich beeinträchtigter Kinder in der Beratung vermittelt werden kann! (Literaturempfehlung: Rodrian 2009)

Literatur

Bahrfeck-Wichitil, K. & Kuhn, M. (2015): Kannst du überhaupt sprechen? Eine Informationsstunde über selektiven Mutismus in der 7. Klasse einer Realschule. In: Sprachförderung und Sprachtherapie in Schule und Praxis 4, 18-24

Barfeck, K., Starke, A. & Subellok, K. (2017): Mutismus. In: Mayer, A. & Ulrich, T. (Hrsg.): Sprachtherapie mit Kindern. München: Reinhardt Verlag, 472-511

Benecken, J. & Spindler, C. (2004): Zur psychologischen Situation stotternder Schulkinder in Allgemeinschulen. In: Die Sprachheilarbeit 49, 62-70

Bundesvereinigung Stottern und Selbsthilfe (2018): Umgang mit Stottern in der Schule. In: https://www.bvss.de/stottern-und-schule (20.04.2018)

Dannenbauer, F.M. (2001): Chancen der Frühintervention bei spezifischer Sprachentwicklungsstörung. In: Die Sprachheilarbeit 46, 103-111

Durkin, K., Conti-Ramsden, G. (2007): Language, social behavior, and the quality of friendships in adolescents with and without a history of specific language impairment. In: Child Development 78, 1441-1457

Grohnfeldt, M. (2012): Grundlagen der Sprachtherapie und Logopädie. München: Reinhardt Verlag

Kannengieser, S. (2015): Sprachentwicklungsstörungen. 3. Auflage. München: Elsevier

Kanzianka-Schübel, E. (2013): Praxishandreichung Kooperative Sprachförderung. Idstein: Schulz-Kirchner Verlag

KMK (2016): Sonderpädagogische Förderung in allgemeinen Schulen und Förderschulen (Sonderschulen) 2016/2016. In: https://www.kmk.org/dokumentation-statistik/statistik/schulstatistik/sonderpaedagogische-foerderung-an-schulen.html https://www.kmk.org/dokumentation-statistik/statistik/schulstatistik/sonderpaedagogische-foerderung-an-schulen.html(21.04.2018)

Knox, E. & Conti-Ramsden, G. (2003): Bullying risks of 11-year-old children with specific language impairment (SLI): does school placement matter? In: International Journal of Language and Communication Disorders 38, 1-12

Mayer, A. (2015a): Sprachheilpädagogischer Unterricht – Basisartikel. In: Sprachförderung und Sprachtherapie in Schule und Praxis 4, 130-137

Mayer, A. (2015b): Kriterien zur Erstellung sprachlich optimierter Lesetexte für Kinder mit Sprachverständnisschwierigkeiten. In: Praxis Sprache 60, 221-228

Mayer, A. (2017): Sprachliche Optimierung von Lesetexten für Kinder mit beeinträchtigtem Sprachverstehen. In: Sigel, R. & Inckemann, E. (Hrsg.): Diagnose und Förderung von Kindern mit Zuwanderungshintergrund im Sprach- und Schriftspracherwerb. Bad Heilbrunn: Julius Klinkhardt, 113-124

Motsch, H.J. (2017): Kontextoptimierung. Evidenzbasierte Intervention bei grammatischen Störungen in Therapie und Unterricht. 4. Aufl. München: Reinhardt Verlag

Motsch, H.J., Marks, D. & Ulrich, T. (2018): Wortschatzsammler. Evidenzbasierte Strategietherapie lexikalischer Störungen im Kindesalter. 3. Aufl. München: Reinhardt Verlag

Motsch, H.J. & Mayer, A. (2016): Förderschwerpunkt Sprache. In: MSW des Landes NRW (Hrsg.): Sonderpädagogische Förderschwerpunkte in NRW. Düsseldorf: Tannhäuser, 28-32

Rodrian, B. (2009): Elterntraining Sprachförderung, Handreichung für Lehrer, Erzieher und Sprachtherapeuten. München: Reinhardt Verlag

Sandrieser, P. & Schneider P. (2015): Stottern im Kindesalter. 4. Auflage. Stuttgart: Thieme Verlag

Spreer, M. & Sallat, S. (2015): Gesellschaftliche Teilhabe von ehemaligen Schülerinnen und Schülern mit sonderpädagogischem Förderbedarf Sprache (Bildungsbiographien). In: Grohnfeldt, M. (Hrsg.): Inklusion im Förderschwerpunkt Sprache & Kommunikation Stuttgart: Kohlhammer, 179-191

Starke, A. & Subellok, K. (2015): Wenn Kinder nicht sprechen. Selektiver Mutismus. Basisartikel. In: Sprachförderung und Sprachtherapie in Schule und Praxis 4, 2-8

Thum, G. (2011): Stottern in der Schule. Ein Ratgeber für Lehrerinnen und Lehrer. Demosthenes Verlag: Köln

8 Autismus-Spektrum-Störungen
Reinhard Markowetz

8.1 Der Förderschwerpunkt Autismus als Fachdisziplin

8.1.1 Definition und theoretische Grundlagen

> Autismus ist eine komplexe neurologische Entwicklungsstörung, insbesondere eine Störung der Informations- und Wahrnehmungsverarbeitung, die sich auf die Entwicklung der sozialen Interaktion, der Kommunikation und des Verhaltens individuell sehr unterschiedlich auswirkt.

Autismus hat viele Gesichter! Deshalb wird heute statt von Autismus zutreffender von Autismus-Spektrum-Störung (ASS) als Oberbegriff für das gesamte Spektrum autistischer Störungen mit sehr unterschiedlichem Ausprägungsgrad der Symptome gesprochen. Das Spektrum reicht von schwerwiegenden autistischen Symptomen mit geistiger Behinderung, fehlender Sprachentwicklung und sehr herausfordernden Verhaltensweisen bis zu autistischen Symptomen mit durchschnittlicher bis überdurchschnittlicher Begabung, gutem bis sogar sehr gutem Sprachvermögen und herausragenden Fähigkeiten und Inselbegabungen.

Autismus-Spektrum-Störung

ASS gelten als „Tiefgreifende Entwicklungsstörungen" und werden als medizinische Diagnosen definiert. Unterschieden werden drei Grundformen: „Frühkindlicher Autismus", „Asperger-Autismus" und „Atypischer Autismus". Solche Diagnosen werden nicht von Lehrkräften, auch nicht von sonderpädagogischen Lehrkräften und Schulpsychologinnen bzw. -psychologen gestellt, sondern von Ärztinnen und Ärzten, insbesondere von Fachärztinnen und Fachärzten für Kinder- und Jugendmedizin sowie auf Autismus hochspezialisierte und erfahrene Fachärztinnen und Fachärzte der Kinder- und Jugendpsychiatrie. Richtungsweisend sind hier die medizinischen Leitlinien zur Diagnostik von ASS im Kindes-, Jugend- und Erwachsenenalter der Deutschen Gesellschaft für Kinder- und Jugendpsychiatrie, Psychosomatik und Psychotherapie (DGKJP) (2016).

Für die möglichst exakte und weltweit einheitliche Bestimmung und Einordnung von ASS spielen zwei Klassifikationssysteme eine Rolle.

Tab. 8.1: Klassifikationssysteme für Autismus-Spektrum-Störungen

Internationale statistische Klassifikation der Krankheiten und verwandten Gesundheitsprobleme (ICD-10)	Internationale statistische Klassifikation der Krankheiten und verwandten Gesundheitsprobleme (ICD-11)	Diagnostic and Statistical Manual of Mental Disorders (DSM-V)
• Klassifikationssystem der Weltgesundheitsorganisation (WHO)	• Entwurf der ICD-11 am 18.06.2018 von der WHO offiziell vorgestellt • in 2019 soll die ICD-10 von der ICD-11 durch die Weltgesundheitsversammlung abgelöst werden. • Einführung der ICD-11 in Deutschland noch offen • Informationen zum Stand und Fortgang unter: www.dimdi.de/dynamic/de/klassifikationen/icd/icd-11/	• psychiatrisches Klassifikationssystem der USA
• autistische Störung als Tiefgreifende Entwicklungsstörungen und abgrenzbare Subgruppe	• autistische Störung als Autismus-Spektrum-Störung (ASS)	• autistische Störungen als Autismus-Spektrum-Störung (ASS); Zustand mit unterschiedlichem Ausprägungsgrad der diagnostizierbaren Symptome
• Tiefgreifende Entwicklungsstörungen nach Forschungskriterium F 84: • F 84.0 frühkindlicher Autismus • F 84.1 atypischer Autismus • F 84.2 Rett-Syndrom • F 84.5 Asperger Syndrom	• Einordnung als „Psychische und Verhaltensstörungen" in der Kategorie „Neurologische Entwicklungsstörungen"	• Einordnung bei neuronaler und mentaler Entwicklung • diagnostische Kriterien nahezu identisch mit Angaben der ICD-10

high-functioning-autism

Von *„high-functioning-autism"* wird in der Regel bei einem IQ zwischen 80 und 120 gesprochen. Viele Forscher sehen in Menschen mit „Asperger-Syndrom" solche mit frühkindlichem Autismus und höherer Intelligenz und ersetzen deshalb den Begriff Asperger-Syndrom durch *high-functioning-autism*. Sie verfügen über „Inselbegabungen" und zeigen in einem Kompetenzbereich besondere und weit über ihrem sonstigen Fähigkeitsniveau liegende Fähigkeiten. Die Gedächtnisleistung dieser Personen kann sehr komplex sein, die Bewältigung des Alltags stellt jedoch eine erhebliche Herausforderung dar. Sind die besonderen Fähigkeiten so stark ausgeprägt, dass sie auch im Vergleich zu normalbegabten Menschen mehr als ungewöhnlich erscheinen, wird von *„Savants"* gesprochen. Differenziert werden mit der ICD-10 drei Kernbereiche autistischer Verhaltensweisen im Autismus-Spektrum. Diese werden mit der nachstehenden Grafik im Überblick dargestellt.

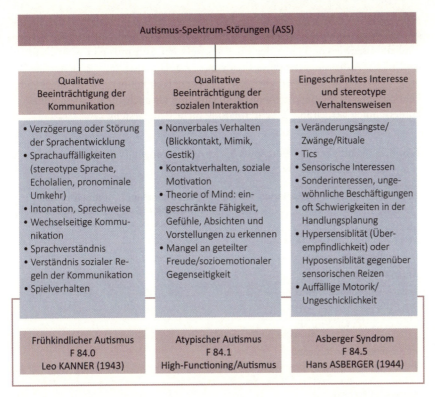

Abb. 8.1: Autismus-Spektrum-Störungen (ASS) (vgl. Amorosa 2010)

Autistische Verhaltensweisen können auch bei anderen Syndromen, Krankheiten und Behinderungen auftreten. Diese sind bisweilen schwer von Autismus abzugrenzen, aber differentialdiagnostisch abzuklären und streng von der Diagnose Autismus zu trennen. Neben genetisch nachgewiesenen Syndromen wie z.B. dem Fragilen-X-Syndrom oder dem Rett-Syndrom sind eine Reihe komorbider Störungen wie ADHS, Bindungsstörung oder Zwangserkrankungen, aber auch Krankheiten wie Magersucht oder Störungen wie Mutismus zu nennen. Auch bei psychischem Hospitalismus, Kindesmisshandlung, Traumatisierungen und Verwahrlosung werden autistische Verhaltensweisen beobachtet. Im Vergleich zum Autismus verschwindet das autistische Verhalten mit der Verbesserung solch widriger Umstände, während Autismus von Geburt an besteht und bislang nicht heilbar ist.

Komorbide Störungen

8.1.2 Autismus – kein „traditioneller" sonderpädagogischer Förderschwerpunkt

In ihrem Beschluss vom 16.06.2000 bringt die Kultusministerkonferenz (KMK) in ihrer „Empfehlung zu Erziehung und Unterricht von Kindern und Jugendlichen mit autistischem Verhalten" unmissverständlich zum Ausdruck, dass es sich bei Autismus zwar um einen sonderpädagogischen Förderschwerpunkt handelt, man jedoch auf den Begriff Förderschwerpunkt verzichtet hat, da es sich nicht um einen „Förderschwerpunkt im traditionellen Sinne" handle. Anders als die sonderpädagogischen Förderschwerpunkte, kann Autismus deshalb bislang nicht als eine eigenständige sonderpädagogische Fachrichtung für das Lehramt studiert werden. Explizit ausgewiesene Lehrstühle für Pädagogik bei Autismus gibt es in Deutschland nicht. Autismusspezifisches Fachwissen, um eine qualitativ hochwertige Bildung umsetzen und diesbezüglich kollegial beraten zu können, ist bei angehenden Lehrkräften sowohl für die inklusive Beschulung als auch für die Beschulung an Förderschulen aktuell in der Lehrerbildung nicht sichergestellt.

Tab. 8.2: Häufigkeit von Autismus Spektrum Störungen (vgl. autismus Deutschland e.V. 2019)

Häufigkeit von Autismus- Spektrum-Störungen	Anteil der Menschen mit ASS an 1000 Personen	Anteil an der Gesamtbevölkerung in Prozent
Alle Autismus-Spektrum- Störungen	6-7 pro 1000	0,6% - 0,7%
Frühkindlicher Autismus	1,3-2,2 pro 1000	0,13% - 0,22%
Asperger-Autismus	1-3 pro 1000	0,1% - 0,3%
Andere tiefgreifende Entwicklungsstörungen	3,3 pro 1000	0,33%

Absolute Zahlen von Menschen mit Autismus
Rechenbeispiel Deutschland:
0,6%-0,7% von 81,3 Mio. Menschen = 480.000 bis 570.000 Menschen mit ASS

Rechenbeispiel Bayern:
0,6%-0,7% von 13 Mio. Menschen = 78.000 bis 91.000 Menschen mit ASS

Häufigkeit Autistische Störungen bzw. Autismus-Spektrum-Störungen gehören zu den eher nicht seltenen Erkrankungen bzw. Behinderungen. Unter der Bevölkerung sind mehr Menschen von Autismus betroffen als etwa von Sehbehinderungen und Blindheit oder von Hörschädigungen und Taubheit. Im Hinblick auf die Geschlechterverteilung sind Jungen deutlich überrepräsentiert. Auf ein betroffenes Mädchen kommen 3-4 Jungen.

Das bayerische Landesamt für Statistik beziffert für das Schuljahr 2017/18 die Zahl an Allgemeinbildenden Schulen, zu denen auch die sonderpädagogischen Förderzentren zählen, und an Berufsschulen beschulte Kinder, Jugendliche und junge Erwachsene mit 1.689.448 Schülerinnen und Schülern (vgl. StMUK 2018). Bei einem Prävalenzspektrum von 0,6% bis 1% ist davon auszugehen, dass in Bayern zwischen 10.140 und 16.800 Schülerinnen und Schüler aus dem Autismus-Spektrum schulisch zu fördern wären. Inwieweit diese Zahlen empirisch zutreffend sind, ist ein anhaltendes Forschungsdesiderat, dem u.a. gegenwärtig die Arbeits- und Forschungsgruppe Autismusstrategie Bayern im Auftrag des bayerischen Sozialministeriums (www.sw.hm.edu/autismus-strategie-bayern) nachgeht.

8.1.3 Theorien zur Erklärung der Entstehung von ASS

Ursachen von Autismus Zum Verstehen der Verhaltensweisen von Schülern mit ASS helfen Theorien, die die Ursachen von Autismus zu erklären versuchen. Heute ist klar, dass ASS auf neurobiologische Ursachen zurückgeführt werden können; zur wissenschaftlichen Erklärung der prozessual-dynamischen Entstehung, Entwicklung und Aufrechterhaltung von ASS sollen dennoch verschiedene Ansätze diskutiert werden.

Tab. 8.3: Erklärungsansätze von Autismus-Spektrum-Störungen

Neurobiologische Erklärungsansätze
• erbliche Faktoren als eine der Hauptursachen für autistische Störungen • Zusammenspiel verschiedener Gene und exogener Einflussfaktoren vor, während und nach der Geburt (z.B. Risikofaktoren einer Schwangerschaft) • erhöhtes Risiko bei Chromosomenstörungen • hirnorganische Besonderheiten (z.B. neurometabolische Störungen), Anomalien des Immunsystems sowie Ernährung und Schadstoffe aus der Umwelt • Einfluss dieser Faktoren auf Wahrnehmung, Informationsverarbeitung sowie Verhalten   ▶ Auswirkungen auf Funktionieren des sog. „sozialen Gehirns", das für das Erkennen von sozialen Umständen und für die Fähigkeit zur sozialen Interaktion zuständig zu sein scheint
Psychosoziale Erklärungsansätze
• Einfluss der dinglichen und sozialen Umwelt, insbesondere der primären Bezugspersonen auf die neuronale Reifung und Ausdifferenzierung des Gehirns sowie die Bewältigung der Entwicklungsaufgaben in der frühen emotional-sozialen Entwicklung von Kindern • zentrale Rolle der Eltern-Kind-Beziehung bei frühen Auseinandersetzungs-, Regulations-, Anpassungs- und Differenzierungsprozessen sowie Verankerungsprozessen • Eltern als Entwicklungshelfer für die affektive Differenzierung und Regulation, den Erwerb der Fähigkeit zur Mentalisierung, das Erwachen des Ich-Bewusstseins sowie die Entdeckung der Autonomie
Beeinträchtigte Entwicklung des Selbst
• ASS als eine beeinträchtigte Entwicklung des Selbst • wenig Einfluss von sozialen Erfahrungen und Beziehungen auf Selbstkonzept (Studien mit Jugendlichen) • Studien zum Selbstkonzept von Jugendlichen mit ASS: soziale Erfahrungen und Beziehungen bestimmen nur wenig das Selbst mit • Diskurs über Ich-Identität von Autisten (fehlendes Interesse an vermutetem und tatsächlichem Fremdbild)
Psychoanalytische Verursachungstheorien
• Autismus als Persönlichkeitsstörung und Ergebnis früher Bindungsstörungen • Leben ohne Anbindung, frühes „In-sich-Sein" mit gravierenden Folgen
Psychologische Theorien
Aus einer psychologischen Erklärungsperspektive werden ASS als eine Wahrnehmungs- und Informationsverarbeitungsstörung sowie als eine affektiv-soziale Störung betrachtet und mit dem Konstrukt *„Theory of Mind"*, dem Begriff „exekutiven Dysfunktion" und dem Ansatz „Mangel an zentraler Kohärenz" zum Verstehen beitragen und zugleich das Problem der beeinträchtigten Entwicklung des Selbst nicht außer Acht lassen. (Erläuterung s. Abb. 8.2).

Psychologische Theorien sind für Lehrpersonen im Hinblick auf die Organisation und didaktische Gestaltung des Lernens von hohem Erklärungswert. Das beschriebene Bedingungsgefüge wird im Nachstehenden mit einer Grafik veranschaulicht:

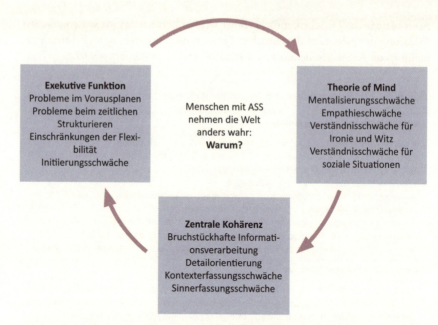

Abb. 8.2: Psychologische Theorien (vgl. Noterdame, Ullrich & Enders 2017)

Folgen wir dem bio-psycho-sozialen Ansatz der Internationalen Klassifikation (ICF) der WHO lässt sich zusammenfassen, dass die Ursache von ASS in nicht unerheblichem Umfang von neurobiologischen Entwicklungsstörungen, aber eben auch von Kontextfaktoren und Umwelteinflüssen abhängt. Neurobiologische, entwicklungspsychologische, psychologische und psychosoziale Ansätze versuchen die sehr individuellen Ausprägungen der Kernsymptome mit Begleitsymptomen und psychiatrischen Komorbiditäten zu erklären.

8.1.4 Aktuelle empirische Erkenntnisse

Empirische Erkenntnisse

Internationale Studien zeigen zentrale Faktoren für das Gelingen der Inklusion von Kindern und Jugendlichen mit ASS. Dies sind z.B. die störungsspezifische Professionalität von Fachkräften sowie positive Peerbeziehungen. Eine Barriere für die Inklusion stellen z.B. von Missverständnissen geprägte Peerbeziehungen dar. Interessant ist eine Umfrage von Autismus Deutschland e.V. zur schulischen Situation von Kindern und Jugendlichen mit Autismus. Für den Bundesverband Autismus Deutschland e.V. hat Czerwenka (2017) 621 Fragebögen von Eltern ausgewertet, deren Kinder mit Autismus an 129 Grundschulen, 194 Sekundarschulen (davon 4 Web-Schüler), 91 Gymnasien (davon 1 Web-Schüler) und 207 Förderschulen im Schuljahr 2016/17 beschult wurden. Das entspricht einer Inklusionsquote von ca. 66%. Schülerinnen und Schüler mit sogenannten „autistischen Zügen", die i.d.R. inklusiv beschult werden, sind in dieser Inklusionsquote nicht berücksichtigt. Zentrale Ergebnisse der Studie waren:

- Der Besuch einer Förderschule ist häufig das Ergebnis mehrerer Schulwechsel (Hinweis auf fehlende Gelingensbedingungen zur Inklusion von Kindern und Jugendlichen mit Autismus an Regelschulen).

- Unabhängig vom Förderort hat mehr als die Hälfte eine Schulbegleitung.
- Schulbegleitungen zeigen sich als wesentlicher Mechanismus, um den Zugang zu einer angemessenen Schulbildung für Schülerinnen und Schüler mit ASS zu sichern.
- Die Einstellungen der Eltern zu Schulbegleitungen sind positiv, jedoch werden die mangelnde Qualifizierung und die fehlenden verlässlichen Strukturen infrage gestellt.

Zusätzlich zur Diagnose Autismus werden 587 der Schülerinnen und Schüler andere sonderpädagogische Förderschwerpunkte zugeordnet:

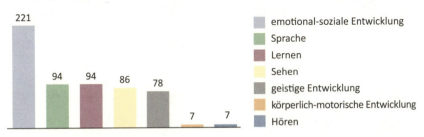

Abb. 8.3: Weitere Diagnosen neben ASS (Czerwenka 2017)

Weitere wesentliche Ergebnisse der Umfrage waren:
- Es gibt eine hohe Anzahl von Schulausschlüssen autistischer Schüler (n=132).
- Schulausschlüsse wurden in zwei Fällen in der Kinder- und Jugendpsychiatrie überbrückt.
- Unabhängig des Förderorts zeigt sich der Umgang mit der Beschulung autistischer Schüler als eine besondere Herausforderung.
- Ersatzbeschulungen, wie z.B. Hausunterricht, Webbeschulung zeigen sich als wenig effektiv.

> Um Schulausschlüsse zu vermeiden und das gesetzlich verbriefte Recht auf Bildung zu garantieren, werden Nachteilsausgleiche gewährt. Jede dritte Schülerin bzw. jeder dritte Schüler (238 von 621) erhält einen Nachteilsausgleich, damit eine Autismus-Sensible Beschulung gelingen kann. Meistens wird mehr Zeit gewährt und ein zusätzlicher Lehr- und Lernraum zur Verfügung gestellt. Gehörschutz wird zugelassen, der Umfang der Aufgaben reduziert, der Gebrauch eines Laptops genehmigt, Lückentexte statt Diktate eingesetzt, auf Textinterpretationen und Textaufgaben verzichtet, schriftliche statt mündliche Leistungen vor der Klasse bevorzugt und auf die Benotung in Fächern wie Sport, Musik und Kunst wird verzichtet.

8.1.5 Bedeutung für das Erleben und Lernen betroffener Schülerinnen und Schüler

In zahlreichen Beispielen des Schulalltags von Kindern und Jugendlichen mit autistischen Störungen wird deutlich, wie herausgefordert Lehrkräfte sowie Schülerinnen und Schüler im Umgang mit Schülerinnen und Schülern mit ASS sind.

Persönliches Erleben

Folgen wir dem Bundesverband Autismus lassen sich charakteristische Merkmale über häufig zu beobachtende und typische Verhaltensweisen benennen, die sich sowohl nachhaltig auf das Lernen als auch auf den sozialen Verkehr in Schule und Unterricht auswirken.

👥	Vermeiden von Blickkontakt	👤🚪	Äußerung von Bedürfnissen durch Hinführen
🏃	Vermeiden von Körperkontakt	🏃🚗	Wenig Gefahrenbewusstsein
	Wenig Interesse an gemeinschaftlichem Spiel		Anlass für Lachen und Kichern nicht immer erkennbar
	Wirkt wie taub		Besondere Begabungen in Teilbereichen
	Auffällige Sprache/Echolalie		Vorrangige Beschäftigung mit Lieblingsthemen
	Bewegungen können seltsam wirken		Spiel an Routinen orientiert
	Schwierigkeiten mit Veränderungen		

Abb. 8.4: Verhaltensweisen von Autisten (autismus Deutschland e.V.)

8.2 Der Förderschwerpunkt Autismus im Alltag der allgemeinen Schule

8.2.1 Stand der Inklusion

Inklusion

Über den Förderschwerpunkt Autismus wird von der KMK (2018, 128) eine Schülergruppe ausgewiesen, die der sonderpädagogischen Förderung und Beachtung bedarf. Es gibt keine speziellen Schulen für autistische Schülerinnen und Schüler, sie sind in allen Schulformen vertreten. Aktuelle Studien legen nahe, dass ein Drittel der Schülerinnen und Schüler mit Autismus eine allgemeine Schule und zwei Drittel ein sonderpädagogisches Förderzentrum (Förderschule) besuchen.

Unterstützungsmöglichkeiten an allgemeinen Schulen für Schülerinnen und Schüler mit ASS sind:
- Schülerinnen und Schülern mit der Diagnose „Autismus" wird in der Regel ein sonderpädagogischer Förderbedarf zugesprochen.
- Zur schulischen Förderung an Regelschulen haben sie Anspruch auf einen Nachteilausgleich und eine Schulbegleitung.
- Schulbegleitungen sind als individuelle Hilfe zur Eingliederung von den Eltern bei den Jugendämtern bzw. den Bezirken zu beantragen.
- Beratung für Schulen (z.B. Beantragung einer sonderpädagogischen Förderstunde) bieten die Beratungs- und Dienstleistungen des Mobilen Sonderpädagogischen Dienstes Autismus (MSD-A) z.B. in Bayern.

Autismus-Spektrum-Störungen | 115

8.2.2 Spezielle Herausforderungen in der Unterrichtspraxis und im Schulleben

Störungen aus dem autistischen Spektrum sind komplex und zeigen sich in vielschichtigen, beobachtbaren Phänomenen. So gesehen sind es die problematischen, oft sehr normabweichenden Besonderheiten und Verhaltensweisen von Schülerinnen und Schülern mit ASS, die als Herausforderungen anzunehmen, in ihren Interdependenzen zu berücksichtigen und in Schule und Unterricht konstruktiv zu bewältigen sind. Die Probleme bilden ein Spektrum möglicher Herausforderungen mit teils fließenden Übergängen ab, die aber nicht alle auf eine Person zutreffen müssen, sondern in sehr unterschiedlichen Kombinationen und Ausprägungen vorkommen können.

Individuelle Besonderheiten

Zusätzlich ist darauf hinzuweisen, dass es für den Förderschwerpunkt Autismus keinen eigenen Lehrplan gibt, der spezielle schulische Lerninhalte oder menschliche Entwicklungsbereiche ausweisen würde, die Schülerinnen und Schüler mit ASS neben dem Curriculum an den Regelschulen erlernen sollten. Unter Aspekten ihres Rechtsanspruchs auf Rehabilitation müssen sie in inklusiven Settings in exklusiven Förderstunden von Sonderpädagoginnen und Sonderpädagogen des MSD-A (und nicht von der Schulbegleitung!) gefördert werden, um Kompetenzen anzubahnen und zu entfalten. Förderbereiche sind z.B. Wahrnehmung, Motorik, Mobilität, Sozialverhalten, Emotion, lebenspraktische Fähigkeiten und Kommunikation unter Einbezug von technischen Hilfen, wie sie u.a. die sog. „Unterstützte Kommunikation" bereithält. Um solche sonderpädagogischen Fördereinheiten sicherzustellen und die hier skizzierten Herausforderungen zu bewältigen, sind die Zusammenarbeit mit der Sonderpädagogik und eine kollegiale Kooperation mit dem MSD-A unverzichtbar!

Unterstützte Kommunikation

8.2.3 Handlungsempfehlungen und Fördermaßnahmen

> **Was Schüler mit ASS sich u.a. von Lehrerinnen und Lehrern wünschen...**
> - positive Einstellung zu Inklusion,
> - persönliches Engagement und Fachwissen,
> - Empathie, Geduld und Offenheit für die Probleme von Schülerinnen und Schülern,
> - Schülerinnen und Schülern mit ASS nicht als minderwertig abstempeln,
> - vor Beleidigungen, Stigmatisierungen, Mobbing schützen,
> - altersgemäß behandeln,
> - pfiffige Lösungen,
> - persönliche Unterstützungen und spezifische Hilfen, um mit ASS in einem therapeutischen Milieu lernen zu können,
> - die Gewährung flexibler und individueller Nachteilsausgleiche; mehr Akzeptanz von Schulbegleiterinnen und Schulbegleitern und eine bessere Zusammenarbeit mit ihnen.

> **Klassenlehrkräfte nehmen eine Schlüsselrolle bei der Inklusion von Schülerinnen und Schülern mit ASS ein!**

Sie sind hauptverantwortlich für die Schaffung von Rahmenbedingungen und Voraussetzungen, damit diese Kinder und Jugendlichen am Unterrichtsgeschehen nicht nur teilhaben, sondern auch so effektiv wie möglich lernen und sich an der Schule wohlfühlen können. Schülerinnen und Schüler mit ASS benötigen in Schule und

Wichtigkeit der Lehrkräfte

Unterricht strukturierte Abläufe und Routinen, individuelle Unterstützung und Hilfestellungen sowie differenzierte Spiel-, Lern- und Arbeitsangebote. Sie sind auf Nachteilsausgleiche angewiesen und benötigen oft zusätzlich eine Schulbegleitung. Der organisatorische und didaktische Aufwand für die meist einzelinkludierten Schülerinnen und Schüler mit ASS ist bisweilen hoch. Die Forderung, dass nicht die Schülerinnen und Schüler sich an die Schule, sondern die Schule sich an die Schülerinnen und Schüler anpassen muss, trifft hier besonders zu! Auf dem Weg zu autismusfreundlichen Schulen profitieren sicherlich auch normal begabte, nicht behinderte Schülerinnen und Schüler von Autismus-Sensiblen Maßnahmen (ASM).

Im Folgenden werden einige wichtige Maßnahmen für die förderpädagogische Arbeit im inklusiven Unterricht genannt und kurz vorgestellt. Sie sollen helfen, dass Schulen und Unterricht inklusiver werden und dafür sorgen, dass in unterschiedlichsten, sehr individuellen Kombinationen Schülerinnen und Schüler aus dem Autismus-Spektrum chancengleich lernen können und in ihrer Identität gestärkt statt beschädigt werden.

Beispiele für Autismus-Sensible-Maßnahmen (ASM) im inklusiven Unterricht

Tab. 8.3: Autismus-Sensible Maßnahmen im inklusiven Unterricht

 Schulfächer

- Deutschunterricht:
  Bei Nacherzählungen und Inhaltsangaben auf wortwörtliche Wiedergabe verzichten,
  statt Aufgabenstellungen mit personenbezogenen Kontexten eher sachbezogene Inhalte wählen,
  auf Aufgabenstellungen aus dem Bereich der Interpretation und Lyrik verzichten und daran denken, dass auch Redewendungen und Metaphern nicht interpretiert werden können.
- Mathematikunterricht:
  Mehr Anschauungsmaterial bereitstellen,
  den Anspruch auf Genauigkeit bei geometrischen Aufgaben (Umgang mit Lineal usw.) anpassen,
  keine Textaufgaben mit sozialem Kontext,
  individuelle Rechenwege zulassen.
- Kunstunterricht:
  Themen vorgeben statt frei wählen zu lassen,
  eher Zeichnen statt Malen.
- Sportunterricht:
  Schwerpunkte auf Individualsportarten,
  motorische Probleme nicht bewerten oder ganz auf eine Bewertung verzichten,
  vorübergehende oder dauerhafte Befreiung vom Sport vermeiden.

 Therapie

- Lehrerinnen und Lehrer sind keine Therapeutinnen und Therapeuten, Pädagogik keine Therapie!
- Für spezielle Therapien (z.B. Applied Behavior Analysis (ABA), Psychotherapie, Ergotherapie) und die Autismus spezifische Förderung sind in Verantwortung der Eltern die Autismuskompetenzzentren zuständig.
- Der regelmäßige Austausch in Konferenzen und Hilfeplangesprächen mit den Eltern und eben jenen Therapeutinnen und Therapeuten ist sinnvoll!

Lehrersprache

- Sprechen Sie ihre Schülerin bzw. ihren Schüler mit ASS mit sehr deutlichen Formulierungen an,
- lassen Sie dabei keine Interpretationsspielräume zu,
- keine ironischen oder witzigen Bemerkungen,
- visualisieren Sie zusätzlich das, was Sie sagen wollen!

 Klassenraum

- Strukturieren und gestalten Sie den Klassenraum!
- Schaffen Sie Ordnung,
- weisen Sie Bereiche für bestimmte Themen sowie Funktionen aus,
- machen Sie den Raum, in dem sich alle bewegen, übersichtlicher.

 TEACCH

Treatment and Education of Autistic and Communication handicapped Children (TEACCH) ist ein in North Carolina entwickeltes und fast 60 Jahre lang erprobtes, weltweit erfolgreiches und umfängliches Programm, das den Alltag von Schülerinnen und Schülern mit ASS über die gesamte Lebensspanne durch individuelle Maßnahmen der Strukturierung und Visualisierung in lebens- und lernförderliche Bahnen lenken soll. Es berücksichtigt auf der Grundlage einer guten Diagnostik die Besonderheiten und Stärken und sucht wertschätzende individuelle Lösungen, indem gefragt wird, was zu tun ist, damit Schülerinnen und Schüler mit ASS möglichst selbstständig, angst- und barrierefrei in weitestgehener sozialer Integration spielen, lernen und arbeiten können und dabei Wohlbefinden sowie Verhaltens- und Handlungssicherheit erleben.

Folgende Herangehensweisen eignen sich:
- räumliche Strukturierung,
- zeitliche Strukturierung,
- Strukturierung der Sprache, der Aufgaben, der Instruktionen und der Arbeitsformen,
- Strukturierung der Arbeitsmaterialien,
- Strukturierung von Handlungsabläufen (Schaffung von Routinen; klare Anweisungen für jede Stufe der Tätigkeit in Verbindung mit visuellen Darstellungen und Hilfen).

Auch wenn sich eine Autismus-Spektrum-Störung weder behandeln noch wegtherapieren und auch pädagogisch nicht aufheben lässt, zeigen die hier aufgezeigten Möglichkeiten doch, dass und wie Schülerinnen und Schüler mit ASS inklusiv schulisch gefördert und unterstützt werden können. Eine besondere Rolle spielen hierbei die Lehrkräfte selbst, die mit Schülerinnen und Schülern trotz ihrer Autismus-Spektrum-Störungen in eine dialogische Beziehung treten können. Innerhalb ihres Classroom-Managements sind sie in der Lage, ein positives Unterrichtsklima für alle zu schaffen und zugleich durch ein leidenschaftliches, geschicktes Gestalten des Unterrichts eine Schülerin oder einen Schüler mit ASS vielseitig zu aktivieren, teilhaben zu lassen und entwicklungslogisch zum Lernen zu bewegen.

Verständnis und Förderung

Haben Sie Verständnis für Schülerinnen und Schüler mit ASS und ihr abweichendes, unangepasstes, oft mysteriöses und unerklärliches Verhalten. Werten Sie es nicht als bewusste Provokation, Unverschämtheit, Bösartigkeit, Arroganz und Egoismus ab, die gegen Sie persönlich gerichtet ist! Autistische Schülerinnen und Schüler wollen gern anders sein, können es aber nicht! Moralisieren Sie deshalb nicht! Sondern:

> Nehmen Sie IHRE Schülerinnen und Schüler mit ASS so an wie sie sind, schaffen Sie förderliche Bedingungen an Ihrer Schule und nutzen Sie die vielfältigen Möglichkeiten der Unterstützung und Förderung in Ihrem Unterricht!

Kooperation mit dem MSD-A

Unterstützung und Informationen bekommen Sie in Bayern beim Mobilen Sonderpädagogischen Dienst Autismus, dem sogenannten MSD-A. Das Staatsinstitut für Schulqualität und Bildungsforschung (ISB) in München bietet auf seiner Webseite lesenswerte Infobriefe des Mobilen Sonderpädagogischen Dienstes Autismus (MSD-A) mit umfassenden Informationen sowie praktischen Hinweisen zu einzelnen Aspekten aus dem Bereich Autismus an. Die insgesamt zehn MSD-Infobriefe Autismus-Spektrum-Störung stehen als Dateien im pdf-Format einzeln als Download zur Verfügung unter:

www.isb.bayern.de/foerderschulen/uebersicht/msd-infobriefe-autismus-spektrum-stoerung/

Die Inklusion von Schülerinnen und Schülern mit ASS erfordert eine intensive und vertrauensvolle Kooperation zwischen dem MSD-A und der allgemeinen Schule. Informationen über die MSD-A in Oberbayern, Niederbayern, Oberpfalz, Oberfranken und Mittelfranken mit den entsprechenden Verlinkungen finden Sie ebenfalls auf der Homepage des ISB unter:

http://www.inklusion.schule.bayern.de/foerderschwerpunkte/autismus/

Arbeitsaufträge und Praxisbeispiele

1. Definieren Sie eine Autismus-Spektrum-Störung!
2. Welche charakteristischen Merkmale über häufig zu beobachtende Verhaltensweisen bei Menschen mit ASS nennt der Bundesverband Autismus? (Webseite: s.u., vgl. auch Abb. 8.4)
3. Bei der Erklärung zur Entstehung einer Autismus-Spektrums-Störungen spielen psychologische Theorien eine wichtige Rolle! Erläutern Sie hierzu, was mit
   a Theorie of Mind
   b zentraler Kohärenz
   c exekutiver Funktion
   gemeint ist!
4. Reflektieren Sie das TEACCH-Konzept. Welche Maßnahmen der Strukturierung und Visualisierung sind für Schüler und Schülerinnen mit ASS in Schule und Unterricht förderlich? Begründen und erläutern Sie an drei Beispielen, wie sie diese umsetzen würden!
5. Besuchen Sie die folgende Internetseite des Staatsinstituts für Schulqualität und Bildungsforschung (ISB): www.isb.bayern.de/foerderschulen/uebersicht/msd-infobriefe-autismus-spektrum-stoerung/
   a Verschaffen Sie sich dort einen Überblick über die MSD-Infobriefe ASS
   b Laden Sie sich den Infobrief 5A herunter und lesen aufmerksam die Gelingensfaktoren für Schulbegleitungen.
   c Benennen Sie die Gelingensfaktoren im Hinblick auf Unterricht und Schule und im Hinblick auf Zusammenarbeit mit Schulbegleiterinnen und Schulbegleitern!

Weiterführende Links

Homepage von Autismus Deutschland e.V. (Bundesverband zur Förderung von Menschen mit Autismus): Hinweise auf aktuelle deutschsprachige Literatur und Fortbildungen, Materialien zum Download, Filme und Videosequenzen über und von Menschen mit Autismus, verlinkte Filme und Videos (www.autismus.de)
Homepage des Landesverbandes autismus Bayern e.V.: zahlreiche Fachinformationen, regionale Hinweise auf Selbsthilfelandschaft und wichtige Ansprechpartner (www.autismus-bayern.de)
Bayerische Staatsministerium für Unterricht und Kultus (StMUK): Informationen zu Stand und Fortgang der Inklusion in Bayern, Filme über die Inklusionspraxis, auch bei Autismus (www.km.bayern.de/ministerium/schule-und-ausbildung/inklusion/videos-zur-inklusion-in-bayern.html)
Arbeits- und Forschungsgruppe: Entwicklung einer Autismusstrategie für Bayern (Vorhaben, Ziele und Ergebnisse unter www.sw.hm.edu/autismus-strategie-bayern)

Literaturempfehlungen

Für einen Überblick über ASS und zur inklusiven Beschulung:
Noterdaeme, M., Ullrich, K. & Enders, A. (Hrsg.) (2017): Autismus- Spektrum-Störungen (ASS). Ein integratives Lehrbuch für die Praxis. 2. erweiterte und überarbeitete Auflage. Stuttgart: Kohlhammer
Bundesverband Autismus Deutschland e.V. (Hrsg.) (2011): Inklusion von Menschen mit Autismus. Karlsruhe: Loeper
Markowetz, R. (2020): Schüler mit Autismus-Spektrum-Störungen im inklusiven Unterricht. München: Reinhardt.

Literatur

Amorosa, H. (2010): Klassifikation/Epidemiologie. In: Noterdaeme, M., Enders, A. (Hrsg.): Autismus-Spektrum-Störungen (ASS). Stuttgart, 19-34.
APA (Hrsg.) (2015): Diagnostisches und Statistisches Manual Psychischer Störungen DSM-5. Deutsche Ausgabe. Göttingen.
autismus Deutschland e.V. (2019): Was ist Autismus. Bundesverband zur Förderung von Menschen mit Autismus. Online verfügbar unter: https://www.autismus.de/kontakt-impressum-datenschutz.html (27.05.2019).
Baker, J. (2014): Soziale Foto-Geschichten für Kinder mit Autismus. Visuelle Hilfen zur Vermittlung von Spiel, Emotion und Kommunikation. Stuttgart.
Bayerisches Staatsministerium für Unterricht und Kultus (2018): Bayerns Schulen in Zahlen 2017/18. München.
Bernard-Opitz, V. (2014): Kinder mit Autismus Spektrum Störungen. Ein Praxishandbuch für Therapeuten, Eltern und Lehrer. Stuttgart: Kohlhammer.
Bondy, A.S. & Frost, L.A. (1998). The Picture Exchange Communication System. In: Seminars in Speech and Language, 19, H. 4, 373-389.
Bundesverband Autismus Deutschland & Wilczek, B. (2007): Schulbegleitung für Schülerinnen und Schüler mit Asperger- Syndrom. Hamburg.
Bundesverband autismus Deutschland e.V. (Hrsg.) (2011): Inklusion von Menschen mit Autismus. Karlsruhe: Loeper.
Bundesverband Hilfe für das autistische Kind (2005): Asperger- Syndrom- Strategien und Tipps für den Unterricht. Hamburg.
Czerwenka, S. (2017): Umfrage von autismus Deutschland e.V. zur schulischen Situation von Kindern und Jugendlichen mit Autismus. In: autismus, Heft 83. Als pdf-Download unter: https://www.autismus.de/fileadmin/RECHT_UND_GESELLSCHAFT/Heft_83_Artikel_Schulumfrage.pdf (01.08.2018)
Deutsche Gesellschaft für Kinder- und Jugendpsychiatrie, Psychosomatik und Psychotherapie (DGKJP) (2016): Autismus-Spektrum-Störungen im Kindes-, Jugend- und Erwachsenenalter, Teil 1: Diagnostik

Dilling, H., Mombour, W. & Schmidt, M.H. (Hrsg.) (2013): Internationale Klassifikation psychischer Störungen. ICD-10 Kapitel V (F). Klinisch-diagnostische Leitlinien. 9. Aufl. Bern.

Eckert, A. & Sempert, W. (2012): Kinder und Jugendliche mit Autismus-Spektrum-Störungen in der Schule – Entwicklung eines Rahmenmodells der schulischen Förderung. In: Vierteljahresschrift für Heilpädagogik und ihre Nachbargebiete, 3, 221-233.

Humphrey, N. & Lewis, S. (2008): What does ‚inclusion' mean for pupils on the autistic spectrum in mainstream secondary schools? In: Journal of Research in Special Education Needs, 8, H. 3, 132-140.

Humphrey, N. & Symes, W. (2011): Inclusive education for pupils with autistic spectrum disorders in secondary mainstream schools: Teacher attitudes, experience and knowledge. In: International Journal of Inclusive Education, (November 2011), 1-15.

Kamp-Becker, I. & Bölte, S. (2011): Autismus. München: Ernst Reinhard Verlag.

Kamp-Becker, I. & Bölte, S. (2014): Autismus. 2. Aufl. München: Ernst Reinhardt Verlag.

Leach, D. & Duffy, M.L. (2009): Supporting students with autism spectrum disorders in inclusive settings. In: Intervention in School and Clinic, 45, H. 1, 31-37.

Leblanc, L., Richardson, W. & Burns, K.A. (2009): Autism spectrum disorder and the inclusive classroom: Effective training to enhance knowledge of ASD and evidence-based practices. In: Teacher Education and Special Education, 32, H. 2, 166-179.

Noterdaeme, M., Ullrich, K. & Enders, A. (Hrsg.) (2017): Autismus-Spektrum-Störungen (ASS). Ein integratives Lehrbuch für die Praxis. Stuttgart: Kohlhammer.

Parsons, S., Guldberg, K., MacLeod, A., Jones, G., Prunty, A. & Balfe, T. (2011): International review of the evidence on best practice in educational provision for children on the autism spectrum. In: European Journal of Special Needs Education, 26, H. 1, 47-63.

Robertson, K., Chamberlain, B. & Kasari, C. (2003): General education teachers' relationships with included students with autism. In: Journal of Autism and Developmental Disorders, 33, H. 2, 123-130.

Sautter, H., Schwarz, K. & Trost, R. (Hrsg.). (2012): Kinder und Jugendliche mit Autismus-Spektrum-Störung: Neue Wege durch die Schule. Stuttgart: Kohlhammer.

Schirmer, B. (2010). Schulratgeber Autismus- Spektrum- Störungen: Ein Leitfaden für LehrerInnen. München: Ernst Reinhardt Verlag.

Schuster, N. (2010). Schüler mit Autismus- Spektrum- Störungen. Stuttgart: Kohlhammer.

Symes, W. & Humphrey, N. (2012): Including pupils with autistic spectrum disorders in the classroom: The role of teaching assistants. In: European Journal of Special Education, 27, H. 4, 517-532.

Theunissen, G. (2014): Menschen im Autismus-Spektrum. Verstehen, annehmen, unterstützen. Ein Lehrbuch für die Praxis. Stuttgart: Kohlhammer.

Theunissen, G., Sagrauske, M. (2019): Pädagogik bei Autismus. Eine Einführung. Stuttgart: Kohlhammer.

Tuckermann, A., Häußler, A. & Lausmann, E. (2012). Praxis TEACCH: Herausforderung Regelschule-Unterstützungsmöglichkeiten für Schüler mit Autismus-Spektrum-Störungen im lernzielgleichen Unterricht. Dortmund: Verlag Modernes Lernen.

9 Pädagogik bei langfristigen Erkrankungen
Angelika Moosburger

9.1 Pädagogik bei langfristigen Erkrankungen als Fachdisziplin

9.1.1 Definition und theoretische Grundlagen

> Pädagogik bei langfristigen Erkrankungen ist eine Fachdisziplin, die sich mit Schülerinnen und Schülern aller Schularten befasst, die von einer langfristigen Erkrankung betroffen sind. Sie findet an allen Förderorten für alle schulpflichtigen Kinder und Jugendlichen statt.

Im Beschluss der Kultusministerkonferenz vom 20.03.1998 wurden für die Bundesländer Empfehlungen zum Förderschwerpunkt Unterricht kranker Schülerinnen und Schüler erlassen: „Schülerinnen und Schüler, die aufgrund einer Erkrankung für längere Zeit oder in regelmäßigen Abständen im Krankenhaus bzw. in ähnlichen Einrichtungen stationär behandelt werden oder die Schule nicht besuchen können, erhalten nach den jeweiligen landesrechtlichen Bestimmungen während dieser Zeit Unterricht" (Sekretariat der Ständigen Konferenz der Kultusminister der Länder in der Bundesrepublik Deutschland 1998, 1). Folgende Übersicht zeigt mögliche Förderorte:

Abb. 9.1: Mögliche Förderorte

In Orientierung an der Krankenhausschulordnung lassen sich pädagogische Ziele bei langfristiger Erkrankung formulieren (vgl. KraSo, § 5):

- Förderung des Genesungswillens,
- Unterstützung des Heilungsprozesses,
- Ablenkung von der Krankheit,
- Abwendung von Gefahren für die seelische Gesundheit,
- Unterstützung bei der Bewältigung der Krankheit, Auseinandersetzung mit den Folgen und Vermeidung von Rückfällen,
- Anschluss an die Schulbildung,
- erfolgreiche Wiedereingliederung in der Stammschule,
- Hilfe bei der Bewältigung der Krankheit, bei der Auseinandersetzung mit den Folgen und bei der Vermeidung von Rückfällen.

Ziele

Im Beschluss der Kultusministerkonferenz vom 20.03.1998 wird zwischen besonderem Förderbedarf und sonderpädagogischem Förderbedarf unterschieden (vgl. Sekretariat der Ständigen Konferenz der Kultusminister der Länder in der Bundesrepublik Deutschland 1998, 4-5).

Besonderer Förderbedarf

Besonderer Förderbedarf liegt bei allen langfristig oder wiederkehrend erkrankten Schülerinnen und Schülern vor, wenn sie ohne besondere pädagogische Hilfen nicht hinreichend an ihrer Schule gefördert werden können. Dazu werden von den Lehrkräften ärztliche Hinweise beachtet und die Lernorganisation den besonderen Erfordernissen der Erkrankung angepasst. Sonderpädagogische Förderung ist in der Regel nicht notwendig, häufig jedoch die Gewährung eines befristeten Nachteilsausgleiches.

Sonderpädagogischer Förderbedarf

Hingegen macht sonderpädagogischer Förderbedarf eine individualisierte und diagnostikbasierte Förderplanung erforderlich, die weit über curriculare Vorgaben hinausgeht. Bei kranken Schülerinnen und Schülern muss deshalb in bestimmten Fällen abgeklärt werden, ob nicht ein sonderpädagogischer Förderbedarf in einem der sonderpädagogischen Förderschwerpunkte „Körperliche und motorische Entwicklung" oder „Emotionale und soziale Entwicklung" vorliegt.

9.1.2 Aktuelle empirische Erkenntnisse

Unterschiedliche Förderorte und verschiedene Krankheitsbilder bedingen, dass keine aktuellen empirischen Forschungsergebnisse für den gesamten Bereich „Pädagogik bei langfristigen Erkrankungen" vorliegen.

Zahlen

Durch den Rückgang von Infektionskrankheiten sind chronische Krankheiten bei Kindern in den Fokus der Aufmerksamkeit gerückt. Allerdings gibt es viele Definitionen von „chronisch kranken Kindern" und entsprechend variable Angaben zur Größe dieser Gruppe. Die Frage nach dem Vorliegen lang andauernder, chronischer Krankheiten oder Gesundheitsprobleme wurde in KiGGS Welle 1 von den Eltern für insgesamt 16,2% der Kinder und Jugendlichen im Alter von 0 bis 17 Jahren bejaht (Jungen 17,9%, Mädchen 14,3%) (vgl. Neuhauser u.a. 2014).

Grundsätzlich unterscheidet man chronische bzw. langfristige Erkrankungen in körperliche (somatische) und psychische Erkrankungen (siehe Tabelle 9.1).

Tab. 9.1: Beispiele chronischer Erkrankungen

Beispiele für somatische Krankheitsbilder	Beispiele für psychische oder psychosomatische Krankheitsbilder
Asthma	Depressionen
Diabetes	Essstörungen
Epilepsie	Bindungsstörungen
Migräne	ADHS
Neurodermitis	Autismus-Spektrum-Störung
Adipositas	Posttraumatische Belastungsstörungen
Rheuma	Angststörungen, z.B. Schulphobie, soziale Phobie
Herzerkrankungen	Enuresis
Krebserkrankungen	Enkopresis
Nierenerkrankungen	Soziale Anpassungsstörungen
Mukoviszidose (CF)	Zwangsstörungen
	Schizophrenie

Die Weltgesundheitsorganisation (WHO) definiert Gesundheit als Gegenpol eines Krankheitsbegriffs:

Begriffsklärung Krankheit

„Die Gesundheit ist ein Zustand des vollständigen körperlichen, geistigen und sozialen Wohlergehens und nicht nur das Fehlen von Krankheit oder Gebrechen" (WHO 2014, 1).

Die Übergänge zwischen „Gesundheit" und „Krankheit" sind fließend, eine klare Abgrenzung des kranken vom gesunden Menschen ist kaum möglich (vgl. Wikipedia).

In einer vom Landesinstitut für Schule und Medien Berlin-Brandenburg herausgegebenen Handreichung (2010, 7-8) werden chronische Erkrankungen, die begrifflich nicht eindeutig definiert sind, näher beschrieben.

Chronische Erkrankungen

Merkmale und Indikation einer chronischen Erkrankung:
Dauer über mindestens ein Jahr
Einschränkungen im Alltag und in der sozialen Teilhabe
Notwendigkeit zu kompensatorischen Maßnahmen (z.B. Medikation, Diät)
Bedarf an medizinisch-pflegerischen oder psychologisch-pädagogischen Unterstützungsmaßnahmen

Die Kinder- und Jugendmedizin verwendet einen sogenannten nonkategorialen Klassifikationsansatz (Abb. 9.2), um auch die soziale und psychologische Entwicklungsdimension sowie den Krankheitsverlauf zu beschreiben (vgl. Schmidt & Thyen 2008).

Nonkategorialer Klassifikationsansatz

Nicht zu unterschätzen ist die erhebliche Lebensbedeutsamkeit der Erkrankung für den Betroffenen.

Abb. 9.2: Lebensbedeutsamkeit langfristiger Erkrankungen

Fachspezifisches Wissen, das für die Pädagogik bei langfristigen Erkrankungen von Bedeutung ist, hat bisher nur in Ansätzen Eingang in die Lehrerbildung gefunden.

Dieses Thema sollte sowohl in der ersten Phase an den Universitäten als auch in der zweiten Phase der Lehrerbildung im Referendariat einen festen Platz im Ausbildungscurriculum erhalten. Ebenso wäre es wichtig, dass in der Ausbildung aller Schulpsychologinnen und -psychologen und Beratungslehrkräfte eine intensive Auseinandersetzung mit chronischen Erkrankungen bei Schülerinnen und Schülern stattfindet.

9.1.3 Die Bedeutung einer langfristigen Erkrankung für das Erleben und Lernen betroffener Schülerinnen und Schüler

- Veränderte Lebensbedingungen

„Wir betrachten die Krankheit nicht als etwas Persönliches und Besonderes, sondern nur als die Aeusserung des Lebens unter veränderten Bedingungen…" (Virchow 1851, 7)

> Die Entwicklungsaufgabe des Betroffenen, aber auch die seiner Umgebung ist die größtmögliche Anpassung an diese veränderten Bedingungen. Wenn diese Lebensaufgabe gut bewältigt wird, führt dies letztlich zu einer erfolgreichen Inklusion und einem gelingenden Leben mit der Krankheit.

- Zu erwartende Beeinträchtigungen

Für die betroffenen Kinder und Jugendlichen können durch eine langfristige Erkrankung besondere Belastungen entstehen, die sich auch auf das schulische Lernen auswirken (s. Abb. 9.3):

Abb. 9.3: Auswirkungen langfristiger Erkrankung

- Mögliche Belastungen der Kinder und Jugendlichen
  - körperliche Belastungen (Schmerzen, Schlafmangel),
  - Einschränkungen der Lebensqualität (Sport und Bewegung im Alltag),
  - Strukturierung des Tagesablaufs nach Krankheitserfordernissen (notwendige Ruhezeiten, tägliche Behandlungsphasen, häufige Arzttermine, …),
  - Einschränkung der Leistungsfähigkeit und erhöhter Energieaufwand für das Erbringen von vergleichbaren Leistungen (viele Fehlzeiten, reduzierte körperliche Belastbarkeit, Nebenwirkungen von Medikamenten),
  - eingeschränkte soziale Kontakte (aufgrund von Stigmatisierungen durch das Symptombild, Sonderrolle in der Klassengemeinschaft),
  - altersuntypische Lebensplanungen (durch eine per se eingeschränkte oder plötzlich veränderte Zukunftsperspektive),
  - Auswirkungen auf Selbstwertgefühl und Psyche (Verringerung der körperlichen Attraktivität durch krankheitsbedingte Veränderungen),

(vgl. Landesinstitut für Schulentwicklung 2013, 4-5).

- Mögliche Belastungen der Familie   Familie
  - erhöhtes Trennungsrisiko der Eltern,
  - Arbeitsplatzverlust durch hohe Fehlzeiten wegen der Erkrankung des Kindes,
  - finanzielle Belastungen wegen Zuzahlung zu Medikamenten und Therapien,
  - Trennung von Haustieren,
  - psychische Belastung der Geschwisterkinder (ständiges Zurückstecken-Müssen, Versuch der Kompensation durch überangepasstes oder nichtangepasstes Verhalten, Entwicklung psychosomatischer Symptome, hoher Leistungsanspruch …),
  - soziale Isolation (Strukturierung des Tagesablaufs nach Krankheitserfordernissen, eingeschränkte Möglichkeiten zur Kontaktpflege),
  - Verlustängste angesichts einer lebensbedrohlichen oder lebensverkürzenden Erkrankung.

- Mögliche Belastungen in der Klasse und in der Schule   Klasse/Schule
  - Verunsicherung bei den Klassen- und Schulkameraden (Wie soll ich mich verhalten?),
  - Ängste (Verlustängste, Angst vor Ansteckung),
  - Entfremdung wegen altersuntypischer Interessen,
  - Sonderrolle in der Klasse/in der Schule (Befreiung vom Sportunterricht, Nachteilsausgleich, Rücksichtnahme der Lehrkräfte).

- Mögliche Belastungen bei der Lehrkraft   Lehrkraft
  - Verunsicherung (Wie soll ich mich verhalten?),
  - Ängste (Verlustängste, Ängste aufgrund persönlicher Betroffenheit, z.B. eigene Erkrankung, Erkrankungen von Angehörigen),
  - Unsicherheiten im Umgang mit der Sonderrolle des erkrankten Kindes (Gerechtigkeitsaspekt, Schweigepflicht, rechtliche Möglichkeiten bei der Umsetzung des Nachteilsausgleichs),
  - Arbeitsaufwand (höhere Zahl an Gesprächen und Kontakten, individuelle Förderplanung…).

> Lehrerinnen und Lehrer an der Stammschule sollten sich immer bewusst machen, dass sie nach einem langen Krankenhausaufenthalt eines Kindes oder Jugendlichen eine psychisch und je nach Krankheitsbild auch physisch veränderte Schülerin oder einen veränderten Schüler vorfinden werden.

> Beispiele: Jugendliche nach Krebserkrankung oder Organtransplantation verletzlicher und kritischer, zielstrebiger, erreichen nicht selten bessere Schulleistungen als vor der Erkrankung; Reifung der Persönlichkeit durch Krankheitsdiagnose, medizinische Behandlung, ggf. Nebenwirkungen der Medikamente und Sorgen um die Zukunft; große Angst vor Rückfall und den Reaktionen der Mitschüler (vgl. Wolfrum u.a. 2017).

9.2 Langfristige Erkrankungen im Alltag der allgemeinen Schule

9.2.1 Stand der Inklusion

„Definitorisch kann es keine Reintegration im Rahmen der Inklusion geben. Für Schülerinnen und Schüler der Schule für Kranke steht diese Aufgabe aber an, da sie zumindest während des Klinikaufenthalts nicht an ihren Heimatschulen unterrichtet werden konnten" (Popp 2018, 7).

„Inklusion bei längerfristigen Erkrankungen muss sich an folgenden Fragestellungen messen lassen:
- Wie aufnahmefreudig sind die Regelschulen?
- Wie viel Begleitung ist möglich, ist nötig?
- Wie wird Regelschule diesem Klientel gerecht?
- Wie wird die Regelschullehrerin/der Regelschullehrer darauf vorbereitet?"

(ebd.)

Für eine gelingende Inklusion bei längerfristigen Erkrankungen im Sinne der Weiterentwicklung innerschulischer und schulorganisatorischer Konzepte sowie der praktischen pädagogischen Arbeit wären empirische wissenschaftliche Forschungen zu diesen Fragestellungen eine wertvolle Unterstützung.

9.2.2 Rolle der Lehrkräfte bei der Rückkehr in die Schule

Inklusion an der Stammschule

Aufgrund der langen Abwesenheit durch einen Klinikaufenthalt ist es eine wichtige Aufgabe der Klassen- und ggf. auch der Kliniklehrkraft, gemeinsam die Rückkehr des Kindes oder Jugendlichen vorzubereiten.

Erfahrungen aus der Praxis zeigen, dass insbesondere bei psychischen Erkrankungen ein fehlendes Wiedereingliederungskonzept die Rückfallgefahr erhöht. Aber auch bei anderen Krankheitsbildern können Ängste und sich wiederholende Überforderungssituationen bei den langfristig erkrankten Schülerinnen und Schülern zu Schulvermeidung und letztlich zum Schulabbruch führen. Deshalb sind ein sensibler Umgang mit den Betroffenen und das Ausschöpfen der pädagogischen sowie schulrechtlichen Möglichkeiten von entscheidender Bedeutung. Denkbar sind z.B. ein gestaffelter Wiedereinstieg in den Stundenplan der Stammschule, Erholungszeiten während des Schulalltags oder die Erarbeitung von individuellen Maßnahmen und Regelungen zum Nachteilsausgleich.

Folgende Briefe und Erfahrungsberichte zeigen den Stand der Inklusion aus Sicht der betroffenen Schülerinnen und Schüler:

Gymnasiastin, 16 Jahre, Anorexie und Depression, nach Aufenthalt in der Kinder- und Jugendpsychiatrie:

> Ich bin so froh, dass ich erstmal keine Klassenarbeiten mitschreiben muss. Den anderen habe ich nur das Wichtigste über meine Krankheit erzählt – die müssen ja nicht alles wissen. Gut fand ich, dass die Lehrer sofort auf mich zugekommen sind und mir ihre Unterstützung angeboten haben.

Landesinstitut für Schulentwicklung (2013, 8)

> **Gymnasiastin, 17 Jahre, Depression:**
>
> Liebe Schule für Kranke,
> ich bin immer sehr gern hier hergekommen, weil hier immer Verständnis gezeigt wurde, wenn es einem nicht gut ging.
> Es war jedes Mal, obwohl es Schule ist, sehr schön und um ehrlich zu sein, wurde mir hier auch ein bisschen der Spaß an der Schule zurückgegeben...Sie haben mir die Angst vor meinem ersten großen Familiengespräch genommen und haben sich sehr für mich eingesetzt, was meinen Stundenplan und meine Seminararbeit anging...
>
> Staatliche Schule für Kranke München (Gästebuch, 2014)

9.2.3 Spezifische Herausforderungen in der Unterrichtspraxis und im Schulleben

- **Unterrichtspraxis: Individuelle Fördermaßnahmen**

Kooperation aller

Langfristig erkrankte Kinder und Jugendliche sind eine ausgeprägt heterogene Gruppe, die in allen Schularten vertreten ist und eines breiten Angebotes an unterschiedlichen Fördermaßnahmen bedarf. Für die Förderplanung und Umsetzung der Förderziele können je nach Fall neben allgemeinpädagogischen auch sonderpädagogische, psychologische, medizinisch-therapeutische, pflegerische, soziale und technische Kompetenzen sowie Hilfen außerschulischer Maßnahmenträger notwendig sein. Die Abstimmung zwischen den Kooperationspartnerinnen und -partnern der unterschiedlichen Unterstützungssysteme ist unabdingbar. Von großer Bedeutung ist auch die enge Zusammenarbeit mit den Eltern bzw. Erziehungsberechtigten der Schülerinnen und Schüler.

Beispiele für Fördermaßnahmen bei Autismus-Spektrum-Störungen und ADHS sind:

Maßnahmen im Unterricht

- gemeinsam mit dem Kind oder Jugendlichen individuelle Verhaltensziele erarbeiten,
- Anbieten von Auszeiten,
- konsequente verbale Rückmeldungen,
- Verstärkersystem (Token),
- Verträge (Kontingenzverträge),
- Sitzposition im Klassenzimmer bewusst auswählen,
- Strukturierung des Arbeitsplatzes,
- Reizreduktion, z.B. Aufstellen von Trennwänden, Einsatz von Schallschutz-Kopfhörern,
- Einsatz einer Schulbegleitung.

- **Schulleben**

Teilhabe

Die Teilnahme chronisch kranker Schülerinnen und Schüler an Klassenfahrten ist aus pädagogischen und psychologischen Gründen für den Einzelnen von herausragender Bedeutung. In vielen Fällen ist dies mit einer sorgfältigen Vorbereitung der Maßnahme gut umsetzbar. Wichtig sind die enge und vertrauensvolle Zusammenarbeit mit den Eltern und ggf. auch ein Gespräch mit der behandelnden Ärztin bzw. dem Arzt.

- **Herausforderungen für die Lehrkraft**

Intensive Aufgabe

> Pädagogik bei Krankheit ist eine fachlich anspruchsvolle und emotional intensive Aufgabe für jede Lehrkraft.

Nicht selten erleben die Lehrkräfte diese als höchst bereichernd, gleichzeitig aber auch herausfordernd im Schulalltag. Besondere Herausforderungen sind:
- große Klassen,
- hohe Arbeitsbelastung,
- Gerechtigkeitsdenken,
- Aufsichtspflicht,
- große Verantwortung der Lehrkraft.

9.3 Handlungsempfehlungen und Fördermaßnahmen

9.3.1 Bewährte Konzepte

- „Was kann ich langfristig tun?"
  - Anlegen eines Ordners mit Informationen zum Krankheitsbild,
  - Planung von Maßnahmen in Absprache mit den Eltern und den Kindern/Jugendlichen, z.B. Pausenregelungen, Klärung der Bedingungen der Teilnahme am Sportunterricht, Abholung des Kindes/Jugendlichen bei fehlender Schulfähigkeit oder Beeinträchtigung des Schulbetriebs durch die Eltern.

9.3.2 Passende Maßnahmen für Unterrichtsgestaltung und Schulalltag

Unterricht und Schulalltag

- „Was mache ich morgen?"
  - Organisation eines separaten Raumes für notwendige Ruhepausen oder zur Durchführung medizinischer Maßnahmen, z.B. Regulierung des Blutzuckerspiegels,
  - Erbeten der Unterstützung des Kollegiums und der Schulleitung, z.B. Beaufsichtigung eines Kindes/Jugendlichen in akuten Krisensituationen,
  - genaue Beobachtung des Kindes/Jugendlichen, ggf. Anbieten von Ruhepausen oder Bewegungsmöglichkeiten, Veränderung des Sitzplatzes (vorne, Ausgangsnähe), Reduktion des Arbeitsumfangs,
  - Organisation der Übermittlung versäumter Unterrichtsinhalte zur Nachholung,
  - Anfertigung von Kopien von Hefteinträgen von Mitschülern,
  - Reduzierung des Umfangs der Hausaufgaben.

9.3.3 Haltung und Handlungsweise der Lehrkraft

> Die Aufgabe der Lehrkräfte im Umgang mit langfristig erkrankten Schülerinnen und Schülern liegt nicht darin, sie körperlich oder psychisch zu heilen. Diese Aufgabe obliegt den Ärztinnen und Ärzten oder Psychotherapeutinnen und Psychotherapeuten. Vielmehr geht es darum, die Kinder und Jugendlichen in ihrer Schülerrolle zu unterstützen, damit sie diese so gut wie möglich ausfüllen können.

Günstige Haltungen und Handlungsweisen sind:
- empathisch und verständnisvoll sein,
- krankheitsbedingte Ausnahmen machen,
- individuelle Fördermaßnahmen anbieten,
- Gleichbehandlung, dort wo es möglich ist.

> Kranke Schülerinnen und Schüler wünschen sich krankheitsbedingte Rücksichtnahme, wollen aber so normal wie möglich behandelt werden (vgl. Landesinstitut für Schule und Medien Berlin-Brandenburg, 8).

9.3.4 „Wo finde ich Unterstützung und Information?"

Tab. 9.2: Informationsmöglichkeiten auf verschiedenen Ebenen

Schulinternes Procedere: • Lektüre von Lehrerbroschüren zum Krankheitsbild oder Fachliteratur • Gespräch mit der Schulleitung • Hinzuziehen von Beratungslehrkraft oder Schulpsychologin • Einschalten von Verbindungslehrkraft/Schulsozialarbeit
Externe Beratung • nach Schweigepflichtsentbindung: Telefonat mit dem behandelnden Facharzt, um Handlungssicherheit zu bekommen • Kontaktaufnahme mit Schulberatungsstelle/Schule für Kranke
Kooperationspartnerinnen und -partner • Mobile Sonderpädagogische Dienste

Die Mobilen Sonderpädagogischen Dienste (MSD) für die Förderschwerpunkte körperlich-motorische Entwicklung (MSD-K), emotionale und soziale Entwicklung (MSD-esE) und der MSD-Autismus stellen in Bayern eine Ergänzung im Erziehungs- und Unterrichtsgeschehen der allgemeinen Schule und anderer Förderschulformen dar und verfolgen inklusive Ziele (vgl. hierzu verschiedene Veröffentlichungen des Staatsinstituts für Schulqualität und Bildungsforschung in München). Ihr Auftrag ist es, der einzelnen Schülerin oder dem einzelnen Schüler durch Beratung und Förderung eine soziale Teilhabe und ein Lernen in seinem schulischen Umfeld individuell angemessen zu ermöglichen.

Verschiedene MSD

Für bestmögliche Erfolgsaussichten ist der Informationsaustausch mit der Schule für Kranke unerlässlich.

Im § 23 der KraSO ist die Zusammenarbeit zwischen der Schule für Kranke und der Stammschule geregelt. Daraus ergibt sich ein Beratungsauftrag für die Schule für Kranke, der allerdings nicht im vergleichbaren zeitlichen und personellen Umfang wie beim MSD vorgesehen ist. Dennoch sind eine telefonische Beratung für Lehrkräfte sowie schriftlich formulierte Förderempfehlungen für die Stammschulen in der Regel verfügbar.

Beratungsauftrag

9.3.5 Hilfen für die Stammschule – aktuelle Entwicklungen aus der Praxis

- **Projekt Heimatschulbesuche – München**

Zur Unterstützung der Wiedereingliederung nach Krebserkrankungen und Organtransplantationen führt die Staatliche Schule für Kranke München sogenannte „Heimatschulbesuche" mit Unterrichtsstunden in den Klassen durch.

Stufe 1: Unterrichtsstunde der Kliniklehrkraft in der Klasse (Informationen zu den Krankheitsursachen, zur medizinischen Behandlung, Empfehlungen zum Umgang mit den Einschränkungen)

Stufe 2: Runder Tisch mit Schulleitung, Lehrkräften und Eltern (Erarbeitung individueller Maßnahmen, Empfehlungen zum Nachteilsausgleich (NTA))

Stufe 3: Erfolgreicher Schulbesuch

Abb. 9.4: Heimatschulbesuche

- **Hamburger Modell – Vom BEM zum SEM**

Das Bildungs- und Beratungszentrum Pädagogik bei Krankheit/Autismus in Hamburg führt im Hamburger Modell ein sog. „**S**chulisches **E**ingliederungs **M**anagement" (SEM) durch. Vorbild hierzu ist das „Betriebliche Eingliederungsmanagement" (BEM). Ziel des SEM ist es, die Spirale von Ausgrenzung, Klassenwiederholungen und das Verlassen der Schule ohne bzw. ohne adäquaten Schulabschluss zu vermeiden (vgl. Meister 2017).

SEM-Checkliste
1. Fehlzeiten ermitteln (insgesamt > 4 Wochen)
2. Kontaktaufnahme zu den Eltern
3. Erstgespräch führen
4. Gespräch mit Schüler/in und Eltern
5. Planung von Maßnahmen (z.B. NTA)
6. Durchführung von Maßnahmen
7. Evaluation der Maßnahmen
Ggf. Schritte ab 4. wiederholen

Pädagogik bei langfristigen Erkrankungen | 131

Arbeitsaufträge

1. Informieren Sie sich, wo überall in Bayern Schulen für Kranke oder Klassen für Kranke (angegliedert an ein Sonderpädagogisches Förderzentrum) angesiedelt sind. Finden Sie die zuständige Schule für
   - die Schule, die Sie als Schüler(in) besucht haben
   - eine Praktikumsschule

   https://www.km.bayern.de/eltern/schularten/schule-fuer-kranke.html

2. Wählen Sie ein somatisches und ein psychosomatisches Krankheitsbild aus Tabelle 9.1 aus. Verschaffen Sie sich das geforderte Grundwissen über das Krankheitsbild. Überlegen Sie sich Auswirkungen auf den Schulalltag und individuelle Fördermaßnahmen bezogen auf Ihre Schulart.
   Quellen:
   https://www.gesetze-bayern.de/Content/Document/BaySchO2016-32
   https://www.klinikschule-freiburg.de/pdagogik-bei-krankheit

3. Wählen Sie sich einen Fall aus Ihrem eigenen Erfahrungsbereich (eigene Krankheiten, Krankheiten in der Familie, im Freundeskreis oder während der Schulzeit). Durchdenken Sie den Fall anhand der Abbildung 9.3.

Weiterführende Links

https://www.bzga.de/infomaterialien/unterrichtsmaterialien/unterrichtsmaterialien/chronische-erkrankungen/
https://www.isb.bayern.de/
https://www.km.bayern.de/schueler/schularten/schule-fuer-kranke.html
Staatliche Schulberatung Bayern https://www.schulberatung.bayern.de/schulberatung/index.asp

Literatur

Bayerisches Gesetz über das Erziehungs- und Unterrichtswesen (BayEUG) in der Fassung der Bekanntmachung vom 31. Mai 2000.

Landesinstitut für Schulentwicklung (2013): Förderung gestalten, Modul E, Chronische Erkrankungen bei Kindern und Jugendlichen mit Auswirkungen auf den Schulalltag, aktualisierte Neuauflage 2016, StuttgArt. In: http://www.schule-bw.de/faecher-und-schularten/schularten/sonderpaedagogische-bildung/unterricht_materialien_medien/handreichungen/handreichungsreihe-foerderung-gestalten/fg-e.pdf, 18.05.2018.

Landesinstitut für Schule und Medien Berlin-Brandenburg (LISUM) (2010) (Hrsg.): Schülerinnen und Schüler mit chronischen Erkrankungen,1. Auflage, Berlin: Oktoberdruck. In: https://bildungsserver.berlin-brandenburg.de/fileadmin/bbb/schule/Hilfe_und_Beratung/Schule_und_Krankheit/pdf/Schule_und_Krankheit.pdf, 27.05.2018.

Meister, M. (2017): Vom BEM zum SEM. In: https://www.dvfr.de/fileadmin/user_upload/DVfR/Downloads/Veranstaltungen/180925_FT_psych_Beeintr%C3%A4chtigungen/WS_2_Schulisches_Eingliederungsmanagement_Nachteilsausgleich.pdf 27.05.2018.

Neuhauser, H. & Poethko-Müller, C. (2014): KiGGS Study Group Abteilung für Epidemiologie und Gesundheitsmonitoring, Robert Koch-Institut, Berlin: Chronische Erkrankungen und impfpräventable Infektionserkrankungen bei Kindern und Jugendlichen in Deutschland Ergebnisse der KiGGS-Studie – Erste Folgebefragung (KiGGS Welle 1), In: https://edoc.rki.de/bitstream/handle/176904/1891/24LVbJkhx4JU.pdf?sequence=1&isAllowed=y, 18.05.2018.

Popp, K. (2018): Inklusion – Segen oder Fluch für Kinder und Jugendliche mit psychiatrischen Auffälligkeiten. In: SchuPs, Zeitung des Arbeitskreises Schule und Psychiatrie, Nr. 27, 4-7.

Robert Koch Institut, Studie zur Gesundheit von Kindern und Jugendlichen in Deutschland, Die allgemeine Gesundheit von Kindern und Jugendlichen in Deutschland – Querschnittergebnisse aus KiGGS Welle 2 und Trends – Fact Sheet in: Journal of Health Monitoring, 1/2018, 8.

Schmidt, S. & Thyen, U. (2008):Was sind chronisch kranke Kinder? In: Bundesgesundheitsblatt – Gesundheitsforschung – Gesundheitsschutz 51, S. 585-591. In: http://www.schuleundkrankheit.de/files/01-was.pdf, 27.05.2018.

Sekretariat der Ständigen Konferenz der Kultusminister der Länder in der Bundesrepublik Deutschland (1998): Empfehlungen zum Förderschwerpunkt Unterricht kranker Schülerinnen und Schüler. Beschluss der Kultusministerkonferenz vom 20.03.1998. In:
https://www.kmk.org/fileadmin/Dateien/veroeffentlichungen_beschluesse/1998/1998_03_20-Empfehlung-Foerderschwerpunkt-kranke-Schueler.pdf, 15.04.2018.

Staatliche Schule für Kranke (2014): Gästebuch (unveröffentlicht). München 2014.

Staatsinstitut für Schulqualität und Bildungsforschung (2008): Erziehung konkret 1, München. In: https://www.isb.bayern.de/download/1707/08-09-23_erziehungkonkret_klassenklima.pdf, 05.04.2018.

Staatsinstitut für Schulqualität und Bildungsforschung (2012): Förderschwerpunkt körperliche und motorische Entwicklung, München. In: https://www.isb.bayern.de/download/9542/foerderschwerpunkt_koerperl_motor_entwicklung.pdf, 05.04.2018.

Staatsinstitut für Schulqualität und Bildungsforschung (2012): MSD-Infobrief: Schülerinnen und Schüler mit Epilepsie. Grundlegende Informationen zu Epilepsien und Beratungshilfen, München. In: https://www.isb.bayern.de/download/18206/hinweis_s.6_msd_infobrief_epilepsie.pdf, 05.04.2018.

Staatsinstitut für Schulqualität und Bildungsforschung (2014): MSD-Infobriefe Autismus-Spektrum-Störung. 2. überarbeitete Auflage, Furth: Maristen Druck & Verlag

Verordnung über die Errichtung und den Betrieb sowie Schulordnung der Schulen für Kranke in Bayern (Krankenhausschulordnung – KraSO) vom 1. Juli 1999.

Virchow, R. (1851): Die Epidemien von 1848. In: Virchows Archiv 3, 1. u. 2. Heft, 1851, 7.

WHO (2014): Verfassung der Weltgesundheitsorganisation. In: https://www.admin.ch/opc/de/classified-compilation/19460131/201405080000/0.810.1.pdf, 18.05.2018

Wikipedia: Krankheit. In: https://de.wikipedia.org/wiki/Krankheit, 18.05.2018.

Wolfrum, S.; Hippler, B. (2017): Schule im Krankenhaus – die Schnur zum Leben. In: spuren – Sonderpädagogik in Bayern, 4/2017, 33-36.

Inklusives Schulsystem

Einleitung: Sonderpädagogische Organisationsformen

In einem inklusiven Bildungssystem besteht ein hoher Bedarf an Unterstützungssystemen für die allgemeinen Schulen. Eine der wichtigsten und unverzichtbaren Säulen eines inklusiven Bildungssystems sind die Organisationsformen sonderpädagogischer Förderung und die damit verbundene sonderpädagogische Fachkompetenz als Ressource für allgemeine Schulen. Während bis in die 1970er Jahre hinein in der Bundesrepublik Deutschland das sonderpädagogische Fördersysteme nahezu vollständig aus Förderschulen für fast jede Behinderungsart besteht, gehen alle europäischen Nachbarländer und viele andere Länder der Welt längst einen anderen Weg von mehr Gemeinsamkeit im Bildungssystem.

Sonderschulsystem

> Das differenzierte „Sonderschulsystem" der Bundesrepublik Deutschland mit einer „Sonderschulart" für nahezu jede Behinderungsart ist international einmalig.

Zugleich stellt es die Ausgangsbedingung für ein inklusives Bildungssystem in der Bundesrepublik Deutschland dar. In der Ära der Bildungsreform zu Beginn der 1970er Jahre beginnt sich allerdings auch hier eine Gegenbewegung zu entwickeln. Erste Versuche mit dem gemeinsamen Unterricht und mehr Gemeinsamkeit im Bildungssystem werden auch auf Anregung des Deutschen Bildungsrates in verschiedenen Bundesländern (z.B. Berlin, Bremen, Hamburg, Hessen, Schleswig-Holstein, Saarland) unternommen und im Rahmen von Modellversuchen erprobt und evaluiert (*Phase der Modellversuche*).

Integrative Gegenbewegung

Im Jahre 1994 wirken sich diese zahlreichen Integrationsversuche in den Bundesländern auch auf der Ebene der Kultusministerkonferenz aus und finden Eingang in die „Empfehlungen zur sonderpädagogischen Förderung in den Ländern der Bundesrepublik Deutschland". Sonderpädagogische Förderung soll nunmehr vermehrt in allgemeinen Schulen und in Berufsschulen stattfinden können. Dem sonderpädagogischen Förderbedarf kann auch in allgemeinen Schulen mit sonderpädagogischer Unterstützung entsprochen werden. In der Folge der KMK-Empfehlungen von 1994 sind die sonderpädagogischen Organisationsformen in der Unterstützung der allgemeinen Schulen in einen Prozess der Pluralisierung der Orte und Konzepte sonderpädagogischer Förderung eingetreten und haben sich in Kooperation mit allgemeinen Schulen erheblich flexibler ausgerichtet. Aus den stationären Förderschulen entwickeln sich mehr Förderzentren mit einer stärker ambulanten Angebotsvielfalt und einer regionalen Orientierung. Sonderpädagogische Lehrkräfte werden z.B. als Mobile sonderpädagogische Dienste (MSD) in Bayern nun auch stundenweise in allgemeinen Schulen eingesetzt und bringen dort ihre sonderpädagogische Fachkompetenz mit ein. In diesem Zusammenhang sickert die integrative Bildungsreform nach und nach in den Schulalltag ein, auch wenn die Anteile der Schülerinnen und Schüler mit sonderpädagogischem Förderbedarf in allgemeinen

KMK-Empfehlung 1994

Schulen lange Zeit stagnieren. Sonderpädagogische Organisationsformen und allgemeine Schulen stehen jedoch weiterhin relativ unabhängig nebeneinander (*Phase der Konsolidierung*).

UN-Behindertenrechtskonvention (UN-BRK)

Erst als im Jahre 2009 die UN-BRK auch von der Bundesrepublik Deutschland ratifiziert wird, kann es zu einer Weiterentwicklung des sonderpädagogischen Fördersystems kommen. Sonderpädagogische Fachkompetenz wird nunmehr zunehmend in allgemeine Schulen verlagert. Sonderpädagogische Lehrkräfte sollen in einem inklusiven Bildungssystem fester Bestandteil des Kollegiums einer allgemeinen Schule sein und hier in den Unterricht und das Schulleben umfassend einbezogen werden, so wie das in den skandinavischen Ländern bereits seit vielen Jahren der Fall ist. Sonderpädagogische Lehrkräfte sind in inklusiven Schulen sowohl in Prozesse des *Teamteachings* eingebunden, aber auch in Phasen der Einzel- und Kleingruppenförderung. Zusätzlich bieten sie beratende und förderdiagnostische Leistungen in der allgemeinen Schule an, die im Gespräch mit Eltern, Lehrkräften sowie Schülerinnen und Schülern begründet werden und kooperativ Eingang in die Schulpraxis finden (*Phase der inklusiven Bildungsreform*).

Inklusives Schulsystem

Die Zielvorstellung eines inklusiven Schulsystems ist jedoch gleichwohl bislang nicht im Detail ausgearbeitet. In der ersten Dekade nach dem Inkrafttreten der UN-BRK zeichnet sich jedoch nicht nur in der Bundesrepublik Deutschland, sondern ebenso in anderen Ländern mit Erfahrungen in der Inklusionsentwicklung im Bildungsbereich ab, dass keineswegs nur eine Organisationsform anzustreben ist. Vielmehr werden in allen Ländern mindestens drei unterschiedliche Organisationsformen eines inklusiven Schulsystems vorgehalten: 1. Inklusive Schulen als Schulen für alle Kinder und Jugendlichen, 2. Spezielle Klassen für Schülerinnen und Schüler mit sonderpädagogischem Förderbedarf in allgemeinen Schulen, 3. Förderschulen bzw. Förderzentren überwiegend für Schülerinnen und Schüler mit sonderpädagogischem Förderbedarf. Diese Organisationsformen werden in den verschiedenen Ländern sicher in unterschiedlicher quantitativer Gewichtung vorgehalten. Es ist jedoch kein Land der Welt bekannt, das ein inklusives Schulsystem ausschließlich über inklusive Schulen als Schulen für alle organisiert.

> Ein inklusives Schulsystem benötigt zahlreiche unterschiedliche inklusive Settings, die vom inklusiven Unterricht für alle in inklusiven Schulen über Kleingruppen- und Einzelförderung durch mobil tätige sonderpädagogische Lehrkräfte bis hin zur quasi-therapeutischen 1:1-Situation (eine Schülerin bzw. ein Schüler und eine sonderpädagogische Lehrkraft in einem geschützten Raum z.B. bei gravierenden Verhaltensstörungen) in einem Förderzentrum mit dem Ziel der möglichst zeitnahen Rückführung an die allgemeine Schule reicht.

Diese Konzeption eines inklusiven Schulsystems mit einer Vielfalt an inklusiven Settings liegt auch den folgenden Überlegungen zu den sonderpädagogischen Organisationsformen als Unterstützungssystemen für allgemeine Schulen zugrunde.

Einleitung

> Wenn im Folgenden das bayerische System der sonderpädagogischen Förderung herangezogen wird, so geschieht das, um exemplarisch die Chancen eines vielfältigen Systems an inklusiven Settings deutlich zu machen.

Andere Bundesländer haben hier andere Bezeichnungen und andere organisatorische Lösungen gefunden. Vielfach bleibt beispielsweise unberücksichtigt, dass ein flächendeckendes inklusives Schulsystem in Stadtstaaten wie Berlin, Bremen und Hamburg anders aussehen dürfte als in Flächenstaaten wie Bayern, Baden-Württemberg, Nordrhein-Westfalen oder Brandenburg und Mecklenburg-Vorpommern. In jedem Fall gilt nach vorliegenden Erfahrungen, dass ein inklusives Schulsystem von unten aus den Schulen heraus wachsen muss und ohne sonderpädagogische Unterstützung nicht gelingen wird.

10 Förderschulen und Sonderpädagogisches Förderzentrum (SFZ)

Andrea C. Schmid

10.1 Organisationsform Sonderpädagogisches Förderzentrum (SFZ): Historische Einordnung

Begrifflichkeiten im Wandel

Historisch betrachtet waren „Behinderte" sowohl von Extinktion betroffen (also von Aussetzung und Tötung, wie z.B. in der Antike), als auch, unter Zuschreibung von mangelnder Bildungsfähigkeit, von Exklusion (also vom schulischen Ausschluss wie z.B. im Dritten Reich in Deutschland) (vgl. Ellger-Rüttgardt 2008). Spätestens mit der Einrichtung sog. „Hilfsschulen" gegen Ende des 19. Jahrhunderts und „Sonderschulen" in der Bundesrepublik Deutschland (BRD) etwa ab Mitte des 20. Jahrhunderts wird die von den „normalen" Kindern und Jugendlichen getrennte Erziehung und Unterrichtung – d.h. die Separation – schulorganisatorisch weitgehend umgesetzt. Parallel verläuft jedoch die Kritik an dieser separativen Beschulung. Gefordert wird die Integration, also die Rückführung der Schülerschaft in das Allgemeine Schulsystem, und – mit Berufung auf reformpädagogische Unterrichtskonzepte – die gemeinsame Unterrichtung von Kindern und Jugendlichen mit und ohne „Behinderung" von Anfang an im Sinne der Inklusion. Nach Möckel (2009) beginnt die Geschichte inklusiver Pädagogik dann, „wenn Kinder mit Behinderungen öffentlich beachtet, als Schüler akzeptiert und in öffentlich zugänglichen Schulen unterrichtet worden sind" (a.a.O., 80).

Inkrafttreten der UN-BRK 2009

Mit der Ratifizierung der UN-Konvention über die Rechte von Menschen mit Behinderung (UN-BRK) 2008 und des Inkrafttretens 2009 (vgl. United Nations 2006) verpflichtet sich die Bunderepublik Deutschland, wie in Artikel 24 gefordert, ein inklusives Bildungssystem auf allen Ebenen zu entwickeln und umzusetzen.

Verschiedene Förderschulen

Im Gegensatz zu anderen Ländern, die Schülerinnen und Schüler mit sonderpädagogischem Förderbedarf oft in allgemeinen Schulen fördern und/oder ein relativ ausgebautes (entgeltpflichtiges) Privatschulsystem aufweisen, besteht in der BRD ein differenziertes System aus Förderschulen bzw. Sonderpädagogischen Förderzentren (SFZ). Je nach dem entsprechenden Förderbedarf können folgende verschiedene Förderschulen gebildet werden:

- Förderschwerpunkt Sehen,
- Förderschwerpunkt Hören,
- Förderschwerpunkt körperliche und motorische Entwicklung,
- Förderschwerpunkt geistige Entwicklung,
- Förderschwerpunkt Sprache,
- Förderschwerpunkt Lernen,
- Förderschwerpunkt emotionale und soziale Entwicklung sowie
- Förderberufsschulen und
- Schulen für (chronisch) Kranke.

In Bayern sind die Förderschwerpunkte Sprache, Lernen, emotionale und soziale Entwicklung in Sonderpädagogischen Förderzentren (SFZ) zusammengefasst. Aufgrund der geringen Häufigkeit sind sowohl der Förderschwerpunk Sehen als auch der Förderschwerpunk Hören meist überregional als Landesschulen organisiert, häufig als Mittel- oder Realschule mit Internatsanbindung. Der Förderschwerpunkt körperliche und motorische Entwicklung wird überwiegend durch die allgemeinen Schulen abgedeckt, bei (schwer) mehrfach auftretenden „Behinderungen" halten die Förderzentren mit dem Förderschwerpunkt geistige Entwicklung entsprechende Angebote vor. Die Klientel an Förderberufsschulen besteht aus den Schulabgängerinnen und -abgängern der Sonderpädagogischen Förderzentren wie auch denen der Mittelschulen. Die an Schulen für Kranke unterrichteten Kinder und Jugendlichen werden weiter als Schülerinnen und Schüler der bisher besuchten Schule bzw. Schulart geführt (vgl. Staatsregierung von Bayern 2013). Die Mobilen Sonderpädagogischen Dienste (MSD) der verschiedenen Förderschwerpunkte kommen (überregional) an allgemeine Schulen oder an andere Förderschulen, wenn der angefragte Förderschwerpunkt dort nicht abgedeckt ist.

Als Bildungsabschlüsse können folgende unterschiedliche erreicht werden: Abschlüsse der allgemeinen Schulen (Mittelschule, Realschule, Gymnasium), Abschluss des Bildungsgangs Lernen (mit Benotung) sowie die Beschreibung der erreichten individuellen Lernziele und Kompetenzen (ohne Benotung) (vgl. ebd.). Dieser hohen schulischen Ausdifferenzierung und Spezialisierung entsprechend, gestaltet sich die Aufgabe der Schulentwicklung hin zu einem inklusiven Erziehungs- und Bildungssystem als besonders herausfordernd.

Bildungsabschlüsse

Unter Berücksichtigung unterschiedlicher Förderbedarfe hat sich in der BRD ein differenziertes Förderschulsystem ausgebildet. In Bayern werden in der Organisationsform SFZ v.a. die Förderschwerpunkte Sprache, Lernen, emotionale und soziale Entwicklung auf dem Weg zu einer inklusiven Schule für alle zusammen beschult.

Die Schülerschaft des SFZ bringt sonderpädagogischen Förderbedarf (SPF) in den o.g. drei Schwerpunkten der sogenannten „Trias" mit und stellt den größten Anteil an Schülerinnen und Schülern mit SPF. Im Folgenden wird das SFZ exemplarisch genauer dargestellt.

10.2 Das Sonderpädagogische Förderzentrum im inklusiven Bildungssystem

Schülerinnen und Schüler im Förderschwerpunkt Lernen (FS L) lassen sich durch eine erschwerte Lern- und Lebenssituation charakterisieren. Ohne sonderpädagogische Unterstützungsmaßnahmen bzw. Hilfe von außen, können die auftretenden gravierenden Lernschwierigkeiten nicht überwunden werden. Gravierende Lernschwierigkeiten sind lebenslaufbegleitend und als „Behinderung" nicht sofort sichtbar, zudem sie häufig mit anderen (offensichtlicheren) Auffälligkeiten einhergehen. Es besteht die Gefahr, die Feststellung eines sonderpädagogischen Förderbedarfs im Lernen bildungspolitisch zu vernachlässigen (vgl. Heimlich & Schmid 2018).

10.2.1 Konzeptionelle und rechtliche Grundlagen

Formen des SFZ — Konzeptionell sind grundsätzlich zwei Formen eines SFZ zu unterscheiden: SFZ ohne Schülerinnen und Schüler mit sonderpädagogischem Förderbedarf bestehen als reine Kompetenzzentren lediglich aus dem Kollegium sonderpädagogischer Lehrkräfte, die die sonderpädagogische Förderung von Kindern und Jugendlichen an der allgemeinen Schule planen, begleiten und durchführen. Das SFZ mit Schülerinnen und Schülern erfüllt die sonderpädagogische Förderung im eigenen Haus, eine gängige Form beispielsweise innerhalb des pluralistischen sonderpädagogischen Fördersystems Bayerns (vgl. Heimlich 2016).

Aufbau eines SFZ — Im Verlauf eines Schulentwicklungsprozesses in Bayern werden in den 1990er Jahren die Schulen zur (individuellen) Lernförderung mehrheitlich mit den Sprachheilschulen und den Schulen zur Erziehungshilfe zu Sonderpädagogischen Förderzentren zusammengeführt (vgl. Huber 1997). So soll die Expertise v.a. über die drei Förderschwerpunkte Lernen, Sprache, emotionale und soziale Entwicklung (Verhalten), die in der Schulpraxis meist in Kombination auftreten, zielführend gebündelt werden. Rechtlich grundgelegt ist das SFZ im Bayerischen Gesetz über das Erziehungs- und Unterrichtswesen (BayEUG) in Art. 20 (Staatsregierung von Bayern 2013). Wird eine Weiterentwicklung des SFZ zu einer Schule mit dem Profil Inklusion angestrebt, ist dies ebenso im BayEUG geregelt: In Artikel 30b ist das Profil der inklusiven Schule ausgeführt, neben weiteren kooperativen Organisationsformen wie der Kooperations-, Partner- und Offenen Klassen (in Art. 30a). In Abbildung 10.1 wird der traditionelle Aufbau eines SFZ als Haus veranschaulicht. So besteht das SFZ aus mobilen wie auch stationären Anteilen mit Angeboten für alle Altersspannen von der Vorschule bis zum Ende der Pflichtschulzeit. Im Förderschwerpunkt geistige Entwicklung halten Förderzentren sogar die Berufsschulstufe vor. Im folgenden Kapitel werden die Arbeitsweisen und der Schulalltag im SFZ näher erläutert, wobei die einzelnen Teile der SFZ in den weiteren Kapiteln dieses Buches jeweils ausführlich vorgestellt werden.

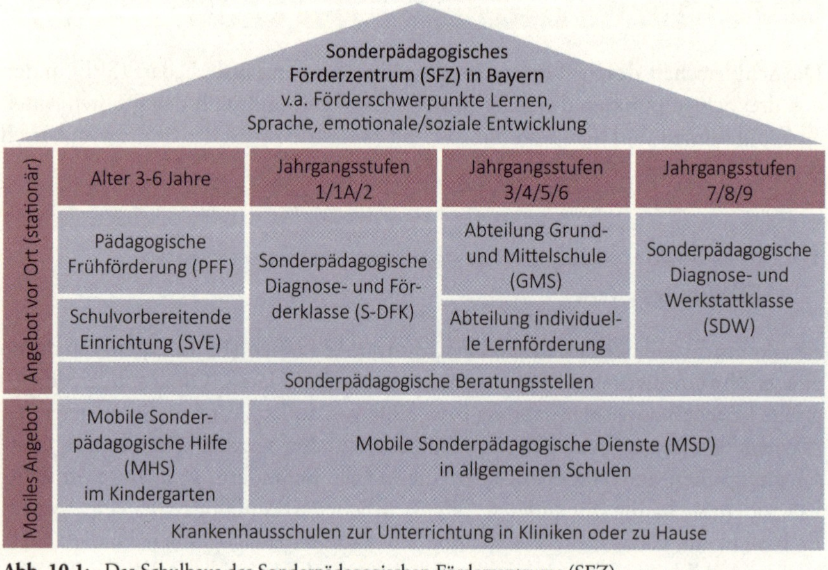

Abb. 10.1: Das Schulhaus des Sonderpädagogischen Förderzentrums (SFZ)

10.2.2 Schulalltag im Sonderpädagogischen Förderzentrum

Da der Einzugsbereich der Schülerschaft eines SFZ über den eigenen Schulsprengel hinausgehen kann, wird die Schulanbindung durch öffentliche Verkehrsmittel, Schulkleinbusse und z.T. Taxis gewährleistet. Außerdem hat sich zur Wahrnehmung einer kompensatorischen Funktion ein Ausbau der Ganztagsbetreuung vor Ort bewährt.

Organisatorischer Rahmen

Häufig werden gravierende Lernschwierigkeiten erst bei den Schuleingangsuntersuchungen und durch (Intelligenz-) Testverfahren als sonderpädagogischer Förderbedarf festgestellt. Die auftretenden Lern- bzw. Leistungsproblematiken sind auf multifaktoriell bedingte Ursachen zurückzuführen, beispielsweise auf mangelhaften Erwerb von Vorwissen und -erfahrungen, Armut und Zugehörigkeit zu eher bildungsfernen Milieus, Migrationshintergrund, sprachliche Schwierigkeiten, Flucht, Traumatisierung, Angst, Aufmerksamkeits-Defizit-Syndrom (ADHS), Legasthenie, Dyskalkulie usf. Durch eine diagnosegeleitete Förderung und individuelle Förderplanung wird in möglichst kleinen Klassen und Lerngruppen ein kompensatorischer und adaptiver Unterricht durchgeführt. Um neben der Vermittlung der Lerninhalte der 1. und 2. Klasse Grundschule auch basale Entwicklungsbereiche fördern zu können, besteht im Rahmen der Sonderpädagogischen Diagnose- und Förderklasse (S-DFK) die Option einer Lernzeitverlängerung um ein Schuljahr (vgl. Kapitel 11). In den Klassen 3 bis 6 des Schonraums im SFZ steht eine individualisierte Förderung im Zentrum von Erziehung und Bildung. Meist wird in eine eher leistungsstarke Abteilung GMS (Grund- bzw. Mittelschulzweig) und in eine mit erhöhtem sonderpädagogischen Förderbedarf (Abteilung ILF: Individuelle Lernförderung) differenziert. Die sonderpädagogische Förderung in der Sonderpädagogischen Diagnose- und Werkstattklasse (SDW, Klasse 7-9) thematisiert insbesondere die berufliche Orientierung und Vorbereitung der Schülerinnen und Schüler.

Bedürfnisorientierte Angebote

10.2.3 Bedeutung für die Inklusion

Im Jahr 2016 werden in Deutschland etwa 523.800 Schülerinnen und Schüler mit sonderpädagogischem Förderbedarf unterrichtet, davon rund 191.200 (36,5%) mit sonderpädagogischem Förderbedarf im Förderschwerpunkt Lernen (FS L) (vgl. KMK 2016, XIV). In Bayern werden insgesamt 54.479 Schülerinnen und Schüler an Förderschulen bzw. SFZ unterrichtet, davon 24.951 in den Förderschwerpunkten emotionale und soziale Entwicklung, Lernen und Sprache (sog. „Trias") (vgl. a.a.O., 25ff.), die Förderung von Schülerinnen und Schüler in den entsprechenden FSP an allgemeinen Schulen beläuft sich auf 17.765 (vgl. a.a.O., 53ff.).

Statistik

„Die inklusive Schule ist ein Ziel der Schulentwicklung aller Schulen" (Staatsregierung von Bayern 2013, 26), also auch der Organisationsform des SFZ. Das bedeutet, dass sich auch die SFZ für alle Schülerinnen und Schüler mit und ohne sonderpädagogischen Förderbedarf öffnen sollen. Unter Berücksichtigung des Elternwillens kann sich das SFZ schulorganisatorisch mit entsprechender sachlicher und personaler Ausstattung für ein gemeinsames Lernen von Anfang an und somit für ein inklusives Schulprofil öffnen. Wie aber könnte sich ein derartiger Schulentwicklungsprozess darstellen? Abbildung 10.2 veranschaulicht beispielhaft unter Be-

Inklusive Schulentwicklung

rücksichtigung des Response-to-Intervention-Ansatzes (RTI) (vgl. Abschnitt 10.3) ein mögliches inklusives Schulhaus/SFZ als Organisationsform.

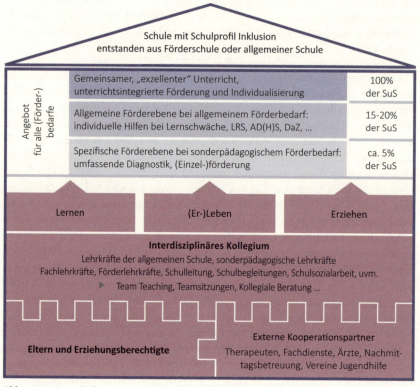

Abb. 10.2: Das Schulhaus SFZ mit dem Schulprofil „Inklusion"

Praxisbeispiel inklusive Grundschule

Die Heinrich-Braun-Grundschule (2015) in Trostberg bietet beispielhaft eine inklusive Beschulung von Kindern mit und ohne sonderpädagogischen Förderbedarf mit Schuleintritt an. Neben der Einzelinklusion arbeiten in den sog. „Tandemklassen" sonderpädagogische und Grundschullehrkräfte im *Teamteaching* zusammen in einer Klasse, sodass eine adäquate individualisierte Förderung und Unterstützung gewährleistet ist.

> Das SFZ kann mit oder ohne Schülerinnen und Schüler konzipiert sein. Es besitzt stationäre wie auch mobile (ambulante) Anteile. Im Zuge einer inklusiven Schulentwicklung können sich die SFZs auch für Schülerinnen und Schüler ohne sonderpädagogischen Förderbedarf öffnen.

10.3 Akteurinnen und Akteure im Sonderpädagogischen Förderzentrum

Response-to-Intervention-Ansatz (RTI)

Mit Unterstützung und Rückhalt der Eltern kann die sonderpädagogische Förderung von Kindern und Jugendlichen mit gravierenden Lernschwierigkeiten durch

(Sonder-)Pädagoginnen und Pädagogen am besten gelingen. Unabhängig vom Schulsetting beschreibt der *Response-to-Intervention*-Ansatz (RTI, vgl. Bineham u.a. 2014, 231) aus dem angelsächsischen Raum folgende drei Förderstufen in der Prävention als zielführend:

- Förderstufe 1: Evidenzbasierter Unterricht als präventive Grundausrichtung für alle mit Schulleistungs- und Verhaltensscreenings und Lernverlaufsdiagnostik
- Förderstufe 2: Intensive Förderung als zusätzliche Kleingruppenförderung
- Förderstufe 3: Intensive Einzelförderung als individualisierte Intervention

Aus diesen Förderstufen ergibt sich deutlich ein mit der Förderstufe ansteigender hoher Bedarf an Verlaufsdiagnostik bzw. individueller Förderung, wobei die Gruppengröße bis hin zur Einzelförderung parallel dazu abnimmt. Voraussetzung für solch ein professionelles Arbeiten ist die intensive Aus-, Fort- und Weiterbildung der Lehrkräfte und die Zusammenarbeit von Lehrkräften der allgemeinen Schule und der Sonderpädagogik.

10.3.1 Unterrichtsalltag und Erleben der Schülerinnen und Schüler

Idealerweise werden Schülerinnen und Schüler wohnortnah beschult. Das findet beim Besuch eines SFZ aufgrund des großen Einzugsgebiets häufig weniger Berücksichtigung.

In heterogenen Lerngruppen sollte zieldifferent und mit einem Curriculum für alle unterrichtet werden. Hier setzt der Rahmenlehrplan für den Förderschwerpunkt Lernen (Bayerisches Staatsministerium für Unterricht und Kultus 2012) schulartübergreifend an: Die kompetenzorientierte und förderdiagnostische Ausrichtung ergänzt alle weiteren Lehrpläne, z.B. Grund-/Mittelschullehrplan Plus, Berufsschullehrplan, Lehrplan zur Berufs- und Lebensorientierung (BLO), Lehrplan Deutsch als Zweitsprache (DaZ). Im Gegenzug dazu können Inhalte aus diesen Lehrplänen in den Rahmenlehrplan für den FS L aufgenommen werden.

Rahmenlehrplan für den Förderschwerpunk Lernen

Zur Planung des (gemeinsamen) Unterrichts eignet sich z.B. das Konzept inklusionsdidaktischer Netze (vgl. Heimlich & Kahlert 2014; Bärnreuther 2018;). Lernen am gemeinsamen Gegenstand findet nach dieser Konzeption möglichst ganzheitlich und unter spezieller Berücksichtigung aller relevanten Entwicklungsbereiche statt. Die Beschulung im Umfeld einer sehr konkurrenzorientierten Leistungsgesellschaft kann aufgrund des Wegfalls des Zugpferdeffekts durch sehr leistungsstarke Schülerinnen und Schüler zu einer realitätsfremden Selbsteinschätzung – sowohl im Leistungs- als auch dem sozialen Bereich – der Schülerinnen und Schüler mit sonderpädagogischem Förderbedarf führen. Auch stellt die Umsetzung eines diagnosegeleiteten adaptiven Unterrichts und die Feststellung des individuellen sonderpädagogischen Förderbedarfs eine sehr zeitintensive Aufgabe für Lehrkräfte dar. Trotz dieser Schwierigkeiten sollten der Elternwille und die Durchlässigkeit in das allgemeine Schulsystem höchste Priorität besitzen.

Oberstes Ziel ist die Rückführung an die Klassen der entsprechenden allgemeinen Schulen. Das soll durch individualisierte Förderung innerhalb eines Schonraums in kleineren Klassen sowie Gruppen realisiert werden. Allerdings besteht durch die

Durchlässigkeit

separate Beschulung die Gefahr der Stigmatisierung für Kinder und Jugendliche mit gravierenden Lernschwierigkeiten. Ein weiterer „Stolperstein" liegt in dem von Lehrkräften beklagten „Personal-, Zeit- und Ressourcenmangel" (Huber, Frey-Flügge & Schlesier 1997, 176). Die aufwendige förderdiagnostische Arbeit, wie sie z.B. das RTI-Modell verlangt, könne so nicht angemessen umgesetzt werden.

Twin Track

Das grundlegende Ziel einer „Bildung für alle" in einem inklusiven Schulsystem kann als sog. *Twin Track* an Förderzentren stattfinden:

> „Die Förderschulen bzw. Förderzentren bilden demnach ganz im Sinne der UN-BRK einen legitimen und komplementären Teil eines solchen Dual-inklusiven Bildungssystems. Sie verletzen in ihrem Ansatz kein Menschenrecht und keine Menschenwürde, sonst wäre eine Warnung vor ihnen in der UN-BRK verankert worden. Zusammen mit den Allgemeinen Schulen ergänzen sie sich zu einem Doppelsystem" (Speck 2018, 172).

Durch das Elternwahlrecht ist das inklusive Doppelsystem das international verbreitetste, und laut Medienberichten wendet sich die öffentliche Einstellung, sodass Eltern wie auch Fachleute verstärkt für den Erhalt der Förderzentren eintreten.

Praxisbeispiel SFZ

Als „*best practice*"-Beispiel kann das SFZ Mitte 2 München an der Isar (2018) mit vielfältigen Angeboten aufgeführt werden. Es fungiert als Kooperationsschule der Ludwig-Maximilians-Universität (LMU) München, Lehrstuhl Lernbehindertenpädagogik und beteiligt sich sehr erfolgreich an der Ausbildung sonderpädagogischer Nachwuchslehrkräfte. Auf ihrer Homepage stellt die Schule ihr Angebot und die damit verbundenen Konzeptionen und Überlegungen vor.

http://www.sfz-an-der-isar.musin.de/

10.3.2 Aufgaben und Rolle der Lehrkraft

Aufgaben einer Lehrkraft

Zu den Aufgabenbereichen einer (sonderpädagogischen) Lehrkraft zählen v.a. folgenden Tätigkeiten (Schmid 2015, 16ff.):

- Erziehen und Unterrichten, auch im *Teamteaching*
- Diagnostizieren und Fördern
- Evaluieren, Bewerten und Beraten
- Fortbilden
- (inklusive) Schulentwicklung bzw. Innovieren
- interdisziplinäres Kooperieren, Netzwerken sowie im besten Falle auch (stadtteil-)politisches Engagement

Verändertes Rollenbild

Das traditionelle Rollenbild einer Klassenlehrkraft im überwiegenden „Einzelkämpfertum" verschiebt sich daher in Richtung erhöhter Mobilität, Kooperation und der notwendigen Berücksichtigung größerer Zusammenhänge bzw. Aktionsradien.

Inter-/Supervision

Neben der zu erwerbenden Fach-, Methoden- und Sozialkompetenz, gilt es v.a. die Ausbildung der personalen Kompetenz nicht zu vernachlässigen (a.a.O., 19ff.). Das beinhaltet als professionelle Kompetenz letztlich nicht nur Beratung für Schülerinnen und Schüler, Eltern und Kolleginnen und Kollegen zu geben, sondern zudem Beratung auch für sich in Anspruch zu nehmen, z.B. in Form von Inter- bzw. Supervision. Grundlage dafür ist die eigene Reflexionsfähigkeit sowie die sonderpädagogische Haltung bzw. das Ethos, sich für benachteiligte Kinder und Jugendliche einzusetzen.

10.3.3 Externe und weitere Beteiligte

In der (sonder-)pädagogischen Arbeit mit den individuellen Bedürfnissen von Kindern und Jugendlichen sind neben der Ebene des (inklusiven) Unterrichts die Ebenen des multiprofessionellen Teams, des Schulkonzepts und Schullebens sowie die Vernetzung mit dem Umfeld zu berücksichtigen (Heimlich & Schmid 2018). Die externe Kooperation findet mit Vertreterinnen und Vertretern verschiedenster Einrichtungen und Professionen statt, z.B. mit der Kinder- und Jugendhilfe, der Agentur für Arbeit, der Polizei, Fachkliniken, therapeutischen Einrichtungen, Sozialdiensten, Kommunalverwaltungen, Kirchengemeinden, Sportvereinen, Betrieben, Universitäten und weiteren sonderpädagogischen Expertisen, wie z.B. den MSD anderer Fachbereiche.

Die oberste Zielsetzung des SFZ besteht in der Rückführung der Schülerschaft in die allgemeine Schule sowie die Berücksichtigung des Elternwillens. Für die Ausbildung (sonder-)pädagogischer Professionalität bildet die eigene Reflexionsfähigkeit und die sonderpädagogische Haltung die Grundlage.

Arbeitsaufträge

1. Stellen Sie die Organisationsform Sonderpädagogisches Förderzentrum (SFZ) dar und erläutern diese im Hinblick auf mögliche Akteure, Kooperationen und Organisation!
2. Diskutieren Sie kritisch Möglichkeiten und Grenzen der Erziehung und Bildung von Schülerinnen und Schülern mit sonderpädagogischem Förderbedarf in einem SFZ!
3. Wie könnte eine inklusive Schulentwicklung der Organisationsform SFZ aussehen?

Weiterführende Links

Deutschland-Länder-Schulstatistiken: KMK (Sekretariat der Ständigen Konferenz der Kultusminister der Länder in der Bundesrepublik Deutschland) (Hrsg.) (2016): Sonderpädagogische Förderung in Schulen 2007-2016. In: https://www.kmk.org/dokumentation-statistik/statistik/schulstatistik/sonderpaedagogische-foerderung-an-schulen.html, 01.06.2018

Sonderpädagogisches Fördersystem Bayern mit SFZ und Beratungsstellen: Bayerisches Staatsministerium für Unterricht und Kultus; Bayerisches Staatsministerium für Wissenschaft und Kunst (Hrsg.) (2018): Die Förderschulen in Bayern. In: https://www.km.bayern.de/eltern/schularten/foerderschule.html, 01.06.2018

Rahmenlehrplan für den Förderschwerpunkt Lernen/Lehrpläne: ISB (Staatsinstitut für Schulqualität und Bildungsforschung München) (Hrsg.) (2018): Schulartspezifisches – Lehrplan. In: https://www.isb.bayern.de/schulartspezifisches/lehrplan/, 01.06.2018

Literatur

Bärnreuther, I. (2018): Das Konzept der inklusionsdidaktischen Netze zur Planung inklusiven Mathematikunterrichts in der Grundschule. In: Zeitschrift für Heilpädagogik 69/5, 225-238.

Bayerisches Staatsministerium für Unterricht und Kultus (StMUK) (Hrsg.)(2012): Rahmenlehrplan für den Förderschwerpunkt Lernen, Teile 1 u. 2. München: StMUK.

Bineham, S., Shelby, L., Pazey, B., Barbara, L. & Yates, J.R. (2014): Response to Intervention: Perspectives of General and Special Education Professionals. In: Journal of School Leadership 24/3, 230-252.

Ellger-Rüttgardt, S. (2008): Geschichte der Sonderpädagogik. Eine Einführung. München/Basel: Reinhardt.
Heimlich, U. (2016): Pädagogik bei Lernschwierigkeiten. 2. Aufl. Bad Heilbrunn: Klinkhardt.
Heimlich, U. & Kahlert, J. (2014): Inklusion in Schule und Unterricht. Auf dem Weg zur Bildung für alle. Stuttgart: Kohlhammer, 2. Aufl.
Heimlich, U. & Schmid, A.C. (2018): Zwischen Nachhilfeklassen und inklusiven Schulen – Schulorganisatorische Aspekte der Inklusion bei gravierenden Lernschwierigkeiten. In: Benkmann, R. & Heimlich, U. (Hrsg.): Inklusion in Schule und Gesellschaft – Inklusion im Förderschwerpunkt Lernen. Bd. 9. Stuttgart: Kohlhammer, 14-65.
Heinrich-Braun-Grundschule (Hrsg.) (2015): Heinrich-Braun-Grundschule – Schule mit dem Schulprofil „Inklusion": Inklusion? Das können wir! Trostberg: Heinrich-Braun-Grundschule.
Huber, F. (Hrsg.) (1997): Das Sonderpädagogische Förderzentrum auf dem Prüfstand: Erfahrungen, Analysen, Perspektiven. Tagungsbericht. Donauwörth: Auer.
Huber, F., Frey-Flügge, E. (1997): Das Sonderpädagogische Förderzentrum: Konzepte – Entwicklungen – Ergebnisse. Abschlußbericht [sic!] zum Schulversuch. Donauwörth: Auer.
KMK (Sekretatiat der Ständigen Konferenz der Kultusminister der Länder in der Bundesrepublik Deutschland) (Hrsg.) (2016): Sonderpädagogische Förderung in Schulen 2007-2016. In: https://www.kmk.org/fileadmin/Dateien/pdf/Statistik/Dokumentationen/Dok_214_SoPaeFoe_2016.pdf, (01.06.2018).
Möckel, A. (2009): Die Funktion der Sonderschulen und die Forderung der Integration. In: Eberwein, H. & Knauer, S. (Hrsg.): Handbuch Integrationspädagogik. 7. Aufl. Weilheim/Basel: Beltz, 80-90.
Schmid, A.C. (2015): Kompetent für das Studium!? Eignung und Gesundheit im Studium der Lernbehindertenpädagogik. Bad Heilbrunn: Klinkhardt.
SFZ (Sonderpädagogisches Förderzentrum) Mitte 2 München (Hrsg.) (2018): Sonderpädagogisches Förderzentrum Mitte 2 an der Isar. Hompage mit Angeboten. In: http://www.sfz-an-der-isar.musin.de, (04.06.2018).
Speck, O. (2018): Das inklusive Schulsystem – ein „Twin Track" (UN). Die Rolle der Förderzentren. In: Zeitschrift für Heilpädagogik 69/4, 167-174.
Staatsregierung von Bayern (Hrsg.) (2013): Schulordnung für die Volksschulen zur sonderpädagogischen Förderung in Bayern – VSO-F mit Gesetz über das Erziehungs- und Unterrichtswesen BayEUG und eingearbeiteten weiteren gesetzlichen Bestimmungen. 13. Aufl. München: Maiß.
United Nations (Hrsg.) (2006): Convention on the Rights of Persons with Disabilities. In: http://www.un.org/disabilities/documents/convention/convoptprot-e.pdf, (22.05.2018)

11 Sonderpädagogische Diagnose- und Förderklassen (S-DFK)

Susanne Bjarsch

11.1 Die sonderpädagogische Diagnose- und Förderklasse: Historische Einordnung

Die Sonderpädagogische Diagnose- und Förderklasse (S-DFK) in Bayern richtet sich seit Mitte der 1980er Jahre an Schülerinnen und Schüler, deren Entwicklungsstand und Leistungsfähigkeit eine erfolgreiche Teilnahme am Unterricht der Grundschule (noch) nicht ermöglichen. Ausgehend von einigen Klassen im Rahmen der Schulversuche KEsT („Konzeption zur Eingliederung sprachbehinderter Schüler mit Teilleistungsstörungen") und InteKiL („Integration teilleistungsgestörter Kinder, die von Lernbehinderung bedroht sind"), die sich auf die Förderschwerpunkte Lernen, Sprache sowie emotionale und soziale Entwicklung beschränkten, avancierte die S-DFK schnell zum ersatzlosen Eingangsmodell an Förderschulen aller sonderpädagogischen Schwerpunkte in Bayern. In anderen Bundesländern diente das innovative Konzept als Vorbild und Anregung für die Entwicklung entsprechender Angebote in der Schuleingangsphase (vgl. Schor 2006).

Anfänge der S-DFK

> Zentrale Eckpunkte dieser neuen Konzeption für die Schuleingangsstufe waren und sind bis heute:
> - Ausweitung der Lernzeit für die Jahrgangsstufen 1 und 2 auf bis zu 3 Jahre (Klassen 1, 1A, 2),
> - Unterrichtung nach dem Lehrplan der Grundschule,
> - erklärtes Ziel der Rückführung an die Grundschule nach max. 3 Jahren,
> - diagnosegeleitete individuelle Förderung als Kernelement,
> - ganzheitliche Förderung zur Kompensation von Teilleistungsproblematiken (s. Exkurs, Tab. 11.1).
>
> (vgl. Breitenbach 1997)

Die anfänglich geschaffenen, förderlichen Rahmenbedingungen wie zusätzliche Lehrerstunden (15-17 Std.) und kleine Klassen (max. 8-10) sind heute oft nicht mehr gegeben (vgl. u.a. Schor 2006; Ellinger & Koch 2007).

Tab. 11.1: Exkurs Teilleistungsstörung

Exkurs Teilleistungsstörung (auch Teilleistungsschwäche oder Integrationsstörung)
Verständnis in den 1970er und 1980er Jahren: • aus der Neuropsychologie/Medizin begründetes Modell zur Erklärung von (schulischen) Lernschwierigkeiten und Verhaltensauffälligkeiten, • Annahme: fehlende Entwicklung von Subsystemen/Teilbereichen des zentralen Nervensystems ursächlich für o.g. Schwierigkeiten, • Folgerung: Förderung von Motorik, Wahrnehmung und Gedächtnis unterstützt und ermöglicht Lernprozesse, z.B. Erlernen der Kulturtechniken (vgl. Breitenbach 1992), • Kritik: empirisch nicht verifiziert, eine erschöpfende Diagnostik und die lineare Ableitung von Fördermaßnahmen ist kaum möglich und pädagogisch fragwürdig, • Erkenntnis ehemaliger Befürworter: Effekte basaler Förderung zeigen sich lediglich in der Persönlichkeitsentwicklung, nicht in der Verbesserung schulischer Leistungen (vgl. Breitenbach 1997), • Komplexe Leistungen können auch bei bestehenden Teilleistungsstörungen erlernt werden (vgl. ebd.).

Verwendung des Begriffs heute:
• Oberbegriff für verschiedene Störungen der (schulischen) Leistung bei normalen/guten kognitiven Grundfertigkeiten (kein Vorliegen eines sonderpädagogischen Förderbedarfs),
• Häufig gleichgesetzt mit „Umschriebenen Entwicklungsstörungen schulischer Fertigkeiten" (Klassifikation nach ICD-10, WHO 2016):
  • Lese- und Rechtschreibstörung,
  • Isolierte Rechtschreibstörung,
  • Rechenstörung,
  • kombinierte Störung schulischer Fertigkeiten.
• Darüber hinaus oft dazu gezählt: AD(H)S, motorische, auditive und sprachliche Entwicklungsstörungen, Konzentrationsstörung.

Verständnis von sonderpädagogischer Förderung

Die Modellversuche KEsT und InteKiL waren Ausdruck für einen zu dieser Zeit stattfindenden Wandel in der Sonderpädagogik und dienten als Vorbild für die Entwicklung und Neukonzeption des Förderschulwesens in Bayern in den darauffolgenden Jahrzehnten (Begründungszusammenhang der Diagnose- und Förderklasse). Folgende Aspekte prägen bis heute das Verständnis von sonderpädagogischer Förderung:

Tab. 11.2: Prägende Aspekte sonderpädagogischer Förderung (vgl. Schor 2006)

Entwicklungsoptimismus Beeinträchtigungen und Behinderung werden nicht als statisches Personenmerkmal gesehen; bestmögliche Entwicklung ist Ziel und gleichzeitig Grundlage der Förderung.
Individualisierung Hohe Passung der Förderung ist wegen komplexer Ursachen und Entstehungsfaktoren bzw. sehr individueller Bedürfnisse und Besonderheiten notwendig.
Wechselwirkung von Förderschwerpunkten Überschneidungsbereiche von Förderschwerpunkten und sich bedingende Beeinträchtigungen zeigen sich besonders in den Förderschwerpunkten Lernen, Sprache und emotionale und soziale Entwicklung (ehem. Erziehungshilfe/Verhalten).
Ressourcenorientierung Anzusetzen ist bei den Stärken; eine stigmatisierende und defizitäre Sichtweise wird abgelehnt.

Aufbauend auf diesen pädagogischen Grundsätzen und der veränderten konzeptionellen Orientierung wurden Unterricht, Förderung und Diagnostik sowie der

Einsatz und die Gestaltung von Arbeitsmaterialien in der S-DFK neu gedacht und modernisiert. Biewer (2001) spricht von einem didaktisch-methodischem „Innovationsschub (a.a.O., 156), der die Arbeit an Förderschulen nachhaltig geprägt hat.

11.2 Die Sonderpädagogische Diagnose- und Förderklasse im inklusiven Bildungssystem

11.2.1 Konzeptionelle und rechtliche Grundlagen

- **Diagnosegeleitete individuelle Förderung**

Zentrales Element und Grundlage für Unterricht und Förderung in der S-DFK ist die Förderdiagnostik. Mit Hilfe von Beobachtungen, informellen Überprüfungen und standardisierten Testverfahren werden der individuelle Lern- und Entwicklungsstand und die Ressourcen der Kinder festgestellt. Betrachtet werden die Schulleistungen, aber auch grundlegende Basiskompetenzen (Motorik, Wahrnehmung, Kognition, Emotionen, Sozialverhalten) sowie das Umfeld des Kindes (vgl. Heimlich, Lutz & Wilfert de Icaza, 2013). Förderdiagnostik

Auf Basis dieser Erkenntnisse entsteht eine individuelle Förderplanung, die für ausgewählte Lernbereiche angestrebte Ziele und entsprechende Fördermaßnahmen festhält. Eine kontinuierliche Überprüfung von Passung und Fortschritten macht Lernprozesse sichtbar und ermöglicht eine stetige Optimierung der Förderung. Diese Arbeitsweise lässt sich durch das Modell der individuellen Lernförderung (Heimlich 2016) veranschaulichen (Kapitel , Abb. 5.3). Ausgehend von dem bewährten Einsatz in der S-DFK ist die Förderdiagnostik heute Basis jeder sonderpädagogischen Förderung an Förderzentren (vgl. Schor 2006) und in inklusiven Settings. Individuelle Förderplanung

- **Rechtliche Verankerung**

Aus Art. 20 des Bayerischen Gesetzes über das Erziehungs- und Unterrichtwesen (BayEUG) und § 24 der Schulordnung für die Volksschulen zur sonderpädagogischen Förderung (VSO-F) ergibt sich folgender rechtlicher Rahmen für die S-DFK: Rechtliche Verankerung

- Jahrgangsstufen 1 und 2 an allen Förderzentren als S-DFK,
- drittes Schulbesuchsjahr 1A in den Förderschwerpunkten Sehen und Hören verpflichtend,
- Entscheidung über Verweildauer auf Basis des individuellen Förderbedarfs,
- Rahmenlehrplan der Grundschule und ggf. des Förderschwerpunktes Lernen,
- diagnosegeleitete Erfüllung des sonderpädagogischen Förderbedarfs,
- Schaffung einer Grundlage für Förderschulbesuch oder Rückführung,
- 1A gilt nicht als Wiederholung (aber Vollzeitschulpflicht verlängert sich auf 10 Jahre).

Die Kinder in einer S-DFK sind Schülerinnen und Schüler des jeweiligen Förderzentrums, auch wenn sie nach dem Lehrplan der Grundschule lernen. Die Aufnahme erfolgt nur nach Feststellung eines sonderpädagogischen Förderbedarfs, der in einem sonderpädagogischen Gutachten dokumentiert wird (vgl. BayEUG und VSO-F). Je nach Lernfortschritt und Entwicklung des sonderpädagogischen Förderbedarfs bieten sich den Schülerinnen und Schülern einer S-DFK für die dritte Jahrgangsstufe unterschiedliche Möglichkeiten:

Schullaufbahn Abb. 11.1: Mögliche weitere Schullaufbahn nach der S-DFK (eigene Darstellung)

11.2.2 Schulalltag in der Sonderpädagogischen Diagnose- und Förderklasse

Gestaltung des Unterrichts

Je nach Art des Förderzentrums setzt sich eine S-DFK zusammen aus Schülerinnen und Schülern mit deutlichen Lern- und Verhaltensproblemen, Sinnesbeeinträchtigungen oder körperlich-motorischem Förderbedarf. Der Unterricht und Schulalltag einer S-DFK vereint die Förderung von Wahrnehmung und Motorik mit schulischen Inhalten, sozialem Lernen und Lebenspraxis. Die kleine Lerngruppe und die Verlängerung der Lernzeit erlauben eine starke Rhythmisierung, also den Wechsel von differenzierten und gemeinsamen Arbeitsphasen, Bewegungspausen und freiem Spiel. Mehr als in der allgemeinen Schule bleiben Zeit und Raum für basale, im außerschulischen Alltag relevante Lern- und Entwicklungsbereiche sowie die Öffnung des Unterrichts. Abhängig von Ausbildung und Schwerpunktsetzung der Lehrkraft und den Voraussetzungen der Lerngruppe gestaltet sich die tägliche Arbeit in einzelnen S-DFK sehr individuell. Gängige Formate sind:

- Arbeit mit einem persönlichen Wochenarbeitsplan oder Lernplänen für einzelne Fächer:
  - selbstständiges Arbeiten an individuell zusammengestellten Aufgaben,
  - Lehrkraft unterstützt oder holt sich gezielt Kinder in Einzelsituation/Kleingruppe.
- Großes Angebot an Material für Freiarbeit und Wochenplan:
  - thematisch geordnet, oft nummerierte Fächer u.ä. (s. Abb.en 11.2-11.6):
  - Material mit Selbstkontrolle optimal.
- Einsatz von Stationen, Lerntheken, Parcours, u.ä.:
  - Einüben wichtig, langsame Hinführung zu selbstständigem Arbeiten,
  - Arbeiten in wechselnden Teams und Kleingruppen (soziales Lernen).
- Hohes Maß an Visualisierung und Handlungsorientierung,
- Kleinschrittigkeit und häufige Wiederholungen,
- klare Struktur und tägliche Rituale im Schulalltag sehr wichtig,
- wenige, aber relevante und verständliche Regeln,
- Bewegung und Spiel als feste Bestandteile des Unterrichts:
  - kann mit Lerninhalten kombiniert sein,
  - Zeit und Raum für Kreativität, Produktivität und soziales Lernen.

Sonderpädagogische Diagnose- und Förderklassen (S-DFK) | 151

Jede Planung basiert auf den Ergebnissen und Rückschlüssen einer kontinuierlichen förderdiagnostischen Begleitung (s.u.).

Abb.en 11.2-11.6.: Parcours zur Buchstabeneinführung: Verknüpfung basaler Förderung mit Lerninhalten

11.2.3 Bedeutung für die Inklusion

Zahlen Aktuell (2017/18) besuchen in Bayern 14.148 Schülerinnen und Schüler die Klassen 1, 1A oder 2 eines Förderzentrums. Das umfasst auch 1.898 Kinder mit dem Förderschwerpunkt geistige Entwicklung (eingeschlossen Autismus), die nicht zwingend eine S-DFK besuchen und 290 Kinder, die langfristig erkrankt sind und von sonderpädagogischen Lehrkräften der Schule für Kranke unterrichtet werden (vgl. Bayerisches Landesamt für Statistik 2018).

Schuleingangsphase Die Schuleingangsphase stellt einen der sensibelsten Momente einer Schullaufbahn dar, der für die weitere Entwicklung durchaus Weichen stellen kann. Schon seit den 1990er Jahren werden in Deutschland verschiedene Wege und Ideen diskutiert und erprobt. Eine der größten Herausforderungen ist dabei die zunehmende Heterogenität der Schülerschaft und die damit einhergehenden Entwicklungsdifferenzen zwischen den Kindern, die laut Ellinger & Koch (2007) bei Schuleintritt zwei bis drei Lernjahre betragen können. In Bayern existieren für die ersten Jahre der Grundschule verschiedene Modelle, die dem gerecht werden wollen:

Tab. 11.3: Verschiedene Modelle der Beschulung in der Primarstufe

Jahrgangsklasse der Grundschule	Flexible Grundschule („FLEGS-Klasse")
• Kinder einer Jahrgangsstufe/Altersstufe • Vorrücken in die nächste Jgst. nach einem Jahr (oder ggf. Wiederholung) • Gängigstes Modell	• Jahrgangsgemischte Klasse, Jgst. 1 und 2 • Verweildauer der Kinder: 1-3 Jahre • Heterogenität für Lernprozesse nutzen • Derzeit 268 Schulen in Bayern Weiterführende Info: s.u.
Jahrgangskombinierte Grundschulklasse	**Sonderpädagogische Diagnose- und Förderklasse**
• Jgst. 1 und 2 oder Jgst. 3 und 4 • Offene Lernformen, Kinder lernen und lehren • Bis zu 5 zusätzliche Lehrerstunden, max. 25 Kinder • 1321 Klassen in BY (Schuljahr 2015/16) Weiterführende Info: s.u.	• Am Förderzentrum verortet • Verweildauer der Kinder: 1-3 Jahre • Ziel der Rückführung • Lehrplan der Grundschule und ggf. Lehrplan für den Förderschwerpunkt Lernen • Offene Lernformen • Förderung basaler Entwicklung und schulischer Lernbereiche

Pro und Contra S-DFK Die an der allgemeinen Grundschule verankerten Angebote haben den Anspruch, den verschiedenen Bedürfnissen und individuellen Entwicklungsverläufen einer heterogenen Schülerschaft gerecht zu werden. Die S-DFK muss sich in diesem Feld schon lange bzgl. ihrer inklusiven oder selektiven Rolle hinterfragen lassen (s. Tab. 11.4).

Verortung der S-DFK Schor stellt schon 2006 die Verortung der S-DFK am Förderzentrum zur Debatte. In anderen Bundesländern sind entsprechende Klassen an der Grundschule angesiedelt (z.B. Mecklenburg-Vorpommern). Seit den Schulversuchen der 1980er Jahre fand keine nennenswerte Evaluation der S-DFK statt, was Autoren wiederholt anmahnen (u.a. Schor 2006, Ellinger & Koch 2007, Hartke & Diehl 2009, Blumenthal, Hartke & Koch 2010). Die Basis der Konzeption – das Teilleistungsmodell – war von Anfang an umstritten (s. Exkurs) und auch andere Fragestellungen und Thesen, die Autoren aufwarfen, wurden nicht empirisch nachverfolgt.

Tab. 11.4: Pro und Contra S-DFK

pro S-DFK	contra S-DFK
• Kinder werden, wenn möglich, zurückgeführt, verbleiben nicht leichtfertig an der Förderschule (vgl. Dietl 1988) • Recht auf Bildung für alle (u.a. UN-BRK): Individuelle Förderung ermöglicht optimale Entwicklung und Bildung • Anschlussfähigkeit und Teilhabe an Gesellschaft durch intensive Förderung persönlicher und lebenspraktischer Kompetenzen (im Schonraum) • Grundschulbezug erleichtert Eltern ggf. die Entscheidung für ein Förderzentrum	• Räumliche Separation, selten wohnortnahe Beschulung, fehlender Anschluss an Gleichaltrige der Umgebung • Vorteil durch Förderung basaler Entwicklungsbereiche nicht erwiesen (s. Exkurs Teilleistungsstörung) • soziale Entwicklung im inklusiven Setting besser (vgl. Dietel 1988; Hartke & Diehl 2013) • Prognose über Schullaufbahn in Klasse 1/2 nicht möglich/sinnvoll (vgl. Hartke & Diehl 2013) • Rückführungsquote von nur 15-30% verfehlt ursprüngliche Intention (vgl. Ellinger & Koch 2007) • Stark veränderte Schülerklientel (s.u.) und klare Forderung nach Inklusion erfordert Revision der Konzeption (vgl. Schor 2006)

Das Fehlen einer Effizienzprüfung soll nicht infrage stellen, dass sich das Modell in über 30 Jahren Praxis bewährt und als wertvoll erwiesen hat. In Anbetracht der Inklusionsbestrebungen im Bildungssystem und durch die „Konkurrenz" flexibler Modelle an der Grundschule ist es jedoch unbedingt erforderlich, das Konzept der S-DFK zu evaluieren und seine Rolle in der inklusiven Schulwelt zu klären.

Fehlende Effizienzprüfung

11.3 Akteurinnen und Akteure in der Sonderpädagogischen Diagnose- und Förderklasse

11.3.1 Unterrichtsalltag und Erleben der Schüler

Die Schülerklientel der S-DFK zeigt sich heute deutlich verändert. Viele Schülerinnen und Schüler der ursprünglichen Zielgruppe besuchen mittlerweile im Rahmen der Inklusion die allgemeine Schule. Die Aufnahme in ein Förderzentrum und ein entsprechend erstelltes Sonderpädagogisches Gutachten unterliegen einem erhöhten Begründungszwang. Für die Praxis der S-DFK bedeutet dies, dass die Bandbreite an zu fördernden Bedürfnissen und das Leistungspotenzial der Lerngruppe in immer höherem Maße heterogen sind. Überspitzt gesagt ist die S-DFK an manchen Stellen die „Patentlösung" für Kinder, die nach ihrer Kindergartenzeit zunächst nur schwer im Schulsystem zu verorten sind (Schor 2006, 250).

Schülerklientel

Kognitive Leistungspotenziale rangieren von IQ-Werten, die für eine geistige Behinderung sprechen bis hin zu durchschnittlichen oder gar guten Ergebnissen.

Leistungsfähigkeit und Entwicklung

Die wirkliche Leistungsfähigkeit und die im Laufe der Jahre beobachtete Entwicklung einzelner Kinder entsprechen diesen standardisierten Ergebnissen längst nicht immer. Viel zu komplex sind die Ursachen für objektiv feststellbare Schwächen und Leistungsprobleme. Viel zu unvorhersehbar und individuell unterschiedlich sind die Kompensationsstrategien des zentralen Nervensystems und andere Resilienzfaktoren des einzelnen Kindes.

Schonraum — Vor allem die verlängerte Lernzeit kommt den Kindern einer S-DFK sehr entgegen. Mehr Zeit für das Erlernen basaler (schulischer) Fähigkeiten und Fertigkeiten verringert Leistungsdruck und die Gefahr negativer emotionaler Auswirkungen. Auch bleibt mehr Zeit für soziales Lernen und die Persönlichkeitsentwicklung der Schülerinnen und Schüler. Schor (2006) spricht von einem „Schonraum" abseits jeglicher „Kuschelpädagogik".

11.3.2 Aufgaben und Rolle der Lehrkraft

Unterrichtsplanung — Die Aufgaben und Rolle einer Lehrkraft in einer S-DFK ergeben sich aus der beschriebenen Schwerpunktsetzung und Arbeitsweise. Sie unterscheiden sich nicht wesentlich von denen sonderpädagogischer Lehrkräfte, die in anderen Jahrgangsstufen unterrichten. Stets muss die Waage gefunden werden zwischen Individualisierung und gemeinsamen Lernen, zwischen Unterstützung und Anleitung zu Selbstständigkeit, zwischen schulischen Inhalten und sozialer sowie emotionaler Entwicklung, zwischen konzentrierten Arbeitsphasen und Regenerationsmöglichkeiten. Brandl (1995) findet in einer kleinen qualitativen Untersuchung heraus, dass besonders das selbstständige Arbeiten, das Instruktionsverständnis, das Üben sozialer Arbeitsformen sowie die Kompetenz, sich mündlich und schriftlich auszudrücken, zu fördern sind. Diese Kompetenzen fehlten vielen der von ihm überprüften rückgeführten Kinder.

Fachlichkeit — Die sich stetig wandelnde und sehr heterogene Schülerschaft einer S-DFK stellt Lehrkräfte vor immer neue Herausforderungen im Hinblick auf die eigene Fachlichkeit und didaktische Kompetenz. Das Studium der Sonderpädagogik umfasst je nach Bundesland einen oder zwei Förderschwerpunkte. Die Bedürfnisse der Kinder in einer S-DFK fallen u.U. in Förderschwerpunkte außerhalb der Expertise der Klassenleitung. Dann ist es unerlässlich, sich mit Kolleginnen und Kollegen auszutauschen und sich selbst zu informieren. Die jedem Unterricht zugrunde liegende Förderdiagnostik erfordert Wissen über Test- und Beobachtungsmethoden und die Ableitung passender Fördermaßnahmen.

Kooperation und Fortbildung — Um allen Beeinträchtigungen und möglichen Störungsbildern mit einer passenden Förderung entsprechen zu können, kommen die Pädagoginnen und Pädagogen nicht umhin, sich kontinuierlich weiterzubilden und im engen Austausch mit Kollegen anderer S-DFK und Fachrichtungen sowie weiteren Fachkräften und Professionen zu stehen. Um dafür Raum und Zeit zu schaffen, wären eine häufigere Doppelbesetzung und zeitliche Ressourcen für Absprachen und gemeinsame Planung wünschenswert und notwendig.

11.3.3 Externe und weitere Beteiligte

Neben dem Austausch mit anderen sonderpädagogischen Lehrkräften ist auch die Kooperation mit Fach- und Differenzierungslehrkräften, Therapeuten und anderen pädagogischen Mitarbeiterinnen und Mitarbeitern der Schule (z.B. Jugendhilfe, Beratungsstellen, Logopäden, Frühförderstellen, Fachärzte etc.) ein essentieller Bestandteil der Arbeit in einer S-DFK. Hier ist die Verortung am Förderzentrum vermutlich von Vorteil: Oft sind solche Fachlichkeiten und entsprechende Angebote dort fest im Schulalltag verankert.

Ungebrochen ist die positive Rückmeldung und Zufriedenheit der Eltern. Die curriculare Nähe zur Grundschule und das Ziel der Rückführung erleichtern vielen von ihnen den zunächst schweren Schritt, das Förderzentrum als Lernort zu wählen. Die passgenaue und gewinnbringende Förderung für das eigene Kind schaffen Vertrauen in die Kompetenzen der sonderpädagogischen Lehrkräfte. Auch die Entscheidung für einen Verbleib am Förderzentrum nach der DFK ist erfahrungsgemäß leichter, wenn die Eltern die Arbeit der Schule bereits kennen und schätzen gelernt haben (vgl. Schor 2006). Basis hierfür ist ein regelmäßiger Austausch mit den Eltern über die Entwicklung ihres Kindes und die daraus abgeleitete Förderung.

Zufriedenheit der Eltern

11.4 Praxisbeispiel: S-DFK woanders

An der Grundschule in Kirchanschöring (Oberbayern) gibt es seit dem Schuljahr 2007/08 eine S-DFK. Wie sich das in Bayern üblicherweise am Förderzentrum angesiedelte Angebot in der Grundschule verortet, wird im Folgenden kurz dargestellt. In anderen Bundesländern ist die S-DFK grundsätzlich an der Grundschule untergebracht (vgl. Ellinger/Koch 2007).

Praxisbeispiel

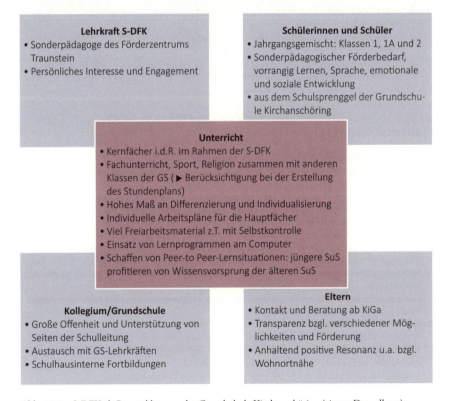

Abb. 11.7: S-DFK als Partnerklasse an der Grundschule Kirchanschöring (eigene Darstellung)

Arbeitsaufträge

1. Suchen Sie nach Art. 20 und Art. 41 des BayEUG sowie § 24 der VSO-F: http://www.gesetze-bayern.de. Finden Sie jeden der Stichpunkte im Absatz „Rechtliche Verankerung" in einem oder mehreren der Gesetzestexte.
2. Im „Ratgeber Förderdiagnostik" (Heimlich, Lutz & Wilfert de Icaza 2013) finden Sie einen Überblick über Methoden der Förderdiagnostik (S.11/12).
Welche dieser Methoden können Sie auch ohne sonderpädagogische Qualifikation einsetzten bzw. setzen Sie bereits ein, um Ihren Unterricht zu planen oder auf SuS mit Schwierigkeiten einzugehen? Alle Methoden werden ab S. 18 noch einmal ausführlicher beschrieben.
3. Besuchen Sie die Homepage der GS Kirchanschöring: http://www.grundschule-kirchanschoering.de/. Erarbeiten Sie aus Punkt C) des Schulprogramms, welche Faktoren den Übergang von der S-DFK in eine Grundschulklasse erleichtern, wenn beide Formate an der GS angesiedelt sind!
4. Erklären Sie den Begriff Rhythmisierung aus Punkt 11.12.2! Dieser Link hilft: https://grundschule.bildung.hessen.de/rahmenplan/Teil_C/TCfu2/TCfu2_2.html
5. Planen Sie einen rhythmisierten Schulvormittag für eine (fiktive) Klasse egal welcher Schulart oder Jahrgangsstufe.
6. Punkt 11.2.2 nennt gängige Formate, die im Unterricht einer S-DFK zum Tragen kommen. Diese lassen sich übertragen:
    a Finden Sie ein passendes Ritual für eine 8. Klasse!
    b Wie können Sie Visualisierung und Handlungsorientierung zum Thema Bruchrechnen (ab Klasse 6) umsetzen?
    c Stellen Sie klare, knappe Regeln für den Chemie-/PCB-Unterricht in der 7. Klasse auf!
7. Informieren Sie sich über die FLEGS-Klasse (Link s.u.)! Vergleichen Sie dieses Modell mit dem Beispiel der jahrgangsgemischten S-DFK an der GS Kirchanschöring. Welche Gemeinsamkeiten finden Sie? Welche Unterschiede bestehen?

Weiterführende Links

Information und Beispiele zu FLEGS-Klassen in Bayern:
SZ Artikel (2018): https://www.sueddeutsche.de/bildung/grundschule-alle-lernen-im-eigenen-tempo-1.4103827
Info und Video des Bayerischen Staatsministeriums für Unterricht und Kultus: https://www.km.bayern.de/allgemein/meldung/1629/vollversammlung-lehrkraefte-der-flexiblen-grundschule-tauschen-erfahrungen-aus.html
Schulbeispiel Grundschule St. Peter und Paul, Landshut: https://www.gs-peterundpaul-landshut.de/
Information und Beispiele zu jahrgangskombinierten Grundschulklassen in Bayern:
Informationsvideo und Top 10 Fragen und Antworten zu jahrgangskombinierten Klassen (Bayerisches Staatsministerium für Unterricht und Kultus): https://www.km.bayern.de/jahrgangskombinierteklassen
Handreichung des ISB Bayern: http://www.isb.bayern.de/schulartspezifisches/materialien/unterrichten-in-jahrgangskombinierten-klassen/
Beispiele für S-DFK-Konzeptionen:
Schule am Martinsberg, Naila: https://www.schule-am-martinsberg.de/schulprofil/ (01.07.2019)
Wilhelm-Löhe-Förderzentrum, Traunreut: https://www.diakonie-traunstein.de/wilhelm-loehe-foerderzentrum-traunreut/#1473344901109-592f5a91-8fb9 (05.11.2018)
Grundschule Kirchanschöring: http://www.grundschule-kirchanschoering.de/

Literatur

Bayerisches Landesamt für Statistik (2018): Förderschulen und Schulen für Kranke in Bayern. Fürth: Bayerisches Landesamt für Statistik.
Bayerisches Staatsministerium für Bildung und Kultus, Wissenschaft und Kunst (31.05.2000): Bayerisches Gesetz über das Erziehungs- und Unterrichtswesen. BayEUG, vom 12.07.2017.
Bayerisches Staatsministerium für Bildung und Kultus, Wissenschaft und Kunst (11.09.2008): Schulordnung für die Volksschulen zur sonderpädagogischen Förderung, vom 01.07.2016.
Biewer, G. (2001): Diagnose- und Förderklassen als Alternativmodell im Eingangsbereich heilpädagogischer Schulen. Eine kritische Bilanz der bisherigen Entwicklung in Bayern. In: *Zeitschrift für Heilpädagogik* 52, S. 152-158.
Blumenthal, Y., Hartke, B., Koch, K. (2010): Mecklenburger Längsschnittstudie. Wie effektiv sind Diagnoseförderklassen? In: *Zeitschrift für Heilpädagogik* (9), S. 331-341.
Brandl, H.-J. (1995): Fit für die Grundschule? Eine Umfrage an Grundschulen über den Lernstand rückgeführter Schüler aus Sonderpädagogischen Diagnose- und Förderklassen. In: *Förderschulmagazin* (1), S. 5-7.
Breitenbach, E. (1992): Unterricht in Diagnose- und Förderklassen. Neuropsychologische Aspekte schulischen Lernens. Bad Heilbrunn: Klinkhardt.
Breitenbach, E. (1997): Diagnose- und Förderklassen. Eine pädagogische Idee und die ernüchternden Erfahrungen bei der Umsetzung in die Praxis. In: *Behindertenpädagogik in Bayern* 40 (2), S. 165-181.
Dietel, B. (1988): Sonderpädagogische Diagnose- und Förderklassen in Bayern. Versuch eines ersten Resümees aus Sicht der sozialwissenschaftlichen Begleitung. In: *Behindertenpädagogik in Bayern* 1 (4), S. 393-409.
Ellinger, S. & Koch, K. (2007): Flexible Schuleingangsphase für Kinder mit sonderpädagogischem Förderbedarf. Eine kritische Bilanz zur Effektivität von Diagnose- und Föderklassen. In: *Zeitschrift für Heilpädagogik* 58 (3), S. 82-90.
Hartke, B. & Diehl K. (2013): Schulische Prävention im Bereich Lernen. Stuttgart: Kohlhammer.
Heimlich, U. (2016): Pädagogik bei Lernschwierigkeiten. 2. Aufl. Bad Heilbrunn: Klinkhardt.
Heimlich, U., Lutz, S. & Wilfert de Icaza, K. (2013): Ratgeber Förderdiagnostik. Feststellung des sonderpädagogischen Förderbedarfs im Förderschwerpunkt Lernen. Hamburg: Persen.
Schor, B. (2006): Die Sonderpädagogische Diagnose- und Förderklasse – eine endlose Erfolgsstory? Reflexion über die Zukunft eines höchst bewährten Bildungskonzeptes. In: *SchulVerwaltung Bayern* 29 (8), S. 248-251.
WHO (2016): Internationale statistische Klassifikation der Krankheiten und verwandter Gesundheitsprobleme. 10. Revision. Hg. v. WHO. Online verfügbar unter https://www.dimdi.de/static/de/klassifikationen/icd/icd-10-who/kode-suche/htmlamtl2016/ (05.11.2018)

12 Mobile Sonderpädagogische Dienste (MSD)
Wolfgang Dworschak und Sabine Kölbl

12.1 Historische Einordnung

Bis in die 1990er Jahre herrschte in Bayern die so genannte Sonderschulpflicht, d.h. Schülerinnen und Schüler mit Behinderung wurden auf Grund ihrer „Sonderschulbedürftigkeit" einer passenden Förderschule zugewiesen und mussten diese besuchen. In den Empfehlungen zur sonderpädagogischen Förderung der Kultusministerkonferenz (KMK) aus dem Jahr 1994 wurde der Begriff der Sonderschulbedürftigkeit durch den des sonderpädagogischen Förderbedarfs ersetzt und festgestellt, dass dem sonderpädagogischen Förderbedarf (SPF) nicht ausschließlich an Sonderschulen entsprochen werden kann, sondern diesem verstärkt als gemeinsame Aufgabe grundsätzlich alle Schulen begegnen sollen (vgl. KMK 1994). Mit der Abschaffung der Sonderschulpflicht stellte sich die Frage, wie die Schülerinnen und Schüler mit SPF an den allgemeinen Schulen die nötige Unterstützung für ein erfolgreiches Lernen erhalten sollten. Vor diesem Hintergrund wurden – beruhend auf Erfahrungen aus der mobilen Förderung von Kindern und Jugendlichen mit Sinnesbeeinträchtigungen und der Mobilen Erziehungshilfe aus den 1980er Jahren – die Mobilen Sonderpädagogischen Dienste (MSD) institutionalisiert (vgl. Zinser 1983, Schor 2008). Als integrative und subsidiäre Unterstützung für das allgemeine Schulsystem wurden sie im Jahr 1994 im Gesetz über das Bayerische Erziehungs- und Unterrichtswesen (BayEUG) verankert.

12.2 Die Mobilen Sonderpädagogischen Dienste im inklusiven Bildungssystem

12.2.1 Konzeptionelle und rechtliche Grundlagen

Subsidiarität der MSD

Die rechtliche Grundlage für die MSD findet sich in Bayern in Art. 21 des BayEUG.

> Die MSD unterstützen die Unterrichtung von Schülerinnen und Schülern mit SPF, die an der allgemeinen Schule unterrichtet werden. Die MSD-Lehrkräfte diagnostizieren, beraten und fördern die Schülerinnen und Schüler mit SPF, sie beraten weiterhin die Lehrkräfte und Eltern, sie koordinieren die sonderpädagogische Förderung und führen Fortbildungen für Lehrkräfte der allgemeinen Schule durch. Somit übernehmen die MSD eine subsidiäre Funktion für die allgemeine Schule.

Aufbau der MSD

Die MSD gliedern sich dabei in spezialisierte Dienste auf, die sich an den sonderpädagogischen Förderschwerpunkten orientieren. Derzeit existieren MSD für die Förderschwerpunkte emotionale und soziale Entwicklung, geistige Entwicklung, Hören, körperliche und motorische Entwicklung, Lernen, Sprache und Sehen. Über die förderschwerpunktspezifischen MSD hinaus haben sich ein übergreifender MSD für die Bereiche Lernen, Sprache sowie emotionale und soziale Entwicklung, ein MSD für Autismus und ein MSD für berufliche Bildung etabliert.

In den MSD sind Lehrkräfte für Sonderpädagogik tätig, die in der Regel ein förderschwerpunktspezifisches, grundständiges Studium der Sonderpädagogik absolviert haben. Möglicherweise verfügen sie über eine zusätzliche sonderpädagogische Qualifikation in einem weiteren Förderschwerpunkt.

Voraussetzung

> Ihrem Auftrag gemäß können MSD-Lehrkräfte nur Kinder/Jugendliche mit sonderpädagogischem Förderbedarf unterstützen, d.h. die Schülerinnen und Schüler müssen das Feststellungsverfahren zum SPF durchlaufen haben.

Dieses Feststellungsverfahren wird häufig im Rahmen der Schuleingangsdiagnostik durchgeführt, ist aber auch im Laufe der Bildungsbiografie noch möglich, und wird in einem Förderdiagnostischen Bericht festgehalten (vgl. auch 12.3.2).

12.2.2 (Schul-)Alltag in den Mobilen Sonderpädagogischen Diensten

Ausgangspunkt der Unterstützung durch die MSD ist eine Anforderung durch die allgemeine Schule, d.h. MSD-Lehrkräfte können nicht eigeninitiativ mit der Förderung und Unterstützung einzelner Schülerinnen und Schüler beginnen (vgl. § 25 VSO-F). Die Kinder und Jugendlichen, die für eine Unterstützung der MSD in Frage kommen, besuchen die allgemeine Schule, die MSD sind organisatorisch aber der Förderschule zuzurechnen.

Anforderung

> Die Schulleitung der allgemeinen Schule muss den entsprechenden MSD fallgebunden anfordern.

Die hierfür benötigten Formblätter finden sich auf den Homepages der jeweiligen Förderzentren oder werden auf Anfrage zugesandt.

Zu Beginn gilt es den genauen Auftrag des MSD im Hinblick auf die einzelne Schülerin oder den einzelnen Schüler zu klären. In dieser Phase werden zwischen der Lehrkraft der allgemeinen Schule und der MSD-Lehrkraft eine gemeinsame Zielsetzung getroffen und das weitere Vorgehen im Hinblick auf Diagnostik und Förderung vereinbart, wobei die Sorgeberechtigten möglichst eingebunden werden (vgl. ISB 2015, 6).

Auftrag

Die zeitlichen Ressourcen für die Arbeit der MSD orientieren sich im Grundsatz an den Lehrerwochenstunden, die den entsprechenden Förderzentren zustehen und dürfen diese nicht übersteigen (vgl. Art. 21, Abs. 2 BayEUG). Im Durchschnitt stehen den Lehrkräften je Schülerin oder Schüler 0,9 Lehrerwochenstunden zur Verfügung (vgl. LfS 2017). Die Ressourcenzuteilung differiert jedoch nach Förderschwerpunkt (vgl. Tab. 12.1). Während im Förderschwerpunkt geistige Entwicklung zwei Stunden pro Woche zur Verfügung stehen, sind es im Förderschwerpunkt Sprache nur 0,6 Wochenstunden. Diese Durchschnittswerte können an den einzelnen Schulen je nach standortspezifischen Gegebenheiten (z.B. Anzahl der Schülerinnen und Schüler mit SPF und Anzahl der MSD-Anforderungen nach dem Schuljahresanfang) deutlich variieren.

Ressourcen

Tab. 12.1: Lehrerwochenstunden in den MSD je Schüler/in nach Förderschwerpunkten (aus: LfS 2017, 24; eigene Berechnung)

sonderpädagogische Förderschwerpunkte	Lehrerwochenstunden in den MSD
emotionale und soziale Entwicklung	0,7
geistige Entwicklung (einschließlich Autismus)	2,2
Hören	0,9
körperliche und motorische Entwicklung	1,3
Lernen	0,9
Sehen	2,1
Sprache	0,6

Modelle der MSD

Die MSD kommen im Rahmen zweier Modelle zum Einsatz: Zum einen bei der Inklusion einzelner Schülerinnen und Schüler und zum anderen in Kooperationsklassen. Im ersten Modell wird eine einzelne Schülerin oder ein einzelner Schüler beim Besuch der allgemeinen Schule stundenweise unterstützt (vgl. Abb. 12.1). Der zeitliche Umfang der Unterstützung richtet sich nach dem jeweiligen Förderschwerpunkt der Schülerin bzw. des Schülers (vgl. Tab. 12.1). Auf Grund der relativ geringen zeitlichen Ressourcen stehen in diesem Modell Fragen der Diagnostik und der Beratung der Kinder/Jugendlichen, Eltern und Lehrkräfte der allgemeinen Schule im Vordergrund. Die „direkte Arbeit am Kind" rückt deutlich in den Hintergrund. Die primäre pädagogische Verantwortung für die Unterrichtung und Förderung liegt also bei der Lehrkraft der allgemeinen Schule.

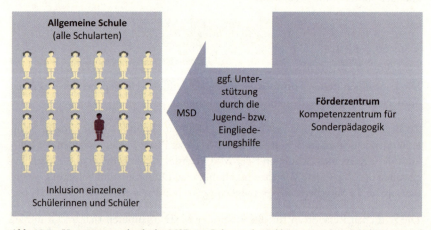

Abb. 12.1: Unterstützung durch die MSD im Rahmen der Inklusion einzelner Schülerinnen und Schüler (Nachbildung: StMUK 2014)

Im zweiten Modell werden MSD-Lehrkräfte in Kooperationsklassen eingesetzt, die an Grund-, Mittel- und Berufsschulen gebildet werden können (vgl. Art. 30a, Abs. 7 BayEUG). Das sind Klassen, in denen drei bis fünf Schülerinnen und Schüler mit SPF (v.a. der Förderschwerpunkte Lernen, Sprache, emotionale und soziale Entwicklung) zusammen mit Kindern ohne SPF unterrichtet werden. Die Klasse wird von einer Lehrkraft für Sonderpädagogik mit mehreren Stunden unterstützt. Der Umfang der Unterstützung orientiert sich wieder an den Förderschwerpunkten der Kinder. Da hier die zeitlichen Ressourcen für mehrere Schülerinnen und Schüler summiert werden, steht in diesem Modell die direkte Förderung der Kinder/Jugendlichen stärker im Fokus als im Modell der Inklusion einzelner Schülerinnen und Schüler. Eine ausführlichere Darstellung des Modells der Kooperationsklassen findet sich in Kapitel 16.

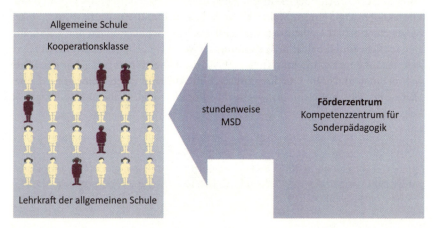

Abb. 12.2: Unterstützung des MSD im Rahmen der Kooperationsklasse (Nachbildung: StMUK 2014)

12.2.3 Bedeutung für die Inklusion

Die MSD sind die zentrale schulische Unterstützungsressource im Hinblick auf die sonderpädagogische Förderung in inklusiven Bildungssettings. So kooperieren nahezu alle allgemeinen Schulen, die Schülerinnen und Schüler mit SPF unterrichten, mit den MSD (vgl. Walter-Klose, Singer & Lelgemann 2016). Im Schuljahr 2016/17 wurden knapp 20.000 Schülerinnen und Schüler mit SPF in Bayern von den MSD begleitet. Das entspricht rund einem Viertel der Gesamtgruppe (vgl. KMK 2018). Der größte Anteil der von MSD geförderten Schülerinnen und Schüler gehört dem Förderschwerpunkt Lernen an, gefolgt von den Förderschwerpunkten emotionale und soziale Entwicklung und Sprache. Die Anteile der anderen Förderschwerpunkte liegen jeweils unter 5% (vgl. Tab. 12.2).

Inanspruchnahme der MSD

Tab. 12.2: Anzahl der von MSD begleiteten Schülerinnen und Schüler nach Förderschwerpunkten im Schuljahr 2016/17 (aus: LfS 2017; eigene Berechnungen)

sonderpädagogische Förderschwerpunkte	von MSD begleitete Schülerinnen und Schüler in%
emotionale und soziale Entwicklung	19,0
geistige Entwicklung (einschließlich Autismus)	3,5
Hören	4,7
körperliche und motorische Entwicklung	3,2
Lernen	57,1
Sehen	1,7
Sprache	10,8

Forschungsbefunde

In einer bayernweiten Befragung zum Thema inklusive Schulentwicklung wurden im Schuljahr 2013/14 rund 1500 Schulen (Schulleitungen und Lehrkräfte) befragt. Im Hinblick auf mögliche Unterstützung zur Umsetzung schulischer Inklusion wurden von den Schulleitungen personell-fachliche Ressourcen am höchsten priorisiert. Darunter rangierten die MSD und Lehrkräfte für Sonderpädagogik an erster Stelle, vor Schulbegleitungen, pädagogischen Fachkräften, Therapeuten und Pflegekräften (vgl. Singer, Walter-Klose & Lelgemann 2016; Walter-Klose, Singer & Lelgemann 2016). Allerdings wünschten sich die Schulleitungen und Lehrkräfte eine zeitliche und inhaltliche Ausweitung der MSD (vgl. ebd.). Des Weiteren zeigte sich, dass die meisten Lehrkräfte (ca. 90%) das Unterstützungsangebot der MSD wahrnehmen und es im Durchschnitt als „hilfreich" empfinden (gemessen auf einer Skala von „sehr hilfreich" bis „gar nicht hilfreich") (vgl. Walter-Klose, Singer & Lelgemann).

> Zusammenfassend kann festgestellt werden, dass den Mobilen Sonderpädagogischen Diensten eine zentrale Bedeutung bei der Umsetzung schulischer Inklusion zukommt, wobei die zur Verfügung stehenden Ressourcen durchgängig als zu knapp eingeschätzt werden.

Ein Blick nach Österreich und Italien zeigt, dass dort deutlich mehr zeitliche Ressourcen für die Unterstützung von Schülerinnen und Schülern mit Behinderung zur Verfügung gestellt werden. In Österreich sind es fünf bis acht und in Italien sogar rund zwölf Lehrerwochenstunden je Schülerin oder Schüler (vgl. Buchner & Gebhardt 2011; Walter-Klose, Singer & Lelgemann 2016,).

12.3 Akteurinnen und Akteure in den MSD

12.3.1 Aufgaben und Rolle der MSD-Lehrkraft

Aufgaben der MSD

Die Aufgaben der MSD werden im § 25 der Volksschulordnung für Förderschulen (VSO-F) näher beschrieben:
1. Erstellung des Förderdiagnostischen Berichts als Voraussetzung für die sonderpädagogische Förderung,
2. Unterstützung der inklusiven Schulentwicklung im Sinne einer angemessenen Förderung und Unterrichtung von Kindern mit SPF durch die allgemeine Schule,
3. sonderpädagogische Arbeit am Kind im schulischen Kontext,
4. Einbeziehung des Kindumfeldes,
5. Unterstützung und Begleitung von Kindern mit SPF im Übergang zwischen schulischen Lernorten.

Je nach konkretem Einsatzort und dem Förderschwerpunkt des zu unterstützenden Kindes können die oben genannten Tätigkeiten unterschiedlich starke Bedeutung erhalten, was ggf. Auswirkungen auf die Rolle der Lehrkraft an der Schule hat. Eine (teil-)abgeordnete sonderpädagogische Lehrkraft aus dem Bereich Lernen – Sprache – emotionale und soziale Entwicklung, die mit einem hohen Teil ihrer

Lehrverpflichtung an einer allgemeinen Schule mit dem Profil Inklusion eingesetzt ist, wird voraussichtlich intensiver in das Lehrerkollegium, das Schulleben und den Unterricht eingebunden sein als eine MSD-Lehrkraft, die an einer oder sogar mehreren allgemeinen Schulen nur einzelne Schülerinnen oder einzelne Schüler mit SPF unterstützt und nur stundenweise vor Ort ist.

Zu1: Der Förderdiagnostische Bericht stellt die Grundlage für die sonderpädagogische Förderung dar. Dieser wird von der Lehrkraft für Sonderpädagogik unter Einbezug der Lehrkräfte der allgemeinen Schule erstellt. Im Rahmen des diagnostischen Prozesses wird der individuelle Förderbedarf des Kindes erhoben. Hierbei werden nicht nur die Lernausgangslage und die Lernvoraussetzungen, sondern auch bedeutsame Aspekte des Umfelds im Rahmen einer Kind-Umfeld-Analyse berücksichtigt (vgl. ISB 2015).

<small>Förderdiagnostischer Bericht</small>

Für eine standardisierte Diagnostik, d.h. für den Einbezug standardisierter Testverfahren wie z.B. einem Intelligenztest, ist das schriftliche Einverständnis der Sorgeberechtigten einzuholen. Für den Informationsaustausch über das betreffende Kind ist eine Schweigepflichtentbindung nötig, besonders, wenn Informationen von externen Stellen wie dem Jugendamt oder einem sozialpädiatrischen Zentrum (SPZ) eingeholt werden sollen. Die MSD beraten weiterhin die Lehrkraft der allgemeinen Schule beim Verfassen der individuellen Förderpläne für die Schülerinnen und Schüler mit SPF, wenn diese das wünscht. Der individuelle Förderplan enthält die Ziele der Förderung, die wesentlichen Fördermaßnahmen und vorgesehenen Leistungserhebungen. Er wird mindestens einmal jährlich fortgeschrieben. Die Evaluation des Förderplans mündet ggf. in die Fortschreibung und Aktualisierung des Förderdiagnostischen Berichts (vgl. ISB 2015).

Zu 2: Die MSD unterstützen die inklusive Schulentwicklung u.a. durch Fortbildungsveranstaltungen, in denen Lehrkräften der allgemeinen Schule spezifische sonderpädagogische Aspekte vermittelt werden (z.B. Informationen über Behinderungen und Störungsbilder, Schulbegleitung, individuelle Förderplanung, den Umgang mit technischen Hilfsmitteln aus dem Bereich der Unterstützten Kommunikation). Auch eine kollegiale Fallberatung kann im Rahmen der MSD angeboten werden (vgl. ISB 2015). Zudem kommt der Beratung bei methodischen und didaktischen Fragen der Unterrichtung von Kindern mit SPF eine zentrale Bedeutung zu. Hierbei geht es im weitesten Sinne um die Adaption von Unterricht – v.a. um Differenzierung, Individualisierung und Elementarisierung –, um den Schülerinnen und Schülern mit SPF ihren Lernvoraussetzungen gemäß adäquate Lernangebote machen zu können (vgl. ISB 2015).

<small>Inklusive Schulentwicklung</small>

Zu 3: Ob und inwieweit die MSD-Lehrkraft „direkt am Kind" arbeitet hängt stark von den Rahmenbedingungen vor Ort ab. Dabei sind folgende Fragen von zentraler Bedeutung:
- Wie viele MSD-Stunden hat das Förderzentrum zur Verfügung?
- Wie viele Kinder sind zu betreuen?
- Sind die Schülerinnen und Schüler eher phasenweise zu begleiten – im Sinne der Diagnostik oder eines Schulwechsels?

<small>Am Kind</small>

Angesichts der relativ geringen zeitlichen Ressourcen (vgl. Tab. 2.4) hat die MSD-Lehrkraft erfahrungsgemäß nicht die Möglichkeit, eine konsequente Einzelförderung anzubieten.

Kindumfeld

Zu 4: Die Zusammenarbeit mit den Sorgeberechtigten, als Experten für ihr Kind, ist eine wichtige Voraussetzung für das Wirken der MSD. Die Sorgeberechtigten, d.h. unter Umständen auch das Jugendamt, werden über die sonderpädagogische Förderung informiert und in den Förderplanprozess einbezogen. Ein Ziel der MSD-Lehrkraft ist es, den Sorgeberechtigten ein vertrauenswürdiger Partner im Erziehungsprozess zu sein (vgl. ISB 2015). Das Umfeld des Kindes spielt weiterhin bei der Koordination der sonderpädagogischen Förderung eine bedeutsame Rolle. Hier gilt es neben den Sorgeberechtigten zum Teil außerschulische Angebote und Dienste einzubeziehen, wie z.B. die Frühförderung, externe Therapeutinnen und Therapeuten oder die Kostenträger von Schulbegleitung. Hierfür bedarf es jeweils einer Schweigepflichtentbindung von Seiten der Sorgeberechtigten (vgl. ISB 2015).

Transitionsprozesse

Zu 5: In den Fällen, in denen der Wechsel des schulischen Lernorts bevorsteht, sei es beim Übergang in die Sekundarstufe oder beim Wechsel an ein Förderzentrum, beraten die MSD-Lehrkräfte u.a. hinsichtlich der rechtlich möglichen Förderorte, des Nachteilsausgleichs bzw. Notenschutzes und auch hinsichtlich der beruflichen Möglichkeiten (vgl. ISB 2016, 2017).

12.3.2 Externe und weitere Beteiligte

Externe Kooperationspartner

Wie in 12.3.1 herausgearbeitet wurde, kommt der Kooperation und Vernetzung mit externen und weiteren Beteiligten im Bildungsprozess eine große Bedeutung zu. Als weitere Akteure und Partner im Bildungsprozess, mit denen die MSD kooperieren, sind u.a. zu nennen:
- Eltern und Sorgeberechtigte,
- Lehrkräfte, Kollegium und Schulleitung der allgemeinen Schule,
- Kindergärten,
- Schulsozialarbeit,
- Jugendämter, Jugendsozialarbeit an Schulen,
- Therapie, wie Logopädie, Physiotherapie oder Ergotherapie,
- Kinder- und Jugendpsychiatrie, niedergelassen bzw. in sozialpädiatrischen Zentren,
- Beratungslehrkräfte und Schulleitungen anderer Schulen, MSD-Lehrkräfte aus Förderzentren mit anderen Förderschwerpunkten,
- Kostenträger und Anstellungsträger von Schulbegleitung, (Schulbegleiterinnen und Schulbegleiter).

Arbeitsaufträge

1. Wer trägt die Hauptverantwortung für die Unterrichtung von Schülerinnen und Schülern mit SPF an der allgemeinen Schule?
2. Was ist mit der subsidiären Funktion der MSD gemeint?
3. Welche Aufgaben haben die MSD?
4. Welche zeitlichen Ressourcen haben die MSD durchschnittlich?

5. Besuchen Sie den Internet-Auftritt des Staatsinstituts für Schulqualität und Bildungsforschung (ISB) und suchen Sie nach Informationen zu den MSD, im Näheren
   - Info-Briefe ‚MSD konkret' zu den spezifischen MSD-Schwerpunkten
   - Info-Brief 4 ‚Auftragsanalyse'
   - Info-Brief 5 ‚Zusammenarbeit und Erstkontakt'
   - Info-Brief 16 ‚Aspekte der Förderplanung'
6. Besuchen Sie die Internet-Auftritte einzelner Regierungsbezirke und suchen Sie nach Informationen zu den MSD:
   - Formulare zum Download
   - Ansprechpartner, vorhandene Strukturen, Informationen,...
7. Arbeitsauftrag Schülerbeispiel: Welche Schritte können Sie einleiten, um in diesem Fall eine geeignete Förderung auf den Weg zu bringen?

Ein Schüler kommt nach einem Umzug neu in ihre Klasse. Die Eltern berichten bei der Schulanmeldung, ihr Sohn sei „etwas langsamer" im Lernen und habe in der alten Schule eine besondere Förderung bekommen. Zeitweise sei er nicht mehr gerne in die Schule gegangen und habe über Bauchschmerzen geklagt. Es liegen jedoch noch keine Unterlagen vor, die mitgebrachten Zeugnisse der abgebenden Grundschule weisen bei manchen Fächern statt Noten das Kürzel „i.L." auf. Im Unterricht fällt Ihnen auf, dass der Schüler rein verbal vermittelte Arbeitsaufträge nicht befolgen kann, hier wendet er sich hilfesuchend an die Sitznachbarin. Das Schriftbild ist ungelenk, die Buchstaben wirken oft in sich verdreht, sinnentnehmendes Lesen fällt ihm sehr schwer.

Weiterführende Links

Staatsministerium für Unterricht und Kultus: Thema „MSD" https://www.km.bayern.de/ministerium/schule-und-ausbildung/inklusion/beratung-und-unterstuetzung.html

Ringbuch „Inklusion zum Nachschlagen": https://www.km.bayern.de/ministerium/schule-und-ausbildung/inklusion/materialien-und-praxistipps.html

Homepage des Instituts für Schulqualität und Bildungsforschung (ISB): https://www.isb.bayern.de/foerderschulen/mobil-sonderpaedagogische-dienste-msd/

Schulberatung Bayern: http://www.schulberatung.bayern.de/schulberatung/index.asp

Inklusionsberatung am Schulamt: Standorte und Kontaktdaten: https://www.km.bayern.de/ministerium/schule-und-ausbildung/inklusion/beratung-und-unterstuetzung.html

Literaturempfehlungen:

ISB (2015): MSD konkret 1. Aufgaben der MSD:
Kompakte 12 Seiten; Grundlagen und Aufgabenfelder des MSD; Rechtsgrundlagen; Charakterisierung der MSD in den einzelnen Förderschwerpunkten; praxisnahe Darstellung der Arbeitsfelder Diagnostik, Förderung, Beratung und Koordination

Heimlich, U.; Eckerlein, T.; Schmid, A.C. (Hrsg.) (2008): Mobile sonderpädagogische Förderung – das Beispiel Bayern. Berlin, LIT Verlag:
Einzigartige Darstellung der MSD in Bayern; historische Skizze; bildungspolitischer Überblick; empirische Befunde zu den MSD aus Lehrersicht; Praxis der MSD – tätigkeitsfeldbezogen und förderschwerpunktspezifisch

Heimlich, U.; Kahlert, J.; Lelgemann, R.; Fischer, E. (Hrsg.) (2016): Inklusives Schulsystem. Analysen, Befunde, Empfehlungen zum bayerischen Weg. Bad Heilbrunn: Klinkhardt
Überblick und vertieften Einblick in die Umsetzung der schulischen Inklusion in Bayern; Begleitung der Einführung der Inklusion im Auftrag des Bayerischen Landtages; Analysen, Befunde und (bildungspolitische) Empfehlungen zum bayerischen Weg der Inklusion

Literatur

BayEUG (Bayerisches Erziehungs- und Unterrichtsgesetz). Bayerisches Gesetz über das Erziehungs- und Unterrichtswesen in der Fassung der Bekanntmachung vom 31. Mai 2000. Verfügbar unter http://www.gesetze-bayern.de/Content/Document/BayEUG (20.05.2018).

Buchner, T. & Gebhardt, M. (2011): Zur schulischen Integration in Österreich – historische Entwicklung, Forschung & Status Quo. In: Zeitschrift für Heilpädagogik 62, 298-304.

Dworschak, W., Kapfer, A., Demo, H., Köpfer, A. & Moser, I. (2016): Bildungssituation von Schülerinnen und Schülern mit geistiger Behinderung in deutschsprachigen Ländern. In: Fischer, E. & Markowetz, R. (Hrsg.): Inklusion im Förderschwerpunkt geistige Entwicklung. Stuttgart: Kohlhammer, 289-316.

ISB (Staatsinstitut für Bildungsforschung und Schulqualität) (2015): MSD konkret 1. Aufgaben des MSD. Verfügbar unter http://www.isb.bayern.de/download/18207/hinweis_s.11_isb_msd_konkret_1.pdf (20.05.2018).

ISB (2016): Mobiler Sonderpädagogischer Dienst 9 – Berufliche Schulen. Verfügbar unter https://www.isb.bayern.de/download/17680/isb_msdkonkret_9.pdf (20.05.2018).

ISB (2017). Individuelle Unterstützung, Nachteilsausgleich, Notenschutz. Verfügbar unter https://www.isb.bayern.de/download/20057/handbuch_individuelle_unterstuetzung_nachteilsausgleich_notenschutz.pdf (20.05.2018).

KMK (Kultusministerkonferenz) (1994). Empfehlungen zur sonderpädagogischen Förderung in den Schulen in der Bundesrepublik Deutschland. Verfügbar unter http://www.kmk.org/fileadmin/veroeffentlichungen_beschluesse/1994/1994_05_06-Empfehl-Sonderpaedagogische-Foerderung.pdf (20.05.2018).

KMK (2018). Sonderpädagogische Förderung in Schulen 2007 bis 2016. https://www.kmk.org/fileadmin/Dateien/pdf/Statistik/Dokumentationen/AW_SoPae_2016.pdf (20.05.2018).

LfS (Bayerisches Landesamt für Statistik) (2017). Förderzentren und Schulen für Kranke in Bayern. Stand: 1. Oktober 2016. Verfügbar unter https://www.statistik.bayern.de. (20.05.2018).

Schor, B. (2008): Mobile Sonderpädagogische Dienste (MSD) – Historie und konzeptioneller Entwicklungsstand. In: Heimlich, U., Eckerlein, T. & Schmid, A.C. (Hrsg.): Mobile sonderpädagogische Förderung – das Beispiel Bayern. Berlin, LIT Verlag, 32-54.

Singer, P., Walter-Klose, C. & Lelgemann, R. (2016): Befragung zur Umsetzung der schulischen Inklusion in Bayern. In: Heimlich, U., Kahlert, J., Lelgemann, R. & Fischer, E. (Hrsg.): Inklusives Schulsystem. Analysen, Befunde, Empfehlungen zum bayerischen Weg. Bad Heilbrunn: Klinkhardt, 13-36.

StMUK (Bayerisches Staatsministerium für Unterricht und Kultus) (2014): Inklusion durch eine Vielfalt schulischer Angebote in Bayern. Verfügbar unter https://www.km.bayern.de/inklusion (20.05.2018).

VSO-F (Volksschulordnung für Förderschulen): Schulordnung für die Volksschulen zur sonderpädagogischen Förderung vom 11. September 2008. Verfügbar unter http://www.gesetze-bayern.de/Content/Document/BayVSOF (20.05.2018).

Walter-Klose, C., Singer, P. & Lelgemann, R. (2016): Schulische und außerschulische Unterstützungssysteme und ihre Bedeutung für die schulische Inklusion. In: Heimlich, U., Kahlert, J., Lelgemann, R. & Fischer, E. (Hrsg.): Inklusives Schulsystem. Analysen, Befunde, Empfehlungen zum bayerischen Weg. Bad Heilbrunn: Klinkhardt, 107-130.

Zinser, W. (1983): Mobile Erziehungshilfe. Ein neuer Weg wird erprobt. In: Sonderschule in Bayern 26, 179-181.

13 Schulvorbereitende Einrichtungen (SVE) und Mobile Sonderpädagogische Hilfe (MSH)

Christina Kießling

Die Schulvorbereitende Einrichtung (SVE) und die Mobile Sonderpädagogische Hilfe (MSH) zählen in Bayern neben der Interdisziplinären Frühförderung und inklusiven Konzepten zu den vorschulischen Möglichkeiten der Unterstützung von Kindern mit sonderpädagogischem Förderbedarf. Bei beiden Unterstützungsangeboten stellt die Vorbereitung auf die schulischen Anforderungen eine zentrale Aufgabe dar (vgl. Schulordnung für die Volksschule zur sonderpädagogischen Förderung in Bayern, VSO-F §78; §73 (1)). Hauptintention ist eine präventive Förderung mit dem Ziel, Entwicklungsverzögerungen zu verhindern bzw. zu mildern und weitergehende Auswirkungen des sonderpädagogischen Förderbedarfs zu vermeiden (vgl. VSO-F §72).

> Da die ersten Lebensjahre ein hohes Entwicklungspotential beinhalten, steht bei diesen Angeboten der vorbeugende Charakter im Sinne einer Minderung möglicher Folgen, der Aktivierung von Restvermögen und des Abbaus von Fehlentwicklungen im Vordergrund.

Während in der SVE ihrer Definition gemäß Kinder eines Förderschwerpunktes zusammengefasst werden, stellt die MSH gemäß dem Inklusionsgedanken ein aufsuchendes Unterstützungsangebot für Kinder, Umfeld und Regeleinrichtung dar.

Struktur

Tab. 13.1: Vergleichende Übersicht der Strukturen von SVE und MSH

	Schulvorbereitende Einrichtung (SVE)	Mobile Sonderpädagogische Hilfe (MSH)
Zielgruppe	Kinder mit Entwicklungsrisiken und Behinderungen ab drei Jahren bis zum Schuleintritt	Kinder mit Förderbedarf vor dem Schuleintritt
Verortung	Teil des jeweiligen Förderzentrums	Hilfsangebot der Förderschulen im Regelkindergarten
Arbeitsweise	kleine Gruppen innerhalb des Förderzentrums Förderung und Therapie	aufsuchendes Angebot in der Regeleinrichtung oder Familie Förderung einzelner Kinder in Regeleinrichtungen Unterstützung und Beratung von Eltern und Erziehern
Sonderpädagogische Zielsetzung	Schulvorbereitung	Schulvorbereitung

	Schulvorbereitende Einrichtung (SVE)	Mobile Sonderpädagogische Hilfe (MSH)
Personal	qualifiziertes Fachpersonal mit Professionswissen vor Ort	Betreuung und Förderung durch das sonderpädagogische Lehrpersonal des Förderzentrums
Bedeutung für Inklusion	Hilfsangebot für Vorschulkinder mit Förderbedarf und Behinderungen, die in einer Regeleinrichtung nicht angemessen unterstützt werden können	Unterstützung für förderbedürftige Vorschulkinder nach dem Prinzip der Wohnortnähe mit dem Ziel des Übergangs in eine Regelschule

13.1 Historische Einordnung

Sonderkindergärten

Hanselmann sprach sich bereits 1930 für die Einrichtung öffentlicher Sonderkindergärten, vor allem für Kinder mit geistiger Behinderung aus (vgl. Speck 2012). In den 1950er und 1960er Jahren galt der Sonderkindergarten als adäquates Bildungsangebot für Kinder mit besonderen Erziehungs- und Förderbedürfnissen (vgl. Mühl 2006; Speck 2012). Ursprünglich wurden dort nur Kinder mit schwerwiegenden Behinderungen wie Blindheit, Gehörlosigkeit, geistiger oder körperlicher Behinderung aufgenommen. Später wurde das Angebot auf andere Behinderungsarten und Förderbedürfnisse ausgedehnt.

> Mühl (1984) beschreibt die SVE in Bayern als Möglichkeit, die häusliche Früherziehung fortzusetzen, die Eltern in zeitlicher und physischer Hinsicht zu entlasten sowie Beratung und Anleitung anzubieten.

13.2 Die Schulvorbereitende Einrichtung und die Mobile Sonderpädagogische Hilfe im inklusiven Bildungssystem

13.2.1 Konzeptionelle und rechtliche Grundlagen

Organisation und Arbeitsweise der SVE

> Schulvorbereitende Einrichtungen sind Angebote für die Betreuung, Bildung und Erziehung von behinderten oder von Behinderung bedrohten Kindern ab dem vollendeten dritten Lebensjahr, die aufgrund ihres zusätzlichen Förderbedarfs in einem Regelkindergarten nicht angemessen gefördert werden können.

Vielfach handelt es sich um Kinder mit mehrfachen Behinderungen, welche spezieller sonderpädagogischer und therapeutischer Unterstützung bedürfen. Die pädagogische Arbeit ist maßgeblich an der jeweiligen Behinderungsart bzw. am jeweiligen Förderbedarf orientiert. Es gibt Angebote für Kinder mit Entwicklungsverzögerungen, geistigen Behinderungen, körperlichen Behinderungen oder Einschränkungen im Bereich der Sprache, des Sehens bzw. des Hörens. In der Regel sind die Einrichtungen Teil der sonderpädagogischen Förderzentren bzw. der Schulen mit dem jeweiligen Förderschwerpunkt. Eine SVE hat keinen anderen Förderschwerpunkt als den der zugehörigen Schule und deren Schulleiter ist zugleich auch Leiter der Einrichtung.

Die rechtlichen Grundlagen für SVEen sind in Art. 22 Abs. 1 des Gesetzes über das Bayerische Erziehungs- und Unterrichtswesen (BayEUG) festgelegt. Eine Explikation der Aufgaben findet sich in der Schulordnung für die Volksschulen zur sonderpädagogischen Förderung (§ 78, VSO-F):

Rechtliche Grundlagen und Bestimmungen

- Förderung im Hinblick auf künftigen Schulbesuch,
- Beratung der Erziehungsberechtigten bzgl.
  - weiterer Förderung,
  - möglicher schulischer Lernorte.
- Ziel der Förderung:
  - Vorbereitung auf schulische Anforderungen,
  - Grundlage für weitere sonderpädagogische Förderung.

Die Entscheidung über die Aufnahme in eine SVE erfolgt durch Antragstellung der Eltern und auf Grundlage eines sonderpädagogischen Gutachtens.

Dieses wird von der aufnehmenden Förderschule erstellt, wobei die endgültige Entscheidung zur Aufnahme bei der Schulleitung bzw. beim Träger liegt und jeweils zu Beginn des neuen Schuljahres möglich ist. Die Förderung der Kinder vollzieht sich in Gruppen und umfasst höchstens den zeitlichen Umfang der Jahrgangsstufe 1 der entsprechenden Schule (vgl. Art. 22 BayEUG). Der Besuch ist, bis auf einen monatlichen Unkostenbeitrag für Material etc., in der Regel kostenfrei. Die Finanzierung erfolgt über staatliche Leistungen nach dem Bayerischen Schulfinanzierungsgesetz (Art. 33ff. BaySchFG) sowie teilweise über örtliche Sozialhilfeleistungen.

Beim Angebot der Mobilen Sonderpädagogischen Hilfe geht es vorrangig darum, die Entwicklung der kindlichen Fähigkeiten, das Lernverhalten sowie die Schulreife zu unterstützen und die kindliche Gesamtpersönlichkeit zu fördern.

Mobile Sonderpädagogische Hilfe

Förderschulen bieten entsprechend des jeweiligen Förderschwerpunktes ihre sonderpädagogische Kompetenz für Familien, Kindertageseinrichtungen oder im Rahmen der Frühförderung an (Bayerisches Staatsministerium für Unterricht und Kultus 2018). Konkret besteht das Angebot in der Entwicklungsförderung des Kindes sowie in der Beratung der Eltern und des pädagogischen Personals im Hinblick auf die schulische Zukunft (Art. 22 BayEUG). Die Förderung setzt das Einverständnis der Eltern voraus. Findet die Unterstützung innerhalb einer Kindertageseinrichtung statt, ist außerdem die Kooperation und Absprache mit der Einrichtungsleitung nötig.

Die Organisation des Angebotes erfolgt durch die entsprechende Volksschule zur sonderpädagogischen Förderung. Die jeweilige Schule kann das Hilfsangebot nur in dem Umfang anbieten, in dem ihr Förderstunden bzw. Lehrerpersonal zur Verfügung gestellt werden. Die MSH ist für Eltern und Einrichtung kostenfrei.

Organisation der MSH

Sowohl die SVE als auch die MSH sind freiwillige Angebote, die keine Verpflichtung darstellen, für die jedoch auch kein Anspruch besteht (vgl. VSO-F § 72(3)).

13.2.2 Schulalltag

Tagesstruktur SVE

Als Teil der Förderzentren gelten für die SVE die Unterrichtszeiten der Schule. Um dem Betreuungsbedarf an den Nachmittagen und in den Ferien gerecht zu werden, sind die Einrichtungen in der Regel an die Heilpädagogischen Tagesstätten (HPT) des Förderzentrums angegliedert, welche die Förderung entsprechend ergänzen und weiterführen.

MSH ergänzen die häusliche bzw. die institutionelle Erziehung um ihre fachliche Kompetenz und können können zusätzlich zu den Hilfsangeboten der Interdisziplinären Frühförderung in Anspruch genommen werden.

Arbeitsweise MSH

Im Mittelpunkt stehen die fachspezifischen Kompetenzen des jeweiligen Förderschwerpunktes, die sich in der Diagnostik, Förderung und Beratung sowie der Koordination weiterer möglicher Hilfsangebote widerspiegeln. Gemäß seiner Definition handelt es sich um ein „aufsuchendes" Angebot der Förderschule, d.h. das Personal ist vor Ort in den Einrichtungen oder der Familie tätig.

Schulübertritt

Während laut Schulordnung die SVE auf eine „erfolgreiche sonderpädagogische Förderung" abzielt (vgl. VSO-F § 78), geht es der MSH vorrangig um eine Verminderung des Förderbedarfs und die spätere Eingliederung in eine allgemeine Schule. Mit Beginn der Schulpflicht erstellt die SVE eine Empfehlung zur geeigneten Schulart, die zur Vorlage bei der Schulanmeldung herangezogen werden kann. Dabei soll laut VSO-F § 83 auch die Möglichkeit der Beschulung in einer Regeleinrichtung Berücksichtigung finden.

13.2.3 Bedeutung für die Inklusion

Zahlen und Statistik

Den aktuellen Zahlen zufolge besuchen bundesweit 14.300 Kinder einen Förderschulkindergarten oder eine SVE (Autorengruppe Bildungsberichterstattung 2016). Im Schuljahr 2014/15 wurden in Bayern 7450 Kinder in Schulvorbereitenden Einrichtungen gefördert. Die prozentuale Betrachtung nach Förderschwerpunkten zeigt folgendes Ergebnis:

Tab. 13.2: Übersicht über Kinderzahlen in Schulvorbereitende Einrichtungen in Bayern nach Förderschwerpunkt (Bayerisches Landesamt für Statistik 2015)

Förderschwerpunkt	Prozentualer Anteil
Entwicklungsverzögerung und Sprachauffälligkeit	57,41%
Geistige Entwicklung (einschließlich Autismus)	21,57%
Sprache	11,77%
Körperliche und motorische Entwicklung	3,68%
Hören	2,79%
Emotionale und soziale Entwicklung	1,83%
Sehen	0,95%

> Aus Sicht von Inklusionsbefürwortern steht die SVE dem Inklusionsgedanken maßgeblich entgegen (vgl. Dorrance & Dannenbeck 2015), weshalb diese eine Auflösung der SVE zugunsten einer Erziehung und Bildung in inklusiven Vorschuleinrichtungen fordern (vgl. Primbus 2012). Die Gegenseite findet maßgebliche Argumente für den Erhalt dieser Förderstätten.

Im Folgenden ein Überblick über wichtige Argumente für und gegen die Förderung von Vorschulkindern in spezialisierten Einrichtungen:

Tab. 13.3: Pro und Contra Schulvorbereitende Einrichtung

Pro SVE
- Das passgenaue Angebot enthält z.B.: gezielte Förderung, angepasste personelle und materielle Ausstattung, Spezialisierung auf einen Förderschwerpunkt (vgl. Kießling 2017).
- Öffnung der Einrichtungen für Kinder mit unterschiedlichen Förderbedarfen im Sinne der inklusiven Idee ermöglicht es, ungeklärten Diagnosen gerecht zu werden und Kinder in ihrer unterschiedlichen Entwicklung gemeinsam zu fördern.
- Eine rein inklusiv ausgerichtete Vorschullandschaft, die ausschließlich auf professionalisierten Regeleinrichtungen beruht, kann nicht allen Kindern mit sonderpädagogischem Förderbedarf gerecht werden – auch nicht mit Unterstützung durch die Expertise der MSH.

Contra SVE
- Die starke Orientierung an den Gedanken der Schulfähigkeit und die räumliche Nähe zur Förderschule bergen die Gefahr der automatischen Einschulung in den jeweiligen Förderschwerpunkt. Laut Primbus (2012) besuchen SVE-Kinder nach dem Übertritt mehrheitlich die Förderschule, der Besuch einer allgemeinen Schule stellt eher die Ausnahme dar.
- Deutschlandweit besuchen noch immer ca. 28% aller Kinder eine Vorschuleinrichtung, die ausschließlich Kinder mit Förderbedarf aufnimmt (vgl. Autorengruppe Bildungsberichterstattung 2010).
- Die SVE und die MSH sind als parallel angebotene Systeme teuer und ineffizient (Landesarbeitsgemeinschaft Gemeinsam Leben – Gemeinsam Lernen e.V.). Geforderte Alternative: sonderpädagogischen Ressourcen im Vorschulbereich konsequent an Regelkindergärten verlagern.
- Art. 22 Abs. 1 des BayEUG begrenzt das Angebot einer SVE auf den Förderschwerpunkt des Förderzentrums, andere Förderschwerpunkte sind nicht möglich. Das ist nicht im Sinne der UN-Behindertenrechtskonvention (Lebenshilfe für Menschen mit geistiger Behinderung – Landesverband Bayern e.V. 2011)

Zusammenfassend lässt sich Folgendes festhalten: Bislang gibt es keine empirische Überprüfung der Erfolge von SVE oder verlässliche Angaben, wie viele Kinder nach dem Besuch einer SVE in einer allgemeinen oder einer Förderschule eingeschult werden (Schöler, Merz-Atalik & Dorrance 2010). Ebenso existiert keine verbindliche konzeptionelle Ausgestaltung der pädagogischen Inhalte (vgl. Breyer & Breyer 2017; Kießling 2017), vielmehr wird der jeweilige Lehrplan des Förderzentrums als Grundlage herangezogen (vgl. BayEUG Art 19(3)).

> Die SVE bedarf in Zeiten der Inklusion mehr denn je einer eigenen Konzeption, um den veränderten gesellschaftlichen Rahmenbedingungen und dem inklusiven Gedanken Rechnung tragen zu können.

Als mögliche Überlegungen in Richtung Neukonzeption können z.B. folgende Aspekte angesehen werden:
- Eingehen auf eine veränderte, zunehmend heterogene Zielgruppe (z.B. Zunahme von Verhaltensauffälligkeiten; Familien mit Migrationshintergrund)
- Ausweitung der Öffnungszeiten, um dem Betreuungsauftrag vermehrt gerecht zu werden und z.B. Berufstätigkeit für die Eltern zu ermöglichen
- Abwendung von der starken Schulorientierung durch Aufnahme von Kindern unter drei Jahren

Perspektive Eine denkbare Form der inklusiven Weiterentwicklung der SVE stellt die vorschulische Umsetzung des schulischen Partnerklassensystems dar (vgl. Breyer & Breyer 2017). Eine SVE-Gruppe ist dabei räumlich einer Regeleinrichtung zugeordnet, was gemeinsame Lernerfahrungen unter Beibehaltung der personellen Ressourcen und der fachlichen Kompetenz ermöglicht. Auch wird über die Öffnung von SVE-Gruppen für Kinder mit verschiedenen Förderbedürfnissen bzw. ohne Förderbedarf diskutiert (vgl. Kießling 2017).

> Bei der MSH hingegen handelt es sich um ein Unterstützungsangebot, das dem Inklusionsgedanken bereits in hohem Maße gerecht wird. Bestehende Fachexpertise wird „nach außen" in Familien und Regeleinrichtungen gebracht, es entstehen Kooperationen und Anknüpfungsmöglichkeiten.

13.3 Akteurinnen und Akteure

13.3.1 Unterrichtsalltag und Erleben der Schüler

Die pädagogische Arbeit in der SVE orientiert sich maßgeblich an der jeweiligen Behinderungsart des Kindes und den damit verbundenen speziellen Erfordernissen, wie z.B. dem Einsatz spezieller Hilfsmittel oder Förderangebote. Hauptaufgabe ist eine behinderungs- bzw. funktionsspezifische Förderung der Kinder (vgl. Kron & Papke 2006). Die Gruppengröße liegt, je nach Einrichtung, bei 7 bis 10 Kindern. Die Grundlage der pädagogischen Arbeit und Förderung bildet sowohl für die SVE als auch für die MSH ein regelmäßig aktualisierter Förderplan, der auch Aussagen über die voraussichtlich mögliche Schulart macht.

Prinzipien Für Speck (2006) besteht die Aufgabe sonderpädagogischer Vorschuleinrichtungen in der Förderung der motorischen, sprachlichen, kognitiven und sozialen Kompetenzen bzw. der sozio-emotionalen Entwicklung entsprechend des individuellen kindlichen Entwicklungsstandes. Mögliche Schwerpunkte der Umsetzung des Bildungs- und Erziehungsgedankens werden in folgenden übergeordneten Prinzipien formuliert (vgl. Kießling 2012):
- Ganzheitlichkeit: Förderung auf der Basis von Lebenssituationen, ganzheitliches Menschenbild als Mittelpunkt der Arbeit, individuelle Angebote zur Entwicklungsförderung,
- Differenzierung und Individualisierung: differenzierte Lernangebote, angepasst an die individuelle Entwicklung,

- Persönlichkeitsentwicklung: Annehmen von Möglichkeiten und Grenzen, Entwicklung eines realistischen Selbstbildes und von Selbstvertrauen, Selbst- und Materialerfahrung, Vermittlung sozialer Kompetenzen,
- Diagnostik und Beobachtung: diagnosegeleitete Förderarbeit, Ausgleich individueller Entwicklungsbesonderheiten.

Darüber hinaus scheinen einrichtungsübergreifend folgende konkreten Erziehungsziele eine zentrale Bedeutung einzunehmen (vgl. Kießling 2012):

Tab. 13.4: Überblick über die pädagogischen Zielsetzungen der Schulvorbereitenden Einrichtung

Erziehungsziel	Explikation	Praktische Umsetzung
Kognitive Entwicklung	Förderung kognitiver Fähigkeiten, von Konzentration und logischem Denken	z.B. Unterscheiden und Vergleichen von Farben, Formen und Größen, Nacherzählen von Geschichten etc.
sozio-emotionale Entwicklung	Gruppengemeinschaft, Interaktion und kommunikative Beziehungen, soziale Zugehörigkeit	z.B. Erlernen einfacher sozialer Umgangsformen wie Grüßen, Bedanken, Rücksicht, gemeinsame Feiern, etc.
Sprache und Kommunikation	Kommunikation als menschliches Grundbedürfnis und Grundlage wechselseitiger Verständigung, Sprachförderung und nonverbale Alternativen bei nicht sprechenden Kindern, Förderung von Ausdrucksmöglichkeiten	Förderung der Kommunikationsfähigkeit und Sprachbildung (z.B. Wecken der Sprechlust, Benennen von Gegenständen, Reime und Lieder, Lippen- und Zungenübungen etc.
Wahrnehmung und Bewegung	Förderung der Aufnahme von körpereigenen Reizen und Reizen aus der Umwelt und deren Verarbeitung, Zusammenhang zwischen Wahrnehmung und Lernen, Bewegung als kindliches Grundbedürfnis,	z.B. Förderung psychomotorischer Fähigkeiten, Schulung der Grob- und Feinmotorik, vielfältige Bewegungsangebote
Förderung kreativ-gestalterischer sowie musischer Fähigkeiten	Gestalten mit Materialien; Singen, Rhythmik und Musizieren	
Spiel	Spiel als Moment des Lernens, Ermöglichung durch Material, Raum und Zeit	
Selbständigkeit und Selbsttätigkeit	Selbstvertrauen durch eigenaktives Handeln, Treffen eigener Entscheidungen, Selbsttätigkeit als Produktivität, Vertrauen in eigene Fähigkeiten und Fertigkeiten	
Lebenspraktische Fertigkeiten	Selbstversorgung, Nahrungsaufnahme, Hygiene, Toilettengang, Händewaschen, An- und Auskleiden, etc.	
Entwicklung und Förderung der Schulfähigkeit		

Betrachtet man die pädagogischen Konzepte ausgewählter SVEen, zeigt sich dort eine ganze Bandbreite an Zielgruppendefinitionen und konzeptionellen Angeboten bzw. pädagogischen Zielen. Eine Auswahl möglicher sonderpädagogischer und therapeutischer Ziele findet sich in der folgenden Übersicht (Kießling 2012):

Lebenshilfe Erlangen-Höchstätt:
SVEen und integrierte Tagesstätte

Zielgruppe:	Pädagogisches Konzept:
Kinder mit • Körperbehinderung • Seelischer Behinderung • Geistiger Behinderung • Mehrfachbehinderung • starker bzw. allgemeiner Entwicklungsverzögerung • Sprachauffälligkeit • Entwicklungsauffälligkeiten	• Beziehungsaufbau • ganzheitliches Bild vom Kind • Persönlichkeitsentwicklung • Spiel • Sprache und Kommunikation • Wahrnehmung und Bewegung • Selbstständigkeit und Selbsttätigkeit • Professionalität • Förderplanung und Rahmenpläne

Abb. 13.1: Konzept der SVE der Lebenshilfe Erlangen Höchstätt

Privates SFZ Ursberg
SVE „Marie Therese"

Zielgruppe:	Pädagogisches Konzept:
Kinder mit Sprach- und Entwicklungsverzögerungen	• strukturierter Vormittag mit festem Rahmen, Regeln und Ritualen • diagnosegeleitete und ganzheitliche Förderung • Förderung aller Wahrnehmungsbereiche • Förderung der Sprache und des Sprechens • kindgemäße, spielerische Förderung • Einbeziehung möglichst aller Sinne • Spannung und Entspannung • Selbsterfahrung • naturwissenschaftliches Forschen

Abb. 13.2: Konzept der SVE des SFZ Ursberg

Heilpädagogisches Zentrum
Ruhpolding SVE

Zielgruppe:	Pädagogisches Konzept:
Kinder mit Entwicklungsverzögerungen und Förderbedarf in Hinblick auf • kognitive Entwicklung • Kommunikation und Sprache • Wahrnehmung und Konzentration • Motorik und Spielverhalten • Verhalten und sozial-emotionale Entwicklung • Autismus-Spektrum-Störung	• Elemente der Montessori-Pädagogik • Waldtage • spezifische Förderansätze bei Autismus • Sozial- und Verhaltenstraining • Angebote bei SDHS und ADS/Marburger • Konzentrationstraining • Heilpädagogische Beziehungsgestaltung • Ergo-, Sprach- und Physiotherapie • Unterstützte Kommunikation • Erlebnispädagogik • Therapeutische Wassergewöhnung • Wintersportaktivitäten • Integrative Vorhaben von Kindern mit und ohne Förderbedarf

Abb. 13.3: Konzept der SVE des Heilpädagogischen Zentrums Ruhpolding

13.3.2 Aufgaben und Rolle der Lehrkraft

Der spezifischen Förderung und Bildung der Kinder wird in der SVE vor allem durch einen erhöhten Personalschlüssel und die umfassende Ausstattung der Einrichtung mit Spezialräumen Rechnung getragen. Zu den tätigen Berufsgruppen zählen heil- und sozialpädagogische Fachkräfte, Erzieherinnen bzw. Heilerzieher sowie Lehrkräfte für Sonderpädagogik, wobei die Gruppenleitung von heilpädagogischen Förderlehrkräften bzw. dem Personal für heilpädagogische Unterrichtshilfe übernommen wird. Die sonderpädagogischen Lehrkräfte haben beratende Funktion, wirken jedoch auch in der Förderung mit. Diese Arbeitsweise ermöglicht eine umfassende therapeutische Begleitung und interdisziplinäre Zusammenarbeit. Die Kooperation mit weiteren Berufsgruppen des Förderzentrums wie ergotherapeutischen, logopädischen und physiotherapeutischen Fachkräften oder Psychologinnen und Psychologen stellt eine wichtige Säule der täglichen Arbeit dar.

Personalschlüssel und Ausstattung

In der MSH sind Lehrkräfte für Sonderpädagogik, heilpädagogische Förderlehrkräfte oder sonstiges Personal zur heilpädagogischen Unterrichtshilfe tätig. Diese sind an der jeweiligen Förderschule beschäftigt und unterliegen, ebenso wie das Personal der SVE, der Weisungsbefugnis der Schulleitung.

Die konkrete Gestaltung des pädagogischen Alltags ähnelt vielfach den Abläufen und Strukturen der Regeltageseinrichtungen für Kinder im Vorschulalter. So bilden Gesprächskreise und wiederkehrende Rituale bedeutsame Elemente der Wiederholung, die dem Alltag Struktur geben.

Tagesablauf

Daneben kommt dem freien Spiel sowie den lebenspraktischen Alltagstätigkeiten eine bedeutende Rolle zu. Besonders relevant sind die hohe Präsenz therapeutischer Fachkräfte im pädagogischen Alltag und die damit einhergehenden Einzelfördersituationen. Im Bereich des Förderschwerpunktes Lernen lässt sich mitunter eine gewisse Nähe zur Schulsituation feststellen, da die Kinder u.a. Arbeitseinheiten an Tischen absolvieren und dabei „klassische" Materialien wie Arbeitsblätter und Federmäppchen zum Einsatz kommen. Die tatsächliche Ausgestaltung ist im Einzelfall abhängig von der Pädagogik der jeweiligen Einrichtung.

Praxisbeispiel
Der fünfjährige Oliver wurde mit Down-Syndrom geboren. Von seinem zweiten bis zum Ende des dritten Lebensjahres besuchte er die wohnortnahe Kinderkrippe. Für Eltern und Einrichtung schien die Lösung ideal, da im pädagogischen Alltag den Bedürfnissen des Kindes Rechnung getragen werden konnte, es sich sichtlich wohl fühlte und vom Kontakt mit den anderen Kleinkindern profitierte. Zum Ende der Krippenzeit mussten sich die Eltern jedoch eingestehen, dass Oliver immer weniger mit den anderen Kindern „mitlief" und zunehmend hinter ihnen zurückblieb. Da sie ihm die frustrierende Erfahrung permanent Letzter zu sein ersparen wollten, zogen sie die SVE in Betracht. Die pädagogische Konzeption und das Angebot überzeugten die Eltern letztlich, obwohl sie im Vorfeld die SVE mit den Möglichkeiten eines inklusiven Kindergartens sorgfältig verglichen hatten und gerade im familiären Umfeld immer wieder Argumenten hinsichtlich der Zeitgemäßheit und des fehlenden Inklusionsgedankens ausgesetzt waren.

> Die Eltern betonen, dass sie neben der passgenauen Förderung, dem speziell ausgebildeten Personal und den räumlichen Möglichkeiten des Förderzentrums (z.B. Schulhallenbad, Snoezelenraum, Werkräume) vor allem die reduzierte Gruppengröße schätzen, die ein individuelles Eingehen auf die Bedürfnisse jedes Kindes ermöglicht und Aktivitäten wie Waldtage, Schwimmen, Exkursionen im Lebensraum der Kinder oder sogar Skifahren möglich macht, welche in größeren Gruppen nicht in diesem Maße umsetzbar wären.

Arbeitsaufträge

1. Wie lassen sich die SVE und die MSH hinsichtlich der Zielgruppe, Organisation, Arbeitsweise, sonderpädagogischen Zielsetzung, Personal und ihrer Bedeutung für die Inklusion voneinander abgrenzen?
2. Welche Gemeinsamkeiten und Unterschiede zeichnen die beiden Hilfsangebote aus?
3. Wie würden Sie den Stellenwert der Schulvorbereitenden Einrichtung und der Mobilen Sonderpädagogischen Hilfe im Hinblick auf ihre Bedeutung für die Inklusion verorten?
4. Welche Alleinstellungsmerkmale bietet die SVE? Wo sind Anpassungen und organisatorische bzw. konzeptionelle Überarbeitungen nötig?

Weiterführende Links

Konzeptionen von Schulvorbereitende Einrichtungen (SVE):

Konzeption der SVE Erlangen-Höchstadt: http://www.lebenshilfe-herzogenaurach.de/fileadmin/user_upload/Dateien/Konzeptionen/Konzeption_Schulvorbereitende_Einrichtungen.pdf

Konzeption des Jakob-Muth-Kindergartens (SVE und HPT) der Lebenshilfe Nürnberg: https://www.lhnbg.de/bildung/download_jakob_muth_schule/JMS-Konzeption-heilpaedagogischer-Kiga-2018-01.pdf?m=1516706540&

Konzeption der SVE der Julius-Kardinal-Döpfner-Schule Schweinfurt-Gerolzhofen: http://www.doepfner-schule.de/medien/de34e48a-d0e1-4cdc-ac3e-ab3512cf4c85/sve_konzeption.pdf

Konzeption der SVE im Heilpädagogischen Zentrum Ruhpolding: https://www.bz-aschau.de/hpz-ruhpolding/st-valentinsschule/sve.html

Konzeption der SVE des SFZ Ursberg: http://www.sfz-ursberg.de/fileadmin/user_upload/userfiles/SFZ/2017_18/Konzeption_der_SVE_Marie_Therese_2017.pdf

Mobile Sonderpädagogische Hilfe (MSH):

Konzeption der MSH des Heilpädagogischen Zentrums Lichtenfels: http://downloads.eo-bamberg.de/10/972/1/38069582941877571676.pdf

Literaturempfehlungen

Kießling, C. (2014): Frühe Bildung und Erziehung. In: Fischer, E. (Hrsg.): Heilpädagogische Handlungsfelder.
Einführender Übersichtsartikel, in dem die vorschulischen Bildungsangebote für Kinder mit Förderbedarf vorgestellt und voneinander abgegrenzt werden

Literatur

Autorengruppe Bildungsberichterstattung (2016): Bildung in Deutschland. Ein indikatorengestützter Bericht mit einer Analyse zu Bildung und Migration. In: https://www.bildungsbericht.de/de/bildungsberichte-seit-2006/bildungsbericht-2016/pdf-bildungsbericht-2016/bildungsbericht-2016, (02.05.2018).

Bayerisches Gesetz über das Erziehungs- und Unterrichtswesen (BayEUG) (2000). In: http://www.gesetze-bayern.de/Content/Document/BayEUG, (02.05.2018).

Bayerisches Landesamt für Statistik (2015): Förderzentren und Schulen für Kranke in Bayern. In: https://www.statistik.bayern.de/veroeffentlichungen/epaper.php?pid=43065&t=1&XTCsid=0871ae80 21814b89da0ce28d116c8662, (02.05.2018).

Bayerisches Schulfinanzierungsgesetz (2000). In: http://www.gesetze-bayern.de/Content/Document/BaySchFG, (02.05.2018).

Bayerisches Staatsministerium für Unterricht und Kultus (2018): Mobile Sonderpädagogische Hilfe. In: https://www.freistaat.bayern/dokumente/leistung/551212647206, (02.05.2018).

Bock-Famulla, K., Strunz, E. & Löhle, A. (2017): Länderreport Frühkindliche Bildungssysteme 2017. Transparenz schaffen – Governance stärken. In: https://www.laendermonitor.de/fileadmin/files/laendermonitor/by_lr17.pdf, (02.05.2018).

Breyer U. & Breyer C. (2017): Möglichkeiten frühkindlicher inklusiver Erziehung und Bildung in Bayern – Anspruch und Wirklichkeit. In: Fischer, E. & Ratz, C.: Inklusion – Chancen und Herausforderung für Menschen mit geistiger Behinderung, Weinheim, Beltz Verlag, 20-35.

Dorrance, C. & Dannenbeck, C. (2015): Schule und die Frage der Inklusion in Bayern. Kritische Bestandsaufnahme und Perspektiven. In: http://library.fes.de/pdf-files/akademie/bayern/12082.pdf, (02.05.2018).

Kießling, C. (2012): Schulvorbereitende Einrichtung – Überholtes Relikt oder Alternative zum integrativen Kindergarten? In: http://www.kindergartenpaedagogik.de/2256.html, (02.05.2018).

Kießling, C. (2014): Frühe Bildung und Erziehung. In: Fischer, E. (Hrsg.): Heilpädagogische Handlungsfelder. Grundwissen für die Praxis, Stuttgart, Kohlhammer, 58-88.

Kießling, C. (2017): Das Selbstverständnis der Schulvorbereitenden Einrichtung in einer sich wandelnden Bildungslandschaft. In: Fischer, E. & Ratz, C.: Inklusion – Chancen und Herausforderung für Menschen mit geistiger Behinderung, Weinheim, Beltz Verlag, 36-55.

Kießling, C. (2018): Nicht mehr zeitgemäß? Die Schulvorbereitende Einrichtung in Bayern. In: Spuren 2018 (1), 6-12.

Kron, M. & Papke, B. (2006): Frühe Erziehung, Bildung und Betreuung von Kindern mit Behinderung. Eine Untersuchung integrativer und heilpädagogischer Betreuungsformen in Kindergärten und Kindertagesstätten. Bad Heilbrunn, Klinkhardt Verlag

Lebenshilfe für Menschen mit geistiger Behinderung – Landesverband Bayern e.V. (2011): Stellungnahme der Lebenshilfe für Menschen mit geistiger Behinderung – Landesverband Bayern zum Gesetzentwurf zur Änderung des Bayerischen Gesetzes über das Erziehungs- und Unterrichtswesen – Umsetzung der UN-Behindertenrechtskonvention im bayerischen Schulwesen (Inklusion). In: https://www.lebenshilfebayern.de/fileadmin/user_upload/09_publikationen/stellungnahmen/lhlvbayern_stellungnahme_BayEUG_mai2011.pdf, (02.05.2018).

Mühl, H. (1984): Einführung in die Geistigbehindertenpädagogik. Stuttgart, Kohlhammer Verlag.

Mühl, H. (2006): Pädagogische Angebote im Vorschulalter. In: Wüllenweber, E.; Theunissen G. & Mühl, H.(Hrsg.): Pädagogik bei geistigen Behinderungen. Ein Handbuch für Studium und Praxis, Stuttgart, Kohlhammer Verlag, 281-286.

Primbus, C. (2012): Bayern ist bundesdeutsches Schlusslicht bei der Inklusion im Kindergartenalter. In: http://www.inklusive-schule-bayern.de/upload/files/Bayern_Schlusslicht.doc, (02.05.2018)

Schöler, J., Merz-Atalik, K. & Dorrance, C. (2010): Auf dem Weg zur Schule für alle? Die Umsetzung der UN-Behindertenrechtskonvention im Bildungsbereich: Vergleich ausgewählter europäischer Länder und Empfehlungen für die inklusive Bildung in Bayern. In: http://library.fes.de/pdf-files/akademie/bayern/07824.pdf, (02.05.2018).

Schulordnung für die Volksschulen zur sonderpädagogischen Förderung (2008). In: http://www.gesetze-bayern.de/Content/Document/BayVSOF, (02.05.2018).

Speck, O. (2006): Kindergarten. In: Antor, G. & Bleidick, U. (Hrsg.): Handlexikon der Behindertenpädagogik. Schlüsselbegriffe aus Theorie und Praxis. 2. Auflage, Stuttgart, Kohlhammer Verlag, 418-420.

Speck, O. (2012): Menschen mit geistiger Behinderung. Ein Lehrbuch zur Erziehung und Bildung, München, Ernst Reinhard Verlag.

14 Sonderpädagogische Diagnose- und Werkstattklassen (SDWK)

Jürgen Schuhmacher

Je nach Förderschwerpunkt bieten Förderschulen unterschiedliche Abschlüsse bis hin zur Mittleren Reife an (vgl. Bayerisches Staatsministerium für Bildung und Kultus, Wissenschaft und Kunst 2017). Zur Vorbereitung einer beruflichen Ausbildung und eines selbstverantwortlichen Lebens können die Jahrgangsstufen 7 bis 9 als Sonderpädagogische Diagnose- und Werkstattklassen (SDWK) gebildet werden, was vorrangig an den Sonderpädagogischen Förderzentren (SFZ) der Fall ist. Im Förderschwerpunkt geistige Entwicklung finden sich diese Inhalte in den Klassen 10 bis 12 der Berufsschulstufe wieder. Damit akzentuieren Förderzentren die berufliche Vorbereitung ab Klasse 7 bzw. 10 sehr stark. Im Schuljahr 2016/17 ist rund die Hälfte aller Schülerinnen und Schüler mit sonderpädagogischem Förderbedarf den Förderschwerpunkten Lernen, Sprache sowie emotionale und soziale Entwicklung zuzuordnen (vgl. Bayerisches Landesamt für Statistik 2016, S. 19). Ihre Schülerschaft macht somit den größten Anteil innerhalb der verschiedenen Förderzentren aus. Im Folgenden geht es deshalb beispielhaft um die SDWK in den SFZ.

14.1 Sonderpädagogische Diagnose- und Werkstattklassen: Historische Einordnung

Profilbildendes Element

Die Sonderpädagogischen Diagnose- und Werkstattklassen (SDWK) in den Jahrgangsstufen 7 bis 9 sind gegenwärtig profilbildendes Element unter dem Dach des Sonderpädagogischen Förderzentrums (SFZ) und gelten als grundlegender Bestandteil der schulischen Berufsvorbereitung im Übergang in das Berufsbildungssystem (vgl. Schor & Eckerlein 2014).

Erwerbsfähigkeit

Schon in der Gründungsphase der ersten Hilfsschulen im 19. Jahrhundert gab es den Anspruch Jugendliche mit Lernschwierigkeiten auf die Erwerbstätigkeit mit dem Ziel der selbstständigen Lebensführung vorzubereiten (vgl. Köhler 2014). Stötzner proklamiert als Vater der Hilfsschulen bereits 1864:

> „Die Nachhilfeschule hat auch von allem Anfang an die Erziehung zur Erwerbsfähigkeit im Auge. Nur auf diese Weise werden die Jugendlichen in Lohn und Brot kommen, sodass sie dem Staat keine weiteren Kosten verursachen würden" (Stötzner zitiert nach ebd.).

Im Jahr 1963 bemerkt Schade:

> „Die Sonderschule sollte vor allen Dingen ihre Schüler zu den allgemeinen Arbeitstugenden der Zuverlässigkeit, Genauigkeit, Gewissenhaftigkeit, Arbeitstreue und Ausdauer besonders in den praktischen Fächern erziehen" (Schade zitiert nach a.a.O., S.50).

Ein Beschluss des Bayerischen Landtags vom 23. März 2000 erklärt die Ausweitung des praxisorientierten Lernens zu einer neuen Aufgabe des Sonderpädagogischen

Förderzentrums. Ziel ist die Verwirklichung einer realitätsnahen Berufsvorbereitung am SFZ (vgl. Rogge & Weigl 2008).

> Praxisorientiertes Lernen mit dem Ziel der Erwerbsfähigkeit ist von der Gründungsphase der Hilfsschulen im 19. Jahrhundert bis zu den heutigen Sonderpädagogischen Diagnose- und Werkstattklassen zentrales Element im Lernalltag.

14.2 Die Sonderpädagogische Diagnose- und Werkstattklasse im inklusiven Bildungssystem

Die Intention der beruflichen Eingliederung auf dem ersten Arbeitsmarkt ist stets der Taktgeber für die gesamte unterrichtliche und erzieherische Praxis in den SDWK. Schulabgänger des SFZ sehen sich mit einem beruflichen Bildungsangebot konfrontiert, welches in seinem Anspruchsniveau beständig ansteigt und zunehmend höhere Abschlüsse fordert. Die Schülerinnen und Schüler aus der Förderschule konkurrieren mit Berufseinsteigern mit höheren Bildungsabschlüssen (vgl. Rogge & Weigl 2008). Aufgrund dieser schwierigen Voraussetzungen setzen sich die Jugendlichen der SDWK bereits ab der 7. Klasse mit beruflichen und lebensorientierten Inhalten auseinander, mit dem Ziel eine passende Berufsausbildung zu absolvieren und ihr Leben sinngebend führen zu können (vgl. Eckerlein & Schor 2014). Die SDWK sind Mittelpunkt eines Netzwerks aus Förderzentrum, Arbeitsverwaltung, Betrieben vor Ort und (Förder-)Berufsschulen der Bildungswerke (vgl. Bayerisches Staatsministerium für Unterricht und Kultus 2012). Durch die Möglichkeit am Ende der 9. Klasse verschiedene Abschlüsse zu erwerben, sollen die Chancen auf einen gelingenden Übergang ins Berufsleben zusätzlich erhöht werden (s.u.).

Berufliche Inklusion

14.2.1 Konzeptionelle und rechtliche Grundlagen

Laut Art. 20 des Bayerischen Gesetzes über das Erziehungs- und Unterrichtswesen (BayEUG) können zur Vorbereitung auf die berufliche Ausbildung, die Jahrgangsstufen 7 bis 9 in den Förderzentren als Sonderpädagogische Diagnose- und Werkstattklassen ausgebildet werden (vgl. Bayerisches Staatsministerium für Bildung und Kultus, Wissenschaft und Kunst 2017).

Im Mittelpunkt der SDWK steht das Fach Berufs- und Lebensorientierung (BLO), welches die selbständige und erfolgreiche Lebensgestaltung zum Ziel hat. (vgl. Bayerisches Staatsministerium für Unterricht und Kultus 2012). Neben berufsbezogenen Inhalten erhält der Erwerb von Schlüsselqualifikationen eine wichtige Bedeutung: Sozialkompetenzen, Methodenkompetenzen, Selbst- und Sachkompetenzen ergänzen die profilgebende Aufgabe der Berufsvorbereitung (vgl. Staatsinstitut für Schulqualität und Bildungsforschung 2006a).

Lernbereich BLO

Die SDWK sind in drei Phasen unterteilt: Vorbereitungsphase (Jgst. 7), Orientierungsphase (Jgst. 8) und die Individualisierungsphase (Jgst. 9). Diese drei Phasen sind als Kontinuum zu betrachten, welches am Ende grundlegende berufsspezifische Schlüsselqualifikationen zum Ziel hat (vgl. Schor & Eckerlein 2014). Praxistage, Betriebserkundungen und Praktika an außerschulischen Lernorten sind dabei

3 Phasen

zentrale Elemente (vgl. Bayerisches Staatsministerium für Unterricht und Kultus 2012). Der Praxisanteil in den Betrieben erhöht sich mit jeder neu beginnenden Phase und die Kooperation mit den Betrieben wird zunehmend ausgebaut.

Jgst.	Schule	Betrieb
7		
8		
9		

Abb. 14.1: Praxisanteile im Fach Berufs- und Lebensorientierung in den Jahrgangsstufen 7-9 (vgl. Bayerisches Staatsministerium für Unterricht und Kultus 2009, S.16)

Praxisorientierung

Die Schulordnung für die Volksschule zur sonderpädagogischen Förderung (VSO-F) gibt hierfür den übergeordneten rechtlichen Rahmen vor, der § 27 regelt die Gestaltung der Praxisanteile genauer:

„(1) [1]Zur Vorbereitung der Schülerinnen und Schüler auf die Berufs- und Arbeitswelt in den Jahrgangsstufen 7 bis 9, insbesondere innerhalb der sonderpädagogischen Diagnose- und Werkstattklasse, werden die praxisbezogenen Anteile nach Maßgabe der jeweiligen Lehrpläne angeboten. [2]Dabei handelt es sich in der 7. Jahrgangsstufe insbesondere um Betriebserkundungen, in der 8. Jahrgangsstufe um Berufsorientierung durch Praktika an Berufsschulen zur sonderpädagogischen Förderung, Berufsbildungswerken, überbetrieblichen Werkstätten und Betrieben sowie in der 9. Jahrgangsstufe um individuell ausgewählte Praktika zur Berufsfindung."[3] (Bayerisches Staatsministerium Für Bildung und Kultus, Wissenschaft und Kunst 2017, S. 124).

Mögliche Abschlüsse

Am Ende der Individualisierungsphase haben die Schülerinnen und Schüler die Möglichkeit einen Abschluss zu erwerben. Nach § 57 der VSO-F gibt es drei mögliche Abschlüsse nach der 9. Klasse für Schülerinnen und Schüler am SFZ:
- erfolgreicher Hauptschulabschluss nach Abschlussprüfung (Praxis und Theorie),
- erfolgreicher Abschluss im Bildungsgang des Förderschwerpunkts Lernen (Jahresfortgang + Abschlussprüfung),
- Abschluss der Volksschule zur sonderpädagogischen Förderung (ohne Noten, Beschreibung individueller Kompetenzen).

(vgl. Bayerisches Staatsministerium für Bildung und Kultus, Wissenschaft und Kunst 2017)

Schriftwesen

Ferner ist im § 27 das notwendige Schriftwesen für die SDWK festgehalten:
- Entwicklungs- und Leistungsbericht: Dokumentation der Leistungen und Fähigkeiten der Schülerinnen und Schüler in Erkundungen und Praktika aus den Jahrgangsstufen 7 bis 9
- Sonderpädagogisches Gutachten
  - spätestens mit Zwischenzeugnis in Jgst. 9,
  - Feststellungen zum sonderpädagogischen Förderbedarf,
  - Möglichkeiten der beruflichen Eingliederung,
  - Empfehlungen zur weiteren Beschulung, z.B. an der allgemeinen Berufsschule

(vgl. a.a.O.)

Kooperation

Um die rechtlichen Rahmenbedingungen zu vervollständigen sei die Zusammenarbeit mit den Fachdiensten und der Agentur für Arbeit nach § 27 (1) erwähnt:

"Dabei kann zur Vorbereitung einer möglichen Tätigkeit im regulären Arbeitsmarkt mit integrativen Fachdiensten zusammengearbeitet werden. ⁴Die Schulen arbeiten mit der Berufs- bzw. Rehabilitations-Beratung zusammen" (ebd.).

Die Besonderheiten der Jahrgangsstufen 7 bis 9 am SFZ sind der hohe Praxisbezug, die Zusammenarbeit mit der Agentur für Arbeit basierend auf einer passenden Förderdiagnostik und die Möglichkeit verschiedene Abschlüsse zu erhalten.

14.2.2 Schulalltag in den SDWK

Die meisten Schülerinnen und Schüler mit Lernschwierigkeiten leben in einem sozial benachteiligten Umfeld. Nach Ellinger (2013) steht ihr Bildungsweg unmittelbar in Verbindung mit Lebenskontexten wie Armut, Migrationshintergrund, Fluchthintergrund, Risikofamilien (z.B. junge Elternschaft oder psychische Erkrankungen eines Familienmitglieds) oder Traumatisierungen. In diesem Umfeld können sich die so dringend benötigten Schlüsselkompetenzen nur unter erschwerten Bedingungen entfalten. Förderzentren erfüllen die wichtige Aufgabe Berufs- und Lebensperspektiven in die Wege zu leiten, um die Teilhabe am beruflichen und sozialen Leben zu ermöglichen (Rogge/Weigl 2008). Im bayerischen Modell der SDFK verläuft dieser Übergang ins Berufsleben in den bereits erwähnten drei Phasen:

Soziale Benachteiligung

Tab. 14.1: Drei Phasen der Berufs- und Lebensorientierung in Bayern

Vorbereitungsphase

Vorbereitungsphase (Jgst. 7)
- noch ungeklärte Vorstellungen der Jugendlichen über Arbeit und Beruf
- Aufsuchen von außerschulischen Lernorten, insbesondere Betriebserkundungen
- Einblicke in verschiedene Berufe und deren Anforderungen
- realitätsnahe Sichtweise über die Berufswelt erarbeiten
(vgl. Staatsinstitut für Schulqualität und Bildungsforschung 2005).

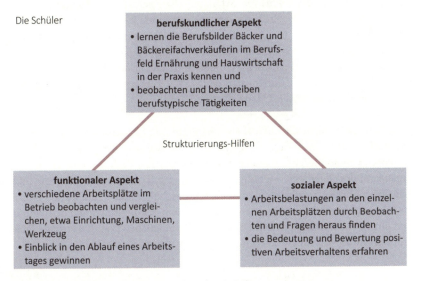

Abb. 14.2: Erkundungsaspekte – Beispiel Bäckerei (a.a.O., S.4)

Orientierungsphase	**Orientierungsphase (Jgst. 8)** • wöchentlicher Berufsorientierungstag (BLO-Tag) ▶ an vielen Schulen in Form einer Schülerfirma • drei Berufsorientierungswochen (Praktikum) (vgl. Bayerisches Staatsministerium für Unterricht und Kultus 2004)
Individualisierungs-phase	**Individualisierungsphase (Jgst. 9)** • möglichst gezielt ausgewählte Praktika • Festlegung auf gewünschtes Berufsfeld oder Beruf • insgesamt drei Berufspraktikumswochen und wöchentliche Berufspraktikumstage (vgl. ebd).

Rehabilitations-
beratung

Stets ist das Ziel, den Jugendlichen wirklichkeitsnahe Begegnungen mit der Arbeitswelt zu ermöglichen. Durch die praktischen Erfahrungen können die eigenen Möglichkeiten und Grenzen sowie die Anforderungen des Wunschberufs besser eingeschätzt werden. Gleichzeitig gibt es Raum für die Zusammenarbeit mit dem Rehabilitationsberater der Bundesagentur für Arbeit. In einem Dialog der Partner finden sich die richtigen Entscheidungen auf dem Weg in die Berufs- und Arbeitswelt (vgl. Rogge/Weigl 2008). Die Begleitung während der drei Phasen berücksichtigt stets die individuellen biografischen Entwicklungsverläufe. Dadurch ist die passgenaue Findung von geeigneten Angeboten möglich, und die Chancen für die gelingende Teilhabe am Arbeitsleben erhöhen sich (vgl. Köhler 2014).

> Die Schülerinnen und Schüler aus den SFZs sind häufig sozial benachteiligt. Um dieser Benachteiligung entgegenzuwirken, verläuft der Unterricht in drei praxisorientierten Phasen mit individualisierten Zugängen. Stets ist die Berufs- bzw. Rehabilitationsberatung miteinbezogen.

14.2.3 Bedeutung für die Inklusion

Sekundarstufe
allgemein

Um die SDWK in der inklusiven Schullandschaft verorten zu können, muss zunächst ein Blick auf die Situation der Sekundarstufe in der allgemeinen Schule geworfen werden. Diese ist häufig auf die soziale Bezugsnorm und Leistungsoptimierung ausgerichtet, was die zwingend notwendige Anpassung an die individuellen Bedürfnisse und Ziele der Schülerinnen und Schüler mit sonderpädagogischem Förderbedarf erschwert. Das Konzept der SDWK versucht diese Anpassung durch einen bedürfnisorientierten Unterricht zu erreichen.

Ausgangspunkt SDWK

Heimlich (2016) sieht die SDWK als Ausgangspunkt für berufliche Inklusion. Das Bayerische Staatsministerium für Unterricht und Kultus weist darauf hin, dass die Förderschulen sonderpädagogische Kompetenzzentren sind, die eine notwendige Ergänzung des allgemeinen schulischen Angebotes darstellen und somit die Inklusion unterstützen. Ferner können auch Förderschulen, das Schulprofil Inklusion erwerben und so den gemeinsamen Unterricht von Schülerinnen und Schülern mit und ohne sonderpädagogischen Förderbedarf ermöglichen (vgl. Bayerisches Staatsministerium für Bildung und Kultus Wissenschaft und Kunst 2014).

Die größte Durchlässigkeit aus Sicht der SDWK besteht zu den Praxisklassen der Mittelschulen nach § 22 der Schulordnung für die bayerische Mittelschule. Die Schülerinnen und Schüler, die mindestens im 9. Schulbesuchsjahr sind, haben hier die Möglichkeit, durch eine theorieentlastete Abschlussprüfung den erfolgreichen Abschluss der Mittelschule zu erlangen (vgl. Bayerisches Staatsministerium für Bildung und Kultus, Wissenschaft und Kunst 2013).

Durchlässigkeit

Durch die Möglichkeit einen Bildungsabschluss der Mittelschule am Ende der 9. Jahrgangsstufe zu erwerben sowie die bereits erwähnte Zusammenarbeit mit der Bundesagentur für Arbeit, erhöhen sich die Chancen auf das Erlangen einer Berufsausbildung. Statistiken aus dem Schuljahr 2015/16 zeigen, dass rund die Hälfte der Abgängerinnen und Abgänger eines SFZs den Abschluss im Bildungsgang des Förderschwerpunktes Lernens erreichen (vgl. Bayerisches Landesamt für Statistik 2016). Wie hoch der Anteil der Schülerinnen und Schüler ist, die den erfolgreichen Abschluss der Mittelschule erreichen, lässt sich anhand der Daten bedauerlicherweise nicht ermitteln. Auf Grund von Erfahrungswerten kann aber davon ausgegangen werden, dass die Tendenz steigend ist.

Zahlen

> Die SDWK sind Ausgangspunkt im Prozess der beruflichen Inklusion. Viele Schülerinnen und Schüler versuchen durch den Erwerb eines erfolgreichen Mittelschulabschlusses ihre Chancen auf eine erfolgreiche Berufsausbildung zu erhöhen.

14.3 Akteurinnen und Akteure in den SDWK

Für die Kinder und Jugendlichen an einem SFZ sind neben schulischen Inhalten auch Lebenspraxis und Persönlichkeitsentwicklung essentielle Lernbereiche. Um nötige Unterstützung individuell passend anbieten zu können, kommt der Förderdiagnostik ein hoher Stellenwert zu. Sie liefert kontinuierliche Erkenntnisse über Lernfortschritte und passende Fördermaßnahmen. Dieses Element sonderpädagogischer Förderung ist auch für die SDWK zentral.

14.3.1 Unterrichtsalltag und Erleben der Schülerinnen und Schüler

Neben den klassischen Fächern im sprachlichen und mathematischen Lernbereich hat das Fach BLO, welches 7 Schulstunden umfasst, in den Klassen 7-9 herausragende Bedeutung (vgl. Bayerisches Staatsministerium für Unterricht und Kultus 2004). Dieser Lernbereich erweist sich als eigenständig gegenüber dem Lehrplan der bayerischen Mittelschule (vgl. Bayerisches Staatsministerium für Unterricht und Kultus 2012). Das Fach BLO ist in die Bereiche „Praxis Technik" und „Praxis Soziales" sowie BLO-Theorie unterteilt. In der BLO-Praxis werden die in den Jgst. 1-6 erworbenen Methoden- und Fachkompetenzen aus den Lernbereichen Werken/Textiles Gestalten und Hauswirtschaft weiterentwickelt und durch die Berufsfelder ergänzt. Folgendes Schaubild aus dem Rahmenlehrplan für den Förderschwerpunkt Lernen verdeutlicht dies:

Lernbereich BLO

Bereiche der Fachkompetenzen in den Fächern		
Werken/Textiles Gestalten Jahrgangsstufen 1 bis 6	Hauswirtschaft Jahrgangsstufen 5 und 6	Berufs- und Lebensorientierung – Praxis Jahrgangsstufen 7 bis 9
Arbeitsprozess	Arbeitsprozess	Arbeitsprozess
Gestaltung	Gestaltung	Gestaltung
Materialbezogener Umgang mit Werkzeugen und Maschinen	Umgang mit Werkzeugen/ Arbeitsgeräten und Maschinen	Material- und berufsfeldbezogener Umgang mit Werkzeugen/Arbeitsgeräten und Maschinen
Technisches Zeichnen		Technisches Zeichnen
	Gesunde Lebensführung – gesunde Ernährung	Gesunde Lebensführung – gesunde Ernährung
	Privater Haushalt	
		Berufsfelder

Abb. 14.3: Bereiche der Fachkompetenzen in den Fächern Werken/Textiles Gestalten, Hauswirtschaft und Berufs- und Lebensorientierung – Praxis (a.a.O., S. 223)

Ganzheitlicher Ansatz

Im Fach BLO-Theorie gibt es vier Bereiche an Fachkompetenzen:
- grundlegende Informationen über Berufs- und Arbeitswelt,
- individuelle Erfahrungen in Berufs- und Arbeitswelt,
- Lebensplanung,
- Lebensgestaltung

(vgl. a.a.O.).

Stets werden die Fachkompetenzen mit entsprechenden Methodenkompetenzen verknüpft. Ferner sind die Fachkompetenzen mit den Entwicklungsbereichen Motorik/Wahrnehmung, Denken/Lernstrategien, Kommunikation/Sprache sowie Emotionen/Soziales Handeln verbunden, so dass ein ganzheitlicher Unterricht entsteht (vgl. a.a.O.). Die folgende Graphik zeigt wie die Entwicklungsbereiche mit allen Lernbereichen verwoben sind:

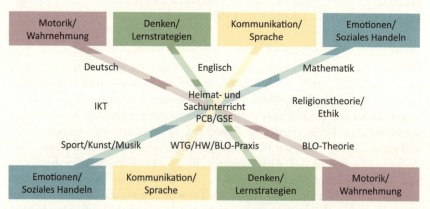

Abb. 14.4: Die Fächer vor dem Hintergrund der Entwicklungsbereiche (a.a.O, S. 17)

Schülerfirmen

Der Rahmenlehrplan für den Förderschwerpunkt Lernen weist ausdrücklich auf die Möglichkeit von Schülerfirmen hin, die am wöchentlichen BLO-Tag stattfinden können (vgl. a.a.O.). Schülerfirmen können je nach Neigungen und Interessen in den unterschiedlichsten Bereichen gebildet werden. Kochfirmen, Malerfirmen oder Autoreinigungsfirmen sind nur drei Beispiele für eine breit angelegte Vielfalt.

> Das Fach BLO nimmt eine zentrale Stellung im gesamten Unterricht der SDWK ein. Verschiedene Kompetenzen aus den Lern- und Entwicklungsbereichen werden eng miteinander verzahnt.

14.3.2 Aufgaben und Rolle der Lehrkraft

Die Lehrkräfte in den Förderzentren haben in der 7. bis 9. Jahrgangsstufe insbesondere die Aufgabe eine gute Kooperation zwischen Schule und außerschulischem Lernort (Betriebe, berufliche Reha-Einrichtungen) anzubahnen und zu pflegen. Ferner kooperieren sie mit Sozialpädagoginnen und Sozialpädagogen, Erziehungsberechtigten, Fachlehrkräften und der Berufs- bzw. Rehabilitationsberatung der Agentur für Arbeit (vgl. Staatsinstitut für Schulqualität und Bildungsforschung 2006b, S.2). Folglich ist ein hohes Maß an kommunikativen Kompetenzen der Lehrkraft für Sonderpädagogik in diesen drei Jahren von besonderer Bedeutung.

Kooperation und Koordinierung

Neben Unterricht und der sehr bedeutenden Beratung hat die Lehrkraft für Sonderpädagogik die berufsfeldbezogene Förderdiagnostik zur Aufgabe – an den schulischen ebenso wie an den außerschulischen Lernorten. Dabei werden Beobachtungen des Arbeitsprozesses, Bewertungen von Arbeitsergebnissen sowie Persönlichkeits-, Fähigkeits- und Interessenprofile dokumentiert und gesammelt. Neben diesen Fremdeinschätzungen ist die Selbsteinschätzung der Schülerinnen und Schüler von hoher Wertigkeit. Die Ergebnisse der Diagnostik sind als Grundlage für die individuelle Förderung und als Voraussetzung für Entscheidungen im beruflichen Inklusionsprozess zu sehen (vgl. Bayerisches Staatsministerium für Unterricht und Kultus 2004, S.14).

Förderdiagnostik

> **Fragen aus einem Arbeitsbericht zum Praktikum:**
> • Was hat dir besonders gut gefallen?
> • War das Praktikum für dich zu anstrengend? Wenn ja, begründe!
> • Was hast du Wichtiges dazu gelernt oder was war langweilig?
> • Welche deiner Stärken konntest du einbringen?

Alle Ergebnisse aus diesem förderdiagnostischen Prozess fließen in das entstehende sonderpädagogische Gutachten und den zusammenfassenden Entwicklungs- und Leistungsbericht ein (s.o.).

14.3.3 Externe und weitere Beteiligte

Der wohl wichtigste Kooperationspartner in dieser Phase des beruflichen Übergangs ist die Berufsberatung (Team Reha) der Agentur für Arbeit, die letztlich die Eingliederungshilfen, sofern sie notwendig sind, finanziert bzw. koordiniert. Ferner gibt es an manchen Förderzentren sogenannte Berufseinstiegsbegleiter, die sehr unterstützend am gesamten Prozess der Berufsorientierung und Berufsfindung beteiligt sind. Weitere Akteurinnen und Akteure können sein:

Kooperationspartner

- Integrationsfachdienste (IFD) der Regierungsbezirke zur Berufswahlbegleitung (www.ifd.de),
- regionale Berufsschulen (meist als Angebot von Besuchstagen),
- Jugendsozialarbeit an Schulen (vgl. Staatsinstitut für Schulqualität und Bildungsforschung, o.A.),
- Akteure von Projekten der Berufsorientierungsmaßnahmen nach § 48 SGB III (Angebot von berufsorientierenden Modulen wie beispielsweise das Modul „Bewerbung") (vgl. Bayerisches Staatsministerium für Bildung und Kultus, Wissenschaft und Kunst, o.A.),
- regionale Berufsbildungswerke (Möglichkeit für Praktika und verschiedene Angebote zur Berufsorientierung),
- regionale Projekte und Maßnahmen, die sich in einem ständigen Wandel befinden.

Folgende Abbildung veranschaulicht abschließend die enge Zusammenarbeit mit der Berufsberatung und dem förderdiagnostischen Prozess.

Zeitraum	1. Halbjahr	2. Halbjahr	1. Halbjahr	2. Halbjahr	1. Halbjahr	2. Halbjahr
	7. Jahrgangsstufe		8. Jahrgangsstufe		9. Jahrgangsstufe	
Agentur für Arbeit		Erstbesuch der Berufsberatung in der Klasse Ziele • bekannt werden • Vertrauen schaffen	Betreuung des BIZ-Besuches Ziele • Informationen einholen können • Möglichkeiten überblicken **Elternabend** Ziele: • Information über das Dienstleistungsangebot der Agentur für Arbeit • Ängste abbauen • Möglichkeiten aufzeigen	Berufsorientierung im Unterricht Ziele: • Auswertung der Erfahrungen aus dem Praktikum • Mögliche Wege nach der Schule aufzeigen **Absprache zur Empfehlung im Gutachten § 27, 3 VSO-F mit der Lehrkraft** Ziele: • Abgleich der Einschätzungen • Diskussion möglicher Maßnahmen	Eignungstest bei der Agentur für Arbeit **Einzelberatung in der Agentur für Arbeit für Schüler mit Erziehungsberechtigten** Absprache zur Empfehlung im Gutachten § 27, 3 VSO-F mit der Lehrkraft (falls nicht in 8. Jgst.)	Einzelberatung in der Agentur für Arbeit für Schüler mit Erziehungsberechtigten Feststellen des Reha-Bedarfs Empfehlung zu notwendigen Maßnahmen bzw. zum weiteren beruflichen Werdegang
Werkstätten/Betriebe	Betriebserkundungen		Berufsorientierungstage/-wochen (Blockpraktika)		Individuell ausgewählte Berufspraktikumstage/-wochen	

Schule	Anlage von
	• Datenerfassungsbogen
	• Beobachtungsbögen
	  • Praxis
	  • Lernen
	  • Persönlichkeit
		Fortführung Datenerfassungsbögen/Beobachtungsbögen
		
		Vor- und Nachbereitung der Betriebserkundungen
			Unterrichtliche Begleitung der Praktika
			
			Elternabend (mit Berufsberatung)
			
			Vorbereitung auf BiZ-Besuch
				Fortführung Datenerfassungsbögen/Beobachtungsbögen
				
				Sonderpädagogisches Gutachten (§ 27, 3 VSO-F)
					Unterrichtliche Begleitung der Praktika
					
					Sonderpädagogisches Gutachten (§ 27, 3 VSO-F falls nicht im 8. Jrg.)
						Fortführung Datenerfassungsbögen/Beobachtungsbögen
						
						Zusammenfassung der Entwicklungs- und Leistungsberichte
						§ 27, 3 VSO-F

Abb. 14.5: Berufsberatung an Förderschulen (Bayerisches Staatsministerium für Unterricht und Kultus/Bundesagentur für Arbeit, Regionaldirektion Bayern, o.A)

Sonderpädagogische Diagnose- und Werkstattklassen (SDWK) | 187

Arbeitsaufträge

1. Welche Ziele wurden seit Beginn der Hilfsschulpädagogik verfolgt?
2. Skizzieren Sie die rechtlichen und konzeptionellen Rahmenbedingungen einer SDWK (vgl. Kapitel 14.2.1)!
3. Beschreiben Sie die drei Phasen der Sonderpädagogischen Diagnose- und Werkstattklassen!
4. Wie verorten Sie die Sonderpädagogischen Diagnose und Werkstattklassen in der inklusiven Schullandschaft?
5. Beschreiben Sie den Lernbereich Berufs- und Lebensorientierung (BLO)!
6. Welche Aufgaben hat die Lehrkraft in den SDWK? Gehen Sie besonders auf die Kooperation mit der Agentur für Arbeit ein!

Literatur

Bayerisches Landesamt für Statistik und Datenverarbeitung (Hrsg.) (2016): Statistische Berichte. Förderzentren und Schulen für Kranke in Bayern. In: https://www.statistik.bayern.de/veroeffentlichungen/epaper.php?pid=43594&t=1..., (20.08.2018).

Bayerisches Staatsministerium für Bildung und Kultus, Wissenschaft und Kunst (Hrsg.) (2017): Schulordnung für die Volksschulen zur sonderpädagogischen Förderung in Bayern – VSO-F mit Gesetz über das Erziehungs- und Unterrichtswesen BayEUG und eingearbeiteten weiteren gesetzlichen Bestimmungen. 16. Auflage. München: Maiss.

Bayerisches Staatsministerium für Bildung und Kultus, Wissenschaft und Kunst (Hrsg.) (2013): Schulordnung für die Mittelschulen in Bayern. In: http://www.gesetze-bayern.de/Content/Document/BayMSO-22, (20.08.2018).

Bayerisches Staatsministerium für Bildung und Kultus, Wissenschaft und Kunst (Hrsg.) (2014): Inklusion durch eine Vielfalt schulischer Angebote in Bayern. In: https://www.km.bayern.de/inklusion (20.08.2018).

Bayerisches Staatsministerium für Bildung und Kultus, Wissenschaft und Kunst (Hrsg.) (o.J): Überblick zur Berufsorientierung an bayerischen Schulen. In: https://www.stmas.bayern.de/imperia/md/content/stmas/stmas_inet/berufsbildung/3.1.2.5_20150204_anlage7.pdf (20.08.2018).

Bayerisches Staatsministerium für Unterricht und Kultus (Hrsg.) (2004): Lehrplan für den Lernbereich Berufs- und Lebensorientierung. In: http://www.isb.bayern.de/download/9002/blo-neu.pdf (20.08.2018).

Bayerisches Staatsministerium für Unterricht und Kultus (Hrsg.) (2009): Die bayerische Förderschule. In: https://www.km.bayern.de/download/16347_foerderschule.pdf (14.08.2018).

Bayerisches Staatsministerium für Unterricht und Kultus (Hrsg.) (2012): Rahmenlehrplan für den Förderschwerpunkt Lernen. München: o.V.

Bayerisches Staatsministerium für Unterricht und Kultus/Bundesagentur für Arbeit, Regionaldirektion Bayern (Hrsg.) (o.J.): Berufsberatung an Förderschulen. In: http://www.lehrerfortbildung-online.de/beruf/downloads/berufsberatung.pdf (20.08.2018).

Ellinger, S. (2013): Einführung in die Pädagogik bei Lernbeeinträchtigungen. In: Einhellinger, C., Ellinger, S., Hechler, O., Köhler, A. & Ullmann, E. (Hrsg.): Studienbuch Lernbeeinträchtigungen. Band 1: Grundlagen. Oberhausen: Athena, S. 17-99.

Heimlich, U. (2016): Pädagogik bei Lernschwierigkeiten. 2. Auflage. Stuttgart: Kohlhammer.

Köhler, A. (2014): Jugendliche mit Lernbeeinträchtigung im Übergang von der Schule ins Erwerbsleben. In: Einhellinger, C., Ellinger, S., Hechler, O., Köhler, A. & Ullmann, E. (Hrsg.): Studienbuch Lernbeeinträchtigungen. Band 2: Handlungsfelder und Förderansätze. Oberhausen: Athena, 2014, S. 41-76.

Rogge, M. & Weigl, E. (2008): Perspektiven für Schülerinnen und Schüler mit sonderpädagogischem Förderbedarf. Förderschwerpunkt Lernen beim Übergang Förderschule – Beruf. In: Spuren. 2/51, S. 32-37.

Schor, B.J. & Eckerlein, T. (2014): Das Sonderpädagogische Förderzentrum (SFZ) – auf dem Weg zum Kompetenzzentrum. In: Grohnfeldt, Manfred (Hrsg.): Grundwissen der Sprachheilpädagogik und Sprachtherapie. Stuttgart: Kohlhammer, S. 379-384.

Staatsinstitut für Schulqualität und Bildungsforschung (Hrsg.) (2005): Die Vorbereitungsphase im Lehrplan BLO (SDW 1). Umsetzungshilfen zum Lehrplan BLO für die Sonderpädagogischen Diagnose und Werkstattklassen. In: https://www.isb.bayern.de/download/16163/sdw1_vorbereitungsphase.pdf (18.08.2018).

Staatsinstitut für Schulqualität und Bildungsforschung (Hrsg.) (2006a): Erwerb von Schlüsselqualifikationen im BLO-Unterricht. Umsetzungshilfen zum Lehrplan BLO für die Sonderpädagogischen Diagnose und Werkstattklassen (SDW 3). In: https://www.isb.bayern.de/download/16161/sdw3_schluesselqualifikationen.pdf (18.08.2018).

Staatsinstitut für Schulqualität und Bildungsforschung (Hrsg.) (2006b): Auf dem Weg zu einer betrieblichen Praktikumsstelle. Umsetzungshilfen zum Lehrplan BLO für die Sonderpädagogischen Diagnose und Werkstattklassen (SDW 4). In: https://www.isb.bayern.de/download/16158/sdw4_weg_zu_praktikumstelle.pdf (18.08.2018).

Staatsinstitut für Schulqualität und Bildungsforschung (Hrsg.) (o.J.): Akteure im Übergang Schule-Beruf inklusiv. In: https://www.isb.bayern.de/download/16232/akteure_im_uebergang_schule_beruf.pdf (20.08.2018).

15 Sonderpädagogische Stütz- und Förderklassen (SFK)
Stefan Baier

> Sonderpädagogische Stütz- und Förderklassen bieten eine intensivpädagogische Unterstützung für Schülerinnen und Schüler mit Verhaltensstörungen von Schule und Jugendhilfe aus einer Hand.

SFK

Sonderpädagogische Stütz- und Förderklassen (SFK) bezeichnen Klassen im Förderschulwesen, die Kinder und Jugendliche mit massiven Verhaltensstörungen im Schulalter (1. bis 9. Klasse) erziehen, unterrichten, fördern und unterstützen. Das besondere Merkmal der SFK ist die sehr enge Zusammenarbeit von Schule und Jugendhilfe in einem gemeinsamen (intensiv)pädagogischen Setting. Die Schülerinnen und Schüler weisen einen sehr hohen sonderpädagogischen Förderbedarf im Förderschwerpunkt emotionale und soziale Entwicklung (FS esE) auf (schulische Indikation) und sind von seelischer Behinderung bedroht (Indikation der Jugendhilfe).

> Die SFK ist das intensivste pädagogische Angebot, das das Schulwesen in Bayern für Schüler mit Verhaltensstörungen vorhält. SFK sind Klassen an Förderschulen mit integrierten Jugendhilfe-Maßnahmen, die Kinder und Jugendlichen haben den Status als Förderschüler.

15.1 Historische Einordnung

Gemeinsame Angebote für Kinder und Jugendliche im Schulalter, die aufgrund ihrer massiven und persistenten (lang anhaltenden) Gefühls- und Verhaltensstörungen sowohl einen besonderen schulischen Rahmen wie auch spezifische Angebote des Systems Jugendhilfe benötigen, gibt es in Bayern und darüber hinaus schon seit Jahrzehnten (vgl. Baier & Spreng 2007). Das Angebot der SFK wurde entwickelt, da für einen kleinen Teil der Schülerschaft aufgrund des sehr hohen sonderpädagogischen Förderbedarfs im FS esE sowie des gleichzeitigen umfänglichen Jugendhilfebedarfs im Kontext einer seelischen Behinderung weder eine inklusive Beschulung noch der Rahmen der regulären Förderzentren ausreichend war (vgl. Baier 2017). Seit dem Jahr 2003 werden diese intensivpädagogischen Klassen als „Sonderpädagogische Stütz- und Förderklassen" (SFK) bezeichnet. Nach einer Modellprojektphase in München legten im Jahr 2007 das Bayerische Staatsministerium für Unterricht und Kultus, das Bayerische Staatsministerium für Arbeit und Sozialordnung, Familie und Frauen (damalige Bezeichnung) sowie die Ludwig-Maximilians-Universität München die Grundkonzeption der SFK vor, die die Grundlage für alle

Entstehung

weiteren SFK in Bayern bildet und die konzeptuelle Basis für die Kooperation für Schule und Jugendhilfe für diese Klassen darstellt (vgl. Baier, Weigl & Walke 2008). Im Jahr 2018 gibt es in Bayern 80 Sonderpädagogische Stütz- und Förderklassen.

> SFK gibt es in Bayern seit 2003 (zunächst als Modellprojekt); im Jahr 2018 werden rund 80 dieser Klassen in Bayern vorgehalten. Die Grundkonzeption der zuständigen Ministerien liegt seit 2007 vor.

15.2 Die Stütz- und Förderklasse im inklusiven Bildungssystem

Freiwilliges Angebot

Die SFK ist Teil des Förderschulwesens in Bayern. Die Förderschulen in Bayern verfolgen als alternatives und freiwilliges Angebot (Stichwort: Elternentscheidungsrecht; vgl. Art. 41 Abs. 1 Satz 3 BayEUG) die Leitperspektive der Inklusion u.a. durch ihre mobilen Angebote wie MSD und MSH. Ziel ist es, dass Kinder und Jugendliche mit sonderpädagogischem Förderbedarf an allgemeinen Schulen angemessen, bedarfs- und bildungsgerecht unterstützt und schulisch gefördert werden können. Der intensive sonderpädagogische Förderbedarf kann eine (temporär exklusive) Beschulung an einer Förderschule rechtfertigen. Nach dieser Phase der besonders intensiven Förderung, Unterstützung und Stabilisierung erfolgt die Inklusion durch Rückführung (reflexive Inklusion) an die allgemeine Schule oder durch Eingliederung in das inklusive berufsbildende System nach Beendigung der Schullaufbahn. Die SFK ist innerhalb des Angebotes der Förderschulen der Ort, an dem Schülerinnen und Schüler unterrichtet und unter Einbezug der Jugendhilfe gefördert werden, nachdem alle inklusiven wie anderen förderschulischen Maßnahmen aufgrund der hohen Intensität des sonderpädagogischen Förderbedarfs im FS esE nicht erfolgreich waren oder prognostisch als nicht ausreichend erachtet wurden. In der Regel sind SFK an Förderzentren mit FS esE oder an Sonderpädagogischen Förderzentren (SFZ; Förderschwerpunkte Lernen, Sprache sowie emotionale und soziale Entwicklung) angegliedert.

Organisatorischer Rahmen

Es gibt Klassen der Grundschulstufe (meist jahrgangsübergreifende Angebote von Jahrgangsstufe 1 bis 4) sowie Klassen der Mittelschulstufe (ebenfalls i.d.R. jahrgangsübergreifend 5 bis 9). Der Lehrplanbezug hängt vom individuellen Bedarf und Leistungsvermögen der Schülerinnen und Schüler ab. So kann nach den regulären Lehrplänen der Grund- und Mittelschule unterrichtet werden ebenso wie nach den Lehrplänen im Förderschwerpunkt Lernen sowie in Einzelfällen auch nach dem Lehrplan für den Förderschwerpunkt geistige Entwicklung. Der primäre (sehr hohe) sonderpädagogische Förderbedarf liegt in der emotionalen und sozialen Entwicklung. Als sekundäre Störung kann nicht selten eine Lernbeeinträchtigung beobachtet werden, die nicht zwingend die allgemeine kognitive Leistungsfähigkeit und Intelligenz widerspiegelt. Die komplexen Förder- und Hilfebedarfe verlangen ein sehr individualisiertes Arrangement des Lernumfeldes für jedes einzelne Kind, eingebunden in die kleine soziale Gruppe der SFK (5 bis 7 Kinder pro Klasse). Inklusion als Leitperspektive der Förderschulen kann im Kontext der SFK durch

Rückführung an reguläre Klassen der Förderzentren umgesetzt werden und nach Möglichkeit darauf abzielen, eine inklusive Beschulung zu realisieren.

> SFK sind Klassen der Förderschule (inklusive Jugendhilfeangebot) im sonderpädagogischen Förderschwerpunkt emotionale und soziale Entwicklung. Eine inklusive Rückführung in die regulären Klassen der Förderschule oder in das Regelschulwesen hängt vom Einzelfall und dem jeweiligen individuellen Unterstützungs- und Hilfebedarf des Kindes oder Jugendlichen ab.

15.2.1 Konzeptionelle und rechtliche Grundlagen

Die rechtlichen Grundlagen der SFK als Angebot von Schule und Jugendhilfe bilden folgende Dokumente:

Gesetz

- aus schulischer Perspektive: Bayerisches Gesetz über das Erziehungs- und Unterrichtswesen (BayEUG; hier insb. Art. 19ff. BayEUG) und Schulordnung für die Volksschulen zur sonderpädagogischen Förderung (VSO-F; hier insb. § 21 Abs. 2 Satz 3 VSO-F).
- aus Jugendhilfe-Perspektive: das Sozialgesetzbuch (SGB), Achtes Buch (SGB VIII; hier insb. § 27 SGB VIII in Verbindung mit § 32 SGB VIII bei Vorliegen einer seelischen Behinderung gemäß § 35a SGB VIII).

Die konzeptionelle Grundlage bildet – basierend auf den o.g. gesetzlichen Grundlagen für Schule wie Jugendhilfe – die gemeinsame ministerielle Veröffentlichung:

Grundlagen-veröffentlichung

> „Sonderpädagogische Stütz- und Förderklassen (SFK): Inhaltliche Grundlegung und praktische Handlungshilfen für ein Konzept im Förderschwerpunkt emotionale und soziale Entwicklung durch integrative Kooperation von Schule und Jugendhilfe unter einem Dach" (Bayerisches Staatsministerium für Unterricht und Kultus/Bayerisches Staatsministerium für Arbeit und Sozialordnung, Familie und Frauen/Ludwig-Maximilians-Universität; Baier u.a. 2008).

Die Bildung von SFK erfolgt nach § 21 Abs. der VSO-F

Zielgruppe

- für Schülerinnen und Schüler mit sehr hohem Förderbedarf im FS esE,
- gegebenenfalls bei weiterem Förderbedarf,
- bei erzieherischem Bedarf nach dem SGB VIII in integrativer Verzahnung und Kooperation mit Maßnahmen der Jugendhilfe,
- bei entsprechendem Rehabilitationsbedarf nach dem SGB XII in integrativer Verzahnung und Kooperation mit Maßnahmen des überörtlichen Sozialhilfeträgers.

Eine SFK soll Kindern und Jugendlichen gerecht werden, die neben einer einschlägigen kinder- und jugendpsychiatrischen Störung einen sehr hohen sonderpädagogischen Förderbedarf im FS esE aufweisen (schulische Perspektive) sowie von seelischer Behinderung betroffen oder bedroht sind (Perspektive der Jugendhilfe, § 35a SGB VIII). Folgende Merkmale kennzeichnen das Angebot der SFK:

Abb. 15.1: Grundlegende Konzeptmerkmale der SFK (vgl. Baier, Weigl & Walke 2008)

Die Kinder und Jugendlichen in der SFK benötigen ein verlässliches Netzwerk an pädagogischen Bezugspersonen, die in einem gemeinsamen Setting über den rhythmisierten Ganztag hinweg Bindungsstabilität und haltgebende pädagogische Strukturen gewährleisten. Baier, Kunstmann und Weigl (2008) haben im Auftrag des zuständigen Staatsministeriums ein Praxisgeheft mit bewährten Modellen in Bayern veröffentlicht. Darin sind Erfahrungsberichte von bestehenden SFK nach Themengebieten zusammengefasst. Eine aktualisierte Veröffentlichung ist geplant.

> Da die SFK einem Förderzentrum zugeordnet ist, sind die Schülerinnen und Schüler der SFK Förderschülerinnen bzw. -schüler der jeweiligen Schule.

15.2.2 Schulalltag in der Organisationsform SFK

Der Schulalltag in der SFK und die Gestaltung des Ganztagesangebots durch Schule und Jugendhilfe variiert aufgrund der Zusammensetzung der jeweiligen heterogenen Schülergruppe besonders belasteter Kinder oder Jugendlichen.

Besondere Bedürfnisse

Die Schülerinnen und Schüler der SFK sind Kinder oder Jugendliche mit
- erheblichen psychischen Auffälligkeiten und Verhaltensstörungen,
- gravierenden Störungen in sozialen und emotionalen Entwicklungsbereichen,
- aggressiv und destruktiv ausagierendem Verhalten,
- depressiv gehemmtem Verhalten und/oder gravierender Angstproblematik,
- ausgeprägten Aufmerksamkeits- und Konzentrationsstörungen, evtl. verursacht durch neurologische und psychogene Störungen,
- psychosomatischen Störungen,
- intensiven Bindungsproblematiken,

- manifester oder beginnender Schulverweigerung,
- traumatisierenden familiären oder sonstigen Belastungssituationen,
- sekundären Lernstörungen aufgrund der massiven Verhaltensproblematiken.

Das pädagogische, rhythmisierte Ganztages-Setting der SFK zielt auf ein umfassendes
Clearing: Welches sind die gelingenden Bedingungen für ein erfolgreiches schulisches Lernen und Fortkommen sowie für die weitere emotionale und soziale Entwicklung? und
emotionale und soziale Stabilisierung: Biographie- und systemorientierte Arbeit an den systemsprengenden Verhaltensweisen zur Anbahnung von Rückführung und einer mittel- bis längerfristigen inklusiven Perspektive.

15.2.3 Bedeutung für die Inklusion

Die 83 SFK in Bayern mit rund 500 Kindern und Jugendlichen sind Klassen der Förderschulen, i.d.R. Förderzentren mit Förderschwerpunkt emotionale und soziale Entwicklung oder Sonderpädagogische Förderzentren (Sprache, Lernen, emotionale und soziale Entwicklung). Die Zielgruppe der SFK hat einen so hohen sonderpädagogischen Förderbedarf und Hilfebedarf (Jugendhilfe), dass jegliche inklusiven Settings selbst bei all ihren unterstützenden Angeboten als nicht ausreichend erscheinen. Auch die regulären Klassen der Förderzentren können dem umfassenden und komplexen Bedarf der Zielgruppe der SFK nicht gerecht werden. Deshalb werden die Hilfen aus mehreren Systemen (Schule, Jugendhilfe und therapeutische Maßnahmen) in dem einen Setting der SFK gebündelt. Aber auch dieses Angebot unterliegt dem Elternentscheidungsrecht, das gesetzlich grundgelegt ist (vgl. Art. 41 BayEUG). Die Hilfe der SFK zielt auf eine zeitlich begrenzte Unterstützung und Förderung des Kindes und seines (familiären) Umfeldes. Die durchschnittliche Verweildauer von ca. 2 Jahren in der SFK variiert daher von 1 Jahr bis 4 Jahre.

SFK inklusiv

Eine inklusive Rückführung aus der SFK ist schrittweise möglich. Über die regulären Klassen der Förderzentren erfolgt die anschließende Wiedereingliederung in das allgemeine Schulwesen. In Einzelfällen führt der Weg auch direkt von der SFK in eine inklusive allgemeine Schule. Aufgrund des sehr hohen sonderpädagogischen Förderbedarfs der Zielgruppe der SFK inklusive des hohen Jugendhilfebedarfs dieser Kinder ist von einem mehrjährigen Prozess der inklusiven Rückführung auszugehen. Ein kleiner Teil der Schülerschaft der SFK wird realistisch betrachtet während der gesamten Schullaufbahn ein besonders geschütztes und intensivpädagogisches Setting benötigen.

15.3 Akteurinnen und Akteure in der SFK

Das multiprofessionelle Team der SFK setzt sich zusammen aus:
- schulischem Personal (i.d.R. eine sonderpädagogische Lehrkraft und eine heilpädagogische Förderlehrkraft) sowie
- von der Jugendhilfe finanziertem Personal (z.B. eine Sozialpädagogin bzw. ein Sozialpädagoge und eine Erzieherin bzw. ein Erzieher sowie ggf. psychologischer Fachdienst etc.).

Interdisziplinäres Fachteam

Sie bilden ein interdisziplinäres Fachteam (meist aus 4 bis 5 Personen), das sich ganztags um ein gemeinsames intensivpädagogisches Setting bemüht. Eine kooperative Erziehungs-, Förder- und Hilfeplanung, abgestimmte Arbeit mit den Familien und Erziehungsberechtigten sowie gemeinsame Fallbesprechungen sind dabei selbstverständliche Voraussetzungen für eine gelingende Zusammenarbeit der beiden Systeme Schule und Jugendhilfe. Die folgende Abbildung verdeutlicht die personelle und fachliche Verzahnung von Schule und Jugendhilfe im Konzept der SFK.

Schule	Jugendhilfe
Zuständige Regierung Förderschule/Förderzentrum (i.d.R. Förderzentrum mit Förderschwerpunkt emotionale und soziale Entwicklung oder Sonderpädagogisches Förderzentrum, SFZ)	Zuständiges Jugendamt Freie Träger der Jugendhilfe

Sonderpädagogische Stütz- und Förderklasse (SFK)
mit integrierter heil-/sozialpädagogischer Ganztagsförderung
(teilstationäres Jugendhilfeangebot)

für ca. 5 bis 7 Schüler
mit sehr hohem sonderpädagogischem Förderbedarf im Förderschwerpunkt emotionale und soziale Entwicklung gemäß § 21 Abs. 2 Satz 3 VSO-F
und Zugehörigkeit zum Personenkreis § 35a SGB VIII (seelische Behinderung)

Lehrkraft für Sonderpädagogik i.d.R. mit Fachrichtung emotionale und soziale Entwicklung **Heilpädagogische Förderlehrkraft** (HFL) Ggf. weitere Fachlehrkräfte	**Sozialpädagogen** mit Expertise im Bereich emotionaler und sozialer Auffälligkeiten im Kindes- und Jugendalter ggf. **Erzieher/Heilpädagoge** Ggf. Psychologe und weitere interne Fachdienste sowie therapeutische Angebote (z.B. Psychotherapie, Sprachtherapie, Psychomotorik u.a.)

Externe Angebote im Bedarfsfall
u.a.: therapeutische Hilfen und Angebote (Psycho-, Ergo-, Sprachtherapie etc.), schulpsychologische Dienste, kinder- und jugendpsychiatrische Angebote, psychologische Angebote, externe sozialpädagogische Kinder- und Jugendhilfeangebote, aufsuchende Hilfen wie AEH, Schulbegleitung/Schulwegbegleitung sowie Team- und Fallsupervision für die Fachkräfte der SFK

Abb. 15.2: Personelle Struktur im Kooperationsmodell SFK: Zwei Systeme (Schule und Jugendhilfe) – ein Team

Modelle der Umsetzung

Wie diese Teams genau in der Praxis zusammenarbeiten, hängt vom jeweiligen Kooperationsvertrag der konkreten Schule und dem jeweiligen Jugendhilfeträger vor Ort ab. Maßgeblich für die Konzeptentwicklung ist der Einbezug der zuständigen Regierung (System Schule) und des örtlichen Jugendamts (System Jugendhilfe). Hier gibt es unterschiedliche erfolgreiche Kooperationsmodelle, wie die Abbildung veranschaulicht. Es gibt nicht den einen, für alle erfolgreichen Weg.

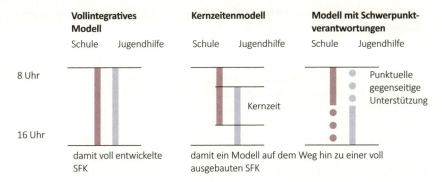

Abb.15.3: Varianten der Kooperation von Schule und Jugendhilfe von gemeinsamer Ganztagsgestaltung (vollintegratives Modell), Kernzeitenmodell und Modell mit fachlichen Schwerpunktverantwortungen (Abb. aus Baier & Spreng 2007, 15) im gemeinsamen Setting der SFK.

15.3.1 Unterrichtsalltag und Erleben der Schülerinnen und Schüler

Clearing und emotional-soziale Stabilisierung als Zielperspektiven der SFK sowie die Bedürfnisse jedes einzelnen Kindes und der SFK als Kleingruppe bilden die Grundlage für die Ausgestaltung des Schultages mit Lern- und Unterrichtsphasen, mit Phasen sozialer Projekte usw. Es geht im Kern um die Umsetzung eines rhythmisierten Ganztags unter erschwerten Lern- und Entwicklungsbedingungen.

Unterrichtsplanung

Kinder und Jugendliche in der SFK haben oft schon zahlreiche Aussonderungserfahrungen in Schule und Kleinkind- wie Kindergartenalter erlebt. Ihr Förder-, Unterstützungs- und Hilfebedarf ist so hoch, dass andere Förderorte diesem Bedarf bislang nicht gerecht werden konnten oder als nicht geeignet angesehen werden mussten. In der SFK sollen die Kinder sich als im Lernen und in der sozialen Interaktion erfolgreiche Akteurinnen und Akteure ihres eigenen Handelns erleben. Schulisch wie sozial-emotional sollen sie weder über- noch unterfordert werden, und es soll mit ihnen gemeinsam eine Perspektive aufgebaut werden. In Beziehungs- und Bindungsstabilität zu den pädagogischen Fachkräften aus Schule und Jugendhilfe entwickeln die Schülerinnen und Schüler Selbstvertrauen und werden zu anerkannten, selbstverständlichen Mitgliedern der Schule. Derart stabilisiert sollen sich die Kinder und Jugendlichen auf neue Herausforderungen wie die schrittweise Rückführung einlassen und diese erfolgreich bewältigen können. Die Erfahrung zeigt, dass sich Schülerinnen und Schüler in der SFK schnell sehr wohl fühlen und sich biographische Aussonderungserfahrungen mit negativen Auswirkungen auf Selbst und Identität bearbeiten lassen. Auf dieser Basis und unter Einbezug des Familiensystems werden vielfach aus ehemaligen „Systemsprengern" wieder (im Rahmen ihrer Möglichkeiten) erfolgreiche Schulkinder mit einer positiveren emotional-sozialen Entwicklungsprognose.

Erleben der Schülerinnen und Schüler

15.3.2 Aufgaben und Rolle der Lehrkraft

Die enge Verzahnung von Maßnahmen der Schule und der Jugendhilfe bringen für die Lehrkräfte ein breites Spektrum an Aufgaben mit sich:

Aufgaben der Lehrkraft

- intensivpädagogische, besonders individualisierte Förderung und Unterricht in der Kleingruppe von 5 bis 7 Schülerinnen und Schülern, spezifische Einzel-

maßnahmen, individueller Förderunterricht und differenzierte Kleinstgruppenförderung,
- lernzieldifferente Unterrichtung nach dem LehrplanPLUS Grundschule oder Mittelschule in Bayern sowie bei Bedarf nach den Lehrplänen der Förderschwerpunkte Lernen oder geistige Entwicklung,
- intensive Förderdiagnostik sowie eine mit den Jugendhilfe-Kollegen der SFK und den Fachdiensten eng abgestimmte Förder- und Erziehungsplanung,
- *Teamteaching* mit heilpädagogischen oder Jugendhilfe-Fachkräften, die einen strukturierten Unterricht und Tagesablauf garantieren, der sich speziell an den emotionalen und sozialen Entwicklungsbedarfen der Kinder orientiert,
- Schaffung einer pädagogisch-therapeutischen Atmosphäre, die getragen ist von Wertschätzung, Respekt, Gemeinschaftsgefühl,
- Anbahnung, Planung und Begleitung der Übergänge bei der Rückführung an die regulären Klassen des Förderzentrums oder an die Regelschulen sowie Nachbetreuung,
- intensive Zusammenarbeit mit Eltern/Erziehungsberechtigten und Familie,
- integrative und enge Kooperation mit den Jugendhilfe-Fachkräften und beteiligten Fachdiensten der SFK, Vernetzung mit externen Fachdiensten, Fachärztinnen bzw. -ärzten und Kliniken sowie inklusiven Regelschulen aller Schularten bei der Rückführung der Kinder,
- enge Vernetzung mit allen im Familiensystem beteiligten Fachdiensten und Fachkräften, Jugendämtern und sonstigen Unterstützungssystemen.

15.3.3 Externe und weitere Beteiligte

Vernetzung

Es wird deutlich, dass die Arbeit in einer SFK geprägt ist von Interdisziplinarität. Außerschulisch kooperieren die Teams mit therapeutischen Hilfen und Angeboten (Psycho-, Ergo-, Sprachtherapie etc.), schulpsychologischen Diensten, kinder- und jugendpsychiatrischen Angeboten, psychologischen Angeboten, externen sozialpädagogischen Kinder- und Jugendhilfeangeboten, aufsuchenden Hilfen wie AEH, Schulbegleitung/Schulwegbegleitung sowie Fachleuten für Team- und Fallsupervision für die Fachkräfte der SFK.

Arbeitsaufträge

1. Welche Systeme arbeiten im pädagogischen Setting der SFK integrativ unter einem Dach zusammen?
2. Welches sind die systemischen und pädagogischen Merkmale der SFK? (vgl. Abb. 15.1 u. 15.2)
3. Für welche Schülerschaft kann die SFK das geeignete Angebot sein?
4. Wie groß ist die Klasse einer SFK und welches Personal steht zur Verfügung?
5. Über welche Wege können die Schüler an die inklusive Rückführung herangeführt werden?
6. Welche Kompetenzen benötigt eine Lehrkraft in der SFK vor allem?

Weiterführende Links

Konzept und praktische Handlungshilfen zur SFK und zum Förderschwerpunkt emotionale und soziale Entwicklung auf den Seiten des Bayerischen Staatsministeriums für Unterricht und Kultus (Stand 27.05.2018)
https://www.km.bayern.de/eltern/schularten/foerderschule/weitere-infos.html
https://www.km.bayern.de/download/2969_sfk_konzeption_aktualisiert_mit_vso_f_09_2008.pdf
https://www.km.bayern.de/download/2968_sfk_handreichung_praktische_impulse_stand_03_2009.pdf
https://www.km.bayern.de/ministerium/schule-und-ausbildung/inklusion/materialien-und-praxistipps.html

Literatur

Baier, S. (2017): Raus aus der Bruchbiographie – oder besser: gar nicht erst hinein. Wie Inklusion im Förderschwerpunkt emotionale und soziale Entwicklung gelingen kann. In: Spuren (Sonderpädagogik in Bayern). 60. Jg. 3/2017, 22-29.

Baier, S., Kunstmann, E. & Weigl, E. (Hrsg.) (2008): Praktische Impulse zur pädagogischen Arbeit in Sonderpädagogischen Stütz- und Förderklassen (SFK). Erfahrungsberichte als Ideenbörse & zur Reflexion der eigenen (sonder)pädagogischen Arbeit. Bayerisches Staatsministerium für Unterricht und Kultus, München; Online abrufbar unter:
https://www.km.bayern.de/download/2968_sfk_handreichung_praktische_impulse_stand_03_2009.pdf (Stand 27.05.2018).

Baier, S. & Spreng, H. (2007): Sonderpädagogische Stütz- und Förderklassen (SFK). In: Sonderpädagogik in Bayern. 50. Jg. 4/2007, 6-19.

Baier, S., Weigl, E. & Walke, N. (2008): Sonderpädagogische Stütz- und Förderklassen (SFK). Inhaltliche Grundlegung und praktische Handlungshilfen für ein Konzept im Förderschwerpunkt emotionale und soziale Entwicklung durch integrative Kooperation von Schule und Jugendhilfe unter einem Dach. Bayerisches Staatsministerium für Unterricht und Kultus & Bayerisches Staatsministerium für Arbeit und Sozialordnung, Familie und Frauen (Hrsg.): München; Online abrufbar unter: https://www.km.bayern.de/download/2969_sfk_konzeption_aktualisiert_mit_vso_f_09_2008.pdf (Stand 27.05.2018)

Bayerisches Staatsministerium für Bildung und Kultus, Wissenschaft und Kunst (2015): Inklusion zum Nachschlagen. (zur Sonderpädagogisches Stütz- und Förderklasse SFK siehe S. 55 bis 57): Online abrufbar unter:
https://www.km.bayern.de/epaper/Inklusion_zum_Nachschlagen/index.html#8 (Stand 27.05.2018).

16 Kooperationsklassen, Partnerklassen, Tandemklassen
Christoph Ratz und Vera Brunhuber

16.1 Historische Einordnung

Richtungsweisende Dokumente

Die „Integration" von Schülerinnen und Schülern mit sonderpädagogischem Förderbedarf in das Regelschulsystem in Deutschland ist als schulorganisatorisches Thema spätestens seit 1973 belegt, als der „Deutsche Bildungsrat" seine Empfehlungen für einen „Gemeinsamen Unterricht" beschloss und veröffentlichte. Auf europäischer Ebene folgte die Salamanca-Erklärung (1994), wiederum auf nationaler Ebene sind die „Empfehlungen zum sonderpädagogischen Förderbedarf" der KMK von 1994 bedeutsame Papiere. Mit letzteren wurde der Begriff der „Sonderschulbedürftigkeit" deutschlandweit durch den Begriff des „sonderpädagogischen Förderbedarfs" (SPF) ersetzt, mit dem eine Festlegung auf einen Förderort nicht mehr zwingend verbunden wurde. Spätestens seit diesen „KMK-Richtlinien" formulierten alle Bundesländer integrative Schulgesetze, die neue Organisationsformen festlegten. Als jüngstes und markantestes Ereignis in dieser Folge ist die UN-Konvention über die Rechte von Menschen mit Behinderungen (UN-BRK) zu nennen, die 2006 von der UN beschlossen und bis heute in 177 Ländern ratifiziert wurde. Der Deutsche Bundestag stimmte der Konvention erst 2009 zu.

Diese UN-BRK wird sehr häufig in Bildungszusammenhängen erwähnt, tatsächlich zielt sie aber auf die inklusive Gestaltung aller Bereiche gesellschaftlichen Lebens ab – mit der schulischen Bildung konkret befasst sich lediglich der Artikel 24.

Begriff Inklusion

Die Diskussionen um die Auswirkungen von Integration auf das Bildungssystem ab den 1990er Jahren können kaum unterschätzt werden, manche Autorinnen und Autoren sprachen von einem „Paradigmenwechsel" (Hillenbrand 1999), andere von einer „Krise der Sonderpädagogik". In dieser Zeit kam auch der Begriff der Inklusion im deutschen Sprachgebrauch auf und mit ihm eine bis heute andauernde Debatte darüber, ob er etwas Anderes meine als Integration. Der begriffliche Dissens weist bis heute darauf hin, dass Uneinigkeit darüber besteht, wie umfassend „Inklusion" zu verstehen sein kann. Zielt sie auf eine vollkommene Abschaffung von Förderschulen oder gar der Sonderpädagogik ab? Besteht sie also auf einer umfassenden und radikalen Dekategorisierung, einer Abschaffung von sonderpädagogischen Begriffen und Fächern, mit der Absicht sonderpädagogische Begriffe und Fächer verschwinden zu lassen? Ein prominenter Protagonist für diese Position ist Andreas Hinz.

Individuelle Entwicklung

Alternativ wird Inklusion als die unveräußerliche gesellschaftliche Verantwortungsübernahme für die Bildung, Teilhabe und gleichwertige Wertschätzung von Menschen mit Behinderung in der gesellschaftlichen Mitte verstanden. Diese Verantwortung stellt nicht so sehr die institutionelle Frage in den Mittelpunkt, sondern vielmehr den Einzelfall. Es wird immer individuell abgewogen, wo die besten Bildungsmöglichkeiten bei gleichzeitiger maximaler gesellschaftlicher Teilhabe ermöglicht werden können. Dabei wird ein besonderes Augenmerk darauf gelegt, den individuellen Status quo zu hinterfragen, d.h. die Frage nach dem bestmöglichen Förderort nie als abgeschlossene Entscheidung, sondern stets als Prozess zu begreifen. Von diesem Grundgedanken aus werden sozialräumliche, didaktische und pädagogische Methoden wissenschaftlich immer weiterentwickelt und die sonderpädagogische Expertise auch in der inklusiven Praxis genutzt. Demzufolge muss immer wieder geprüft werden, ob nicht andere Settings noch mehr Potenzial hinsichtlich der vielen Variablen menschlicher Entwicklung bieten können.

16.2 Organisationsformen im inklusiven Bildungssystem Bayerns

16.2.1 Konzeptionelle und rechtliche Grundlagen

Die Kultushoheit der Bundesländer sorgt dafür, dass in Deutschland eine unüberschaubare Menge an Organisationsformen für Inklusion besteht, die sich zudem ständig verändert. In diesem Kapitel erfolgt daher eine Beschränkung auf die Situation in Bayern. In Bayern sind die schulischen Organisationsformen im „Gesetz über das Bayerische Erziehungs- und Unterrichtswesen" (BayEUG) festgehalten. Generell wird dort festgelegt, dass Kinder mit sonderpädagogischem Förderbedarf sowohl an der Förderschule als auch an der allgemeinen Schule ihre Schulpflicht erfüllen können (§ 41). Als „Formen kooperativen Lernens" werden in § 30a Kooperationsklassen, Partnerklassen und Offene Klassen beschrieben, in § 30b wird die „inklusive Schule" beschrieben, und in § 21 die Mobilen Sonderpädagogischen Dienste (MSD). Kleinteiligere Ausführungsbestimmungen sind in der VSO-F (Schulordnung für die Volksschulen zur sonderpädagogischen Förderung in Bayern) zu finden, insbesondere zu den MSD (§ 25) und zu den Partnerklassen (§ 38).

Mobile sonderpädagogische Dienste sind Lehrkräfte für Sonderpädagogik, die allgemeine Schulen oder Förderschulen mit einem anderen Förderschwerpunkt bei der Erziehung und Unterrichtung von Schülerinnen und Schülern mit sonderpädagogischem Förderbedarf auf Anforderung unterstützen. Eine ausführliche Beschreibung des Einsatzes von Mobilen Sonderpädagogischen Diensten gibt das Kapitel 12.

Kooperationsklassen können an Grund-, Mittel- und beruflichen Schulen gebildet werden. Dabei besteht eine Klasse immer aus 3-6 Kindern oder Jugendlichen mit sonderpädagogischem Förderbedarf und so vielen Schülerinnen und Schüler ohne sonderpädagogischem Förderbedarf, dass eine normale Klassenstärke entsteht. Stundenweise wird die Klassenlehrkraft von einer MSD-Lehrkraft unterstützt, nicht aber in allen Stunden. Grundsätzlich können Schülerinnen und Schüler mit allen sonderpädagogischen Förderschwerpunkten dort eingeschult sein, nach Einschätzung des Ministeriums zeigt „die bisherige Praxis [...] jedoch, dass vor allem die Förderschwerpunkte Sprache, Lernen sowie emotionale und soziale Entwicklung gut eingebunden werden können (Bayerisches Staatsministerium für Unterricht und Kultus, StMUK, 2011, 3).

Kooperationsklassen

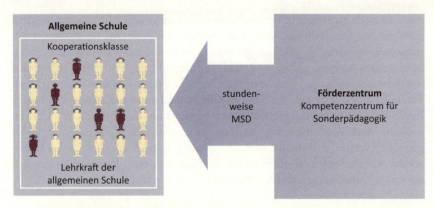

Abb. 16.1: Kooperationsklassen (Nachbildung: Bayerisches Staatsministerium für Bildung und Kultus, Wissenschaft und Kunst, StMBKWK, 2014, 6)

Partnerklassen Partnerklassen sind in der Regel Klassen eines Förderzentrums mit dem Förderschwerpunkt geistige Entwicklung, die in einem Schulgebäude einer allgemeinen Schule dauerhaft untergebracht sind. Sie bilden gewissermaßen eine „Außenklasse", wie sie in der Vorgängerversion des BayEUG hießen, und sind formal nicht eine Klasse dieser allgemeinen Schule, sondern der Förderschule.

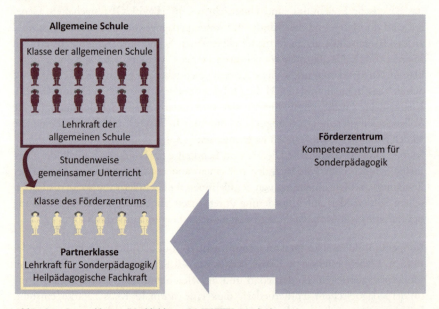

Abb. 16.2: Partnerklassen (Nachbildung: StMBKWK, 2014, 7)

Die inklusive Idee ist, dass sich Partnerschaften mit Klassen der allgemeinen Schule bilden und gemeinsamer Unterricht geplant wird. Auch im Bereich des Schullebens bieten sich viele Möglichkeiten für Kooperationen. Die Partner sind gehalten „in möglichst vielen Bereichen des Unterrichts und im Schulleben eng zusammenarbeiten" (VSO-F, § 38).

Der tatsächliche Umfang des inklusiven Unterrichts in Partnerklassen variiert jedoch erheblich: So werden kaum oder gar keine Möglichkeiten zur Begegnung geschaffen, nicht einmal in den Pausen, bis hin zu sehr vollständigen inklusiven Konzepten in Unterricht und Schulleben. Eine übergreifende Aussage ist daher kaum möglich. Partnerklassen können auch umgekehrt organisiert sein, d.h. eine Klasse einer allgemeinen Schule ist in einer Förderschule (z.B. Ratz & Reuter 2012) oder eine Förderschulklasse in einer anderen Förderschule untergebracht.

Die Inklusion einzelner Schülerinnen und Schüler, die sog. Einzelinklusion, ist eine weitere Organisationsform, in der einzelne Kinder mit sonderpädagogischem Förderbedarf in eine Klasse der allgemeinen Schule aufgenommen werden können. Sie sind dabei Schülerinnen bzw. Schüler der allgemeinen Schule und werden stundenweise durch die MSD unterstützt. Je nach Förderschwerpunkt und Bedürfnissen erfolgt eine Unterstützung durch eine Integrationsassistenz (Schulbegleitung).

Einzelinklusion

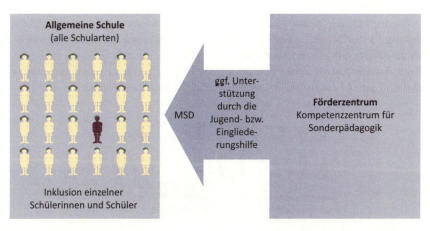

Abb. 16.3: Inklusion einzelner Schülerinnen und Schüler (Nachbildung: StMBKWK, 2014, 4)

Offene Klassen bestehen an Förderschulen und sind offen für Schülerinnen und Schüler ohne sonderpädagogischen Förderbedarf. Sie sind insbesondere in Schulen für Sinnes- und Körperbehinderungen vorgesehen. Eltern nehmen diese Möglichkeit in Anspruch, damit ihre Kinder auch ohne bestehenden Förderbedarf in ihrem schulischen und persönlichen Lernen von den Rahmenbedingungen und Angeboten einer Förderschule profitieren können.

Offene Klassen

Schulen mit dem Schulprofil Inklusion werden in § 30b des BayEUG näher beschrieben. Das Profil Inklusion wird für ein besonders inklusives Bildungs- und Erziehungskonzept der Schule vergeben. Lehrkräfte für Sonderpädagogik sind fester Bestandteil des Kollegiums und arbeiten besonders eng mit den übrigen Kolleginnen und Kollegen der allgemeinen Schule zusammen. Eine ausführliche Darstellung des Schulprofils gibt Kapitel 18.0.

Schulprofil Inklusion

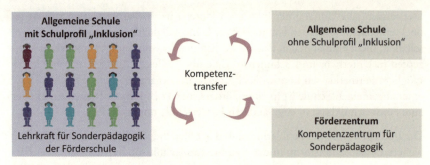

Abb. 16.4: Schulprofil Inklusion (Nachbildung: StMBKWK, 2014, 5)

Tandemklassen

An diesen Schulen können sog. „Tandemklassen" gebildet werden, in denen mindestens 7 Schülerinnen und Schüler mit sehr hohem sonderpädagogischem Förderbedarf zusammen mit Kindern und Jugendlichen ohne sonderpädagogischen Förderbedarf (SPF) durchgängig im Zwei-Pädagogen-Prinzip unterrichtet werden. Eine Lehrkraft der allgemeinen Schule und eine Lehrkraft für Sonderpädagogik bewältigen kooperativ die unterrichtlichen, erzieherischen und organisatorischen Aufgaben in der Klasse. Beide Tandempartner lernen von der jeweils anderen Perspektive und Fachlichkeit und sind gemeinsam für die Belange der ganzen Klasse verantwortlich.

Abb. 16.5: Tandemklasse (Nachbildung: StMBKWK, 5)

Abschlüsse bzw. Qualifikationen können bei vorliegendem sonderpädagogischen Förderbedarf selbstverständlich an den beteiligten allgemeinen Schulen abgelegt werden. Förderschulen mit den Förderschwerpunkten Sprache, körperlich-motorische Entwicklung, emotional-soziale Entwicklung, Hören und Sehen unterrichten in der Regel auch nach dem Lehrplan der allgemeinen Schule und bieten dementsprechend allgemeine Abschlüsse an. Es liegen ebenso jeweils adaptierte Lehrpläne vor. Im Förderschwerpunkt Lernen existiert der Rahmenlehrplan im Förderschwerpunkt Lernen. Inhalte werden aus den Bezugslehrplänen der Grundschulen und Mittelschulen entnommen, um schulhausintern verbindliche Curricula zu erstellen.

16.2.2 Bedeutung für die Inklusion

Spezifische Angebote

Die oben beschriebenen Modelle für kooperative bzw. inklusive Beschulung in Bayern zielen jeweils auf eine andere Schülerschaft und Situation. Damit versuchen sie, spezifische Aspekte aufzugreifen und zu beantworten. Kooperationsklassen beispielsweise greifen die fließenden Übergänge zwischen den Förderschwerpunkten Lernen, Sprache und emotionale und soziale Entwicklung sowie der allgemeinen Schule auf. Die curriculare Nähe steht in der Praxis oft im Vordergrund, an sich ist dies jedoch das lernzieldifferente Fördern und Unterrichten. Probleme beim Lernen sollen durch die Beratung und Unterstützung des angeforderten MSD aufgegriffen werden. Damit werden in besonderer Weise die Durchlässigkeit bzw. die Offenheit des Schulortes betont.

Offene Klassen nutzen die Infrastruktur einer Förderschule im Bereich der Förderschwerpunkte Hören, Sehen und körperliche und motorische Entwicklung und können so auch bei leichteren Beeinträchtigungen spezifisch fördern bzw. Schülerinnen und Schüler ohne Förderbedarf im Sinne eines Kontinuums in die Angebote von Fachdiensten bzw. spezifischer Expertise einbeziehen.

Partnerklassen greifen örtliche Bedingungen in zwei Richtungen auf, entweder durch eine Entlastung bei Raumengpässen, die für inklusive Chancen genutzt werden kann, oder – wenn eine Klasse der allgemeinen Schule an einer Förderschule zu Gast ist – durch die Möglichkeit der Mitnutzung spezifischer pädagogisch-therapeutischer Angebote (Fachdienste, Therapien, Heilpädagogische Tagesstätte, barrierefreie Spielplätze, Bewegungsbecken usw.). Schulen mit dem Schulprofil Inklusion stellen die Organisationsform dar, die in besonders klassischer Weise die Vorstellungen einer inklusiven Schule abbildet, da hier alle Förderschwerpunkte zusammenkommen können, und der Fokus auf dem gemeinsamen Unterrichten der beiden Professionen liegt.

Tab. 16.1: Inklusive Klassen in Bayern im Schuljahr 2015/16

Kooperationsklassen	Partnerklassen		Offene Klassen
	An FöS	An GS/MS	
722	33	171	64

Tabelle 16.1 stellt die Zahl der Klassen in den verschiedenen inklusiven Organisationsformen Bayerns dar. Bei diesen statistischen Angaben ist zu erwähnen, dass Partnerklassen in Bayern – im Gegensatz zu Bremen – nicht in die amtliche Statistik der KMK als inklusive Beschulung einfließen. Dworschak (2017) rechnet vor, dass die Inklusionsquote von Kindern und Jugendlichen in Bayern sich durch eine Angleichung der Zählweise an Bremen auf 18,6% erhöhen würde (statt 4,8% im Schuljahr 2014/15).

16.3 Akteurinnen und Akteure in den Organisationsformen Kooperationsklasse, Partnerklasse und Tandemklasse

16.3.1 Unterrichtsalltag und Erleben der Schülerinnen und Schüler

Der Unterrichtsalltag und die Umsetzung des gemeinsamen Lernens variiert abhängig von der Organisationform und dem persönlichen Engagement aller Beteiligten. Zentrale Aufgabe bei jeder inklusiven Beschulung ist es, „Verantwortung für alle Kinder" zu übernehmen (Moser & Demmer-Dieckmann 2012, 153). Das bedeutet den eigenen Unterricht an den Bedürfnissen aller Schülerinnen und Schüler auszurichten, Heterogenität genau in den Blick zu nehmen sowie organisatorisch und methodisch einen Rahmen zu schaffen, in dem alle gut lernen können.

Didaktische Positionen gemeinsamen Lernens

Ratz (2017) fasst die vorherrschenden didaktischen Positionen aus Sicht der Sonderpädagogik zusammen:
- Lernen am gemeinsamen Gegenstand (Feuser): ein Lerngegenstand für alle Schülerinnen und Schüler mit individuell angepasstem Anspruchsniveau, um jedes Kind mit dem Blick auf die Zone der nächsten Entwicklung anzusprechen,
- Kooperation von Kindern mit und ohne Förderbedarf (Wocken): Sechs Kooperationstypen: von der Möglichkeit nebeneinander zu lernen ohne gemeinsamen Inhalt (koexistent) bis zur Möglichkeit solidarischer Lernsituationen, in denen kooperativ gelernt und gearbeitet wird.

Markowetz kritisierte bereits 2004, dass es für einige Schüler mit Förderbedarf unerlässlich sei, auch exklusiv-individuelle Lernsituationen zu schaffen, um ihrem Bedarf nach Ruhe, Therapie u.a. gerecht zu werden. Auch Ratz äußerte sich 2004 kritisch gegenüber der ausschließlichen Idee eines Lernens am gemeinsamen Gegenstand, da einige Themen aus inhaltlich-fachlicher Perspektive weniger gut geeignet sind.

> Daraus lässt sich schließen, dass es in der inklusiven Beschulung sowohl Formen individualisierten als auch gemeinsamen Lernens geben muss.

Unterrichtsformen

Der Unterrichtsalltag kann abhängig von personellen und räumlichen Ressourcen sehr unterschiedlich gestaltet werden. Preiß u.a. (2016) zeigen die häufigsten Unterrichtsformen inklusiver Beschulung mit zwei Lehrkräften auf:
- getrenntes Unterrichten aller Schüler in verschiedenen Räumen,
- Wochenplan, Freiarbeit, Lerntheke, Werkstattarbeit mit gemischter Gruppe,
- Einzelförderung/Diagnostik einer Schülerin bzw. eines Schülers durch eine sonderpädagogische Lehrkraft,
- gemeinsamer lehrerzentrierter Unterricht in einem Raum,
- ein Lehrer unterrichtet, ein Lehrer beobachtet,
- Kleingruppenförderung in getrennten Räumen.

Qualitätsmerkmale

Prengel (2012) stellt sieben Qualitätskriterien für inklusiven Unterricht heraus, die unter anderem Aufschluss darüber geben, wie man als einzelne Lehrkraft den Unterricht für alle Schülerinnen und Schüler gewinnbringend gestalten kann. Neben einer differenzierenden Didaktik mit individualisierungsfähigen Standards und einer Offenheit für Interessen und Themen der Schülerinnen und Schüler stellt sie auch die Bedeutung von didaktischen Materialien heraus, die den Schülerinnen und Schülern einen selbstständigen Umgang ermöglichen und Differenzierung erlauben. Zentral für die Umsetzung ist die Gestaltung einer Lernlandschaft für alle Schülerinnen und Schüler und eine methodische Offenheit, die unabhängig davon, ob an einem gemeinsamen Gegenstand gearbeitet wird oder nicht, verschiedene Lernebenen und Zugänge ermöglicht. Aus diesem Grund sind Formen zieldifferenten Lernens wie Freiarbeit, Stationen, Wochenplan oder Projekt besonders beliebt. Einen besonderen Stellenwert erfährt dabei das Prinzip der Strukturierung und Visualisierung. Feste Abläufe, Symbole für Aufgabenformate u.Ä. erleichtern es den Schülerinnen und Schülern selbstständig zu arbeiten. Außerdem ist es notwendig, ausreichend Lernzeit zur Verfügung zu stellen und über eine Flexibilisierung eines tradierten Stundenplans nachzudenken. In den Grundschulen lässt sich dies durch das Klassenlehrerprinzip häufig noch etwas einfacher gestalten (vgl. Schor u.a. 2004).

Im Zuge einer inklusiven Beschulung ist es unabdingbar, sich über geforderte Ziele und Leistungserbringung Gedanken zu machen. Abhängig von der Organisationsform ergeben sich hier einige Unterschiede. Allen gemein ist die Idee eines mehrperspektivischen Leistungsbegriffes mit dem Schwerpunkt auf der individuellen Bezugsnorm. Den individuellen Lernzuwachs zu betrachten kommt allen Schülerinnen und Schülern zugute, da Lernangebote passgenau erstellt werden können. Allerdings schließt dies kriteriale und soziale Vergleiche nicht aus, die zum Überprüfen von Standards notwendig sind (vgl. Prengel 2012, Schor u.a. 2004). Die folgende Tabelle soll einen kurzen Überblick über die Unterschiede in den Zielen und Anforderungen inklusiver Beschulungsformen geben. Vertiefende Ausführungen zum Thema Leistungsbewertung im inklusiven Unterricht finden sich in Kapitel 20 (Punkt 20.5).

Leistungsbegriff und Ziele

Tab. 16.2: Anforderungen und curriculare Bezüge in den inklusiven Organisationsformen

Organisationsform	Ziele/Anforderungen	Lehrplan-Bezug	Zusätzliches
Kooperationsklasse	Prinzipiell gleiche Lernziele für Schülerinnen und Schüler mit und ohne Förderbedarf, mit Schwerpunkt auf individuellem Zuwachs	Curricularer Anschluss an Regelschullehrplan; fachspezifischer Lehrplan als Orientierung für förderspezifisches Arbeiten	Förderplan und bei Bedarf Therapieplan
Partnerklasse	Fachlich gleiche Lernziele (z.B. „Wir lesen", „Wir rechnen") bei Phasen gemeinsamen Unterrichts	Lehrplan der Regelschulen und der entsprechenden Förderschwerpunkte	Förderplan, bei Bedarf Therapieplan
Tandemklasse	Fachlich gleiche Lernziele, der Entwicklungslogik der Kinder folgend und individuelle Lernziele	Lehrplan der Regelschulen und der entsprechenden Förderschwerpunkte	Förderplan, bei Bedarf Therapieplan

Neben den fachlichen und methodischen Kompetenzen spielen auch soziale Ziele eine große Rolle. Seit den Inklusionsversuchen in den 1980er Jahren wird davon ausgegangen, dass Inklusion auf alle beteiligten Schülerinnen und Schüler positive Auswirkungen hat und keine Schülerin bzw. kein Schüler in seinem Lernen benachteiligt wird, sondern individueller und damit besser gefördert werden kann. Sicher stimmt es, dass Lernsituationen geschaffen werden, in denen Schülerinnen und Schüler lernen können aufeinander Rücksicht zu nehmen, die Individualität eines jeden Menschen zu schätzen, respektvoll miteinander umzugehen, kooperativ zusammenzuarbeiten, über eigene Stärken und Schwächen zu reflektieren und vieles mehr. In der Praxis zeigt sich aber, dass Schülerinnen und Schüler mit Förderbedarf einem etwa dreimal höheren Risiko für soziale Isolation ausgesetzt sind und besonders ausgegrenzt werden, wenn sie nicht den Erwartungshaltungen der Lehrkräfte entsprechen (Huber 2009). Daraus lassen sich besondere Ansprüche an

Soziale Aspekte

die Aufgaben und das Selbstverständnis von Lehrkräften ableiten, damit Inklusion gelingen kann und keine soziale Benachteiligung entsteht.

16.3.2 Aufgaben und Rolle der Lehrkraft

Classroom Management

> Huber (2009) legt mit seiner Studie dar, dass das positive Lehrerfeedback großen Einfluss auf das Anerkennen der Schülerinnen und Schüler mit Förderbedarf durch Mitschülerinnen und Mitschüler hat.

Zudem sollte eine haltgebende und wechselseitige Lehrer-Schüler-Beziehung herrschen und respektvolle Peer-Beziehungen gepflegt werden (Prengel 2012). Dies lässt sich im Unterrichtsalltag bspw. durch folgende Techniken der Klassenführung erreichen:
- persönliche Rituale (bspw. jedes Kind begrüßen),
- Erarbeitung von Klassenregeln,
- Klassenrituale (bspw. Klassenrat),
- Schaffen kooperativer Lern- und Spielsituationen,
- klares Einschreiten bei Übergriffen.

Direkte und indirekte Aufgaben

Neben dem Schaffen einer guten und vertrauensvollen Lernatmosphäre kommen der Lehrkraft natürlich auch die „klassischen" Aufgaben zuteil, die untenstehend aufgezählt werden (Moser, 2012). Hier wird zwischen direkten Aufgaben der Lehrkraft der allgemeinen Schule unterschieden, die täglich anfallen, und solchen, die in regelmäßigen Abständen erledigt werden müssen, sowie zwischen Aufgaben, die in der Regel in Kooperation mit der zuständigen sonderpädagogischen Lehrkraft oder unter deren Verantwortung erfolgen.

Tab. 16.3: Aufgaben der Regelschullehrkraft (in Kooperation mit einem Sonderpädagogen)

Direkte, tägliche Aufgaben	Vorbereitung eines differenzierten Unterrichts mit Lernangeboten für alle Schülerinnen und Schüler Individuelle Lernstanderhebungen und Schülerbeobachtung Gestaltung einer passenden Lernlandschaft Leistungserhebung und Dokumentation Elternarbeit Austausch und Kooperation im multiprofessionellen Team Ansprechpartner für alle Schülerinnen und Schüler
Indirekte, geteilte Aufgaben	Diagnostik Erstellen inklusiver, individueller Curricula Erstellen förderdiagnostischer Berichte
Direkte Aufgaben	Erstellen von Wochen- und Trimesterplänen Schreiben von Zeugnissen

Alle täglich anfallenden Aufgaben können gemeinsam mit der sonderpädagogischen Lehrkraft umgesetzt werden. Schor (2004, 33) weist allerdings darauf hin, dass bei Kooperationsklassen „die pädagogische Verantwortung für Unterricht und Förderung (…) gänzlich in der Hand des Lehrers der allgemeinen Schule [bleibt]".

Die Zusammenarbeit mit einer sonderpädagogischen Lehrkraft, die stundenweise oder als Tandempartner in der Klasse ist, erfordert die Bereitschaft gemeinsam zu arbeiten und voneinander zu lernen. Es gibt unterschiedliche Modelle, wie die Zusammenarbeit zwischen Lehrkraft der allgemeinen Schule und sonderpädagogischer Lehrkraft gestaltet werden kann. Moser und Demmer-Dieckmann (2012) nennen dafür beispielsweise:

- *Co-Teaching*,
- kooperative Zusammenarbeit,
- koordinierte Zusammenarbeit,
- gleichberechtigte Kollaboration.

Kooperation

Unabhängig davon, welche Form man wählt, ist es wichtig, sich gut abzusprechen und damit auch den Schülern zu signalisieren:

> „Wir arbeiten als Team zusammen." – „Wir sind einer Meinung." Neben den Fachkräften in der Klasse können Erzieher, Heilpädagogen, Förderlehrer, Beratungslehrer, Personen im freiwilligen Dienst, Praktikanten und vor allem Schulbegleiter das Team ergänzen (vgl. Preiß u.a. 2016).

Auch wenn viel Personal in der Regel eine Bereicherung ist, stellt es doch auch eine Herausforderung dar, ein solches Team zu leiten und zu koordinieren.

Die Kooperation führt zum einen zu einer veränderten Lehrerrolle, in der man unterschiedliche Positionen einnehmen kann, zum anderen wird sie aber auch durch die Notwendigkeit zieldifferenten Lernens bestimmt. Bei einem hohen Grad an Differenzierung gibt es wenig lehrerzentrierten Unterricht. Die Lehrkraft wird vielmehr beraten und beobachten. Sie sorgt für die richtige Lernumgebung und unterstützt die Schülerinnen und Schüler bei der Aneignung methodischer Kompetenzen für ein selbstständiges, selbstgesteuertes und reflektiertes Lernen.

Rolle der Lehrkraft

16.3.3 Externe und weitere Beteiligte

Im multiprofessionellen Team zu arbeiten heißt, neben den „schulischen" Mitarbeiterinnen und Mitarbeitern auch mit weiteren Beteiligten zu kooperieren, die Arbeit mit allen zu koordinieren und im Interesse der Schülerinnen und Schüler zusammenzubringen. Dieses Team ist notwendig, um die unterschiedlichen Expertisen einzubringen und allen Bedürfnissen und Herausforderungen gerecht zu werden. Walter-Klose u.a. (2016) zeigen in einer Studie u.a. die Häufigkeit externer, kooperierender Beteiligter an Schulen mit und ohne Profil Inklusion.

Multiprofessionelles Team

Tab. 16.4: Prozentuale Häufigkeit externer Beteiligter der insgesamt vorhandenen Kooperationen (Walter-Klose u.a. 2016)

	Ohne Profil	Mit Profil
Schulpsychologe	65,7	69,8
Sozialpädagoge	42,1	47,6
Physio-, Ergotherapeuten, Logopäden	6,8	9,5
Pflegekräfte	4,0	12,5
Tagesbetreuung/Hort	50,0	50,8

	Ohne Profil	Mit Profil
Internat/Wohnheime	3,8	10,8
Frühfördereinrichtung	18,3	14,3
Kinder- und Jugendpsychiatrie	15,8	27,4
Ärzte und Kliniken	28,0	35,0
Familien- und Erziehungsberatung	26,9	43,9
Familienhilfe	24,6	47,4
Jugendamt	43,4	56,1
Jugendsozialarbeit	35,4	50,9
Polizei	32,4	40,4
Agentur für Arbeit	33,8	45,8
Betriebe (Ausbildung)	31,3	37,3
Integrationsfachdienst	9,4	11,6
Besondere Schülerbeförderung (Taxi, Busunternehmen)	22,7	50,0
Staatliche Schulberatungsstelle	60,7	69,0
Staatliches Schulamt	64,1	66,1
Bezirk	48,2	56,8
Hochschulen/Akademien	33,3	28,6

Diese Vielzahl an Angeboten und Kooperationspartnern birgt die Notwendigkeit sich gut zu vernetzen und Informationen weiterzugeben. Alle Beteiligten müssen die Bereitschaft mitbringen, Vorschläge und Unterstützungsangebote anzunehmen und in die eigene Arbeit zu integrieren, um das einzelne Kind bestmöglich zu unterrichten, zu erziehen und zu fördern. Die Vielfalt mag unübersichtlich wirken, hält aber im Gegenzug eine Bandbreite an möglichen Lernorten für sehr verschiedene Bedürfnisse bereit.

Arbeitsaufträge

1. Welche Formen inklusiver Beschulung gibt es in Bayern?
2. Müssen Schüler mit sonderpädagogischem Förderbedarf die gleichen Leistungen erbringen wie Schüler ohne Förderbedarf?
3. Wie müssen Lerninhalte aufbereitet werden, damit alle Schüler im Klassenverband daran lernen können?
4. Wählen Sie 3 externe Kooperationspartner von Schulen. Welche Themen sind für den jeweiligen Austausch denkbar/wahrscheinlich?
5. Überlegen Sie, wie Sie ihren Schülerinnen und Schülern erklären könnten, dass im nächsten Schuljahr Schülerinnen und Schülern mit Förderbedarf Teil ihrer Klasse sein werden.

Literatur

Dworschak, W. (2017): Schulische Inklusion – eine Frage des richtigen Labels?! Für Grautöne in einer schwarz-weißen Bildungsstatistik. In: Zeitschrift für Heilpädagogik 68, 9, 404-413.
Hillenbrand, C. (1999): Paradigmenwechsel in der Sonderpädagogik. Eine wissenschaftstheoretische Kritik. In: Zeitschrift für Heilpädagogik, 50, S. 240-246.
Huber, C. (2009): Gemeinsam einsam? Empirische Befunde und praxisrelevante Ableitungen zur sozialen Integration von Schülern mit Sonderpädagogischem Förderbedarf im Gemeinsamen Unterricht. In: Zeitschrift für Heilpädagogik 7/2009, 242-248.

Markowetz, R. (2004): Alle Kinder alles lehren! Aber wie? – Maßnahmen der Inneren Differenzierung und Individualisierung als Aufgabe für Sonderpädagogik und Allgemeine (Integrations-)Pädagogik auf dem Weg zu einer inklusiven Didaktik. In: Schnell, I. & Sander, A. (Hrsg.): Inklusive Pädagogik. Bad Heilbrunn: Klinkhardt, 167-186.

Möckel, A. (1996): Krise der Sonderpädagogik? In: Zeitschrift für Heilpädagogik, 47, S. 90-95.

Moser, V. & Demmer-Dieckmann, I. (2012): Professionalisierung und Ausbildung von Lehrkräften für inklusive Schulen. In: Moser, V. (Hrsg.): Die inklusive Schule. Standards für die Umsetzung. Stuttgart: W. Kohlkammer, 153-173.

Preiß, H., Quandt, J. & Fischer, E. (2016): Kooperation zwischen Lehrkräften allgemeiner Schulen und Lehrkräften für Sonderpädagogik. In: Heimlich, U., Kahlert; J., Lelgemann; R. & Fischer, E. (Hrsg.): Inklusives Schulsystem. Analysen, Befunde, Empfehlungen zum bayerischen Weg. Bad Heilbrunn: Julius Klinkhardt, 61-85.

Prengel, A. (2012): Humane entwicklungs- und leistungsförderliche Strukturen im inklusiven Unterricht. In: Moser, V. (Hrsg.): Die inklusive Schule. Standards für die Umsetzung. Stuttgart: W. Kohlkammer, 175-183.

Ratz, C. (2004). Planung von integrativem Unterricht. In E. Fischer (Hrsg.), Welt verstehen – Wirklichkeit konstruieren. Unterricht bei Kindern und Jugendlichen mit geistiger Behinderung (S. 197-219). Dortmund: Verlag modernes lernen.

Ratz, C. (2017): Inklusive Didaktik für den Förderschwerpunkt geistige Entwicklung. In: Fischer, E. & Ratz, C. (Hrsg.): Inklusion – Chancen und Herausforderungen für Menschen mit geistiger Behinderung. Weinheim, Basel: Beltz, Juventa, 172-191.

Ratz, C. & Reuter, U. (2012): Die Jakob-Muth-Schule Nürnberg und ihre „intensiv-kooperierenden Klassen" (IKON). Ein Beispiel, an dem konzeptionelle Entwicklung, politische Abhängigkeit und aktuell zu lösende Aufgaben integrativer Schulentwicklung sichtbar werden. In: Breyer, C., Fohrer, G., Goschler, W., Heger, M., Kießling, C. & Ratz, C. (Hrsg.): Sonderpädagogik und Inklusion. Oberhausen, Athena, 211-226.

Schor, B.J., Weigl, E. & Wittmann, H. (2004): Die Kooperationsklasse. Inhaltliche Grundlegung und praktische Handlungshilfen für ein integratives Modell im bayerischen Bildungswesen. ISB Bayern. In: https://www.isb.bayern.de/download/804/kooperationsklassen.pdf, (12.07.2018).

StMBKWK (Bayerisches Staatsministerium für Bildung und Kultus, Wissenschaft und Kunst) (2014): Inklusion durch eine Vielfalt schulischer Angebote in Bayern. Verfügbar unter: https://www.km.bayern.de/download/16006_flyer_inklusion_2014_homepage.pdf (09.09.2018).

StMUK (Bayerisches Staatsministerium für Unterricht und Kultus) (2011): Inklusion durch eine Vielfalt schulischer Angebote. Verfügbar unter: https://www.km.bayern.de/download/17789_konzept_inklusion_durch_eine_vielfalt_schulischer_angebote_2.pdf (10.09.2018).

Walter-Klose, C., Singer, P. & Lelgemann, R. (2016): Schulische und außerschulische Unterstützungssysteme und ihre Bedeutung für die schulische Inklusion. In: Heimlich, U., Kahlert; J., Lelgemann; R. & Fischer, E. (Hrsg.): Inklusives Schulsystem. Analysen, Befunde, Empfehlungen zum bayerischen Weg. Bad Heilbrunn: Julius Klinkhardt, 107-130.

17 Schulen mit dem Profil Inklusion
Ulrich Heimlich

17.1 Entstehung von Schulen mit dem Profil Inklusion

UN-Behindertenrechts-konvention (UN-BRK)

Seit März 2009 ist die UN-Behindertenrechtskonvention (UN-BRK) durch die Ratifizierung auch in Deutschland verbindliches Völkerrecht. Durch die UN-BRK hat sich das neue bildungspolitische Leitbild der Inklusion durchgesetzt.

> Mit *Inklusion* ist ein selbstbestimmtes Leben in sozialer Teilhabe für alle Mitglieder einer Gemeinschaft gemeint. Inklusion bedeutet demnach, von vornherein auf jegliche Form von Aussonderung zu verzichten (z.B. in inklusiven Schulen). *Integration* meint hingegen die Wiederherstellung eines Ganzen von vorher Getrenntem (z.B. die Wiedereingliederung von Schülerinnen und Schülern aus den Förderschulen in allgemeine Schulen). Demgegenüber bezeichnet *Separation* die Förderung von Schülerinnen und Schülern in eigenständigen Schulen (z.B. Förderschulen). Werden Schülerinnen und Schüler aus dem Bildungssystem ganz ausgeschlossen (z.B. aufgrund einer schweren Mehrfachbehinderung), so sprechen wir von *Exklusion* (vgl. Benkmann/Heimlich 2018).

In Art. 24 der UN-BRK wird der Aufbau eines inklusiven Bildungssystems auf allen Ebenen verankert. Auf dieser Basis hat der Bayerische Landtag im August 2011 eine Novellierung des „Gesetzes über das Bayerische Erziehungs- und Unterrichtswesen (BayEUG)" beschlossen:
Art. 2 (erweitert): „Inklusiver Unterricht ist Aufgabe aller Schulen"
Art. 30b (neu):
- inklusive Schulentwicklung als Ziel aller Schulen
- Beschreibung des Schulprofils Inklusion
- Weitere Eckpunkte zu Einzelinklusion, Einbindung der Sonderpädagogen und Tandemklassen

Im Schuljahr 2018/2019 gibt es in Bayern 356 Schulen mit dem Profil Inklusion. Ein Schwerpunkt liegt im Bereich der Grund- und Mittelschulen. Aber auch einzelne Realschulen und Gymnasien haben das Profil Inklusion erhalten. Die Berufsschulen sind zwischenzeitlich ebenfalls in die Vergabe des Profils Inklusion einbezogen worden. Förderschulen bzw. Förderzentren können das Profil Inklusion erhalten, wenn sie weitreichende Schritte auf dem Weg zu einer Schule mit dem Profil Inklusion vollzogen haben (z.B. durch die Aufnahme von Schülern ohne sonderpädagogischen Förderbedarf).

Das Antragsverfahren des Bayerischen Staatsministeriums für Unterricht und Kultus sowie die Vergabe des Schulprofils gestalten sich folgendermaßen:

Schulen mit dem Profil Inklusion | 211

Erstellen eines Konzeptes durch die interessierte Schule
mind. 10 Schülerinnen und Schüler mit sonderpädagogischem Förderbedarf

Abstimmung mit allen Beteiligten innerhalb der Schule
(Schuleitung, Lehrerkollegium, Eltern, Schülerinnen und Schüler, Schulträger)

Einreichen bei Ministerium
(Dienstweg über regionale und überregionale Schulaufsicht)

Entscheidung des Ministeriums über Vergabe von Profilen

Urkundenübergabe an ausgewählte Schulen
Zuteilung von bis zu 13 Lehrerstunden einer sonderpädagogischen Lehrkraft und
bis zu 10 Lehrerstunden einer Lehrkraft der allgemeinen Schule

Abb. 17.1: Antragsverfahren Schulprofil (eigene Darstellung)

Alle Schulformen in Bayern können Schulen mit dem Profil Inklusion werden, wenn sie ein entsprechendes Schulkonzept entwickeln und bereit sind, alle Schülerinnen und Schüler eines Einzugsbereichs aufzunehmen.

17.2 Schulen mit dem Profil Inklusion in einem inklusiven Bildungssystem

Schulen mit dem Profil Inklusion stehen vor einer Schulentwicklungsaufgabe, die die Schule als System verändert.

17.2.1 Konzeptionelle Grundlagen

Inklusive Schulentwicklung ist ein kooperativ gestalteter Reformprozess einer einzelnen Schule, der unter dem Leitbild Inklusion mit dem Ziel einer selbstbestimmten Teilhabe aller Schülerinnen und Schüler Veränderungen auf mehreren Ebenen einer Schule erfordert.

Aus der bisherigen Begleitforschung zu inklusiven Schulen hat sich dazu ein Mehrebenenmodell als hilfreich erwiesen (vgl. Heimlich/Jacobs 2001; Heimlich 2003/2019; s. auch Kap. 21.0).

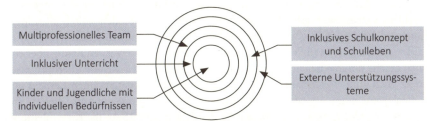

Abb. 17.2: Inklusive Schulentwicklung als ökologisches Mehrebenenmodell

Individuelle Bedürfnisse — Im Mittelpunkt stehen Kinder und Jugendliche mit individuellen Bedürfnissen. Lehrkräfte der allgemeinen Schulen fragen sich zu Beginn eines inklusiven Schulentwicklungsprozesses zunächst, ob sie allen Kindern gerecht werden können.

Förderdiagnostik — Zur Lösung dieser Aufgabe ist in der Regel eine intensive Förderdiagnostik erforderlich, in der die Lernausgangslage aller Kinder und Jugendlichen kompetenzorientiert beschrieben wird (vgl. Heimlich/Lutz/Wilfert de Icaza 2013). In diesem Zusammenhang kommen unterschiedliche förderdiagnostische Methoden wie Kind-Umfeld-Analyse, Fehleranalyse, Beobachtung und Gespräche zur Anwendung. Auch förderdiagnostische Tests zur Abklärung der Lernvoraussetzungen in den verschiedenen Schulleistungsbereichen wie Deutsch, Mathematik usf. werden eingesetzt.

Förderdiagnostischer Bericht — Dies erfolgt in enger Kooperation der Lehrkräfte der allgemeinen Schule mit sonderpädagogischen Lehrkräften, die als Ergebnis der förderdiagnostischen Untersuchung einen förderdiagnostischen Bericht (vergleichbar mit einem Sonderpädagogischen Gutachten) erstellen. Zentral in dieser Phase ist die Förderorientierung.

> Es geht in der sonderpädagogischen Förderdiagnostik nicht darum, die Defizite von Kindern und Jugendlichen zu beschreiben. Grundlage für die individuelle wie auch die sonderpädagogische Förderung sind stets die vorhandenen Fähigkeiten, Bedürfnisse und Interessen von Kindern und Jugendlichen.

Förderplan — Aufbauend auf dem Förderdiagnostischen Bericht wird in enger Abstimmung zwischen den Lehrkräften ein Förderplan erstellt. Er enthält für einen bestimmten Zeitraum die Fördermaßnahmen und Fördermaterialien, die bei einem Kind bzw. Jugendlichen eingesetzt werden sollen sowie Hinweise zur Evaluation der Fördermaßnahmen (vgl. Heimlich, Lutz & Wilfert de Icaza 2014).

Inklusiver Unterricht — Besonders drängend ist zu Beginn des inklusiven Schulentwicklungsprozesses die Frage der Gestaltung des inklusiven Unterrichts (s. auch Kap. 20.0).

> Als sehr hilfreich für den inklusiven Unterricht haben sich solche Unterrichtsmethoden erwiesen, die das aktive Lernen aller Kinder und Jugendlichen anregen.

Gerade reformpädagogische Unterrichtskonzepte wie Freie Arbeit, Wochenplanunterricht, Stationenlernen und Lerntheken können hier gewinnbringend eingesetzt werden. Diesen eher individualisierenden Unterrichtsmethoden sollten allerdings auch solche Angebote gegenüberstehen, die die Klassengemeinschaft stärken wie z.B. Gesprächskreise zu Wochenbeginn, als Möglichkeit der Verständigung über einen bereits durchlaufenen Lernprozess und zur Planung der weiteren Lernprozesse oder auch zum Wochenabschluss. Die Möglichkeit des gemeinsamen Lernens an einem gemeinsamen Gegenstand (vgl. Feuser 1995) ist insgesamt am ehesten im Projektunterricht gegeben. Besonders in den Klassen, in denen die Klassenleitung einen großen Teil des Unterrichts verantwortet, bietet es sich an, immer wieder in Projekten zu lernen, die gemeinsam mit den Schülerinnen und Schülern geplant werden. Auch der Epochenunterricht kann das gemeinsame Lernen inhaltlich wirksam unterstützen. Hier werden Fächergrenzen zeitweise aufgelöst, um ein Thema aus unterschiedlichen Perspektiven zu beleuchten.

Für das Gelingen inklusiven Unterrichts sind einige zentrale Unterrichtsprinzipien besonders bedeutsam (ausführliche Besprechung aller Prinzipien siehe Kap. 20.3):

Unterrichtsprinzipien

Tab. 17.1: Prinzipien inklusiven Unterrichts

Handlungsorientierung:
- Tätige Auseinandersetzung mit (komplexen) Unterrichtsthemen
- Wichtig und hilfreich für Schülerinnen und Schüler mit sonderpädagogischem Förderbedarf
- Alle Kinder profitieren von dieser Zugangsweise

Multisensorische Aufbereitung:
- Sinnlicher Zugang zu Lerngegenstand
- Gerade für sensorisch eingeschränkte Schülerinnen und Schüler

Soziales Lernen:
- Vorbildfunktion der Lehrkraft
- Lernen von Mitschülerinnen und -schülern
- Helfer- oder Partnersysteme

Ein Planungskonzept für den inklusiven Unterricht liegt mit den inklusionsdidaktischen Netzen vor (vgl. Heimlich/Kahlert 2014). Hier werden die fachlichen Aspekte eines Lerninhaltes mit den Entwicklungsbereichen der Schüler thematisch vernetzt (s. auch Kap. 20.4).

Inklusionsdidaktische Netze

> Inklusive Schulentwicklung ist kein Feld für Einzelkämpfer.

Aus diesem Grund werden in allen Schulen mit dem Profil Inklusion multiprofessionelle Teams gebildet. Sowohl bezogen auf Diagnose, Förderung, Unterricht und Erziehung als auch hinsichtlich der Gestaltung des gesamten Schullebens unter dem Leitbild der Inklusion ist die enge Kooperation aller Beteiligten (Lehrkräfte, Eltern, Schülerinnen und Schüler, Sozialpädagogische, Psychologische, Medizinische Fachkräfte, Schulbegleitungen usf.) unbedingt erforderlich. Nach allen vorliegenden Erfahrungen erfordern Teamentwicklungsprozesse Zeit, da sich nur über eine gewisse Dauer der Zusammenarbeit auch das notwendige gegenseitige Vertrauen einstellt. Wichtige Voraussetzungen für eine gelungene Teamarbeit sind Offenheit und Flexibilität in der Zusammenarbeit auch zwischen den Lehrkräften. Ein rigides Festhalten an bestimmten Erziehungsvorstellungen und Unterrichtskonzepten führt erfahrungsgemäß rasch zur Infragestellung der gemeinsamen Arbeit. Teamfallberatungen und kollegiale Supervision haben sich als wichtige unterstützende Strukturen in der internen Kooperation in inklusiven Schulen erwiesen.

Multiprofessionelle Teams

> Die inklusive Schulentwicklung macht nicht an der Klassenzimmertür Halt.

Schulleben   Vielmehr geht es darum auch klassenübergreifende Kooperation wie gemeinsame Projekte, Ausflüge oder Schullandheimaufenthalte möglich zu machen. Das gesamte Schulleben sollte unter dem Leitbild der Inklusion auf den Prüfstand gestellt werden. Hier geht es nicht nur um die Barrierefreiheit des Schulgebäudes, sondern ebenso um die inklusive Gestaltung der Pausen. Gute Möglichkeiten bieten feste Patenschaften zwischen den Schülerinnen und Schülern, aus denen sich Freundschaften entwickeln können. Gerade in großen Schulen mit vielen Schülerinnen und Schülern ist es wichtig, die Pausensituation im Blick zu behalten.

Schulleitung   Eine besondere Rolle bei der Entwicklung des inklusiven Schulkonzeptes und bei der Koordination der verschiedenen Aktivitäten im Bereich des Schullebens kommt der Schulleitung zu. Sie kann wichtige Impulse für die inklusive Schulentwicklung geben, den Entwicklungsprozess mit entsprechenden Ressourcen unterstützen und das Profil Inklusion aktiv vertreten.

> Alle Schulen mit dem Profil Inklusion suchen früher oder später den Kontakt zu externen Unterstützungssystemen.

Sozialräumliche Vernetzung   Die sozialräumliche Vernetzung von Schulen zählt selbst zu den zentralen Merkmalen guter Schulen. Für die inklusive Schulentwicklung wird sie unverzichtbar. Damit ist nicht nur der Kontakt der allgemeinen Schulen zu den umliegenden Förderschulen bzw. Förderzentren und anderen Bildungseinrichtungen (wie Kindertageseinrichtungen, Jugendzentren) gemeint. Vielmehr geht es um die Entwicklung eines Netzwerkes an Kontakten zu begleitenden sozialen Diensten (Frühförderstellen, kulturellen Angeboten im Einzugsbereich der Schulen, zu Vereinen, Kirchengemeinden, Betrieben und interessanten Persönlichkeiten im Umfeld der Schule), die einen Beitrag zur gesellschaftlichen Teilhabe aller Schülerinnen und Schüler leisten können. Das reicht in einzelnen Fällen sogar soweit, dass Lehrkräfte von inklusiven Schulen an örtlichen Arbeitskreisen zur Weiterentwicklung der Inklusion im Gemeinwesen bis hin zu politischen Kontakten beteiligt sind.

Inklusive Schulentwicklung   Für den Einstieg in einen solchen inklusiven Schulentwicklungsprozess bietet der „Leitfaden Profilbildung inklusive Schule" eine Arbeitshilfe an, die möglichst niedrigschwellig angelegt ist. Auf den hier beschriebenen fünf Ebenen der inklusiven Schulentwicklung sind im Leitfaden Qualitätsstandards und Leitfragen formuliert worden, die eine Orientierungshilfe für Schulen mit Profil Inklusion bieten sollen. Erfahrungen zeigen, dass inklusiven Schulen mit diesem Leitfaden durchaus selbstständig arbeiten können und die inklusive Schulentwicklung in Eigenregie voranbringen (kostenloser Download unter: www.km.bayern.de). Eine Analyse der Schulkonzepte von Schulen mit dem Profil Inklusion in Bayern hat überdies gezeigt, dass die beschriebenen fünf Ebenen der inklusiven Schulentwicklung in den Konzepten durchweg präsent sind. Somit kann festgehalten, dass das ökologische

Mehrebenenmodell der inklusiven Schulentwicklung offenbar als praxistaugliches Instrument eingeschätzt wird.

17.2.2 Schulalltag in Schulen mit dem Profil Inklusion

> Der Schulalltag in Schulen mit dem Profil Inklusion wird geprägt durch den Aufbau und die Intensivierung der internen und externen Kooperationsstrukturen.

Abhängig von den Strukturen und Vorgaben im jeweiligen Bundesland bringen das Schulprofil Inklusion oder vergleichbare Formate unterschiedliche Ressourcen mit sich. Stunden einer sonderpädagogischen Lehrkraft können in Form einer „Pool-Lösung" fester Bestandteil des Stundenkontingents einer Schule sein. Unabhängig von der Anzahl der Kinder und Jugendlichen mit sonderpädagogischem Förderbedarf ist die Lehrkraft in diesem Modell Teil des Kollegiums der allgemeinen Schule. Die sonderpädagogische Perspektive ergänzt das Know How der allgemeinen Schule hinsichtlich Diagnostik, Planung von Förderung und Unterricht sowie Prozessen der inklusiven Schulentwicklung. Alternativ besteht die Möglichkeit, dass sonderpädagogische Lehrkräfte stundenweise für die Förderung bestimmter Schülerinnen oder Schüler an die allgemeine Schule kommen und sich vorrangig in der entsprechenden Klasse aufhalten bzw. mit den dort tätigen Lehrkraften austauschen.

Personelle und fachliche Ergänzung

> Grund- oder Mittelschulen mit Schulprofil Inklusion in Bayern wird ein festes Stundenkontingent von 13 Stunden durch eine sonderpädagogische Lehrkraft und zusätzliche bis zu zehn Stunden durch eine Grund- oder Mittelschullehrkraft zugeteilt. An Gymnasien und Realschulen erfolgt die Unterstützung der Lehrkräfte durch die stundenweise Anwesenheit einer MSD-Lehrkraft für den jeweiligen Förderschwerpunkt einer Schülerin oder eines Schülers mit sonderpädagogischem Förderbedarf.

Insgesamt kann auf der Basis von über 70 Schulbesuchen in allen bayerischen Regierungsbezirken und in allen Schulformen festgehalten werden, dass der Aufwand für die Kommunikation zwischen allen Beteiligten immens wächst. Das gilt sowohl für die regelmäßig erforderlichen Gespräche und Absprachen zwischen den Lehrkräften und den Eltern als auch für die zahlreicher werdenden Kooperationspartner von außerhalb der Schule. Die Praxis zeigt auch, dass „Pool-Lösungen", wie sie oben beschrieben werden, weitaus produktiver sind und nachhaltigere Planungen und Entwicklungen auf allen Ebenen des Schulalltags zulassen als die zeitlich begrenzte und auf ein oder wenige Kinder beschränkte Unterstützung durch die MSD (vgl. Heimlich et al. 2016).

Kommunikation

Durch die Beratungsstellen Inklusion (vgl. Kap. 19.0) bei den Schulämtern in allen Landkreisen und kreisfreien Städten in Bayern erhalten die Schulen mit dem Profil Inklusion bei Bedarf Beratung und Begleitung bei der inklusiven Schulentwicklungsarbeit. Die zahlreichen neuen Herausforderungen erfordern aber auch ein hohes Maß an Eigeninitiative von den Lehrkräften. Das gilt ganz besonders für die

Beratungsstellen Inklusion

Erschließung neuer Ressourcen. Erfolgreiche inklusive Schulen haben gelernt, aktiv auf neue Ressourcen zuzugehen und diese an die Schule zu binden.

Lehrerfortbildung

So haben sich inzwischen die Angebote der Lehrerfortbildung auf allen Ebenen in der inhaltlichen Qualität weiterentwickelt, so dass hier sowohl regional als auch überregional auf entsprechende Angebote zurückgegriffen werden kann. Sinnvoll wäre es, wenn diese Fortbildungsangebote schon vor dem Einstieg in die inklusive Schulentwicklung in Anspruch genommen werden können. Das ist leider noch nicht der Regelfall. Es sollte jedoch auf jeden Fall vermieden werden, dass sich Lehrkräfte mit der inklusiven Schulentwicklungsarbeit allein gelassen fühlen. Inklusive Schulentwicklung kann nur im Team und in enger Kooperation verwirklicht werden. Dabei ist eine entscheidende Gelingensbedingung, dass eine möglichst hohe personelle Kontinuität gewährleistet wird. Wenn die Kooperationspartner zu häufig wechseln, dann wird dadurch der inklusive Schulentwicklungsprozess erheblich gefährdet. Viele Hilfen für die alltägliche Arbeit in den Schulen mit dem Profil Inklusion bietet das sog. „Ringbuch" (das ebenfalls zum kostenlosen Download zur Verfügung steht):

https://www.km.bayern.de/allgemein/meldung/4307/nachschlagewerk-unterstuetzt-in-der-umsetzung-der-inklusion.html

17.2.3 Bedeutung für ein inklusives Schulsystem

> Schulen mit dem Profil Inklusion stellen „Leuchttürme" der inklusiven Schulentwicklung in einer Region dar.

Sie sollen durch Kooperationen mit anderen Schulen und Bildungseinrichtungen dazu beitragen, dass das bildungspolitische Leitbild der Inklusion in einer Region mit Leben erfüllt werden kann. Durch Hospitationsangebote für interessierte Lehrkräfte, Tage der offenen Tür oder Gesprächsrunden („Runde Tische") können die Schulen mit dem Profil Inklusion dazu beitragen, dass sich auch externe Partner ein Bild von der inklusiven Bildungsarbeit machen. In der Praxis hat sich gezeigt, dass der Begriff „Profil Inklusion" von den Schulen aufgegriffen worden ist und praktisch jede Schule ihr eigenes Inklusionsprofil entwickelt.

Vielfältige inklusive Settings

In einem inklusiven Schulsystem, wie es in Bayern entwickelt werden soll, stehen die Schulen mit dem Profil Inklusion allerdings nicht allein. Ein inklusives Schulsystem besteht aus vielen unterschiedlichen inklusiven Settings. Diese Settings sind durchweg auf die gemeinsame inklusive Zielsetzung einer selbstbestimmten sozialen Teilhabe aller Kinder und Jugendlichen ausgerichtet. Es sind allerdings ganz unterschiedliche Organisationsformen dazu notwendig:

- Förderzentren verschiedener Schwerpunkte und Sonderpädagogische Förderzentren, (Schwerpunkte Lernen, Sprache, emotional-soziale Entwicklung),
- Schulvorbereitende Einrichtungen (SVE),
- Mobile Sonderpädagogische Hilfe (MSH) für den Vorschulbereich,
- Mobile Sonderpädagogische Dienste (MSD) ab Klasse 1,
- Kooperations-, Partner-, Tandemklassen und offene Klassen der Förderschule.

Sonderpädagogische Förderung hat in dieser Vielfalt an inklusiven Settings nicht nur eine institutionelle Aufgabe in der Förderschule bzw. den Förderzentren. Vielmehr gilt es in einem inklusiven Schulsystem die Verantwortung für die Qualität sonderpädagogischer Förderung in der Region zu übernehmen. Einige Mobile Sonderpädagogische Dienste sind sogar überregional tätig (Förderschwerpunkte Hören, körperliche und motorische Entwicklung, Sehen) und von daher bereits mit vielen allgemeinen Schulen in Kontakt, um so die sonderpädagogische Fachkompetenz in diesen Förderschwerpunkten ebenfalls bereitzustellen.

Erst im Zusammenwirken dieser vielfältigen Organisationsformen können die Aufgaben in einem inklusiven Schulsystem angemessen bewältigt werden.

17.3 Lehrkräfte in Schulen mit dem Profil Inklusion

Nach wie vor ist es eine häufige alltägliche Erfahrung, dass Lehrkräfte der unterschiedlichen Schulformen unvorbereitet auf die inklusive Schulentwicklungsarbeit treffen.

> Die wichtigste Botschaft zu Beginn des inklusiven Schulentwicklungsprozesses ist, dass die Lehrkräfte lernen, nicht für alle Aufgaben der inklusiven Schulentwicklung selbst verantwortlich zu sein und Hilfe suchen, finden und annehmen können.

17.3.1 Unterrichtsalltag und Erleben der Schülerinnen und Schüler

Die Bewältigung des inklusiven Unterrichts die Lehrkräfte wohl vor die größte Herausforderung.

Differenzierung und Individualisierung

> Je heterogener die Schülerinnen und Schüler einer Klasse sind, umso wichtiger werden Prozesse der Differenzierung und Individualisierung.

Diese sind zunächst mit einem erhöhten Aufwand in der Planung und Vorbereitung des inklusiven Unterrichts verbunden. Sicher sind dabei stets die Grenzen in der Umsetzung des hohen Anspruchs der Individualisierung zu sehen. Allerdings stellen sich hier durch gut etablierte Teamstrukturen auch schnell Entlastungen ein. So können Unterrichtsmaterialien in eine Austauschbörse eingebracht werden und der kooperativen Nutzung offenstehen.

Lehrkräfte der allgemeinen Schulen und sonderpädagogische Lehrkräfte können sich im inklusiven Unterricht im Rahmen von *Teamteaching* in der Verantwortung für den Klassenunterricht abwechseln. Auch die individuelle Förderung einzelner Schülerinnen und Schüler sollte von beiden Lehrkräften verantwortet werden. Ein ungelöstes Problem stellt dabei häufig die begrenzte Stundenzahl für eine Doppelbesetzung im Klassenraum dar. Hier gilt es über flexible Beratungs- und Hospitationsangebote durch sonderpädagogische Lehrkräfte sicherzustellen, dass Lehrkräfte der allgemeinen Schule über entsprechende organisatorische Absprachen und

Teamteaching

Unterrichtsmethoden nicht in eine Überforderungssituation geraten, wenn sie im Klassenunterricht allein sind.

17.3.2 Aufgaben und Rolle der Lehrkräfte

Aufgabenverteilung

Je nach Stundenumfang, der für eine Klasse einer Schule mit dem Profil Inklusion zur Verfügung steht, ändern sich die Rollen der beteiligten Lehrkräfte. Die Klassenleitung hat in der Regel die Verantwortung für die gesamte Klassenführung und die fachliche Qualität des Unterrichts einschließlich der Anbindung an die jeweils gültigen schulbezogenen Fachlehrpläne. Die sonderpädagogische Lehrkraft konzentriert sich demgegenüber eher auf einzelne Schülerinnen und Schüler, die Hilfe bei der Gestaltung ihres Lernprozesses benötigen und auf die Schülerinnen und Schüler mit sonderpädagogischem Förderbedarf. Verschiedene Formen der Zusammenarbeit von zwei Lehrkräften im Klassenzimmer werden in Kapitel 20.7 dargestellt.

> Entscheidende Voraussetzung für eine gelingende Zusammenarbeit der beteiligten Lehrkräfte ist die gegenseitige Akzeptanz der jeweiligen spezifischen fachlichen Kompetenzen.

Sonderpädagogische Lehrkräfte sollten auf jeden Fall vermeiden, in eine Expertenrolle gedrängt zu werden. Im Idealfall kommt es in der Kooperation der Lehrkräfte zu Prozessen des Voneinander-Lernens, in denen sich beide Partner weiterentwickeln und letztlich zu einem Kompetenztransfer bereit sind.

17.3.3 Externe Beteiligte

> Fallbezogen kann es in Schulen mit dem Profil Inklusion von Bedeutung sein, externe Partner einzubeziehen.

Vernetzung und Kooperation

Hier ist keineswegs nur an die Zusammenarbeit mit Eltern zu denken, die gerade für die Förderung von Kindern und Jugendlichen mit sonderpädagogischem Förderbedarf von entscheidender Bedeutung ist. Lehrkräfte in Schulen mit dem Profil Inklusion arbeiten auch verstärkt mit anderen Berufsgruppen zusammen (z.B. Sozialpädagogische Fachkräfte, Schulsozialarbeit, Schulbegleitung, psychologische, therapeutische und medizinische Fachkräfte). Es gilt immer wieder Beratungs- und Gesprächsführungskompetenzen einzubringen, die erst die Voraussetzung für eine gelingende Zusammenarbeit liefern.

Arbeitsaufträge

1. Definieren Sie Schulen mit dem Profil Inklusion lt. BayEUG und erläutern Sie die Rahmenbedingungen dieses inklusiven Settings!
2. Nennen Sie Bestandteile eines inklusiven Schulkonzeptes!
3. Beschreiben Sie die Voraussetzungen einer gelingenden Kooperation der Lehrkräfte in Schulen mit dem Profil Inklusion!

17.4 Praxisbeispiel

Das Multiprofessionelle Team der Jahrgangsstufe 5 einer vierzügigen Sekundarschule (7 Lehrkräfte der Sekundarschule, eine Sonderpädagogische Lehrkraft, eine Schulbegleitung, eine Schulsozialarbeiterin) setzt sich zur gemeinsamen Teamfallberatung über Melanie (9 Jahre) zusammen. Melanie kann die gestiegenen stofflichen Anforderungen in der Sekundarschule nicht in dem geforderten Tempo bewältigen. Nach einem ausführlichen Austausch über die unterschiedlichen Wahrnehmungen der beteiligten pädagogischen Fachkräfte und einem ausführlichen Bericht über den Lern- und Entwicklungsstand von Melanie durch die sonderpädagogische Lehrkraft kommt das Jahrgangsstufenteam zu dem Ergebnis, dass Melanie mit einem Wochenplan überfordert ist und durch die große Aufgabenzahl für eine ganze Schulwoche zu viel Leistungsdruck entsteht, der sie eher in ihrer Lernmotivation hemmt. Es sollen deshalb für Melanie unter Beteiligung der sonderpädagogischen Lehrkraft individuelle Tagespläne erstellt werden, die es Melanie erleichtern sollen, die Aufgaben über einen Schulvormittag zu verteilen und in Ruhe anzugehen. Zielsetzung bleibt jedoch, dass Melanie über gemeinsame Gespräche nach und nach an die Perspektive Wochenplan herangeführt wird.

Weiterführende Links

Übereinkommen der Vereinten Nationen über die Rechte von Menschen mit Behinderungen
http://www.bmas.de/SharedDocs/Downloads/DE/PDF-Publikationen/a729-un-konvention.pdf?__blob=publicationFile, letzter Aufruf am 03.08.2018
Gesetz über das Bayerische Erziehungs- und Unterrichtswesen (BayEUG)
   http://www.gesetze-bayern.de/Content/Document/BayEUG?AspxAutoDetectCookieSupport=1, letzter Aufruf am 03.08.2018
Inklusion zum Nachschlagen
   https://www.km.bayern.de/epaper/Inklusion_zum_Nachschlagen/files/assets/basic-html/page-1.html#, letzter Aufruf am 03.08.2018
Leitfaden „Profilbildung inklusive Schule"
   www.km.bayern.de, letzter Aufruf am 03.08.2018

Literaturempfehlungen

Fischer, E., Heimlich, U., Kahlert, J. & Lelgemann, R.: Leitfaden Profilbildung inklusive Schule. München: Bayerisches Staatsministerium für Unterricht und Kultus, 2. Auflage 2013. Online abzurufen unter: www.km.bayern.de
Aus dem Inhalt: praxisbezogene Handreichung zur inklusiven Schulentwicklung; alltagstaugliche Unterstützung; kurze Abschnitte; strukturierte Einführung in das Thema inklusive Schulentwicklung; Vorschläge zur Vorgehensweise; Qualitätsstandards und Leitfragen auf fünf Schulentwicklungsebenen; Anregungen für die praktische Arbeit; Materialempfehlungen und Anhang.
Heimlich, U. & Kahlert, J. (Hrsg.): Inklusion in Schule und Unterricht. Wege zur Bildung für alle. Stuttgart: Kohlhammer, 2. Auflage 2014
Aus dem Inhalt: Sammelband; fünf Beiträge; komprimiertes Wissen zum Thema inklusive Schulentwicklung und inklusiver Unterricht: 1. Historischer Rückblick auf die Entstehung des sonderpädagogischen Fördersystems, 2. Schulische Organisationsformen sonderpädagogischer Förderung, 3. Inklusive Schulentwicklung und „Index für Inklusion", 4. Konzept der inklusionsdidaktischen Netze als Planungsinstrument für inklusiven Unterricht, 5. Einfluss der Inklusion auf die sonderpädagogische Professionalität.

Heimlich, U., Kahlert, J., Lelgemann, R. & Fischer, E. (Hrsg.): Inklusives Schulsystem. Analysen, Befunde, Empfehlungen zum bayerischen Weg. Bad Heilbrunn: Klinkhardt, 2016
Aus dem Inhalt: Forschungsergebnisse des Begleitforschungsprojektes inklusive Schulentwicklung (B!S)": Gesamtkonzept des Projektes; Einzelstudien: 1. Befragung zur Umsetzung der schulischen Inklusion in Bayern, 2. Inklusionsorientierter Unterricht, 3. Kooperation zwischen Lehrkräften allgemeiner Schulen und Lehrkräften für Sonderpädagogik, 4. Qualität inklusiver Schulentwicklung, 5. Schulische und außerschulische Unterstützungssysteme und ihre Bedeutung für die schulische Inklusion, qualitative Mehrebenenanalyse inklusiver Schulentwicklung, konkrete Empfehlungen zur inklusiven Schulentwicklung in Bayern Kostenloser Download unter: https://www.pedocs.de/volltexte/2016/11805/pdf/Heimlich_et_al_2016_Inklusives_Schulsystem.pdf, letzter Aufruf am 03.08.2018

Literatur

Benkmann, R. & Heimlich, U. (Hrsg.) (2018): Inklusion im Förderschwerpunkt Lernen. Stuttgart: Kohlhammer.
Feuser, G. (1995): Behinderte Kinder und Jugendliche. Zwischen Integration und Aussonderung. Darmstadt: Wissenschaftliche Buchgesellschaft.
Fischer, E., Heimlich, U., Kahlert, J. & Lelgemann, R. (2013): Leitfaden Profilbildung inklusive Schule. München: Bayerisches Staatsministerium für Unterricht und Kultus, 2. Auflage.
Heimlich, U. (2003): Integrative Pädagogik. Eine Einführung. Stuttgart: Kohlhammer.
Heimlich, U. (2019): Inklusive Pädagogik. Eine Einführung. Stuttgart: Kohlhammer (im Druck).
Heimlich, U. & Jacobs, S. (2001): Integrative Schulentwicklung. Das Beispiel Halle/S. Bad Heilbrunn: Klinkhardt.
Heimlich, U. & Kahlert, J. (Hrsg.) (2014): Inklusion in Schule und Unterricht. Wege zur Bildung für alle. Stuttgart: Kohlhammer, 2. Auflage.
Heimlich, U., Kahlert, J., Lelgemann, R. & Fischer, E. (Hrsg.) (2016): Inklusives Schulsystem. Analysen, Befunde, Empfehlungen zum bayerischen Weg. Bad Heilbrunn: Klinkhardt, (Kostenloser Download unter: https://www.pedocs.de/volltexte/2016/11805/pdf/Heimlich_et_al_2016_Inklusives_Schulsystem.pdf, letzter Aufruf am 03.08.2018).
Heimlich, U., Lutz, S. & Wilfert de Icaza, K. (2013): Ratgeber Förderdiagnostik. Sonderpädagogischer Förderbedarf im Förderschwerpunkt Lernen. Hamburg: Persen.
Heimlich, U., Lutz, S. & Wilfert de Icaza, K. (2014): Ratgeber Förderplanung. Individuelle Lernförderung im Förderschwerpunkt Lernen. Hamburg: Persen.

18 Berufsschulen zur sonderpädagogischen Förderung
Hans-Walter Kranert

18.1 Berufsschulen zur sonderpädagogischen Förderung: Historische Einordnung

Sonderberufsschulen, Förderberufsschulen oder Berufsbildende Förderschulen sind beispielhafte Nomenklaturen für Institutionen, welche Berufliche Bildung unter den „erschwerenden Bedingungen" einer Behinderung bzw. Beeinträchtigung ermöglichen wollen. Bereits im Zuge der historischen Entwicklung der Berufsschule – der „Keimzelle des beruflichen Schulwesens" und zugleich dem heutigen „Kernstück" (Pahl 2014, 55) – wurde der Blick auf gesonderte Zielgruppen gerichtet. Mit der landesweiten Gründung von allgemeinen Fortbildungsschulen Mitte des 19. Jahrhunderts rückte die nachschulische Bildung junger Menschen in den Fokus, wobei diese primär eine staatsbürgerliche Erziehung zum Gegenstand hatte. Mit der Umwandlung bzw. Neugründung von gewerblichen Fortbildungsschulen zu Beginn des 20. Jahrhunderts wurde der Beruf zum Dreh- und Angelpunkt des Angebotes; in den 1920er Jahren entwickelten sich daraus die Berufsschulen heutiger Provenienz, die Ende der 1930er Jahre deutschlandweit Eingang in die Schulgesetzgebung gefunden haben und mit der Einführung der allgemeinen Berufsschulpflicht verankert wurden (vgl. ebd., 47ff.).

Weg zur Berufsschulpflicht

Bereits mit der Orientierung am Berufsprinzip in der Fortbildungsschule stellte sich die Frage nach der Unterrichtung von Zielgruppen, welche die damit verbundenen Anforderungen nicht oder nicht im geforderten Umfang erfüllen konnten. Während für Jugendliche mit Sinnes- oder körperlichen Beeinträchtigungen sehr frühzeitig entsprechende institutionelle Lösungen entwickelt wurden, zeigten sich derartige Überlegungen für Jugendliche mit Lernschwierigkeiten erst zeitversetzt (vgl. etwa Köhler 2014). Neben der Ausgründung von separaten Klassen an allgemeinen Berufsschulen finden sich darunter auch eigenständige Schulformen als Lösungsansätze, wenngleich diese noch im Jahre 1963 als „Stiefkind des öffentlichen Berufsschulwesens" bezeichnet wurden (Schomburg 1963, 127). Im Wesentlichen ergaben sich dadurch zwei Aufgabenstellungen für diesen Schultypus:

Besondere Bedürfnisse der Zielgruppe

- die Erfüllung der Aufgabe des Lernortes Berufsschule im Rahmen des dualen Systems für Jugendliche, die den Anforderungen einer Berufsausbildung (noch) genügen können,
- ein „erziehender Unterricht in nur loser Anlehnung an das Bildungsgut und -ziel der Berufsschule" für „ungelernte Jungarbeiter" (ebd., 129), d.h. für junge Menschen ohne Ausbildungsvertrag, die – aus welchen Gründen auch immer – eine Berufsausbildung nicht bewältigen können.

Heute sind Berufsschulen zur sonderpädagogischen Förderung bundesweit institutioneller Bestandteil beruflicher Schulen, die sich selbst in vielfältige Schularten ausdifferenzieren (vgl. Rebmann u.a. 2011, 137ff.):

- Berufsschulen,
- Berufsaufbauschule,
- Berufsfachschulen,
- Fachoberschulen,
- Fachgymnasien,
- Berufsoberschulen,
- Fachschulen,
- Fachakademien.

Spezifische Institutionen mit je eigener Begrifflichkeit für Menschen mit Behinderungen und Beeinträchtigungen finden sich vor allem im Bereich der Berufsschulen sowie der Berufsfachschulen, vereinzelt auch im Segment der Fachoberschulen (vgl. Statistisches Bundesamt 2018, 757ff.).

Spezifische Angebote Um den besonderen Bedürfnissen ihrer Klientel und den daraus entstehenden Aufgaben gerecht zu werden, halten die Sondereinrichtungen entsprechende Angebote vor:

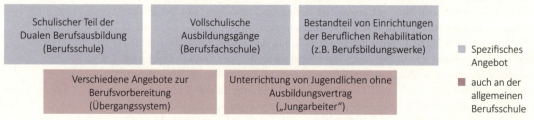

Abb. 18.1: Angebote einer Förderberufsschule (eigene Darstellung in Anlehnung an Bundesministerium für Arbeit und Sozialordnung, BMAS, 2001)

Neben diesem institutionalisierten Bildungsangebot für Jugendliche mit Behinderung und Beeinträchtigungen finden sich – je nach Bundesland verschieden – auch weitere Organisationsformen (vgl. etwa Klemm 2014).

18.2 Berufsschulen zur sonderpädagogischen Förderung in einem inklusiv orientierten Bildungssystem

Im Bundesland Bayern liegt der Schwerpunkt der spezifischen Organisationsform Berufsschule zur sonderpädagogischen Förderung bei Angeboten zur Berufsvorbereitung sowie zur Berufsausbildung; vereinzelt finden sich auch Berufsfachschulen zur sonderpädagogischen Förderung als integraler Bestandteil (vgl. Statistisches Bundesamt 2018, 757ff.). Als Teil des ‚dualen Systems' werden Berufsschulen zur sonderpädagogischen Förderung oft wenig spezifisch beleuchtet (Arnold u.a. 2016), auch im Hinblick auf Fragen inklusiver beruflicher Bildung (Biermann 2015).

 Das duale System „bezeichnet das Zusammenwirken zweier institutionell und rechtlich getrennter Bildungsträger (Betrieb und Berufsschule) im Rahmen einer anerkannten Berufsausbildung, ohne dass eine weisungsgebende Steuerungseinheit über beiden steht." (Riedl & Schelten 2013, 67). Gemeinsames Ziel der zwei Lernorte ist die berufliche Kompetenzförderung von Auszubildenden (ebd).

Auch wenn die Berufsschule zur sonderpädagogischen Förderung teilweise kritisch gesehen wird (Euler & Severing 2014), besteht sie im Vergleich zu anderen Bundesländern in Bayern flächendeckend.

18.2.1 Konzeptionelle und rechtliche Grundlagen

Das „Gesetz über das Bayerische Erziehungs- und Unterrichtswesen (BayEUG)" ist die zentrale Rechtsgrundlage für die Berufsschule zur sonderpädagogischen Förderung.

Rechtlicher Rahmen

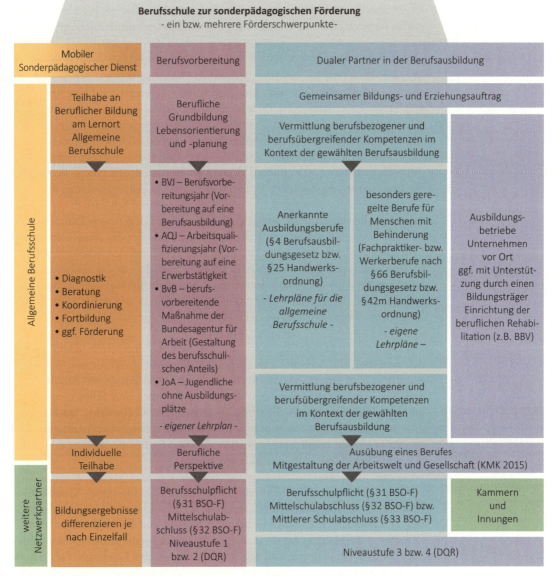

Abb. 18.2: Grundkonzeption der Berufsschule zur sonderpädagogischen Förderung (eigene Darstellung)

Schülerschaft Die Regelung des allgemeinen Schulbetriebes findet sich in einer spezifischen Förderberufsschulordnung (BSO-F) wieder. Diese greift Spezifika dieser sonderpädagogischen Institution auf und verweist ansonsten auf die Regelungen in der allgemeinen Berufsschulordnung (BSO).
Die Berufsschulen zur sonderpädagogischen Förderung halten zum Teil mehrere Förderschwerpunkte in ihrer Konzeption vor. Bei Bedarf können für den Förderschwerpunkt emotionale und soziale Entwicklung auch spezifische Stütz- und Förderklassen eingerichtet werden (§7 BSO-F, vertiefende Darstellung in Kap. 15). Mit der Aufnahme in die Förderberufsschule erlangen die Heranwachsenden den Status eines Berufsschülers, wenngleich die Institution selbst als Förderschule eingestuft und entsprechend von der hierfür zuständigen Schulaufsicht begleitet wird.

18.2.2 Schulalltag in der Berufsschule zur sonderpädagogischen Förderung

An der Berufsschule zur sonderpädagogischen Förderung findet sich eine stark heterogene Schülerschaft, die sich hinsichtlich ihrer Lebenswelten, ihrer bisherigen schulischen Lernerfahrungen, ihrer persönlichen Zukunftsperspektiven sowie weiterer Aspekten erheblich ausdifferenziert. So zeigen beispielsweise in einer Studie des Autors Schülerinnen und Schüler einer Förderberufsschule hohe Belastungsraten im Bereich des Verhaltens und Erlebens, wobei insbesondere internalisierende Problematiken wie Ängste und depressive Verstimmungen zutage treten. Des Weiteren werden diesbezüglich Unterschiede zwischen Teilnehmerinnen und Teilnehmern in der Berufsvorbereitung und Schülerinnen und Schülern in der Berufsausbildung herausgearbeitet, wobei letztgenannte deutlich geringere Prävalenzraten aufweisen (vgl. Stein, Kranert, Tulke & Ebert 2015). Bei der Ausgestaltung der Lern- und Förderprozesse ist zu beachten, dass es sich bei den Schülerinnen und Schülern um Jugendliche und junge Erwachsene handelt. Für das sonderpädagogische Handeln ergibt sich somit der Auftrag, bestehende Abhängigkeiten abzubauen und neue Handlungs- und Gestaltungsräume zu eröffnen, um alters- und entwicklungsangemessene Lernprozesse zu ermöglichen.

Äußerer Rahmen Die Schülerzahl ist im Gegensatz zur allgemeinen Berufsschule deutlich kleiner. So wiesen die Berufsschulen zur sonderpädagogischen Förderung im Schuljahr 2017/2018 eine durchschnittliche Schülerzahl von knapp 300 Schülerinnen und Schülern auf (hohe Streuung: 8-1400 Schülerinnen und Schüler, vgl. www.km.bayern.de). Der Unterricht erfolgt in Teilzeit, d.h. an einzelnen Wochentagen oder in Unterrichtsblöcken, zudem ist im Rahmen der Berufsvorbereitung ein Unterricht in Vollzeit möglich (vgl. Stundentafel BSO-F). Die Beschulung erfolgt dabei zumindest in den Ausbildungsklassen ganztags.

Förderplan Das individualisierte Unterrichtsangebot erfordert eine angepasste Klassengröße. Während die durchschnittliche Klassengröße im Schuljahr 2016/2017 an allgemeinen Berufsschulen 22,5 Schülerinnen und Schüler und bei allgemeinen Berufsfachschulen 20,1 betrug, lag sie an Berufsschulen zur sonderpädagogischen Förderung bei 10,4 Schülerinnen und Schülern (vgl. Bayerisches Landesamt für Statistik 2016). Ergänzt wird dies durch das Angebot von zusätzlichem Förderunterricht; auch der Einsatz von Pflegekräften ist im Bedarfsfall möglich. Grundlage aller individualisierten Bildungsbemühungen ist ein Förderplan, der ausgehend von den jeweiligen Unterstützungsbedarfen mögliche, unter Beteiligung der Jugendlichen erarbeitete Lern- und Entwicklungsziele dokumentiert.

Mit einem Mobilen Sonderpädagogischen Dienst (MSD) wendet sich die Berufsschule zur sonderpädagogischen Förderung auch jungen Menschen mit Förderbedarf zu, die in der allgemeinen Berufsschule bzw. Berufsfachschule unterrichtet werden. Die vor Ort angebotenen Unterstützungsleistungen differieren je Standort und reichen von niederschwelligen Beratungsangeboten bis hin zur Einrichtung von Kooperationsklassen (vgl. Stein, Kranert & Wagner 2016). MSD

Die Berufsschule zur sonderpädagogischen Förderung kann über das unterrichtliche Angebot, aber vor allem über das personale Angebot einen Beitrag leisten, um eine individuelle Lebensperspektive zu eröffnen, z.B. durch das Erreichen eines Berufsabschlusses oder durch den Erwerb von Teilqualifikationen. Insgesamt können die Schülerinnen und Schüler mit dem Besuch der Berufsschule zur sonderpädagogischen Förderung, je nach Potenzial, eine Qualifikation bis zur Niveaustufe vier auf dem achtstufigen Deutschen Qualifikationsrahmen erwerben (vgl. www.dqr.de). Nachhaltiges Angebot

18.2.3 Bedeutung im Hinblick auf Inklusion

In Bayern existieren landesweit 182 allgemeine Berufsschulen (davon zwei in privater Trägerschaft) sowie 305 Berufsfachschulen (davon 130 in privater Trägerschaft); dem stehen 47 Berufsschulen zur sonderpädagogischen Förderung (davon 41 in privater Trägerschaft) gegenüber (vgl. Bayerisches Landesamt für Statistik 2016). Diese Schulen wurden im Schuljahr 2016/17 von etwa 287.000 bzw. 13.000 Schülerinnen und Schülern besucht. Zahlen

Berufsschulen zur sonderpädagogischen Förderung verstehen sich gerade im Prozess zu mehr inklusiver Beschulung als subsidiäres System: Subsidiarität
- als Schulsystem für eine spezifische Schülerschaft,
- als Unterstützungssystem für allgemeine Berufsschulen mit den Elementen Beratung, Diagnostik, ggf. Förderung sowie Schul- und Unterrichtsentwicklung (Wember 2013).

Für im inklusiven System unterrichtende Lehrkräfte der Berufsschule zur sonderpädagogischen Förderung sowie für die inklusiv beschulten Schülerinnen und Schüler mit Förderbedarf entsteht eine Situation großer Veränderung. Sie wechseln in ein weitaus größeres System, in sehr viel größere Klassen, in größere Schulen mit größeren Lehrerkollegien, was durchaus Auswirkungen auf ihre persönliche und schulische Entwicklung haben kann. Empirische Befunde zeigen einen erheblichen Beratungs- und Unterstützungsbedarf der Betriebe (Enggruber & Rützel 2016), aber auch der allgemeinen Berufsschulen (Stein, Kranert & Wagner 2016). Berufsschulen zur sonderpädagogischen Förderung verstehen sich zunehmend als Kompetenzzentren, welche den Prozess hin zu mehr Inklusion vorantreiben, ihre ausgebauten Netzwerkstrukturen in die Arbeit einbringen, Hilfen und Unterstützung vermitteln sowie als „Motor" von mehr Inklusion auch in die Betriebe und Kammern hineinwirken. Netzwerkarbeit

Durch regionale und überregionale Kooperation und Netzwerkarbeit können allgemeine Berufsschulen auf die sonderpädagogische Expertise einer gesamten Institution zurückgreifen. Das stellt eine unerlässliche Basis für inklusive Beschulung von Schülerinnen und Schülern mit Förderbedarf dar.

Forschung Als wesentliche Meilensteine in der bayerischen Diskussion um eine inklusive Weiterentwicklung von Berufsschulen zur sonderpädagogischen Förderung können zwei Modellprojekte gelten, die u.a. vom Autor wissenschaftlich begleitet wurden:

„Inklusive Berufliche Bildung in Bayern" (IBB):
Unterrichtung von Schülerinnen und Schülern mit sonderpädagogischem Förderbedarf (emotional-soziale Entwicklung bzw. Lernen) in Klassen der allgemeinen Berufsschule (9 Standorte)
Unterstützung durch Lehrkräfte der Berufsschule zur sonderpädagogischen Förderung (vgl. Stein, Kranert & Wagner 2016)

„Netzwerk Berufliche Schulen Mainfranken":
Entwicklung von Handlungskonzepten für ausgewählte Fachbereiche durch die regionale Schulentwicklungsplattform
Ziel: Verbesserung der Teilhabechancen von Menschen mit Behinderungen und Benachteiligungen (vgl. Kranert u.a. 2017).

Beide Modellprojekte belegen das Entwicklungspotential der allgemeinen Berufsschule, bei gleichzeitiger Notwendigkeit der spezifischen Expertise der Berufsschule zur sonderpädagogischen Förderung.

Besonders die binnendifferenzierte Unterrichtsgestaltung sowie die Integration von jungen Menschen mit dem sonderpädagogischen Förderschwerpunkt emotional-soziale Entwicklung kristallisierten sich als die zentralen Herausforderungen der Zukunft heraus.

18.3 Akteurinnen und Akteure in der „Berufsschule zur sonderpädagogischen Förderung"

18.3.1 Unterrichtsalltag und Erleben der Schülerinnen und Schüler

Berufliche Handlungskompetenz In der beruflichen Bildung ist die Entwicklung einer beruflichen Handlungskompetenz inzwischen das zentrale Leitziel (vgl. § 1 BBiG).

Unter beruflicher Handlungskompetenz versteht man die „Befähigung zu selbstständigem Planen, Durchführen und Kontrollieren von Arbeitstätigkeiten" (Riedl & Schelten 2010, 179).

Für die Berufsschule bedeutet das einerseits eine berufliche Grund- und Fachbildung zu ermöglichen, andererseits „eine zuvor erworbene allgemeine Bildung zu erweitern" (ebd.). „Berufliche Tüchtigkeit und Mündigkeit" (Reinisch 2015) sind an der Förderberufsschule aufs engste verknüpft mit dem genuin sonderpädagogischen Anliegen der personalen Integration des Einzelnen in Verbindung mit dem Eröffnen sozialer Teilhabechancen – auch jenseits des Berufs.

Zum Aufbau bzw. zur Weiterentwicklung beruflicher Handlungskompetenz steht das eigene Handeln in berufsbezogenen Situationen im Vordergrund. Eine Handlungsorientierung des Unterrichts als „didaktisches Leitprinzip" ist demnach zwingend erforderlich (Seyd & Vollmers 2011, 83). Dies erfolgt einerseits über fachpraktischen Unterricht in schuleigenen, berufsfeldbezogenen Werkstätten und Fachräumen, andererseits über das Lernfeldkonzept, an dem die Rahmenlehrpläne in Ausbildungsberufen inzwischen ausgerichtet sind (vgl. KMK 2007). Berufliche Handlungssituationen werden didaktisch aufbereitet und fächerverbindend unterrichtet, eine fachsystematische Gliederung von Unterrichtsinhalten entfällt (vgl. Rebmann u.a. 2011, 214ff.). Das Prinzip der vollständigen Handlung ist dabei leitend.

Lernfeldkonzept

Abb. 18.3: Das Prinzip der vollständigen Handlung (Bayerisches Staatsministerium 2010, 10)

Ergänzt werden muss diese Ausrichtung des Unterrichts durch die Orientierung an den Bedürfnissen der einzelnen Schülerinnen und Schüler.

18.3.2 Aufgaben und Rolle der Lehrkräfte

Das Lehrerkollegium an der Berufsschule zur sonderpädagogischen Förderung ist durch eine multiprofessionelle Struktur gekennzeichnet. Die am stärksten vertretene Profession ist die Berufs- und Wirtschaftspädagogik in Form von Meisterinnen und Meistern, Fachlehrkräften und Lehrkräften für berufliche Schulen. Ergänzend kommen Lehrkräfte für Sonderpädagogik und ggf. auch Fachkräfte der sozialen Arbeit hinzu. Dieser interdisziplinäre Kompetenzpool ist notwendig, um den individuellen Lern- und Entwicklungsbedürfnissen der Schülerschaft zu entsprechen. Zugleich erfordert das Fachlehrerprinzip intensive Abstimmungsprozesse. Eine mögliche Aufgabenverteilung könnte sich in einem Klassenteam folgendermaßen ausgestalten:

Interdisziplinärer Kompetenzpool

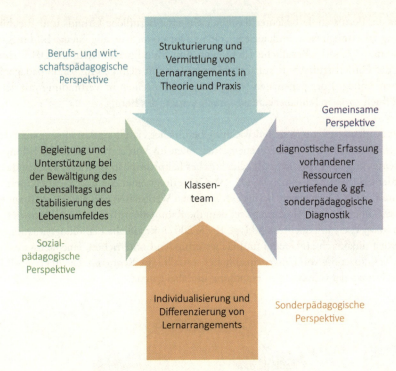

Abb. 18.4: Mögliche Aufgabenverteilung im Klassenteam (eigene Darstellung nach Bayerisches Staatsministerium 2010, 7)

Im Rahmen des MSD an der allgemeinen Berufsschule könnte das Modell der „Unterstützenden Pädagogik" zielführend sein: Verschiedene Fachdisziplinen schließen sich zusammen, um einzelne Schülerinnen und Schüler in ihrem beruflichen Bildungsprozess mit den je spezifischen Kompetenzen zu begleiten (vgl. Kranert u.a. 2017, 96ff.). Innerhalb der Aufgaben der sonderpädagogischen Lehrkräfte nehmen Beratung sowie Diagnostik breiteren Raum ein (vgl. Stein u.a. 2016).

Lehrerfortbildung Seit Bestehen der Berufsschule zur sonderpädagogischen Förderung steht zumindest im Bundesland Bayern die Frage im Raum, wie eine sonderpädagogische Grundqualifizierung für die an dieser Schulform tätigen berufs- und wirtschaftspädagogischen Fachkräfte gestaltet werden könnte und wie eine Weiterqualifizierung von sonderpädagogischen Lehrkräften im beruflichen Bildungssystem zu gestalten wäre (vgl. Schomburg 1963). In der Praxis wird dies zum einen über punktuelle Fortbildungen vor Ort, zum anderen über wechselseitige Lernprozesse in der täglichen Arbeit angegangen. Eine strukturelle Lösung steht bis heute noch aus (vgl. Kranert & Stein 2017).

18.3.3 Externe und weitere Beteiligte

Netzwerk Zur erfolgreichen Gestaltung von Lernprozessen an der Berufsschule zur sonderpädagogischen Förderung ist ein dynamisches und ständig weiter zu knüpfendes Netzwerk mit vielfältigen Kooperationsformen notwendig. Auf der horizontalen

Ebene sind dies vor allem die allgemeinen Berufsschulen und Berufsfachschulen, die Bundesagentur für Arbeit, die Jugendberufshilfe, diverse Fachdienste, Praktikums- und Ausbildungsbetriebe, Bildungsträger sowie überbetriebliche Einrichtungen der beruflichen Rehabilitation (Berufsbildungswerke). In ordnungspolitischer Hinsicht von besonderer Bedeutung sind hierbei die jeweils zuständigen regionalen Kammern und Innungen. In einer vertikalen Perspektive sind vor allem die abgebenden allgemeinbildenden Schulen, mögliche Beschäftigungsbetriebe und Dienstleistungsunternehmen sowie der Integrationsfachdienst zentrale Kooperationspartner.

Arbeitsaufträge

1. Welche Aufgabe übernimmt die Berufsschule zur sonderpädagogischen Förderung für Heranwachsende im Kontext beruflicher Bildung – aktuell und in historischer Perspektive?
2. Welche Angebote hält eine Berufsschule zur sonderpädagogischen Förderung bereit (vgl. Abb. 18.2)?
3. Skizzieren Sie in Orientierung am Prinzip der vollständigen Handlung eine Unterrichtseinheit oder -stunde zu einem geeigneten Thema aus dem Lehrplan Ihrer Schulart.
4. Bestimmen Sie Kernmerkmale sowie Entwicklungsbereiche von Berufsschulen zur sonderpädagogischen Förderung!
5. Berufsschulen zur sonderpädagogischen Förderung als „Motor" von mehr Inklusion – reflektieren Sie Möglichkeiten, aber auch Schwierigkeiten und Grenzen!
6. Inklusion in der beruflichen Bildung – zeigen Sie die unterschiedlichen Perspektiven auf diesen Entwicklungsprozess auf!
7. Inklusion und allgemeine Berufsschule – Skizzieren sie die aufgezeigten Handlungsstrategien und reflektieren Sie diese aus sonderpädagogischer Perspektive!

Weiterführende Links und Materialien

Bezirksregierung Münster (Hrsg.) (2011): Individuelle Förderung in heterogenen Lerngruppen. Handreichung zur Unterrichtsentwicklung auf der Basis kooperativen Lernens. http://www.bezirksregierung-muenster.de/startseite/abteilungen/abteilung4/Dezernat_45_Berufskolleg/index.html (Abruf vom 31.05.2018).
Staatsinstitut für Schulqualität und Bildungsforschung (Hrsg.) (2015): Sonderpädagogische Förderung in der beruflichen Vorbereitung und Ausbildung. https://www.isb.bayern.de/download/17321/hr-foerderung_in_der_berufliche_bildung_2015_12_03.pdf (Abruf vom 31.05.2018).
Staatsinstitut für Schulqualität und Bildungsforschung (Hrsg.) (2016): Leitfaden für inklusiven Unterricht an beruflichen Schulen. http://www.isb.bayern.de/download/18719/isb_leitfaden_fuer_inklusiven_unterricht_internet.pdf (Abruf vom 31.05.2018).
Steirische Volkswirtschaftliche Gesellschaft (Hrsg.) (2007): Indikatoren für Inklusion an Berufsschulen. Vielfalt als Bereicherung – Barrierefreiheit in Schulen. Graz.
Stiftung Bildungspakt Bayern (Hrsg.) (2016): Inklusive berufliche Bildung in Bayern. Projektdokumentation und Ergebnisse des Schulversuchs. http://bildungspakt-bayern.de/wp-content/uploads/2015/01/Abschlussdokumentation_web.pdf (Abruf vom 31.05.2018).

Literaturempfehlungen

Albrecht, G. u.a. (2014): Bildungskonzepte für heterogene Gruppen – Anregungen zum Umgang mit Vielfalt und Heterogenität in der beruflichen Bildung. Bonn: BiBB.
Bojanowski, A. (2013) (Hrsg.): Einführung in die Berufliche Förderpädagogik – pädagogische Basics zum Verständnis benachteiligter Jugendlicher. Münster: Waxmann.

Bylinski, U. & Rützel, J. (Hrsg.) (2016): Inklusion als Chance und Gewinn für eine differenzierte Berufsbildung. Bielefeld: wbv,
Bylinski, U. & Vollmer, K. (Hrsg.) (2015): Wege zur Inklusion in der beruflichen Bildung. Bielefeld: wbv.
Eck, H., Stein, R. & Ebert, H. (2016): Ausbildungsregelungen nach § 66 BBiG und § 42 m HwO für Menschen mit Behinderung. In: Zeitschrift für Heilpädagogik, 67 (7), 304-317.
Euler, D. & Severing, E. (2015): Inklusion in der beruflichen Bildung. Umsetzungsstrategien für inklusive Ausbildung. Gütersloh: Bertelsmann Stiftung.
Kremer, H. & Beutner, M. (Hrsg.) (2015): Individuelle Kompetenzentwicklungswege: Bildungsgangarbeit in einer dualisierten Ausbildungsvorbereitung. Detmold: Eusl.
Westhoff, G. & Ernst, H. (Hrsg.) (2016): Heterogenität und Vielfalt in der beruflichen Bildung – Konzepte, Handlungsansätze und Instrumente aus der Modellversuchsforschung. Bielefeld: wbv.
Zoyke, A. (2016): Inklusive Bildungsgangarbeit in beruflichen Schulen – Herausforderungen und Perspektiven. In: bwp@ Berufs- und Wirtschaftspädagogik – online, 30, 1-20.

Literatur

Arnold, R., Gonon, P. & Müller, H.-J. (2016): Einführung in die Berufspädagogik. 2. Auflage. Opladen: Budrich.
Bayerisches Landesamt für Statistik (2016): Eckdaten der amtlichen Schulstatistik in Bayern im Herbst 2016 nach kreisfreien Städten und Landkreisen. Verfügbar unter: https://www.statistik.bayern.de/medien/statistik/bildungssoziales/schu_eckdaten_bayern_2016.pdf (Abruf vom 31.05.2018).
Bayerisches Staatsministerium für Unterricht und Kultus (Hrsg.) (2010): Lehrplan zur beruflichen Vorbereitung für Schüler mit sonderpädagogischem Förderbedarf. München: Bayerisches Staatsministerium für Unterricht und Kultus.
Biermann, H. (1980): Genese der Sonderberufsschule: zur administrativen und didaktischen Lösung der Jungarbeiterfrage. Universität Hannover.
Biermann, H. (2008): Pädagogik der beruflichen Rehabilitation. Stuttgart: Kohlhammer.
Biermann, H. (Hrsg.) (2015): Inklusion im Beruf. Stuttgart: Kohlhammer.
Bundesministerium für Arbeit und Sozialordnung (2001): Berufsbildungswerke. Einrichtungen zur beruflichen Rehabilitation junger Menschen mit Behinderung. Bonn: BMAS.
Enggruber, R. & Rützel, J. (2016): Berufsausbildung junger Menschen mit Behinderungen. Ausgewählte Ergebnisse einer repräsentativen Befragung von Ausbildungsbetrieben. In: Zoyke, A. & Vollmer, K. (Hrsg.): Inklusion in der Berufsbildung: Befunde – Konzepte – Diskussionen. Bielefeld: wbv, 79-98.
Euler, D. & Severing, E. (2014): Inklusion in der beruflichen Bildung. Daten, Fakten, offene Fragen. Gütersloh: Bertelsmann-Stiftung.
Klemm, K. (2014): Junge Erwachsene mit sonderpädagogischem Förderbedarf in den Berufs-kollegs des Landes Nordrhein-Westfalen – Bildungsstatistische Analysen und Empfehlungen. Verfügbar unter:: www. schulministerium.nrw.de/docs/Schulsystem/Inklusion/Auf-dem-Weg-zur-inklusiven-Schule/Gutachten-Prof_-Klemm--Datenanalyse.pdf (Abruf vom 31.05.2018).
KMK (Kultusministerkonferenz) (2017): Handreichung für die Erarbeitung von Rahmenlehrplänen der Kultusministerkonferenz für den berufsbezogenen Unterricht in der Berufsschule und ihre Abstimmung mit Ausbildungsordnungen des Bundes für anerkannte Ausbildungsberufe. Verfügbar unter: http://www.kmk.org/fileadmin/veroeffentlichungen_beschluesse/2011/2011_09_23_GEP-Handreichung.pdf (Abruf vom 31.05.2018).
KMK (Kultusministerkonferenz) (2015): Rahmenvereinbarung über die Berufsschule. Beschluss der Kultusministerkonferenz vom 12.03.2015. Verfügbar unter: http://www.kmk.org/fileadmin/veroeffentlichungen_beschluesse/2015/2015_03_12-RV-Berufsschule.pdf (Abruf vom 31.05.2018).
Kranert, H.-W., Eck, R., Ebert, H. & Tutschku, U. (Hrsg.) (2017): Inklusive Schulentwicklung an berufsbildenden Schulen. Bielefeld: wbv.
Kranert, H.-W. & Stein, R. (2017): Sonderpädagogische Weiterbildung von beruflichem Bildungspersonal im dualen System – Ausbilder und Lehrkräfte. In: Berufliche Rehabilitation 31 (3), 206-214.
Matthes, K. (1965). Sonderberufsschule für Lernbehinderte. In: Zeitschrift für Heilpädagogik 16, 132-141.
Pahl, J.-P. (2014): Berufsbildende Schule. Bestandsaufnahme und Perspektiven. Bielefeld: wbv.
Rebmann, K., Tenfelde, W. & Schlömer, T. (2011): Berufs-und Wirtschaftspädagogik: eine Einführung in Strukturbegriffe. Wiesbaden: Springer.

Reinisch, H. (2015): Bildung, Qualifikation und Kompetenz in berufspädagogischen Programmatiken – zur normativen Theorie der Berufsbildung. In: Seifried, J. & Bonz; B. (Hrsg.): Berufs- und Wirtschaftspädagogik. Hohengehren: Schneider, 25-50.

Riedl, A. & Schelten, A. (2010): Bildungsziele im berufsbezogenen Unterricht der Berufsschule. In: Nickolaus, R. u.a. (Hrsg.): Handbuch Berufs- und Wirtschaftspädagogik. Bad Heilbrunn: Klinkhardt, 179-188.

Riedl, A. & Schelten, A. (2013): Grundbegriffe der Pädagogik und Didaktik beruflicher Bildung. Stuttgart: Steiner.

Schomburg, E. (1963): Die Sonderschulen in der Bundesrepublik Deutschland: geschichtliche Entwicklung und gegenwärtiger Stand. Berlin: Luchterhand.

Statistisches Bundesamt (Destatis) (2018): Bildung und Kultur. Berufliche Schulen. Schuljahr 2016/2017. Fachserie 11, Reihe 2. Wiesbaden: Destatis.

Stein R., Kranert, H.-W., Tulke A. & Ebert H. (2015): Auffälligkeiten des Verhaltens und Erlebens in der Beruflichen Bildung – Eine Studie mit den Achenbach-Skalen: In: Empirische Sonderpädagogik 7 (4), 341-365.

Stein, R. & Kranert, H.-W. (2017): Inklusion und Berufliche Schulen – Modellversuche in Bayern und Fragen des Kompetenztransfers. berufsbildung 166, 42-45.

Stein, R., Kranert, H.-W. & Wagner, S. (2016): Inklusion an beruflichen Schulen. Ergebnisse eines Modellversuchs in Bayern. Bielefeld: wbv.

Stein, R. & Orthmann Bless, D. (Hrsg.) (2009): Integration in Arbeit und Beruf bei Behinderungen und Benachteiligungen (Band 4 der Reihe Basiswissen Sonderpädagogik). Baltmannsweiler: Schneider.

Wember, F.B. (2013): Herausforderung Inklusion: Ein präventiv orientiertes Modell schulischen Lernens und vier zentrale Bedingungen inklusiver Unterrichtsentwicklung. In: Zeitschrift für Heilpädagogik, 64 (10), 380-388.

19 Sonderpädagogische Beratungsstelle
Kathrin Wilfert

19.1 Die Sonderpädagogische Beratungsstelle: Historische Entwicklung

Entstehungsgeschichte

Die Entwicklung der Sonderpädagogischen Beratungsstellen ist gekoppelt an das Konzept sonderpädagogischer Förderung, das sich durch die Empfehlungen zur Sonderpädagogischen Förderung der Kultusministerkonferenz (KMK) 1994 grundlegend verändert hat:

> „Die Bildung behinderter junger Menschen ist verstärkt als gemeinsame Aufgabe für grundsätzlich alle Schulen anzustreben. Die Sonderpädagogik versteht sich dabei immer mehr als eine notwendige Ergänzung und Schwerpunktsetzung der allgemeinen Pädagogik" (KMK 1994, 3).

Diese Entwicklung war gekennzeichnet durch „eine Höherbewertung der wohnortnahen Schule für das Kind" (ebd.). Dieser integrations- und inklusionspädagogische Ansatz wird in der Empfehlung zum Förderschwerpunkt Lernen der KMK von 1999 noch deutlicher formuliert:

> „Neben der Unterstützung des gemeinsamen Unterrichts liegt eine wesentliche Aufgabe der Sonderpädagogischen Förderzentren im präventiven Bereich sowie in der Entwicklung und Bereitstellung von Hilfen für Fördermaßnahmen der allgemeinen Schulen. Die Sonderpädagogischen Förderzentren haben unterstützende und beratende Funktion" (KMK 1999, 18).

Als sonderpädagogische Kompetenzzentren unterstützen sie die Inklusion in den allgemeinen Schulen.

> Kooperation und Beratung sind wichtige Pfeiler des Selbstverständnisses einer Sonderpädagogik im 21. Jahrhundert.

19.2 Sonderpädagogische Beratungsstellen im inklusiven Bildungssystem

Prinzip der Subsidiarität

Sonderpädagogische Beratungsstellen an Sonderpädagogischen Förderzentren (SFZ) sind Teil eines Beratungsnetzwerkes im Schulsprengel und in der Region. Ein Team von Lehrkräften aus dem SFZ (meist Lehrkräfte in den Mobilen Sonderpädagogischen Diensten und der mobilen sonderpädagogischen Hilfe) bietet Eltern, Kindern, Lehrkräften aller Schularten und weiteren pädagogischen Fachkräften vielseitige Informationen und Beratung an. Es werden Workshops und Fortbildungen durchgeführt, ebenso stehen aktuelle Förder- und Arbeitsmaterialien sowie Fachliteratur zur Verfügung. Auf diesem Weg unterstützt die Sonderpädagogische Beratungsstelle die allgemeine Schule dabei, den gesetzlichen Auftrag einzulösen und selbst sonderpädagogischen Förderbedarf zu erfüllen – ganz im Sinne einer „Hilfe zur Selbsthilfe".

Sonderpädagogische Beratungsstelle | 233

19.2.1 Konzeptionelle und rechtliche Grundlagen

In Bayern fand bereits mit der Reform des Gesetzes über das bayerische Erziehungs- und Unterrichtswesen (BayEUG) im Jahre 2003 ein Perspektivenwechsel statt, der die sonderpädagogische Förderung von Schülerinnen und Schülern im Rahmen ihrer Möglichkeiten zur Aufgabe aller Schularten machte. Die Zusammenarbeit von allgemeiner Schule und Förderschule wurde daraufhin intensiviert, und es entstanden unterschiedliche Formen der Kooperation. Zu einer Weiterentwicklung dieses Ansatzes kam es dann durch das Übereinkommen der Vereinten Nationen über die Rechte von Menschen mit Behinderung (UN-BRK), das 2009 in Deutschland in Kraft getreten ist und ein Verständnis von Behinderung grundlegt, das diese als normalen Bestandteil menschlichen Lebens ausdrücklich bejaht und als Bereicherung ansieht.

Perspektivenwechsel

Mit der Novellierung des BayEUG von 2011 wird formuliert: „Inklusiver Unterricht ist Aufgabe aller Schulen" (BayEUG Art. 2 Abs. 2), womit die Nachfrage nach Beratung an allen Schularten stetig ansteigt. Dieser Tatbestand verpflichtet die Sonderpädagogik, ihr spezifisches Fachwissen durch die Organisationsform der Sonderpädagogischen Beratungsstellen den allgemeinen Schulen zur Verfügung zu stellen. Die Sonderpädagogischen Beratungsstellen erweisen sich damit als wichtiges Modul, das die bestehenden integrations- und inklusionsfördernden Maßnahmen der Mobilen Sonderpädagogischen Dienste (MSD) ergänzt. Beraten gehört neben dem Erziehen, Unterrichten und Fördern zu den originären Aufgaben sonderpädagogischen Handelns. Im Artikel 19 Abs. 1 steht geschrieben: „Die Förderschulen diagnostizieren, erziehen, unterrichten, beraten und fördern" (BayEUG 2011). Analog werden in Artikel 21 Abs. 1 die Aufgaben der MSD aufgeführt: „Diagnostizieren, Fördern, Beraten, Koordinieren und Durchführen von Fortbildungen" (BayEUG 2011). Durch die Sonderpädagogischen Beratungsstellen werden Informationen und Aufgaben gebündelt und zentral durchgeführt. Die knapp bemessene Beratungszeit kann so optimal genutzt werden. Die Netzwerkfunktion der Sonderpädagogischen Beratungsstellen in den vielfältigen inklusiven Settings ist wesentlich.

Beratung als Aufgabe

Abb. 19.1: Arbeitsfelder der Sonderpädagogischen Beratungsstelle

19.2.2 Schulalltag in der Sonderpädagogischen Beratungsstelle

> Das Angebot der Sonderpädagogischen Beratungsstelle können Interessierte aus freien Stücken nützen.

Beratungsalltag

Es ist keinem schriftlichen Anmeldeverfahren durch Klassenlehrkräfte und Schulleitungen der allgemeinen Schule unterworfen. Vielmehr erfolgt die Kontaktaufnahme überwiegend auf telefonischem Weg. Diese Methode erweist sich als weitestgehend unbürokratisch und adressatenfreundlich. Für die Gespräche, die an der Sonderpädagogischen Beratungsstelle erfolgen, wird kein zusätzliches Zeitbudget bereitgestellt, da die notwendigen Aufwendungen aus dem Stundenpool der MSD stammen. Die Angebote der Sonderpädagogischen Beratungsstelle decken die Bedürfnisse verschiedener Zielgruppen sowie unterschiedliche pädagogische Bereiche ab. Im Mittelpunkt der Tätigkeit steht die Unterstützung von Schülerinnen und Schülern mit Auffälligkeiten in der Sprache, im Lernen und im Verhalten. Bei Bedarf findet auch eine Beratung bzgl. anderer Problemsituationen statt.

Vielfalt der Angebote

Angebote für Schülerinnen und Schüler, Eltern, Lehrkräfte, pädagogisches Fachpersonal

Diagnostik:
- Sprache
- Intelligenz
- Schulleistung
- Screenings bei Verdacht auf LRS und Dyskalkulie
- Überprüfung der vorschulischen Lernvoraussetzungen für Lesen, Schreiben und Rechnen

Beratungsschwerpunkte
- vorschulische, schulische und häusliche Förderungsmöglichkeiten
- Schullaufbahnberatung
- kollegiale Fallbesprechung
- kooperative Förderplanung
- kooperative Beratung
- Sprachauffälligkeiten wie z.B. Deutsch als Zweitsprache, Sprachverständnis oder Aussprache
- Lernauffälligkeiten wie Lernstrategien und -organisation
- auditive und visuelle Wahrnehmungsauffälligkeit
- schulrechtliche Bestimmungen
- Vermittlung von Logopädie, Ergotherapie etc.

Hospitation:
- Hospitationen bei Lehrkräften
- Unterstützen bei Förderplänen

Kooperation:
- mit Grund-, Mittel- und Förderschullehrkräften
- mit Erzieherinnen und Erziehern, Heilpädagoginnen und Heilpädagogen
- mit pädagogischem Fachpersonal
- mit Eltern
- zwischen Eltern und Lehrkräften

Fortbildungen:
- LRS: isolierte und kombinierte Lese-Rechtschreibstörungen (ehemals Legasthenie/Lese-Rechtschreib-Schwäche)
- Dyskalkulie/Rechenschwäche
- Diagnose und Förderung mathematischer Vorläuferfertigkeiten
- Sprache und Sprachdiagnostik

Koordinieren:
schulische und außerschulische Ansprechpartner und Angebote für Schülerinnen und Schüler mit sonderpädagogischem Förderbedarf, deren Sorge- und Erziehungsberechtigte sowie für Lehrkräfte

Abb. 19.2: Vielfältige Angebote einer Sonderpädagogischen Beratungsstelle

19.2.3 Bedeutung für die Inklusion

Die Kooperation zwischen Förderschule und allgemeiner Schule ist äußerst vielseitig und erstreckt sich auf verschiedene sonderpädagogische Organisationsformen, wie z.B. die Sonderpädagogische Beratungsstelle. Auf diese Weise unterstützt die Förderschule in hohem Maße die schulische Inklusion in den allgemeinen Schulen, was auch aktuelle Statistiken belegen.

Inklusiver Ansatz

57,9% der gesamten bayerischen Förderschulen geben an, als sogenanntes Sonderpädagogisches Kompetenz- und Beratungszentrum tätig zu sein. Von den Sonderpädagogischen Förderzentren halten 77% dieses Angebot vor (vgl. Heimlich u.a. 2016, 21). Zahlen zu der Verteilung der MSD-Stunden, mit denen auch die Beratungsstellen abgedeckt werden, liegen für das Schuljahr 2013/14 vor.

Daten

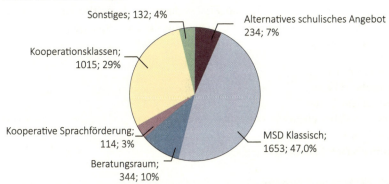

Abb. 19.3: Anzahl Beratungsstunden, Auswertung der MSD-Jahresberichte (Doll-Edlfurtner 2015, 9)

Auf den Bereich der Sonderpädagogischen Beratungsstelle entfällt dabei ein relativ kleiner Bereich mit 10% bzw. 344 Stunden. Den größten Teil nehmen die MSD im Einsatz an den Schulen mit 47% bzw. 1653 Stunden ein.

19.3 Akteurinnen und Akteure in Sonderpädagogischen Beratungsstellen

Das Mitarbeiter-Team der Sonderpädagogischen Beratungsstelle agiert in einem Netzwerk von schulischem Fachpersonal. Vor allem wird die Kooperation mit Beratungslehrkräften und Schulpsychologinnen und -psychologen der allgemeinen Schule gepflegt. Für das professionelle Handeln ist auch das kontinuierliche und vertrauensvolle Zusammenwirken mit außerschulischen Fachdiensten unerlässlich, wie z.B. mit der Jugendsozialarbeit, therapeutischen oder medizinischen Fachkräften. Darüber hinaus besteht die Verpflichtung, fachkompetente, professionelle Beratung sowohl in einzelnen als auch in mehreren Förderschwerpunkten zu leisten. Diese Bündelung und Koordinierung von spezifischen inhaltlichen Aspekten setzen eine enge Kooperation innerhalb der multiprofessionellen Teams voraus. Teamarbeit erweist sich als ein prägendes Merkmal einer effizienten Sonderpädagogischen Beratungsstelle.

Das Team

19.4 (Sonder-)Pädagogische Beratung: Die Methode der Kooperativen Beratung

Ebenso wie in der schulpsychologischen oder der psychosozialen Beratung sind auch in der sonderpädagogischen Beratung die Methoden- und Gestaltungskompetenzen der Beraterin bzw. des Beraters, die Kooperationsbereitschaft und die Motivation der Ratsuchenden bzw. des Ratsuchenden und das Vertrauensverhältnis Voraussetzungen dafür, in einem angemessenen zeitlichen Rahmen ein aktuelles Problem zu lösen. Die im Folgenden vorgestellte Methode der Kooperativen Beratung lässt sich auf viele Gesprächssituationen anwenden – vor allem dann, wenn eine Lösungsfindung angestrebt wird.

19.4.1 Grundlagen

Die Kooperative Beratung ist ein theoriefundiertes und praxisorientiertes Konzept, das als eigenständige Beratungsmethode von Mutzeck entwickelt und im Rahmen einer Studie der Bund-Länder-Kommission evaluiert wurde. Seither wird sie in vielen pädagogischen Handlungsfeldern, so auch in der Sonderpädagogischen Beratungsstelle, eingesetzt.

Beratungsbedingungen
- ✓ ausreichend Zeit
- ✓ freundlicher Raum
- ✓ bequeme Sitzmöglichkeit
- ✓ klare Rollenverteilung
- ✓ ansprechendes Material

19.4.2 Beratungsverständnis

> Das Besondere an der Kooperativen Beratung ist die Gleichwertigkeit des Expertenteams.

Der bzw. dem Ratsuchenden wird die Expertise für sich, seine Mitwelt und sein Umfeld zugeschrieben. Die Beraterin bzw. der Berater ist Profi in der Methode. Damit werden optimale Bedingungen für die Kompetenzen und Ressourcennutzung sowie die Lösungsfindung geschaffen. Dabei ist die Beraterin bzw. der Berater bestrebt, eine vertrauensvolle Kommunikation sowie eine durch Akzeptanz, Empathie und Kongruenz geprägte Beziehung herzustellen. Für die Kooperative Beratung ist damit eine horizontale Gesprächsführung zwingend:

Abb. 19.4: Vertikale und horizontale Beratung (Mutzeck 2008a, S. 16)

Der Beratungsansatz der Kooperativen Beratung vermeidet eine belehrende und asymmetrische Haltung und Vorgehensweise der Beraterin bzw. des Beraters. Stattdessen soll eine verstehende, kooperierende und symmetrische Interaktion aufgebaut und unterstützt werden. Diese beiden Arten von Beratung unterscheiden sich grundsätzlich voneinander. Bei der direktiven (vertikalen) Beratung bestimmt und lenkt allein die Beraterin bzw. der Berater den Gesprächsverlauf. Sie oder er setzt unmittelbar die Struktur der Beratung fest und zeigt ein aktives Gesprächsverhalten, indem sie bzw. er viele direkte Fragen stellt, informiert, erklärt, interpretiert, Vorschläge und aus ihrer bzw. seiner Expertensicht heraus Handlungsanweisungen unterbreitet. Überspitzt formuliert ist die Sichtweise der Beraterin bzw. des Beraters diese: „Ich kenne ihr Problem und habe die Lösung dafür." Die Rollenverteilung in der Kooperativen Beratung entspricht nicht dem „Ratschläge erteilen" oder „Ratschläge empfangen und befolgen", sondern unter methodischer Leitung der Beraterin bzw. des Beraters gemeinsam den Weg der Klärung und der Lösung des Problems sowie der Umsetzung des erarbeiteten Handlungswegs zu gehen. Daraus leitet sich ein humanistisches Menschenbild ab, eine konstruktivistische Sichtweise auf die Dinge sowie die Vorstellung, dass Handlungen kontextgebunden sind.

Symmetrische Beratung

19.4.3 Methodische Schritte der Kooperativen Beratung

Das Konzept gliedert sich in einzelne Beratungsschritte (s. Abb. 2.39), die im Einzelnen kurz erläutert werden:

In der Einführung bzw. der Phase des Ankommens werden die Rahmenbedingungen offengelegt und Transparenz hergestellt.

Schritte der Kooperativen Beratung

Die sich anschließende Problembeschreibung und Ressourcenerkundung nimmt die meiste Zeit im Beratungsprozess ein. Die Problembeschreibung lebt von den Gesprächsführungselementen, wie z.B. dem aktiven Zuhören, der direkten persönlichen Ansprache, der Benennung der Gedanken und Gefühle sowie der Konkretisierung und dem Dialogkonsens. Ebenso wichtig ist in diesem Schritt der Blick auf die Ressourcen in der Person und im Umfeld der bzw. des Ratsuchenden.

Wenn es sich anbietet, kann an dieser Stelle ein Perspektivenwechsel durchgeführt werden. Er dient dazu, die Situation so zu betrachten, wie der Interaktionspartner sie gesehen haben mag.

Bei der Analyse der Situation versucht die Beraterin bzw. der Berater gemeinsam mit der bzw. dem Ratsuchenden das Schlüsselproblem herauszukristallisieren. Hilfreich sind in dieser Phase verschiedene Visualisierungsmöglichkeiten. Die Beraterin bzw. der Berater ist dabei stets in einer aktiv zuhörenden oder fragenden Rolle, Interpretationen werden nicht gegeben. Diese Phase ist eng mit der Zielformulierung verknüpft.

Die bzw. der Ratsuchende formuliert ihr bzw. sein Ziel selbstständig, notiert sich dieses („Ich möchte…") und wird dabei behutsam von der Beraterin bzw. dem Berater unterstützt. Nur wenn die Zielformulierung klar operationalisiert ist und die bzw. der Ratsuchende bei der Umsetzung des Ziels aktiv sein kann, ist eine Problemlösung möglich.

Der Schritt der Lösungsfindung ist der augenscheinlich kooperativste Beratungsschritt. In Kooperation mit der Beraterin bzw. dem Berater werden vielfältige Lösungsmöglichkeiten gesucht, die zur Erreichung des Ziels beitragen. In einer Phase des Brainstormings werden Lösungen auf Zettel geschrieben und anschließend von der bzw. dem Ratsuchenden nach einem Ampelprinzip sortiert.

In der Entscheidungsphase legt sich die bzw. der Ratsuchende fest, mit welcher Idee der Lösungsfindung sie bzw. er weiterarbeiten möchte. Der Dialogkonsens beendet die Phase.

Der nächste Beratungsschritt plant die Umsetzung des Ziels oder kurz: „WAS mache ich, WANN und WIE?". Diese Vorplanung wird schriftlich festgehalten und der bzw. dem Ratsuchenden zur Orientierung mitgegeben.

Die mit- und nachgehende Begleitung ist der Beratungsschritt, der sich an das eigentliche Beratungsgespräch anschließt. Per E-Mail oder Telefonat wird die Beraterin bzw. der Berater über die Umsetzung informiert.

Auge des Beraters   Die nachfolgende Graphik fasst alle genannten Aspekte im sogenannten „Auge des Beraters" zusammen:

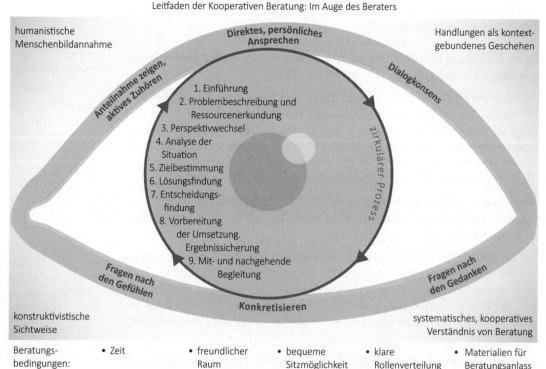

Abb. 19.5: Leitfaden der Kooperativen Beratung (eigene Darstellung in Anlehnung an Mutzeck 2008)

Schulentwicklung   Angesichts der unterschiedlichen Klientel, die Beratung in Anspruch nimmt, besitzt der komplexe Begriff der Beratung vielfältige Schwerpunktsetzungen. Diese hohe Komplexität verlangt von allen Mitarbeiterinnen und Mitarbeitern in der Sonderpädagogischen Beratungsstelle große Sensibilität und fachliche Professionalität zugleich: Stets sollen sie in der Lage sein, inhaltlich valide Sachinformationen zu liefern, bedarfsbezogene Unterstützung anzubieten oder bei individuellen Entscheidungsprozessen, etwa bei der Wahl des angemessenen Lernortes oder bei der Suche nach passgerechten Förderformen, zu begleiten. Auf diese Weise leistet die Sonderpädagogische Beratungsstelle einen wichtigen Beitrag zur inneren Schulentwicklung.

19.5 Arbeitsaufträge und Praxisbeispiele

- **Beispiel aus der Praxis: Sonderpädagogisches Beratungszentrum am SFZ München-Ost**

Das Sonderpädagogische Beratungszentrum München-Ost steht offen für Lehrkräfte, pädagogisches Fachpersonal und Eltern aus dem Sprengelschulbereich des SFZ München-Ost. Im Folgenden wird das Angebot vorgestellt:

Beratungsstelle des SFZ München Ost

Abb. 19.6: Logo des SFZ München-Ost

☞ Das Sonderpädagogische Beratungszentrum des SFZ München-Ost versteht sich als unabhängiges und niederschwelliges Angebot für Interessenten aus dem schulischen Sprengel. Die Beratungen unterliegen der Schweigepflicht und sind keinem schriftlichen Anmeldeverfahren durch die Klassenlehrkraft oder die Schulleitung der allgemeinen Schule unterworfen. Es finden keine psychologischen oder therapeutischen Interventionen statt. Das Sonderpädagogische Beratungszentrum ist täglich telefonisch erreichbar. Termine für Diagnostik und Beratung werden nach Absprache vereinbart.

- Wenn Lehrkräfte der Schule das Diagnose- und Fördermaterial kennenlernen wollen, ist dies mit Voranmeldung möglich.
- Im Beratungszentrum finden regelmäßig Fortbildungen für Erzieherinnen und Erzieher und Lehrkräfte sowie Arbeitskreise und Teamsitzungen von Mitarbeiterinnen und Mitarbeitern der verschiedenen Angebote der Mobilen Sonderpädagogischen Dienste statt.
- Für die Angebote, die am Sonderpädagogischen Beratungszentrum erfolgen, wird kein zusätzliches Zeitbudget bereitgestellt, da die notwendigen Aufwendungen aus dem Stundenpool der MSD stammen. Im Mittelpunkt der Tätigkeit steht die Unterstützung von Schülerinnen und Schülern mit Auffälligkeiten in der Sprache, im Lernen und im Verhalten oder auch bei anderen Problemsituationen.

Angebot der Beratungsstelle München Ost

Angebote für Schülerinnen und Schüler, Eltern, Lehrkräfte, pädagogisches Fachpersonal

Diagnostik:
- Intelligenzdiagnostik mit standardisierten Intelligenztests
- Sprachstanddiagnostik
- Diagnostik von Wahrnehmungsdefiziten
- Schulleistungsdiagnostik
- Screenings bei Verdacht Teilleistungsdefiziten
- Überprüfung der vorschulischen Lernvoraussetzungen für Lesen, Schreiben und Rechnen

Beratung:
- vorschulische, schulische und häusliche Fördermöglichkeiten
- Einschulungsberatung
- Schullaufbahnberatung
- Beratung bei Sprachauffälligkeiten, Lernauffälligkeiten
- Beratung bei Konzentrations- und Aufmerksamkeitsproblemen
- schulrechtliche Bestimmungen
- Material- und Literaturempfehlungen
- Hilfen für Linkshänder oder Kinder mit feinmotorischen Problemen
- Förderanregungen

Fördermaterial in der Präsenzbibliothek:
- Spiel- und Fördermaterial für den Vorschulbereich
- Arbeitshilfen bei erschwertem Schriftspracherwerb
- Materialien zu Deutsch als Zweitsprache
- Fachliteratur zu Verhaltensbesonderheiten
- Materialien zur Förderung numerischer Kompetenzen

Kooperation:
- mit Grund-, Mittel- und Sonderschullehrkräften
- mit Erzieherinnen und Erziehern, Heilpädagoginnen und -pädagogen
- mit pädagogischem Fachpersonal

Fortbildungen:
- Diagnose und Förderung mathematischer Vorläuferfertigkeiten
- Sprache und Sprachdiagnostik

Koordinination:
Kontakte zu Fachdiensten wie Logopäden, Ergotherapeuten, Sozialbürgerhäusern, Erziehungsberatungsstellen, Psychologen und Psychiater, medizinischen Einrichtungen etc.

Abb. 19.7: Angebot der Beratungsstelle München Ost

Arbeitsaufträge

1. Welche Aufgaben können bei Sonderpädagogischen Beratungsstellen anfallen?
2. Welche Angebote werden in der Sonderpädagogischen Beratungsstelle für Schülerinnen und Schüler, Eltern, Lehrkräfte sowie pädagogisches Fachpersonal gemacht?
3. Umschreiben Sie mit wenigen Sätzen das Beratungsverständnis der Kooperativen Beratung.
4. Die Gesprächsführungselemente werden in „Kooperative Beratung" (Methner et. al 2013) ausführlich erläutert (S. 50ff.).
5. Wie können Sie als Berater bzw. als Beraterin zeigen, dass Sie aktiv zuhören? Welche Gesprächsführungselemente sollte ein guter Berater bzw. eine gute Beraterin beherrschen?
6. Nennen Sie die Schritte der Kooperativen Beratung.
7. Setzen Sie sich mit den angegebenen Visualisierungsmöglichkeiten in „Gespräche führen mit Kindern und Jugendlichen. Methoden schulischer Beratung" (S. 89ff.) auseinander und probieren Sie eine Methode aus!

Literatur

Bayerisches Staatsministerium für Bildung und Kultus, Wissenschaft und Kunst (Hrsg.): Schulordnung für die Volksschulen zur sonderpädagogischen Förderung in Bayern – VSO-F mit Gesetz über das Erziehungs- und Unterrichtswesen BayEUG. München: Maiss, 2017, 16. Aufl.

Gerber, M., Gfüllner, E., Schmidhuber, S. & Steber, M. (Hrsg.) (2015): MSD Rundbrief Nr. 25, Ausgabe Oberbayern

Heimlich, U., Kahlert; J., Lelgemann; R. & Fischer, E. (Hrsg.) (2016): Inklusives Schulsystem. Analysen, Befunde, Empfehlungen zum bayerischen Weg. München: Klinkhardt

KMK (1994): Ständige Konferenz der Kultusminister der Länder in der Bundesrepublik Deutschland. Empfehlungen zur sonderpädagogischen Förderung in den Schulen in der Bundesrepublik Deutschland. Beschluss der Kultusministerkonferenz vom 6.5.1994

KMK (1999): Ständige Konferenz der Kultusminister der Länder in der Bundesrepublik Deutschland. Empfehlungen zum Förderschwerpunkt Lernen. Beschluss der Kultusministerkonferenz vom 1.10.1999

Lotter, M. & Kunstmann E. (2002): Sonderpädagogisches Beratungszentrum Dachau. In: Behindertenpädagogik in Bayern 45, 258-264

Methner, A., Melzer, C. & Popp, K. (2013): Kooperative Beratung. Kohlhammer: Stuttgart

Methner, A. & Melzer, C. (2012): Gespräche führen mit Kindern und Jugendlichen. Methoden schulischer Beratung. Kohlhammer: Stuttgart

Troßbach-Neuner, E. & Miksch, A. (2004): Das Sprachheilpädagogische Arbeits- und Beratungszentrum. In: Schulverwaltung BY 4

Wilfert de Icaza, K. (2013): Methoden schulischer Beratung. In: Heimlich, U., Lutz, S. & Wilfert de Icaza, K.: Ratgeber Förderdiagnostik. Persen: Hamburg 2013, S. 125ff

Inklusiver Unterricht und inklusive Schulentwicklung

Einleitung: Inklusion als Leitbild – Vielfalt der Wege
Ulrich Heimlich

Mit dem Inkrafttreten der UN-Behindertenrechtskonvention (UN-BRK) in Deutschland im März 2009 stehen potenziell alle Lehrkräfte in allen Schulformen vor der Aufgabe, auch Schülerinnen und Schüler mit Behinderung bzw. sonderpädagogischem Förderbedarf (SPF) zu unterrichten. Zugleich betrifft das Konzept der Inklusion die Schule als System, wenn das Ziel erreicht werden soll, dass alle Schülerinnen und Schüler in allen Schulen willkommen geheißen werden. Die Gestaltung des inklusiven Unterrichts und die Entwicklung einer inklusiven Schule stehen im folgenden Kapitel im Mittelpunkt.

UN-BRK

Die UN-BRK gibt zwar in Art. 24 das Ziel vor, ein inklusives Bildungssystem auf allen Ebenen zu entwickeln. Es wird allerdings nicht konkret ausgeführt, wie dieses inklusive Bildungssystem letztlich aussehen soll oder wie der Weg zu diesem inklusiven Bildungssystem zu gestalten ist. Es besteht allenfalls eine Verpflichtung, konkrete Schritte zu diesem Ziel hin zu unternehmen und darüber zu berichten, wie im ersten Staatenbericht des Bundesministeriums für Arbeit und Soziales (BMAS) von 2011 erstmals geschehen. Die Umsetzung der UN-BRK wird in Abhängigkeit von den jeweiligen nationalen Bildungssystemen stattfinden. Insofern wird es gravierende Unterschiede in der Inklusionsentwicklung zwischen Entwicklungsländern und Industrieländern geben. Während einige Länder nach einer Phase der Exklusion im Sinne eines Ausschlusses von Bildungsmöglichkeiten vor der Aufgabe stehen, das Bildungsrecht von Kindern und Jugendlichen mit Behinderung bzw. SPF zunächst einmal zu verwirklichen, indem ihnen der Zugang zu Bildungseinrichtungen gewährt wird, stehen andere Länder vor der Herausforderung ein vielfach differenziertes und historisch gewachsenes Bildungssystem an die neuen inklusiven Anforderungen anzupassen. In Deutschland müssen wir ab der Sekundarstufe von einem viergliedrigen Schulsystem ausgehen. Dabei sollte bewusst sein, dass in kaum einem anderen Land der Welt Kinder nach der 4. Klasse der Grundschule auf unterschiedliche Bildungsgänge wie Mittelschule, Realschule und Gymnasien verteilt werden. In Deutschland ist zusätzlich ein differenziertes Förderschulsystem entstanden, mit nahezu jeweils einer eigenständigen Schule für eine Behinderungsart. Anfang der 1970er Jahre war diese Entwicklung eines separierenden Systems weitgehend abgeschlossen (*Phase der Separation*). Zugleich begann ab 1973 (vgl. Deutscher Bildungsrat 1974) eine integrative Gegenbewegung, die das Ziel ausrief, für mehr Begegnung im Bildungssystem Sorge zu tragen und vorher getrennte Schülergruppen wieder zusammenzuführen (*Phase der Integration*). Diese Bemühungen um mehr Gemeinsamkeit im Bildungssystem als Aufgabe von demokratischen Gesellschaften führten aus Modellversuchen in einigen Bundesländern und nach einer intensiven kritischen Diskussion zur Anerkennung der allgemeinen Bildungseinrichtungen wie Kindertageseinrichtungen und Schulen als möglichem Förderort auch für Kin-

Inklusives Bildungssystem

der und Jugendliche mit Behinderung bzw. SPF. Bestätigt wurde diese Entwicklung schließlich auch durch die Empfehlungen der Kultusministerkonferenz (KMK) von 1994 zur sonderpädagogischen Förderung (vgl. Sekretariat … 1994), die die nachrangige bzw. subsidiäre Funktion der sonderpädagogischen Förderung in den Vordergrund rückte und der Integration in die allgemeine Schule einen Vorrang einräumte. Mit der UN-BRK ist nun eine *Phase der Inklusion* eingeleitet, in der es Bildungseinrichtungen zu entwickeln gilt, die von vornherein auf jegliche Form von Aussonderung bzw. Separation verzichten. Inklusion bedeutet also im Unterschied zur Integration nicht die Zusammenführung von vorher getrennten Gruppen, sondern die Entwicklung eines Bildungssystems, in dem diese Trennung nicht mehr erforderlich ist. Ziel ist es, Formen von Bildungsteilhabe und sozialer Teilhabe anzubieten, die alle in gleichberechtigter (und nicht nur in gleicher) Weise und in selbstbestimmter Form wahrnehmen können. Menschen mit Behinderung wollen das Recht auf Teilhabe wahrnehmen und auch etwas einbringen in die Gesellschaft sowie in Bildungsprozesse. Die Aufnahme von Kindern und Jugendlichen mit SPF in eine Schule, verändert erfahrungsgemäß die Schule als System.

Vielfältige Settings

Erste Überblicke über die Entwicklung eines inklusiven Bildungssystems in verschiedenen Ländern der Welt zeigen, dass eine Vielfalt an inklusiven Settings entsteht, um Bildungsteilhabe zu erreichen. Diese reichen vom inklusiven Unterricht, an dem alle teilhaben und zu dem alle etwas beitragen, bis hin zu quasi-therapeutischen Einzelfördersituationen von Kindern und Jugendlichen mit umfassenden Verhaltensproblemen, die ein Lernen in Gruppen komplett überfordern würde. Zu seinem inklusiven Bildungssystem zählen nach gegenwärtigem Stand:
- inklusive Schulen als Schulen für alle
- Klassen von Schülerinnen und Schülern mit Behinderung bzw. SPF in allgemeinen Schulen
- Förderzentren ausschließlich für Schülerinnen und Schüler mit Behinderung bzw. SPF

Förderzentren werden zunehmend Teil eines regionalen Inklusionsnetzwerkes und kooperieren mit den allgemeinen Schulen in der Region. Über mobile sonderpädagogische Förderangebote kommt es zu Kooperationsprojekten, in denen sonderpädagogische Förderangebote in allgemeine Schulen verlagert werden können. Umgekehrt öffnen sich Förderzentren mancherorts bereits für Schülerinnen und Schüler ohne Behinderung bzw. ohne SPF und verändern sich so zu inklusiven Schulen bzw. zu Schulen ohne Schülerinnen und Schüler, die als Kompetenzzentren nur noch Dienstsitz der sonderpädagogischen Lehrkräfte sind.

Entwicklungsaufgaben

Zwei Entwicklungsaufgaben aus der Sicht von Lehrkräften sollen vor diesem Hintergrund nun im Mittelpunkt stehen. Eine *erste Entwicklungsaufgabe* stellt sich Lehrkräften aller Schulformen in einem inklusiven Bildungssystem bezüglich der Weiterentwicklung ihres Unterrichts, damit alle Schülerinnen und Schüler daran teilhaben und dazu beitragen können. Dazu liegen sowohl einige Modelle inklusiver Didaktik im Sinne von Begründungszusammenhängen (Kap. 20.1) vor als auch langjährige Erfahrungen zu den besonders geeigneten Methoden des inklusiven Unterrichts (Kap. 20.2) und den zentralen Prinzipien inklusiven Unterrichts

(Kap. 20.3). Weitgehend ungeklärt war bis vor kurzem noch die Bewältigung der konkreten Planungsaufgabe zum inklusiven Unterricht. Dazu wird abschließend das Modell der inklusionsdidaktischen Netze vorgestellt und an Beispielen aus verschiedenen Lernbereichen illustriert (Kap. 20.4). Ein besonderes Problem in heterogenen Lerngruppen stellt die Leistungsbewertung dar, die auch im inklusiven Unterricht Lehrkräfte immer wieder vor große Herausforderungen stellt (Kap. 20.5). Letztlich steht der inklusive Unterricht für eine gute Unterrichtsqualität. Inklusion und Qualität bedingen sich auch auf dem Gebiet des Unterrichts gegenseitig. Die Merkmale des guten Unterrichts sind deshalb auch gute Voraussetzungen für den inklusiven Unterricht (Kap. 20.6). All diese Anforderungen an den inklusiven Unterricht machen in der Summe deutlich, dass diese Aufgabe nicht im „Einzelkämpfertum" bewältigt werden kann und gut entwickelte Kooperations- und Teamstrukturen benötigt (Kap. 20.7).

Die *zweite Entwicklungsaufgabe* in einer inklusiven Schule besteht im Wesentlichen in der Gestaltung eines inklusiven Schulkonzepts. Die Weiterentwicklung einer Schule zu einer inklusiven Schule ist eine Aufgabe, an der früher oder später das gesamte Kollegium beteiligt sein sollte (Kap. 21.1). Als hilfreich hat sich hier erwiesen, dass über Unterricht und Erziehung hinaus die internen und externen Kooperationsprozesse zwischen den pädagogischen und anderen Fachkräften thematisiert werden. Inklusive Schulentwicklung ist kein Feld für Einzelkämpferinnen und Einzelkämpfer (s. Kap. 17.0 zur inklusiven Schule). Deshalb empfiehlt es sich hier insbesondere, Veränderungen auf mehreren Ebenen der pädagogischen Arbeit in Schulen vorzunehmen. Das benötigt Zeit und kann nicht über Nacht bewerkstelligt werden. Aber es liegen inzwischen erprobte und praxisnahe Materialien dazu vor. Nach der Klärung der Frage, wie Schulentwicklung beginnt (Kap. 21.2) und welche Wege und Leitideen dazu vorliegen (Kap. 21.3) wird die Aufgabe der inklusiven Schulentwicklung aus der Perspektive der Akteurinnen und Akteure im Einzelnen dargestellt (Kap. 21.4 und Kap. 21.5).

Sowohl für die Entwicklung des inklusiven Unterrichts als auch für die inklusive Schulentwicklung gilt ein erhöhter Kooperationsbedarf aller Beteiligten. Insofern dürfte sowohl die interne als auch die externe Kooperation in inklusiven Schulen zu den unabdingbaren Voraussetzungen gelingender Entwicklungsprozesse auf der Ebene des Unterrichts und auf der Ebene der Schule als System zählen.

20 Inklusiver Unterricht
Ulrich Heimlich und Susanne Bjarsch

Die Entwicklung eines inklusiven Unterrichts baut auf einer nunmehr über 40jährigen Geschichte des integrativen Unterrichts in Deutschland auf (vgl. Heimlich 2003; 2019). Bewährt haben sich in der Vergangenheit besonders reformpädagogische Unterrichtskonzepte, die die selbsttätigen Lernprozesse in den Vordergrund rücken. Außerdem zeigen sich in diesem historischen Rückblick einige didaktische Modelle, die geeignet sind einen inklusiven Unterricht zu begründen und die Ableitung zentraler Qualitätsstandards ermöglichen. Während der integrative Unterricht noch hauptsächlich darauf abzielte, verschiedene Schülergruppen, die vorher getrennt unterrichtet wurden, zusammenzuführen und gemeinsam zu unterrichten, steht der inklusive Unterricht vor der Aufgabe, Lernsituationen zu gestalten, an denen von vornherein alle Schülerinnen und Schüler teilhaben und zu denen alle etwas beitragen können. Das setzt eine bestimmte Qualität von Lernerfahrungen voraus.

20.1 Didaktische Modelle des inklusiven Unterrichts

Didaktische Modelle

> Didaktische Modelle liefern im Unterschied zu Unterrichtskonzepten Begründungszusammenhänge für Unterricht und Erziehung, die jeweils auf einer theoretischen Grundlage aufbauen. Didaktik meint in diesem Zusammenhang eine Theorie des Lehrens und Lernens (vgl. Jank & Meyer 2012). Theorie wird vom griechischen Wortursprung *theoria* abgeleitet und umfasst nicht mehr als eine bestimmte Betrachtungsweise bzw. Perspektive. Bei der Entwicklung des inklusiven Unterrichts geht es stets darum, diesen aus unterschiedlichen Perspektiven zu betrachten. Da inklusiver Unterricht für viele Beteiligte etwas Neues darstellt, tun Lehrkräfte gut daran, sich darauf vorzubereiten, dass sie in Gesprächen mit Eltern, Kolleginnen und Kollegen sowie Vorgesetzten und der Schulaufsicht bis hin zur Öffentlichkeit aufgefordert werden, den inklusiven Unterricht zu rechtfertigen und zu begründen. Die folgenden didaktischen Modelle sollen dazu eine Hilfestellung anbieten.

20.1.1 Materialistisches Modell der inklusiven Didaktik nach Georg Feuser

Lernen am gemeinsamen Gegenstand

Den ersten Schritt in dieser Richtung hat Georg Feuser im Jahre 1998 aufbauend auf langjährigen Bremer Vorerfahrungen im integrativen Unterricht in den 1980er Jahren getan. Er begründet den inklusiven Unterricht in Anlehnung an das kritisch-konstruktive Modell der Didaktik von Wolfgang Klafki (1927-2016) und die materialistische Behindertenpädagogik. Nur durch gemeinsames Lernen am gemeinsamen Lerngegenstand ist – so Feuser – ein humanes und demokratisches Bildungs- und Erziehungssystem zu realisieren. Zugleich wird damit die Notwendigkeit einer inneren Differenzierung im inklusiven Unterricht angesprochen, die erst die Voraussetzung für ein Eingehen auf die individuellen Lernbedürfnisse aller Schülerinnen und Schüler zulässt. Innere Differenzierung bezieht sich eben nicht nur auf die Lernprozesse in einem Klassenraum innerhalb einer Lerngruppe. Erst, wenn der Lerngegenstand inhaltlich unterschiedlich aufbereitet wird und verschiedene Lernzugänge angeboten werden, kann innere Differenzierung erfolgreich sein. Grundlage der Lernerfahrungen im inklusiven Unterricht ist nach Feuser die tätige Auseinandersetzung aller Schülerinnen und Schüler mit dem Lerngegenstand, d.h. die Lerntätigkeit ist die (materielle) Basis aller höheren Denkprozesse im Unterricht. Insofern sollte der inklusive Unterricht stets Handlungsangebote für die Schülerinnen und Schüler bereithalten. Eine besondere didaktische Herausforderung ist es dabei v.a. im Sekundarbereich auch komplexe Lerngegenstände auf eine Handlungsebene herunterzubrechen. Dabei kann es hilfreich sein, sich die historische Entstehung eines Lerngegenstandes vor Augen zu führen oder Überlegungen zum praktischen Nutzen und zur Anwendung anzustellen.

> **Beispiel historischer Bezug:**
> Anhand von alltagspraktischen Problemlagen vergangener Jahrhunderte, die durch fehlende oder uneinheitliche Maßeinheiten zustande kamen, lassen sich der Mehrwert und die Notwendigkeit von einheitlichen Maßen und Gewichten anschaulich darstellen.
>
> **Beispiel Anwendungsbezug:**
> Lesen und Schreiben sind unumgängliche Kompetenzen für das Verfassen von Briefen bzw. E-Mails. Um diese Kulturtechniken als wertvoll und gewinnbringend wahrzunehmen und die Anwendung zu üben, eignet sich eine Klassenkorrespondenz mit einer (befreundeten) Schulklasse einer anderen Schule

Feuser knüpft insbesondere an das Modell „Zone der nächsten Entwicklung (ZNE)" von Lev S. Vygotskij (1896-1934) an. Die Untersuchung der Sprachentwicklung von Kindern ist für Vygotskij der Anlass für sein Entwicklungsmodell. Er folgert aus seinen Forschungen, dass Lernangebote sich stets auf Kompetenzen beziehen sollten, die Kinder als nächstes lernen können. Grundlage dafür sind wiederum Entwicklungsmodelle bezogen auf verschiedene Entwicklungsbereiche und das Wissen darüber, welche Entwicklungsschritte für Kinder notwendig sind, um eine bestimmte Kompetenz zu erreichen (z.B. Addition und Subtraktion als Voraussetzung für Multiplikation und Division). Auch im inklusiven Unterricht sind Lernangebote ausgehend von der „Zone der aktuellen Entwicklung" im Sinne der jeweiligen Lernausgangslage so zu gestalten, dass jedes Kind da abgeholt wird, wo es sich in seiner Lernentwicklung aktuell befindet und bei seiner weiteren Lernentwicklung in Bezug auf Kompetenzen, die es noch nicht selbstständig beherrscht, begleitet wird.

Zone der nächsten Entwicklung

Einen weiteren Schritt in Richtung einer inklusiven Didaktik vollzieht Simone Seitz in ihrer Studie „Zeit für inklusiven Sachunterricht" (2005). Nach einer kritischen Würdigung der seinerzeitigen Bemühungen um eine integrative Didaktik knüpft sie an Feusers entwicklungslogischer Didaktik an und zeigt am Beispiel des Themas „Zeit" im Sachunterricht der Grundschule auf, wie inklusiver Unterricht didaktisch aufbereitet werden kann.

Inklusiver Sachunterricht

Unterrichtsbeispiel: Zeit

Im Sinne eines Ideenpools wird eine Vielfalt an Lernmöglichkeiten zum Thema „Zeit" im inklusiven Sachunterricht angeboten. Dazu zählt die spielerische Erarbeitung von Abschnitten aus der Biographie der Schülerinnen und Schüler und zu ihren Zukunftsvorstellungen, eine Fantasiereise, „Kompetenzbücher" im Rückblick auf die eigene Entwicklung und das „Klassentagebuch" bezogen auf die Entwicklung der Lerngruppe, Ton- und Videodokumentationen über einen längeren Zeitraum zum Vergleich, Arbeit mit Kinderliteratur und die Einbeziehung von Haustieren in den Klassenraum. Außerdem soll Zeit mit allen Sinnen erfahrbar gemacht werden. Dazu werden sinnliche Erfahrungsfelder, Kunstwerke, die sich bewegen, Erfahrungen mit fließender Bewegung und Rhythmus und Übungen zur Selbsterfahrung angeboten (vgl. a.a.O., 179-182). Im Sinne eines Spiralcurriculums kann das Thema „Zeit" über die Grundschuljahre hinweg immer wieder mit zunehmender Komplexität aufgegriffen werden.

Aus der Sicht der Kinder wird die Kategorie „Zeit" zu einem Bestandteil ihrer Identität und erhält so eine „fraktale, d.h. selbstähnliche Denkfigur" (a.a.O., 157). Dabei spiegeln sich große und kleine Strukturen ineinander. Dieses Prinzip überträgt sie auch auf den inklusiven Unterricht, indem sie letztlich eine Spiralstruktur des gemeinsamen Lerngegenstands annimmt, in der Teilaspekte einer Thematik stets zugleich die Gesamtheit des Gegenstands repräsentieren. In einem inklusiven Unterricht ginge es demnach letztlich darum, solche fraktale Strukturen im gemeinsamen Lerngegenstand aufzudecken, die es allen Schülerinnen und Schülern ermöglichen, einen Zugang zu erfahren. Erst damit wäre eine Individualisierung des gemeinsamen Lerngegenstandes tatsächlich durchführbar.

Ein erstes Qualitätskriterium für den inklusiven Unterricht ist deshalb in einer konsequenten Orientierung an der individuellen Entwicklung aller Schülerinnen und Schüler zu sehen (Qualitätsstandard: Entwicklungsorientierung).

20.1.2 Interaktionistisches Modell der inklusiven Didaktik nach Hans Wocken

Gemeinsame Lernsituation

Hans Wocken (1998) entwickelt in kritischer Diskussion mit Feuser auf der Basis der Hamburger Schulversuche seine Theorie gemeinsamer Lernsituationen. Aus der Tradition des symbolischen Interaktionismus im Anschluss an Georg Herbert Mead (1863-1931) differenziert er vornehmlich die soziale Dimension von gemeinsamen Lernsituationen und unterscheidet koexistente, kommunikative, subsidiäre und kooperative Lernsituationen (vgl. Abb. 20.1).

Koexistente Lernsituationen	Kommunikative Lernsituationen
• Individueller Lerngegenstand • Kein unmittelbarer Bezug zueinander • Keine gegenseitige Hilfestellung	• Unterhaltung/Austausch zwischen Schülerinnen und Schülern • Kontakt ohne expliziten Bezug zu einem Lerngegenstand
Subsidiäre Lernsituationen	**Kooperative Lernsituationen**
• Gegenseitige Unterstützung • Schüler helfen Schülern • Lernzuwachs für beide Seiten	• Alle lernen am gemeinsamen Gegenstand • Alle helfen sich gegenseitig „Sternstunden" gemeinsamen Unterrichts

Abb. 20.1: Lernsituationen nach Hans Wocken (1998)

All diese Situationen sind im inklusiven Unterricht erforderlich und werden von den Schülerinnen und Schüler beansprucht. Situationen des individuellen Rückzugs können im inklusiven Unterricht ebenfalls beobachtet werden und aus Schülersicht durchaus sinnvoll und notwendig sein (vgl. Markowetz & Reich 2016).

> **Unterrichtsbeispiel: Melanie**
> Melanie ist ein Mädchen mit einer schweren Behinderung in der 4. Klasse einer Grundschule, das nicht spricht und sich nicht selbstständig fortbewegen kann. Sie hat gelernt, ihren Körper intensiver wahrzunehmen, ihre Bedürfnisse und Wünsche anderen gegenüber stärker zum Ausdruck zu bringen und sich im Klassenleben mit Unterstützung der sonderpädagogischen Lehrkraft eingebunden zu fühlen. Individuelle Förderangebote, begleitet durch die sonderpädagogische Lehrkraft, wechseln sich ab mit Gesprächsrunden im Stuhlkreis, in denen sich die Schülerinnen und Schüler über die aktuellen Lernvorhaben austauschen und gemeinsam das weitere Vorgehen planen. Die Schülerinnen und Schüler arbeiten weitgehend selbstständig mit Wochenplänen und können sich die Lernmaterialien selbst aus offenen Regalen nehmen. Die Klassenlehrkraft steht als Lernbegleitung beratend zur Verfügung. Die Frühstückssituation ist bei allen Schülerinnen und Schülern sehr beliebt, weil sie Melanie hier helfen dürfen, damit sie ihr klein geschnittenes Frühstücksbrot möglichst selbstständig essen kann. Auf dem Schulhof ist Melanie auch auf Unterstützung angewiesen, weil jemand ihren Rollstuhl schieben muss. Bei der gemeinsamen Phantasiereise sind mehrere Schülerinnen und Schüler beteiligt, indem sie zu leiser Musik auf einer weichen Matte liegend Melanie durch die Wärme ihrer Hände zu etwas mehr körperlicher Entspannung verhelfen. Alle Schülerinnen und Schüler sind mit der Frage beschäftigt, wie sie Melanie in den Lernprozess einbeziehen können. Dabei machen sie manchmal auch die Erfahrung, dass Melanie sich gern „bedienen" lässt, obwohl sie eigentlich keine Hilfe benötigen würde. Mit Unterstützung der sonderpädagogischen Lehrkraft haben die Mitschülerinnen und Mitschüler jedoch mit der Zeit gelernt, Melanie das tun zu lassen, was sie selbstständig beherrscht (vgl. Schall 1995).

Auf dem Hintergrund seiner konstruktivistischen Didaktik entwickelt Kersten Reich (2014) ein Konzept inklusiver Didaktik, das auf einer umfassenden Theorie einer inklusiven Schule beruht. In insgesamt zehn Bausteinen seines inklusiven Schulkonzepts fasst er den praktischen Kontext zusammen, in dem der inklusive Unterricht entwickelt wird. Dabei stehen Beziehungsgestaltung und Teambildung im Vordergrund, die durch die Gestaltung der Lernumgebung und Barrierefreiheit im Schulgebäude flankiert werden (vgl. a.a.O., 59). Eine inklusive Schule ist nach Reich auch eine demokratische Schule, die über die Vermittlung von basalen Kompetenzen und Schulabschlüssen für ein selbstbestimmtes Leben in umfassender sozialer Teilhabe in der Kommune, im Stadtteil und in der Arbeitswelt qualifiziert. Lernende mit Förderbedarf sind in einer solchen Schule für alle beteiligt. Dazu sind eine entsprechend differenzierte Leistungsbeurteilung sowie Beratung, Supervision und Evaluation erforderlich. Die methodische Umsetzung konzentriert er schließlich um die Elemente Instruktion, Projekte, Lernlandschaft und Werkstätten, wobei auch hier der jeweilige Lernkontext zu berücksichtigen ist (vgl. a.a.O., 315). Folgende Abbildung gibt einen Überblick über die Merkmale der verschiedenen Umsetzungsmöglichkeiten:

Konstruktivistische Didaktik inklusiv

Instruktion • Anleitung der Lernprozesse durch Lehrkraft • Besonders geeignet für die Einführung neuer Lerninhalte	**Projekt** • Fächerverbindendes Lernen • Erweiterte Methodenvielfalt
Lernlandschaft • Selbsttätiges Lernen • Selbstgesteuerter Lernprozess • Frei zugängliche Lehr-/Lernmaterialien	**Lernwerkstatt** • Zusätzliche Lernangebote, Wahlbereich • Öffnung für außerschulische Lernorte

Abb. 20.2.: Lernmethoden nach Kersten Reich (2014)

In der inklusiven Universitätsschule in Köln wird dieses Modell derzeit praktisch umgesetzt (vgl. Reich 2014). Auf der Homepage der Schule wird der Besucher eingeladen, einen typischen Tagesablauf kennenzulernen (https://www.heliosschule.com/so-lernen-und-leben-wir/ein-tag-bei-uns/).

> Inklusiver Unterricht benötigt eine Vielfalt an sozialen Beziehungen, deshalb erscheint die Orientierung an Interaktion als weiteres Qualitätskriterium für den inklusiven Unterricht (Qualitätsstandard: Interaktionsorientierung).

20.1.3 Ökologisches Modell der inklusiven Didaktik nach Ulrich Heimlich

Sinnliche Lernerfahrungen

Die Vielschichtigkeit der Lernerfahrungen erweitert sich im inklusiven Unterricht deutlich. Nicht nur die kognitive und die soziale Dimension inklusiver Lernerfahrungen sind von Bedeutung. Auch die sensomotorischen bzw. die leiblich-sinnlichen Lernerfahrungen sollten im inklusiven Unterricht ermöglicht werden (vgl. dazu die phänomenologische Denktradition bei Merleau-Ponty 1966; Laing 1969; Meyer-Drawe 1987). Grundgelegt hat ein solches Verständnis von Lernerfahrungen beispielsweise der nordamerikanische Erziehungswissenschaftler und Philosoph John Dewey (1859-1952) (vgl. Krüger & Lersch 1993). Damit ist im Übrigen nicht die viel zitierte Formel *„learning by doing"* gemeint, die bekanntlich überhaupt nicht von Dewey selbst stammt. Dewey hat sich mit dem Verhältnis von Pädagogik und Demokratie beschäftigt und gefragt, wie eine Schule in einer demokratischen Gesellschaft konzipiert sein muss. Sein Demokratieverständnis zielt auf eine bestimmte Qualität des Umgangs zwischen Menschen ab und beinhaltet nicht nur eine bestimmte Staatsform sondern vor allem eine Lebensform (vgl. Putnam 1997). Die damit verbundenen Erfahrungsmöglichkeiten enthalten einen aktiven, handelnden und einen passiven, eher wahrnehmenden Teil (vgl. Dewey 1916/1993). Der Phänomenologe Bernhard Waldenfels spricht in ähnlicher Weise vom produktiv-reproduktiven Lebensweltbezug (vgl. Waldenfels 1985, 140). Teilhaben im Sinne des Grundsatzes der Gleichberechtigung und Beitragen im Sinne des Rechtes auf Selbstbestimmung sind die Grundelemente von inklusiven Lernerfahrungen in einer demokratischen Gesellschaft, zielen sie doch darauf ab, eine selbstbestimmte soziale Teilhabe im Sinne von Inklusion zu ermöglichen. Neben der Person in ihrer Einzigartigkeit und Unverwechselbarkeit und der Interaktion im Sinne der vielfältigen und unterschiedlichen Beziehungen zu anderen gehören dazu ebenso die leiblich-sinnliche Verbindung jedes Einzelnen zu seiner Umwelt und die Einbettung in seine gesamte Situation (vgl. Sünkel 1996). Auf diesem Wege entstehen inklusive Lernsituationen.

Damit wird ein Zugang zu einer ökologischen Didaktik eröffnet, in der die leiblich-sinnliche Situiertheit des Lernenden im Mittelpunkt steht, die seine individuelle Entwicklung und die soziale Eingebundenheit umgreift und den Ort des inklusiven Unterrichts zum Gegenstand inklusionsdidaktischer Reflexionen macht. Inklusiver Unterricht heißt deshalb nicht nur den Einzelnen individuelle Lernwege zu eröffnen, sondern ebenso Erfahrungen des Voneinander-Lernens im Blick zu behalten und vielfältig sinnliche gestaltete Lernumgebungen anzubieten, damit inklusive Lernerfahrungen in diesem umfassenden Sinne möglich werden. Erst dies macht den inklusiven Unterricht zu einer demokratischen Veranstaltung und die inklusive Schule zu einer demokratischen Schule.

Gestaltung der Lernumgebung

> **Unterrichtsbeispiel: Indianerprojekt**
> Die Schülerinnen und Schüler der Klasse 5 einer Sekundarschule haben sich das Thema „Indianer" für ihr nächstes Unterrichtsprojekt gewünscht. Gemeinsam mit der Lehrkraft werden nun in einem Brainstorming Ideen gesammelt, wie das Leben der Indianer für alle erfahrbar gemacht werden könnte. Die Klassenlehrkraft achtet zusammen mit der sonderpädagogischen Lehrkraft darauf, dass möglichst unterschiedliche Lernzugänge zum gemeinsamen Thema gefunden werden und das handelnde Lernen nicht zu kurz kommt. Dazu steht eine Lerntheke bereit, auf der die Schülerinnen und Schüler zahlreiche Bücher, Verkleidungsmaterialien und Spiele zum Thema finden. Ein Wigwam soll auf dem Schulgelände selbst gebaut werden. Die Kleidung der Indianer wird untersucht. Musik und Tänze der Indianer sollen aufgeführt werden. Geschichten der Indianer sollen in kleinen Spielszenen vorgeführt werden. Anhand der Ernährung der Indianer wollen die Schülerinnen und Schüler herausfinden, wie die Indianer es geschafft haben, so sehr in Einklang mit der Natur zu leben. Auch die Kämpfe zwischen Weißen und Indianern sollen aufgegriffen und die Frage geklärt werden, warum die Indianer von den Weißen vertrieben worden sind. Anschließend teilt sich die Klasse in Gruppen auf und wählt jeweils ein eigenes Thema, das zum großen Indianerfest mit Lagerfeuer am Ende der Woche allen präsentiert werden soll (vgl. Graumann 2002).

Bei Hartmut von Hentig finden wir aufbauend auf Dewey das Konzept einer „Schule als Lebens- und Erfahrungsraum", wie er es bekanntlich in der Bielefelder Laborschule entwickelt hat und in seiner weithin bekannt gewordenen Schrift „Die Schule neu denken" (1993) noch einmal zusammenfasst. Die „Schule als Lebens- und Erfahrungsraum" ist letztlich eine inklusive Schule, die alle Schülerinnen und Schüler eines Wohnbezirks mit all ihren spezifischen Kompetenzen aufnimmt und sie möglichst lange gemeinsam unterrichtet (vgl. das Schulporträt bei Demmer-Dieckmann & Struck 2001). Damit soll das realisiert werden, was von Hentig in seinem Essay „Bildung" als „Bildung für alle" entfaltet (vgl. 1996, 61ff.). Diese „Bildung für alle" ist an bestimmte Erfahrungen gebunden, aus denen idealerweise die Bildungsinhalte stammen sollen (vgl. Hörster 1995). Zumindest sollten die Bildungsgehalte mit den Erfahrungen der Schülerinnen und Schüler in Beziehung gesetzt werden (vgl. das Modell eines erfahrungsorientierten Unterrichts bei Ingo Scheller 1987).

Schule als Lebens- und Erfahrungsraum

> Inklusive Lernsituationen bieten eine Vielfalt an Lernerfahrungen im kognitiven, sozialen, emotionalen und sensomotorischen Bereich in einer entsprechend gestalteten Lernumgebung, damit alle am gemeinsamen Lernen partizipieren können und alle etwas dazu beitragen (Qualitätsstandard: Situationsorientierung).

20.1.4 Inklusive Bildung

Notwendigkeit einer inklusiven Bildungstheorie

Versuchen wir im Rückblick den Kern der didaktischen Modelle des inklusiven Unterrichts herauszuarbeiten, so wird die Notwendigkeit einer inklusiven Bildungstheorie sichtbar. Bereits Wolfgang Klafki hat in seinen neueren Studien zur Bildungstheorie (2007) auf den Dreiklang der Bildungsdimensionen Selbstbestimmung, Mitbestimmung und Solidarität hingewiesen. Alle Schülerinnen und Schüler sollten in Bildungsprozessen die Möglichkeit erhalten, sich zu selbstbestimmten Menschen zu entwickeln. Gleichzeitig müssen sie die gleichberechtigte Chance haben, über ihre Belange in der Gesellschaft mitzubestimmen. Wenn diese beiden Aspekte erreichbar sein sollen, dann ist dazu eine solidarische Haltung erforderlich, die Menschen mit unterschiedlichen Voraussetzungen zusammenführt und dafür Sorge trägt, dass alle gleichberechtigte Chancen auf Teilhabe erfahren.

Realisierbarkeit inklusiven Unterrichts

Aus der Praxis des inklusiven Unterrichts ist allerdings deutlich geworden, dass diese idealen Bildungsprozesse keineswegs ständig realisierbar sind. Hilfreich wäre schon die Möglichkeit, inklusive Momente im Bildungsprozess zu erfahren. Bereits Friedrich Copei (1930/1969) hat mit dem „fruchtbaren Moment" den Kern seiner Bildungstheorie beschrieben und mit seinem „Milchbüchsenbeispiel" veranschaulicht. Es geht im Unterricht nicht darum, den Schülerinnen und Schüler alle Lernmöglichkeiten vorweg zu nehmen, in dem die Lehrkraft die Lösung vorgibt. Schülerinnen und Schüler wollen im Unterricht selbst etwas herausfinden und zur Lösung von Problemen beitragen. Im Milchbüchsenbeispiel geht es darum zu erkennen, dass die Milch erst herausfließt, wenn zwei Löcher in der Büchse sind. Wenn Schülerinnen und Schüler das selbst entdecken, fragen sie mit hoher Wahrscheinlichkeit weiter nach den Gründen für dieses Phänomen. Und schon entsteht eine Fülle von Lerngelegenheiten, die den Schülerinnen und Schülern nicht vorenthalten werden dürfen.

Inklusive Momente

Inklusive Momente im Bildungsprozess stehen in ähnlicher Weise für eine bestimmte Qualität der Lernerfahrung. Gemeinschaftserlebnisse und das Voneinander-Lernen im inklusiven Unterricht ermöglichen inklusive Lernerfahrungen. Jede Schülerin und jeder Schüler wird mit einbezogen, und individuelle Lernwege werden aufgezeigt. Besonders Schülerinnen und Schüler mit SPF benötigen haltgebende Strukturen in Form von wiederkehrenden Ritualen z.B. zu Beginn des Schulvormittags oder beim Übergang in die Pause. Zugleich kann der inklusive Unterricht nur realisiert werden, wenn eine Öffnung für unterschiedliche Methoden und eine Öffnung nach außen zum Stadtteil und zur Lebenswelt der Schülerinnen und Schüler stattfindet. Zwischen den Polen Gemeinsamkeit und Individualisierung, zwischen Offenheit und Struktur gilt es das inklusive Bildungsangebot stets neu auszubalancieren und dabei möglichst vielfältige sinnliche Lernangebote vorzuhalten (vgl. Heimlich 2017; Platte 2017). In inklusiven Momenten gelingt es, eine tätige Aufmerksamkeit füreinander, für die Sache und für sich zu entwickeln, die das Miteinander- und Voneinander-Lernen erst ermöglicht. Insofern verweist eine Didaktik des inklusiven Unterrichts letztlich auf eine Theorie inklusiver Bildung, die derzeit jedoch erst in Ansätze entsteht.

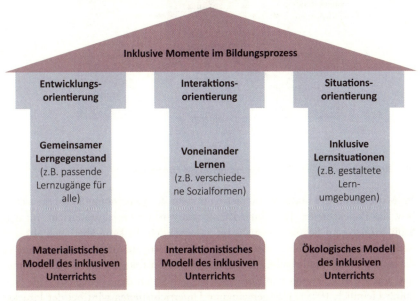

Abb. 20.3: Grundlegende didaktische Modelle für inklusiven Unterricht

20.2 Methoden des inklusiven Unterrichts

Unterrichtsmethoden

Wenn wir inklusiven Unterricht in einer Schulklasse beobachten, so werden zunächst einige Unterrichtsmethoden auffallen, die für diesen Unterricht von besonderer Bedeutung sind. Damit ist gleichsam die äußere Seite des inklusiven Unterrichts angesprochen. Unterrichtsformen im Sinne von Methoden (griech. *meta hodos* = „Weg zu etwas hin") gelten im Anschluss an Hilbert Meyer (2009, 45) als Handlungsmuster:

> „Unterrichtsmethoden sind die Formen und Verfahren, in und mit denen sich Lehrer und Schüler die sie umgebende natürliche und gesellschaftliche Wirklichkeit unter institutionellen Rahmenbedingungen aneignen."

Aus der Sicht der Lehrenden sind sie Lehrformen, aus der Sicht der Lernenden Lernformen (vgl. Glöckel 1996, 59f.). Zu ihnen zählen neben den Sozialformen auch methodische Großformen wie Vorhaben, Lehrgang und Projekt. Bezogen auf den inklusiven Unterricht lassen sich die folgenden Methoden unterscheiden:

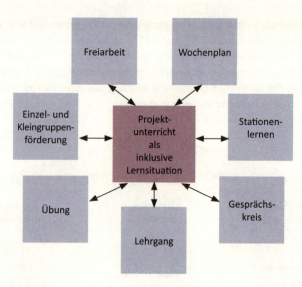

Abb. 20.4: Methoden des inklusiven Unterrichts (eigene Darstellung)

Projektunterricht
Im Mittelpunkt des inklusiven Unterrichts steht der gemeinsame Lerngegenstand bzw. das Projektthema. Das Unterrichtsthema wird im Projektunterricht mit den Schülerinnen und Schülern gemeinsam ausgehandelt. Es kann aber auch aus den Richtlinien und Lehrplänen der jeweiligen Schulform stammen. Entscheidend ist die gemeinsame Planungsphase – ausgehend von der festgelegten Problemstellung und unter Einbeziehung der Kompetenzen auf Seiten der Lernenden (vgl. Frey 2002; Heimlich 1999). Das gemeinsame Unterrichtsthema wird bei der Projektplanung als Problemstellung unter der Perspektive der möglichst vielfältigen Zugangsweisen betrachtet. Das Projekt stellt das thematische und soziale Zentrum des inklusiven Unterrichts dar, so wie es schon für den integrativen Unterricht empfohlen worden ist (vgl. Feuser & Meyer 1987). Inklusives Potenzial hat der Projektunterricht besonders deshalb, weil hier im gemeinsamen Planungsprozess von Lehrkräften sowie Schülerinnen und Schülern eine Vielfalt an Lernzugängen zu einem gemeinsamen Lerngegenstand entsteht.

Weitere Methoden
Das Konzept des Projektunterrichts deckt jedoch keineswegs den gesamten Bereich des inklusiven Unterrichts ab. Um dieses Zentrum herum sind weitere Methoden angesiedelt, auf die in Ergänzung zum gemeinsamen Lerngegenstand immer wieder zurückgegriffen wird.

Freiarbeit
Regelmäßige Freiarbeitsphasen beispielsweise zu Beginn eines Unterrichtstages bieten ein Höchstmaß an Möglichkeiten zur Differenzierung, Individualisierung und vor allem Selbsttätigkeit (vgl. Montessori 1987). Schülerinnen und Schüler wählen im Rahmen der Freiarbeit ihre Lernaufgaben, die Lehr- und Lernmaterialien, ihre Lernpartnerinnen und -partner und den Ort des Lernens im Klassenraum selbst. Dazu ist eine entsprechende Ausstattung des Klassenraums erforderlich, in dem in offenen Regalen alle Lehr- und Lernmaterialien für alle Schülerinnen und Schüler frei zugänglich sind. Um in Stunden der Freiarbeit erfolgreich lernen zu können,

ist eine umfassende Vorbereitung der Schülerinnen und Schüler erforderlich, in der besonders Lernmethoden gelernt werden (das Lernen des Lernens). Werden diese Lernmethoden beispielsweise zu Beginn des Schuljahres intensiv trainiert, möglicherweise auch unter zeitweiligem Verzicht auf Erarbeitung curricularer Inhalte, so profitieren Lehrkräfte und die Lerngruppe das gesamte Schuljahr und darüber hinaus von diesen Trainingseffekten. Ganz besonders für Schülerinnen und Schüler mit SPF ist die Förderung eines bewussten und möglichst selbstständigen Umgangs mit Lernmethoden von Bedeutung, da sie häufig Unsicherheiten in der Steuerung von und der Reflexion über Lernprozesse zeigen. Die Unterstützung bei der Wahl der Lehr- und Lernmaterialien bis hin zu sonderpädagogischen Fördermaterialien kann bereits den Zugang zu Differenzierungsmöglichkeiten eröffnen und dazu beitragen, dass sich die Schülerinnen und Schüler nicht selbst überfordern. Das selbstständige Lernen vieler Schülerinnen und Schüler in der Freiarbeit schafft allerdings auch Freiräume für die Lehrkräfte zur individuellen Betreuung einzelner Schülerinnen und Schüler. Gerade für die Freiarbeitsstunden im inklusiven Unterricht hat sich deshalb die Doppelbesetzung mit Klassenlehrkraft und sonderpädagogischer Lehrkraft als hilfreich erwiesen.

Freiarbeit

Voraussetzungen:
- Entsprechende Ausstattung und ausreichendes Platzangebot des Klassenraums
- Freie Zugänglichkeit aller Lehr- und Lernmaterialien
- Sonderpädagogische Fördermaterialien als Teil des Angebots
- Umfassende methodische Vorbereitung der Schülerinnen und Schüler
  - Einüben von Methoden und Aufgabenformaten
  - Förderung eines bewussten Umgangs mit Methoden
  - Reflexion des eigenen Lernprozesses anbahnen und unterstützen

Umsetzung:
- Feste/flexible Freiarbeitsstunden im Stundenplan
- Intensives Einüben von Lernmethoden (ggf. zeitweiliger Verzicht auf curriculare Inhalte)
- Ideal: Doppelbesetzung der Lehrkräfte
- Unterstützung bei der Auswahl von Lerngegenstand und -methode durch die Lehrkräfte

Nutzen:
- Höchstmaß an Differenzierung und Individualisierung möglich
- Höchstmaß an Selbsttätigkeit und selbstbestimmtem Lernen möglich
- Freiräume für individuelle Betreuung einzelner Schülerinnen und Schüler

Abb. 20.5: Praxistipp Freiarbeit (eigene Darstellung)

Das Unterrichten mit Wochenplänen erleichtert die Organisation eines Unterrichtsgeschehens, das auf individuelle Lernwege ausgerichtet ist und bis hin zu Tages- und Förderplänen reichen kann (vgl. Moosecker 2008). In Wochenplänen werden die Arbeitsaufgaben der Schülerinnen und Schüler für eine Woche zusammengefasst und übersichtlich dargestellt. In der Regel beziehen sich die Aufgaben des Wochenplans auf die Freiarbeitsstunden, so dass die Schülerinnen und Schüler in die Lage versetzt

Wochenplan

werden, sich die Reihenfolge der Bearbeitung selbst einzuteilen. Meist wird auch in Pflicht- und Küraufgaben unterschieden, was bereits eine erste Differenzierung enthält. Schülerinnen und Schüler mit einem langsameren Lerntempo können sich mit den Pflichtaufgaben begnügen, Schülerinnen und Schüler, die schneller lernen, bearbeiten auch die Zusatzaufgaben. Wenn die Aufgaben nach Meinung der Schülerinnen und Schüler bearbeitet sind, dann können sie sich das von der Lehrkraft auf dem Wochenplan bestätigen lassen. Geachtet werden sollte allerdings auch auf eine vielfältige Gestaltung der Arbeitsaufgaben des Wochenplans, damit nicht nur Aufgaben aus Schulbüchern abgeschrieben werden müssen, sondern auch Möglichkeiten für entdeckendes und handelndes Lernen berücksichtigt werden. Weitreichende Modelle der Wochenplanarbeit beziehen die Schülerinnen und Schüler mit in die Gestaltung des Wochenplans ein, indem ihnen die Aufgabe gestellt wird, die Verteilung der Wochenplanarbeit für eine Woche auf die Wochentage selbst vorzunehmen. Gerade in Sekundarschulen hat sich der Wochenplan als wichtiges Koordinationsinstrument zwischen den Fachlehrkräfte erwiesen, da so auch der Austausch über ein gemeinsames Erziehungs- und Förderkonzept möglich wird. Für die Kooperation mit Eltern erweisen sich Wochenpläne ebenfalls als hilfreiches Medium zum Informationsaustausch. Für Schülerinnen und Schüler mit SPF kann der möglicherweise noch nicht überschaubare Wochenplan in Tagespläne übersetzt werden, um ihnen zunächst einmal Sicherheit für die Gestaltung eines Unterrichtstages zu bieten und im Tagesablauf jeweils unterstützend zur Seite stehen zu können.

Wochenplan

Voraussetzungen:
- Vorbereitetes Material ggf. mit Selbstkontrolle
- Abwechslungsreiches Angebot, auch entdeckendes und handelndes Lernen
- gutes Einüben und Anleiten und Anleiten der Methode notwendig

Umsetzung:
- Arbeitsaufgaben für Schülerinnen und Schüler für eine ganze Woche
- Fest eingeplante Freiarbeitsstunden für die Bearbeitung des Wochenplans
- Häufige Struktur (bereits Möglichkeit der Differenzierung): Pflichtaufgaben für alle und Küraufgaben für Schnellere
- Kontrolle der Aufgaben und des gesamten Wochenplans durch Selbstkontrolle oder Lehrkraft

Nutzen:
- Erleichterte Organisation des Unterrichtsgeschehens
- Ausrichtung auf individuelle Lernwege (auch durch Tages- oder Förderpläne)
- Selbstständige Arbeitswege, selbstverantwortliche Einteilung der Aufgaben
- Differenzierung durch individualisierte Wochenpläne und entsprechend angebotenes Material
- Informationsaustausch zwischen Lehrkräften und mit Eltern: gemeinsames Erziehungs- und Förderkonzept

Abb. 20.6: Praxistipp Wochenplan (eigene Darstellung)

Stationenlernen   Die Lerninhalte einer Unterrichtseinheit müssen im inklusiven Unterricht nicht immer in stundenweisen „Häppchen" nacheinander präsentiert werden. Sie können mit einem ähnlichen Arbeitsaufwand auch gleichzeitig als Stationen zum Selbstentdecken angeboten werden. Diese ermöglichen so eine gute Vorbereitung für selbsttätige Lernphasen (vgl. Hegele 1996; Siedenbiedel & Theurer 2015). Bei der Gestaltung der Stationen sollte ebenfalls berücksichtigt werden, dass unterschiedliche Lernerfahrungen angeboten werden. Das Thema eines Stationenlernens kann in Lese- und Schreibaufgaben erarbeitet werden oder eine Station zum künstlerischen Gestalten enthalten. Ebenso denkbar sind kleine Experimente, Spiele, Rätsel oder auch Aufgaben zur Herstellung z.B. einer Mahlzeit. Für den inklusiven Unterricht ist das Stationenlernen besonders deshalb interessant, weil der Grad der Offenheit im Umgang mit den Lernstationen sehr unterschiedlich gestaltet werden kann. Sind Lerngruppen erprobt im Umgang mit dem Stationenlernen, so kann die Lehrkraft den Schülerinnen und Schülern nach der Vorstellung des Themas und der verschiedenen Stationen die Wahl der Station und die soziale Zusammensetzung der Kleingruppen selbst überlassen. Lediglich ein akustisches Signal der Lehrkraft zeigt dann an, wann die Stationen gewechselt werden müssen. Auf einem Laufzettel haken die Schülerinnen und Schüler nach und nach die einzelnen Stationen ab und lassen sich dies durch die Lehrkraft abschließend bestätigen. Ist das Stationenlernen für die Schülerinnen und Schüler noch neu, sollte die Lehrkraft die Stationen einzeln vorstellen und eingehend erläutern, dann die Kleingruppen der Schülerinnen und Schüler bilden, auf die Stationen verteilen und nach einem festen Schema und einer klaren Zeitstruktur den Wechsel der Stationen anleiten.

Stationenlernen

Voraussetzungen:
- Angebot unterschiedlicher, abwechslungsreicher Lernerfahrungen
- Einüben der Methode und verschiedener Sozialformen

Umsetzung:
- Vorstellung/Erklärung der Stationen
- ggf. Einteilung von Tandems oder Gruppen
  - ▶ Möglichkeit eines Lernpaten-Systems (gezielte Teameinteilung)
- Selbstgesteuerte und selbstständige Arbeit in unterschiedlichen Sozialformen
- Selbstständiges Ausfüllen eines Laufzettels durch Schülerin/Schüler, Kontrolle durch Lehrkraft
- Differenzierung durch entsprechende Gestaltung der Stationen oder individualisierte Laufzettel
- Wechsel der Stationen durch akustisches Signal oder anderes Zeichen
- Weiterarbeit über mehrere Unterrichtsstunden

Nutzen:
- Grad der Offenheit bzw. Vorstrukturierung flexibel und passgenau planbar
  - ▶ mehr Strukturierung zum Einstieg in Stationenarbeit, langsame Öffnung sinnvoll
- Eigenverantwortliche Arbeit an einem Thema über mehrere Stunden

Abb. 20.7: Praxistipp Stationenlernen (eigene Darstellung)

Für Schülerinnen und Schüler mit SPF ist gerade das oben beschriebene, stark angeleitete Vorgehen eine wichtige Möglichkeit zum Einstieg in das Stationenlernen von besonderer Bedeutung, da sie in offenen Lernphase nicht selten ängstlich und unsicher reagieren und häufig die unmittelbare Bestätigung der Lehrkraft zum erreichten Lernerfolg suchen. Eine weitere Differenzierungsmöglichkeit besteht in der Gestaltung einzelner Stationen und der Empfehlung an einzelne Schülerinnen und Schüler mit gravierenden Lernschwierigkeiten diese Stationen bevorzugt anzusteuern. Unterstützend kann dabei wirken, dass Schülerinnen und Schüler mit SPF einen Lernpaten zur Seite haben, der die Arbeit an den Lernstationen unterstützt. Der Aufwand für die Vorbereitung eines Stationenlernens entspricht ungefähr dem einer größeren Unterrichtseinheit mit mehreren Unterrichtsstunden, nur dass im Stationenlernen alle Stationen gleichzeitig zur Verfügung stehen. Die Stationen können durchaus in mehreren Unterrichtsstunden bearbeitet werden.

Gesprächskreis
Der Gesprächskreis bildet im inklusiven Unterricht häufig eine Art Drehscheibe für das soziale Geschehen im Klassenraum und ergänzt auf diese Weise das gemeinsame Lernen am gemeinsamen Lerngegenstand um soziale Lernprozesse (vgl. Schall 1995). Sowohl am Wochenanfang als auch zum Wochenabschluss kann es für Schülerinnen und Schüler aber auch für die Lehrkraft sinnvoll sein, sich über Erlebnisse und Erfahrungen vom Wochenende oder aus der Schulwoche auszutauschen. Schülerinnen und Schüler lernen dabei Gesprächsregeln einzuhalten und aufeinander einzugehen. Es können Konflikte besprochen werden und Vorschläge der Schülerinnen und Schüler für gemeinsame Vorhaben diskutiert werden. Gerade demokratische Willensbildungsprozesse sind hier unmittelbar erfahrbar, wenn die Verantwortung für Gruppenvorhaben übernommen werden soll und Mehrheiten in der Lerngruppe für eine Idee zu gewinnen sind. Gesprächskreise können ein „Fenster" in die Lebens- und Erfahrungswelt von Schülerinnen und Schülern sein und ihnen das Gefühl vermitteln, dass ihre Alltagserfahrungen in der Schule einen Stellenwert haben und beachtet werden.

Gesprächskreis

Voraussetzungen:
- Bereitschaft der Schülerinnen und Schüler
- Angebahnte oder abgeschlossene Gruppenfindung
  ▶ Hinführung durch Interaktionsspiele o.ä.

Umsetzung:
- Wochenanfang oder Wochenabschluss, Tagesanfang oder Tagesabschluss, andere Zeitpunkte
- Mögliche Themen:
  - Austausch über Erlebnisse
  - Lösen von Anliegen oder Problemen
  - gemeinsame Planung von Strukturen in der Klasse oder anderen Vorhaben
- Erarbeitung und Einhaltung fester Regeln, z.B. feste Eröffnung, Gesprächsball, Redezeit, uvm.

Nutzen:
- Drehscheibe für soziales Geschehen im Klassenraum
  ▶ soziale Lernprozesse
- Erleben demokratischer Prozesse, konstruktive Lösung von Konflikten
- Einblicke in Lebens- und Erfahrungswelt der Schülerinnen und Schüler
- Erwerb sozialer Kompetenzen, z.B. Zuhören, Einhalten von Regeln

Abb. 20.8: Praxistipp Gesprächskreis (eigene Darstellung)

Darüber hinaus erwerben Schülerinnen und Schüler beim Kreisgespräch grundlegende soziale Kompetenzen, wie Zuhören, Einfühlungsvermögen und das Einhalten von Regeln. Ein Erzählball, der an die jeweils nächsten Sprecherinnen bzw. Sprecher weitergereicht wird, kann helfen zu akzeptieren, dass nur nacheinander gesprochen werden kann. Hilfreich zur Einführung von Gesprächskreisen können auch Interaktionsspiele sein. Sie zeigen den Lehrkräften in der Regel, wie sehr die Schülerinnen und Schüler bereits aufeinander eingehen können und wie weit die Aufmerksamkeit für andere schon gediehen ist.

Aber auch ein handwerklich gut gemachter Frontalunterricht, in dem mit innerer Differenzierung gearbeitet wird, hat weiter seine Berechtigung im inklusiven Unterricht insbesondere in der Sekundarstufe I und II und wenn es z.B. um die gemeinsame Erarbeitung eines neuen Lerninhaltes für eine Lerngruppe geht (vgl. Gudjons 2007). Die direkte Instruktion, wie es in der Lehr- und Lernforschung häufig heißt, ist eine vielfach geprüfte und effektive Unterrichtsmethode, die auf der fachlichen Kompetenz der Lehrkraft beruht und zugleich auf deren didaktisch-methodischem Geschick. Im inklusiven Unterricht sind diese Phasen zur Vermittlung neuen Wissens unabdingbar. Die Notwendigkeit solcher lehrgangsartiger Phasen, in denen die Lehrerzentrierung im Vordergrund steht, ergibt sich immer wieder aus dem laufenden Lernprozess, wenn die Schülerinnen und Schüler selbst entdecken, dass ihnen grundlegende Kenntnisse zur Lösung eines Problems fehlen. Hier ist die Lehrkraft gefordert, entsprechendes Wissen aufzubereiten, zu präsentieren und so der Erarbeitung durch die Schülerinnen und Schüler zu öffnen. Aber auch curriculare Vorgaben erfordern immer wieder die lehrerzentrierte Vermittlung von wichtigen Bildungsinhalten, um erneut anwendungs- und transferorientierte Lernphasen vorzubereiten.

Lehrgang

Lehrgang

Voraussetzungen:
- Fundierte fachliche Kompetenz der Lehrkraft
- Didaktische und methodische Kenntnisse der Lehrkraft

Umsetzung:
- Lehrerzentrierung
- Anleitung des Lernprozesses durch
  - fundierte Vorarbeit und eigene Vorbereitung der Lehrkraft
  - anschauliche, alters- und leistungsgerechte Präsentation und Medieneinsatz
  - klare Instruktion
- Einsatz bei fehlenden Kenntnissen oder Fertigkeiten der Schülerinnen und Schüler für die Lösung eines Problems
- Unbedingte Berücksichtigung individueller Bedürfnisse durch Anbieten unterschiedlicher Zugänge zum Lerngegenstand

Nutzen:
- Gemeinsame Erarbeitung eines Lerngegenstandes
- Empirisch belegte Effektivität
- Hohe Eignung für den Unterricht der Sekundarstufe

Abb. 20.9: Praxistipp Lehrgang (eigene Darstellung)

Für den inklusiven Unterricht ist allerdings auch in der lehrerzentrierten Instruktion der Blick für die einzelnen Schülerinnen und Schüler unverzichtbar. Insofern sind unterschiedliche Lernzugänge erforderlich, auch wenn die Lehrkraft die Strukturierung der lehrgangsartigen Lernphase komplett in die eigene Hand genommen hat. Medien zur unterstützenden Veranschaulichung, bildliche Darstellungen und praktische Beispiele erleichtern den Zugang zum neuen Lerninhalt für alle Schülerinnen und Schüler.

Übung und Wiederholung

Ein reformpädagogischer Unterricht – und als solcher wird der inklusive Unterricht verstanden – enthält ebenfalls ein verändertes Verständnis von Übung und Wiederholung. Dieses veränderte Übungsverständnis besteht insbesondere darin, dass nicht nur reproduktive sondern auch produktive Methoden des Übens angewandt werden. Gerade für Schülerinnen und Schüler mit SPF sind Übungsphasen äußerst hilfreich. Es geht vielfach nicht nur um eine Festigung des Wissens, sondern auch um eine Wiederholung von Gelerntem, das wieder vergessen worden ist. Gerade nach den Ferien berichten Lehrkräfte immer wieder von solchen Erlebnissen. Während die Übung häufig im Nachhinein eingesetzt wird, um das neu Gelernte zu festigen und mit vorhandenen Wissensbeständen zu verknüpfen, ist es jedoch ebenso sinnvoll, bereits vorab Fähigkeiten und Fertigkeiten zu üben, die in einer geplanten Unterrichtseinheit zukünftig benötigt werden. So können Schülerinnen und Schüler mit SPF von solchen Vorübungen beim Wechsel von Sozialformen, beim Umgang mit offenen Aufgabenformaten und bei der selbstständigen Handhabung von verschiedenen Lernmethoden sowie Lehr- und Lernmaterialien durchaus profitieren.

Übung und Wiederholung

Voraussetzungen:
- Wissen der Lehrkraft über verschiedene Formen des Übens und Wiederholen (reproduktiv und produktiv)
- didaktische und methodische Kenntnisse der Lehrkraft

Umsetzung:
- Einsatz abwechslungsreicher Übungsformen
  ▶ verschiedene Lern- und Lösungsstrategien, Ansprechen verschiedener Sinne
- Gelerntes in veränderten Aufgabenstrukturen anbieten
- Vorübungen (z.B. Lernstrategien, Materialverwendung, geübte Abläufe, ...) entlasten
  - Sozialformwechsel
  - Arbeit an offenen Aufgabenformaten
  - selbstständige Arbeit mit verschiedenen Lernmethoden und Materialien

Nutzen:
- Festigung und Vertiefung gerade gelernten Wissens
- Reaktivierung vergessenen Wissens/vergessener Fertigkeiten
- Grundlegung basaler Fähigkeiten und Fertigkeiten
- Hilfreich für Schülerinnen und Schüler mit sonderpädagogischem Förderbedarf

Abb. 20.10: Praxistipp Übung und Wiederholung (eigene Darstellung)

Gerade in Übungsphasen gilt jedoch besonders die Notwendigkeit, abwechslungsreiche Methoden einzusetzen und das zu Lernende jeweils in einer veränderten Aufgabenstruktur wieder anzubieten. Bei der Gestaltung von Übungsphasen im inklusiven Unterricht sind sonderpädagogische Lehrkräfte besonders gefordert, da es hier auch möglich ist, basale Lernvoraussetzungen grundzulegen.

Bei allem Bemühen um ein kooperatives Lerngeschehen im inklusiven Unterricht kann es gleichwohl notwendig werden, dass besondere Förder- und Therapieangebote in kleinen Gruppen oder für einzelne Kinder angeboten werden. Allerdings verändern sich diese Förder- und Therapiekonzepte gegenwärtig auch insofern, als sie verstärkt von den Bedürfnissen der Schülerinnen und Schülern nach Selbsttätigkeit ausgehen (vgl. Heimlich 1997). Basis dieser Einzel- und Kleingruppenförderung wird stets eine möglichst intensive Förderdiagnostik sein, die bestimmte Lernschwierigkeiten genau beschreibt und mögliche Ursachen benennt. Erst darauf aufbauend kann über eine gezielte Intervention und geeignetes Fördermaterial entschieden werden. In regelmäßigen Abständen sollten solche Förderangebote auf ihre Effektivität hin überprüft werden (Evaluation). Dazu können Gespräche mit Schülerinnen und Schülern hilfreich sein (vgl. Heimlich 2016). Aber auch Beobachtungen, Fehleranalysen sowie der Einsatz von förderdiagnostischen Tests sind denkbar. Aus dieser Evaluation entstehen dann nicht selten neue Förderziele, die einen neuen Förderprozess einleiten. Hier kommt die sonderpädagogische Lehrkraft verstärkt zum Einsatz, da sie die fachliche Kompetenz für diese gezielten Förderangebote hat. Begleitend ist es dabei erforderlich, dass das Gespräch mit allen Beteiligten (auch den Eltern sowie den Schülerinnen und Schülern) nicht abbricht und ein fortlaufender Prozess der Beratung und Kommunikation möglich gemacht wird.

Einzel- und Kleingruppenförderung

Einzel- und Kleingruppenförderung

Voraussetzungen:
- Sorgfältig betriebene Förderdiagnostik: Beschreibung von Bedürfnissen und Ursachen
- Wissen über Fördermöglichkeiten, Maßnahmen und Material
- Kooperation und Interdisziplinarität, auch Einbezug der Schülerinnen und Schüler

Umsetzung:
- Schaffen einer Entscheidungsgrundlage durch Beobachtung, Fehleranalysen, Einsatz von Screenings oder Tests
- Festlegen von Förderzielen und -maßnahmen
- Auswahl des geeigneten Fördermaterials
- Klärung von Ort, Zeit, Personal
- Regelmäßige oder bedarfsabhängige Förderung
- Unerlässlich: regelmäßige Überprüfung von Effektivität und Notwendigkeit
- Austausch und Beratung zwischen Klassenleitung, sonderpädagogischer Lehrkraft, Eltern

Nutzen:
- Gezielte Intervention und passgenaue Förderung möglich
- Starker Fokus auf das Bedürfnis nach Selbsttätigkeit von Schülerinnen und Schüler

Abb. 20.11: Praxistipp Einzel- und Kleingruppenförderung (eigene Darstellung)

Inklusiver Unterricht benötigt eine Vielfalt an Methoden, damit die Lernbedürfnisse aller Schülerinnen und Schüler einbezogen werden können und alle etwas auf der Basis ihres jeweiligen Entwicklungsstandes zum Unterricht beitragen können.

Anpassung bestehender Konzepte

Ein guter inklusiver Unterricht ist insbesondere durch Rückbezug auf den Projektunterricht zu gewährleisten, auch wenn damit lediglich das Zentrum der vielfältigen Unterrichtsformen bezeichnet ist. Zusammenfassend kann festgehalten werden, dass der inklusive Unterricht nicht in einem eigenen Unterrichtskonzept fundiert wird. Auf der konzeptionellen Ebene werden vielmehr Anleihen bei reformpädagogischen Entwürfen erforderlich. Diese müssen allerdings an die Lernvoraussetzungen von Schülerinnen und Schülern mit SPF angepasst werden, da sie häufig die Kompetenz zum selbstständigen Lernen in offenen Lernphasen noch nicht mitbringen. Gerade deshalb ist es umso wichtiger, dass diese Aktivierung in ihrem Lernprozess durch eine Vielfalt an Methoden und eine Öffnung des Unterrichts stattfindet.

20.3 Prinzipien des inklusiven Unterrichts

Meist nicht mehr unmittelbar wahrnehmbar aber im Hintergrund wirksam, sind die Grundsätze, die Lehrkräfte in ihrer Tätigkeit im inklusiven Unterricht leiten. Auch wenn es hier letztlich um individuelle Vorlieben und Schwerpunkte einzelner Lehrkräfte gehen wird, so können doch mittlerweile einige Orientierungshilfen in Form von Unterrichtsprinzipien gegeben werden. Damit ist gleichsam die innere Seite des inklusiven Unterrichts angesprochen. Prinzipien (lat. *principium* = Anfang, Ursprung, Grundlage) des Unterrichts sind:

„… übergreifende Handlungsempfehlungen oder Inszenierungshinweise für die Gestaltung von Unterricht als Lernangebot, die sich auf ausgewiesene normative, empirische und theoretische Prämissen gründen; …" (Kiel 2013, 199).

Orientierungsrahmen

Diese Grundsätze haben für Lehrkräfte im inklusiven Unterricht deshalb eine so große Bedeutung, weil sie Orientierung für das eigene pädagogische Handeln geben. In der Unterrichtssituation, die unter unmittelbarem Handlungsdruck steht, entlasten Unterrichtsprinzipien also von theoriebezogenen Reflexionen, die im beruflichen Alltag nicht immer geleistet werden können. Sie ermöglichen überdies Kontinuität, müssen aber auch an die Lernvoraussetzungen der Schülerinnen und Schüler angepasst werden und sind keineswegs eine Garantie für erfolgreiche Lernprozesse (vgl. ebd.). Gleichzeitig stehen sie für eine bestimmte Qualität des inklusiven Unterrichts. In Anlehnung an Herbert Gudjons (2014) können auf der Basis des Projektlernens folgenden Prinzipien inklusiven Unterrichts unterschieden werden:

Abb. 20.12: Prinzipien des inklusiven Unterrichts (eigene Darstellung)

Der inklusive Unterricht sollte handlungsorientiert sein, damit alle Schülerinnen und Schüler die Möglichkeit zu einer aktiven Auseinandersetzung mit dem gemeinsamen Lerngegenstand auf der Basis ihrer individuellen Kompetenzen haben (vgl. Gudjons 2014). Die Rückführung der Lerngegenstände auf die Handlungsebene ist durchaus eine kreative Herausforderung. Mit dem Modell der kognitiven Repräsentationsstufen von Jerome S. Bruner besteht hier jedoch die Möglichkeit, konsequent von der abstrakt-symbolischen Ebene auf die ikonische und enaktive Ebene des Lernens einzugehen und damit unterschiedliche Lernzugänge zu kreieren.

Handlungsorientierung

Im Mathematikunterricht der Grundschule bietet z.B. das Montessori-Material mit dem Perlen- und Zählmaterial, aber auch mit der Veranschaulichung der Bruchrechnung vielfältige Anregungen für ein handelndes Lernen. Komplexe Lerngegenstände (z.B. der Satz der Pythagoras) sind als Montessori-Material aufbereitet und in der Lage den zugrundeliegenden Sachverhalt auf einer Handlungsebene erfahrbar zu machen.

Häufig entstehen in Projekten konkrete Produkte, wobei als Ergebnis auch eine veränderte Haltung bzw. Einstellung angestrebt werden kann. Die Herstellung eines Gegenstandes kann jedoch auf der Handlungsebene einen ungleich intensiveren Zugang zu grundlegenden Funktionszusammenhängen schaffen, als das möglicherweise durch einen Text oder eine Formel möglich ist. Erfahrungsgemäß gilt das gerade im inklusiven Unterricht für alle Schülerinnen und Schüler und nicht nur für Schülerinnen und Schüler mit SPF. Selbst wenn Schülerinnen und Schüler in der Lage sind, sich einen Lerngegenstand auf der abstrakt-symbolischen Ebene mittels Text anzueignen, kann es für das vertiefte Verständnis für sie von Bedeutung sein, den praktischen Nutzen eines Gegenstandes und alltäglichen Umgang damit kennenzulernen.

Die Themen und Inhalte des inklusiven Unterrichts sollten zur Erfahrungswelt der Schülerinnen und Schüler in Beziehung gesetzt werden und idealerweise aus deren Lebenswelt stammen, d.h. gesellschaftliche Praxisrelevanz besitzen (vgl. Hiller

Alltagsnähe

2010). Dabei geht es nicht nur darum, den Alltag der Schülerinnen und Schüler in den Unterricht einzubeziehen und zum Thema zu machen. Der Horizont des Alltags muss immer wieder überschritten werden, um neue Alltagserfahrungen zu ermöglichen und die denkbaren Veränderungen des Alltags aufzuzeigen. So bietet es sich an, z.B. außerschulische Lernorte aufzusuchen und zu erschließen, um den Alltag selbst zum Gegenstand des gemeinsamen Nachdenkens zu machen. Inklusiver Unterricht strebt an, dass Schülerinnen und Schüler die Bedeutung schulischen Lernens mit ihren Alltagserfahrungen in Verbindung bringen. Lehrplaninhalte können unter dieser Maxime ebenfalls auf ihre Alltagsrelevanz hin betrachtet werden.

Hinzu kommt ebenfalls die Vermittlung von praktischen Kompetenzen zur Bewältigung des Alltags z.B. mit Blick auf das zukünftige Leben von Schülerinnen und Schüler nach dem Ende der Schulzeit. Das Führen eines Haushalts, die Einrichtung einer Wohnung, der Umgang mit Geld und Behörden und auch die Bewältigung prekärer Lebenssituationen mit geringen finanziellen Mitteln bis hin zur Familiengründung und Kindererziehung können Lerninhalte sein, die auf ein selbstständiges Leben als Erwachsene schon in der Schule vorbereiten.

Fächerverbindung Inklusiver Unterricht sollte zur Überwindung von starren Grenzen zwischen Unterrichtsfächern beitragen und übergreifende Themenstellungen (z.B. Umweltbildung) aufgreifen. Er sollte Zusammenhänge und Vernetzungen zwischen den verschiedenen Lernbereichen stärker betonen (vgl. Peterßen 2000).

Das gelingt im Unterricht der Primarstufe noch leichter, da hier etwa im Sachunterricht übergreifende Themen aus den Natur- oder Sozialwissenschaften aufgegriffen und aus der Perspektive verschiedener Fächer angegangen werden können (z.B. Tiere des Waldes) bis hin zu sprachlichen und mathematischen Aspekten. Auch das Klassenlehrerprinzip in Grundschulen wirkt hier förderlich, da eine Lehrkraft einen großen Teil des Unterrichts einer Grundschulklasse verantwortet und so in Epochen unterrichten kann (z.B. ein Sachunterrichtsthema wie „Wasser" über mehrere Schulstunden verfolgen).

Die Suche nach verbindenden Elementen in den Lernbereichen und Lerngegenständen erleichtert im inklusiven Unterricht auch die Konstruktion von unterschiedlichen Lernzugängen. Im Sekundarbereich bedarf die fächerverbindende Unterrichtung einer erheblich umfassenderen Absprache zwischen unterschiedlichen Fachlehrkräften. Aber auch im Sekundarbereich sind Projekte denkbar, an denen verschiedene Unterrichtsfächer beteiligt sind und bei denen im Fachunterricht ein gemeinsames Thema aus unterschiedlichen Perspektiven aufgegriffen wird.

Zielorientierung Der inklusive Unterricht richtet sich idealerweise an differenzierten Zielsetzungen aus und bezieht die gemeinsamen Lerngegenstände mit entsprechenden sonderpädagogischen Förderangeboten auf die jeweiligen Entwicklungsniveaus (vgl. Bach & Pfirrmann 1994; Heimlich 2016). Diese Zieldifferenz ist erforderlich, wenn alle Schülerinnen und Schüler am inklusiven Unterricht teilhaben und etwas beitragen.

Das kann bis hin zu unterschiedlichen Bildungsabschlüssen reichen, wie es z.B. in Gesamtschulklassen der Fall ist. Besonders im Sekundarbereich wird hier die Leistungsschere weiter auseinander gehen und es nicht mehr möglich sein, dass alle Schülerinnen und Schüler stets an einem gemeinsamen Lerngegenstand tätig sind.

Zieldifferenz kann auch bedeuten, dass unterschiedliche Themen in einer Unterrichtsstunde behandelt werden müssen und z.B. Schülerinnen und Schüler mit SPF eigene Aufgaben erhalten. Durch die Parallelisierung von z.B. Mathematikstunden können klassenübergreifend unterschiedliche Niveaugruppen gebildet werden, die thematisch differente Lernangebote beinhalten.

Differenzierung und Individualisierung

Im inklusiven Unterricht sollen die individuellen Förderbedürfnisse aller Schülerinnen und Schüler durch ein individualisiertes und differenziertes Lernangebot beantwortet werden (vgl. Kiel & Syring 2018). Dabei steht besonders die innere Differenzierung im Vordergrund, bei der nicht in erster Linie nur an das Geschehen in einem Klassenraum innerhalb einer Lerngruppe zu denken ist, sondern vielmehr an die vielfältige Aufbereitung eines Lerninhaltes und seine ebenso abwechslungsreiche Erschließung. Im Extremfall führt das bis zur Individualisierung der Lernangebote und deren spezifischer Ausrichtung auf einzelne Schülerinnen und Schüler. Differenzierungsmöglichkeiten bestehen darüber hinaus bezüglich der Methoden, der Medien, der Sozialformen, der Aufgabenarten, der Lehrerhilfen und der Lernzeiten. Dies ist zweifellos ein zusätzlicher Arbeitsaufwand für Lehrkräfte und findet gegenwärtig möglicherweise auch deshalb noch nicht in ausreichendem Umfang in Schulen statt. Mit der Einführung von Methoden wie Freiarbeit und Wochenplan oder auch Stationenlernen geht allerdings eine Fülle von Möglichkeiten für individualisierte Lernangebote einher, die die Lehrkräfte von der Pflicht entheben, allen Schülerinnen und Schülern zur gleichen Zeit den gleichen Stoff zu vermitteln.

Im inklusiven Unterricht bietet es sich an, dass Schülerinnen und Schüler sich als Lernpartner vermehrt gegenseitig Hilfestellungen geben können und die Lerntätigkeit verstärkt miteinander organisieren. Das kann Lehrkräfte zusätzlich entlasten und schafft Freiräume für die individuelle Unterstützung einzelner Schülerinnen und Schüler.

Lernen mit vielen Sinnen

Aufgrund der Vielfalt der Lernbedürfnisse der Schülerinnen und Schüler ist das Lernangebot des inklusiven Unterrichts multisensorisch und bewegungsorientiert auszurichten (vgl. Ayres 1991; Vester 1996; Kahlert 2007). Ob es dabei immer möglich sein wird, alle Sinne mit in den Unterricht einzubeziehen, muss sicher bezweifelt werden. Die sinnliche Qualität des Unterrichts zu erweitern ist jedoch im inklusiven Unterricht unabdingbar. Das gilt ganz besonders dann, wenn Schülerinnen und Schüler teilnehmen sollen, die über bestimmte sinnliche Erfahrungsmöglichkeiten nicht verfügen (z.B. Sehbeeinträchtigungen, Hörbeeinträchtigungen) und auf Alternativen in der Wahrnehmung von Lerngegenständen angewiesen sind. In diesem Fall erhöht sich die Qualität des Unterrichts, weil alle Schülerinnen und Schüler von Lernangeboten profitieren, die unterschiedliche Lerntypen berücksichtigen und vielfältige Lernerfahrungen ermöglichen.

Dazu zählen etwa Angebote im Unterricht, die es den Schülerinnen und Schülern erlauben, ihren Lernprozess mit Bewegung zu verbinden (z.B. durch gemeinsame Bewegungs- und Singspiele und die Möglichkeit sich in bestimmten Unterrichtsphasen frei im Klassenraum bewegen zu können).

Soziales Lernen

Ein qualitativ guter inklusiver Unterricht schafft in wechselnden Sozialformen umfangreiche Gelegenheiten zur Kooperation der Schülerinnen und Schüler untereinander, um den entwicklungsbedeutsamen Prozessen des „Voneinander-Lernens" in der peer-group Raum zu geben (vgl. Benkmann 1998). Bei aller notwendigen Individualisierung und Differenzierung sollten Schülerinnen und Schüler im inklusiven Unterricht immer wieder Gelegenheit haben, in intensive und selbst gewählte soziale Kontakte einzutreten. Sozialformen reichen von Phasen der Partnerarbeit und Kleingruppenarbeit bis hin zu kooperativen Lernprozessen, in denen Schülerinnen und Schüler eine Aufgabenstellung nur gemeinsam lösen können und über ihren Lernprozess in der Gruppe nachdenken lernen. Alle diese Settings tragen dazu bei, dass soziale Kompetenzen erweitert und Vorurteile insbesondere gegenüber Schülerinnen und Schülern mit SPF abgebaut werden. Im Sinne der „Kontakthypothese" (vgl. Cloerkes 1997) sind dazu immer wieder intensive soziale Erfahrungen des Miteinanders und gegenseitiger Hilfestellung unabdingbar, damit sich in der Lerngruppe ein Wertsystem entwickelt, das durch Toleranz und Wertschätzung gekennzeichnet ist.

 Lernphasen mit separaten Lerngruppen außerhalb des Klassenraums sind pädagogisch gut einzubetten, damit nicht Prozesse der sozialen Ausgrenzung bestimmter Schülerinnen und Schüler befördert werden. Die Arbeit in unterschiedlichen Lerngruppen, die teilweise auch außerhalb des Klassenraums lernen, sollte zum normalen Schulalltag gehören und sich nicht nur auf Schülerinnen und Schüler mit SPF beziehen.

Selbsttätigkeit

Im inklusiven Unterricht werden Schülerinnen und Schüler aufgefordert, ihr Lernen stärker selbst zu planen und zu kontrollieren, um so zu mehr Selbstbestimmung zu gelangen (vgl. Heimlich 1997; Hecht 2008). Für Schülerinnen und Schüler mit SPF ist dies sicher die größte Herausforderung, weil sie aufgrund von Versagenserlebnissen in ihrer Lernbiographie nur noch wenig Zutrauen in die eigene Leistungsfähigkeit haben und deshalb auch bei kleinsten Lernfortschritten die Bestätigung durch die Lehrkraft suchen.

 Durch die Bildung von Lerntandems mit Schülerinnen und Schüler, die über heterogene Lernvoraussetzungen verfügen, kann es aber beispielsweise zu Formen der Schülerselbstkontrolle kommen, die geeignet ist, ihre Lernmotivation nachhaltig zu beeinflussen und eine intrinsische Motivationshaltung stärker auszubilden.

Wenn die Schülerinnen und Schüler erst einmal Selbstwirksamkeit in ihren Lernprozessen erfahren – und sei es auch nur in bescheidensten Anteilen –, dann besteht durchaus die Chancen, dass sie sich nach und nach wieder mehr zutrauen und realistische Ziele selbst bestimmen können. Insofern bleibt das positive Feedback der

Lehrkraft sicher unverzichtbar, es sollte jedoch als abnehmende Größe angesehen werden, damit die Schülerinnen und Schüler zunehmend Raum für die Entfaltung ihrer Selbstgestaltungskräfte erhalten.

> Ein inklusiver Unterricht wird dann in einer guten Qualität realisierbar, wenn diese Prinzipien von Lehrkräften verstärkt berücksichtigt werden. Inklusiver Unterricht kommt allen Kindern und Jugendlichen zugute – nicht nur den Schülerinnen und Schülern mit SPF.

20.4 Planung des inklusiven Unterrichts

Die Formel Feusers vom gemeinsamen Lernen am gemeinsamen Gegenstand als Kern des integrativen (und inklusiven) Unterrichts zählt weiterhin zum Grundbestandteil didaktischer Theoriebildung in diesem Bereich. Offen bleibt allerdings bislang die Frage, wie ein solcher Unterricht geplant und vorbereitet werden kann. Reich (2014, 325ff.) bietet in seinem konstruktivistischen Konzept einer inklusiven Didaktik auch Hinweise zur Unterrichtsplanung. Sie bleiben jedoch eher auf die Unterrichtsmethoden bezogen und klären nicht, wie der gemeinsame Lerngegenstand im inklusiven Unterricht so aufbereitet werden kann, dass auch die fachwissenschaftlichen und fachdidaktischen Ansprüche des jeweiligen Unterrichtsthemas und Unterrichtsfaches angemessen Berücksichtigung finden sollen.

Lern- und Entwicklungsbereiche

Ein erster Hinweis auf eine Lösung dieses Planungsproblems im inklusiven Unterricht ist aus dem „Rahmenlehrplan für den Förderschwerpunkt Lernen" in Bayern (vgl. Bayerisches Staatsministerium für Unterricht und Kultus 2012) hervorgegangen. Hier wird ein kompetenzorientiertes Curriculum für Schülerinnen und Schüler mit gravierenden Lernschwierigkeiten vorgelegt, das konsequent auf die Unterrichtsinhalte und -themen der allgemeinen Schulen (Grund- und Mittelschulen) bezogen ist. Im Kern besteht der Rahmenlehrplan aus einer Verbindung zwischen den jeweiligen Lernbereichen (bzw. Unterrichtsfächern) und den Entwicklungsbereichen der Schülerinnen und Schüler.

Inklusionsdidaktische Netze

Das Planungsmodell der inklusionsdidaktischen Netze beruht in basaler Weise auf dieser Grundlage einer Verbindung zwischen Lern- und Entwicklungsbereichen. Die leitende Annahme bei der Entwicklung des Modells war die Erfahrung aus der Schulbegleitforschung, dass ein inklusiver Unterricht dann in einer guten Qualität entwickelt werden kann, wenn die vielfältigen fachlichen Perspektiven eines Lernbereiches mit den unterschiedlichen Entwicklungsbereichen der Schülerinnen und Schüler möglichst unmittelbar vernetzt werden (vgl. Kahlert & Heimlich 2014, 174). Auf der Basis des Perspektivrahmens Sachunterricht (vgl. Kahlert 2009, 21) können z.B. die naturwissenschaftliche, technische, geographische, historische, sozialwissenschaftliche und ethische Perspektive eines Unterrichtsthemas aus diesem Lernbereich unterschieden werden. Vor dem Hintergrund einer modernen Entwicklungspsychologie und neueren Lerntheorien werden gemeinhin die Entwicklungsbereiche unter kognitiven, kommunikativen, emotionalen, sozialen und senso-motorischen Aspekten strukturiert (vgl. Oerter & Montada 2002; Faulstich 2016).

Fachliche Perspektiven

Aus fachdidaktischer Sicht erfolgt nun in einem ersten Schritt die Analyse eines Lerngegenstands im inklusiven Sachunterricht zunächst über die fachlichen Perspektiven. So entsteht bereits ein vielschichtiges Bild möglicher Unterrichtsthemen. Dieser „Überschuss an Ideen" ist durchaus gewollt, damit deutlich wird, welches fachliche Potenzial in einem Lerngegenstand steckt und so bereits einengende Blickwinkel in Bezug auf eine Unterrichtsthema vermieden werden.

Entwicklungsaspekte

In einem zweiten Schritt ist es sodann erforderlich, die Entwicklungsbereiche auf die Unterrichtsthematik zu beziehen. Dabei fällt es erfahrungsgemäß relativ leicht, die kognitiven und kommunikativen Aspekte einer Thematik zu erfassen. Schwieriger wird es, die sozialen Aspekte einer Unterrichtsthematik in den Blick zu bekommen, will man nicht bei allgemeinen Feststellungen wie Gruppen- oder Partnerarbeit stehen bleiben. Endgültig ungewohnt ist für viele Lehrkräfte und Lehramtsstudierende oder Studienreferendare die Frage, welche emotionalen und sensomotorischen Aspekte in einem Unterrichtsthema stecken. Dies ist allerdings aus sonderpädagogischer Sicht die entscheidende Frage, wenn ernst gemacht werden soll mit dem Bildungsanspruch, alle Schülerinnen und Schüler in das Unterrichtsgeschehen einzubeziehen.

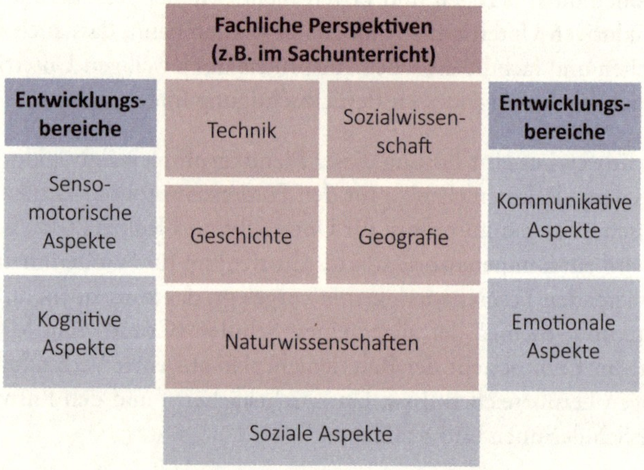

Abb. 20.13: Inklusionsdidaktische Netze (n. Heimlich & Kahlert 2014, 181)

Vernetzung von Lern- und Entwicklungsbereichen

Sind nun die fachlichen Perspektiven und die entwicklungsorientierten Anforderungen eines Unterrichtsthemas aufgefächert, so folgt in einem dritten Schritt die Auswahl der Lerninhalte und didaktisch-methodischen Ideen, die in einer inklusiven Unterrichtsstunde oder einer mehrstündigen inklusiven Unterrichtseinheit umgesetzt werden sollen. Durch die Verbindung der ausgewählten fachlichen Perspektiven und der Entwicklungsbereiche entsteht das inklusionsdidaktische Netz. Der Planungsaufwand für ein solches Netz entspricht in etwa dem Arbeitsaufwand für die Planung einer längeren Unterrichtsreihe mit mehreren Stunden. Für eine konkrete Unterrichtsstunde wird nur ein Teil der gefundenen Ideen umgesetzt. Eine Überprüfung der inklusionsdidaktischen Netze anhand anderer Lernbereiche hat ergeben, dass sich das Planungsmodell prinzipiell für alle Unterrichtsfächer bzw. -lernbereiche eignet. Nur die fachlichen Perspektiven des jeweiligen Faches ändern sich (in der Abb. 20.13

in der Mitte angesiedelt). Auch in unterschiedlichen Schulformen (Grund-, Mittelschulen und Berufsschulen) sind die inklusionsdidaktischen Netze schon erfolgreich als Arbeitshilfe zur Planung des inklusiven Unterrichts genutzt worden.

20.5 Leistungsbewertung im inklusiven Unterricht

Inklusiver Unterricht vs. Notengebung?

Ein besonders anspruchsvolle Herausforderung im inklusiven Unterricht bedeutet die Leistungsbewertung in heterogen zusammengesetzten Lerngruppen, in denen die Schülerinnen und Schüler möglicherweise lernzieldifferent lernen oder gar unterschiedliche Bildungsabschlüsse anstreben. Fragt man am Ende einer mit Hilfe der inklusionsdidaktischen Netze geplanten Unterrichtsreihe mit vielfältigen Angeboten für verschiedene Bedürfnisse nach dem Wissenszuwachs und neu erworbenen Fertigkeiten der Schülerinnen und Schüler, wird sich zeigen, dass sehr individuelle Lernprozesse und -ergebnisse zu verzeichnen sind. Gerade diese Offenheit und Flexibilität hinsichtlich unterschiedlicher Lernwege und Schwerpunktsetzungen innerhalb eines Themas machen das oben beschriebene Planungsinstrument so wertvoll für inklusiven Unterricht. Lehrkräfte sind zunehmend bereit, sich auf diese Art von Lernen und Unterricht einzulassen und ihre organisatorischen, systemischen und persönlichen Möglichkeiten diesbezüglich auszuloten. Spätestens zum Halbjahr oder am Schuljahresende stehen sie aber vor dem Dilemma, die so verschiedenen Lern- und Entwicklungswege in Noten oder sehr knappe Wortgutachten übersetzen zu müssen und eine Vergleichbarkeit innerhalb der Lerngruppe herzustellen. Der beschriebene Konflikt zeigt, dass das schon lange diskutierte und vielerorts besprochene Spannungsverhältnis zwischen den gesellschaftlichen Funktionen von Schule (Qualifikation, Selektion, Legitimation) einerseits und der pädagogischen Funktion von Leistungsbewertung (Lernstandsfeststellung, Entwicklungsprognose, Ableitung von Fördermaßnahmen) andererseits auch im inklusiven Unterricht nicht außer Kraft gesetzt wird (Funktionen von Schule vgl. Radhoff & Wieckert 2014).

Als Antwort auf dieses Dilemma wird ein pädagogischer Leistungsbegriff gefordert. Lernen wird hier als individueller Prozess auf Basis der personimmanenten Anlagen und Kompetenzen anerkannt, der jedoch keinesfalls loszulösen ist von sozialen Zusammenhängen und Einflüssen. Leistungen enthalten immer einen Eigenanteil des Individuums, gerade bei kooperativen Arbeitsprozessen darf der gemeinsame Lerneffekt aber nicht vergessen werden. Darüber hinaus ist nicht nur das Ergebnis einer Leistung zu sehen und zu bewerten. Der Prozess auf dem Weg dorthin ist oft aufschlussreicher für die Auswahl weitere Entwicklungsziele als das Endprodukt (vgl. Radhoff & Wieckert 2014).

Pädagogischer Leistungsbegriff

Die Messung und Bewertung von Leistung müssen immer in systemischen Zusammenhängen gesehen werden und können sich an verschiedenen Bezugsnormen orientieren. Vorherrschend in unserem aktuellen Schul- und Notensystem ist die Sozialnorm, die die Leistung des Einzelnen mit dem durchschnittlichen Leistungsvermögen der Lern- bzw. Altersgruppe vergleicht. Faktoren wie unterschiedliche Lernvoraussetzungen oder die persönliche Anstrengungsbereitschaft werden hier jedoch außer Acht gelassen. Das bietet wiederum die Orientierung an der Individualnorm, also der individuellen Entwicklung des einzelnen Kindes. Die gezeigte Leistung wird mit der

Bezugsnormen

vorher erbrachten Leistung des Individuums verglichen. Anders als bei einer bloßen Überprüfung von punktuellen (kognitiven) Leistungen im Vergleich mit der Bezugsgruppe, wird der individuelle Fortschritt als der eigentlich wichtige Prozess von Lernen anerkannt. Gut ergänzen lässt sich diese Ausrichtung mit der Orientierung an der Sachnorm. Leistung oder Lernzuwachs werden unter Bezugnahme auf den Lerngegenstand überprüft, was ein gewisses Maß an Objektivität ermöglicht (vgl. Seifert & Müller-Zastrau 2014). Die hier angedeutete Diskussion oder gar das Dilemma, in dem das Thema Leistungsbewertung schon lange steckt, wird nicht so schnell zu lösen sein. Die klar leistungsorientierten und selektierenden Strukturen unseres Schulsystems und der Notengebung erweisen sich als recht widerstandsfähig. Dennoch gibt es Beispiele von Schulen, die es schaffen, sich davon zu lösen.

> **B** Die Max-Brauer-Schule in Hamburg-Altona arbeitet seit 2005 ohne äußere Leistungsdifferenzierung und ohne die klassische Fächertrennung. Stattdessen lernen die Schülerinnen und Schüler in Lernbüros, Projekten und Werkstätten im Ganztagsbetrieb. Die Rückmeldung über den eigenen Lernfortschritt erfolgt über Kompetenzraster und Checklisten, Zertifikate sowie Formaten der Selbst- und Fremdeinschätzung. Zweimal pro Schuljahr findet ein ca. 30-minütiges sogenanntes „Schüler-Eltern-Lehrer-Gespräch" statt (vgl. Riekmann 2014).

Alternative Formen der Leistungsbewertung

Eine solch konsequente Umsetzung inklusiver, individualisierender Arbeit lässt sich für die nächstgelegene Grundschule auf dem Land oder das benachbarte Gymnasium in der Stadt zunächst schwer vorstellen. Es gibt jedoch zahlreiche, einfach zu erschließende Möglichkeiten, alternative Formen der Leistungsbewertung in den Unterricht zu integrieren und wegzukommen von schriftlichen Proben und Schulaufgaben als vorherrschende Form der Leistungsabfrage. Die folgende Tabelle gibt Beispiele und erhebt keinerlei Anspruch auf Vollständigkeit. Grundlage für die Darstellung sind Veröffentlichungen des ISB Bayern zu moderner Leistungsbeurteilung in verschiedenen Schularten (s.u.) sowie eigene Erfahrungswerte und Materialien.

Tab. 20.1: Möglichkeiten alternativer Leistungsbewertung (eigene Darstellung)

Mündliche Prüfungen/ Prüfungsteile	<ul><li>Einsatz im Deutsch- und Fremdsprachenunterricht, z.B. in Form einer vorbereiteten Gruppendiskussion</li><li>Klassische Abfrage der Vorstunde</li><li>Geeignet bei Beeinträchtigungen im Sehen</li><li>Gute Alternative bei Lese-Rechtschreib-Problematiken</li></ul> **Beispiel aus der Oberstufe: Assessment Center im Literaturunterricht** Nach einer 20-minütigen Vorbereitungsphase in Einzelarbeit mit einem Text und einer Aufgabenstellung treten einige Schüler in einen Austausch über ihre Erkenntnisse. Bewertungskriterien und Anforderungen wurden im Voraus gemeinsam erarbeitet und sind für alle transparent. Die Bewertung erfolgt durch die Lehrkraft anhand eigener Notizen und den Notizen der restlichen Jugendlichen.

Praktische Prüfungen/Prüfungsteile	• Etablierte Fächer: Kunst, Musik, Sport, hauswirtschaftliche und technische Fächer • Geeignet auch für: Mathematik (Geometrie), Chemie, Informatik • Lange schon Usus im Rahmen von Ausbildung und Berufsqualifikation • Vorteilhaft für Schülerinnen und Schüler, die auf Handlungsorientierung angewiesen sind • Geeignet bei sprachlichen Beeinträchtigungen oder fehlender Unterrichtssprache • Relevanz für späteres Arbeitsleben *[Abbildung: Bauplan für Würfelgebäude mit nummerierten Feldern (1, 2, 3, 4) – Baue ein Würfelgebäude nach folgendem Bauplan.]* **Abb. 20.14:** Aufgabe einer praktischen Probe im Mathematikunterricht der Grundschule (eigenes Material)
Präsentationen/ Referate	• Bewährtes Format im Deutsch- und Sachunterricht • Als Individualleistung oder Gruppenarbeit einsetzbar • Abzuklären: Vorbereitung zu Hause (evtl. unter Mithilfe der Eltern) oder ausschließliche Arbeit in der Schule (Bewertbarkeit der Schülerinnen-/Schülerleistung) • Unbedingte Transparenz bzgl. Anforderungen/Bewertungskriterien, Zielformat und zu verwendenden Materialien/Quellen
Gruppenarbeiten	• Arbeitsteilig oder themengleich/gemeinschaftlich • Unbedingte Transparenz bzgl. Anforderungen/Bewertungskriterien, Zielformat und zu verwendenden Materialien/Quellen • Zu entscheiden: Bewertung der Gruppenleistung oder der Einzelleistung • Umfassende Vorüberlegungen zum Modus und Kriterien der Bewertung notwendig • Grad der Offenheit/Eigenleistung variabel durch entsprechende Vorentlastung/Strukturierung durch Material
Projektarbeit	• Beschreibung der Umsetzung s.o. • Kombination von praktischer, mündlicher und schriftlicher Leistungsabfrage möglich • Abzuklären: Möglichkeit der Dokumentation und Überprüfung der Einzelleistung im Gesamtprojekt • Grad der Offenheit/Eigenleistung variabel durch entsprechende Vorentlastung/Strukturierung durch Material
Portfolio	• Mehrdimensionale Leistungsabfrage möglich: Fachlichkeit, Prozess, Gestaltung/Struktur • Individualisierung und Differenzierung durch Pflicht- und Wahlelemente • Unbedingte Transparenz bzgl. Anforderungen/Bewertungskriterien, Zielformat und zu verwendenden Materialien/Quellen • Klare Rahmenstruktur, flexible inhaltliche Gestaltung

Lapbook
- Mehrdimensionale Leistungsabfrage möglich: Fachlichkeit, Prozess, Gestaltung/Struktur
- Hohes Maß an Individualisierung möglich (z.B. eigene Recherche oder vorbereitetes Material, variabler Umfang, ...)
- Offenheit und Strukturierung/Hilfestellungen können individuell unterschiedlich angeboten und abgefragt werden
- Großer Motivationsfaktor durch ansprechendes Endprodukt

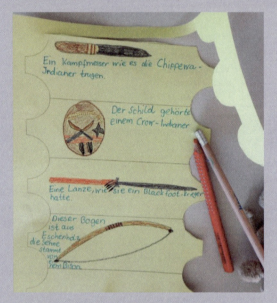

Abb. 20.15: Lapbook-Element zum Thema Indianer (eigenes Material)

Lerntagebuch oder andere prozessorientierte Formate
- Sehr offen, da der Lernprozess den Lernenden selbst überlassen wird
- Konstruktive Rückmeldung der Lehrkraft zu dem subjektiv wahrgenommenen, (schriftlich) festgehaltenen Lernfortschritt
- Ziel muss nicht erreicht werden, Weg und teilweiser Lernerfolg trotzdem sichtbar
- Viel Raum für kreative, innovative, passgenaue Entwicklungen und Erkenntnisse
  ▸ spannend und aufschlussreich für die Lehrkraft
- Fraglichkeit der Bewertbarkeit von Lernprozessen
  ▸ Nutzung eher als Hinweis auf nächste notwendige Lern- und Entwicklungsaufgaben (Förderdiagnostik?)

Dialogische Leistungsrückmeldung
- Gespräch zwischen Lehrkraft und Schülerin bzw. Schüler
- Flexibel im Umfang, zu jedem Thema möglich
- Einbezug von Schülerin/Schüler in die Planung des Lernprozesses
- Fördert Selbstständigkeit und Eigenverantwortung für persönlichen Lernfortschritt bei Schülerin/Schüler
- Wichtige Voraussetzungen:
- Transparenz bzgl. Lernzielen und Anforderungen
- Berücksichtigung der Selbsteinschätzung
- Verständnis von Schülerin/Schüler als gleichwertige Gesprächspartnerin/gleichwertiger Gesprächspartner

Transparenz und Struktur der Leistungsbewertung

Allen Formaten ist gemein, dass sie im Voraus gut vorbereitet sein wollen. Sowohl für die Lehrkraft als auch für die Schülerinnen und Schülern muss deutlich sein, welche Inhalte unter Beachtung welcher Kriterien abgefragt werden bzw. welche Leistung und welches Lernziel im Fokus der Leistungserhebung stehen. Ebenso sollte geklärt und transparent gemacht werden, welche Norm für die Bewertung des Lernprozesses angelegt wird. Wünschenswerterweise sind dies im inklusiven Unterricht die Individual- oder die Sachnorm. Auch ein sozialer Vergleich innerhalb der Gruppe kann natürlich vorgenommen werden – das sollte im Vorhinein dann für alle offengelegt sein. Hilfreich ist es, bereits vor Beginn der Arbeitsphase ein Raster oder einen Bewertungsbogen vorliegen zu haben, der später für die Aus- und Bewertung der Leistung genutzt wird. Wertvolle Anregungen für die Arbeit mit verschiedenen Formaten alternativer Leistungsbewertung finden sich in verschiedenen Handreichungen des ISB Bayern. Allgemeine Informationen und konkrete Beispiele aus dem Grundschul-, Mittelschul-, Realschul-, Gymnasial- und Berufsschulalltag zeigen, wie alternative Leistungsbewertung selbst an weiterführenden und beruflichen Schulen gewinnbringend eingesetzt werden kann. Ebenso bieten die Handreichungen Bewertungsraster für Arbeitsverhalten, soziale und emotionale Entwicklungsbereiche uvm.

Handreichungen des ISB zu moderner Leistungsbewertung in verschiedenen Schularten:
- Ersatz von Schulaufgaben durch bewertete Projekte (Realschule, 2002): https://www.isb.bayern.de/schulartspezifisches/materialien/ersatz-von-schulaufgaben-durch-bewertete-projekte/
- Leistungsbewertung im modernen Unterricht (Gymnasium, 2006): https://www.isb.bayern.de/gymnasium/materialien/l/leistungsbeurteilung-im-modernen-unterricht/
- Leistungsbewertung in der Grundschule (2017): https://www.isb.bayern.de/schulartspezifisches/materialien/kompetenzorientierter-unterricht/
- Leistungsbewertung in der Mittelschule (2017): https://www.isb.bayern.de/schulartspezifisches/materialien/leistung-mittelschule/

Hinweis: Die Veröffentlichungen sind durchaus über die jeweils zugeschriebene Schulart hinaus wertvoll und relevant.

Die oben dargestellten Methoden alternativer Leistungserhebung und -bewertung werden dem Anspruch von Individualisierung in heterogenen Lerngruppen an vielen Stellen gerecht. Manche besonderen Bedürfnisse von Schülerinnen und Schülern erschweren aber selbst den Zugang zu solch flexiblen Instrumenten oder gängigen Arbeitsformen und müssen zusätzlich berücksichtigt werden. Abhängig von der Art der Einschränkung oder dem (sonderpädagogischen) Förderschwerpunkt gibt es verschiedene Formen des Nachteilsausgleichs bis hin zum Notenschutz. Entsprechende Maßnahmen oder Hilfsmittel sind zum Teil bereits im täglichen Unterricht relevant, spätestens in der Situation der Leistungserhebung stellen sie jedoch ein wichtiges Mittel dar, um Lern- und Entwicklungsfortschritte gerecht und vergleichbar abzufragen. Die Notwendigkeit besonderer Maßnahmen und welche Unterstützungsmethoden in Frage kommen, ist stets in Zusammenarbeit von Schule (Schulleitung, Lehrkräfte), Schülerin oder Schüler und Erziehungsberechtigten zu klären. Das gewährleistet, dass die getroffenen Vereinbarungen und eingesetzte Maßnahmen sowohl der Schülerin oder dem Schüler als auch den Gegebenheiten

Nachteilsausgleich und Notenschutz

der Schule entsprechen. Voraussetzungen, Umsetzung und die Bedeutung für die Lehrkräfte werden am Beispiel der bayerischen Regelung dargestellt. Vertiefende Informationen dazu finden sich im Handbuch „Individuelle Unterstützung, Nachteilsausgleich, Notenschutz" des ISB Bayern (2019), welches hier zum Download bereitsteht:

https://www.isb.bayern.de/schulartspezifisches/materialien/nachteilsausgleich-notenschutz/

Nachteilsausgleich & Co. in Bayern
Um alle Schülerinnen und Schüler optimal zu Fördern und ihnen ein Schulabschluss zu ermöglichen, sieht die Bayerische Schulordnung in den Paragraphen § 31-§ 36 drei Stufen der Unterstützung vor (vgl. Bayerisches Staatsministerium für Bildung und Kultus, Wissenschaft und Kunst 2016):

Individuelle Unterstützung:
Individuelle Unterstützung findet im Rahmen des Unterrichts durch entsprechende pädagogische, didaktisch-methodische und schulorganisatorische Maßnahmen oder die Verwendung technischer Hilfsmittel statt (Beispiele: BaySchO § 32). Sie entspricht einem individualisierten, guten Unterricht, der unter dem Zeichen der Inklusion allen Bedürfnissen gerecht wird. Hinweise zu spezifischen Möglichkeiten für verschiedene sonderpädagogische Förderschwerpunkte finden sich in den Kapiteln 1.0-9.0, inklusiver Unterricht wird in diesem Kapitel ausgeführt.

Nachteilsausgleich:
Ein Nachteilsausgleich wird relevant bei Leistungserhebungen bzw. Prüfungen. Durch Maßnahmen wie Zeitverlängerung, Vorlesen von Prüfungsaufgaben, Einsatz von speziellen Arbeitsmitteln, o.ä. wird gewährleistet, dass die Prüfung zugänglich wird. Die erbrachte Leistung muss jedoch vergleichbar bleiben mit der Prüfung, die andere ohne Unterstützung ablegen (vgl. BaySchO, § 33). Da der Nachteilsausgleich temporär erfolgt, wird kein Vermerk in das Zeugnis aufgenommen.

Notenschutz:
Unter gewissen Voraussetzungen kann bei der Benotung eines Faches ein bestimmter Bereich ausgespart werden (z.B. Hörverstehensprüfung in einer Fremdsprache bei Hörschädigung). Welche Leistungen aus der Bewertung fallen, ist förderschwerpunktspezifisch in § 34 der BaySchO festgelegt. Der Notenschutz wird im Zeugnis vermerkt und sollte erst dann greifen, wenn die Möglichkeiten des Nachteilsaugleichs ausgeschöpft sind. (Bayerisches Staatsministerium für Bildung und Kultus, Wissenschaft und Kunst, 2016)

Gespräch statt Zeugnis

Die Erhebung und Bewertung von Leistungen und Lernfortschritten generiert für die Lehrkraft die notwendigen Informationen, um Unterricht und Förderung planen zu können. Im Sinne einer „kompetenzorientierten Lernkultur" (Bayerisches Staatsministerium für Bildung und Kultus, Wissenschaft und Kunst 2017) ist es darüber hinaus genauso wichtig, dass sich Schülerinnen und Schüler selbst mit ihrem Lernen und den eigenen Fortschritten und Zielen auseinandersetzen. Die oben dargestellten Formen von Leistungserhebung und -bewertung bieten vielfältige Möglichkeiten einer kontinuierlichen Rückmeldung an alle Beteiligten. Das Ersetzen von Zeugnissen durch sog. „Lernentwicklungsgespräche" ist die konsequente Weiterführung dieses Ansatzes. Die Bezeichnung für dieses Format kann von Bundesland zu Bundesland oder auch schulartspezifisch unterschiedlich sein. Gleich bleibt jedoch das Setting: Die Klassenleitung, die jeweilige Schülerin bzw. der jeweilige Schüler und mindestens eine erziehungsberechtigte Person kommen zusammen, um gemeinsam den bisherigen Lern- und Entwicklungsfortschritt zu besprechen und nächste Ziele zu definieren. Grundlage für das Gespräch sind Beobachtungen und Leistungserhebungen durch die unterrichtenden Lehrkräfte, die im Idealfall ergänzt werden durch die Selbsteinschätzung der Schülerin oder des Schülers (vgl. a.a.O).

Lernentwicklungsgespräch an bayerischen Grund- und Förderschulen
In Abstimmung von Schulleitung, Kollegium und Elternbeirat können seit einigen Jahren an bayerischen Grund- und Förderschulen Zeugnisse durch dokumentierte Lernentwicklungsgespräche ersetzt werden:
- möglicher Ersatz der Zwischenzeugnisse in Jahrgangsstufe 1-3 der Grundschule
- möglicher Ersatz aller Zeugnisse der Jahrgangsstufen 1-7 an der Förderschule

In etwa 30 Minuten werden zusammen mit der Schülerin/dem Schüler, der Klassenleitung und einer erziehungsberechtigten Person der erzielte Fortschritt und die nächsten Lernschritte in den Unterrichtsfächern und weiteren Entwicklungsbereichen besprochen. Durch die Möglichkeit der Nachfrage soll gewährleistet werden, dass alle Beteiligten verstehen, worüber gesprochen wird. Die Schülerin oder der Schüler kann sich aktiv an weiteren Planungen beteiligen. Auf Antrag der Erziehungsberechtigten wird anstelle des Lernentwicklungsgesprächs ein Zeugnis ausgestellt.

Einige Veröffentlichungen des ISB Bayern bieten wertvolle Hinweise zu Hintergründen, Organisation und Umsetzung von Lernentwicklungsgesprächen sowie Materialempfehlungen und Verweise auf Vorlagen, Formulare und Ansprechpartner.

https://www.isb.bayern.de/download/18683/1_information_lernentwicklungsgespraech_sfz_aktuell.pdf (zuletzt am 15.06.2019)
https://www.isb.bayern.de/foerderschulen/materialien/sfz_lernentwicklungsgespraech/(zuletzt am 15.06.2019)

Nachteilsausgleich und Notenschutz greifen nur bei Lernzielgleichheit, also wenn die Schülerin oder der Schüler nach dem Lehrplan der besuchten allgemeinen Schule unterrichtet wird. Ist es auf Grund besonderer Bedürfnisse bzw. wegen des individuellen sonderpädagogischen Förderbedarfs angezeigt für ein oder mehrere Fächer andere Lernziele zu definieren, wird der Lehrplan des jeweiligen Förderschwerpunktes zu Rate gezogen und die Ziffernnoten im Zeugnis durch Verbalbeurteilungen ersetzt oder wie zuletzt beschrieben in einem Lernentwicklungsgespräch rückgemeldet (vgl. Bayerisches Staatsministerium für Bildung und Kultus 2019). Auch bei einer akuten (psychischen) Belastung einer Schülerin oder eines Schülers kann temporär auf die Vergabe von Noten verzichtet werden. Diese Notenaussetzung bedarf der Zustimmung der Eltern und muss in der Lehrerkonferenz mehrheitlich beschlossen werden (vgl. z.B. Schulordnung der Grundschule in Bayern, § 11). Eine langfristige Lernzieldifferenz in einem oder mehreren Fächern erfordert die Definition individueller Inhalte und Ziele, die in einem Förderplan festgehalten werden.

Lernzieldifferenz und Notenaussetzung

Förderplan

Förderpläne können immer bei Bedarf erstellt werden, um für einzelne Schülerinnen oder Schüler individuelle Lern- und Entwicklungsziele zu dokumentieren. Zum Muss wird ein Förderplan bei der eben beschriebenen Lernzieldifferenz. Förder- bzw. Lernziele, entsprechende Maßnahmen und Details zur Umsetzung (wer, wo, wann?) werden möglichst übersichtlich festgehalten. Auch Zeitpunkt und Form von Leistungserhebungen werden vermerkt. Der Förderplan ist den Eltern vorzustellen und muss mindestens jährlich fortgeschrieben werden, ideal ist halbjährlich (vgl. z.B. Schulordnung der Grundschule in Bayern, § 12). Die festgelegten Lern- und Entwicklungsziele geben vor, woran die jeweilige Schülerin oder der jeweilige Schüler im Unterricht arbeiten und in welcher Form sie sich die in der Klasse behandelten Lernbereiche und Themen erschließen. Das Verfassen und Fortführen von Förderplänen für jede Schülerin und jeden Schüler ist an Förderschulen längst eine Selbstverständlichkeit und wichtige Grundlage eines individualisierten Lernangebotes im Unterricht. An allgemeinen Schulen stellt dieser Auftrag jedoch oft eine Neuerung für die Lehrkräfte dar. Die Zusammenarbeit der Klassenleitung mit den anderen Lehrkräften und pädagogischen Fachkräften in der Klasse sowie mit dem zuständigen MSD entlastet diese Aufgabe und ermöglichen durch die Berücksichtigung mehrerer Perspektiven eine differenziertere und passendere Planung. Durch die gemeinsame Erstellung wird darüber hinaus gewährleistet, dass die Ziele verschiedener Unterrichtsfächer und Lernbereiche sinnvoll aufeinander abgestimmt sind. Das Thema Förderplanung ist eine wichtige Grundlage inklusiven Unterrichts. Es unterstreicht und unterstützt den Anspruch der Individualisierung und der passgenauen Förderung jeder Schülerin und jeden Schülers in der heterogenen Lerngruppe. Weiterführende Informationen und ein sehr nützliches Schema für die Erstellung von Förderplänen in neun Schritten bietet die Kollegiale Förderplanung. Vertiefenden Informationen dazu finden sich bei Popp, Melzer und Methner (2017). Idealerweise ist ein Förderplan übersichtlich gestaltet und prägnant formuliert. So erst wird er im Unterricht zum einsetzbaren Instrument und nützt allen Kolleginnen und Kollegen, die mit der Klasse arbeiten, als Orientierung für den täglichen Unterricht mit der Schülerin oder dem Schüler. Informationen für die Praxis und Musterförderpläne bzw. Vorlagen finden sich auf der Seite des ISB Bayern:

http://www.inklusion.schule.bayern.de/unterricht_entwicklen/individuelle_foerderung/

Auf den Weg machen

Im offenen, flexiblen Setting inklusiven Unterrichts gibt es sicherlich nicht „die eine richtige" Lösung für angemessene Leistungs- oder Lernfortschrittserhebung und auch nicht für die Rückmeldung diesbezüglich. Zweifelsohne sind eine Fokussierung auf hauptsächlich schriftliche Prüfungsformate und eine zwanghafte Übersetzung in Noten in Bezug auf die soziale Norm nicht der langfristig anzustrebende Weg. Lehrkräfte oder Klassenteams sollen und müssen sich aufmachen, andere Formen auszuprobieren, Erfahrungen zu sammeln und Veränderungen im Unterrichten durch Veränderungen in der Leistungsabfrage konsequent fortführen. Radhoff und Wieckert stellen im Bezug auf Jachmann einige Fragen, die bei jeder Form der Leistungsbewertung gestellt werden sollten, um Transparenz, Gerechtigkeit und Angemessenheit zu gewährleisten:

> So „sind unter anderem folgende Fragestellungen zu berücksichtigen (...)
> • Warum und zu welchem Zweck werden Leistungen gemessen und bewertet?
> • Welche Leistungen sollen gemessen und bewertet werden?
> • Wie können die zu bewertenden Leistungen erfasst werden?
> • Welcher Maßstab ist an eine erbrachte Leistung anzulegen?
> • Welche Bewertungs- und Rückmeldungsformen sind für die Lernenden hilfreich?"
> (Radhoff & Wieckert 2014, 130)

20.6 Inklusiver Unterricht als guter Unterricht

Es ist bereits mehrfach angeklungen, dass inklusiver Unterricht eng mit einer guten Qualität des Unterrichts im Allgemeinen zusammenhängt. Guter Unterricht bietet viele Voraussetzungen für die Entwicklung von inklusivem Unterricht. Forschungen zur Schulqualität inklusiver Schulen (vgl. Heimlich u.a. 2016) haben allerdings auch gezeigt, dass der inklusive Unterricht zu einer Weiterentwicklung der Unterrichtsqualität insgesamt beiträgt. Insofern soll nun abschließend nach dem inklusiven Potenzial der Kriterien für guten Unterricht gefragt werden (vgl. Meyer 2004; Helmke 2004).

Qualität inklusiven Unterrichts

Abb. 20.16: Inklusiver Unterricht als guter Unterricht (eigene Darstellung)

Auf der Basis der Ergebnisse der empirischen Unterrichtsforschung hat Hilbert Meyer im Jahre 2004 insgesamt zehn empirisch fundierte Merkmale eines guten Unterrichts abgeleitet. Er kommt dabei zu dem Schluss, dass es bezogen auf die verschiedenen möglichen Unterrichtskonzepte wie direkte Instruktion oder offener Unterricht letztlich bislang nicht gelungen ist, die Über- oder Unterlegenheit eines der beiden Konzepte nachzuweisen. Insofern wird auch in den Merkmalen guten Unterrichts kein bestimmtes Unterrichtskonzept bevorzugt. Vielmehr kann guter (und auch schlechter) Unterricht mit verschiedenen Unterrichtskonzepten realisiert werden. Die Wahrscheinlichkeit, dass dies gelingt ist höher, wenn die Kriterien nach Meyer angewendet werden.

Merkmale guten Unterrichts

Im Umgang mit Ergebnissen der empirischen Unterrichtsforschung kommt ein Problem hinzu: Empirische Forschung liefert Daten zur tatsächlichen Situation des Unterrichts, enthält also Ist-Aussagen. Überlegungen zum guten Unterricht liefern Kriterien für einen Unterricht, wie er optimaler Weise zu konzipieren ist,

Unterrichtsforschung

enthalten also Soll-Aussagen. Aus Ist-Aussagen lassen sich auf direktem Wege keine Soll-Aussagen ableiten. Wenn wir wissen, wie der Unterricht ist, dann wissen wir noch nicht, wie er anders sein soll. Deshalb lassen sich aus den Ergebnissen der empirischen Unterrichtsforschung auch keine unmittelbaren Schlüsse auf geeignete Unterrichtskonzepte schließen. Die Frage nach gutem Unterricht kann stets nur in Abhängigkeit vom Lerngegenstand, der Lerngruppe, des institutionellen Settings und der fachlichen Standards beantwortet werden. Um diese Aufgabe zu lösen, muss immer wieder auf Reflexionen zum Menschenbild, den Erziehungszielen und zu den gesellschaftlichen Anforderungen an Schule und Bildung zurückgegriffen werden. So sind auch die Merkmale eines guten Unterrichts in Abhängigkeit von solchen Vorüberlegungen entstanden, damit die Ergebnisse der empirischen Unterrichtsforschung angemessen interpretiert werden können und für pädagogische Handlungsmöglichkeiten aufgeschlossen werden.

Angebot-Nutzen-Modell

Hinzu kommt, dass sich Erkenntnisse und Lerneffekte, die in Laborsituationen der Lehr-Lern-Forschung nachweisbar waren, nicht ohne Weiteres in den Unterrichtsalltag übertragen lassen. Helmkes „Angebot-Nutzen-Modell der Wirkungsweise des Unterrichts" (2004) zeigt, dass der Erfolg von Unterricht von der Expertise der Lehrkräfte, von den eingesetzten Unterrichtsmethoden sowie von der subjektiven Wahrnehmung aller Beteiligten abhängt. Dabei entstehende Wirkungen von Unterricht können beabsichtigt, aber auch unbeabsichtigt sein. Die Komplexität des Modells macht deutlich, wie die Vielschichtigkeit und die Fülle von Faktoren den Unterrichtserfolg beeinflussen.

Vor diesem Hintergrund und unter ausdrücklichem Bezug auf den Forschungsüberblick bei Helmke schlägt Meyer (2004, 17f.) die folgenden Merkmale eines guten Unterrichts vor:

Klare Strukturierung des Unterrichts

Lehrkräfte sind im Unterricht in besonderer Weise gefordert, für Klarheit in den Zielen, Inhalten und Prozessen zu sorgen. Das bezieht sich auch auf Rituale und Regeln in der Lerngruppe, die mit den Schülerinnen und Schüler ausgehandelt werden sollten, am besten aus problematischen oder konflikthaltigen Situationen heraus. Die Verantwortung für die Einhaltung von Regeln und die Einführung von Ritualen kommt ebenfalls Lehrkräften sowie Schülerinnen und Schülern gemeinsam zu. Diese Verantwortung sollte aktiv wahrgenommen werden, im inklusiven Unterricht möglichst von beiden Lehrkräften. Schülerinnen und Schüler mit SPF profitieren erfahrungsgemäß von solchen haltgebenden Strukturen in besonderer Weise, da sie häufig in ihren Lernprozessen stark verunsichert sind, ihrer Selbststeuerungsfähigkeit nicht mehr vertrauen und nur wenig bereit sind, über ihre vielfach erschwerten Lernsituationen nachzudenken. Strukturen im inklusiven Unterricht sind mit einem Geländer vergleichbar, an dem sich die Schülerinnen und Schüler festhalten und orientieren können, während sie wieder selbstständig laufen (bzw. lernen) lernen und entlasten dadurch Kinder wie Lehrkräfte

Hoher Anteil echter Lernzeit

In jedem Unterricht gibt es an einem Schultag die Notwendigkeit von organisatorischen Absprachen zwischen Lehrkräften sowie Schülerinnen und Schülern. Allerdings sollten die dafür zur Verfügung stehenden Zeiten möglichst eng begrenzt und effektiv gehandhabt werden. Ein gutes Zeitmanagement der Lehrkräfte verbunden mit Pünktlichkeit aller Beteiligten sorgt für Entlastung im komplexen Unterrichtsgeschehen. Zeitangaben sollten dabei für Schülerinnen und Schüler stets transparent sein. Gerade angesichts der Tendenz zu mehr Ganztagsangeboten stellt die schülergerechte und fachliche angemessene Gestaltung des Tagesablaufes eine eigenständige Herausforderung dar. In Abhängigkeit vom Entwicklungsstand der Schülerinnen und Schüler sollte deshalb darauf geachtet werden, dass der Wechsel zwischen konzentrierten Lernphasen und entspannenden Aktivitäten sowie Pausen auf die jeweilige Lerngruppe zugeschnitten ist. Dies kann bezogen auf den inklusiven Unterricht auch bedeuten, dass der 45-Minuten-Rhythmus verbunden mit dem obligatorischen Klingelzeichen nicht durchzuhalten ist. Gerade bei Schülerinnen und Schülern mit SPF muss mit kurzen Konzentrationsspannen gerechnet werden und folglich im Tagesablauf noch stärker auf kleine Zeiteinheiten geachtet werden.

Lehrkräfte haben auch die Aufgabe am Wertesystem einer Lerngruppe zu arbeiten. In heterogen zusammengesetzten Schulklassen wird es unterschiedliche Lerntempi und differente Anspruchsniveaus bei den Aufgabenstellungen gegen müssen. Es gilt dabei den Schülerinnen und Schüler zu vermitteln, dass alle sich anstrengen müssen, um ihre jeweilige Aufgabe zu bewältigen und es von sekundärer Bedeutung ist, wie viel und mit welchem Anspruchsniveau in welcher Zeit geleistet werden kann. Im inklusiven Unterricht haben sich Helfersysteme als besonders wertvoll erwiesen. Im Sinne von Patenschaften übernehmen Schülerinnen und Schüler die Aufgabe, sich gegenseitig bei der Bewältigung von Lernschwierigkeiten zu helfen. Diese gegenseitige Schülerhilfe wird von allen Seiten als besonders hilfreich empfunden. Und nicht nur Schülerinnen und Schüler mit SPF profitieren davon. Auch die Schülerinnen und Schüler, die einen Lerninhalt oder eine Aufgabe erneut erläutern oder bei der Lösung helfen, festigen den bekannten Stoff noch einmal und vertiefen ihr Verständnis des jeweiligen Sachverhaltes. Das kann jeder erfahren, der schon einmal jemand anderem etwas zu erläutern versucht hat, was selbst schon beherrscht und verstanden worden war. Gegenseitiger Respekt, die Übernahme von Verantwortung und der aufmerksame Umgang miteinander wirken sich positiv auf die Lernergebnisse in einer Lerngruppe aus.

Lernförderliches Klima

Da die Lerngegenstände im Mittelpunkt des Unterrichts stehen, sollten diese für die Schülerinnen und Schüler verständlich aufbereitet sein. Aufgaben sind so zu stellen, dass sie nachvollziehbar sind und optimale Entwicklungsanreize bezogen auf das Noch-Nicht-Gelernte beinhalten. Schülerinnen und Schüler mit SPF haben nicht selten Schwierigkeiten mit offenen Aufgabenstellungen und bevorzugen klare Anweisungen, die ihnen die Lösungswege für die jeweilige Aufgabe zumindest im Ansatz aufzeigen. Das gilt im Anschluss an den Lernprozess auch für die gemeinsame Überprüfung der erzielten Lösungen und Unterrichtsergebnisse. Diese sollten stets noch einmal bewusst gemacht werden, um festzustellen, ob alle Schülerinnen und Schüler die jeweiligen Lernziele erreicht haben.

Inhaltliche Klarheit

Abgesehen vom Unterrichtsgeschehen im Sinne gemeinsamer Lernprozesse an gemeinsamen Lerngegenständen sollten die Schülerinnen und Schüler immer wie-

Sinnstiftendes Kommunizieren

der in die Planung des Unterrichts einbezogen werden. Auf diesem Wege können ihre Interessen und Bedürfnisse besser einbezogen werden und Sinn und Zweck des gemeinsamen Lernprozesses stärker deutlich gemacht werden. Erforderlich ist dazu die Entwicklung einer Kultur des Dialogs, in der sich alle aufgefordert fühlen, gleichberechtigt ihre Meinungen und Ideen in die Klassengemeinschaft einzubringen. Für Schülerinnen und Schüler mit SPF kann es im inklusiven Unterricht besonders sinnvoll sein, wenn sie ihren eigenen Lernprozess in Lerntagebüchern dokumentieren, um sich so auch kleine Lernfortschritte bewusst machen zu können. Feedback der Schülerinnen und Schüler untereinander und sicher auch das Feedback durch die Lehrkräfte bieten die Chance, Sinn und Bedeutung des gemeinsamen Lernprozesses für alle zu erschließen.

Methodenvielfalt

Ein guter Unterricht zeichnet sich insbesondere dadurch aus, dass die Unterrichtsmethoden häufig gewechselt werden. Dies setzt zwar bei den Schülerinnen und Schülern einen gewissen Übungsprozess im Umgang mit verschiedenen Methoden des Lernens voraus. Es zeigt sich jedoch in der Unterrichtspraxis, dass dies durchaus trainiert werden kann und gerade Schülerinnen und Schüler mit SPF von solchen Methodentrainings nachhaltig profitieren. Dabei sind allerdings offene Unterrichtsmethoden keineswegs das Allheilmittel. Vielmehr haben auch lehrerzentrierte Phasen ihren Stellenwert und sind nicht selten Garant für eine fachlich hohe Qualität des Unterrichts und insbesondere bei bisher unbekannten Lerngegenständen. Immer wenn es um Anwendung und Transfer geht, sind allerdings Unterrichtsmethoden das Mittel der Wahl, die die Schülerinnen und Schüler aktivieren und zum entdeckenden sowie problemlösenden Lernen anregen.

Individuelles Fördern

Individualisierung ist zwar auch im Förderunterricht einer gesamten Lerngruppe oder in kurzen Phasen des Klassenunterrichts möglich. Bei komplexeren Lernschwierigkeiten, empfiehlt sich jedoch eine entsprechende Förderdiagnostik und Förderplanung, um systematisch und intensiv bei der Bewältigung der Lernprobleme unterstützen zu können. In diesem Bereich wird sich die Anwesenheit einer sonderpädagogischen Lehrkraft im inklusiven Unterricht besonders positiv auswirken, weil hier die entsprechenden professionellen Kompetenzen vorliegen. Sonderpädagogische Lehrkräfte haben gelernt, förderdiagnostische Methoden den jeweiligen Schülerinnen und Schülern angemessen auszuwählen und einzusetzen, um daraus fundierte Informationen über die jeweilige Lernausgangslage und die weiteren Förderziele abzuleiten. Auch die individuelle Förderplanung kann von sonderpädagogischen Lehrkräften in den inklusiven Unterricht eingebracht werden, um diese in regelmäßigen Abständen erneut überprüfen zu können und den Nachweis der Fördereffekte anzutreten.

Intelligentes Üben

Mit Übungen und Wiederholungen sind häufig große Langeweile und eine geringe Motivation bei den Schülerinnen und Schülern verbunden. Guter Unterricht beinhaltet regelmäßig solche Übungsphasen, die zu einer aktiven Auseinandersetzung mit dem Übungsinhalt und zu einem produktiven Umgang mit der jeweiligen Aufgabe einladen. Entscheidend wird es dabei sein, dass Schülerinnen und Schülern individuelle Hilfestellungen gegeben werden, damit die Übungsaufgaben möglichst präzise ihrem jeweiligen Lernstand entsprechen. Außerdem sollte beim Üben darauf geachtet werden, dass vielfältige Methoden abwechslungsreich und bisweilen auch spielerisch eingesetzt werden. Produktiv wird das Üben dann, wenn das zu Übende in einen neuen Kontext hineingestellt wird und sein praktischer Nutzen immer wieder aufgezeigt wird. Schülerinnen und Schüler mit SPF sind auf häufige und engmaschig gestaltete Übungs- und Wiederholungsphasen angewiesen.

Lehrkräfte sollten stets offen mit ihren Erwartungshaltungen an die Leistungen von Schülerinnen und Schülern umgehen. Dies schafft insbesondere in der Vorbereitung auf Tests und Klassenarbeiten Klarheit und reduziert Stress in Verbindung mit Prüfungsangst. Begründungen von Lerngegenständen durch Rückbezug auf Richtlinien und Lehrpläne der verschiedenen Schulformen oder Bildungsstandards sollten den Schülerinnen und Schülern erläutert werden. Gerade in Verbindung mit den angestrebten Bildungsabschlüssen ist dies ein Gebot der Fairness den Schülerinnen und Schülern gegenüber. Im inklusiven Unterricht erhalten Leistungserwartungen deshalb einen so hohen Stellenwert, weil sie möglicherweise differenziert werden müssen, was auch immer wieder zu kritischen Rückfragen seitens der Schülerinnen und Schüler Anlass gibt. In diesem Zusammenhang gewinnt das individuelle Feedback bezogen auf den jeweiligen Lernfortschritt einen hohen Stellenwert, gerade bei Schülerinnen und Schüler mit SPF. Auch alternative Formen der Leistungserhebung erhalten zunehmend mehr Bedeutung (s. Kap. 20.5).

Transparente Leistungserwartungen

All diese Merkmale eines guten Unterrichts erfordern einen Klassenraum, in dem vielfältige Anregungen zum Lernen gegeben werden, in dem aber auch eine klare Ordnung umgesetzt ist, die den Schülerinnen und Schülern Orientierungshilfen liefert und sie nicht überfordert. Inklusive Lernumgebungen zeichnen sich insbesondere dadurch aus, dass sie Lernangebote für viele Sinne machen, zum sozialen Lernen auffordern und zum Handeln sowie zum tätigen Lernen einladen. Darüber hinaus sind individuelle Fördermöglichkeiten durch entsprechende sonderpädagogische Förder- und Trainingsprogramme anzubieten, die ebenfalls im Klassenraum zugänglich sein sollten. Als praktisch hoch bedeutsam für den inklusiven Unterricht hat sich ein Klassenraum erwiesen, in dem mehrere unterschiedliche Lernzonen im Sinne einer Lernwerkstatt eingerichtet worden sind und der möglichst durch einen Differenzierungsraum ergänzt wird, in den sich Schülerinnen und Schüler zurückziehen können.

Vorbereitete Umgebung

Für sonderpädagogische Lehrkräfte sind die Merkmale „Lernförderliches Klima", „Individuelles Fördern", „Intelligentes Üben" und „Vorbereitete Umgebung" von besonderer Relevanz, weil sich über diese Merkmale in der Regel entscheidet, ob der hohe Anspruch der Individualisierung im inklusiven Unterricht umgesetzt werden kann. Sonderpädagogische Lehrkräfte sollten „Botschafter der Individualisierung" in inklusiven Schulen sein und konsequent die Bedürfnisse und Lernausgangslagen von Schülerinnen und Schülern mit SPF durchaus im Sinne von „Anwälten der Kinder und Jugendlichen" vertreten. Damit ist zugleich das inklusive Potenzial der Merkmale des guten Unterrichts aufgezeigt. Es kann erst dann von einem guten Unterricht gesprochen werden, wenn alle Schülerinnen und Schüler einbezogen sind, also teilhaben und etwas beitragen können. Dies ist zugleich der definitorische Kern des inklusiven Unterrichts. Insofern bedingen sich Unterrichtsqualität

Potenzial der Merkmale

und Inklusion gegenseitig. Lehrkräfte der allgemeinen Schulen und Lehrkräfte für Sonderpädagogik stehen im inklusiven Unterricht vor der Aufgabe, in enger Kooperation einen guten Unterricht zu gestalten, damit alle Schülerinnen und Schüler inklusive Lernerfahrungen machen können.

20.7 Kooperation und Teamarbeit im inklusiven Unterricht

20.7.1 Die Bedeutung der Kooperation für die Inklusion

Teamarbeit auf allen Ebenen

An vielen Stellen dieses Studienbuchs wird deutlich, dass Kooperation, Teamarbeit und Interdisziplinarität im Rahmen der Inklusion großen Raum und eine hohe Bedeutung einnehmen. Die stundenweise oder gar durchgängige Anwesenheit von zwei Lehrkräften bzw. Erwachsenen im Klassezimmer ist im inklusiven Unterricht zunehmend häufiger anzutreffen. Unüberhörbar ist der Ruf aus der Praxis, diese Ressourcen weiter auszubauen, um noch deutlich mehr Phasen der Doppelbesetzung in der Klasse zu ermöglichen. Punkt 20.7.3 (Die Zusammenarbeit im Klassenzimmer) zeigt, welche Möglichkeiten der Rollen- und Aufgabenverteilung sich für zwei Lehrkräfte im gemeinsam gestalteten Unterricht anbieten. Dieses sogenannte „*Teamteaching*" oder „Unterrichten im Tandem" ist die am engsten gefasste Form der Kooperation, die im inklusiven Setting anzutreffen ist. Die interdisziplinäre Zusammenarbeit von Mitarbeiterinnen und Mitarbeitern einer Schule ist jedoch auch außerhalb des Klassenzimmers und des Unterrichts und über die Schulgrenzen hinaus ein zentrales Element gelingender Inklusion. Ohne die Einbettung in eine entsprechende Kultur der Zusammenarbeit und des kollegialen Miteinanders auf allen Ebenen des Schulalltags ist *Teamteaching* im Klassenzimmer nur ein sehr begrenzter „inklusiver Moment" (s.o.) mit wenig nachhaltiger Tragweite. Die im Folgenden beschriebenen Voraussetzungen, Merkmale und Herausforderungen der Zusammenarbeit lassen sich auf Teams jeder Größe und Funktion übertragen.

Inklusion (nur) durch Kooperation

Lütje-Klose (2016) kommt bezugnehmend auf eigene Veröffentlichungen und andere Autorinnen und Autoren zu dem Schluss, dass „Inklusion (…) als komplexer und immer wieder neu zu erarbeitender Prozess zu verstehen [ist], der wesentlich durch das Merkmal der Kooperation gekennzeichnet ist (…)." (Lütje-Klose 2016, 365).

> Manche Autorinnen und Autoren sowie Studien gehen einen Schritt weiter und zeigen auf, dass die Bereitschaft von Lehrkräften zur Kooperation nicht nur ein Merkmal, sondern eine Bedingung für das Gelingen inklusiver Schulentwicklung ist (vgl. Lütje-Klose & Neumann 2018).

Diese Kooperation schließt idealerweise alle an Schule Beteiligten mit ein: Die Schülerinnen und Schüler, (allgemein-, sonder-, heil-)pädagogische Lehr- und Fachkräfte, Eltern, Behörden und weitere externe Partner. Im Folgenden wird der Fokus auf die Zusammenarbeit von Lehrkräften und weiteren Mitarbeiterinnen und Mitarbeitern des Kollegiums im Rahmen von inklusivem Unterricht gelegt. Grundlage hierfür ist an manchen Schulen eine gemeinsame und dadurch parallele Unterrichtsplanung von Lehrkräften der gleichen Jahrgangsstufe oder des gleichen Fachbereichs.

Die „Teamarbeit" als eine Form der Kooperation ist an vielen Schulen mittlerweile etabliert. Schley (1998) spricht dem Teambegriff eine durchaus positive Konnotation zu und verbindet ihn mit den Schlagwörtern „Lernen, Leistung und Kreativität" sowie „Qualitätssicherung" (a.a.O., 112f.). Unterschieden nach Funktion und Teilnehmerkreis finden sich Klassen- oder Jahrgangsstufenteams, Schulleitungsteams, Projektteams, themenspezifische Arbeits- und Steuerungsgruppen, Teams aus Kolleginnen und Kollegen eines Fachbereichs, sozialpädagogische Teams, kollegiale Supervision, uvm.

Teambegriff

Mit der Inklusion hält innerhalb dieser Strukturen mehr und mehr der Aspekt der Interdisziplinarität Einzug (vgl. Lütje-Klose 2016). Sonderpädagogische Lehrkräfte ergänzen an vielen Stellen die Kollegien der allgemeinen Schulen, Schulbegleitungen sind während des Unterrichts und im Schulleben bei ihrer Schülerin oder ihrem Schüler, Fachkräfte der Schulsozialarbeit installieren ihr Angebot vor Ort, und der zunehmende Ausbau des Schulalltags zum Ganztagesangebot macht Erzieherinnen und Erzieher und andere pädagogische Fachkräfte zu einem wichtigen Teil der Schulfamilie. Die Planung, Umsetzung und Reflexion von Unterricht obliegen nicht mehr nur einer einzelnen Lehrkraft. Vielmehr öffnet sich an inklusiv arbeitenden Schulen die „klassische Form" des Unterrichts im 45-Minuten-Takt bei geschlossener Klassenzimmertüre unter der Leitung einer Lehrkraft zu Gunsten von doppelt besetzten Differenzierungsstunden, Förderstunden für Schülerinnen und Schüler einer anderen Muttersprache, klassenübergreifenden Lernschienen, Sozialprojekten, Klassenratssitzungen oder anderen Formaten. Die Planung, Umsetzung und Nachbereitung von Unterricht wird an vielen Stellen eine Frage der interdisziplinären Zusammenarbeit.

Inklusion und Interdisziplinarität

Beispiel einer Tandemklasse
Eine der 3. Klassen an der Heinrich-Braun-Grundschule Trostberg im Schuljahr 2013/14 bestand seit der Einschulung der Schülerinnen und Schüler als Tandemklasse (vgl. Kap. 16.0). Insgesamt waren 22 Kinder in der Klasse, davon etwa die Hälfte mit einem diagnostizierten sonderpädagogischen Förderbedarf. Geführt wurde die Klasse von einer Grundschullehrerin und zwei Sonderpädagoginnen (jeweils halbe Stelle). Den Fach- und Förderunterricht übernahmen diverse Fachlehrerinnen und Fachlehrer sowie eine Förderlehrerin. Darüber hinaus waren zur besonderen Unterstützung zweier Schülerinnen zwei Schulbegleiterinnen während des gesamten Schulvormittags anwesend. Die Unterrichtsplanung und regelmäßige Teamgespräche fanden im Kreis der Grundschul- und Sonderpädagoginnen und meist auch der Schulbegleiterinnen statt. Während des Unterrichts waren – je nach Differenzierungsform und Setting – bis zu vier Erwachsene in der Klasse. Die Teamfindung war anfänglich ein Prozess des Sich-Kennenlernens, Aufgaben und Zuständigkeiten mussten klar verteilt werden. Im Unterricht war die Zusammenarbeit der Teammitglieder äußerst produktiv und für alle entlastend.

20.7.2 Formen und Voraussetzungen von Teamarbeit

Wie kann die Zusammenarbeit so vieler verschiedener Professionen im Unterricht aussehen? Welchen Gewinn können die Beteiligten ziehen und mit welchen Herausforderungen sehen sie sich vielleicht konfrontiert? Antwort auf die erste Frage geben Modelle und Kategorisierungsansätze verschiedener Autorinnen und Autoren, die

Formen und Funktionen von inklusiver Kooperation definieren (Überblick bei Lütje-Klose 2006). Gräsel et al. (2006) arbeiten entlang der Kriterien Autonomie, Vertrauen und gemeinsame Ziele drei Modi der Zusammenarbeit von Lehrkräften heraus:

Modus des Austausches — Im „Modus des Austausches" arbeiten die Lehrkräfte und anderen Fachkräfte selbstständig und eigenverantwortlich. Sie stehen jedoch untereinander im Austausch über Schülerinnen und Schüler und stellen sich gegenseitig Materialien und Informationen zur Verfügung.

Modus der arbeitsteiligen Kooperation — Werden Aufgaben und Ziele gemeinsam definiert und die zu erledigende Arbeit aufgeteilt, greift der „Modus der arbeitsteiligen Kooperation". Im Team werden die Zuständigkeiten klar festgelegt und geklärt, wie die Teilaufgaben ineinander greifen.

Modus der Kokonstruktion — Der wohl anspruchsvollste Modus ist der „Modus der Kokonstruktion". Zielsetzungen oder Aufgaben werden gemeinsam festgelegt und bewerkstelligt. Dabei kommen die fachlichen Perspektiven und die Expertisen aller beteiligten Professionen zum Tragen und ergänzen sich. Lütje-Klose spricht von „Synergieeffekten" über Professionsgrenzen hinweg (vgl. Lütje-Klose 2016).

Zielsetzung — Je nach Art und somit Funktion des Teams und für die jeweils zu erfüllende Aufgabe eignen sich verschiedene Modi. Die arbeitsteilige Kooperation wird sehr viel häufiger genutzt als die kokonstruktive Zusammenarbeit verschiedener Fachkräfte (Lütje-Klose & Neumann 2018).

Arbeitsteilung vs. Kokonstruktion im Unterricht:
Arbeitsteilung: Die MSD-Lehrkraft fördert wöchentlich zwei Schülerinnen in der Kleingruppe, Inhalte bereitet sie in Absprache mit der Klassenleitung passend vor.
Kokonstruktion: Beide Lehrkräfte planen den Unterricht im entsprechenden Fach zusammen und sind während der Umsetzung im Klassenzimmer (im Wechsel oder gleichzeitig) aktiv.

Das Wissen um mögliche Aufgabenverteilung oder den Modus des eignen Teams ist jedoch noch kein Garant für gelingende Zusammenarbeit. Essentiell und erfolgversprechend sind mit Sicherheit eine klare Zielsetzung oder ein definierter Output als Orientierung für das gemeinsame Handeln. Schley (2016) mahnt an, dass aufgestellte Ziele im schulischen bzw. erzieherischen Feld oft schwer zu erreichende Maximalziele seien. Für eine systematische, erfolgreiche Teamarbeit braucht es aber umsetzbare, konkrete, überprüfbare Handlungs-, Prozess- oder Ergebnisziele (vgl. auch SMART-Schema für Zielformulierung in Kap. 21.0). Dieser Hinweis wird im inklusiven Unterricht wichtiger denn je. Unrealistisch hoch gesteckte Lernziele für Einzelne oder gar der Anspruch einer Lernzielgleichheit aller Schülerinnen und Schüler können einer heterogenen Lerngruppe nicht entsprechen. Das gilt auch für die (gemeinsame) Erstellung von Förderplänen oder die Ausarbeitung von Unterrichtssequenzen durch die Lehrkräfte. Auf diese Weise entstehender Leistungs- und Entwicklungsdruck trifft Lernende wie Lehrende und ist unnötig.

Inklusiver Unterricht | 287

Krämer-Kilic u.a. (2014) nennen drei grundlegende Voraussetzungen, damit Teamarbeit im Rahmen von Schule und damit letzten Endes auch gemeinsames Unterrichten erfolgreich sein können:

Voraussetzungen für Teamarbeit

> „Zum Mimialkonsens gehören:
> – Generelle Bereitschaft zur Zusammenarbeit,
> – Einverständnis hinsichtlich der Einschränkung von Autonomie
> – Zeit."
> (Krämer-Kilic 2014, 16).

Dieser „Minimalkonsens" ist durch weitere Aspekte auf verschiedenen Ebenen auszubauen und zu verfeinern. Einen Überblick über einige dieser Aspekte gibt Tabelle 20.2.

Tab. 20.3: Aspekte der Teamarbeit auf verschiedenen Ebenen (nach Krämer-Kilic 2014, eigene Ergänzungen)

Ebene „Sache":
- fachliche Kenntnisse
- gemeinsame Verantwortungsübernahme
- klare Kompetenzen und Fachlichkeiten, auch eigene Lücken oder Defizite
- Werte und Normen
- Erziehungsstile
- Balance zw. fachdidaktischem Anspruch und individueller Entwicklungsförderung
- Zieltransparenz

Ebene „Beziehung":
- pädagogische Vorstellungen: ähnlich, sich ergänzend oder sich akzeptierend
- (gegenseitiges) Vertrauen und Wertschätzung
- offene Formulierung von Erwartungen
- Bereitschaft zur Bearbeitung von Konflikten
- Feedbackkultur

Ebene „Organisation"
- Zeit(struktur)
- Räumlichkeiten
- Routinen und Regelmäßigkeiten
- Struktur und Regeln für Teamsitzungen
- Angebote für Konfliktmoderation
- (gemeinsame) Weiterbildung, inhaltliche Arbeit
- klarer Modus des Informationsaustausches

Ebene „Persönlichkeit"
- Offenheit und Flexibilität bzgl. kurzfristiger Änderungen (z.B. im Unterrichtsverlauf)
- Kommunikationsfähigkeit
- Empathie
- Kritikfähigkeit
- Veränderungsbereitschaft

Welchen Stellenwert die einzelnen Aspekte haben oder wie die Umsetzung und Lösung im jeweiligen Bereich aussehen, ist hoch individuell und von Team zu Team eigens auszuhandeln und kontinuierlich weiterzuentwickeln. Gerade die Anfangsphase der Teamfindung kann sich dabei durchaus „stürmisch" gestalten. Laut Tuckmann (nach Schley 2016) durchläuft ein Team in seiner Entwicklung vier Phasen:

Teamentwicklung

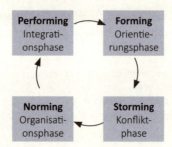

Abb. 20.17: Vier Phasen der Teamentwicklung nach Tuckman (eigene Darstellung nach Schley 2016)

Durchlaufen der Phasen

In der Phase des *Forming* geht es um ein Kennenlernen, die Abklärung von Aufgaben und das Abstecken von Rahmenbedingungen, zunächst ist alles ruhig und sachlich. Im Laufe der Zusammenarbeit zeigen sich dann Unterschiedlichkeiten oder gar Gegensätze bzgl. Interessen, Einstellungen oder Rollenverständnis. Während der Phase des *Storming* wird verhandelt, diskutiert, polarisiert, Statuskämpfe können entstehen, und die eigentliche Aufgabe rückt vielleicht sogar in den Hintergrund. Das Bedürfnis nach Regeln und einer gemeinsamen Linie entsteht. In konstruktiver Zusammenarbeit schafft sich das Team in der *Norming*-Phase eine Grundlage an Werten, Normen, Spielregeln und Rollendefinitionen. Jetzt hat sich das Team soweit gefunden, dass es effektiv „performen" kann. Auf Basis der vorausgegangenen Auseinandersetzungen und der geschaffenen Strukturen können Kreativität und Produktivität greifen, die Phase des *Performing* ist erreicht. Teams durchlaufen diese Phasen im Laufe ihrer Entwicklung immer wieder mehr oder weniger zyklisch. Gerade schwierige Findungs- oder Verhandlungsprozesse lassen sich mit der Zeit zunehmend einfacher gestalten (vgl. Schley 2016).

20.7.3 Die Zusammenarbeit im Klassenzimmer

Teamteaching

Begeben wir uns auf die Ebene der Unterrichtsstunde mit zwei Lehrkräften bzw. Erwachsenen im Klassenzimmer. Zusätzlich zur Klassenleitung kann eine sonderpädagogische Lehrkraft, eine Förderlehrkraft, eine Schulbegleiterin oder ein Schulbegleiter, anderes pädagogisches Personal oder auch eine Fachkraft der Schulsozialarbeit anwesend sein. Friend u.a. (2010) unterscheiden sechs oft referenzierte Settings, wie Arbeitsteilung und Zusammenarbeit in der Klasse aussehen können. (Abb. 20.18) Welche Profession dabei welche Rolle übernimmt, ist nicht festgelegt.

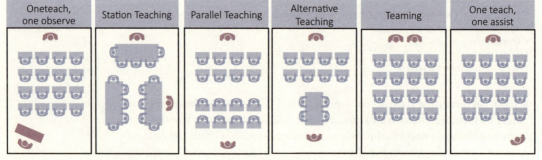

Abb. 20.18: Formen von Co-Teaching nach Friend u.a. (2010) (Nachbildung)

Beim Co-Teaching oder *Teamteaching* geht es nicht nur um die gemeinsame Durchführung des eigentlichen Unterrichts, sondern auch um die notwendigen Planungs- und Reflexionsschritte auf dem Weg dorthin und im Nachgang.

> *Teamteaching* ist die gemeinsame Vorbereitung, Planung, Durchführung und Evaluation von Unterricht durch zwei oder mehrere Lehr- oder Fachkräfte. Diese Form der Lehre gewährleistet eine hohe Qualität und kann so den individuellen Bedürfnissen in einer heterogenen Lerngruppe gerecht werden (vgl. Kricke & Reich 2016).

Eine durchgehende Doppelbesetzung durch eine Lehrkraft der allgemeinen Schule und eine sonderpädagogische Lehrkraft, wie es z.B. in einer Tandemklasse in Bayern der Fall ist, kommt selten vor. Stundenweise Unterstützung durch eine zweite Lehrkraft im Unterricht hingegen findet sich in vielen inklusiven Settings, am häufigsten wohl in Form von Differenzierungsstunden aus dem Stundenkontingent der eigenen Schule oder durch das Hinzukommen einer sonderpädagogischen Lehrkraft, z.B. im Rahmen der MSD. Vergleicht man den tatsächlichen Einsatz von Lehrkräften der MSD mit den Kooperationswünschen, die die Lehrkräfte der allgemeinen Schule haben, zeigt sich, dass gemeinsame Vorbereitung und vor allem gemeinsamer Unterricht sehr viel häufiger gewünscht wäre als sie letzten Endes umgesetzt werden und dass die separierende Einzelförderung mit Abstand das meistgenutzte Format darstellt (vgl. Abb. 20.19). Ursächlich für diese Verteilung und das Ungleichgewicht zwischen Wunsch und Realität sind der Faktor Zeit, aber auch eine klare Abgrenzung der jeweiligen Rolle und Zuständigkeiten der eigenen Profession.

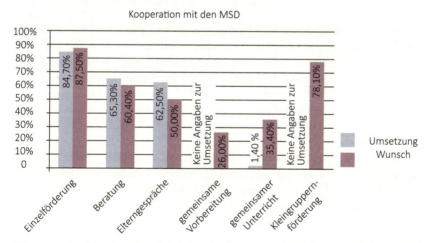

Abb. 20.19: Tatsächlicher und von Lehrkräften der allgemeinen Schule gewünschter Einsatz der MSD (eigene Darstellung nach Böttinger 2017)

Als Team oder Tandem nicht nur gemeinsam zu unterrichten, sondern auch vorzubereiten und zu planen klingt zeitaufwändig. Es bedarf tatsächlich regelmäßiger Gespräche und Planungstermine, um *Teamteaching* über eine bloße Anwesenheit von zwei Lehrkräften im Unterricht hinauszuführen. Diese Zeit liegt zum einen in der Verantwortung der kooperierenden Lehrkräfte. Wöchentliche Planungsgesprä-

Eine Frage der Zeit?

che im Tandem und regelmäßige Treffen im größeren Team mit Fachlehrkräften und weiterem Personal, das in der Klasse tätig ist, finden außerhalb der Unterrichtszeit statt. Hier kommt die zweite Ebene der Verantwortlichkeit ins Spiel: Feste Zeiten oder gar Anrechnungsstunden für Teamarbeit sind von Seiten der Schulleitung klar einzuplanen und auch möglich zu machen. Dabei kann eine entsprechende Gestaltung des Stundenplans ebenso helfen wie Arbeitsplätze für Lehrkräfte und Teams in der Schule. Es gibt vielfältigen Möglichkeiten, im Schulalltag Zeit und Raum für Teamarbeit zu schaffen und eine Kultur der Teamarbeit aufzubauen.

Persönliche Herausforderung

Neben Ressourcenfragen und strukturellen Anforderungen sind persönliche Kompetenzen, Befindlichkeiten und Grenzen der einzelnen Teammitglieder wohl die größte Herausforderung. Sie haben entscheidenden Einfluss auf das Gelingen oder Scheitern von Kooperation. Die Forschung bezüglich persönlicher Beweggründe für wenig kollegiale Zusammenarbeit kommt schon seit Jahrzehnten immer wieder zu ähnlichen Begründungen, warum Lehrkräfte nicht oder wenig kooperieren (nach Werning & Avci-Werning 2016; Lütje-Klose & Neumann 2018; Krämer-Kilic 2014):

- fehlende kollegiale Beziehung durch wenig zeitliche Überschneidung (z.B. eine MSD-Lehrkraft, die mehrere Schulen bedient),
- zelluläre Struktur des Arbeitsplatz Schule: Aufteilung in Klassen – räumlich wie organisatorisch,
- Lehrkraft als Einzelkämpfer: individualistisches Berufsverständnis und hoher Stellenwert der eigenen Autonomie,
- Eingriff in den Unterricht anderer Lehrkräfte verletzt die Gleichberechtigung,
- unterschiedliche pädagogische Vorstellungen und Konzepte,
- persönliche/private Belastungssituationen einzelner Teammitglieder.

Unabhängig von den dargestellten Hemmnissen ist bei vielen Lehrkräften grundsätzlich die Bereitschaft und Offenheit vorhanden, interdisziplinär zusammenzuarbeiten und das eigene Klassenzimmer zu öffnen. Kooperative Strukturen an der Schule und gute Ausstattung begünstigen dies und geben den Beteiligten Handlungsmöglichkeiten und Orientierung für ihre Zusammenarbeit. Erfahrungen mit kollegialer Teamarbeit erhöhen die Bereitschaft, sich erneut darauf einzulassen und gemeinsam mit anderen Professionen inklusiv zu arbeiten (vgl. Lütje-Klose & Neumann 2018).

Rückhalt im Team

Omer (u.a. 2017) sieht im Rahmen seines Konzepts der „Neuen Autorität" in Vernetzung und Zusammenarbeit von Lehrkräften, anderen Fachkräften und Eltern die einzige Möglichkeit, um schwieriges Verhalten bei Kindern und Jugendlichen langfristig aufzufangen. Die Arbeit für das und mit dem Kind kann nur erfolgreich und zielführend sein, wenn die Erwachsenen selbst aus einer stabilen Position heraus agieren und auf der Basis unterschiedlicher Perspektiven und Expertisen eine gemeinsame Zielsetzung vereinbart haben. Selbst in Situationen oder Settings, in denen eine Lehrkraft allein verantwortlich ist, legitimiert und stärkt das Wissen um das Netzwerk und die darin gebündelte Kompetenz das eigene Handeln (vgl. Omer & Schlippe 2016). Dieser Grundsatz greift nicht nur im Hinblick auf den Umgang mit schwierigem Verhalten, sondern lässt sich auf die vielen unterschiedlichen Bedürfnisse übertragen, die Schülerinnen und Schüler im inklusiven Unterricht mitbringen.

Teamarbeit ist nicht ohne Engagement, Offenheit sowie Kooperationsbereitschaft der beteiligten Fachkräfte möglich und benötigt zeitlichen und materiellen Einsatz. Klingt nach viel Arbeit? – Lohnt sich aber! Wirken Lehrkräfte verschiedener Disziplinen zusammen, profitieren sie langfristig durch die gegenseitige Entlastung und gemeinsame Verantwortungsübernahme, die Wertschätzung und Akzeptanz durch Kolleginnen und Kollegen und können durch den interdisziplinären Austausch die eigene Fachlichkeit ausbauen. Das Wohlbefinden auf Seiten Schülerinnen und Schüler, aber auch der Mitarbeiterinnen und Mitarbeiter steigt durch kooperative Strukturen (Lütje-Klose & Neumann 2018).

Gewinn durch Kooperation

Das gewichtigste Argument für Teamarbeit und kollegiale Kooperation ist aber sicherlich die Erkenntnis, dass interdisziplinäre Zusammenarbeit und ein hohes Maß an Kooperation die Qualität von Schule und Unterricht maßgeblich verbessern und dadurch die Möglichkeit geschaffen wird, Schülerinnen und Schülern in ihrer Entwicklung und ihrem Lernen optimal zu unterstützen (vgl. Steinert, zit. n. Lütje-Klose 2016).

Arbeitsaufträge

1. Stellen Sie Kriterien für die Gestaltung inklusiver Lernumgebungen im Klassenraum auf!
2. Planen Sie mit Hilfe des Modells der inklusionsdidaktischen Netze eine Unterrichtseinheit zu einem Thema und einer Jahrgangsstufe mit einer inklusiven Lerngruppe Ihrer Wahl!
3. Suchen Sie sich einen möglichst komplexen Lerngegenstand (z.B. der Satz des Pythagoras) aus einem Unterrichtsfach Ihrer Wahl aus und machen Sie Vorschläge zur Repräsentation der gewählten Thematik auf der symbolischen, der ikonischen und der enaktiven Ebene!
4. Auf der Plattform „Neue Mittelschule" für österreichische Lehrkräfte finden Sie eine Handreichung zu *Teamteaching*. Studieren Sie die Checkliste auf Seite 25. Suchen Sie sich eine Kommilitonin oder einen Kollegen und arbeiten Sie die Punkte auf der Liste für ein reales oder fiktives Setting im gemeinsamen Unterricht durch.
  http://www.nmsvernetzung.at/mod/forum/discuss.php?d=6244

Literaturempfehlungen:

Reich, Kersten: Inklusive Didaktik. Bausteine für eine inklusive Schule. Weinheim u. Basel: Beltz, 2014
  Aus dem Inhalt: Konstruktivistischer Ansatz für den inklusiven Unterricht im Rahmen eines umfassenden Schulentwicklungskonzeptes; Hintergrund: Einrichtung der inklusiven Universitätsschule in Köln; Beschreibung der Rahmenbedingungen wie Teamkooperation, Demokratie in der Schule, Ganztag, Schularchitektur und die Einbindung der Schule in die Lebenswelt; Beleuchten von Bausteinen inklusiven Unterrichts wie curricularen Orientierung, förderliche Lernumgebungen, Lernende mit Förderbedarf, die Leistungsbeurteilung und die Anforderungen im Bereich der begleitenden Beratung, Supervision sowie Evaluation; Darstellung verschiedener Methoden für den inklusiven Unterricht: Instruktionsanteile, konstruktives Lernen in Projekten und Werkstätten, Gestaltung von Lernlandschaften und eine intensive Berücksichtigung des jeweiligen Lernkontextes.

Seitz, S.: Zeit für inklusiven Sachunterricht. Hohengehren: Schneider, 2005
Aus dem Inhalt: Erstmaliger Hinweis auf die Herausforderungen der Entwicklung einer Didaktik des inklusiven Unterrichts; Thema „Zeit" im Sachunterricht der Grundschule als Ausgangspunkt; Untersuchung unterschiedlicher fachlicher Perspektiven auf das Thema „Zeit"; Einbezug von Unterrichtsbeobachtungen; fraktale Strukturierung von Lerngegenständen als Ansatz für inklusiven Sachunterricht: Die kleinste Einheit enthält zugleich das Gesamtbild; enge Verschränkung von subjektiver Perspektive der Lernenden und objektiver Anforderungen des Lerngegenstandes.

Meyer, H.: Was ist guter Unterricht? Berlin: Cornelsen, 2004
Aus dem Inhalt: Praxisnaher, gut lesbarer Überblick zu gutem Unterricht; basierend auf Ergebnissen der empirischen Unterrichtsforschung; klare Definitionen zentraler Begriffe; zehn Merkmale guten Unterrichts; Arbeitsaufträge für aktive Auseinandersetzung mit den Inhalten; didaktische Landkarte, ausführliches Literaturverzeichnis.

Krämer-Kilic, I.: Gemeinsam besser unterrichten. *Teamteaching* im inklusiven Klassenzimmer. Mühlheim an der Ruhr: Verlag an der Ruhr, 2014
Aus dem Inhalt: Praxisnahe Informationen und Hintergründe von Teamarbeit; Planungs- und Unterrichtsbeispiele; Anregung zur Umsetzung eigener Ideen; Möglichkeiten und Beispiele für *Teamteaching* in der Sekundarstufe; weiterführende Materialien online verfügbar – verweise jeweils an entsprechender Stelle im Buch.

Literatur

Ayres, A.J. (1992): Bausteine der kindlichen Entwicklung. Berlin u.a.: Springer.
Bach, H. & Pfirrmann, F. (1994): Reform schulischer Förderung beeinträchtigter Kinder. Mainz: v. Hase&Koehler.
Bayerisches Staatsministerium für Bildung und Kultus, Wissenschaft und Kunst (01.07.2016): Schulordnung für schulartübergreifende Regelungen an Schulen in Bayern, BaySchO. https://www.gesetze-bayern.de/Content/Document/BaySchO2016 (15.06.2019).
Bayerisches Staatsministerium für Bildung und Kultus, Wissenschaft und Kunst (2017): Kompetenzorientierter Unterricht. Leistungen beobachten – erheben – bewerten. München. (15.06.2019).
Bayerisches Staatsministerium für Unterricht und Kultus (2012)(Hrsg.): Rahmenlehrplan für den Förderschwerpunkt Lernen. München: StMUK. https://www.isb.bayern.de/download/11130/rahmenlehrplan.pdf, (21.09.2018).
Benkmann, R. (1998): Entwicklungspädagogik und Kooperation. Sozial-konstruktivistische Perspektiven der Förderung von Kindern mit gravierenden Lernschwierigkeiten in der allgemeinen Schule. Weinheim: Deutscher Studien Verlag.
Böttinger, T. (2017): Exklusion durch Inklusion? Stolpersteine bei der Umsetzung. 1. Auflage. Stuttgart: Verlag W. Kohlhammer (Inklusion Praktisch, Band 2).
Bundesministerium für Arbeit und Soziales (Hrsg.) (2011): Übereinkommen der Vereinten Nationen über die Rechte von Menschen mit Behinderungen. Erster Staatenbericht der Bundesrepublik Deutschland. Von der Bundesregierung beschlossen am 3. August 2011 (URL: http://www.bmas.de/SharedDocs/Downloads/DE/staatenbericht-2011.pdf?__blob=publicationFile, letzter Aufruf: 12.06.2019).
Cloerkes, G. (1997): Soziologie der Behinderten. Eine Einführung. Heidelberg: Edition Schindele.
Copei, F. (1969/1930): Der fruchtbare Moment im Bildungsprozess. Heidelberg: Quelle&Meyer, 9. Aufl. 1969 (Erstausgabe: 1930).
Demmer-Dieckmann, I. & Struck, B. (Hrsg.) (2001): Gemeinsamkeit und Vielfalt. Pädagogik und Didaktik einer Schule ohne Aussonderung. Weinheim u. München: Juventa.
Deutscher Bildungsrat (1974): Zur pädagogischen Förderung behinderter und von Behinderung bedrohter Kinder und Jugendlicher. Stuttgart: Klett.
Dewey, J. (1916 (1993): Demokratie und Erziehung. Eine Einleitung in die philosophische Pädagogik. Hrsg. v. Jürgen Oelkers, übers. v. Erich Hylla. Weinheim u. Basel: Beltz (amerikanische Originalausgabe: 1916).
Faulstich, P. (2013): Menschliches Lernen. Eine kritisch-pragmatistische Lerntheorie. Bielefeld: transcript
Feuser, G. (1998): Gemeinsames Lernen am gemeinsamen Gegenstand. Didaktisches Fundamentum einer Allgemeinen (integrativen) Pädagogik. In: Hildeschmidt, A. & Schnell, I. (Hrsg.): Integrationspädagogik. Auf dem Weg zu einer Schule für alle. Weinheim, München: Juventa, 19-35.
Feuser, G. & Meyer, H. (1987): Integrativer Unterricht in der Grundschule: ein Zwischenbericht. Solms-Oberbiel: Jarick Oberbiel.
Frey, K. (2002): Die Projektmethode. Der Weg zum bildenden Tun. Weinheim u. Basel: Beltz, 9. Aufl.

Friend, M. & Cook, L.; Hurley-Chamberlain, D.; Shamberger, C. (2010): Co-Teaching. An Illustration of the Complexity of Collaboration in Special Education. In: Journal of Educational and Psychological Consultation 20 (1), 9-27. DOI: 10.1080/10474410903535380.
Glöckel, H. (1996): Vom Unterricht. Bad Heilbrunn: Klinkhardt, 3. Aufl.
Gudjons, H. (2007): Frontalunterricht – neu entdeckt. Integration in offene Unterrichtsformen. Bad Heilbrunn: Klinkhardt, 2. Aufl.
Gudjons, H. (2014): Handlungsorientiert Lehren und lernen. Schüleraktivierung, Selbsttätigkeit, Projektarbeit. Bad Heilbrunn: Klinkhardt, 12. Aufl.
Hecht, M. (2008): Selbsttätigkeit im Unterricht. Empirische Untersuchungen in Deutschland und Kanada zur Paradoxie pädagogischen Handelns. Wiesbaden: VS Verlag Sozialwissenschaften.
Hegele, I. (Hrsg.) (1996): Lernziel: Stationenarbeit. Eine neue Form des offenen Unterrichts. Weinheim u. Basel: Beltz.
Heimlich, U. (Hrsg.) (1997): Zwischen Aussonderung und Integration. Schülerorientierte Förderung bei Lern- und Verhaltensschwierigkeiten. Neuwied u.a.: Luchterhand.
Heimlich, U. (1999): Gemeinsam lernen in Projekten. Bausteine für eine integrationsfähige Schule. Bad Heilbrunn: Klinkhardt.
Heimlich, U. (2003): Integrative Pädagogik. Eine Einführung. Stuttgart: Kohlhammer.
Heimlich, U. (2016): Pädagogik bei Lernschwierigkeiten. Sonderpädagogische Förderung im Förderschwerpunkt Lernen. Bad Heilbrunn: Klinkhardt.
Heimlich, U (2017): Inklusive Momente im Bildungsprozess. In: Pädagogische Rundschau 71, 2, 171-186.
Heimlich, U. (2019): Inklusive Pädagogik. Eine Einführung. Stuttgart: Kohlhammer, 2019.
Helmke, A. (2004): Unterrichtsqualität. Erfassen, Bewerten, Verbessern. Seelze: Kallmeyer, 3. Aufl.
Hentig, H. v. (1993): Die Schule neu denken. Eine Übung in praktischer Vernunft. München: Hanser, 2. Aufl.
Hentig, H. v. (1996): Bildung. Ein Essay. München: Hanser.
Hiller, G.G. (2010): (Über-)Lebenskunst als Gegenstand der Bildungsarbeit im Jugendstrafvollzug und von Alltagsbegleitung nach Haftentlassung. In: Weiß, Hans/Stinkes, Ursula/Fries, Alfred (Hrsg.): Prüfstand der Gesellschaft: Behinderung und Benachteiligung als soziale Herausforderung. Würzburg: edition von freisleben, 65-84.
Jank, W. & Meyer, H. (2002): Didaktische Modelle. Berlin: Cornelsen, 12. Aufl.
Jaumann-Graumann, O. & Riedinger, W. (1996): Integrativer Unterricht in der Grundschule. Gemeinsam leben und lernen – Unterrichtsbeispiele. Frankfurt a.M.: Diesterweg.
Kahlert, J. (2007): Ganzheitliches Lernen mit allen Sinnen? Plädoyer für einen Abschied von unergiebigen Begriffen. www.widerstreit-sachunterricht.de/Ausgabe Nr. 8/März 2007 (URL: http://www.widerstreit-sachunterricht.de/ebeneI/didaktiker/kahlert/kahlert.pdf, letzter Aufruf: 03.04.2019)
Kahlert, J. (2009): Der Sachunterricht und seine Didaktik. Bad Heilbrunn: Klinkhardt, 3. Aufl.
Kahlert, J. & Heimlich, U. (2014): Inklusionsdidaktische Netze – Konturen eines Unterrichts für alle (dargestellt am Beispiel des Sachunterrichts". In: Heimlich, U. & Kahlert, J. (Hrsg.): Inklusion in Schule und Unterricht. Stuttgart: Kohlhammer, 2. Aufl., 153-190.
Kiel, E. (2013): Unterrichtsprinzipien. In: Haag, Ludwig/Rahm, Sibylle/Apel, Hans Jürgen/Sacher, Werner (Hrsg.): Studienbuch Schulpädagogik. Bad Heilbrunn: Klinkhardt, 5. Aufl., S. 198-220.
Kiel, E. & Syring, M. (2018): Differenzierung. In: Kiel, Ewald (Hrsg.): Unterricht sehen, analysieren, gestalten. Bad Heilbrunn: Klinkhardt, 3. Aufl., 63-92.
Klafki, W. (2007): Neue Studien zur Bildungstheorie und Didaktik. Zeitgemäße Allgemeinbildung und kritisch-konstruktive Didaktik. Weinheim u. Basel: Beltz, 6. Aufl.
Krämer-Kilic, I. (2014): Gemeinsam besser unterrichten. Teamteaching im inklusiven Klassenzimmer. Unter Mitarbeit von Tina Albers, Afra Kiehl-Will und Silke Lühmann. Mühlheim an der Ruhr: Verlag an der Ruhr.
Kricke, M. & Reich, K. (2016): Teamteaching. Eine neue Kultur des Lehrens und Lernens. Weinheim, Basel: Beltz (Pädagogik).
Krüger, H.-H.Lersch, R. (1993): Lernen und Erfahrung. Perspektiven einer Theorie schulischen Handelns. Opladen: Leske+Budrich, 2. Aufl.
Laing, R. D (1969): Phänomenologie der Erfahrung. Frankfurt a.M.: Suhrkamp.
Lütje-Klose, B. & Neumann, P. (2018): Professionalisierung für eine inklusive Schule. In: B. Lütje-Klose, T. Riecke-Baulecke & R.Werning (Hg.): Basiswissen Lehrerbildung: Inklusion in Schule und Unterricht. Grundlagen in der Sonderpädagogik. 1. Auflage. Seelze: Klett, Kallmeyer, 129-151.
Lütje-Klose, B. (2016): Teamarbeit. In: Hedderich, I., Biewer, G., Hollenweger, J. & Markowetz, R. (Hrsg.): Handbuch Inklusion und Sonderpädagogik. Bad Heilbrunn: Verlag Julius Klinkhardt (utb-studie-e-book, 8643), 365-369.

Markowetz, R. & Reich, K. (2016): Didakik. In: Hedderich, I., Biewer, G., Hollenweger, J. & Markowetz, R. (Hrsg.): Hb. Inklusion und Sonderpädagogik. Bad Heilbrunn: Klinkhardt, 338-346.
Merleau-Ponty, M. (1966): Phänomenologie der Wahrnehmung. Berlin: deGruyter (Erstausgabe: 1945).
Meyer, H. (2009): UnterrichtsMethoden. I: Theorieband. Berlin: Cornelsen, 14. Aufl.
Meyer, H. (2016): Was ist guter Unterricht? Berlin: Cornelsen, 11. Aufl.
Meyer-Drawe, K. (1987): Leiblichkeit und Sozialität. Phänomenologische Beiträge zu einer pädagogischen Theorie der Inter-Subjektivität. München: Fink, 2. Aufl.
Montessori, M. (1987): Schule des Kindes. Montessori-Erziehung in der Grundschule. Hrsg. v. Paul Oswald und Günter Schulz-Benesch. Freiburg i. Br.: Herder, 2. Aufl.
Moosecker, J. (2008): Der Wochenplan in Unterricht der Förderschule. Stuttgart: Kohlhammer.
Oerter, R. & Montada, L. (Hrsg.) (2002): Entwicklungspsychologie. Weinheim, Basel, Berlin: Beltz-PVU, 5. Aufl.
Omer, H. & Schlippe, A von (2016): Stärke statt Macht. Neue Autorität in Familie, Schule und Gemeinde. 3., unveränderte Auflage. Göttingen, Bristol, CT, U.S.A.: Vandenhoeck & Ruprecht.
Peterßen, W.H. (2000): Fächerverbindender Unterricht. Begriff, Konzept, Planung, Beispiele. München: Oldenbourg.
Platte, A. & Krönig, F. (2017): Inklusive Momente. Unwahrscheinlichen Bildungsprozessen auf der Spur. Weinheim u. Basel: Beltz.
Popp, K., Melzer, C. & Methner, A. (2017): Förderpläne entwickeln und umsetzen. 3., aktualisierte Aufl. München: Ernst Reinhardt
Putnam, H. (1997): Für eine Erneuerung der Philosophie. Stuttgart: Reclam.
Radhoff, M. & Wieckert, S. (2014): Mut(h) zur Leistungsbeurteilung in inklusiven Lerngruppen. In: Franz, E.-K., Trumpa, S. & Esslinger-Hinz, I. (Hrsg.): Inklusion. Eine Herausforderung für die Grundschulpädagogik. Baltmannsweiler: Schneider Verlag Hohengehren GmbH (Entwicklungslinien und Forschungsbefunde, Band 11), 130-141.
Reich, K. (2014): Inklusive Didaktik. Bausteine für eine inklusive Schule. Weinheim u. Basel: Beltz.
Schall, J. (1995): Melanies pädagogisches Tagebuch – Einzelfallbeschreibung einer integrierten sonderpädagogischen Förderung. In: Krawitz, R. (Hrsg.): Die Integration behinderter Kinder in die Schule. Bad Heilbrunn: Klinkhardt, S. 61-92.
Scheller, I. (1981): Erfahrungsbezogener Unterricht. Praxis, Planung, Theorie. Königstein/Ts.: Scriptor.
Schley, W. (2016): Teamkooperation und Teamentwicklung in der Schule. In: Altrichter, H., Schley, W. & Schratz, M. (Hrsg.): Handbuch zur Schulentwicklung. 1. Aufl. s.l., Innsbruck u.a.: Studienverlag, 111-159.
Seifert, A., Müller-Zastrau, A. (2014): Das Dilemma der Leistungsbewertung in der inklusiven Grundschule. In: Franz, E.-K., Trumpa, S. & Esslinger-Hinz, I. (Hrsg.): Inklusion. Eine Herausforderung für die Grundschulpädagogik. Baltmannsweiler: Schneider Verlag Hohengehren GmbH (Entwicklungslinien und Forschungsbefunde, Band 11), 155-165.
Seitz, S. (2005): Zeit für inklusiven Sachunterricht. Hohengehren: Schneider.
Sekretariat der Ständigen Konferenz der Kultusminister der Länder in der Bundesrepublik Deutschland: Empfehlungen zur sonderpädagogischen Förderung in den Schulen in der Bundesrepublik Deutschland. Beschluß der Kultusministerkonferenz von 06.05.1994 (URL: https://www.kmk.org/fileadmin/Dateien/pdf/PresseUndAktuelles/2000/sopae94.pdf, letzter Aufruf: 29.03.2018).
Siedenbiedel, C. & Theurer, C. (Hrsg.) (2015): Grundlagen inklusiven Bildung 1. Inklusive Unterrichtspraxis und -entwicklung. Immenhausen: Prolog
Sünkel, W. (1996): Phänomenologie des Unterrichts. Grundriß der theoretischen Didaktik. Weinheim u. München: Juventa.
Vester, F. (1996): Denken, Lernen, Vergessen. Was geht in unserem Kopf vor, wie lernt das Gehirn und wann läßt es uns im Stich? München: dtv, 23. Aufl.
Waldenfels, B. (1985): In den Netzen der Lebenswelt. Frankfurt a.M.: Suhrkamp.
Werning, R. & Avci-Werning, M. (2016): Herausforderung Inklusion in Schule und Unterricht. Grundlagen, Erfahrungen, Handlungsperspektiven. 2. Auflage. Seelze: Klett/Kallmeyer (Unterrichtsentwicklung und Unterrichtsqualität Praxisband).
Wocken, H. (1998): Gemeinsame Lernsituationen. Eine Skizze zur Theorie des gemeinsamen Unterrichts. In: Hildeschmidt, A. & Schnell, I. (Hrsg.): Integrationspädagogik. Auf dem Weg zu einer Schule für alle. Weinheim, München: Juventa, 37-52.

21 Schulentwicklung in der Inklusion
Ewald Kiel und Sabine Weiß

21.1 Was ist Schulentwicklung?

Wenn man, wie der Erziehungsphilosoph John Dewey, annimmt, dass die Schule eine „Embryonic Society" sei (Dewey 1916), die für eine Gesellschaft nur dann funktional ist, wenn sie die Verhältnisse der Gesellschaft widerspiegelt, dann muss Schule sich verändern, wenn die Gesellschaft sich verändert. Eine solche Anpassungsleistung der Schule wird meist als Schulentwicklung bezeichnet, weil in diesem Kompositum die Idee einer (Weiter)Entwicklung im Sinne einer Verbesserung meist mitgedacht wird. Wir wünschen uns üblicherweise, Entwicklung möge immer in Richtung eines als positiv gedachten Zustands gehen. Gleichzeitig wissen wir, dass nicht jede Veränderung automatisch zu einer Verbesserung führt. Wenn jedoch aufgrund gesellschaftlicher Transformationen Veränderungen an einer Schule notwendig sind, eine Schule sich anpassen muss, dann gilt auch hier das berühmte Motto Georg Christoph Lichtenbergs „Ich weiß nicht, ob es besser wird, wenn es anders wird. Aber es muss anders werden, wenn es besser werden soll" (Lichtenberg-Gesellschaft 2012, 20).

Schule als „Embryonic Society"

Eine gewisse Paradoxie ergibt sich in diesen einleitenden Überlegungen daraus, dass Schule einerseits auf eine veränderte Welt vorbereiten und gleichzeitig auf die sich verändernde Welt reagieren soll. Vielleicht gerade deshalb hat die Veränderung von Schule meist etwas Konservatives, weil nicht jeder populäre Diskurs, nicht jeder populäre Trend in einer Gesellschaft eine Veränderung ist, der die Schule nachkommen muss. Es muss sich erst über einen längeren Zeitraum erweisen, ob gesellschaftliche Transformationen, die Entwicklung neuer Lebensentwürfe, eine sich verändernde Technik und vieles andere mehr tatsächlich Schule so sehr herausfordern, dass Akteurinnen und Akteure in oder außerhalb der Schule eine Veränderung initiieren. Selbst wenn eine Herausforderung so dominant erscheint, dass man sich ihr stellen muss, besteht die Möglichkeit einer Nicht-Einigung über die Gestaltung der Veränderung.

Veränderung von Schule

Kommt es tatsächlich zu einem Entwicklungsprozess, dann ist dieser idealerweise:
- *Wertorientiert*, das heißt, Menschen mit Benachteiligungen sind nicht als defizitär zu betrachten, ihre Beiträge zur Gesellschaft zu schätzen, die Partizipationsmöglichkeiten von Eltern und Schülerinnen und Schülern zu steigern, die Verwaltungsabläufe effektiver zu machen etc. Wertorientierungen helfen, dem Denken oder Handeln eine Richtung zu geben.
- *Prozessorientiert*, also durch klar voneinander abgrenzbare Entwicklungsschritte gekennzeichnet, die sich in konkrete zeitliche Rahmen einordnen lassen. Eine

Wertorientierung

Prozessorientierung

solche Prozessorientierung ist notwendig für eine realistische Planung und eine realistische Einschätzung des Ressourceneinsatzes.

Handlungsorientierung
- *Handlungsorientiert*, weil auf die Prozessplanung konkrete Umsetzungshandlungen folgen. Es sind die Handlungen, die eine Institution tatsächlich verändern und nicht allein das Reden über Handlungen.

strukturelle Rahmenbedingungen
- An *strukturelle Rahmenbedingungen* gebunden, denn beispielsweise verlangt eine Schule für 300 Schülerinnen und Schüler andere Organisationsformen als eine Schule für 1.000 Schülerinnen und Schüler. Es ist eine sozialwissenschaftliche Binsenweisheit, dass Rahmenbedingungen, Werte und Handlungen von Individuen nicht isoliert voneinander betrachtet werden können, sondern sie in Interaktion stehen und man einen Zusammenhang herstellen muss, wenn man Interventionen, gleich welcher Art, plant.

> Bei der Veränderung von Schule müssen die Beteiligten eine Balance finden zwischen Veränderung, Anpassung an gegebene Rahmenbedingungen und Konservatismus. Hier steckt ein Kernproblem von Schulentwicklung, denn alle drei Positionen werden von den Menschen in einer Schule vertreten. Schulentwicklung steht vor der Aufgabe, diese Positionen auszugleichen. Dies ist intellektuell und interaktionell eine Herausforderung!

New Public Management

Man kann dieser intellektuellen und interaktionellen Herausforderung ein Stück weit ausweichen oder sie weniger anspruchsvoll gestalten, wenn man Schulentwicklung nur im Bereich der nach wie vor populärsten Managementtheorie, dem *New Public Management*, betrachtet (vgl. den immer noch interessanten Überblick bei Saalfrank 2005). Diese Theorie ist geprägt von der Idee, Kompetenzen von höheren auf niedrigere Hierarchieebenen zu verlagern, etwa von der vorgeordneten Schulbehörde auf die einzelne Schule. Gleichzeitig sollen die niedrigeren Hierarchieebenen für eine Entwicklung verantwortlich gemacht werden, die geprägt ist durch Begriffe wie „Autonomie" oder „Teilautonomie", „Kundenorientierung" und „Effektivität". Schulentwicklung aus einer solchen bürokratischen Managementperspektive bezieht sich auf Aspekte wie

- „Abbau von Vorgaben des Schulträgers,
- Vermeidung von Doppelarbeiten in Schulen und beim Schulträger,
- Verbesserung der Arbeitsabläufe in den Schulen und in der Schulverwaltung,
- Erarbeitung wirtschaftlicher Vorteile,
- Anreize zu Eigeninitiative zur effektiven Mittelverwendung in den Schulen,
- Verselbständigung der Schule als Organisation,
- effektivere Gestaltung der pädagogischen und organisatorischen Aufgaben,
- kundennahes Denken und Handeln,
- Entwicklung von An-Schule-Betroffenen zu An-Schule-Beteiligten,
- Verpflichtung jeder einzelnen Schule, die Qualität ihrer Aufgabenerledigung zu sichern und zu verantworten."

(Saalfrank 2016, 18)

Eine solche Perspektive der Schulentwicklung nur aus der Sicht des *New Public Managements* ist eindimensional. Sie nimmt vor allem die Perspektive einer modernen, leistungsorientierten Industriegesellschaft ein. Aus der Sicht des Autors und der Autorin dieses Beitrags greift eine solche, wesentlich managementorientierte Perspektive der Schulentwicklung zu kurz, wenn man an die vielen Möglichkeiten gesellschaftlicher Entwicklungen und der Entwicklung neuer Lebensentwürfe denkt. Der gesamte vorliegende Beitrag versucht, diese Perspektive im nachfolgenden Verlauf zu erweitern.

Stark beeinflusst vom organisationstheoretischen Diskurs des *New Public Managements* werden in der nationalen wie auch internationalen Diskussion üblicherweise mindestens drei Dimensionen der Veränderung von Schule genannt, die im Kontext von Veränderung, Anpassung und Konservatismus adressiert werden. Nach Hans-Günter Rolff (2016), der sich auf den Norweger Per Dalin (1999) bezieht, handelt es sich um die Organisationsentwicklung, Personalentwicklung und die Unterrichtsentwicklung, die als systemisch miteinander verknüpft gedacht werden.

Dimensionen der Veränderung

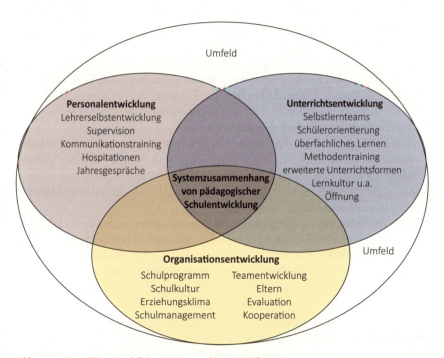

Abb. 21.1: Drei-Wege-Modell der Schulentwicklung (Rolff 2016)

Die übliche Wertorientierung dieser Veränderungsprozesse – jenseits eines reinen Managementgedankens – ist zumindest im deutschsprachigen Bereich aus pädagogischer Perspektive häufig direkt oder indirekt an Ideen der Aufklärung geknüpft. Überträgt man z.B. Überlegungen der geisteswissenschaftlichen Bildungstheorie Wolfgang Klafkis (2007) auf die Veränderung von Schule, um die organisationstheoretische durch eine bildungstheoretische Perspektive zu erweitern, dann lassen sich zentrale Werte für Schulentwicklung durch die Begriffe Selbstbestimmungsfähigkeit, Mitbestimmungsfähigkeit und Solidaritätsfähigkeit charakterisieren.

Wertorientierung in Veränderungsprozessen

Aufbauend auf diesen Werten will Schulentwicklung unter den Auspizien von Inklusion eine Veränderung der Institution Schule, bei der alle Beteiligten ohne jede Ausnahme, unabhängig von Benachteiligungen körperlicher, geistiger oder sozialer Art, diesen Werten in der Schule folgen und ihren Lebensraum dort mitgestalten.

Von großer Bedeutsamkeit hierfür sind die gerade genannten Fähigkeiten, über sich selbst zu bestimmen, mitzubestimmen, solidarisch zu handeln und selbstverständlich auch ein Rahmen, der die Entwicklung und das Ausüben dieser Fähigkeiten erlaubt.

Formuliert man wissenschaftstheoretisch abstrakter, dann geht es bei der Schulentwicklung aus Perspektive einer Pädagogik, die sich an der Aufklärung orientiert, ganz besonders um die große Frage der Gestaltung von Freiheit im Zusammenhang mit sozialer Verantwortung und sozialer Teilhabe in einer zentralen normativ gebundenen Institution unserer Gesellschaft.

Prozessgestaltung als organisationelles Handeln

Jenseits der geisteswissenschaftlichen Pädagogik aus dem Kontext der Organisationsentwicklung wird für die Prozessgestaltung als organisationelles Handeln gefordert (vgl. z.B. Capaul & Seitz 2011; Ditton u.a. 2002):
Die Entwicklungsprozesse
- müssten systematisch organisiert sein,
- müssten möglichst viele Anspruchsberechtigte (Lehrerinnen und Lehrer, Schülerinnen und Schüler, Eltern …) mit einbeziehen und dürften nicht einfach verordnet werden,
- sollten auf der Basis einer Einigung über Standards und Methoden zur Gewinnung von relevanten Daten stattfinden,
- sollten berücksichtigen, die gewonnenen Informationen nicht nur im Hinblick auf beabsichtigte Wirkungen, Nebenwirkungen oder unbeabsichtigte Wirkungen zu analysieren,
- sondern sollten auch ethische Fragen der Institution mit einbeziehen,
- sollten nur stattfinden, wenn tatsächlich die Absicht besteht, gewonnene Erkenntnisse für eine Veränderung der Institution zu nutzen.

Diese Leitlinien der Prozessgestaltung lassen sich zumindest teilweise auch als rückgebunden an Ideen der Aufklärung verstehen. Es geht um die Partizipation möglichst vieler auf der Basis relevanter Informationen, die möglichst allen Anspruchsberechtigten zugänglich sind. Das ist im besten Sinne aufgeklärtes Handeln. Gleichzeitig können die Prozesse nicht ohne eine ethische Grundlage initiiert und durchgeführt werden.

Kern der ethischen Grundlage für die Schulentwicklung im Kontext von Inklusion sind, wie im gesamten Studienbuch und im weiteren Verlauf des Artikels ausgeführt, Ideen der Gerechtigkeit, Anerkennung und sozialen Teilhabe (s. Kap. 20.1).

Schulentwicklung in der Inklusion | 299

In den nächsten beiden Kapiteln dieses Beitrags werden verschiedene Elemente der Prozessgestaltung von Schulentwicklung eher allgemein skizziert, mit nur verstreuten Hinweisen zur Inklusion. Danach verstärkt sich der Fokus auf die Spezifika einer inklusiven Schulentwicklung.

21.2 Wie beginnt Schulentwicklung?

Wenn Schulentwicklung auf lokale, regionale oder globale Entwicklungen reagiert, dann ist die spannende Frage: Wann und wie beginnt Schulentwicklung? Man kann hierauf aus der Perspektive einer Prozesslogik antworten (z.B. Keller 2002; Redlich & Schley 1983). Nach einer Analyse der Ausgangssituation geht es darum, Ziele zu bestimmen, geeignete Handlungen für die Umsetzung der Ziele zu identifizieren und ein Kontrollsystem einzusetzen, welches die Umsetzung an operationalisierbaren Indikatoren überprüft. In den Worten der Organisationstheorie geht es um eine Ist-Soll-Analyse. Das ist zweifellos richtig, mag aber nicht wirklich zufriedenstellen, denn es bleibt die Frage: Wann beginnt man mit dem ersten Schritt, der Analyse der Ausgangssituation oder, in anderen Worten, der Analyse des Ist-Zustands, um dann tatsächlich etwas zu verändern?

Beginn von Schulentwicklung

Der Innovationswürfel von Schratz und Steiner-Löffler (1999) veranschaulicht mittels dreier Dimensionen systemisch, wodurch Schulentwicklungsprozesse initiiert werden.

Innovationswürfel

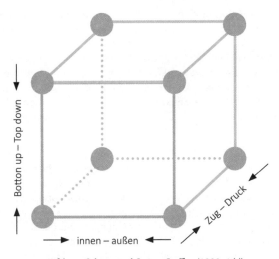

Abb. 21.2: Innovationswürfel von Schratz und Steiner-Löffler (1999, 144)

Bottom up – Top down: Diese Dimension fragt danach, ob ein Veränderungswunsch auf Anregungen der beteiligten Akteurinnen und Akteure zurückgeht (zum Beispiel Schülerinnen und Schüler, Lehrkräfte, pädagogische Mitarbeiterinnen und Mitarbeiter…) oder von Vorgesetzten oder einer vorgesetzten Behörde verordnet wird (z.B. der Schulleitung oder einer Bezirksregierung). Im ersten Fall spricht man von *Bottom up*-Prozessen, im zweiten Fall von *Top down*-Prozessen.

Bottom up – Top down

Innen – außen: Hier geht es darum, ob die Mitglieder einer Schulgemeinschaft von innen heraus Veränderungsprozesse in Gang setzen oder ob Impulse von außen, etwa politisch normative Vorgaben, für die Initiierung des Prozesses verantwortlich sind. In diesem Kontext kann man sich darüber streiten, inwieweit Eltern eine Dimension der Innen- oder Außenwelt der Schule darstellen.

Zug – Druck: Zug liegt vor, wenn ein Ziel der Schulgemeinschaft so attraktiv erscheint, dass sie, um das Ziel zu erreichen, Veränderungsprozesse initiiert. Von Druck sprechen wir, wenn die Schule sich genötigt sieht, aufgrund einflussreicher Akteurinnen und Akteure, wie etwa die Schulbehörde, das Ministerium oder aufgrund öffentlicher Meinungsäußerung in sozialen Medien etc., Veränderungsprozesse zu beginnen.

Eine der Grundlagen zur Initiierung von Veränderungsprozessen ist aus Sicht der Schulentwicklungsforschung die Einsicht bzw. Überzeugung, dass Entwicklung im Sinne eines *Top down*-Prozesses nicht einfach verordnet werden sollte. Die Wahrscheinlichkeit für einen Erfolg ist dann gering. Es gilt die Perspektiven möglichst vieler in der Organisation Handelnder einzubeziehen (Dalin 1999; Rolff 1995). Darin spiegelt sich auch die Nähe zu Ansätzen partizipativer Forschung („Participatory Research", vgl. Bergold & Thomas 2010; Reason & Brandbury 2008) wider. Diese Idee sei an folgenden zwei Beispielen illustriert:

> Wenn etwa ein Gymnasium sich entschließt, Kinder und Jugendliche mit dem Förderschwerpunkt geistige Entwicklung aufzunehmen, weil dies der Wertorientierung eines großen Teils des Kollegiums entspricht, und hierfür tatsächlich eine schulinterne Organisationsstruktur entwickeln kann, dann liegt gemäß dem Innovationswürfel folgende Innovationsstruktur vor: Der Innovationsprozess findet „Bottom up" und von „innen" aus dem Kollegium heraus statt. Im Sinne des Würfels liegt „Zug" vor, weil dem Kollegium eine bestimmte Wertekonstellation interessant und erstrebenswert schien. Einige wenige solcher Gymnasien gibt es durchaus.
>
> Wenn sich eine Schule mit einer Reihe von Anmeldungen von Kindern und Jugendlichen mit Behinderung konfrontiert sieht, diese eigentlich eher nicht aufnehmen möchte, sich rechtlich durch Verweis auf die Behindertenkonvention jedoch dazu gezwungen sieht, auch weil die Schulbehörde es fordert, und deswegen Anpassungen an ihre Organisationsstruktur vornimmt, haben wir eine andere Innovationsstruktur: Es liegt „Druck" durch die Anmeldungen und die Schulbehörde vor; der Veränderungsprozess erfolgt „Top down" und kommt nicht aus der Mitte der Schulgemeinschaft, sondern von „außen" durch die Anmeldung der Eltern und die Forderung der Schulbehörde.

Aus der Perspektive partizipativer Forschung ist es eher wahrscheinlich, dass ein nachhaltiger Veränderungsprozess im ersten Beispiel stattfindet, wo es nicht um einen verordneten *Top down*-Prozess geht. Um ein Entwicklungsvorhaben zum Projekt möglichst vieler Akteurinnen und Akteure zu machen, die nicht *Top down* gezwungen werden, bedarf es eines hohen Maßes an Überzeugungsarbeit. Die Mitglieder einer Organisation lassen sich besonders dann für die Möglichkeiten einer Veränderung gewinnen, wenn sie unmittelbar selbst profitieren. So wird ein Entwicklungsprojekt an einer Schule, von dem vor allem die Schülerinnen und Schüler profitieren und das für das Kollegium nur Mehrarbeit bedeutet, auf wenig Begeisterung stoßen.

> Die Dimensionen des Innovationswürfels „Zug" und „Bottom up" in Kombination geben einem Entwicklungsprozess eine besonders positive Dynamik.

Es lassen sich zusätzlich leicht verschiedene Kombinationen im Sinne des Innovationswürfels konstruieren, die sich tatsächlich im schulischen Alltag finden. Der Wunsch mancher Aktivistinnen und Aktivisten von Inklusion, der Idealfall einer inklusionsorientierten Schulentwicklung würde *Bottom up* von innen und durch Zug stattfinden, weil sich eine ideale Wertorientierung in den Köpfen der meisten Menschen verankert habe, ist zumindest zum gegenwärtigen Zeitpunkt eher ein eitler Wunsch. Wie alle wertorientierten Veränderungsprozesse ist Inklusion vielfältigen gesellschaftlichen Diskursen unterworfen, die sich skeptisch und kritisch mit ihr auseinandersetzen. Es gibt zum gegenwärtigen Zeitpunkt zwar einen weiterentwickelten Nationalen Aktionsplan der Bundesregierung zur Umsetzung von Inklusion in gesellschaftlichen Institutionen (Bundesministerium für Arbeit und Soziales 2016). Jedoch finden sich so gut wie kein gemeinsames Inklusionsverständnis der einzelnen Bundesländer oder gemeinsame konkrete Umsetzungsrichtlinien und selbstverständlich sind Differenzen in der Lehrerschaft über den Begriff der Inklusion und ihre Umsetzung sehr groß.

Man kann einer Forderung nach gemeinsamen Richtlinien und der Minimierung begrifflicher Differenzen entgegensetzen, man bedürfe dieser Richtlinien und Minimierung gar nicht. Es komme vielmehr darauf an, im Sinne einer sogenannten Mikrokontextualisierung die für den Kontext einer Schule angemessene Lösung zu finden.

Mikrokontextualisierung

> Beide Ansätze, der der generellen Durchsetzung gemeinsamer Richtlinien wie auch der, nur für eine Schule eine angemessene Lösung zu finden, sind gangbare Wege. Letzterer ist jedoch in einem komplexen politisch-bürokratischem Geflecht leichter zu gehen. Ebenso spricht für den letzten Weg, dass aus einer Wertorientierung heraus, die für Vielfalt plädiert, die Idee der Mikrokontextualisierung sicherlich diejenige ist, die dieser Wertorientierung am nächsten kommt.

21.3 Welche Wege und Leitideen der Schulentwicklung gibt es grundsätzlich?

Es gibt viele Prozessmodelle über den idealtypischen Ablauf von Schulentwicklung. Die Modelle sind sich meist recht ähnlich. Als eines von vielen Beispielen sei hier das Prozessmodell von Pieper und Schley (1983) angeführt. Das unten stehende Schaubild ist von unten nach oben zu lesen. Es beginnt mit einer Anfrage der Schule nach externer Moderation und endet mit den regelmäßigen Folgeaktivitäten.

Prozessmodelle

Grundsätzlich ist, anders als bei Pieper und Schley, auch eine interne Moderation vorstellbar. Es hat sich jedoch in vielen Organisationsentwicklungsprozessen auch außerhalb der Schule gezeigt, dass sich Personen ohne Bindungen und Verflechtungen innerhalb der zu verändernden Institutionen leichter tun bei der Stärken-Schwächen-Analyse, der Prioritätensetzung und Entscheidungsfindung, eben weil sie unabhängig sind. Moderatorinnen und Moderatoren sollten keine anderen Interessen haben als die, einen Prozess zu unterstützen, der von möglichst großen Teilen eines Kollegiums getragen wird.

Abb. 21.3: Serpentinenmodell zur Prozessbegleitung nach Pieper & Schley (1983, 9)

Ist-Soll-Analyse   Der Kern des Modells ist eine Ist-Soll-Analyse, die verknüpft wird mit möglichst konkreten Veränderungszielen, möglichst konkreten Umsetzungsvorstellungen sowie einer Evaluation des Erreichten.

> Wichtig ist, dass die Evaluation nicht einfach nur als Produktevaluation verstanden wird, bei der abschließend ein Prozess bewertet wird. Die Evaluation ist eher Prozessevaluation, die ein häufiges „Nachjustieren" möglich macht. Schon während des Prozesses wird immer wieder überprüft, ob die gesetzten Ziele sinnvoll sind und die gewählten Umsetzungshandlungen die Effekte zeigen, die man sich wünscht.

Schulleitung

Die letzte Instanz einer solchen Kontrolle ist die Schulleitung, die üblicherweise einen Teil dieser Aufgaben an eine Steuergruppe delegiert. Die Schulleitung trägt rechtlich die Verantwortung für alle die Schule betreffenden Aktivitäten, sie trägt die Verantwortung für die Erfüllung aller bürokratischen Vorgaben. Eine Steuergruppe sollte aus allen am Schulentwicklungsprozess beteiligten (Arbeits-)Gruppen, vertreten durch jeweils ein Mitglied, bestehen. Zusammen mit der Steuergruppe hat die Schulleitung die Aufgabe, den Prozess der Schulentwicklung aufrechtzuerhalten, einen Überblick über die laufenden Maßnahmen zu haben, zeitliche Rahmenbedingungen zu überprüfen und allgemein Ansprechperson für die Akteurinnen und Akteure zu sein. Die Steuergruppe ist in vielerlei Hinsicht eine Gelenksstelle zwischen Schulleitung, Kollegium einschließlich der pädagogischen Mitarbeiterinnen und Mitarbeiter sowie den moderierenden Personen.

Adressatinnen und Adressaten von Schulentwicklung

Man kann beim vorliegenden Modell argumentieren, dass nicht nur das Kollegium Adressat von Schulentwicklung sei, sondern auch die Eltern und die Schülerinnen und Schüler mit einbezogen werden müssten. Dem steht das Argument gegenüber, dass die eigentlichen Agenten des Veränderungsprozesses die Schulleitung und das Kollegium sind (vgl. Rahm & Schröck 2013). Man kann beide Positionen einnehmen. Die erste definiert den Kontext Schule weiter, die zweite enger. Eine wissenschaftliche Bestimmung, welche Position richtig sei, ist kaum möglich. Es handelt sich um eine normative Setzung, die stark an Weltbilder und Ideologien gebunden ist.

Handlungsoptionen

Die Auswahl und Bewertung von Handlungsoptionen im Kontext der „Entwicklung von Veränderungszielen", der „Konkretisierungsphase" und der „Handlungsphase" im Modell von Pieper und Schley (1983, 9) sollte möglichst kriteriengeleitet erfolgen. Einige Leitfragen erweisen sich hier als hilfreich:
- Welche Personen sind motiviert, kompetent und aufgrund struktureller Gegebenheiten in der Lage, etwas zu tun und als zentrale „Change Agents" zu agieren?
- Wer kann diesen Personenkreis an welchen Stellen der Schule und unter welchen Bedingungen unterstützen?
- Wer hat bei welchen Aktionen oder Aktionsbündeln eine Führungsverantwortung und kann als zentrale Ansprechperson fungieren?
- Wie lassen sich die Aktionen oder Aktionsbündel mit Blick auf die benötigte Zeit, die benötigten Mittel, die räumlichen Bedingungen oder andere Ressourcen operationalisieren?
- Wie übt welcher Personenkreis das Controlling beschlossener Maßnahmen aus?

Diese Fragen adressieren die möglichen Akteurinnen und Akteure, den Unterstützerkreis, die Führungsverantwortung, Ressourcen und Rahmenbedingungen sowie das Controlling.

21.4 Warum benötigen wir eine besondere Schulentwicklung für die Inklusion?

Konzept der Inklusion

Das Konzept der Inklusion lässt sich aus soziologischer Sicht wie folgt definieren:

Inklusion ist das gleichberechtigte, chancengleiche und selbstbestimmte Zusammenleben, sowie das damit verbundene barrierefreie, unabhängige und diskriminierungsfreie Zusammenhandeln der Menschen auf Augenhöhe, unabhängig von Geschlecht, sexueller Identität, Alter, sozialer wie ethnischer Herkunft, Religionszugehörigkeit oder Bildung, Behinderungen oder anderen individuellen Merkmalen. Inklusion schließt alle Menschen mit Benachteiligungen ein und spricht sich explizit gegen die Marginalisierung von benachteiligten Menschen aus. Gesellschaftliche Teilhabe wird nicht einfach so definiert, dass alle in gesellschaftlichen Institutionen mitmachen können, auch wenn sie Benachteiligungen aufweisen. Es geht jenseits einer „Mitleidsperspektive" um eine Anerkennung der Beiträge aller zum gesellschaftlichen Zusammenleben.

„All means all!"

Vor dem Hintergrund dieser Definition lässt sich das sehr plakative Motto eines weiten Inklusionsbegriffs identifizieren, welches von der kanadischen Aktivistin Marsha Forest (1942-2000) stammt: „All means all!" (Falvey u.a. 1997; Forest & Pearpoint 1997).

Abb. 21.4: „All Means All!" – Inklusion marginalisierter Gruppen (grafische Darstellung in Anlehnung an Reinhard Markowetz)

Zur Rechtfertigung dieses Zieles lassen sich fünf Diskursarenen identifizieren:

Der normative Diskurs stützt sich auf die Salamanca Erklärung (1994) und die Behindertenrechtskonvention der Vereinten Nationen (2009), die von weit über 100 Ländern ratifiziert wurde und fordert weltweit die Durchsetzung von Inklusion aufgrund einer Normenhierarchie. Rechtlich ist die Behindertenrechtskonvention ein völkerrechtlicher Vertrag, der die bisherigen acht Menschenrechtsabkommen für die Lebenssituation behinderter Menschen konkretisiert und etwa 650 Millionen Menschen (10%) weltweit betrifft. Ideengeschichtlich erscheint die Behindertenrechtskonvention als die Kulmination eines Kampfes um Anerkennung, so wie ihn etwa der Sozialphilosoph Honneth in seiner bekannten Habilitationsschrift charakterisiert hat (Honneth 1992). Gern wird dabei eine Beziehung hergestellt, der Kampf um Anerkennung von Behinderten sei in einem Zusammenhang zu sehen mit dem Kampf um Anerkennung der Geschlechter, der Religionsfreiheit oder der Anerkennung benachteiligter Rassen etc. (Solomon 2013).

Normativer Diskurs

Die demokratietheoretische Argumentation folgt (ausgesprochen oder unausgesprochen) einer Idee Deweys (1916) von der Schule als „Embryonic Society". Mit den aufklärerischen Werten des großen Pädagogen Klafki (2007) lässt sich weiterführen: Eine demokratische Schule ist eine inklusive Schule, weil sie für die Selbstbestimmungsfähigkeit, Mitbestimmungsfähigkeit und Solidaritätsfähigkeit aller eintritt. Gleichzeitig benötigt eine demokratische, inklusive Gesellschaft eine inklusive Schule, um auf ein Leben in der Inklusion vorzubereiten.

Demokratietheoretische Argumentation

Die ökonomische Argumentation geht, wie etwa Klaus Klemm in seinem Gutachten der Bertelsmann-Stiftung anführt (Klemm 2013), davon aus, dass durch Inklusion mehr Menschen mit Förderbedarf höhere Schulabschlüsse machen und deswegen Inklusion aus ökonomischer Sicht geboten sei. Hier ist anzumerken, dass die Daten aufgrund der indifferenten und mangelnden Operationalisierung von Inklusion kontrovers diskutiert werden.

Ökonomische Argumentation

Die Argumentation der Bildungswissenschaften ist mindestens zweigeteilt. Zum einen gibt es eine eher theoretische Argumentation, die häufig im Postulat einer modernen inklusionsspezifischen Professionalität mündet: Lehrkräfte müssten sich vor dem Hintergrund der normativen Forderungen zu Inklusion durch folgende Eigenschaften und Aufgabenorientierungen auszeichnen (z.B. Dlugosch & Reiser 2009; Moser 2003; Werning & Arndt 2013):

Argumentation der Bildungswissenschaften

- ein humanistisches Ethos, welches auf alle anderen Fähigkeiten und Eigenschaften ausstrahle;
- die Bereitschaft, das schwierige Schülerklientel in zunehmend heterogeneren Klassen anzunehmen;
- den Abstand vom Leistungsgedanken, der den Blick auf das Positive von Schülerinnen und Schülern lenkt;
- die Wertschätzung dessen, was Kinder und Jugendliche schon können und nicht das Hervorheben des Defizitären;
- die Wahrnehmung eines Mandats, in dem Lehrkräfte für diejenigen eintreten, die es selbst nicht können.

Empirisch hat sich gezeigt, dass die Idee eines humanistischen Ethos oder eines Mandats in den Köpfen von Lehrkräften der bisherigen allgemeinen Schulen eher nicht verankert ist (Weiß u.a. 2013; Weiß u.a. 2014). Zum anderen werden Argumente der empirischen Bildungswissenschaften angeführt, die belegen, dass Menschen mit Förderbedarf in inklusiven Schulsystemen enorm profitieren, weil sie bessere Leistungen als in segregierten Schulsystemen zeigen. Mindestens zwei Dinge sind sehr kritisch anzumerken: Zum einen wissen wir aus verschiedenen internationalen Kontexten seit den ersten Studien zu diesem Thema, dass Leistungen von Menschen mit Benachteiligungen in inklusiven Schulsystemen zwar steigen, gleichzeitig jedoch auch das soziale Exklusionsverhalten zunimmt (Haeberlin u.a. 1991; Krawinkel u.a. 2017). Das ist ein besorgniserregender Befund, wenn man daran denkt, dass das Zusammenleben und Zusammenhandeln Kernelemente von Inklusion sind. Darüber hinaus gibt es ein nicht geringes Maß an Kritik an der Qualität empirischer Forschung zum Erfolg von Inklusion. Die Aussage von Kavale und Mostert in ihrem zusammenfassenden Aufsatz aus dem Jahre 2003 „Rivers of Ideology and Islands of Evidence" mag heute in ihrer Brutalität so nicht mehr zutreffen, jedoch werden moralische Argumente allzu oft mit unangemessener Empirie begründet (Grünke 2006).

Demografischer Diskurs

Der demografische Diskurs: Geht man von einem weiten Inklusionsbegriff aus und denkt an das Schaubild, das weiter oben im Kontext des Mottos von Marsha Forest genannt wurde, dann bezieht sich Inklusion selbstverständlich nicht nur auf Menschen mit Behinderungen, sondern insgesamt auf Menschen, die in irgendeiner Form benachteiligt sind. Dies gilt für Kinder und Jugendliche in schwierigen Lebenslagen, wie etwa Scheidungskinder, ebenso wie für Menschen mit einem Migrationshintergrund oder Menschen, die aufgrund ihrer sexuellen Orientierung Nachteile haben (Nilholm & Göransson 2017). Erst recht gilt dies für Menschen, die sogenannten intersektionalen Benachteiligungen ausgesetzt sind, wie z.B. Kinder und Jugendliche mit Migrationshintergrund, die gleichzeitig Scheidungskinder sind und jenseits einer binär heterosexuellen Lebenswelt leben wollen. Insgesamt lässt sich wohl konstatieren, dass alternative Lebensentwürfe im gegenwärtigen gesellschaftlichen Kontext mehr und mehr Raum gewinnen; Offenheit für Vielfalt nimmt zu. Dies würden etwa moderne Milieutheorien bestätigen, die die Differenz von Lebensentwürfen hervorheben (vgl. Calmbach u.a. 2016). Gleichzeitig gibt es Forschungen zur sogenannten Generationenlagerung, die davon ausgehen, dass sich bestimmte Jahrgangskohorten durch ein hohes Maß an Gemeinsamkeit bei Lebensentwürfen auszeichnen. Eine der wichtigsten Untersuchungen zur Erforschung der Generationenlage von Jugendlichen (12-25 oder 15-24 Jahre) sind die Shell-Studien, die es seit 1953 gibt (z.B. Shell 2015). Dieser Widerspruch lässt sich nicht durch zunehmende Forschung auflösen. In den Sozialwissenschaften kann man immer nach Gemeinsamkeiten und Unterschieden suchen und je nachdem, wie das Forschungsdesign angelegt ist, wird man diese Gemeinsamkeiten und Unterschiede auch finden. Empirisch gibt es zur zunehmenden Vielfalt von Lebensentwürfen und unterschiedlichen Voraussetzungen nur wenige Daten. Die beste Datengrundlage besteht im Hinblick auf Menschen mit Migrationshintergrund. Hier gibt es klar eine deutliche Zunahme. In Deutschland lebten 2014 80,9 Millionen Menschen. Davon hatten ca. 16,4 Millionen Menschen einen Migrationshintergrund (Aktionsrat Bildung 2016). Etwas mehr als ein Drittel der Personen mit Migrationshintergrund zählt zur zweiten oder dritten Generation derjenigen, die in Deutschland geboren wurden. Schaut man auf die Kinder unter zehn Jahren, werden die Zahlen auffälliger. 35,1%, also mehr als ein Drittel aller Schülerinnen und Schüler, haben einen Migrationshintergrund (Aktionsrat Bildung 2016, 61). Die Verteilung der Schülerinnen und Schüler mit Migrationshintergrund erfolgt nicht gleichmäßig über die Bundesrepublik Deutschland. In den Städten ist der Anteil sehr viel höher. In München etwa gibt der Bildungsbericht aus dem Jahr 2016 an, dass 56,6% aller Kinder und Jugendlichen einen Migrationshintergrund haben (Landeshauptstadt München 2016). Sowohl auf dem Land als auch in den Städten besteht meist eine schulartenspezifische Verteilung: Der Anteil von Kindern und Jugendlichen mit Migrationshintergrund in den Gymnasien ist am geringsten und üblicherweise an den Mittel- und Förderschulen besonders hoch. Nimmt man nur die Asylantragstellerinnen und Asylantragsteller des Jahres 2015, dann verfügen lediglich 2% von ihnen über Deutschkenntnisse und nur 28% über Englischkenntnisse. Dagegen sprechen 48,3% der Asylsuchenden arabisch und 18,1% albanisch (Rich 2016).

Das Fazit dieser hier nur kurz skizzierten Diskurse lautet: Es gibt aus normativer, demokratietheoretischer, ökonomischer, bildungswissenschaftlicher und demografischer Perspektive viele Argumente, die für eine Veränderung hin zu einer inklusiven Schule sprechen. Der empirische Diskurs ist nach wie vor zu stärken.

21.5 Was ist Schulentwicklung für die Inklusion?

21.5.1 Der große Rahmen

In Anlehnung an das von Tomaševski (2004) entwickelte Analyse- und Steuerungsinstrument für inklusive Veränderungen in Bildungsinstitutionen der Gesellschaft lassen sich vier Strukturelemente identifizieren, die auch für die Entwicklung von Schule gelten. Sie sind als das „4A-Schema" bekannt:

Analyse- und Steuerungsinstrument

- *Availability*: Bildungseinrichtungen, in denen Inklusion möglich ist, müssen in einem ausreichenden Maße verfügbar (*available*) sein und über genügend Ressourcen zur Umsetzung des Gedankens der Inklusion verfügen. Einerseits sind Ressourcen ein zentrales Steuerungselement für die Ermöglichung und Verhinderung von Entwicklungsprozessen. Andererseits ist der Verweis auf Ressourcen gerade im Kontext von Inklusion auch eine bequeme Ausrede, Veränderungen gar nicht erst anzugehen.
- *Accessibility*: Zugänglich (*accessible*) sind Bildungseinrichtungen, wenn Menschen in ihnen, um ein Wort Adornos zu gebrauchen, „ohne Angst verschieden sein [können]" (Adorno 1980, 114), sie also nicht diskriminiert oder stigmatisiert werden. Zugänglichkeit hat auch einen wirtschaftlichen Aspekt, es dürfen keine wirtschaftlichen Barrieren bestehen, sich in einer Bildungsinstitution zu bilden.
- *Acceptability*: Inklusive Bildung ist dann akzeptabel, wenn sie die verschiedenen Lebenslagen und möglichen Lebensentwürfe von Menschen in unserer heutigen Zeit adressiert. Bildungsideale etwa dürfen sich vor diesem Hintergrund nicht auf wenige Milieus und Lebenslagen beschränken, sondern auch hier ist Vielfalt zuzulassen.

- *Adaptability*: Dieser Begriff der Adaptivität spielt nicht nur im Kontext von Inklusion eine große Rolle. Die Forderung, Lernprozesse unbedingt an die Voraussetzungen von Lernenden anzupassen, steht im Zentrum moderner Lerntheorien (Stern & Schumacher im Druck). Ohne eine Anpassung an die Voraussetzung der Lernenden kann nicht gelernt werden – so das Diktum von Lerntheorien der kognitiven oder pädagogischen Psychologie (Mandl 2010; Renkl 2009). Im Kontext zunehmend heterogener Schulklassen sind von den Lehrkräften höhere Anpassungsleistungen etwa im Sinne verstärkter Differenzierung notwendig.

Diese vier großen „As" sind so etwas wie ein Werterahmen auf einer sehr abstrakten Ebene für die Umsetzung von Inklusion in Bildungseinrichtungen. Sie betreffen ein Bildungssystem auf allen Ebenen, einer programmatischen Makroebene, einer Mesoebene, in deren Zentrum die Schule als Institution steht, und einer Mikroebene, auf der Lehrkräfte mit einzelnen Schülerinnen und Schülern und deren Eltern interagieren. Im Folgenden soll der Entwicklungsprozess besonders auf der Ebene der Mesoebene, der Institution Schule, betrachtet werden.

21.5.2 Die beteiligten Akteurinnen und Akteure

Ein Schulentwicklungsprozess wird von verschiedenen Akteurinnen und Akteuren getragen. Das sind nicht nur die Mitglieder der Schule, sondern auch eine Reihe verschiedener möglicher Partnerinnen und Partner außerhalb der Schule. Moderne Schulen zeichnen sich üblicherweise dadurch aus, dass sie eine Reihe von Kooperationen und Netzwerken außerhalb ihrer eigenen Institution haben. Das folgende Schaubild veranschaulicht den Zusammenhang von Schule (das große Haus im Schaubild) und externen Kooperationen (die kleinen Häuser im Schaubild):

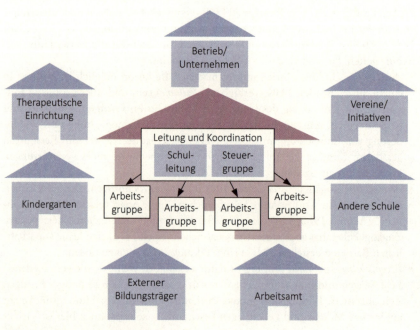

Abb. 21.5: Partnerinnen und Partner in der Schulentwicklung

In der Mitte befindet sich das Schulhaus mit Schulleitung, Steuergruppe und Arbeitsgruppen. Die Schulleitung koordiniert, kommuniziert und vertritt die Schule nach außen (Bonsen u.a. 2002; Wissinger & Huber 2002). Letztlich muss sie den sinnvollen Einsatz der Ressourcen und die Umsetzung der Maßnahmen gegenüber vorgesetzten Schulbehörden verantworten.

Größere Schulen haben üblicherweise, wie schon oben erwähnt, mindestens eine Steuergruppe, welche hilft, organisatorische und strukturelle Umgestaltungen umzusetzen. Üblich für große Schulen ist ebenfalls eine Strukturierung in Arbeitsgruppen, etwa in Form von Fachgruppen, übergreifenden Gruppen, die sich etwa um Elternarbeit kümmern etc. Existiert eine solche Steuergruppe an einer größeren Schule bisher nicht, ist es sinnvoll, noch vor Beginn eines Entwicklungsprozesses eine solche Gruppe zu initiieren.

Größere Schulen

Neben den inneren gibt es auch die äußeren Akteurinnen und Akteure, die hier nicht alle in extenso charakterisiert werden können. Inklusive Schulen etwa werden vermehrt Kooperationen mit therapeutischen Einrichtungen oder Betreuungseinrichtungen eingehen, die sie unter anderem in schwierigen Situationen unterstützen können. Haupt- bzw. Mittelschulen etwa, unabhängig von Inklusion, haben heute in allen Bundesländern vermehrt Kontakte zu Betrieben oder Arbeitsämtern, um ihren Abgängerinnen und Abgängern berufliche Perspektiven zu schaffen und Horizonte für realistische Berufsvorstellungen zu ermöglichen. Alle diese externen Partnerinnen und Partner können für einen Schulentwicklungsprozess von eminenter Bedeutung sein und dürfen nicht vergessen werden.

Externe Kooperation

21.5.3 Die Rollen der Akteurinnen und Akteure

Alle hier genannten Akteurinnen und Akteure nehmen im Schulentwicklungsprozess unterschiedliche Rollen ein. Theorien der Organisationsentwicklung lehren uns unabhängig von der Institution Schule, dass es bei Entwicklungsprozessen häufig folgende Rollen gibt:

Unterschiedliche Rollen

- Initiatoren und Antreiber sind in einer Organisation diejenigen, die neue Ideen aufgreifen, Dinge verändern wollen, andere von der Notwendigkeit der Veränderung zu überzeugen versuchen und Unterstützung für ihre Ideen organisieren.
- Unterstützer lassen sich für neue Ideen begeistern und helfen (in begrenztem Umfang) diese umzusetzen. Häufig haben sie spezielle Kompetenzen, etwa ein besonderes Organisationstalent oder besondere Kenntnisse im Umgang mit Schülerinnen und Schülern mit sonderpädagogischem Förderbedarf.
- Bedenkenträger, Bewahrer und Bremser sind bei der Organisation eines Schulentwicklungsprozesses wohl die schwierigste Gruppe. Häufig fürchten sie, ihre bisherige Arbeit werde infrage gestellt, sie könnten Ressourcen verlieren oder sie interpretieren einen Veränderungsprozess als vorschnelles Handeln.
- Zurückhaltende, interessierte Beobachter halten sich im Hintergrund, sie warten ab, was passiert, wägen ab, ob es sich lohnt sich zu engagieren, holen Informationen vielleicht sogar von anderen Schulen ein, wie ein Entwicklungsprozess dort gelaufen ist etc. Sie können üblicherweise leichter von einem Schulentwicklungsprozess überzeugt werden als Bedenkenträger, Bewahrer und Bremser.

- Emigranten sind nicht interessiert an einer Neuerung, sie ziehen sich in eine „innere" Emigration zurück oder verlassen gar die Schule.

Rollentypologien dieser Art gibt es eine Reihe (z.B. Schratz & Steiner-Löffler 1999). Diese Auflistung erhebt keinen Anspruch auf Vollständigkeit, sondern will nur einige charakteristische Typen aufzeigen. Es gibt zum Beispiel auch die aufrechten Gegner, die Lippenbekenner, die Missionare etc. Wichtig am Schulentwicklungsprozess ist es, diejenigen, die den Prozess nicht unterstützen, nicht zu bekämpfen, sondern sie durch Überzeugung „an Bord zu holen", aber auch sich gegebenenfalls emotional von ihnen zu distanzieren.

21.5.4 Der Beginn des Entwicklungsprozesses

SWOT – Modell

Wenn man nicht weiß, woher man kommt, darf man sich nicht wundern, wo man ankommt! Für Schulentwicklungsprozesse bedeutet dies: Erst gilt es zu bestimmen, welche Ausgangssituation vorhanden ist. Diese Situation ist der strukturelle Rahmen, in dem der Prozess stattfindet. Die Situation limitiert bestimmte Möglichkeiten oder eröffnet neue Chancen. Es geht darum zu identifizieren, welche Stärken, Schwächen, Chancen oder Risiken vorliegen, wenn man einen solchen Prozess startet. Das sogenannte SWOT – Modell fragt hierzu nach vier Bereichen:

Strength (Stärken): Welche Rahmenbedingungen, Kompetenzen, Mittel stehen zur Verfügung?
Weakness (Schwächen): Woran mangelt es, welche Bereiche sollten gestärkt werden?
Opportunities (Chancen): Mit welcher Unterstützung, unter welchen Bedingungen ergeben sich Erfolgsmöglichkeiten?
Threats (Risiken): Was ist schwer bzw. nicht kalkulierbar, woran könnte die Entwicklungsmaßnahme scheitern?

Um nicht nur Einzelmeinungen zu erfahren, werden diese Fragen üblicherweise in gruppendynamische Prozesse eingebettet. Man kann etwa Arbeitsgruppen bilden, die jeweils eine dieser Gruppen von Fragen mit Plakaten oder Metaplankarten bearbeitet und diese dann im Plenum zur Diskussion stellt. Man kann kollegiale Einschätzungen mit denen der Schulleitung kontrastieren oder Gegenüberstellungen unterschiedlicher Statusgruppen vornehmen, zum Beispiel Lehrkräfte, pädagogische Mitarbeiterinnen und Mitarbeiter, Schulbegleiterinnen und Schulbegleiter etc. In der Terminologie der Organisationstheorie handelt es sich um eine Ist-Analyse, die einer Soll-Analyse vorangestellt wird.

Indikatorenmodelle

Eine solche Ist-Analyse kann auch ganz spezifisch auf die Inklusion fokussieren. Es gibt eine Reihe von Indikatorenmodellen, die als Grundlage dienen, den Status einer Schule im Hinblick auf die Umsetzung von Inklusion zu bestimmen. Eine besondere Rolle nimmt der *Index für Inklusion* von Booth und Ainscow (2002; 2016) ein, der national wie international von vielen Inklusionsbefürworterinnen und -befürwortern als zentrale Richtschnur inklusionsorientierten Handelns für die Veränderung schulischer Kontexte betrachtet wird. Der Index für Inklusion ist sowohl als ein Orientierungsleitfaden zur Schulentwicklung zu betrachten als auch als Instrument zur Selbstevaluation für kleinere Vorhaben im Kontext Inklusion.

Der Index ist in drei grundlegende Dimensionen unterteilt: „Inklusive Kulturen schaffen" (z.B. organisatorische Leitbilder, Sensibilisierung für die Wertschätzung von Diversität), „Inklusive Strukturen etablieren" (z.B. Barrierefreiheit, Strukturen für inklusive Angebote) und „Inklusive Praktiken entwickeln" (z.B. passgenaue Unterstützung, spezielle Angebote). Diese drei Dimensionen zerfallen in der neuesten Ausgabe des Index für Inklusion in drei übergeordnete Dimensionen, die sich insgesamt aus 1500 Indikatoren zusammensetzen (Booth & Ainscow 2016). Diese Explosion von Indikatoren lässt sie ihre Hauptfunktion verlieren, als eine Heuristik für Schulentwicklungsprozesse zu fungieren. In einer der klassischen gedächtnistheoretischen Studien von Miller geht man davon aus, dass wir Menschen im Allgemeinen sieben plus minus zwei Elemente gut behalten können (Miller 1956). Bei so vielen Indikatoren hilft es nicht, dass wir auf der obersten Ebene nur drei Überschriften haben. Der Index ist letztlich eine normative Vorgabe, die von zwei intelligenten Menschen mit viel Praxiserfahrungen verfasst wurde. Er ist im Detail sicherlich sinnvoll, aber jedoch nur mit gutem Willen als theoriegeleitet und auf keinen Fall als empiriegeleitet anzusehen.

Auf einer besseren empirischen Grundlage steht das Indikatorenraster, welches im bayernweit durchgeführten „Begleitforschungsprojekt Inklusive Schulentwicklung (B!S)" entwickelt wurde (Heimlich u.a. 2016; Heimlich & Wilfert de Icaza 2014). Ein zentraler Teil dieses Projekts war die Entwicklung der „Qualitätsskala zur inklusiven Schulentwicklung (QU!S)" von Ulrich Heimlich, Kathrin Wilfert, Christina Ostertag und Markus Gebhardt (2018a). Mit Hilfe der Qualitätsskala kann eine Schule auf mehreren Ebenen überprüfen, wie inklusiv bereits gearbeitet wird und welcher Handlungsbedarf noch besteht. Das Instrument lässt eine Erhebung in Eigenregie ebenso zu wie eine extern begleitete Analyse. Basis der QU!S ist ein Mehrebenenmodell inklusiver Schulentwicklung (vgl. Kap. 17.0, Abb. 17.2) (vgl. Benkmann u.a. 2012; Thoma & Rehle 2009; Tuggener u.a. 2011; Werning & Baumert 2013; zur empirischen Umsetzung der QUIS-Skala s. u.a. Heimlich u.a. 2018b; Weiß u.a. 2019).

Qualitätsskala zur inklusiven Schulentwicklung (QUIS)

> „Von inklusiver Qualität wird dann gesprochen, wenn auf den Ebenen Förderung, Unterricht, Team, Schulkonzept und externe Vernetzung alle Beteiligten teilhaben und etwas beitragen können" (Heimlich u.a. 2016, S. 87).

Fischer u.a. (2012) bieten Leitfragen an, über die Veränderung von Schule nachzudenken. Im Folgenden stellen wir Fragen (Formulierung in enger Anlehnung an die Autoren, 20ff.) dar, die sich auf die Ebenen Kinder und Jugendliche, inklusiven Unterricht (vgl. Kap. 20), interdisziplinäre Teamkooperation (vgl. Kap. 20.6), Schulkonzept und Vernetzung mit dem Umfeld beziehen. Diese Fragen können vielfältig eingesetzt werden: Sie können Grundlage einer erweiterten SWOT-Analyse sein, sie können Schulleitungen und Steuergruppen als Orientierungsrahmen dienen, um die bisher erfolgte Umsetzung inklusiver Ideen an der Schule einzuschätzen, sie können in einen Fragebogen umgewandelt werden, der entweder vom gesamten Kollegium oder weiteren Mitgliedern einer erweiterten Schulgemeinde oder nur Teilen eines Kollegiums, wie etwa Mitgliedern eines Lernhauses, ausgefüllt wird.

Leitfragen inklusiver Schulentwicklung

Ebene Kinder und Jugendliche

Leitfragen zu: Einbezug sonderpädagogischer Förderschwerpunkte

- Erhalten Schülerinnen und Schüler mit sonderpädagogischem Förderbedarf in den entsprechenden Förderschwerpunkten Angebote der individuellen Förderung?
- Findet die individuelle Förderung im Klassenverband statt?
- Gibt es ausreichende räumliche Möglichkeiten zur individuellen Förderung, z.B. in einem Raum für Kleingruppenarbeit?
- Sind die Fördermaterialien zur individuellen Förderung im Klassenraum verfügbar?

Leitfragen zu: Förderdiagnostische Berichte

- Steht der Förderdiagnostische Bericht für Schülerinnen und Schüler mit sonderpädagogischem Förderbedarf allen unmittelbar Beteiligten (z.B. Lehrkräften, pädagogischen Mitarbeiterinnen/Mitarbeitern, Eltern) zur Verfügung?
- Enthält der Förderdiagnostische Bericht Angaben zum individuellen Lern- und Entwicklungsstand der Schülerinnen und Schüler mit sonderpädagogischem Förderbedarf und ihrem sozialen Umfeld im Sinne einer Kind-Umfeld-Orientierung?
- Enthält der Förderdiagnostische Bericht Angebote zu den individuellen Fördermaßnahmen?
- Orientiert sich der Förderdiagnostische Bericht an den Kompetenzen von Kindern und Jugendlichen mit sonderpädagogischem Förderbedarf (Fähigkeitsansatz)?
- Wird der Förderdiagnostische Bericht entsprechend der Fortschritte in der individuellen Förderung fortgeschrieben?

Leitfragen zu: Förderpläne

- Steht der Förderplan der Schülerinnen und Schüler mit sonderpädagogischem Förderbedarf allen unmittelbar Beteiligten (z.B. den Lehrkräften) zur Verfügung?
- Enthält der Förderplan eine begründete Auswahl der Maßnahmen zur individuellen Förderung?
- Ist in dem Förderplan eine mittelfristige Zeitplanung für die individuelle Förderung über mehrere Schulwochen enthalten?
- Enthält der Förderplan Hinweise auf eine mögliche Evaluation der individuellen Förderung?
- Wird die individuelle Förderung laut Förderplan in regelmäßigen Abständen evaluiert und der Förderplan auf dieser Basis fortgeführt?

Leitfragen zu: Überprüfung von Lernausgangslage und -entwicklung

- Stehen in der inklusiven Schule förderdiagnostische Materialien zur Verfügung, um die Lernausgangslage und Lernentwicklung aller Schülerinnen und Schüler kennenzulernen?
- Unterstützen die sonderpädagogischen Lehrkräfte den Einsatz von förderdiagnostischen Methoden für die Überprüfung der Lernausgangslage und der Lernentwicklung?
- Haben alle Lehrkräfte Möglichkeiten zur Fortbildung in Bezug auf den Einsatz förderdiagnostischer Methoden zur Überprüfung der Lernausgangslage und Lernentwicklung aller Schülerinnen und Schüler?
- Stehen die Informationen zur Lernausgangslage und Lernentwicklung aller Schülerinnen und Schüler allen unmittelbar beteiligten Lehrkräften zur Verfügung?
- Werden die Eltern über die Lernausgangslage und Lernentwicklung der Schülerinnen und Schüler informiert?

Schulentwicklung in der Inklusion | 313

Leitfragen zu: Verfügbarkeit individueller Förderangebote

- Stehen allen Schülerinnen und Schülern individuelle Förderangebote an allen Schultagen zur Verfügung?
- Stehen räumliche Ressourcen für die individuelle Förderung aller Schülerinnen und Schüler (z.B. Gruppenraum für Differenzierung, therapeutische Angebote etc.) zur Verfügung?
- Können alle Schülerinnen und Schüler auf Materialien zur individuellen Förderung im Klassenraum zurückgreifen?
- Finden im Klassenunterricht stets Angebote zur individuellen Förderung Berücksichtigung?
- Erhalten alle Schülerinnen und Schüler im Förderunterricht die Gelegenheit, Angebote zur individuellen Förderung in Anspruch zu nehmen?

Leitfragen zu: Gemeinsame Planungen und Absprachen

- Gibt es ausreichend Zeit und festgelegte Termine für Unterrichtsplanung, weitere erforderliche Absprachen und Fallbesprechungen (z.B. wenn Schülerinnen oder Schüler immer wieder „stören", wenn zu Hause „Probleme" vorliegen etc.)?
- Werden alle Mitarbeiterinnen und Mitarbeiter regelmäßig in die Planung einbezogen (z.B. auch therapeutische Fachkräfte oder Schulbegleitungen)?
- Wird jedem im Unterricht anwesenden Teammitglied eine Funktion zugewiesen (z.B. Aufgabenverteilung im Hinblick auf die individuelle Förderung einzelner Schülerinnen und Schüler, Überblick über Klassendienste etc.)?
- Unterstützt jedes Teammitglied den Gedanken des partnerschaftlichen Unterrichtens (Teamteaching)?
- Stellt die Zusammenarbeit und die Art und Weise, wie die Lehrpersonen miteinander umgehen, ein Modell für die Schülerinnen und Schüler dar?

Ebene interdisziplinäre Teamkooperation

Leitfragen zu: Koordination gemeinsamer Reflexion

- Wird die Organisation und Moderation im Team organisiert?
- Führen die Nachbesprechungen auch zu neuen, veränderten Zielsetzungen und Aufgabenstellungen (z.B. im Hinblick auf Aufgabenverteilungen der Mitarbeiterinnen und Mitarbeiter), die dann gemeinsam vereinbart werden?
- Ist ein Mitglied aus dem Team für die Dokumentation der Reflexionsergebnisse verantwortlich (z.B. in Form eines Protokolls)?
- Findet auch eine Überprüfung der gesetzten Ziele der vorangegangenen Reflexion statt (z.B. Reflexion der Reflexion mit zeitlichem Abstand)?

Leitfragen zu: Organisation (schulübergreifender) Kooperation

- Werden die gemeinsam erstellten Planungen und Absprachen schriftlich fixiert, sind diese für andere (nicht anwesende) Mitarbeiterinnen und Mitarbeiter zugänglich und ist jeder über Aufgabenbereich und -verteilung ausreichend informiert?
- Wird flexibel in der Bewältigung auch unerwarteter Aufgaben und Herausforderungen reagiert (z.B. im Krankheitsfall eines Teammitgliedes)?
- Ist jedes einzelne Teammitglied so flexibel, dass positive Veränderungen im organisatorischen Bereich vorgenommen werden können (z.B. in der Aufgaben- oder Funktionsverteilung)?
- Findet eine ausreichende und beiderseitig wertschätzende und zufriedenstellende Kooperation auch mit anderen Teams und Beschäftigten der Schule statt (z.B. mit anderen Klassenteams, der Schulleitung, Hausmeister, Förderverein u.a.)?
- Besteht die Bereitschaft auch mit anderen Klassen und Gruppen (Partnerklassen) anderer Schulen zu kooperieren?

Ebene Schulkonzept

Leitfragen zu: Reflexion des Wegs zur inklusiven Schule

- Welche Vorerfahrungen bestehen an der Schule bereits in der Zusammenarbeit mit Kindern und Jugendlichen mit sonderpädagogischem Förderbedarf und den sie begleitenden sonderpädagogischen Diensten?
- Welche Vorerfahrungen bestehen in der Zusammenarbeit mit chronisch kranken Schülerinnen und Schülern, die bereits die Schule besuchen?
- Welche vorhandenen Strukturen erleichtern oder erschweren derzeit die pädagogische Zusammenarbeit mit unterschiedlich beeinträchtigten Kindern und Jugendlichen?
- Wie kann die Entwicklung zur inklusiven Schule aktiv vorangebracht werden?
- Welche Unterstützung wird auf dem Weg zur inklusiven Schule benötigt?
- Welche Fragen auf dem Weg zur inklusiven Schule sollen in welchem Zeitraum geklärt werden?
- Welche Fortbildungen, Qualifikationen sollen aufgesucht bzw. erworben werden, damit die Schule einen qualitativ hochwertigen inklusiven Unterricht auch für Schülerinnen und Schüler mit besonderen Unterstützungsbedürfnissen absichern kann?
- Wie kann Fachkompetenz für den Unterricht und das Zusammenleben mit Schülerinnen und Schülern mit besonderen Unterstützungsbedürfnissen erworben und dauerhaft abgesichert werden?

Leitfragen zu: Aktive Beteiligung der Schulleitung

- Haben die Mitglieder der Schulleitung die Möglichkeit, sich auf die Entwicklung eines inklusiven Schulkonzepts vorzubereiten?
- Werden Möglichkeiten genutzt, Aufgaben der Schulleitung im Rahmen einer kollegialen Schulleitung oder eines Schulleitungsteams aufzuteilen?
- Werden Möglichkeiten der Kooperation und des kollegialen Austausches mit Unterstützungssystemen für die Schulleitung zur Verfügung gestellt und durch die Schulleitung genutzt?
- Werden unterstützende Netzwerke aufgebaut, die den Entwicklungsprozess einer inklusiven Schule absichern können?

Leitfragen zu: Außerunterrichtliche Partizipation der Schülerschaft

- Können alle Schülerinnen und Schüler an allen unterrichtlichen und außerunterrichtlichen Aktivitäten (z.B. Feiern, Arbeitsgemeinschaften, Ausflügen, Klassenfahrten) etc. teilnehmen?
- Stehen Personen oder Dienste, die Schülerinnen und Schüler im Unterricht, aber auch bei außerunterrichtlichen Aktivitäten unterstützen, zur Verfügung?
- Bestehen Möglichkeiten, Schülerinnen und Schüler bei außerunterrichtlichen Schulangeboten finanziell zu unterstützen?
- Können Schülerinnen und Schüler mit besonderen Unterstützungsbedürfnissen möglichst selbstständig Fachräume aufsuchen, die Pause mit ihren Mitschülern gemeinsam verbringen oder sich im Schulgebäude bewegen?
- Gibt es für Schülerinnen oder Schüler, die sich in außerunterrichtlichen Situationen unsicher oder unwohl fühlen, Ansprechpartner unter den Mitschülerinnen und -schülern, aber auch bei den erwachsenen Mitarbeiterinnen und Mitarbeitern der Schule?

Ebene Vernetzung mit dem Umfeld

Leitfragen zu: Rahmenbedingungen außerschulischer Kooperation

- Nutzen alle Mitarbeiterinnen und Mitarbeiter die vielfältigen Möglichkeiten der Zusammenarbeit mit Eltern?
- Steht für Gespräche ständig ein Raum zur Verfügung und ist die Möglichkeit des telefonischen Kontakts ausreichend gegeben?
- Steht für Gespräche sowohl bei offiziellen als auch bei spontanen Terminen genügend Zeit zur Verfügung?
- Wird die Erfahrung der Eltern von Schülerinnen und Schülern mit besonderen Unterstützungsbedürfnissen in die pädagogische Arbeit einbezogen?
- Kooperiert die Schule verbindlich mit vor- und nachschulischen Einrichtungen?
- Können alle Mitarbeiterinnen und Mitarbeiter Angebote der Kollegialen Beratung oder Supervision nutzen?

Leitfragen zu: Aufbau eines Netzwerkes

- Hat die Schule regelmäßige Kontakte zu allen relevanten Fachdiensten (Frühförderung, psychologische Dienste, Jugend- und Familienhilfe, therapeutische und medizinische Stellen, Mobile Sonderpädagogische Dienste, Förderschulen)?
- Werden Kontakte durch längerfristig tätige Kolleginnen und Kollegen kontinuierlich aufrechterhalten?
- Gibt es bereits Gremien oder Arbeitskreise in der Gemeinde, der Stadt, die sich mit der Entwicklung zu einer inklusiven Gemeinschaft beschäftigen und in denen die Schule ihre Erfahrungen einbringen bzw. von diesen profitieren kann?
- Kann die Schule durch die Gründung eines Beirats gesellschaftliche Kräfte an sich binden, die die Entwicklung zur inklusiven Schule unterstützen und langfristig Perspektiven gesellschaftlicher Inklusion für die Schule ermöglichen?

Leitfragen zu: Kinder und Jugendliche mit individuellen Förderbedürfnissen

Ebene Unterricht

- Werden sonderpädagogische Förderschwerpunkte in die individuelle Förderung mit einbezogen?
- Haben alle Schülerinnen und Schüler mit sonderpädagogischem Förderbedarf einen förderdiagnostischen Bericht als Grundlage für die individuelle Förderung?
- Haben Schülerinnen und Schüler mit sonderpädagogischem Förderbedarf einen Förderplan?
- Werden die Lernausgangslage und die Lernentwicklung aller Schülerinnen und Schüler regelmäßig überprüft?
- Können alle Schülerinnen und Schüler im Bedarfsfall individuelle Förderung in Anspruch nehmen?

Leitfragen zu: Individuelle Zugänge

- Macht der Unterricht neugierig (Sachebene)?
- Aktiviert der Unterricht den Wunsch, etwas zu wissen, zu können und/oder zu verstehen (personale Ebene)?
- Wird die Motivationswirkung von Kooperationen genutzt (interpersonale Ebene)?
- Werden Erfolgserlebnisse zur Entwicklung von Motivation ermöglicht (Erfolgsmotivation)?
- Besteht für alle Schülerinnen und Schüler die Möglichkeit, an ihren Erfahrungen anzuknüpfen?
- Haben alle Schülerinnen und Schüler die Möglichkeit, ihr Vorwissen und bereits vorhandenes Können sinnvoll in den Unterricht einzubringen?
- Bekommen die Schülerinnen und Schüler verständliche und handlungsrelevante Hinweise für den Umgang mit Misserfolgserlebnissen?

Leitfragen zu: Unterschiedliche Leistungsvoraussetzungen

- Lässt der Unterricht unterschiedliche Lerntempi zu?
- Werden Unterschiede im Abstraktionsvermögen, in der Gedächtnisleistung und in der sprachlichen Ausdrucksfähigkeit hinreichend berücksichtigt?
- Macht der Unterricht hinreichend von inhaltlichen und methodischen Differenzierungsmöglichkeiten Gebrauch? Bietet der Unterricht Kooperationsmöglichkeiten, sodass die Schülerinnen und Schüler auch miteinander und voneinander lernen?
- Werden Beiträge der Schülerinnen und Schüler gezielt für den Fortgang des Unterrichts genutzt?
- Trägt ein methodisch abwechslungsreicher Unterricht zum Aufbau und Erhalt von Aufmerksamkeit und Konzentrationsfähigkeit bei?
- Sind Leistungserwartungen angemessen?
- Erfolgt eine ausgewogene Orientierung an kriterialen und individuellen Leistungsnormen?

Leitfragen zu: Verständlichkeit und Transparenz

- Wird dafür gesorgt, dass alle Schülerinnen und Schüler die für ihre Aktivitäten wichtigen Informationen und Impulse angemessen verstehen können (akustisch und inhaltlich)?
- Wird sichergestellt, dass alle Schülerinnen und Schüler über hinreichende Voraussetzungen verfügen, um den Erwartungen an ihr Denken und Handeln entsprechen zu können?
- Gibt es hinreichend Zeit für die Schülerinnen und Schüler, Anforderungen zu verstehen und Unklarheiten auszuräumen?
- Ermuntern die Lehrenden, Nachfragen zu stellen und Hilfen zu erbitten?
- Wird die Sinnhaftigkeit von Erwartungen und Anforderungen angemessen erfahrbar?
- Vermeidet der Unterricht die Vermengung von Lern- und Leistungssituationen?
- Sind Leistungserwartungen für alle Schülerinnen und Schüler deutlich erkennbar?

Leitfragen zu: Lernförderliches Klima

- Sind im Unterricht Regeln für einen angemessenen Umgang miteinander erkennbar?
- Wird Respekt gegenüber dem anderen sowie Verlässlichkeit, Verantwortung, Fürsorge und Fairness gefördert und gepflegt?
- Werden Schülerinnen und Schüler entwicklungsgerecht bei der Aufstellung und Überwachung von Regeln einbezogen?
- Zeigen die Lehrkräfte im Umgang mit Schülerinnen und Schülern Zugewandtheit, Geduld, Freundlichkeit, Humor?
- Lassen die Lehrkräfte Freude am Unterrichten und Interesse für ihr Fach erkennen?

Leitfragen zu: Unterricht und Teamkooperation

- Trägt das Team für den Unterricht und für alle Schülerinnen und Schüler gemeinsam Verantwortung?
- Kann sich jedes Mitglied mit seinen fachlichen Schwerpunkten und persönlichen Stärken einbringen?
- Ist der Umgang im Team achtsam und wertschätzend?
- Wird mit Meinungsverschiedenheiten offen umgegangen und Kritik zugelassen?
- Werden Konsequenzen gemeinsam getragen (z.B. „gescheiterte" Unterrichtssequenzen, Kritik von außen)?
- Gibt es die Gelegenheit, sich über den (Erfolg des) Unterricht(s) und [und der damit zusammenhängenden] Erziehungsmaßnahmen gemeinsam und zu regelmäßigen Zeiten auszutauschen?

Formulierung von Zielen

Für die Formulierung von Zielen eines Entwicklungsprozesses gelten ähnliche Vorgaben wie für die Formulierung klassischer Lernziele. Erst nennt man als Grobziel drei bis sieben Entwicklungsbereiche, in denen Veränderung stattfinden soll. Ein Beispiel für einen solchen Entwicklungsbereich wäre etwa der Wunsch, die Kommunikation mit den Eltern zu verbessern. Dann ist es notwendig, die Entwicklungsbereiche in konkrete Teilziele aufzubrechen, die möglichst gut beobachtbar wenn nicht sogar messbar sind.

Man kann etwa heutzutage im Kontext zunehmender Digitalisierung die Kommunikation mit den Eltern verbessern, wenn man ein „Schulwiki" einrichtet, auf das Eltern zugreifen können. Ob ein solches Wiki ankommt, kann man unter anderem an den Zugriffszahlen ablesen.

Hilfreich bei der Formulierung von Entwicklungszielen ist die sogenannte *SMART-Regel* (vgl. Berthel 1973):

SMART-Regel

Spezifizierung: Ziele müssen spezifisch, eindeutig und positiv beschrieben sein.

Messbarkeit: Die Zielerreichung sollte messbar sein.

Attraktivität: Für das Projektteam sollte es attraktiv sein, das Projektziel zu erreichen.

Realisierbarkeit: Das Ziel muss auf realistische Weise erreichbar sein.

Terminierung: Das Ziel muss innerhalb eines zeitlich festgelegten Rahmens erreichbar sein.

So formulierte Ziele sind klare Meilensteine, die von Moderatorinnen und Moderatoren, der Schulleitung oder Steuergruppen beobachtet und evaluiert werden können. Solche Formulierungen erlauben es beim Nichterreichen von Zielen, sinnvolle Nachjustierungen vorzunehmen. Wird dies notwendig, muss sehr ernsthaft danach gefragt werden, wer die Verantwortung für Misserfolge hat.

Die Theorie der Kausalattribution erklärt, dass es selbstwertdienlich für Menschen sein kann, Misserfolge nicht sich selbst zuzuschreiben, sondern externe Faktoren dafür verantwortlich zu machen (Meyer 1973; Weiner 1985). Mit anderen Worten: Es gilt zu vermeiden, sich selbst für Misserfolge verantwortlich zu machen.

Kausalattribution

Um bei dem oben genannten Beispiel zu bleiben: Man könnte bei Nichtakzeptanz eines „Schulwikis" argumentieren, die Eltern seien zu dumm, zu unwillig oder zu feindlich gesinnt, um das Schulwiki als Ressource zu nutzen. Möglich ist es aber auch, sich selbst zu fragen, ob man das Schulwiki anders gestalten könnte, um größere Akzeptanz zu erreichen.

SMART-Ziele helfen, der Frage nach der Eigenverantwortung und der Frage nach der Verantwortung externer Faktoren nachzugehen. Darüber hinaus lassen sich die SMART-Ziele gut in moderierten Sitzungen einsetzen. Einzelne Ziele können von unterschiedlichen Gruppen gemäß dem SMART-Modell bearbeitet und dann zur Diskussion gestellt werden.

Für die Zeit- und Arbeitsplanung hat sich ein Vorgehen nach der *ALPEN-Methode* (Seiwert 2007) mit folgenden Schritten bewährt:

ALPEN-Methode

Aufgaben sortieren nach Bedeutung und Dringlichkeit,

Länge der dazu benötigten Zeit einschätzen,

Pufferzeiten einplanen,

Entscheidungen treffen,

Nachkontrolle.

Für den ersten Schritt, das Sortieren nach Dringlichkeit, eignet sich das *Eisenhower-Prinzip* (vgl. Seiwert 2007). Dieses dient einer Sortierung nach dem Grad der Dringlichkeit und dem der Wichtigkeit: *A-Aufgaben* sind besonders bedeutsam für den Fortschritt des Projekts und müssen dringend, d.h zu einem bestimmten Termin oder zuerst erledigt werden. Diese haben Vorrang vor *B-Aufgaben*, die ebenfalls wichtig, aber weniger dringend (nicht terminiert) sind. *C-Aufgaben* sind für den Erfolg der Schulentwicklungsmaßnahme weniger entscheidend.

21.6 Fazit: Was sind die Gelingensbedingungen inklusiver Schulentwicklung?

- Druck und Zug setzen Veränderungsprozesse in Gang. Nur wenn möglichst viele Betroffene von Beginn an in Entscheidungen und die Umsetzung eingebunden sind, nur wenn den Betroffenen das Ziel auch im Sinne eines Zugs interessant erscheint, wird das Projekt der Veränderung gelingen. Gegen den Willen des größten Teils der Betroffenen ist Veränderung nicht möglich.
- Aus der Perspektive der Prozessentwicklung erfordert der Beginn eines Entwicklungsprozesses eine sorgfältige Analyse der Ausgangssituation, aus der sich eine Definition des Veränderungsbedarfs ergibt. Potenziale und Grenzen des gegebenen Rahmens müssen genau erkundet werden. Ein mögliches Instrument hierzu ist die SWOT-Analyse.
- Das Einbinden einer externen Moderationskraft, die auch anderweitig nicht in innere schulische Netzwerke eingebunden ist, fördert den Prozess. Eine externe Moderatorin/ein externer Moderator kann unangenehme Aussagen artikulieren oder sich von Akteurinnen und Akteuren distanzieren, ohne dass es dauernde Konsequenzen im Schulalltag hat.
- Eine klare und eindeutige Definition der Ziele, etwa mithilfe der SMART-Analyse, ist unabdingbar. Wichtig ist die Konzentration auf wenige Schwerpunkte, eine realistische Zielsetzung und eine großzügige Zeitplanung.
- Ein verbindlicher Umsetzungsplan mit Meilensteinen, wer, was, mit wem bis zu welchem Zeitpunkt gemacht hat, ist eine wichtige Voraussetzung für die Kontrollierbarkeit des Prozesses. Die ALPEN-Methode ist eine Möglichkeit der Strukturierung.
- Ein Entwicklungsprozess läuft niemals ganz so ab, wie er am Anfang geplant wurde. Es gibt immer wieder die Notwendigkeit der Nachjustierung. Deswegen bedarf es immer wieder der Reflexion über das bisher Erreichte.
- Schulentwicklung erfordert ein kooperatives Zusammenarbeiten aller Akteurinnen und Akteure. Dies gelingt nur in einer Atmosphäre gegenseitiger Wertschätzung und Anerkennung. Eine solche Atmosphäre herzustellen liegt im besonderen Maße in der Führungsverantwortung der Schulleitung.

Arbeitsaufträge

1. *Aufgabe zur Reflexion:* Lesen Sie sich die Diskursarenen (normativ, demokratietheoretisch, ökonomisch, bildungswissenschaftlich, demografisch) zur Begründung von Inklusion durch. Welchem Diskurs oder welchen Diskursen würden Sie sich anschließen? Welche Gründe sind aus Ihrer Sicht entscheidend, dass sich diesem Diskurs bzw. Diskursen anschließen? Welchen Diskurs oder welche Diskurse können Sie für sich nicht nachvollziehen? Aus welchen Gründen?
2. *Aufgabe zum Theoriebezug:* Setzen Sie sich mit dem Vorgehen eines inklusiven Schulentwicklungsprozesses auseinander. Verschaffen Sie sich Einblick in die an Schulentwicklung beteiligten Akteurinnen und Akteure sowie ihre möglichen Rollen, in Ablauf und Phasen von Schulentwicklung und vor allem in die Gelingensbedingungen. Welche Stolpersteine (Hemmnisse, Störungen, Probleme) könnten in einem solchen Schulentwicklungsprozess auftreten? Denken Sie beispielsweise an die beteiligten Akteurinnen und Akteure, an nötige Ressourcen oder an den Ablauf. Was müsste man einplanen oder unternehmen, damit diesen Stolpersteinen vorgebeugt wird und diese gar nicht erst auftreten?
3. *Aufgabe zum Praxisbezug:* Analysieren in Ihrem aktuellen oder nächsten Praktikum, ob bzw. in wie weit die Schule, an der Sie dieses Praktikum absolvieren, Kriterien einer inklusiven Schule (bereits) umsetzt. Wählen Sie sich dazu eine der in Punkt 21.5.4 beschriebenen Ebenen inklusiver Schulentwicklung (Kinder und Jugendliche, interdisziplinäre Teamkooperation, Schulkonzept, Vernetzung mit dem Umfeld, Unterricht) aus. Ziehen Sie die Leitfragen heran und analysieren Sie, ob bzw. in wie weit die Schule diese (bereits) umsetzt. Dokumentieren Sie, was bereits umgesetzt wird und gelingt, ebenso, was dort noch nicht angegangen wurde. Dazu können Sie eigene Beobachtungen anstellen sowie (zusätzlich) die dort tätigen Lehrkräfte und pädagogischen Mitarbeiterinnen und Mitarbeiter befragen, um eine Einschätzung treffen zu können.

Literatur

Adorno, T.W. (1980): Minima moralia: Reflexionen aus dem beschädigten Leben (Gesammelte Schriften Band 4). Frankfurt a. Main: Suhrkamp.
Aktionsrat Bildung (2016): Integration durch Bildung: Migranten und Flüchtlinge in Deutschland. Gutachten (hrsg. von der Vereinigung der Bayerischen Wirtschaft). Münster: Waxmann.
Benkmann, R., Chilla, S. & Stapf, E. (Hrsg.) (2012): Inklusive Schule – Einblicke und Ausblicke. Immenhausen bei Kassel: Prolog.
Bergold, J. & Thomas, S. (2010): Partizipative Forschung. In: Mey, G. & Mruck, K. (Hrsg.): Handbuch Qualitativer Forschung in der Psychologie. Wiesbaden: VS, 333-344.
Berthel, J. (1973): Zielorientierte Unternehmenssteuerung. Die Formulierung operationaler Zielsysteme. Stuttgart: Poeschel.
Bonsen, M., von der Gathen, J. & Pfeiffer, H. (2002): Wie wirkt Schulleitung? Schulleitungshandeln als Faktor für Schulqualität. In: Jahrbuch der Schulentwicklung 12, 287-322.
Booth, T. & Ainscow, M. (2002): Index for inclusion. Developing learning and participation in schools. In: http://www.eenet.org.uk/resources/docs/Index%20English.pdf, 22.05.2019.
Booth, T. & Ainscow, M. (2016): Index für Inklusion. Ein Leitfaden für Schulentwicklung. 4. Aufl. Weinheim/Basel: Beltz.
Bundesministerium für Arbeit und Soziales (2016): „Unser Weg in eine inklusive Gesellschaft". Nationaler Aktionsplan 2.0 der Bundesregierung zur UN-Behindertenrechtskonvention (UN-BRK). In: http://www.bmas.de/SharedDocs/Downloads/DE/PDF-Schwerpunkte/inklusion-nationaler-aktionsplan-2.pdf;jsessionid=E254FFD7ABC67AEF7CE07DB621B7D310?__blob=publicationFile&v=4, 22.05.2019.
Calmbach, M., Borgstedt, S., Borchard, I., Peter, M.T. & Flaig, B.B. (2016): Wie ticken Jugendliche 2016? Lebenswelten von Jugendlichen im Alter von 14 bis 17 Jahren in Deutschland. Berlin: Springer.

Capaul, R. & Seitz, H. (2011): Schulführung und Schulentwicklung. Theoretische Grundlagen und Empfehlungen für die Praxis. 3. erweiterte und aktualisierte Aufl. Bern: Haupt.

Dalin, P. (1999): Theorie und Praxis der Schulentwicklung. Neuwied: Luchterhand.

Dewey, J. (1916): Demokratie und Erziehung. Eine Einleitung in die philosophische Pädagogik. Weinheim/Basel: Beltz.

Ditton, H., Arnoldt, B. & Bornemann, E. (2002). Entwicklung und Implementation eines extern unterstützten Systems der Qualitätssicherung an Schulen-QuaSSU. In: Zeitschrift für Pädagogik, Beiheft 45, 374-389.

Dlugosch, A. & Reiser, H. (2009): Sonderpädagogische Profession und Professionstheorie. In: Opp, G. & Theunissen, G. (Hrsg.): Handbuch schulische Sonderpädagogik. Bad Heilbrunn: Klinkhardt, 92-98.

Falvey, M., Forest, M., Pearpoint, J. & Rosenberg, R. (1997): All my life's a circle. Using the tools: Circles, MAPS and PATH. Toronto: Inclusion Press.

Fischer, E., Heimlich, U., Kahlert, J. & Lelgemann, R. (2012): Profilbildung inklusive Schule – ein Leitfaden für die Praxis. München: Bayerisches Staatsministerium für Unterricht und Kultus.

Forest, M. & Pearpoint, J. (1997): Inclusion. All Means All. An introduction to circles, maps and paths. Video. Toronto: Inclusion Press.

Grünke, M. (2006): Zur Effektivität von Fördermethoden bei Kindern und Jugendlichen mit Lernstörungen: Eine Synopse vorliegender Metaanalysen. In: Kindheit und Entwicklung 15 (4), 239-254.

Haeberlin, U., Bless, G., Moser, U. & Klaghofer, R. (1991): Die Integration von Lernbehinderten: Versuche, Theorien, Forschungen, Enttäuschungen, Hoffnungen. 4. Aufl. Bern: Haupt.

Heimlich, U. & Wilfert de Icaza, K. (2014): Qualität inklusiver Schulentwicklung – Erste Konsequenzen für die Lehreraus- und -weiterbildung. In: Lehrerbildung auf dem Prüfstand 7 (2), 104-119.

Heimlich, U., Kahlert, J., Lelgemann; R. & Fischer, E. (Hrsg.) (2016): Inklusives Schulsystem. Analysen, Befunde, Empfehlungen zum bayerischen Weg. Bad Heilbrunn: Klinkhardt, (Kostenloser Download unter: https://www.pedocs.de/volltexte/2016/11805/pdf/Heimlich_et_al_2016_Inklusives_Schulsystem.pdf, letzter Aufruf am 03.07.2019).

Heimlich, U., Ostertag, K. & Wilfert de Icaza, K. (2016): Qualität inklusiver Schulentwicklung. In: Heimlich U., Kahlert, J., Lelgemann, R. & Fischer, E. (Hrsg.): Inklusives Schulsystem. Analysen, Befunde, Empfehlungen zum bayerischen Weg. Bad Heilbrunn: Klinkhardt, 87-130.

Heimlich, U., Wilfert, K., Ostertag, C. & Gebhardt, M. (2018): Qualitätsskala zur inklusiven Schulentwicklung (QU!S) – eine Arbeitshilfe auf dem Weg zur inklusiven Schule. Bad Heilbrunn: Klinkhardt.

Honneth, A. (1992): Kampf um Anerkennung. Zur moralischen Grammatik sozialer Konflikte. Frankfurt a. Main: Suhrkamp.

Kavale, K.A. & Mostert, M.P. (2003): Rivers of ideology, islands of evidence. In: Exceptionality 11, 191-208.

Keller, G. (2002): Qualitätsentwicklung in der Schule. Ziele, Methoden, kleine Schritte. Heidelberg: Asanger.

Klafki, W. (2007): Neue Studien zur Bildungstheorie und Didaktik. Zeitgemäße Allgemeinbildung und kritisch-konstruktive Didaktik. 6. Aufl. Weinheim u.a.: Beltz.

Klemm, K. (2013): Inklusion in Deutschland – eine bildungsstatistische Analyse. Gutachten im Auftrag der Bertelsmann Stiftung. Gütersloh: Bertelsmann Stiftung.

Krawinkel, S., Südkamp, A., Lange, S. & Tröster, H. (2017): Soziale Partizipation in inklusiven Grundschulklassen: Bedeutung von Klassen und Lehrkraftmerkmalen. In: Empirische Sonderpädagogik 9 (3), 277-295.

Landeshauptstadt München (2016): Münchner Bildungsbericht 2016. München: Landeshauptstadt München, Referat für Bildung und Sport.

Lichtenberg-Gesellschaft (2012): Mitteilungen der Lichtenberg-Gesellschaft, Brief 45. In: https://www.lichtenberg-gesellschaft.de/pdf/Lichtenberg-Mitteilungen%20Nr.%2045.pdf, 22.05.2019.

Mandl, H. (2010): Lernumgebungen problemorientiert gestalten – Zur Entwicklung einer neuen Lernkultur. In: Jürgens, E. & Standop, J. (Hrsg.): Was ist „guter" Unterricht? Namhafte Expertinnen und Experten geben Antwort. Bad Heilbrunn: Klinkhardt, 19-38.

Meyer, W.-U. (1973): Leistungsmotiv als Ursachenerklärung von Erfolg und Misserfolg. Stuttgart: Klett.

Miller, G. (1956): The magical number seven, plus or minus two: Some limits on our capacity for processing information. In: The Psychological Review 63, 81-97.

Moser, V. (2003): Konstruktion und Kritik. Sonderpädagogik als Disziplin. Opladen: Leske und Budrich.
Nilholm, C. & Göransson, K. (2017): What is meant by inclusion? An analysis of European and North American journal articles with high impact. In: European Journal of Special Needs Education 32(3), 437-451.
Pieper, A. & Schley, W. (1983): Systembezogene Beratung in der Schule. Materialien aus der Beratungsstelle für soziales Lernen am Fachbereich der Universität Hamburg, Band 6.
Rahm, S. & Schröck, N. (2013): Schulentwicklung – von verwalteten zu eigenverantwortlichen Schulen. In: Haag, L., Rahm, S., Apel H.J. & Sacher, W. (Hrsg.): Studienbuch Schulpädagogik. 5., überarb. Aufl. Bad Heilbrunn: Klinkhardt, 97-116.
Reason, P. & Bradbury, H. (Eds.) (2008): The Sage handbook of action research. Participative inquiry and practice. 2nd ed. London: Sage.
Redlich, A. & Schley, W. (1983): Kooperative Verhaltensmodifikation. In: Fittkau B. (Hrsg.): Pädagogisch-psychologische Hilfen für Erziehung, Unterricht und Beratung. Braunschweig: Westermann, 173-199.
Renkl, A. (2009): Wissenserwerb. In: Wild E. & Möller, J. (Hrsg.): Pädagogische Psychologie. Heidelberg: Springer, 3-26.
Rich, A.-K. (2016): Asylantragsteller in Deutschland 2015. Sozialstruktur, Qualifikationsniveau und Berufstätigkeit. BAMF-Kurzanalyse 03. Nürnberg: Forschungszentrum Migration, Integration und Asyl des Bundesamtes für Migration und Flüchtlinge. In: https://www.bamf.de/SharedDocs/Anlagen/DE/Publikationen/Kurzanalysen/kurzanalyse3_sozial-komponenten.pdf?__blob=publicationFile, 16.06.2016.
Rolff, H.-G. (1995): Autonomie als Gestaltungs-Aufgabe. Organisationspädagogische Perspektiven. In: Daschner, P., Rolff, H.-G. & Stryck, T. (Hrsg.): Schulautonomie – Chancen und Grenzen. Weinheim: Juventa, 31-54.
Rolff, H.-G. (2016): Schulentwicklung kompakt. Modelle, Instrumente, Perspektiven. 3. Aufl. Weinheim/Basel: Beltz.
Saalfrank, W.-T. (2005): Schule zwischen staatlicher Aufsicht und Autonomie. Konzeptionen und bildungspolitische Diskussion in Deutschland und Österreich im Vergleich. Würzburg: Ergon.
Saalfrank, W.-T. (2016): Schulentwicklung heute – eine theoretische Skizze. In: Kiel, E. & Weiß, S. (Hrsg.): Schulentwicklung gestalten. Theorie und Praxis von Schulinnovation. Stuttgart: Kohlhammer, 16-29.
Schratz, M. & Steiner-Löffler, U. (1999): Die lernende Schule. Arbeitsbuch pädagogische Schulentwicklung. Weinheim/Basel: Beltz.
Seiwert, L.J. (2007): Das neue 1x1 des Zeitmanagements. München: Gräfe und Unzer.
Shell (2015): Jugend 2015: 17. Shell Jugendstudie. Frankfurt a. Main: Fischer.
Solomon, A. (2013): Weit vom Stamm. Wenn Kinder ganz anders als ihre Eltern sind. Frankfurt a. Main: S. Fischer.
Stern, E. & Schumacher, R. (im Druck): Vorwissen. In: Kiel, E., Herzig, B., Maier, U. & Sandfuchs, U. (Hrsg.): Handbuch Unterrichten in allgemeinbildenden Schulen. Bad Heilbrunn: Klinkhardt.
Thoma, P. & Rehle, C. (2009): Inklusive Schule. Leben und Lernen mittendrin. Bad Heilbrunn: Klinkhardt.
Tomaševski, K. (2004): Manual on rights-based education. Global human rights requirements made simple. Bangkok: UNESCO.
Tuggener, P.L., Joller-Graf, K. & Mettauer Szaday, B. (2011): Rezeptbuch schulische Integration. Auf dem Weg zu einer Schule für alle. Bern, Stuttgart, Wien: Haupt.
Vereinte Nationen (2009): Übereinkommen über die Rechte von Menschen mit Behinderungen. In: https://www.institut-fuer-menschenrechte.de/monitoring-stelle-un-brk/un-behindertenrechtskonvention/, 22.05.2019.
Weiner, B. (1985): An attributional theory of achievement motivation and emotion. In: Psychological Review 92(4), 548-573.
Weiß, S., Kollmannsberger, M. & Kiel, E. (2013): Sind Förderschullehrkräfte anders? Eine vergleichende Einschätzung von Expertinnen und Experten aus Regel- und Förderschulen. In: Empirische Sonderpädagogik 5(2), 167-186.
Weiß, S., Muckenthaler, M., Heimlich, U., Küchler, A & Kiel, E. (2019): Teaching in inclusive schools. Do the demands of inclusive schools cause stress? In: International Journal of Inclusive Education 23(1), 1-17.
Weiß, S., Schramm, S. & Kiel, E. (2014): Was sollen Lehrerinnen und Lehrer können? Anforderungen an den Lehrerberuf aus Sicht von Lehrkräften und Ausbildungspersonen. Forum Qualitative Sozialforschung/Forum: Qualitative Social Research 15(3). In: http://www.qualitative-research.net/index.php/fqs/article/view/2174, 22.05.2019.

Werning, R. & Arndt, A.-K. (Hrsg.) (2013): Inklusion: Kooperation und Unterricht entwickeln. Bad Heilbrunn: Klinkhardt.

Werning, R. & Baumert, J. (2013): Inklusion entwickeln: Leitideen für Schulentwicklung und Lehrerbildung. In: Baumert, J., Mashur, V., Möller, J., Riecke-Baulecke, T., Tenorth, H.E. & Wernig, R. (Hrsg.): Schulmanagement Handbuch Band 146. Inklusion Forschungsergebnisse und Perspektiven. München: Oldenbourg, 39-55.

Wissinger, J. & Huber, S. G. (Hrsg.) (2002): Schulleitung – Forschung und Qualifizierung. Opladen: Leske und Budrich.

Verzeichnisse

Sachregister

Aggressivität 20
Assistenz 89, 201
Aufmerksamkeits-Defizit-Hyperaktivitäts-Störung 20-21, 109, 122, 127, 141
Autismus-Spektrum-Störung 107-111, 122, 127

Barrierefreiheit 57, 214, 229, 251, 311
Behinderung,
  geistige 18, 30-32, 40, 107, 153, 393, 343
Benachteiligung,
  soziale 181-182, 206, 304
Beratung,
  kooperative 234, 236, 241, 361
Beratungsstelle 27, 66, 105, 215, 232-236, 239-241
Bericht,
  förderdiagnostischer 163, 206, 212, 312
Berufsschule zur sonderpädagogischen Förderung 222-229
Berufs- und Lebensorientierung 143, 179-181, 184
Berufsvorbereitung 178-179, 222-224
Bezugsnorm, 182, 205, 271-272

Bildung,
  inklusive 254-255, 307
Bildungssystem,
  inklusives 5, 135-136, 199, 245-246
Bindung 23, 22, 109, 111, 122,
Brailleschrift 89-91, 95
Bundesagentur für Arbeit 182-183, 186, 223, 229

Cerebralparese 55-56, 58-60, 64
Classroom Management 26, 117, 206
Curriculum 89, 115, 143, 269

Demografie 306-307
Demokratie 38, 251-252, 260, 305

Diagnose-Förderklasse,
  sonderpädagogische 140-141, 147-153
Didaktik,
  inklusive 249-254, 291Differenzierung,
  innere 248, 267
Einzelförderung 80-81, 136, 143, 204, 289
Einzelinklusion 160-161, 201, 210
Eltern 18, 34, 45, 57, 80-82, 100, 114, 116, 127, 155, 169, 213, 215, 258, 277-278, 284, 290, 300, 303, 314, 337
Epilepsie 61-62, 122
Erblindung 84-85
Erkrankung,
  chronische 61-62, 69, 121-125
Ertaubung 43-44
Erziehung 23, 26, 173Evaluation,
  formative, 81
  summative 81
Exklusion 24, 138, 210, 245

Fachdienste 37, 142, 194, 196, 235
Familie 32, 76, 125

Förderbedarf,
sonderpädagogischer 7, 17, 35, 73-74, 122, 141, 158
Förderdiagnostik 18, 74, 80-81, 149, 154, 156, 181, 185, 212,
Förderplanung 127, 141, **149, 163,** 278, 282
Förderplan 18, 81, 163, 172, **212,** 224-225, 278, **312**
Förderschule 17, 74, 112, 158, 191, 203, 216-217, 235
Fördersysteme,
  sonderpädagogische 135-140
Förderzentrum,
  sonderpädagogisches 138-145
Förderung,

sonderpädagogische 17-19, 75, 80, 135, 140-142, 169-170, 212, 217, 233
Forschung 22, 45, 56, 77, 101, 122, 162, 226, **279-280,** 300-301
Freiarbeit 50, 150, 204, 256, 257
Frontalunterricht 261
Frühförderung 88, 140, 170

Gebärdensprache 44, 50, 52
Gehörlosigkeit 43-44
Gesprächskreis 256, 260
Grundschule 142, 150, 152, 155, 275-277
Gutachten,
  sonderpädagogisches 149, 153, 169, 180, 185, 212, 305
Gymnasium 32, 139, 275, 300

Handlungsorientierung 79, 213, 227, 265, 296
Heilpädagogische Tagesstätte 37, 203
Heilpädagogik 39
Hilfe 39, 40, 115, 130, 193, 217, 230, 267
Hilfsmittel 67, 88, 90-92, 275-276
Hören 19, 43, 53, 113, 138-139, 149, 159, 161, 170, 202

Inklusion 5, 23-24, 34, 45, 48, 63, 78, 87-89, 101, 114, 126, 138, 141-142, 152, 161-162, 170, 179, 182-183, 190, 193, **198-199,** 201-205, **210,** 216, 225, 235, 245-247, 284-285, **304,** 307-308
Integration 24, 66-68, **138,** 198, **210,** 245-246
Integrationsfachdienste 186
Individualisierung 39, 50, 66, 79, 148, 154, 182, 217, 256, 267, 273, 282
Innovation 37, 149, 299-301
Interaktion 21, 56, 88, 107, 250-252,

Interdisziplinarität 39, 90, 142, 193-194, 196, 227-228, 284-285
Intervention 18, 80-81,

Jugendamt 114, 163-164, 194-196, 208
Jugendhilfe 20, 27, 142, 145, 154, 189-196

Kaskadenmodell 23, 24
Klassen,
  inklusive 203, offene 199, 201, 203, 216
Kausalattribution 317
Kinder- und Jugendhilfe 145
Kindertageseinrichtung,
  inklusive 169
Klassenraum 76, 117, 256, 267, 283, 288
Klassenunterricht 80, 217-218
Kleingruppenförderung 80, 143, 204, **263**
Kokonstruktion 286
Kompetenz 26-27, 33, 52, **75**, 144, 170, 172, 184, 200-202, 218, 226-228, 234-235, 249, 271
Kommunikation, 88, 93, 95, 97, 99, 107, 109, 163, 173-174, 184, 215, 236, 263, 316
  unterstützte 32, 65-66, 115
Konstruktion 266
Konstruktivismus 237-238, 251, 269
Konzentration 44, 47, 50-51
Kooperation 18, 39, 81, 90, 102, 118, 127, 144-145, 154, 164, 175, 180, 185-186, 194-195, 206-208, 213-214, 218, 226, 232-235, 247, 284-291, 308-309, 313-314
Kooperationsklassen 160-161, **198-200**, 202-203, 206, 235
Koordination 164, 170, 214, 233, 308
Körperbehinderung 18, 55-56
Krankenhaus 121
Krankheit 56, 121-123, 128

Lehrerbildung,
  inklusive 110, 123
Lehrerfortbildung 216, 228
Lehrerrolle 114, 154, 162, 175, 185, 195, 206-207
Lehrersprache 50-51, 102-103, 117

Lehrgang 255-256, 261
Lehrplan 35-36, 115, 143, 147, 149, 152, 171, 183, 190, 202, 205, 223, 277
Leistung 25, 35-36, 49, 148, 153, 271-272, 275-276, 279, 285
Leistungsbegriff 205, 271
Leistungsbeurteilung 272
Leistungsbewertung 271-278
Leistungsmotivation 77
Lernerfahrungen 172, 248-249, 252-254, 259, 267, 284
Lernen 18-19, 46, 57, **73-82**, 113, 124, 138-143, 160-161, 204, 212-213, 248, 252, 254, 267-268, 271-272
Lernentwicklungsgespräch 276-277
Lernfelder
Lernförderung,
  individuelle 79-81, 141,
Lerngegenstand, 101, 213, 255-257, 265, 272, 280, 291
  gemeinsamer 66, 79, 81, 101, 204, 248-250, 256, 265, 269-270
Lernlandschaft 252
Lernschwierigkeiten 30, 73, **75-82**, 139, 141, 181, 260, 282, 304
Lernsituation,
  inklusive 204, 250-256
Lernumgebung 93, 207, 251, 253-254, 283
Lernwerkstatt 252, 283

Mehrebenenmodell 211, 215, 311
Methoden 212, 236, 252, 255-264, 267, 275, 282-283,
Mittelschule 79, 139-140, 183, 190, 196, 245, 275, 291
Mobile Sonderpädagogische Dienste 67, 129, 140, **158-166**, 216-217
Mobile Sonderpädagogische Hilfe 167-175, 216
Mobbing 47, 101, 115
Modelle,
  didaktische 248-255, 258
Muskeldystrophie 60-61
Momente,
  inklusive 152, 254-255
Mutismus 98-99, 109

Nachteilsausgleich 49, 90, 100, 113, 125, 130, 275-276

Netze,
  inklusionsdidaktische 213, 269-271
Netzwerke 27, 192, 214, 225-228, 233, 290, 308, 315
Noten 271, 278

Ökologie 81, 211, 252-253, 255
Ökonomie 305, 307
Organisation 57, 168-169, 287-288, 296
Organisationsentwicklung 297-298, 309

Partnerklasse 200-201, 203, 205
Pflege 32, 65, 123
Prävention 22, 64-65, 143, 239
Prinzipien 49, 78-79, 172, 213, **264-265**, 269
Projekt 130, 252, 255-256
Projektunterricht 212, **256**, 264, 273

Qualität 33, 79, 217-218, 252, 254, 267, 269, **279**, 282, 291, 296, 311

Realschule 121, 139, 210, 215, 275
Rehabilitation 17, 97-98, 115, 182, 222-223, 229
Response-to-Intervention 22, 142-143
Ressourcen 52, 148-149, 159-162, 171-172, 204, 214-216, 228, 237, 284, 307, 309,
Rituale 39, 50, 79, 109, 150, 175, 206, 254, 280

Sachunterricht 249, 266, 269-270,
Salamanca-Erklärung 198, 305
Schulalltag 26, 38, 113, 128, 135, 141, 150, 154, 170, 181, 192, 215, 224, 234, 268, 290
Schulen,
  inklusive 37, 141, 210-220
Schulentwicklung,
  inklusive 124, 126, 139, 141-142, 144, **162-163**, 210-211, 213-217, 238-239, 284, 295-299, **304-318**
Schülerfirma 182
Schulkonzept 211, 214, 247, 251, 311, 314

Sachregister

Schullaufbahn 68, 102, 150, 190
Schulleben 25, 34, 48, 63, 78, 89, 115, 127, 163, 200-201, 211, 214
Schulsystem, inklusives 81-82, 136-137, 144, 216-217, 245
Schulleitung 142, 159, 164, 169, 214, 290, 303, 309, 314, 317-318
Schulvorbereitende Einrichtung 140, 167-177, 216
Schwerhörigkeit 43-44
Sehbeeinträchtigung 84-95
Sehen 18, 84, 95, 113, 138-139, 149, 158, 160-161, 170, 203, 272
Sekundarstufe 164, 182, 245, 261, 292
Selbsttätigkeit 173, 256-257, 265, 268
Separation 34, 138, 210, 245-246
Setting, inklusives 34-36, 81, 136, 216
Sonderkindergarten 168
Sonderpädagogik 26, 35, 75, 81-82, 148, 198, 204, 232-233,
Sonderschule 138, 178
Sozialarbeit 36
Sozialformen 49-51, 255, 259, 262, 267-268

Sozialpädagogik 20
Sozialpädiatrisches Zentrum 163-164
Sozialraum/sozialräumliche Vernetzung 214Sprache 18, 24, 43-44, 50-51, 97, 105, 113, 117, 138-141, 160-161, 170, 173, 178, 190, 199,
Spracherwerbsstörungen 100-101
Sprachförderung, kooperative 102, 173, 235
Sprachtherapie 97-98, 105
Stationenlernen 52, 212, 258-260, 267
Störung 20-22, 85, 107-109, 122, 148, 189-191
Stottern 99-101, 105
Strukturierung 25, 49-50, 65, 79, 93, 117, 127, 204, 280, 309, 318
Subsidiarität 17, 158, 225, 232
Supervision 27, 144, 213, 297, 314

Tandemklasse **202**, 205, 285
Team 193-194, 207, 213, 217, 227-228, 235, 286-290, 313, 316
Teamentwicklung 287-288, 297
Teamteaching 196, 217, 284, 288-289
Teilhabe 56, 66, 88, 123, 127, 129, 198-199, 210, 214, 216, 246, 251-252, 298, 304

Teilleistungsstörung 148,
Therapie 99, 116, 167
Traumatisierung 23, 109, 141
Twin-Track 144

Verhaltensstörungen 18, **20-23**, 32, 60, 108, 189-192

Übung 79, 256, 262, 282-283
UN-Konvention 5, 136, 138, 144, 198, **210**, 245, 304
Unterricht, inklusiver 80, 212, 233, 248-291
Unterrichtsfächer 266, 269-270
Unterrichtsforschung 279-280
Unterrichtsplanung, inklusive 154, 195, 269-271, 285, 313
Unterstützungssystem 135-136, 214, 225

Vernetzung 27, 145, 164, 192, 196, 214, 218, 270, 290, 314,

Wahrnehmung, auditive 43
visuelle 84-85
Wiederholung 79, 149, 175, 262-263
Wochenplan 39, 150, 204, 256-258

Zeugnisse 165, 276-277

Abkürzungsverzeichnis

AAIDD	American Association für Intellectual and Developmental Disabilities
ADHS	Aufmerksamkeits-Defizit-Hyperaktivitäts-Störung
ALPEN	Aufgaben, Länge, Pufferzeiten, Entscheidungen, Nachkontrolle
ASM	Autismus-Sensible Maßnahmen
ASS	Autismuns-Spektrum-Störungen
AT	Assistive Technologien
AVWS	Auditive Wahrnehmungs- und Verarbeitungsstörung
BAG	Bundesarbeitsgemeinschaft
BAS!S	Basiswissen Inklusion und Sonderpädagogik im Erziehungswissenschaftlichen Studium
BayEUG	Gesetz über das Bayerische Erziehungs- und Unterrichtswesen
BaySchFG	Bayerisches Schulfinanzgesetz
BBiG	Berufsbildungsgesetz
BEM	Betriebliches Eingliederungsmanagement
B!S	Begleitforschungsprojekt inklusive Schulentwicklung
BLO	Berufs- und Lebensorientierung
BMAS	Bundesministerium für Arbeit und Sozialordnung
BRD	Bundesrepublik Deutschland
BSO	Berufsschulordnung
BSO-F	Schulordnung für die Berufsschulen zur sonderpädagogischen Förderung
bvkm	Bundesverband für körper- und mehrfachbehinderte Menschen e.V.
CI	Cochlear Implantat
CVI	Cerebral Visual Impairment
DaZ	Deutsch als Zweitsprache
DGKJP	Deutsche Gesellschaft für Kinder- und Jugendpsychiatrie, Psychosomatik und Psychotherapie
DIMDI	Deutsches Institut für Medizinische Dokumentation und Information
DSM V	Diagnostic and Statistic Manual of Mental Disorders
ELECOk	Elektronische Hilfen und Computer für Körperbehinderte
FLEGS	Flexible Grundschule
FS	Förderschule
FS esE	Förderschwerpunkt emotionale und soziale Entwicklung
FS gE	Förderschwerpunkt geistige Entwicklung
FS H	Förderschwerpunkt Hören
FS kmE	Förderschwerpunkt körperliche und motorische Entwicklung
FS L	Förderschwerpunkt Lernen
FS Sp	Förderschwerpunkt Sprache
FS Se	Förderschwerpunkt Sehen
GMS	Grund- und Mittelschulzweig
GrSO	Schulordnung für die Grundschulen in Bayern
HPT	Heilpädagogische Tagesstätte
IBB	Inklusive Berufliche Bildung
ICD	International Classification of Deseases and Related Health Problems
ICF	International Classification of Functionality, Disability and Health
IFD	Integrationsfachdienste
ILF	Individuelle Lernförderung
InteKiL	Integration teilleistungsgestörter Kinder, die von Lernbehinderung bedroht sind
IQ	Intelligenzquotient
ISB	Institut für Schulqualität und Bildungsforschung
JMU	Julius-Maximilians-Universität Würzburg
KEsT	Konzeption zur Eingliederung sprachbehinderter Schüler mit Teilleistungsstörungen

KIGGS	Studie zur Gesundheit von Kindern und Jugendlichen in Deutschland
KLGH	Konferenz der Lehrenden für Geistigbehindertenpädagogik an wissenschaftlichen Hochschule in deutschsprachigen Ländern
KMK	Kultusministerkonferenz
KraSo	Krankenhausschulordnung
LfS	Bayerisches Landesamt für Datenverarbeitung und Statistik
LMU	Ludwig-Maximilians-Universität München
MSD	Mobile Sonderpädagogische Dienste
MSH	Mobile Sonderpädagogische Hilfe
MSO	Schulordnung für die Mittelschulen in Bayern
PISA	Programme for International Student Assessment
QU!S	Qualitätsskala zur inklusiven Schulentwicklung
RTI	Response-to-Intervention
S-DFK	Sonderpädagogische Diagnose- und Förderklasse
SDW	Sonderpädagogische Diagnose- und Werkstattklasse
SEM	Schulisches Eingliederungsmanagement
SFK	Stütz- und Förderklassen
SFZ	Sonderpädagogisches Förderzentrum
SGB	Sozialgesetzbuch
SMART	Spezifizierung, Messbarkeit, Attraktivität, Realisierbarkeit, Terminierung
SPF	Sonderpädagogischer Förderbedarf
SPZ	Sozialpädiatrisches Zentrum
StMBKWK	Bayerisches Staatsministerium für Bildung und Kultus, Wissenschaft und Kunst
StMUK	Bayerisches Staatsministerium für Unterricht und Kultus
SVE	Schulvorbereitende Einrichtung
SWOT	Strength, Weakness, Opportunities, Threats
TEACCH	Treatment and Education of Autistic and Communication handicapped Children
UK	Unterstützte Kommunikation
UN-BRK	UN-Behindertenrechtskonvention
UTB	Universitäts-Taschenbuch
WfbM	Werkstatt für behinderte Menschen
VSO-F	Schulordnung für die Volksschulen zur sonderpädagogischen Förderung
WHO	World Health Organization
ZNE	Zone der nächsten Entwicklung

Autorenspiegel

Dr. Stefan Baier
(Sonderschulrektor)
Schulleiter am Wichern-Zentrum München,
Wichern-Schule, Förderzentrum emotionale und soziale Entwicklung,
Profilschule Inklusion
✉ Heinrich-Braun-Weg 9, 80933 München
💻 baier@diakonie-hasenbergl.de

Susanne Bjarsch
(Studienrätin im Förderschuldienst)
Ludwig-Maximilians-Universität München
Leitung des Koordinationsbüros im Projekt BAS!S
Lehrstuhl für Lernbehindertenpädagogik (Förderschwerpunkt Lernen)
Lehrstuhl Schulpädagogik
✉ Edmund-Rumpler-Straße 13, 80939 München
💻 susanne.bjarsch@edu.lmu.de

Vera Brunhuber
(Studienrätin im Förderschuldienst)
Julius-Maximilians-Universität Würzburg
Lehrstuhl für Pädagogik bei Geistiger Behinderung
✉ Wittelsbacherplatz 1, 97074 Würzburg
💻 vera.brunhuber@uni-wuerzburg.de

PD Dr. Wolfgang Dworschak
(Akademischer Oberrat)
Ludwig-Maximilians-Universität München
Lehrstuhl für Pädagogik bei geistiger Behinderung und
Pädagogik bei Verhaltensstörungen
✉ Leopoldstr. 13, 80802 München
💻 dworschak@lmu.de

Prof. Dr. Ulrich Heimlich
Ludwig Maximilians Universität München
Lehrstuhl für Lernbehindertenpädagogik (Förderschwerpunkt Lernen)
✉ Leopoldstr. 13, 80802 München
💻 Ulrich.Heimlich@lmu.de

Prof. Dr. Ewald Kiel
Ludwig-Maximilians-Universität München
Lehrstuhl Schulpädagogik
✉ Leopoldstr. 13, 80802 München
💻 kiel@lmu.de

Dr. Christina Kießling
(Dipl. Päd. Univ., Wissenschaftliche Mitarbeiterin)
Julius-Maximilians-Universität Würzburg
Lehrstuhl für Pädagogik bei Geistiger Behinderung
✉ Wittelsbacherplatz 1, 97074 Würzburg
💻 christina.kiessling@uni-wuerzburg.de

Sabine Kölbl
(Studienrätin im Förderschuldienst)
Bildungsstätte St. Wolfgang
Förderzentrum mit dem Förderschwerpunkt geistige Entwicklung in Straubing (Einsatz im MSD)
✉ Regensburger Str. 66, 94315 Straubing
💻 sabine@koelbl.biz

Hans-Walter Kranert
(Akademischer Rat)
Julius-Maximilian-Universität Würzburg
Lehrstuhl für Sonderpädagogik V, Pädagogik bei Verhaltensstörungen
✉ Wittelsbacherplatz 1, 97074 Würzburg
💻 hans.kranert@uni-wuerzburg.de

Prof. Dr. Markus Lang
Pädagogische Hochschule Heidelberg
Institut für Sonderpädagogik, Blinden- und Sehbehindertenpädagogik
✉ Keplerstraße 87, 69120 Heidelberg
💻 lang@ph-heidelberg.de

Prof. Dr. Annette Leonhardt
Ludwig Maximilians Universität München
Lehrstuhl für Gehörlosen- und Schwerhörigenpädagogik
✉ Leopoldstr. 13, 80802 München
💻 Annette.Leonhardt@lmu.de

Prof. Dr. Reinhard Markowetz
Ludwig Maximilian Universität München
Lehrstuhl für Pädagogik bei Verhaltensstörungen und Pädagogik bei geistiger Behinderung
✉ Leopoldstraße 13, 80802 München
💻 markowetz@lmu.de

Prof. Dr. Andreas Mayer
Ludwig Maximilians Universität München
Lehrstuhl für Sprachheilpädagogik (Förderschwerpunkt Sprache und Sprachtherapie)
✉ Leopoldstraße 13, 80802 München
💻 Andreas.Mayer@edu.lmu.de

Angelika Moosburger
(Sonderschulrektorin)
Schulleiterin Staatliche Schule für Kranke München
✉ Kölner Platz 1, Haus 22, 80804 München
💻 a-moosburger@sfk.musin.de

Prof. Dr. Jürgen Moosecker
(Vertretungsprofessur)
Julius-Maximilians-Universität Würzburg
Lehrstuhl für Sonderpädagogik II – Körperbehindertenpädagogik
✉ Wittelsbacherplatz 1, 97074 Würzburg
💻 juergen@moosecker.de

Prof. Dr. Christoph Ratz
Julius-Maximilians-Universität Würzburg
Lehrstuhls für Pädagogik bei Geistiger Behinderung
✉ Wittelsbacherplatz 1, 97074 Würzburg
💻 christoph.ratz@uni-wuerzburg.de

Prof.in Dr. Andrea C. Schmid
Universität Erfurt
Lehrstuhl für Inklusive Unterrichtsforschung mit dem Schwerpunkt Lernen
✉ Nordhäuserstr. 63, 99089 Erfurt
💻 andrea.schmid@uni-erfurt.de

Jürgen Schuhmacher
(Studienrat im Förderschuldienst)
Ludwig-Maximilians-Universität München
Lehrstuhl für Lernbehindertenpädagogik (Förderschwerpunkt Lernen)
✉ Leopoldstraße 13, 80802 München
💻 Juergen.Schuhmacher@lmu.de

Prof. Dr. Roland Stein
Julius-Maximilian-Universität Würzburg
Lehrstuhl für Sonderpädagogik V, Pädagogik bei Verhaltensstörungen
✉ Wittelsbacherplatz 1, 97074 Würzburg
💻 roland.stein@uni-wuerzburg.de

PD Dr. Sabine Weiß
(Akademische Oberrätin)
Ludwig-Maximilians-Universität München
Lehrstuhl Schulpädagogik
✉ Leopoldstr. 13, 80802 München
💻 sabine.weiss@edu.lmu.de

Dr. Kathrin Wilfert
(Akademische Oberrätin)
Ludwig-Maximilians-Universität München
Lehrstuhl für Lernbehindertenpädagogik (Förderschwerpunkt Lernen)
✉ Leopoldstr. 13, 80802 München
💻 Kathrin.Wilfert@lmu.de

Lehr- und Lernmaterialien

Das Studienbuch Inklusion enthält Informationen, Handlungsempfehlungen und Orientierungshilfen für die tägliche Arbeit von Lehrkräften, die im inklusiven Setting Schülerinnen und Schülern mit besonderen Bedürfnissen bzw. sonderpädagogischem Förderbedarf gerecht werden wollen. Die spezifischen Schwerpunkte der einzelnen Kapitel machen deutlich, dass die bestmögliche Förderung eines Kindes oder einer bzw. eines Jugendlichen höchst individuelle Lösungen und Maßnahmen erfordern kann. Die gute Nachricht: Bei aller Individualität und Spezifik finden sich doch zahlreiche Maßnahmen, von denen alle Lernenden einer Klasse oder Gruppe profitieren. Die folgende Sammlung bietet dazu Materialien und Filme an, die Beispiele der Umsetzung von Inklusion, Erfahrungswerte und Perspektiven verschiedenster Beteiligter, Denkanstöße und Diskussionsanregungen sowie Praxistipps bereithalten.

Materialsammlungen für Inklusion in der Praxis, Elternabende, Steuerungsgruppen, Meinungsbildung zu Inklusion

Erbring, Saskia: Inklusion ressourcenorientiert umsetzen. Heidelberg: Carl Auer, 2014 (ISBN: 978-3-8497-0022-5, Preis: 9,95€)

Aus dem Inhalt:
In der Reihe „Spickzettel für Lehrer" hat die Autorin einige Praxistipps gesammelt, wie mit der Schulentwicklung in inklusiven Schulen konkret umgegangen werden kann. Inklusion wird hier als „U-Prozess" dargestellt und führt von der Ist-Analyse und „Problemtrance" zur „Lösungsorientierung" und zum Soll-Konzept. Die Autorin war selbst Lehrkraft in der inklusiven Schule in Köln-Holweide und arbeitet jetzt selbstständig im Bereich Consulting, Coaching, Training. Von daher hat sie hier zahlreiche Praxistipps für die inklusive Schulentwicklung zusammengetragen.

Irle, Katja: Wie Inklusion in der Schule gelingen kann und warum manche Versuche scheitern. Interviews mit führenden Experten. Weinheim u. Basel: Beltz, 2015 (ISBN: 978-340725726, Preis: 16,95€)

Aus dem Inhalt:
In 13 Interviews mit Inklusionsexpertinnen und -experten, zu denen Schriftsteller, Kabarettisten, Eltern, Schulleitungen, Lehrkräfte sowie Wissenschaftlerinnen und Wissenschaftler zählen, wird das Thema Inklusion aus unterschiedlichen Blickwinkeln angegangen. Auf diese Weise öffnet sich der Blick für ein durchaus kontroverses Thema, das in der bundesdeutschen Öffentlichkeit mittlerweile sehr viel offener für die alltäglichen Probleme der Umsetzung diskutiert wird.

Meyer, Elke: Inklusion. Themenkarten für Teamarbeit, Elternabende, Seminare. München: Don Bosco, 2017 (ISBN: 4-260179-512452, Preis: 17,95€)

Aus dem Inhalt:
Auf 30 Themenkarten sind Denkanstöße und Diskussionsanregungen enthalten, die im Team, bei Elternabenden oder im Seminar eingesetzt werden können und Gespräche zur Inklusion in Gang setzen sollen.

Meyer, Elke: Inklusion. Denk-Geschenke für Teamarbeit, Elternabende, Seminare. München: Don Bosco, 2017 (ISBN: 4-260179-512568, Preis: 9,95€)

Aus dem Inhalt:
Auf 3x30 bunten Kärtchen sind Impulse und anregende Zitate zum Nachdenken über Inklusion zusammengestellt, die man für Gesprächsanlässe aber auch als „Give away" nutzen kann.

Filme zur Umsetzung und zum Gelingen von Inklusion

Binn, Thomas: Ich.Du.Inklusion. Wenn Anspruch auf Wirklichkeit trifft (DVD, 2017, Laufzeit: 90 Min., Sprache: Deutsch, Barrierefreie Fassung: Untertitel und Hörfilmfassung, Bezugsquelle: www.mindjazz-pictures.de, Preis: 15,99€)

Aus dem Inhalt:
Durchaus kritisch setzt sich dieser Dokumentarfilm mit der inklusiven Schulpraxis in Nordrhein-Westfalen auseinander und beleuchtet dabei die Problematik der Ressourcen. Auf diese Weise werden die Mühen der alltäglichen Umsetzung von Inklusion aus der Sicht von fünf Grundschülerinnen und Grundschülern dargestellt, die den rsten offiziellen Inklusionsjahrgang der Geschwister-Devries-Schule in Uedem zweieinhalb Jahre begleitet. In dem Theaterstück „Die Schule der Tiere" führen die Schülerinnen und Schüler schließlich die Idee der Inklusion auch öffentlich auf.

Schwarz, Paul: Eine Schule für alle Kinder. Die Gesamtschule Bonn-Beuel (DVD, 2004, Laufzeit: 48 Min., Zusatzmaterial, Bezugsquelle: Integrierte Gesamtschule Bonn-Beuel, Siegburger Str. 321, 53229 Bonn, Tel.: 0228/777 170, Fax: 0228/777 160, e-mail: gebonn@t-online.de, Preis: 15,00€ plus Porto)

Aus dem Inhalt:
Seit vielen Jahren praktiziert die Gesamtschule Bonn-Beuel bereits den gemeinsamen Unterricht von Schülerinnen und Schülern mit und ohne sonderpädagogischen Förderbedarf im Sekundarbereich. Der Film, der zum 25jährigen Jubiläum der Schule erstellt worden ist, zeigt gelebte Inklusion im Unterricht in verschiedenen Lernbereichen und im Schulleben. Durch die herausragende Architektur der Schule wird ebenfalls deutlich, welche immense pädagogische Bedeutung der Raum für die Verwirklichung inklusiver Bildung in der Schule hat.

Siegert, Hubertus: KlassenLeben (DVD, 2006, Laufzeit: 87 Min., Bonusmaterial, Sprache: Deutsch, Untertitel: Deutsch für Hörgeschädigte, Englisch, Booklet, Bezugsquelle: www.goodmovies.de, Preis: 8,90€)

Aus dem Inhalt:
Der Film zeigt die inklusive Arbeit in der Fläming-Schule in Berlin, eine der ersten Schulen in der Bundesrepublik Deutschland, die den gemeinsamen Unterricht von Kindern mit und ohne sonderpädagogischen Förderbedarf praktiziert hat. Im Mittelpunkt stehen die Schülerinnen und Schüler in ihren vielfältigen Lernbedürfnissen sowie die Art und Weise, wie die Lehrkräfte auf jeden Einzelnen versuchen einzugehen. Die gemeinsame Arbeit an einem Theaterstück zeigt schließlich, wie sich jeder speziell mit seinen Stärken in den Lernprozess einbringen kann. Die Fortsetzung des Films unter dem Titel „Die Kinder der Utopie", in dem gezeigt wird, wie sich die Kinder 12 Jahre nach dem Ende der Grund-

schulzeit wieder treffen, lief vor kurzem im Kino und ist ab dem 17.06.2019 als DVD im Handel erhältlich.

Wenders, Hella: Berg Fidel. Eine Schule für alle (DVD, 2012, Laufzeit: 88 Minuten, Sprache: Deutsch, Untertitel: Deutsch für Hörgeschädigte, Englisch, Französisch, Spanisch, Portugiesisch, Bonusmaterial, Bezugsquelle: Preis: 13,99 €)
Aus dem Inhalt:
In einem Stadtteil von Münster (Berg Fidel) liegt die inklusive Grundschule, in der vier Schülerinnen und Schüler über die gesamte Grundschulzeit in einer inklusiven Klasse begleitet werden. Der Film zeigt nicht nur die Arbeit im inklusiven Unterricht, sondern ebenso die gesamte Lebenssituation und bietet so in sehr einfühlsamen Interviews Einblicke in die Gedankenwelt der Kinder in einer inklusiven Grundschule. Die Fortsetzung des Films ist unter dem Titel „Schule, Schule – Die Zeit nach Berg Fidel" als DVD im Handel erhältlich und zeigt die Jugendlichen erneut mit ihren ganz persönlichen Perspektiven.

Westerholt, Florian von: Uwe geht zu Fuss. Ein Mann, ein Dorf (DVD, 2009, Laufzeit: 34 Min., Sprache: Deutsch, Untertitel für Hörgeschädigte: Deutsch, mit Begleitmaterial, ISBN: 9783981297003, Preis: 14,90€)
Aus dem Inhalt:
Der Dokumentarfilm zeigt in der gekürzten Version, wie eine Dorfgemeinschaft in dem kleinen Ort Heikendorf in Schleswig-Holstein die Teilhabe von Uwe Pelzel, eines erwachsenen Menschen mit geistiger Behinderung, im Alltag, im Vereinsleben sowie bei Festen und Feiern gemeinsam lebt.

Hinweis:
Die öffentliche Vorführung von Filmen in Bildungseinrichtungen bedarf der Genehmigung des jeweiligen Filmvertriebs und ist durch den Preis für die private Nutzung nicht abgedeckt.

Links zur Inklusion

Akademie für Lehrerfortbildung und Personalführung (ALP): (https://alp.dillingen.de/organisation/dozenten/visit.html)
Aktion Mensch: (www.aktion-mensch.de)
Allgemeiner Behindertenverband in Deutschland e.V. (ABiD): (www.abid-ev.de)
Arbeitsgemeinschaft Behinderung und Medien: (www.abm-medien.de)
Arbeitsgemeinschaft der Berufsförderungswerke: (www.arge-bfw.de)
Bayerischer Lehrerinnen- und Lehrerverband (bllv) (https://www.bllv.de/themen/weitere-themen/inklusion/)
Bayerisches Staatsministerium für Unterricht und Kultus (StMUK) (https://www.km.bayern.de/inklusion)
Behindertenwohnheime, Betreutes Wohnen, Außenwohngruppen (www.socialnet.de/branchenbuch/2310.php)
Beauftragter der Bundesregierung für die Belange behinderter Menschen (www.behindertenbeauftragter.de/DE) (dort auch Kontakt zum Inklusionsbeirat und zur Kampagne „Deutschland wird inklusiv")
Berufsverband der Heilpädagoginnen und Heilpädagogen – Fachverband Heilpädagogik e.V. (www.bhp-online.de)
Bundesarbeitsgemeinschaft der Berufsbildungswerke (BAG BBW) (www.bagbbw.de)
Bundesarbeitsgemeinschaft (BAG) Gemeinsam leben – gemeinsam lernen (www.gemeinsamleben-gemeinsamlernen.de) (dort auch weitere Landesarbeitsgemeinschaften Gemeinsam leben – Gemeinsam lernen in 13 Bundesländern)
Bundesarbeitsgemeinschaft (BAG) Selbsthilfe (www.bag-selbsthilfe.de) (dort auch weitere Kontakte zu allen Selbsthilfegruppen für Menschen mit Behinderung)
Bundesarbeitsgemeinschaft (BAG) Unterstützte Beschäftigung (https://www.bag-ub.de/) (dort auch Kontakte zu den Landesarbeitsgemeinschaften)
Bundesarbeitsgemeinschaft der Werkstätten für behinderte Menschen (BAG WfbM) (http://www.bagwfbm.de)
Bundesministerium für Arbeit und Soziales (www.bmas.de)
Bundesministerium für Bildung und Forschung (BMBF)
  (https://www.bmbf.de/de/inklusive-bildung-3922.html)
Bundesverband Lernen fördern e.V. (www.lernen-foerdern.de)
Bundesvereinigung Lebenshilfe e.V. (www.lebenshilfe.de)
Club Behinderter und ihrer Freunde e.V. (https://www.cbf-muenchen.de/) (auch in vielen anderen Städten)
Deutscher Volkshochschulverband (DVV) (https://www.dvv-vhs.de)
Gewerkschaft Erziehung und Wissenschaft (GEW)
  (https://www.gew.de/inklusion/)
Institut für Schulqualität und Bildungsforschung (ISB)
  (http://www.inklusion.schule.bayern.de/home/)
Interessenverband Selbstbestimmt leben Deutschland e.V. (http://www.isl-ev.de)
Kultusministerkonferenz (KMK)
  (https://www.kmk.org/themen/allgemeinbildende-schulen/inklusion.html)
Jakob-Muth-Preis für inklusive Schulen
  (https://www.bertelsmann-stiftung.de/de/startseite/)
Netzwerk Erwachsenenbildung integrativ Österreich (www.biv-integrativ.at)
Pro Infirmis Schweiz (www.proinfirmis.ch)
Verband Sonderpädagogik (vds)
  (https://www.verband-sonderpaedagogik.de/aktuell/inklusion-braucht-)
Verband Sonderpädagogik e.V. (www.verband-sonderpaedagogik.de.)
Weibernetz e.V., Politische Interessenvertretung für behinderte Frauen (https://www.weibernetz.de/)

Lösungen

Lösungen zu Kapitel 1

Lösungen zu 1.0 FSP emotionale und soziale Entwicklung

1. Reflektieren Sie den grundgelegten Unterschied zwischen Verhaltensauffälligkeiten und Verhaltensstörungen (aus interaktionistischer Perspektive). Wie wäre auffälliges Verhalten aus dieser Perspektive unterschiedlich erklärbar?
   - Verhaltensstörungen als Störungen des Funktionsgleichgewichts zwischen Person und Umwelt.
   - Verhaltensauffälligkeiten (bei Kindern und Jugendlichen) als „Signal" für eine dahinter stehende Störung.
   - Vier zentrale Perspektiven auf die Störung: Person („Ontogenese"), Situation, Interaktion („Aktualgenese"), Außenwahrnehmung („Etikettierung").
   - Auffälliges Verhalten (und Erleben) wäre damit erklärbar als Problem „in der Person" (auffällige Persönlichkeit), im Sinne problematischer Aspekte der Situation (z.B. situativer Druck, Belastungssituation, auch eine belastende Lebenssituation, Belastungen im Unterricht, Mobbing, Druck zu auffälligem Verhalten usw.), problematische Aspekte der Interaktion (im Sinne der Auseinandersetzung eines Menschen mit den situativen Anforderungen) – sowie problematische Aspekte der Außenwahrnehmung durch Beobachter (Etikettierung, *Labeling*).

2. Inwiefern ergeben sich Unterschiede pädagogischen Arbeitens mit einem aggressiven, einem ängstlichen und einem hinsichtlich Aufmerksamkeit und (Hyper-)Aktivität auffälligen Kind? Wo sehen Sie jeweils Schwerpunkte des Ansetzens?
   - Es handelt sich hier um sehr unterschiedliche Auffälligkeiten.
   - In allen drei „Fällen" wäre eine Auslotung der genaueren Hintergründe hilfreich: Wie kommt es zu den Auffälligkeiten? Was sind vielleicht erklärende Bedingungen?
   - Aggressivität tritt im Verhalten nach außen. Hier wird es oft sinnvoll sein, im Hinblick auf die Gefahr der Fremd- und evtl. Selbstschädigung auffälliges Verhalten zu stoppen, aber auch Hinweise auf sozial angemessenes Verhalten zu geben.
   - Bei Ängstlichkeit handelt es sich um ein Problem mit einem Kern im „inneren Erleben" des Kindes. Hier stehen oft Aspekte der Arbeit am Selbstbild, an der Regulation der eigenen Emotionen, der Stärkung und der Ermutigung im Vordergrund.
   - ADHS ist durch die Kernsymptome mangelnde Aufmerksamkeit, Impulsivität und Hyperaktivität gekennzeichnet. Soweit Aufmerksamkeit im Vordergrund steht, geht es oft um die Gestaltung situativer Bedingungen, die Aufmerksamkeit fördern: einerseits Ausblendung von „Störreizen", andererseits motivierende, Aufmerksamkeit „anziehende" Aufgaben. Bei Impulsivität stehen Maßnahmen im Vordergrund, dem Kind Hilfen zur Regulation zu geben: Hinweise von außen (erst einmal nachzudenken, Ziele zu formulieren, Bewusstheit zu aktivieren) – aber auch den Aufbau von Selbstregulation beim Kind, etwa durch „innere Sät-

ze": was ist mein Plan, bin ich auf dem Weg, ich bleibe ruhig, ich überlege erst einmal, bevor ich etwas tue. Bei Hyperaktivität könnten Maßnahmen dahin gehen, die überschüssige Energie in kanalisierte Bahnen zu lenken: Bewegungsphasen, Aufgaben mit „erlaubter" Bewegung, Abfuhr der Energie durch Sport usw.

3. Welche Herausforderungen bedeuten Auffälligkeiten des Erlebens und Verhaltens für Sie als Person und Ihre Persönlichkeit? Inwiefern möchten Sie sich hier weiterentwickeln?
Wichtige Aspekte könnten sein:
- Beziehungen stiften und halten (Halt und Bindungen)
- kommunikative Kompetenz für schwierige soziale Situationen
- erzieherische Kompetenz und psychotherapeutisches Wissen
- Sicherheit, personale Integration, Belastbarkeit
- ertragen können und Frustrationstoleranz
- Konsequenz und Verlässlichkeit
- Echtheit
- kooperieren wollen und können
- Ambiguitätstoleranz (als Fähigkeit, Spannungen auszuhalten, auch innerhalb von Rollen und zwischen unterschiedlichen Rollen)

Weiterentwicklung: Arbeit „an sich selbst"; Gespräche mit KollegInnen, Beratung, Intervision, Supervision

4. Reflektieren Sie ein bevorstehendes Elterngespräch bei massiv aggressivem Verhalten eines Kindes. Wie könnten Sie das Gespräch strukturieren? Worauf wäre zu achten? Versuchen Sie sich in die mögliche Perspektive der Eltern zu versetzen.
- Berücksichtigung unterschiedlicher Verhaltensauffälligkeiten
- Berücksichtigung theoriebezogener Konzepte von Elternarbeit, hergeleitet aus der Theoriebildung zu Verhaltensstörungen
- Variablen nach Rogers: Echtheit, Akzeptanz, Empathie
- Berücksichtigung möglicher Phasen des Elterngesprächs
- Eröffnung des Gesprächs, Einnahme und Diskussion der möglichen Elternperspektive
- Generierung von Zielaspekten für das Gespräch
- Möglichkeiten im pädagogischen Feld – sowie auch Schwierigkeiten und Grenzen

5. Bearbeiten Sie die Theorien zur Erklärung von Verhaltensstörungen in Stein (2017, 64ff.). Welche Theorien liegen Ihnen „nahe", welche erleben Sie als „fern"? Versuchen Sie konkrete Beispiele der Auffälligkeiten von Schülerinnen und Schülern zu finden, die zu bestimmten dieser Theorien passen könnten.
Grobe Skizze von:
- Psychoanalytischer Perspektive
- Individualpsychologischer Perspektive
- Lernpsychologischer Perspektive
- Humanistisch-psychologischer Perspektive (nach Rogers)
- (personorientierter Sicht im Überblicksverständnis)
- Situationistischer Perspektive (auch: Mischel)

- Interaktionistischer Perspektive (im Überblick) am Beispiel der Selbst- und Handlungsregulation
- Perspektive der Labeling- und Stigmatheorie
... im beurteilenden Vergleich

Lösungen zu 2.0 FSP geistige Entwicklung

1. „Schüler mit dem Förderbedarf geistige Entwicklung können weder lesen, noch schreiben oder rechnen!" Kritische Stellungnahme unter Einbezug der der SFGE-Studie:
Die Leistungen von Schülerinnen und Schülern mit dem FS gE in Schriftspracherwerb und Mathematik sind ausgesprochen heterogen, alle Leistungsstufen sind vorhanden (s. Text). Hinzu kommen die sehr unterschiedlichen Ausgangsbedingungen wie Diagnosen, Intelligenz, sozio-kulturelle Bedingungen und körperliche Beeinträchtigungen, die den individuellen Lernweg erheblich beeinflussen, so dass eine höchst individualisierte Sicht auf das Kind nötig ist um seine Lernbedürfnisse zu verstehen.

2. Entstehungsursachen für eine geistige Behinderung und ein Beispiele:
   - Pränatal: z.B. genetische Syndrome wie Down Syndrom oder aber Fetales Alkoholsyndrom (FAS)
   - Perinatal: z.B. Geburtskomplikationen
   - Postnatal: z.B. Unfälle oder Deprivation, auch psychische Krankheiten. Kombinationen sind häufig.

3. Wesentlichen Unterschiede des Lehrplans für den Förderschwerpunkt geistige Entwicklung und des Lehrplans der eigenen Schulart:
Beim Lehrplan FS gE handelt es sich um ein „offenes Curriculum", das nicht nach Jahrgansstufen gegliedert ist, sondern nach Lernbereichen. Dabei gibt es entwicklungsorientierte Lernbereiche, die „quer" liegen und nach Möglichkeit immer mit einbezogen werden sollen. Fachliche Lernbereiche enthalten die Inhalte, z.T. wie Fächer. Hinzu kommen allerdings Besonderheiten wie der Lernbereich „Spiel"

4. Bedeutsame Orientierungspunkte inklusiver Didaktik für den FS gE:
Fachliche Orientierung (Fachdidaktik), Entwicklungsorientierung (verzögerte Normalentwicklung), Berücksichtigung hochindividueller Lernwege (Lerneigenheiten, Umwege, subjektive Gegebenheiten usw.) und die Orientierung an Konzepten der Regelschulen (Lehrpläne, Schulbücher, gemeinsame Gegenstände)

Lösungen zu 3.0 FSP Hören

1. vgl. Ausführungen im Text: Störungsbilder und Symptomatik Tab. 3.1

2. Auf Grund der eingeschränkten auditiven Wahrnehmung werden ergänzende Informationen über das Absehen wahrgenommen. Dennoch bleibt das Sprachverstehen eingeschränkt und unvollständig. Durch das Schaffen von guten Hör- und Absehbedingungen (akustische und optische Rahmenbedingungen)

kann der Schülerin oder dem Schüler die Perzeption erleichtert werden. Da die Schülerinnen und Schüler viel Konzentration und Aufmerksamkeit aufbringen müssen, um dem Unterricht zu folgen, gilt es durch eine abwechslungsreiche Gestaltung des Unterrichts auf Hör- und Absehpausen zu achten (vermeiden von Überanstrengung).

3. vgl. Punkt „Handlungsempfehlungen und Fördermaßnahmen".

Lösungen zu 4.0 FSP körperliche und motorische Entwicklung

1. Benennen Sie die dreiteilige Grundsystematik zur Einteilung der Körperbehinderungen im FS kmE bezogen auf den Ort der Schädigung.
   - Schädigung der zentralen bewegungssteuernden Systeme des Gehirns und Rückenmarks,
   - Schädigung der Muskulatur und des Knochengerüsts,
   - Körperschädigungen, die auf eine chronische Krankheit oder Fehlfunktion von Organen zurückzuführen sind.

2. Erläutern Sie – basierend auf Erkenntnissen der inklusiven Bildungsforschung – Gelingensfaktoren für einen erfolgreichen inklusiven Schulbesuch im Rahmen des FS kmE.
   Vgl. Abb. 4.1 und Tab. 4.1 im Beitrag

3. Wochenplanunterricht stellt eine Möglichkeit der Etablierung individueller Lernformen in der Lerngruppe dar, um den individuellen Lernbedürfnissen gerecht zu werden. Arbeiten Sie entscheidende Kriterien einer qualitätsvollen Umsetzung des Wochenplanunterrichts heraus (Moosecker 2008, S. 32-77).
   Ausgewählte Aspekte:
   - Jeweils für eine Lerngruppe auszutarierendes Gleichgewicht zwischen einer „Vermittlung der Grundinformationen und Einführung in neue Lerngegenstände" (im Klassenverband sowie Informationen über Lernziele und Planung der individuellen Lernzeiten) und „Individuelle Lernzeiten" (mit der selbstständigen Verfügung über Zeit, Material, Lernort, personelle Hilfen und Bearbeitungsweisen).
   - Der Wochenplanunterricht überträgt Schülerinnen und Schülern mehr Verantwortung für die Gestaltung des Lernens. So wird größerer Wert gelegt auf die eigene Planung der Arbeit, das Treffen von Entscheidungen, die eigenständige Nutzung verschiedener Informationsquellen, die Suche nach Lösungen für Schwierigkeiten zunächst auf eigene Faust und auch die Auswertung eigener Arbeitsergebnisse. Aufgrund dieses erhöhten Übertrages von Verantwortung ist eine behutsame Einführung unerlässlich und eine Kleinschrittigkeit der Aufgabenstellung unbedingt notwendig.
   - Die Wochenplanarbeit bietet die Chance für eine direktere Ansprache der einzelnen Schülerin oder des einzelnen Schülers als der gebundene Unterricht.
   - Die Wochenplanarbeit unterstützt zentrale pädagogische Ziele:
     - Durch die Gelegenheit zur freieren Zeiteinteilung finden die Schülerinnen und Schüler leichter ihren individuellen Arbeitsrhythmus. Sie können sich genau die Lernzeit nehmen, die sie für die Aufgabenbewältigung benötigen und lernen so, ihren Arbeitsprozess selbstständiger zu organisieren.

- Dank der erhöhten Transparenz der Unterrichtsplanung können sich die Schülerinnen und Schüler besser auf Ziele und Anforderungen des Unterrichts einstellen. Die frühzeitige Offenlegung des Plans ermöglicht ihnen, Anteile des Unterrichtsfortgangs in einzelnen Lernbereichen zu antizipieren.
- Im Rahmen des Delegierens von Verantwortung kann das Vertrauensverhältnis zwischen den Schülerinnen und Schülern und der Lehrkraft gestärkt werden. Durch den Wochenplan entsteht eine vertragsähnliche Situation, in der die Lernenden von den Lehrenden herausgefordert werden, die zugestandenen Freiräume sinnvoll und verantwortungsbewusst zu nutzen
- Klar vereinbarte Arbeitsregeln sind wichtig, die Einhaltung einer ruhigen Arbeitsatmosphäre ein elementarer Grundsatz.
- Pädagogische und didaktische Intentionen einer präzise an die Lerngruppe angepassten Laufzeit des Wochenplans:
  - Verlässlichkeit und Verbindlichkeit: Bis zu einem Zeitpunkt habe ich meine Arbeitsaufgaben zu erledigen! Wenn der Start- und Endpunkt des Wochenplanes in der Wochenstruktur immer zur gleichen Zeit liegt, dann erzeugt das für die Schülerinnen und Schüler eine Struktur der Verlässlichkeit und Verbindlichkeit.
  - Abgeschlossenheit: Jetzt habe ich diese Etappe geschafft! Jede Schülerin/jeder Schüler benötigt seine Erfolgserlebnisse: Wenn alle Aufgaben bis zum Laufzeitende des Wochenplans erledigt sind, lässt sich der Wochenplan für die Schülerin/den Schüler – begleitet durch ein positives Feedback der Lehrkraft – als erfüllte Einheit motivational positiv abspeichern und als abgeschlossen abhaken.
- Die kurze Besprechung mit Feedback durch die Lehrkraft und altersgemäße Reflexion zum Abschluss des Wochenplans sind unabdingbare Qualitätskriterien des Wochenplanunterrichts.

4. Vertiefen Sie Ihren Kenntnisstand bzgl. Verursachung und Ausprägung der drei oben ausgeführten zentralen Schädigungsformen über die Darstellungen des Beitrags hinaus.
Cerebralparese/Cerebrale Bewegungsstörungen (Bergeest/Boenisch 2019, S. 104-113)
Ausgewählte Aspekte:
- Bei der cerebralen Bewegungsstörung handelt es sich um eine sensomotorische Störung als Folge einer frühkindlichen Hirnschädigung.
- Terminus sensomotorische Störung: Beeinträchtigung der Zusammenhänge zwischen Sensorik und Motorik im Prozess der afferenten Aufnahme, der Integration (Verarbeitung) und der efferenten Abgabe an die Muskelzellen durch die propriozeptiven Systeme.
- Die Häufigkeit (Prävalenz) der cerebralen Bewegungsstörung liegt in den Industrieländern bei ca. 2-3% der Bevölkerung; eine häufige Verursachung ist in der Unreife fetaler Organsysteme bei zu früher Geburt zu suchen.
- Allgemeine Merkmale der cerebralen Bewegungsstörung: Abnorme Muskelspannung (zu hoch, zu niedrig, schwankend, abrupt wechselnd), eingeschränkte Willkürmotorik, pathologische Reflexe u.a.
- Unterscheidung dreier neurologischer Manifestationsformen: Spastik (Anteil über 80%), Dyskinese/Athetose (6%), Ataxie (2%)

- Die pathologische Muskelspannung kann zu Fehlstellungen an allen Gelenken führen, es besteht die Gefahr von Gelenkversteifungen als Streck-, Beuge-, Adduktions- und Abduktionskontraktur, Hüftbeugefehlstellungen, Wirbelsäulenverbiegungen (Skoliose)
- Begleitstörungen können Störungen der Nahrungsaufnahme (Schluckstörungen), Störungen des Sprechens, Störungen des Sehens und Hörens, Epilepsien, vegetative Störungen u.a. sein.

Neuromuskuläre Erkrankung: Duchenne Muskeldystrophie (Bergeest/Boenisch 2019, S. 175-179)
Ausgewählte Aspekte:
- Die Duchenne Muskeldystrophie (DMD) wird x-chromosomal rezessiv von den Müttern auf die Söhne vererbt.
- Inzidenz: 1:3500 neugeborenen Jungen
- Der Gendefekt verhindert die körpereigene Bildung des Proteins Dystrophin, ein entscheidender Baustein für die Stabilität der Muskeln.
- Der Verlauf der Erkrankung vollzieht sich in Phasen spezifischer Bewegungs- und Funktionseinschränkungen.
Bis zum 3./4. Lebensjahr ist die Entwicklung unauffällig, der weitere Verlauf lässt sich in 10 Stadien unterteilen (Ortmann 1989/Forst 2000):
  - Unsichere Bewegungen, Nachlassen der motorischen Aktivität, Unfähigkeit zu hüpfen, häufiges Stolpern und Stürzen
  - Hyperlordose, vorgestreckter Bauch, kompensatorisches breitbeiniges Gehen auf den Fußspitzen
  - Erschwertes Treppensteigen, Aufrichten durch ein Abstützen am eigenen Körper („Gowers-Manöver")
  - Deutlich eingeschränkte Fähigkeit zu gehen, Treppensteigen nur mit Hilfestellung
  - Gehen nur kurzer Strecken möglich, Treppensteigen nicht mehr möglich
  - Gehen nur noch mit Hilfen, Aufstehen nur mit Hilfestellung
  - Gehen nicht mehr möglich, mechanischer Rollstuhl, aufrechtes Sitzen und Selbstversorgung weitgehend möglich
  - Aufrechtes Sitzen möglich, Elektrorollstuhl, Aufrichtung aus Rückenlage nicht mehr möglich, Unfähigkeit der Selbstversorgung
  - Aufrechtes Sitzen gerade noch möglich, Hilfe bei kleinsten Verrichtungen notwendig, Stimme wird leiser
  - Bettlägrigkeit, Probleme beim Sprechen und Atmen
- Den meisten Kindern mit DMD wird operativ die Wirbelsäule mit Metallstäben verstärkt, damit sich durch den Muskelschwund keine Skoliose entwickelt mit der Folge einer Verkleinerung des Rumpfraumes und einer Gefährdung der Funktionsfähigkeit der inneren Organe.

Epilepsien (Bergeest/Boenisch 2019, S. 148-155)
Ausgewählte Aspekte:
- Epilepsie ist eine Anfallskrankheit als Ergebnis einer Störung elektrisch-chemischer Vorgänge in den Nervenzellen des Gehirns, eine episodische Antwort der Nervenzellen auf einen schädigenden, störenden oder zumindest irritierenden Reiz, der auf das Gehirn einwirkt.

- 75% aller Epilepsien beginnen im Kindes- und Jugendalter.
- Epilepsien treten als häufige Begleitstörung bei Kindern mit Schädigungen des Zentralnervensystems auf, z.B. bis zu 56% bei bestimmten Formen der cerebralen Bewegungsstörung.
- Erscheinungsform der Generalisierten Anfälle (beide Hemisphären sind betroffen)
  - Absencen: Bewusstseinsstörung mit abruptem Beginn und Ende. Unterbrechung der Aktivität, starrer Blick, Dauer wenige bis ca. 30 Sekunden
  - Myoklonische Anfälle: Isolierte oder iterative (multiple) kurze Zuckungen, generalisiert oder beschränkt auf einzelne Muskeln oder Muskelgruppen (Gesicht, Rumpf, Extremitäten usw.)
  - Tonische Anfälle: Plötzlich auftretende, zunehmend intensivere, symmetrische Muskelkontraktionen (Versteifung) am ganzen Körper oder in der oberen Körperhälfte, z.T. mit Kopf und Augendrehung. Sturz möglich. Dauer: wenige Sekunden bis eine Minute
  - Klonische Anfälle: Wiederholte, rhythmische und meist symmetrische Zuckungen am ganzen Körper oder Körperteilen mit abnehmender Frequenz.
  - Tonisch-klonische Anfälle (i.d.R. generalisierter „Grand mal"): Beginn mit tonischer Phase, Übergang zur klonischen Phase
- Erscheinungsform der Fokalen Anfälle (nur einzelne Hirnareale sind betroffen)
- Verhalten der Begleitpersonen bei Anfällen: Beobachten und auf Anfallsdauer achten, „sozial begleiten", Verletzungsgefahr beseitigen (Kind nicht festhalten, aber bei Anfällen mit möglicher Speichelbildung wegen Erstickungsrisikos in stabile Seitenlage bringen), bei anhaltender Anfallsaktivität je nach Indikation (z.B. bei Grand-mal-Anfällen möglichst bereits nach 3 Minuten) Akutmedikation verabreichen. Falls Akutmedikation nicht bekannt, Notfallausweis und ggf. mitgeführte Akutmedikation suchen (in Halsband-Anhänger, ‚SOS-Kapsel' etc.). Sind diese nicht gleich auffindbar, Arzt rufen. Nach Anfall schlafen lassen, nach Aufwachen freundliche Ansprache und Reorientierungshilfe („Spürst du deine Beine?", „Zeig mal deine Hände!"). Anschließend Anfallsverlauf, -zeitpunkt, -dauer dokumentieren.

Lösungen zu 5.0 Förderschwerpunkt Lernen

1. Lernen im psychologischen Sinne als Informationsverarbeitung in aktiver Auseinandersetzung mit der Umwelt, Lernen als menschliches Lernen, Wissen-Lernen, Können-Lernen, Lernen-Lernen, Leben-Lernen

2. Allgemeine Lernschwierigkeiten als Unterschied zwischen den vorhandenen Fähigkeiten und Fertigkeiten und den noch zu erwerbenden (Anforderungsschwelle), die selbständig überwunden werden können, gravierende Lernschwierigkeiten als Probleme beim Lernen, die nicht mehr selbstständig überwunden werden können sondern nur durch sonderpädagogische Förderung überwunden werden können

3. Individuelle Lernförderung als Prozessmodell mit den Komponenten Förderdiagnostik (Schulleistungen, Intelligenz), Intervention (Unterricht, Einzel- und Kleingruppenförderung) und Evaluation (formativ, summativ), begleitet von

Beratungsprozessen (Kinder, Eltern, Lehrkräfte, Systeme) in einem spezifischen Begründungszusammenhang (materialistisches, interaktionistisches, systemtheoretisches, ökologisches Paradigma)

Lösungen zu 6.0 Förderschwerpunkt Sehen

1. Folgende Auswirkungen und andere sind möglich:
   - Wissenserwerb: Lernerschwernisse durch eingeschränktes Imitationslernen; Begriffsbildung
     Fördermöglichkeiten: handlungsorientierter Unterricht; Medieneinsatz; vielfältige Informationszugänge schaffen
   - Bewegungsverhalten: weniger Bewegungserfahrungen (weniger Bewegungsanreiz); Verzögerungen in der motorischen Entwicklung; Bewegungskoordination; Körperhaltung; Bewegungsstereotypien
     Fördermöglichkeiten: anregungsreicher Sportunterricht
   - Kommunikation: Erschwernis durch Informationsgehalt nonverbaler Gesprächsanteile
     Fördermöglichkeiten: Aufrufen durch Namennennung

2. a) Braille kann man lernen

3. Verwendung von Formatvorlagen; E-Buch-Tags

4. a) Gruppe der Menschen mit hochgradiger Sehbehinderung
4. b) 25 Meter
4. c) nicht mehr ausreichend: Vergrößerung durch Annäherung, Großkopieren DinA4 nach DinA3, Visolettlupe

Lösungen zu 7.0 Förderschwerpunkt Sprache

1. Textoptimierung
   Die Ägypter glauben: „Auch wenn wir gestorben sind, leben wir weiter." Deshalb bauen die Ägypter für ihre Pharaonen, das sind die Könige in Ägypten, riesige Pyramiden. Die Pyramiden sind Gräber für die Pharaonen. Die Ägypter füllen die Gräber mit kostbaren Dingen. Diese Dinge sind Zeichen des Glaubens. Viele ägyptische Könige sind auch heute noch als Mumien erhalten. Mumien sind tote Körper, die mit Mitteln davor geschützt werden, dass sie verwesen. So wollten die Ägypter die toten Könige für die Ewigkeit erhalten.

2. Enttabuisierung des Stotterns:
   Sprechen Sie den Schüler/die Schülerin – in einer ruhigen Situation und unter vier Augen auf das Stottern an. Überlegen Sie gemeinsam, welche Bedingungen es dem Schüler/der Schülerin erleichtern könnten, angstfrei in der Schule zu sprechen. Regen Sie an, einmal gemeinsam mit den Mitschülern über das Stottern zu sprechen. Auch den anderen Schülerinnen und Schülern fällt es leichter mit dem Stottern umzugehen, wenn sie darüber informiert sind (Bundesvereinigung Stottern und Selbsthilfe 2018)

3. Textaufgabe:
   In der Textaufgabe befinden sich zahlreiche Angaben, die für das Lösen der Aufgabe überflüssig sind. Das sind aber Punkte, die v.a. in kognitiv-mathematischer Hinsicht überfordern könnten. Sie sind bewusst in die Textaufgabe integriert, da es sich um ein wesentliches Ziel des Mathematikunterrichts handelt, wesentliche und unwesentliche Informationen voneinander trennen zu können. In sprachlicher Hinsicht ist es v.a. das Wort „je", dessen Nicht-Verstehen, das Lösen der Textaufgabe unmöglich macht. Häufig sind es so kleine Partikel, die sprachlich beeinträchtigte Kinder nicht kennen, im Kontext von Textaufgaben aber von zentraler Bedeutung sind (z.B. pro, maximal, weiter, mehr…)
4. zentrale Schwierigkeiten auf lexikalischer und grammatischer Ebene
   - Schwierigkeiten auf lexikalischer Ebene
     - Zustand eines eingeschränkten Wortschatzes (quantitatives Defizit): Kinder, die im Vergleich zu Gleichaltrigen eine zu geringe Anzahl an Wörter im Langzeitgedächtnis abgespeichert haben
     - Qualitatives Defizit: Kinder, die zwar eine mehr oder weniger ausreichende Anzahl an Wörtern gespeichert haben, aber die Bedeutungen nur ungefähr kennen, sodass auch der Unterschied zur Bedeutung anderer Wörter nicht eindeutig abgegrenzt werden kann. Die Kinder haben nur eine ungefähre Vorstellung von der Wortbedeutung. Andere Kinder verfügen nur über ungenaue Informationen über die Laut- bzw. Silbenstruktur des Wortes. Die Kinder benennen Wörter häufig in verstümmelter Form. Die Lautstruktur des Zielwortes wird verändert, indem einzelne Laute oder Silben ausgelassen, vertauscht oder hinzugefügt werden (Geopard statt Leopard).
     - Abrufstörung: die Aktivierung der im Langzeitgedächtnis gespeicherten Wörter gelingt nicht immer automatisiert und mühelos.
   - Schwierigkeiten auf grammatischer Ebene
   - Kinder mit grammatischen Probleme haben Schwierigkeiten mit dem Erwerb syntaktisch-morphologischer Regeln. Die wichtigsten Regeln des Deutschen sind:
   - Subjekt-Verb-Kontroll-Regel: Das Verb stimmt in Person und Numerus mit dem Subjekt überein (z.B. Du gehe in die Schule).
     - Verbzweitstellungsregel: Das finite Verb steht im deutschen Hauptsatz, mit Ausnahme von Entscheidungsfragen und Imperativen immer an zweiter Stelle (z.B. Du in die Schule gehst).
     - Kasusmorphologie: korrekte Markierung von Akkusativ- und Dativkontexten (z.B. Du lernst in die Schule lesen und schreiben)
     - Verbendstellung in subordinierten Nebensätzen: Das finite Verb steht im subordinierten Nebensatz stets am Äußerungsende (z.B. weil du in der Schule lernst lesen und schreiben).
5. Spracherwerbsförderliche Interaktionsmerkmale:
   - Hören Sie Ihrem Kind aufmerksam zu! Machen Sie durch Nachfragen, Wiederholungen, Erweiterungen deutlich, dass Sie sich für das Gesagte interessieren.
   - Halten Sie Blickkontakt!
   - Versuchen Sie die Kommunikation durch nonverbale Verhaltensweisen (Gesten, Mimik) aufrecht zu halten!

- Versichern Sie sich in der Kommunikation der Aufmerksamkeit Ihres Kindes.
- Stützen Sie das Verständnis durch langsame und deutliche Artikulation, Machen Sie Sprechpausen.
- Führen Sie „Selbstgespräche"! Beschreiben, Benennen Sie eigene und die Handlungen des Kindes ▶ Handlungsbegleitendes Sprechen; aber nicht ständiges Einreden auf das Kind (es muss auch sprachfreie Interaktionen geben
- Benennen Sie evtl. unbekannte Dinge, Handlungen mit dem Namen
- Erklären Sie unbekannte Wörter, indem Sie auf Bekanntes Bezug nehmen: „Das kennst du noch nicht. Das ist Lauch. Der Lauch gehört zum Gemüse, der schmeckt ein bisschen wie eine Zwiebel."
- Neue Wörter sollten in der Situation immer wieder verwendet werden. Wenn Sie den Eindruck haben, dass ein bestimmtes Wort für das Kind gerade neu war, dann versuchen Sie es in der aktuellen Situation mehrfach zu wiederholen.
- Präzisieren und Differenzieren Sie Wörter: „Du glaubst das ist eine Orange. Ja das hier sieht wirklich fast genauso aus wie eine Orange. Aber es ist eine Mandarine. Die Mandarine ist auch orange, aber sie ist ein bisschen kleiner als eine Orange."

Lösungen zu 8.0 Autismus-Spektrum-Störungen

1. Definition von Autismus:
Autismus ist eine komplexe neurologische Entwicklungsstörung, insbesondere eine Störung der Informations- und Wahrnehmungsverarbeitung, die sich auf die Entwicklung der sozialen Interaktion, der Kommunikation und des Verhaltens individuell sehr unterschiedlich auswirkt.
Autismus hat viele Gesichter! Deshalb wird heute statt von Autismus zutreffender von Autismus-Spektrum-Störung (ASS) als Oberbegriff für das gesamte Spektrum autistischer Störungen mit sehr unterschiedlichem Ausprägungsgrad der Symptome gesprochen.
Das Spektrum reicht von schwerwiegenden autistischen Symptomen mit geistiger Behinderung, fehlender Sprachentwicklung und sehr herausfordernden Verhaltensweisen bis zu autistischen Symptomen mit durchschnittlicher bis überdurchschnittlicher Begabung, gutem bis sogar sehr gutem Sprachvermögen und herausragenden Fähigkeiten und Inselbegabungen.
Autismus-Spektrum-Störungen gelten als „Tiefgreifende Entwicklungsstörungen" und werden als medizinische Diagnosen definiert. Unterschieden werden drei Grundformen: „Frühkindlicher Autismus", „Asperger-Autismus" und „Atypischer Autismus".

2. Häufig zu beobachtende Verhaltensweisen laut Bundesverband Autismus:
Vermeiden von Blickkontakt, vermeiden von Körperkontakt, wenig Interesse an gemeinschaftlichem Spiel, wirkt wie taub, auffällige Sprache/Echolalie, Bewegungen können seltsam wirken, Schwierigkeiten mit Veränderungen, Äußerung von Bedürfnissen durch Hinführen, wenig Gefahrenbewusstsein, Anlass für Lachen und Kichern nicht immer erkennbar, besondere Begabungen in Teilbereichen, vorrangige Beschäftigung mit Lieblingsthemen, Spiel an Routinen orientiert.

3. Erklärungsansätze von ASS:
   Theory of Mind = Fähigkeit, sich in andere Menschen hineinzuversetzen
   - Mentalisierungsschwäche
   - Empathieschwäche
   - Verständnisschwäche für Ironie und Witz
   - Verständnisschwäche für soziale Situationen

   Zentrale Kohärenz = Kontextblindheit
   - Bruchstückhafte Informationsverarbeitung
   - Detailorientierung
   - Kontexterfassungsschwäche
   - Sinnerfassungsschwäche

   Exekutive Funktion = kognitive Prozesse, die zukunfts- und zielorientiert sind: Antizipation, Organisation, Flexibilität, Selbstbeobachtung
   - Defizite im Vorausplanen
   - Defizite im zeitlichen Strukturieren
   - Einschränkungen der Flexibilität
   - Initiierungsschwäche

4. Treatment and Education of Autistic and Communication handicapped Children (TEACCH) ist ein Programm, das das tägliche Chaos das Schülerinnen und Schüler mit ASS über die gesamte Lebensspanne hinweg soweit wie möglich durch individuelle Maßnahmen der Strukturierung und Visualisierung in lebens- und lernförderliche Bahnen lenken soll, u.a. durch:
   - räumliche Strukturierung
   - zeitliche Strukturierung
   - Strukturierung der Sprache, der Aufgaben, der Instruktionen und der Arbeitsformen
   - Strukturierung der Arbeitsmaterialien
   - Strukturierung von Handlungsabläufen (Schaffung von Routinen; klare Anweisungen für jede Stufe der Tätigkeit in Verbindung mit visuellen Darstellungen und Hilfen)

5.a) MSD-Rundbriefe zu Autismus:
   - A 1 Autismus – eine Aufgabe für alle Schularten
   - A 2 Autismus-Spektrum-Störung: Fokus frühkindlicher Autismus
   - A 3 Autismus-Spektrum-Störung: Fokus Asperger Autismus
   - A 4a Leitfaden für Erstgespräch mit Eltern von Kindern mit Autismus
   - A 4b Dokumentationsbogen für Schülerinnen und Schüler mit Autismus
   - A 5 Gelingensfaktoren für Schulbegleitung
   - A 6a Nachteilsausgleich für Kinder und Jugendliche mit Autismus
   - A 6b Bogen zur Erfassung eines pädagogischen Nachteilsausgleichs
   - A 7 Diagnostik bei Autismus/Autismus Spektrum Störungen
   - A 8 Übergänge gestalten für Menschen mit Autismus
   - A 9 Aufklärung der Mitschülerinnen und -schüler über Autismus
   - A 10a Herausforderndes Verhalten – Aspekte der Beobachtung1
   - A 10b Herausforderndes Verhalten – Prävention und Intervention1
     Autismus in Literatur, Film und Internet – eine Auswahl
     Glossar

5.b) Gelingensfaktoren im Hinblick auf Unterricht und Schule:
- Geduld und kleine Schritte
- Nähe und Abstand
- Orientierung am Förderplan
- Klarheit in der Aufgabenverteilung
- Kommunikation mit der Schülerin/dem Schüler
- Kooperationsfähigkeit aller Beteiligten
- Bereitschaft zur Auseinandersetzung mit dem Störungsbild

5.c) Gelingensfaktoren im Hinblick auf Zusammenarbeit mit Schulbegleitern:
- Lehrkraft trägt die pädagogische, methodisch-didaktische sowie organisatorische Verantwortung für die Planung und Gestaltung des Unterrichts und aller Lern- und Förderangebote
- Lehrkraft informiert den Schulbegleiter über die unterrichtlichen Anforderungen an die Schülerin/den Schüler mit ASS, unterstützt ihn in der Führung der Schülerin/des Schülers und bei den pädagogischen Maßnahmen.
- In Absprache übernimmt der Schulbegleiter verbindlich zugewiesene Aufgaben zur Förderung und Begleitung der Schülerin/des Schülers mit Autismus.
- Klassenleitung trägt Verantwortung für die Erziehung in seiner Klasse und alle Schülerinnen und Schüler dieser Klasse

Lösungen zu 9.0 Langfristige Erkrankungen

1. Lösung siehe Link:
https://www.km.bayern.de/schueler/schularten/schule-fuer-kranke.html

2. Nützliche Hinweise für die Lösung finden sich bei:
Landesinstitut für Schule und Medien Berlin-Brandenburg (LISUM) (2010) (Hrsg.): Schülerinnen und Schüler mit chronischen Erkrankungen, 1. Auflage, Berlin: Oktoberdruck. In: https://bildungsserver.berlin-brandenburg.de/fileadmin/bbb/schule/Hilfe_und_Beratung/Schule_und_Krankheit/pdf/Schule_und_Krankheit.pdf, (27.05.2018)

3. Lösung je nach Krankheit unterschiedlich.

Lösungen zu Kapitel 2

Lösungen zu 10.0 Förderschulen und Sonderpädagogisches Förderzentrum

1. vgl. Punkt 10.2.1

2. vgl. die Punkte 10.2.2 und 10.3.1

3. vgl. Punkt 10.2.3

Lösungen zu 11.0 Sonderpädagogische Diagnose- und Förderklasse

1. Hier sind die einzelnen Aspekte rechtlich verankert:
   - Jahrgangsstufen 1 und 2 an allen Förderzentren als S-DFK ▶ Art. 20 (2) 1
   - drittes Schulbesuchsjahr 1A in den Förderschwerpunkten Sehen und Hören verpflichtend ▶ Art. 20 (2) 1 und § 24 (2)
   - Entscheidung über Verweildauer auf Basis des individuellen Förderbedarfs ▶ § 24 (2)
   - Rahmenlehrplan der Grundschule und ggf. des Förderschwerpunktes Lernen ▶ § 24 (1)
   - diagnosegeleitete Erfüllung des sonderpädagogischen Förderbedarfs ▶ § 24 (1)
   - Schaffung einer Grundlage für Förderschulbesuch oder Rückführung ▶ § 24 (1)
   - 1A gilt nicht als Wiederholung (aber Vollzeitschulpflicht verlängert sich auf 10 Jahre) ▶ Art. 41 (8) 1 und § 24 (2)

2. Individuelle Lösungen der Anwendung

3. Diese Faktoren helfen:
   - Sonderpädagogische Lehrkraft vor Ort, Fester Teil des Kollegiums
   - Fachlicher Austausch, schulinterne Fortbildungen
   - Absprache bzgl. genutzter Materialien und Schulbücher
   - Auflösen der Klassengrenzen und gemeinsamer Unterricht in einigen Fächern/ im Fachunterricht
   - Kinder kennen andere Kinder und Lehrkräfte klassenübergreifend, Klassenwechsel gestalten sich einfacher
   - Schulartwechsel findet ohne Ortswechsel statt
   - Grundschul- und sonderpädagogische Perspektive ermöglichen bestmögliche Prävention oder Intervention bzgl. besonderer Bedürfnisse von der Einschulung an
   - Multiprofessionalität unterstützt Unterrichts- und Förderplanung, Diagnostik, Elternarbeit, Vernetzung mit weiteren Partnern

4. Möglichkeiten der Umsetzung von Rhythmisierung:
- Gleitender Tagesbeginn
- an die Leistungs- und Konzentrationsfähigkeit der Schülerinnen und Schüler angepasste Länge von Arbeits- und Lernphasen
- Tages- oder Wochenplanarbeit
- Rituale, regelmäßig wiederkehrende Elemente im täglichen Unterrichtsablauf, zeitliche Fixpunkte

5. Individuelle Lösungen

6. a) z.B. altersgerechte Form der morgendlichen Begrüßung (Handschlag, passende Grußformel, …), feste Form des Tagesabschlusses (Hausaufgaben aufschreiben, Abschlusskreis, Feedback durch die Lehrkraft, Aussicht auf den nächsten Tag, …), o.ä.

6. b) bewährte Veranschaulichung beim Bruchrechnen: Kuchen, Pizza oder andere runde Lebensmittel

6. c) mögliche Regeln:
- Ich schaue mir zuerst an, wie die Lehrerin den Versuch vormacht.
- Ich muss die Anleitung gut lesen und alles verstehen. Dann fange ich an.
- Ich arbeite nur mit Schutzbrille und Handschuhen.
- Ich verwende nur die Materialien und Geräte, die ich verwenden darf.
- Ich bin vorsichtig, um mich selbst und die anderen Schülerinnen und Schüler zu schützen.

7. Vergleich des Modells in Kirchanschöring mit FleGS-Klassen
Gemeinsamkeiten:
- Jahrgangsgemischte Klassen, flexible Verweildauer (bis zu 3 Jahre)
- Verschiedene Formen der Leistungserhebung und -rückmeldung
- Intensive Elternarbeit
- Individualisierung und Differenzierung zentral
- Erhebung der Lernausgangslage und kontinuierliche begleitende Diagnostik

Unterschiede:
- Verlassen der FleGS-Klasse auch nach 1 Jahr möglich
- Zugehörigkeit der Schülerinnen und Schüler: allgemeine Schule (FleGS) vs. Förderschule
- Fachlichkeit und Stammschule der Lehrkräfte
- Zielgruppe: alle Leistungsstufen, auch Hochbegabung (FleGS) vs. Sonderpädagogischer Förderbedarf

Lösungen zu 12.0 Mobile Sonderpädagogische Dienste

1. Die Lehrkraft der allgemeinen Schule; sie wird dabei beraten und unterstützt durch den MSD
2. Die subsidiäre Funktion verdeutlicht die unterstützende Aufgabe des MSD
3. Erstellung des Förderdiagnostischen Berichts, Unterstützung der inklusiven Schulentwicklung, sonderpädagogische Arbeit am Kind, Einbeziehung des Kindumfeldes, Unterstützung und Begleitung im Übergang zwischen schulischen Lernorten

4. Im Durchschnitt erhält jede Schülerin oder jeder Schüler mit SPF 0,9 Lehrerwochenstunden
5. Internet-Auftritt des ISB:
   - Info-Briefe ‚MSD konkret': https://www.isb.bayern.de/foerderschulen/mobil-sonderpaedagogische-dienste-msd/msd_konkret/
   - Info-Brief 4 ‚Auftragsanalyse': https://www.isb.bayern.de/download/8110/msd4.pdf
   - Info-Brief 5 ‚Zusammenarbeit und Erstkontakt': https://www.isb.bayern.de/download/8111/msd5.pdf
   - Info-Brief 16 ‚Aspekte der Förderplanung: https://www.isb.bayern.de/download/8122/msd16.pdf
6. Internet-Auftritte der Regierungsbezirke (Lösungsansätze exemplarisch):
   - Niederbayern: http://www.regierung.niederbayern.bayern.de/aufgabenbereiche/4/foes/lehrer/msd/index.php
   - Oberbayern: https://www.regierung.oberbayern.bayern.de/aufgaben/schulen/foerder/mobil/index.php
7. Arbeitsauftrag ‚Schülerbeispiel'
   - Über die Schulleitung Schweigepflichtentbindung von den Eltern für die abgebende Schule des Kindes einholen
   - Über die Schulleitung Kontakt mit der abgebenden Schule aufnehmen und Schülerakte anfordern
   - Analyse der Schülerakte hinsichtlich folgender Aspekte
     - sonderpädagogischer Förderbedarf und ggf. Förderschwerpunkt,
     - Förderdiagnostischer Bericht,
     - individuelle Unterstützungsmaßnahmen, Nachteilsausgleich oder Notenschutz
     - Lernzieldifferente Unterrichtung (→ Kürzel „i.L." im Zeugnis = individuelle Lernziele)
     - medizinisch-psychologische Befunde (z.B. Legasthenie, AD(H)S)
     - familiäres Umfeld
   - Interpretation der Informationen, ggf. unter Hinzuziehung der Beratungslehrkraft
   - Ggf. Anforderung des MSD bei vorliegendem sonderpädagogischem Förderbedarf (Anforderung über die Schulleitung)

Lösungen zu 13.0 Schulvorbereitende Einrichtungen und Mobile Sonderpädagogische Hilfen

1. Merkmale, Gemeinsamkeiten und Unterschiede von SVE und MSH:
   - **SVE:** Organisation: Teil des jeweiligen Förderzentrums; Arbeitsweise: kleine Gruppen, Fokus auf Förderung und Therapie; Zielsetzung: Schulvorbereitung; Personal: qualifiziertes Fachpersonal und Professionswissen; Inklusion: Hilfsangebot dann, wenn Regeleinrichtung keinen adäquaten Förderort darstellt
   - **MSH:** Organisation: Teil der Förderschule; Arbeitsweise: aufsuchendes Angebot in Regeleinrichtungen, Förderung und Beratung; Zielsetzung: Schulvorberei-

tung; Personal: Sonderpädagogisches Lehrpersonal; Inklusion: Unterstützungsangebot in Wohnortnähe mit dem Ziel der Einschulung in der Regelschule
- **Gemeinsamkeiten:** Konzeptionelle Ausrichtung mit Schwerpunkt Schulvorbereitung; Förderangebote des Förderzentren (Vorschulangebot als Teil als Schulsystems; Zuständigkeit des Kultusministeriums); Förderung in Abhängigkeit des jeweiligen Förderschwerpunktes
- **Unterschiede:** Inklusive Ausrichtung (MSH als aufsuchendes Angebot; SVE als Institution, die dem Inklusionsgedanken „entgegensteht"); Beratung von externen Fachpersonal in der Regeleinrichtung durch die MSH

2. Stellenwert und Bedeutung für die Inklusion von SVE und MSH:
Die aktuelle Diskussion zeigt deutlich, dass die Angebote nicht hinfällig, überholt oder verzichtbar sind:
   - Bündelung sonderpädagogischer Fachkompetenzen
   - Unterstützung bei der Bewältigung des Schulübertritts
   - Stellenwert von Interdisziplinarität und Netzwerkarbeit
   - MSH als inklusives Unterstützungsangebot
   - SVE als Wahlmöglichkeit, wenn inklusive Unterbringung an ihre Grenzen gerät

3. Sonderpädagogischen Legitimierung von SVE und MSH in Form einer übergreifenden Pädagogik bzw. Konzeption:
   - Fokus auf den Aspekt der Schulvorbereitung ist zu kurz gegriffen (v.a. bei SVE)
   - Zuordnung zum Kultusministerium trägt der Entwicklungsaufgaben des frühkindlichen Lebensabschnitts nicht Rechnung
   - Gültigkeit des Lehrplans für den jeweiligen Förderschwerpunkt als Grundlage der pädagogischen Arbeit ist nicht haltbar
   - Bildungspläne des Elementarbereichs berücksichtigen kaum die Entwicklungsbesonderheiten förderbedürftiger Kleinkinder
   - Notwendigkeit umfassender Studien und wissenschaftlicher Evaluierung und Etablierung eines eigenständigen sonderpädagogischen Konzeptes für die „Frühe Kindheit"
   - Schulvorbereitung ist eine Dimension neben anderen

4. Alleinstellungsmerkmale und notwendige Anpassung bzw. konzeptionelle Überarbeitungen der SVE:
   - hohe Fachkompetenz und Spezialisierung (Fachkräfte, Raumausstattung)
   - Nähe zum Förderzentrum ermöglicht Zugriff auf dessen Ressourcen und Angebote
   - kleine Gruppen und angepasste Pädagogik
   - Fokus auf behinderungsspezifische Entwicklungsbesonderheiten
   - Notwendigkeit der Etablierung bzw. Ausweitung des Betreuungsauftrags (Öffnungszeiten am Nachmittag und in den Ferien)
   - zeitgemäße Anpassung des Angebots an elterliche Bedürfnisse (Krippenplätze)
   - stärkere Einbindung des inklusiven Gedankens (Öffnung für andere Förderschwerpunkte bzw. Kinder ohne definierten Förderbedarf, Kooperation mit Regeleinrichtungen, Auslagerung in Kindertageseinrichtungen)

Lösungen zu 14.0 Sonderpädagogische Diagnose- und Werkstattklassen

1. Welche Ziele wurden seit Beginn der Hilfsschulpädagogik verfolgt?
   - Erziehung zur Erwerbsfähigkeit (Stötzner, 1864)
   - selbständige Lebensführung (Sötzner, 1864)
   - Erwerb von Arbeitstugenden (Schade 1963)
   - realitätsnahe Berufsvorbereitung (aktuell)

2. Skizzieren Sie die rechtlichen Rahmenbedingungen!
   - BayEUG Art 20: SDWK zur Vorbereitung auf die berufliche Ausbildung
   - § 27 der Volksschulordnung zur sonderpädagogischen Förderung: praxisbezogene Anteile wie Betriebserkundungen und Praktika
   - drei mögliche Abschlüsse am SFZ: erfolgreicher Hauptschulabschluss nach Abschlussprüfung, Erfolgreicher Abschluss im Bildungsgang des Förderschwerpunkt Lernen, Abschluss der Volksschule zur sonderpädagogischen Förderung
   - § 27 der VSO-F: Zusammenfassender Entwicklungs- und Leistungsbericht und Sonderpädagogisches Gutachten

3. Beschreiben Sie die drei Phasen der Sonderpädagogischen Diagnose- und Werkstattklassen!
   - Vorbereitungsphase: Einblicke in verschiedene Berufe und deren Anforderungen erlangen, realitätsnahe Sichtweise erarbeiten, z.B. durch eine Betriebserkundung
   - Orientierungsphase: einen wöchentlichen Berufsorientierungstag (BLO-Tag) und drei Berufsorientierungswochen
   - Individualisierungsphase: gezielt ausgewählte Praktika insgesamt an drei Berufspraktikumswochen und wöchentlichen Berufspraktikumstagen

4. Wie verorten Sie die Sonderpädagogischen Diagnose und Werkstattklassen in der inklusiven Schullandschaft?
   - SDWK als Ausgangspunkt des Prozesses der beruflichen Inklusion
   - Erwerb des Schulprofils für Förderzentren möglich
   - Durchlässigkeit zu den Praxisklassen der Mittelschulen gegeben,
   - erhöhte Chancen auf dem Arbeitsmarkt durch die Möglichkeit des Erwerbs des erfolgreichen Abschlusses der Mittelschule

5. Beschreiben Sie den Lernbereich Berufs- und Lebensorientierung (BLO)!
   - Das Fach BLO ist in die Bereiche Praxis Technik und Praxis Soziales sowie BLO-Theorie unterteilt.
   - Stets werden die Fachkompetenzen mit den Methodenkompetenzen verbunden. Ferner sind die Fachkompetenzen und Methodenkompetenzen mit den Entwicklungsbereichen Motorik/Wahrnehmung, Denken/Lernstrategien, Kommunikation/Sprache sowie Emotionen/Soziales Handeln verbunden

6. Welche Aufgaben hat die Lehrkraft in den SDWK und gehen Sie dabei besonders auf die Kooperation mit der Agentur für Arbeit ein?
   - Anbahnung und Pflege einer guten gute Kooperation zwischen Schule und außerschulischem Lernort (Betriebe, berufliche Rehabilitationseinrichtungen), Förderdiagnostik

- Kooperation mit Sozialpädagogen, Erziehungsberechtigten, Fachlehrkräften und Berufs- bzw. Rehabilitationsberatern der Arbeitsagentur für Arbeit: Ab der 7. Jahrgangsstufe besteht die Zusammenarbeit mit der Berufsberatung, die durch verschiedene Meilensteine gekennzeichnet ist: Besuch der Berufsberatung in der Klasse, Elternabend der Berufsberatung, Besuch des BIZ (Berufsinformationszentrum), Absprachen zu den Empfehlungen, Eignungstest bei der Agentur, gemeinsame Einzelberatung

Lösungen zu 15.0 Stütz- und Förderklasse

1. Welche Systeme arbeiten im pädagogischen Setting der SFK integrativ unter einem Dach zusammen? ▶ vgl. Punkt 15.2.1, Schule und Jugendhilfe
2. Welches sind die systemischen und pädagogischen Merkmale der SFK?
   ▶ vgl. Abb. 2.20
3. Für welche Schülerschaft kann die SFK das geeignete Angebot sein?
   ▶ vgl. 15.2.2
4. Wie groß ist die Klasse einer SFK und welches Personal steht zur Verfügung?
   ▶ vgl. 15.3.2
5. Über welche Wege können die Schülerinnen und Schüler an die inklusive Rückführung herangeführt werden? ▶ vgl. 15.2.3 und 15.3.1
6. Welche Kompetenzen benötigt eine Lehrkraft in der SFK vor allem?
   ▶ Fähigkeit und Bereitschaft zur interdisziplinären Zusammenarbeit, vgl. 15.3.2 und 15.3.3

Lösungen zu 16.0 Kooperationsklassen, Partnerklassen, Tandemklassen

1. Formen inklusiver Beschulung in Bayern:
   Kooperationsklassen, Partnerklassen, Offene Klassen, Einzelintegration, Schulprofil Inklusion, Mobile Sonderpädagogische Dienste (BayEUG, § 30a und b)
2. Müssen Schülerinnen und Schüler mit sonderpädagogischem Förderbedarf die gleichen Leistungen erbringen wie Schülerinnen und Schüler ohne Förderbedarf? Die fachlichen Ziele sollten so oft wie möglich die gleichen sein. Es gilt je nach Organisationsform der Regelschullehrplan und der Lehrplan des entsprechenden sonderpädagogischen Förderschwerpunktes, d.h. es kommen individuelle Lernziele hinzu. Das fachliche Niveau als Bewertungsgrundlage kann deshalb je nach Lehrplanbezug variieren. Zusätzlich können Therapieziele eine Rolle spielen.
3. Wie müssen Lerninhalte aufbereitet werden, damit alle Schülerinnen und Schüler im Klassenverband daran lernen können?
   Die Idee des „Gemeinsamen Gegenstands" (Feuser) sieht vor, dass alle Kinder am gleichen Thema (Projekt) arbeiten, aber auf unterschiedlichen Aneignungsniveaus. Dies ist eine ideale Idee, weshalb Wocken weitere soziale Kooperationsformen aufzählt. Methodisch gibt es viele Möglichkeiten: vorübergehend getrenntes Unterrichten, Wochenplan u.ä., Einzelförderung, gemeinsamer lernzieldifferenter Unterricht, eine Lehrkraft unterrichtet, während die andere beobachtet, Kleingruppenförderung usw. (Preiß).

4. Externe Kooperationspartner von Schulen:
vgl. Tab. 16.4 (Walter-Klose): z.B. Schulpsychologe, Therapeut, Familienhilfe, Polizei, Tagesbetreuung/Hort, Heim usw.

5. Überlegen Sie, wie Sie ihren Schülerinnen und Schülern erklären könnten, dass im nächsten Schuljahr Schülerinnen und Schüler mit Förderbedarf Teil ihrer Klasse sein werden.
Z.B. bereits bestehende Heterogenität thematisieren; eigene Lernhemmnisse oder Schwierigkeiten reflektieren; gegenseitiges Unterstützungspotential erörtern; emotionale Erziehung stärker in den Fokus rücken;

Lösungen zu 17.0 Schulprofil Inklusion

1. Definition nach BayEUG:
Art. 30b BayEUG, Inklusive Schulentwicklung als Aufgabe aller Schulen, Inklusives Schulkonzept, 13 Stunden sonderpädagogische Lehrkraft, 10 Stunden Lehrkraft der allgemeinen Schule, Schulbegleitungen, Aufnahme aller Schülerinnen und Schüler eines Einzugsbereiches

2. Bestandteile eines inklusiven Schulkonzeptes:
Leitbild Inklusion als Zielsetzung, inklusive Settings, Entwicklungsstand auf den Ebenen Kinder und Jugendliche mit individuellen Bedürfnissen, inklusiver Unterricht, multiprofessionelles Team, inklusives Schulkonzept und Schulleben, sozialräumliche Vernetzung, Kooperationspartner, zukünftige Entwicklungen

3. Voraussetzungen für gelingende Kooperation
Offenheit, Flexibilität, gegenseitige Akzeptanz der je spezifischen fachlichen Kompetenzen, horizontale Kommunikation „auf Augenhöhe", Bereitschaft Neues zu lernen, personelle Kontinuität

Lösungen zu 18.0 Berufsschulen zur sonderpädagogischen Förderung

1. Welche Aufgabe übernimmt die Berufsschule zur sonderpädagogischen Förderung für Heranwachsende im Kontext beruflicher Bildung – aktuell und in historischer Perspektive?
Sicherung der beruflichen Teilhabemöglichkeiten von Menschen mit Behinderung durch
 • Unterstützung beim Erreichen einer beruflichen Perspektive
 • Erreichen eines Berufsabschlusses
 • Unterstützung am Lernort allgemeine berufliche Schule
 • Beitrag zur gesellschaftlichen Teilhabe durch individuelle Lebens- und Teilhabeplanung

2. Welche Angebote hält eine Berufsschule zur sonderpädagogischen Förderung bereit? ▶ s. Abb. 18.2

3. Skizzieren Sie in Orientierung am Prinzip der vollständigen Handlung eine Unterrichtseinheit oder -stunde zu einem geeigneten Thema aus dem Lehrplan Ihrer Schulart. ▶ individuelle Lösungen

4. Bestimmen Sie Kernmerkmale sowie Entwicklungsbereiche von Berufsschulen zur sonderpädagogischen Förderung!
   - Kernmerkmale
     - MSD, Berufsvorbereitung und Berufsausbildung
     - Multiprofessionelles Team
     - Verbindung von didaktischen Konzepten der Berufs- und Wirtschaftspädagogik mit sonderpädagogischen Unterrichtsprinzipien
     - Eröffnen individueller Teilhabechancen
   - Entwicklungsbereiche
     - Öffnung hin zu allgemeinen Berufsschulen
     - Entwicklung alternativer Bildungskonzepte jenseits der Beruflichkeit
     - Klären der eigenen Kernkompetenz

5. Berufsschulen zur sonderpädagogischen Förderung als „Motor" von mehr Inklusion – reflektieren Sie Möglichkeiten, aber auch Schwierigkeiten und Grenzen!
   - Möglichkeiten
     - Langjährige Erfahrung in der beruflichen Bildung von Menschen mit Behinderungen und Beeinträchtigungen – kompetentes „Gegenüber" für die allgemeine berufliche Schule
     - Erweiterung der beruflichen Bildungsmöglichkeiten für Menschen mit Behinderung durch eine inklusive Schulentwicklung
   - Grenzen
     - Sich selbst erhaltendes und stabilisierendes System der Berufsschule zur sonderpädagogischen Förderung
     - Keine Notwendigkeit eine inklusive Schulentwicklung in den allgemeinen Berufsschulen zu forcieren, da es mit der Berufsschule zur sonderpädagogischen Förderung einen alternativen Lernort gibt
     - Offenheit und Kooperationsbereitschaft der allgemeinen Berufsschulen, aber auch des Dualen Partners in Handwerk und Industrie

6. Inklusion in der beruflichen Bildung – zeigen Sie die unterschiedlichen Perspektiven auf diesen Entwicklungsprozess auf!
   - Systemische Perspektive
     - Ablehnung von Sondereinrichtungen, inklusive außerbetriebliche Einrichtungen
     - Orientierung an den Regelausbildungen
     - Erreichen eines allgemeinen Berufsabschlusses als verbindliche Zielmarge, die keine Variabilität zulässt
   - Individuelle Perspektive
     - Individuelle Chancen auf Teilhabe an beruflicher Bildung und am nachfolgenden Erwerbsleben – wo werden diese am besten eingelöst?
     - Inklusive Ausrichtung des Weges und/oder des Zieles?
     - Welche Chancen auf Teilhabe ergeben sich für Personen, welche die oben genannten Kriterien nicht erfüllen (können)?

7. Inklusion und allgemeine Berufsschule – Skizzieren sie die aufgezeigten Handlungsstrategien und reflektieren Sie diese aus sonderpädagogischer Perspektive!
   - Sonderpädagogischer Kompetenztransfer in die allgemeine Berufsschule
   - Entwicklung der Berufsschule zur sonderpädagogischen Förderung zum Kompetenzzentrum
   - Entwicklung von individualisierenden Unterrichtskonzepten in Verbindung mit curricularen Umstrukturierungen
   - Weiterentwicklung spezifischer Organisationsformen der allgemeinen Berufsschule
   - Wechselseitige Kompetenzerweiterung bei allen beteiligten Lehrkräften – Berufs- und Wirtschaftspädagoginnen und -pädagogen wie auch Sonderpädagoginnen und -pädagogen

Lösungen zu 19.0 Sonderpädagogische Beratungsstellen

1. Welche Aufgaben können bei Sonderpädagogischen Beratungsstellen anfallen?
   Diagnostik, Fortbildungen, Kooperation, Koordination, Beratung,

2. Welche Angebote werden in der Sonderpädagogischen Beratungsstelle für Schülerinnen und Schüler, Eltern, Lehrkräfte sowie pädagogisches Fachpersonal gemacht?
   Einschulungsdiagnostik, Elternberatung, Schülerberatung, Kontakt zu Fachdiensten, Bereitstellung von Fördermaterialien in der Präsenzbibliothek

3. Umschreiben Sie mit wenigen Sätzen das Beratungsverständnis der Kooperativen Beratung
   - horizontales Verständnis von Beratung
   - konstruktivistische Sichtweise
   - humanistisches Menschenbild

4. Welche Gesprächsführungselemente sollte ein guter Berater bzw. eine gute Beraterin beherrschen?
   Direkte persönliche Ansprache, aktives Zuhören, Ansprechen von Gedanken/Gefühlen, Konkretisierung, Dialogkonsens

5. Nennen Sie die Schritte der Kooperativen Beratung
   Einführung, Problembeschreibung und Ressourcenerkundung, Perspektivwechsel, Analyse der Situation, Zielbestimmung, Lösungsfindung, Entscheidungsfindung, Vorbereitung der Umsetzung, mit- und nachgehende Begleitung

6. Setzen Sie ich mit den angegebenen Visualisierungsmöglichkeiten in „Gespräche führen mit Kindern und Jugendlichen. Methoden schulischer Beratung" (S. 89ff.) auseinander und probieren Sie eine Methode aus! ▶ individuelle Lösung!

7. Die Gesprächsführungselemente werden in „Kooperative Beratung" ausführlich erläutert (S. 50ff.). Wie können Sie als Berater bzw. als Beraterin zeigen, dass Sie aktiv zuhören?
   Blickkontakt, ab und zu Kopfnicken, nachfragen, konkretisieren lassen, Dialogkonsens herstellen, Störungen schon im Vorfeld ausräumen.

Lösungen zu Kapitel 3

Lösungen zu 20.0 Inklusiver Unterricht

1. Denkbare Kriterien für die Gestaltung inklusiver Lernumgebungen im Klassenraum:
   Angebot unterschiedlicher Arbeitszonen im Sinne Ateliers, Lernmaterialien in offen zugänglichen Regalen, sonderpädagogische Fördermaterialien im Klassenraum, Materialien zur Förderung des sozialen Lernens, Einbeziehung möglichst vieler Sinne in die Raumgestaltung, Begegnungsmöglichkeiten (für Kreisgespräch, Gruppenarbeit)

2. Beispielhafte Planung einer Unterrichtseinheit mit Hilfe des Modells der inklusionsdidaktischen Netze:
   Beispiel aus dem Bereich der Grundschule abrufbar unter:
   https://www.inklusionsdidaktische-uni-klasse.de/inklusionsorientierter-unterricht/inhaltliche-umsetzung-netze/ (02.07.2019)
   Tipps zur Lösung: Sachunterricht besonders geeignet für den Einstieg in die Arbeit mit den inklusionsdidaktischen Netzen, Fachliche Perspektiven aus anderen Unterrichtsfächern (z.B. aus den Lehrpläne der Fächer) in die inklusionsdidaktischen Netze einfügen anstelle der fachlichen Perspektiven des Sachunterrichts, möglichst konkrete Vorschläge für Lernzugänge zu einem Thema aus der Sicht der Entwicklungsbereiche, emotionale und sensomotorische Entwicklungsbereiche bezogen auf ein Thema besonders schwer zu benennen, aber für inklusiven Unterricht unverzichtbar

3. Repräsentation eines komplexen Lerngegenstandes auf der symbolischen, der ikonischen und der enaktiven Ebene!
   Tipps zur Lösung: häufig abstrakte Inhalte aus den Lehrplänen auf der Ebene von Symbolen, Transfer auf die Ebene einer zeichnerischen Darstellung in einem ersten Schritt entwickeln, Handlungsmöglichkeiten zu einem Thema in einem zweiten Schritt erarbeiten auf der enaktiven Ebene, in der Unterrichtsplanung mit der Handlungsebene beginnen

4. Checkliste *Teamteaching*: Individuelle Lösungen

Lösungen zu 21.0 Inklusive Schulentwicklung

1. Kritische Auseinandersetzung mit den Diskursarenen: Präferenzen für eine Diskursarena und die Gründe hierfür sind individuell zu erarbeiten.

2. Möglich sind folgende Stolpersteine und Gegenmaßnahmen. Natürlich müssen nicht alle aufgelistet werden.

... beim Beginn eines Schulentwicklungsprozesses

Mögliche Stolpersteine	Mögliche Folgen	Mögliche Gegenmaßnahmen
• Anlass/Auftrag nicht genau geklärt • Ist-Soll-Analyse erfolgt nur oberflächlich • Es gelingt nicht, kompetente Akteurinnen und Akteure zu motivieren • Geringe Beteiligung („Let them do first-Effect") • Großer Druck von oben und außen	• Der Entwicklungsprozess kommt nicht in Gang • Es finden sich keine „Mitstreiter" • „Scheinmaßnahmen" ohne wirkliche Veränderungen	• Einordnung des Anlasses (z.B. mit Hilfe des Innovationswürfels) • Einverständnis und Beteiligung möglichst aller Betroffener einholen • Anreize schaffen, Nutzen kommunizieren • Anlass und Auftrag genau klären und kommunizieren

... bei der Bestimmung der Ziele von Schulentwicklung

Mögliche Stolpersteine	Mögliche Folgen	Mögliche Gegenmaßnahmen
• zu viele Ziele • vage und nicht überprüfbare Formulierungen • unrealistische Zielsetzung • Zielvorgaben „von oben", ohne die Beteiligung der eigentlichen Akteurinnen und Akteure	• Verzettelung, zu viele „Baustellen" • Unklarheit darüber, ob Ziele erreichbar überhaupt sind • keine Erfolgserlebnisse und in der Folge Demotivation • mangelnde Identifikation der Akteurinnen und Akteure mit den Zielen	• Schwerpunkte setzen • Ziele realistisch planen • Ziele operationalisierbar formulieren, Ziel überprüfbar machen • Abstimmung und Beteiligung aller schulischen Akteurinnen und Akteure

... bei der Erstellung eines Handlungsplans

Mögliche Stolpersteine	Mögliche Folgen	Mögliche Gegenmaßnahmen
• Mangel an fachlicher und entwicklungsmethodischer Kompetenz bei den Akteurinnen und Akteuren • Unrealistischer Handlungsplan • Fehlerhaftes Zeitmanagement	• Misserfolge • Frustration • Zeitdruck (z.B. weil Reformen umgesetzt werden müssen)	• Realistische Zeitplanung • (Zeit für) Reflexion • Regelmäßige Kontrolle • Expertisegewinn, z.B. durch Fortbildungen • Aktivierung externer Unterstützung

... bei der konkreten Umsetzung von Schulentwicklung

Mögliche Stolpersteine	Mögliche Folgen	Mögliche Gegenmaßnahmen
• Kommunikationsprobleme zwischen den Akteurinnen und Akteuren • Rollendiffusion, unklare Rollenverteilung und in der Folge mangelnden Rollenakzeptanz • Unprofessioneller Umgang mit auftretenden Schwierigkeiten • Zeitplan wird nicht eingehalten	• Missverständnisse und Konflikte • Fehler • Überforderung von Akteurinnen und Akteuren • Misserfolge und in der Folge Demotivation • Frustration	• Transparenz v.a. zwischen Schulleitung, Steuergruppe und Kollegium • Klare Kommunikationsstrukturen • Professionelles Krisenmanagement • Priorisierung bei der Aufgabenumsetzung

... auf der inhaltlichen Ebene		
Mögliche Stolpersteine	**Mögliche Folgen**	**Mögliche Gegenmaßnahmen**
• Ressentiments gegenüber Inklusion, gegenüber Schülerinnen und Schülern mit Förderbedarfs und gegenüber deren Teilhabe • Unterschiedliche Vorstellungen von Inklusion und inklusiver Bildung • Ängste von Lehrkräften vor Überforderung, Mehrarbeit; Ängste vor bestimmten Schülergruppen, Arten von Behinderung	• Blockade und Reaktanz im Schulentwicklungsprozess • Beeinträchtigung von Dynamik und Atmosphäre an der Schule • Verlangsamung der Umsetzung	• Widerstände und Ressentiments ernst nehmen; dies als Anlass für Diskussion nehmen • Bei Beleidigungen, Abwertung etc. als Lehrerkollegium klar Stellung beziehen • Ein gemeinsames Verständnis von Inklusion und inklusiver Bildung entwickeln und dieses verbindlich für alle festlegen • Möglichkeiten der Begegnung mit Schülerinnen und Schülern mit Förderbedarf schaffen (Begegnung hat nachweislich eine positive Auswirkung auf die Haltung) • Unterstützungsmöglichkeiten für Akteurinnen und Akteure schaffen • Externe Unterstützungsmöglichkeiten finden und etablieren

3. Schulentwicklung an der eigenen (Praktikums-)Schule:
   Je nach Arbeitsweise und Profil der Schule werden die Beobachtungen unterschiedlich ausfallen.